全国计算机技术与软件专业技术资格（水平）考试指定用书

信息系统监理师教程

第2版

贾卓生　张树玲　主　编

李　京　吕小刚　陈　兵　副主编

U0299216

清华大学出版社

北京

内 容 简 介

本书是全国计算机技术与软件专业技术资格（水平）考试办公室组织编写的考试指定用书。本书根据《信息系统监理师考试大纲》（2023 年审定通过）编写，对信息系统监理师岗位所要求的主要知识及应用技术进行了阐述。

本书内容包括：第一篇信息系统工程知识，具体包括信息与信息化、信息系统工程、信息网络系统、信息资源系统、信息应用系统、信息安全和运行维护；第二篇信息系统工程监理通识，具体包括信息系统工程监理基础知识、监理工作的组织和规划、质量控制、进度控制、投资控制、合同管理、信息管理、组织协调、项目管理、变更控制、风险管理、监理支撑要素；第三篇信息系统工程监理实务，具体包括信息系统工程监理基础工作、基础设施工程监理、软件工程监理、数据中心监理、信息安全监理、运行维护监理。

本书是信息系统监理师考试应试者的必读教材，也可作为信息化教育的培训与辅导用书，还可作为高等院校相关专业的教学与参考用书。

图书在版编目 (CIP) 数据

信息系统监理师教程 / 贾卓生，张树玲主编 . —2 版 . —北京：清华大学出版社，2024.1
全国计算机技术与软件专业技术资格（水平）考试指定用书
ISBN 978-7-302-65220-5

Ⅰ.①信… Ⅱ.①贾…②张… Ⅲ.①信息系统－监管制度－资格考试－自学参考资料
Ⅳ.① G202

中国国家版本馆 CIP 数据核字 (2024) 第 003735 号

责任编辑：杨如林
封面设计：杨玉兰
责任校对：胡伟民
责任印制：丛怀宇

出版发行：清华大学出版社
    网　　　址：https://www.tup.com.cn，https://www.wqxuetang.com
    地　　　址：北京清华大学学研大厦 A 座　　　　　邮　　编：100084
    社 总 机：010-83470000　　　　　　　　　　邮　　购：010-62786544
    投稿与读者服务：010-62776969，c-service@tup.tsinghua.edu.cn
    质 量 反 馈：010-62772015，zhiliang@tup.tsinghua.edu.cn
印 装 者：涿州汇美亿浓印刷有限公司
经　　销：全国新华书店
开　　本：185mm×230mm　　　印　张：38.75　　　防伪页：1　字　数：1215 千字
版　　次：2005 年 3 月第 1 版　　2024 年 1 月第 2 版　　印　次：2024 年 1 月第 1 次印刷
定　　价：139.00 元

产品编号：103766-01

前　言

信息系统工程项目在我国信息化建设中发挥着重要作用。为了保证信息系统工程项目在规划、招投标、设计、实施、验收、运行维护全过程中能按时、保质保量建设并运行，信息系统工程监理行业应运而生。与土木建筑行业监理一样，信息系统工程监理也需要掌握专业技术和相关的法律法规，而信息系统监理师由于行业本身的特殊性，还需要掌握信息技术领域的专业技术和相关法律法规要求。我国颁布了一系列重要政策文件，明确在信息化工程建设中实施信息系统工程监理的制度，对规范我国信息系统工程建设、投资和管理水平，保障信息系统工程建设有效、持续、快速发展具有重要意义。

我国信息系统工程监理行业从 2002 年开始，历经 20 多年的发展。2011 年，GB/T 4754《国民经济行业分类》将信息系统工程监理服务纳入信息技术服务业的范畴。2005 年至 2007 年，我国陆续发布了一系列国家标准，2014 年对已发布的系列国家标准 GB/T 19668.1 ～ 19668.7《信息技术服务　监理》的第 1 部分到第 7 部分各分册进行了修订，完善了我国信息系统工程监理的规范体系，确立了信息系统工程监理在我国信息技术服务中的地位和作用，推动了信息系统工程监理工作在全国范围的开展，对我国信息系统工程监理行业的发展起到了规范指导作用。

信息系统工程建设具有速度快、专业性强的特点，在工程的规划、招投标、设计、实施、验收、运行维护全过程中存在各种问题，为了针对相关问题进行应对和预防，需要建立一支专业化的信息系统工程监理队伍，按照标准化的管理流程对工程项目进行监督管理。随着我国信息系统工程监理行业的不断发展，需要培养更多的具有信息系统工程专业知识的监理从业人员。2003 年信息产业部和人事部联合发布文件，将"信息系统监理师"列入计算机技术与软件专业技术资格（水平）考试（简称"软考"）。

2005 年，由柳纯录等编写、清华大学出版社出版的《信息系统监理师教程》一书，适应软考中级考试的大纲要求，对 2005 年以来信息系统监理师的从业能力和水平的提高起到了非常重要的作用。但由于此书已经出版近 20 年，近 10 年来我国信息技术服务行业快速发展，信息系统相关法律法规标准和技术也发生了重大变化，为了适应行业和技术的发展，现对该书进行改版。同时，为了便于读者更好地学习、理解并应用信息系统工程监理相关知识，本书分为三篇：第一篇（第 1 ～ 7 章），介绍了监理从业人员应该了解和熟悉的信息系统工程知识，包括信息与信息化、信息系统工程基础知识，以及信息系统工程监理的监理对象，即信息网络系统、信息资源系统、信息应用系统、信息安全和运行维护；第二篇（第 8 ～ 19 章），介绍了监理从业人员应该掌握的信息系统工程监理通识，包括信息系统工程监理基础知识、监理工作的组织和规划，以及"三控、两管、一协调"的监理内容，即质量控制、进度控制、投资控制、合同管理、信息管理、组织协调，以及相关的项目管理、变更控制、风险管理、监理支撑要素等知识；第三篇（第 20 ～ 25 章），介绍了信息系统工程监理实务，从实践角度对监理基础工作进行了介绍，并针对基础设施工程监理、软件工程监理、数据中心监理、信息安全监理、运行维护监理等不同的监理工作进行了具体描述。同时为了表述统一，本书将信息系统工程监理、信息工程监理、信息系统监理、信息工程建设监理、信息化监理、信息技术服务监理等概念统称为信息系统工程监理，对所涉及的名词表述按照信息技术服务监理国家标准进行了统一。

需要指出的是，信息系统工程监理既具有较强的理论性，又具有很强的实践性。所以，希望读者在学习过程中注意理论与实践相结合。本书是软考信息系统监理师教程，也可作为信息系统工程监理相关技术人员的参考书。

本书由贾卓生、张树玲担任主编，李京、吕小刚、陈兵担任副主编，书中各章节由以下作者完成：第 1 章信息与信息化由陈兵、杨娟编写；第 2 章信息系统工程由宋跃武、张树玲、刘玲编写；第 3 章信息网络系统由谭国权编写；第 4 章信息资源系统由彭刚、张树玲、宋跃武编写；第 5 章信息应用系统由相春雷、张树玲、宋跃武编写；第 6 章信息安全由吕小刚编写；第 7 章运行维护和第 19 章监理支撑要素由郭鑫伟、刘莹编写；第 8 章信息系统工程监理基础知识和第 10 章质量控制由贾卓生编写；第 9 章监理工作的组织和规划由李峰、贾卓生编写；第 11 章进度控制和第 15 章组织协调由张骏温编写；第 12 章投资控制由王芳编写；第 13 章合同管理和第 14 章信息管理由唐宏编写；第 16 章项目管理由岳素林、张树玲、刘玲编写；第 17 章变更控制由李京编写；第 18 章风险管理由姚勇编写；第 20 章信息系统工程监理基础工作由聂小峰编写；第 21 章基础设施工程监理由张晓明编写；第 22 章软件工程监理由姚明星编写；第 23 章数据中心监理由董贺伟编写；第 24 章信息安全监理由苏锋刚编写；第 25 章运行维护监理由王晓健编写。

另外，由贾卓生、张树玲、李京、陈兵、吕小刚、董贺伟对全书做了内容统筹、章节结构设计和统稿，宋跃武、朱国刚、左林、郑振华参与了审校和绘图工作。清华大学出版社的编辑为本书的编写做了大量的组织管理工作，在此表示感谢。

在本书的编写过程中，中国电子企业协会信息系统工程监理分会提供了行业信息，并参考了许多同行的学术研究成果和相关的书籍资料，借鉴和应用了参考文献中的部分内容，在此谨向这些文献的编著者表示真诚的感谢，也感谢国内多位行业专家的热情关怀、悉心指导和鼎力帮助！

由于信息技术仍在不断发展，信息系统工程监理也在实践中不断改进完善，许多问题还需要探讨学习以及实践的验证，加之我们的水平和实践的局限，书中难免有纰漏或欠妥之处，在此，我们由衷地希望有关专家与读者不吝指正，以便本书内容能够不断修改完善。

编　者
2023 年 12 月

目　录

第一篇　信息系统工程知识

第二篇　信息系统工程监理通识

第三篇　信息系统工程监理实务

第一篇　信息系统工程知识

第 1 章　信息与信息化

人类社会经历了农业革命、工业革命，正在经历信息革命。以信息技术为代表的新一轮科技革命方兴未艾，信息技术与生物技术、新能源技术、新材料技术等交叉融合，引发了以绿色、智能、泛在为特征的群体性技术突破。全球信息化进入全面渗透、跨界融合、加速创新、引领发展的新阶段。世界经济数字化转型加速，新一代信息技术加速迭代升级和融合应用，数字经济引领生产要素、组织形态、商业模式全方位变革。数字空间国际竞争合作进入新阶段，以信息技术生态优势、数字化转型势能、数据治理能力为核心的国家创新力和竞争力正在成为世界各国新一轮的竞争焦点，数字领域规则体系及核心技术生态体系的竞争日趋激烈。加快信息化发展，建设数字国家已经成为全球的共识。

1.1　信息与信息化概述

1.1.1　信息

1. 数据、信息和知识

数据由原始事实组成，例如员工人数、每周工作总小时数、库存零件数或生产线上生产的零件数。数据代表现实世界。例如，医疗机构维护患者的医疗数据，这些数据代表了具有特定健康状况的实际患者。常见的数据有字母数字数据、图像数据、音频数据和视频数据，不同类型的数据可以表示不同的事实。

信息是一组经过处理和加工的数据集合，具有超出个别事实价值的附加价值。例如，购物网站可以将购物者和销售者通过电子设备结合起来，这样他们在在线购物时就可以分享信息并提出建议，信息的自由交换刺激了销售，有助于确保购物者获得更好的价值。

将数据转换为信息是一个过程，也可以是为取得规定的结果而执行的一组逻辑相关的任务。定义数据与数据之间的关系以创建有用的信息的过程需要知识。知识是对一组信息的认识和理解。拥有知识意味着理解信息中的关系。知识工作者是创造、使用和传播知识的人，通常是科学、工程、商业和其他领域的专业人员。知识管理是一种战略，通过这种战略，一个组织系统地收集、组织、存储、分析和分享其集体知识和经验，目标是通过释放组织最佳思维的集体价值，以更有效的方式处理问题。

数据、信息和知识之间具有内在的关联关系。信息的价值与其如何帮助决策者实现组织目标直接相关，有价值的信息可以帮助组织中的人员更好地执行任务。

DIKW（Data-Information-Knowledge-Wisdom）模型很好地诠释了数据、信息、知识和智慧之间的关系，并揭示了它们的转化过程与方法，如图 1-1 所示。

图 1-1　DIKW 模型

2. 有价值的信息的特征

有价值的信息的特征如表 1-1 所示。

表 1-1　有价值的信息的特征

特征	定义
便捷性	授权用户能方便地获取信息，以便他们能够以适当的格式且在适当的时间获取信息，以满足他们的需要
准确性	信息准确无误。在某些情况下，不准确的数据输入会产生不准确的结果
完整性	完整的信息包含所有重要的事实。例如，未能包含所有重要成本的投资报告是不完整的
经济性	信息的产生也应该是相对经济的。决策者必须始终平衡信息的价值和生产信息的成本
灵活性	灵活的信息可以用于多种目的。例如，关于某一特定零件库存量的信息，销售代表可用来确定销售是否能达成，生产经理可以用来确定是否需要更多库存，财务主管可以用来确定公司的库存投资总价值
相关性	相关的信息对决策者很重要。显示木材价格下降的信息可能与计算机芯片制造商无关
可靠性	用户信任可靠的信息。在许多情况下，信息的可靠性取决于数据收集方法的可靠性。在其他情况下，可靠性取决于信息的来源。来自未知来源的油价上涨的信息可能是谣言，不可靠
安全性	信息应该是安全的，不被未授权的用户访问
简单性	信息应该是简单的。过度复杂而详细的信息没有必要。事实上，过多的信息会导致信息过载，从而使决策者拥有过多的信息而无法确定什么是真正重要的
及时性	信息需要及时提供。知道上周的天气状况对决定今天穿什么外套是没有帮助的
可检验性	信息应该是可核实的。这意味着可以检查信息以确保其是正确的，可以通过多个来源，采用获得该信息的相同方法，检查信息的正确性

1.1.2　信息化

1. 信息化概述

信息化的概念起源于 20 世纪 60 年代的日本，而后被译成英文传播到西方，西方社会到 20 世纪 70 年代后期才开始普遍使用"信息社会"和"信息化"的概念。

我国 1997 年召开的首届全国信息化工作会议，对信息化的定义为："信息化是指培育、发展以智能化工具为代表的新的生产力并使之造福于社会的历史过程。"

2. 信息化的核心和内涵

信息化的核心是要通过全体社会成员的共同努力，在经济和社会各个领域充分应用基于现代信息技术的先进社会生产工具（表现为各种信息系统或软硬件产品）创建信息时代的社会生产力，并推动生产关系和上层建筑的改革（表现为法律、法规、制度、规范、标准、组织结构等），使国家的综合实力、社会的文明素质和人民的生活质量全面提升。

信息化的基本内涵启示人们：信息化的主体是全体社会成员，包括政府、企业、事业、团体和个人；信息化的时域是一个长期的过程；信息化的空域是政治、经济、文化、军事和社会的一切领域；信息化的手段是基于现代信息技术的先进社会生产工具；信息化的途径是创建信息时代的社会生产力，推动社会生产关系及社会上层建筑的改革；信息化的目标是推动国家的综合实力、社会的文明素质和人民的生活质量的提升。

1.2　国家信息化

国家信息化是指在国家统一规划和组织下，在农业、工业、科学技术、国防及社会生活各个方面应用现代信息技术，深入开发、广泛利用信息资源，加速实现国家现代化进程。

1.2.1　国家信息化战略与规划

国家信息化发展战略指一个国家对其国内信息产业等所作的发展规划。2016 年 7 月中共中央办公厅、国务院办公厅颁布的《国家信息化发展战略纲要》强调国家信息化发展战略总目标是建设网络强国，分"三步走"：第一步，到 2020 年，核心关键技术部分领域达到国际先进水平，信息产业国际竞争力大幅提升，信息化成为驱动现代化建设的先导力量；第二步，到 2025 年，建成国际领先的移动通信网络，根本改变核心关键技术受制于人的局面，实现技术先进、产业发达、应用领先、网络安全坚不可摧的战略目标，涌现一批具有强大国际竞争力的大型跨国网信企业；第三步，到 21 世纪中叶，信息化全面支撑富强民主文明和谐的社会主义现代化国家建设，网络强国地位日益巩固，在引领全球信息化发展方面有更大作为。当前，我国全面部署了"构建产业数字化转型发展体系"重大任务，明确我国信息化进入加快数字化发展、建设数字中国的新阶段。我国信息化发展战略概括为：以信息化促进工业化，以工业化带动信息化，走出中国特色的信息化道路。

国家在每个"五年规划"出台后，都会制定该"五年规划"期间的国家信息化规划，例如，"十四五"期间，依据《中华人民共和国国民经济和社会发展第十四个五年规划和 2035 年远景目标纲要》（简称"十四五规划"）、《国家信息化发展战略纲要》等制定的《"十四五"国家信息化规划》中指出，我国"十四五"时期信息化发展目标为：到 2025 年，数字中国建设取得决定性进展，信息化发展水平大幅跃升，数字基础设施全面夯实，数字技术创新能力显著增强，数据要素价值充分发挥，数字经济高质量发展，数字治理效能整体提升。信息化主攻方向着力在深化创新驱动、优化要素资源配置、支撑共建共治共享、促进健康和谐共生、防范化解风险等方面取得突破，推动实现更高质量、更有效率、更加公平、更可持续、更为安全发展。

同时，各行业也会制定该期间的本行业信息化规划，例如，《"十四五"推进国家政务信息化规划》，作为"十四五"期间统筹推进国家政务信息化工作，指导各地方有序开展政务信息化建设的重要依据。

1.2.2　我国信息化发展历程

我国是信息化起步较早的国家，早在 20 世纪 50 年代，我国就着手发展航空工业和原子能工业，1956 制定的《十二年科学技术发展规划》就已经将计算机、电子学、半导体、自动化作为科学规划的紧急措施。然而，特殊的国情决定了我国在个别的信息技术方面与国际水平差距不大，而整体信息化发展则相对缓慢。这种现象一直持续到改革开放之后，我国的信息化才开始真正全面地发展。关于改革开放后我国信息化的发展进程，基于研究视角的不同，划分阶段方式也各有所异，目前存在两阶段法、三阶段法和四阶段法等分类方式。本书按照信息化管理体制的演进变化以及信息化发展侧重点的变化，把我国的信息化发展划分为如下五个阶段：

（1）信息化研究探索阶段（1982—1992 年）；

（2）信息化形成实践阶段（1993—1997 年）；

（3）信息化加速推进阶段（1998—2001 年）；

（4）信息化全面发展阶段（2002—2011 年）；

（5）信息化创新跨越阶段（2012 年至今）。

下文按照各个发展阶段的不同特征，从管理体制以及重大事件两个角度回顾 20 世纪 80 年代以来我国信息化发展的历史演变过程。

1. 信息化管理体制演进

20 世纪 80 年代以来，我国的信息化发展取得了巨大成就。信息技术的快速发展，一方面与吸收借鉴国外诸多信息化的成果和经验有关；另一方面与我国完善信息化管理体制，不断提高信息化领导力有关。

因此，有效加强国家层面对信息化的强有力领导，是诸多重大举措中最重要的环节。四十多年来我国信息化管理体制的演进过程如图 1-2 所示。

图 1-2   信息化管理体制演进过程

2. 信息化重大事件记录

按照信息化发展阶段划分，对四十年来在我国信息化发展过程中起到决定性作用的一系列大事件回顾如下。

1984 年 11 月，电子振兴领导小组发布"电子和信息产业发展战略"，指出我国电子和信息产业要实现两个转移：第一，把电子和信息产业的服务重点转移到为发展国民经济、为四个现代化建设、为整个社会生活服务的轨道上来；第二，电子工业的发展要转移到以微电子技术为基础、以计算机和通信装备为主体的轨道上来，并确定集成电路、计算机、通信和软件为发展的重要领域。在"七五"期间，重点发展十二项应用系统工程：邮电通信系统、国家经济信息系统、银行业务管理系统、电网监控系统、京沪铁路运营系统、天气预报系统、科技情报信息系统、民航旅客服务计算机系统、航天实时测控与数据处理系统、公安信息系统、财税系统、军事指挥系统，并建立电子信息技术推广应用贴息贷款，支持应用电子信息技术改造传统产业。这些信息系统的建设和发展，为之后的信息化建设奠定了广泛的技术和社会基础，培养了一大批信息技术应用人才，并在一些领域取得了明显的经济效益。

1993 年，以"金桥""金关""金卡"等重大信息化应用工程为标志，信息化建设进入一个新阶段。

1997 年 4 月 18 日—4 月 21 日，国务院信息化工作领导小组在深圳召开首次全国信息化工作会议，会议全面部署了信息化工作，通过了相关发展规划。此后，全国信息化工作从解决应急性热点问题，步入为经济发展和社会全面进步服务的有组织、有计划的发展轨道。

2000 年 10 月 11 日，中国共产党第十五届中央委员会第五次全体会议就信息化建设作出重大决策，明确指出"大力推进国民经济和社会信息化，是覆盖现代化建设全局的战略举措。以信息化带动工业化，发挥后发优势，实现社会生产力的跨越式发展"。中共十五届五中全会还强调，要加强现代信息基础设施建设，抓紧发展和完善国家宽带传输网络，加快用户接入网建设，扩大利用互联网，促进电信、电视、计算机三网融合。

2006 年 5 月，中共中央办公厅、国务院办公厅印发《2006—2020 年国家信息化发展战略》，提出到 2020 年我国信息化发展的战略目标是：综合信息基础设施基本普及，信息技术自主创新能力显著增强，信息产业结构全面优化，国家信息安全保障水平大幅提高，国民经济和社会信息化取得明显成效，新型工业化发展模式初步确立，国家信息化发展的制度环境和政策体系基本完善，国民信息技术应用能力显著提高，为迈向信息社会奠定坚实基础。

2012 年 11 月，党的十八大报告明确指出，"坚持走中国特色新型工业化、信息化、城镇化、农业现代化道路，推动信息化和工业化深度融合、工业化和城镇化良性互动、城镇化和农业现代化相互协调，促进工业化、信息化、城镇化、农业现代化同步发展"。

2014 年 2 月底，中央网络安全和信息化领导小组宣告成立，并在北京召开了第一次会议。中共中央总书记、国家主席、中央军委主席习近平亲自担任组长，李克强、刘云山任副组长。由国家领导人担任组长的中央网络安全和信息化领导小组的成立，意味着信息安全已上升到国家战略的高度。习近平在会上作出重要指示，网络安全和信息化是事关国家安全和国家发展、事关广大人民群众工作生活的重大战略问题，要努力把我国建设成为网络强国。

2017 年 10 月，党的十九大报告明确提出了"推动互联网、大数据、人工智能和实体经济深度融合，建设网络强国、数字中国、智慧社会"的发展目标，开启了由网络大国迈向网络强国的新时代。

2021 年 3 月 11 日，十三届全国人大四次会议表决通过的国家"十四五"规划中，专门设置"加快数字化发展 建设数字中国"章节，并对加快建设数字经济、数字社会、数字政府，营造良好数字生态作出明确部署。

2021 年 12 月 12 日，国务院印发《"十四五"数字经济发展规划》中指出，"十四五"时期，我国数字经济转向深化应用、规范发展、普惠共享的新阶段。

2022 年 10 月，党的二十大报告明确指出，建设现代化产业体系，坚持把发展经济的着力点放在实体经济上，推进新型工业化，加快建设制造强国、质量强国、航天强国、交通强国、网络强国、数字中国。

1.3 信息基础设施

2018 年召开的中央经济工作会议，首次提出"加快 5G 商用步伐，加强人工智能、工业互联网、物联网等新型基础设施建设"，"新型基础设施建设"（简称"新基建"）的提法由此产生，主要包括 5G 基建、特高压、城际高速铁路和城际轨道交通、新能源汽车充电桩、大数据中心、人工智能、工业互联网等七大领域。"新基建"是立足于高新科技的基础设施建设，与传统"铁公基"相对应，是结合新一轮科技革命和产业变革特征，面向国家战略需求，为经济社会的创新、协调、绿色、开放、共享发展提供底层支撑的具有乘数效应的战略性、网络型基础设施。"新基建"的内涵更丰富，更能体现数字经济的特征，能够更好地推动中国经济转型升级。

新型基础设施是以新发展理念为引领，以技术创新为驱动，以信息网络为基础，面向高质量发展需要，提供数字转型、智能升级、融合创新等服务的基础设施体系。目前，新型基础设施主要包括信息基础设施、融合基础设施和创新基础设施。信息基础设施主要指基于新一代信息技术演化生成的基础设施，信息基础设施凸显"技术新"。其内容包括：

- 以 5G、物联网、工业互联网、卫星互联网为代表的通信网络基础设施；
- 以人工智能、云计算、区块链等为代表的新技术基础设施；
- 以数据中心、智能计算中心为代表的算力基础设施等。

国家"十四五"规划中明确提出九大战略性新兴产业，具体包括：新一代信息技术、生物技术、新能源、新材料、高端装备、新能源汽车、绿色环保、航空航天、海洋装备。其中新一代信息技术产业居于首位。关于发展"新一代信息技术产业"的主要内容是："加快建设宽带、泛在、融合、安全的信息网络基础设施，推动新一代移动通信、下一代互联网核心设备和智能终端的研发及产业化，加快推进三网融合，促进物联网、云计算的研发和示范应用。着力发展集成电路、新型显示、高端软件、高端服务器等核心基础产业。提升软件服务、网络增值服务等信息服务能力，加快重要基础设施智能化改造。大力发展数字虚拟等技术，促进文化创意产业发展。"

国家"十四五"规划明确了未来数字经济七大重点产业，包括云计算、大数据、物联网、工业互联网、区块链、人工智能、虚拟现实和增强现实。

1.3.1 云计算

"云"是一些可以自我维护和管理的虚拟计算资源，通常为一些大型服务器集群，包括计算服务器、存储服务器等。云计算将所有的计算资源集中起来，由软件实现自动管理，应用提供者无须关注烦琐的细节，可以更加专注于自己的业务，有利于创新和降低成本。

1. 云计算的定义

狭义云计算是指基础设施的交付和使用模式，即通过网络以按需、易扩展的方式获得所需的资源（包括软件、硬件和平台）。提供资源的网络被称为"云"。"云"中的资源在使用者看来是可以无限扩展的，并且可以随时获取、按需使用、随时扩展、按使用付费。这种特性使得云被称为像水电一样使用的基础设施。

广义云计算是指服务的交付和使用模式，即通过网络以按需、易扩展的方式获得所需的服务。这种服务可以是与软件、互联网相关的，也可以是任意其他的服务。

2. 云计算的特征

云计算通过不断提高"云"的处理能力，进而减少用户终端的处理负担，最终将用户终端简化为输入输出设备，并能按需享受"云"强大的计算处理能力。云计算的核心思想是将大量用网络连接的计算资源纳入统一管理和调度，构成一个计算资源池，向用户提供按需服务。云计算的特征主要表现为超大规模、高可扩展性、虚拟化、高可靠性、通用性、廉价性和灵活定制。

（1）超大规模。"云"具有相当大的规模，以阿里云为例，截至 2020 年，阿里云在全球 22 个地域部署了上百个数据中心，服务器的总规模数已经接近 200 万台。"云"能赋予用户前所未有的计算能力。云业务的需求和使用与具体的物理资源无关，信息技术（IT）系统和业务均可运行在虚拟平台之上。云计算支持用户在任何有互联网的地方，使用任何上网终端获取应用服务。用户所请求的资源来自规模巨大的云平台。

（2）高可扩展性。"云"不仅规模超大，还可以动态伸缩，满足应用和用户规模增长的需要。

（3）虚拟化。云计算是一个虚拟的资源池，用户所请求的资源来自"云"，而不是固定的有形实体。用户只需要一台笔记本或者一部手机，就可以通过网络服务实现所需要的一切，甚至包括超级计算。

（4）高可靠性。用户无须担心个人计算机崩溃导致的数据丢失，因为其所有的数据都保存在"云"上。

（5）通用性。云计算没有特定的应用，同一个"云"可以同时支撑不同的应用运行。

（6）廉价性。由于"云"的特殊容错措施，因而可以采用廉价的节点来构成"云"。云计算将数据送到互联网的超级计算机集群中进行处理，个人只需支付低廉的服务费用，就可完成数据的计算和处理。企业无须负担日益高昂的数据中心管理费用，从而大大降低了成本。

（7）灵活定制。用户可以根据自己的需要定制相应的服务、应用及资源，根据用户的需求，"云"来提供所需的服务。

3. 云计算的分类

1）按服务类型分类

按服务类型的不同，云计算可分为基础设施云（Infrastructure Cloud）、平台云（Platform Cloud）和应用云（Application Cloud）三种。

- 基础设施云。为用户提供的是底层的、接近于直接操作硬件资源的服务接口，用户通过调用这些接口，可以直接获得计算和存储能力，而且自由、灵活，几乎不受逻辑上的限制。但是，用户需要进行大量的工作设计和实现自己的应用，因为基础设施云除了为用户提供计算和存储等基础功能外，一般不进一步扩展应用类型。
- 平台云。为用户提供托管平台，用户可以将他们开发和运营的应用托管到云平台中。但是，这个应用的开发部署必须遵守该平台特定的规则和限制，如语言、编程框架、数据存储模型等。
- 应用云。为用户提供可以为其直接所用的应用，针对某一项特定的业务或功能。但是，其灵活性也是最低的，因为一种应用云只针对一种特定的业务或功能。

2）按部署范围分类

按部署范围的不同，云计算可分为公有云（Public Cloud）、私有云（Private Cloud）和混合云（Hybrid Cloud）三种。

- 公有云。指通过互联网提供服务的云，所有的基础设施均由云服务提供商负责，用户只需拥有能够接入网络的终端即可。对使用者而言，其所应用的程序、服务及相关数据都来自公有云的提供者，只需要通过配置公有云中的虚拟化私有资源，即可获得相应的服务，无须进行相应的投资和建设。
- 私有云。指使用自有基础设施构建的云，其提供的服务仅供内部人员或分支机构使用。私有云的部署比较适合于有众多分支机构的大型企业或政府部门。大型企业数据中心的集中化趋势日益明显，私有云将会成为企业部署信息系统的主流模式。
- 混合云。指部分使用公有云、部分使用私有云所构建的云，其提供的服务可以供他人使用。混合云可以结合公有云和私有云的优势，但其部署方式对服务提供者的技术要求较高。

4. 云计算的服务类型

云计算从一开始就以实现一切即服务（Everything as a Servic，EaaS）为首要任务。从体系结构上看，云计算的服务类型如图 1-3 所示，不仅实现了按需提供所需的资源，也同时定义了新的应用开发模型。

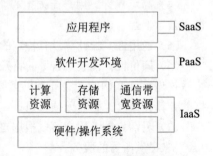

图 1-3　云计算的服务类型

1）基础设施即服务

基础设施即服务（Infrastructure as a Service，IaaS）指的是以服务形式提供服务器、存储和网络硬件。一般利用网格计算架构建立虚拟化的环境，网络光纤、服务器、存储设备、虚拟化、集群和动态配置软件被涵盖在 IaaS 之中。在 IaaS 环境中，用户相当于在使用裸机和存储设备，虽然可以在其上运行操作系统，但用户必须自己考虑如何让多台机器协同工作。IaaS 的最大优势在于允许用户动态申请或释放节点，按使用量计费。运行 IaaS 的服务器规模通常多达几十万台，用户可以认为能够申请的资源是无限的。由于 IaaS 是供公众共享的，因而资源使用率较高。

2）平台即服务

平台即服务（Platform as a Service，PaaS）在 IaaS 之上，把软件开发环境作为一种服务来提供，指的是以服务形式将应用程序开发及部署平台提供给第三方开发人员。PaaS 一般包含数据库、中间件及开发工具，均以服务形式通过互联网提供。

3）软件即服务

软件即服务（Software as a Service，SaaS）指的是将应用程序以服务形式提供给用户，应用程序可以是公有云提供商提供的商用 SaaS 应用，或私有云提供商提供的商用或定制的 SaaS 应用。SaaS 一般通过浏览器将程序提供给成千上万的用户使用。

1.3.2　大数据

大数据是重要的生产要素，是数据的集合，以容量大、类型多、速度快、精度准、价值高为主要特征。大数据产业是以数据生成、采集、存储、加工、分析、服务为主的战略性新兴产业，是激活数据要素潜能的关键支撑，是加快经济社会发展质量变革、效率变革、动力变革的重要引擎。

1. 大数据的定义

维基百科对大数据的定义是：巨量数据、大资料，是指所涉及的数据量规模巨大到无法通过当前的技术和工具，在一定的时间内进行截取、管理、处理，并整理成需求者所需要的决策信息。

被誉为"大数据时代的预言家"的维克托·迈尔 - 舍恩伯格、肯尼思·库克耶在其专著《大数据时代：生活、工作与思维的大变革》中对大数据的定义为：大数据是人们获得新的认知、创造新的价值的源泉。大数据是人们在大规模数据的基础上可以做到的事情，而这些事情在小规模的数据基础上是无法完成的。

本教程在学术领域及各个研究机构和行业研究的基础上，将大数据定义为：海量数据或巨量数据，其规模巨大到无法通过目前主流的计算机系统在合理时间内获取、存储、管理、处理并提炼以帮助使用者决策。

2. 大数据的特征

目前关于大数据的特征的说法还具有一定的争议，本教程采用普遍被接受的 4V——规模性（Volume）、多样性（Variety）、价值密度（Value）和速度（Velocity）进行描述，如图 1-4所示。

（1）规模性（Volume）。非结构化数据的超大规模和增长，导致数据集合的规模不断扩大，数据的单位已从 GB 到 TB（1TB=1024GB）再到 PB（1PB=1024TB）级，甚至开始以 EB（1EB=1024PB）和 ZB（1ZB=1024EB）来计数。

（2）多样性（Variety）。大数据的类型不仅包括数字、日期、文字等结构化数据，还包括网络日志、音频、视频、图片、地理位置信息等半结构化数据甚至是非结构化数据，具有异构性和多样性的特点。

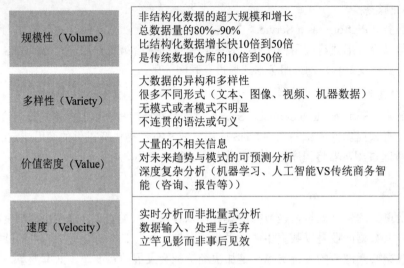

图 1-4   大数据的 4V 特征

（3）价值密度（Value）。大数据本身存在较大的潜在价值，但由于大数据的数据量过大，其价值往往呈现稀疏性的特点。单位数据的价值密度在不断降低，但是数据的整体价值在提高。

（4）速度（Velocity）。大数据的处理速度非常快，这是衡量大数据的一个重要特征。数据是在线的，是随时能调用和计算的，这是大数据区别于传统数据最大的特征。

3. 大数据的结构分类

在大数据时代，移动通信、云计算、传感器、普适计算等新技术逐步融入生产、生活和社会管理全过程。由于生产、生活和社会管理是一个复杂的系统，大数据由来自多个来源的异构数据组成，极为复杂。从数据结构化的程度来看，大数据的类型可以分为结构化数据、半结构化数据和非结构化数据。

（1）结构化数据。结构化的数据一般是指可以使用关系型数据库表示和存储，可以用二维表来逻辑表达实现的数据。结构化数据通常是先有结构再有数据。

（2）半结构化数据。半结构化数据是结构化数据的一种形式，并不符合关系型数据库或其他数据表的形式关联起来的数据模型结构，但包含相关标记，用来分隔语义元素，以及对记录和字段进行分层，数据的结构和内容混在一起，没有明显的区分，因此也被称为自描述的结构。半结构化数据通常是先有数据再有结构。简单地说，半结构化数据就是介于完全结构化数据和完全无结构的数据之间的数据。例如，超文本标记语言（Hyper Text Markup Language，HTML）文档，JS 对象标记（JavaScript Object Notation，JSON），可扩展标记语言（EXtensible Markup Language，XML）和一些 NoSQL 数据库等就属于半结构化数据。

（3）非结构化数据。顾名思义，非结构化数据就是没有固定结构的数据，包括所有格式的办公文档、文本、图片、各类报表、图像和音频 / 视频信息等都属于非结构化数据。对于这类数据，一般直接整体进行存储，而且一般存储为二进制的数据格式。

4. 大数据系统与常用技术

1）Hadoop 生态系统

Hadoop 是一个能够对大量数据进行分布式处理的软件框架，具有可靠、高效、可伸缩的特点。Hadoop2.0 主要由三部分组成：Hadoop 分布式文件系统（Hadoop Distributed File System，HDFS），MapReduce 编程模型和 Yarn 资源管理。整个 Hadoop 家族由几个子项目组成，如图 1-5 所示。

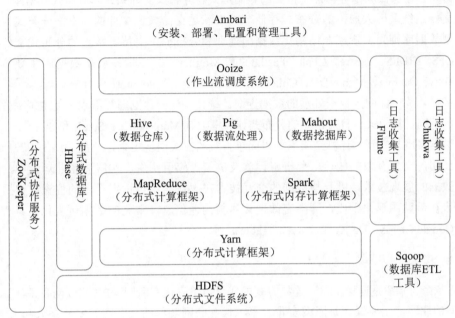

图 1-5　Hadoop2.0 生态系统图

- HDFS。HDFS 是 Hadoop 平台的分布式文件存储系统，HDFS 集群包含了一个 NameNode（主节点），这个节点负责管理所有文件系统的元数据及存储真实数据的 DataNode（数据节点，可以有很多个）。HDFS 具有高容错性、适合大数据批处理、可构建在廉价机器上等优点，缺点是不支持低延迟数据访问、小文件存取、并发写入、文件随机修改。
- MapReduce。MapReduce 是一个计算模型，用于大规模数据集的并行运算，极大地方便了编程人员在不懂分布式并行编程的情况下，将自己的程序运行在分布式系统上。
- Yarn。Yarn 是在 Hadoop2.x 中才引入的一个新的机制，在 Hadoop1.x 中，MapReduce 需要同时做任务管理和资源分配，引入 Yarn 之后，Hadoop 的资源管理任务全交由 Yarn 处理，从而实现存储、任务、资源的分离。

2）大数据处理技术

大数据应用，一般包括数据采集、数据存储、数据计算和数据展现与交互。

- 数据采集。数据采集是大数据价值挖掘重要的一环，其后的数据分析和挖掘都建立在采集的基础上。大数据技术的意义不在于其规模庞大的数据信息，而在于对这些数据进行智能处理，从中分析和挖掘出有价值的信息。数据的采集包含基于网络信息的数据采集（例如交通摄像头的视频图像采集），也包含基于互联网的数据采集（例如对各类网络媒介的各种页面信息和用户访问信息进行采集）。在互联网数据采集中，每天会产生大量的日志（一般为流式数据，如搜索引擎的页面浏览量、查询等），处理这些日志需要特定的日志系统，目前比较常见的开源日志采集系统有 Flume、Scribe 和 Kafka 等。

● 数据存储。由于大数据的存储量极大，因此其存储设备需要具有高扩展性、高可用性、自动容错和低成本等特点。常见的存储形式有分布式文件系统和分布式数据库。分布式文件系统采用大规模的分布式存储节点来满足存储大量文件的需求，分布式的非关系型数据库则为大规模非结构化数据的处理和分析提供支持。常见的分布式文件系统有 GFS、HDFS、Lustre、Ceph、FastDFS 和 MogileFS 等，非关系型数据库主要有 Redis、Tokyo Cabinet、MongoDB、CouchDB、Cassandra、Voldemort 和 HBase。

● 数据计算。面向大数据处理的数据查询、统计、分析、挖掘等需求，促生了大数据计算的不同计算模式。目前常见的分布式计算框架有 MapReduce、Spark 和 Storm。

● 数据展现与交互。计算结果需要以简单直观的方式展现出来，才能最终为用户所理解和使用，支持有效的统计、分析、预测及决策，应用到生产实践和企业运营中，因此大数据的展现技术，以及与数据的交互技术在大数据中也占据重要的位置。数据可视化旨在借助图形化手段，清晰有效地传达与沟通信息。常见的数据可视化工具有 Excel、Google Charts、D3.js、Echarts 和 Tableau 等。

1.3.3　物联网

网络革命的本质是连接主体和连接方式的变化：第一代互联网（PC 互联网）是计算机与计算机之间的联网，主要媒介是固网宽带；第二代互联网（移动互联网）本质是人和人的联网，载体为智能手机等可移动设备，连接方式也由固定线路向无线网络发展。物联网，即人与物、物与物的万物互连，利用多种连接方式实现信息的主动或被动传输，将成为新一代网络变革的方向。

1. 物联网的定义

物联网是在互联网基础上延伸和扩展的网络。

2010 年我国政府工作报告中对物联网的定义为：物联网是指通过信息传感设备，按照约定的协议，把任何物品与互联网连接起来，进行信息交换和通信，实现智能化识别、定位、跟踪、监控和管理的一种网络。

2014 年 ISO/IEC JTC1 SWG5 物联网特别工作组对物联网的定义为：物联网是一个将物体、人、系统和信息资源与智能服务相互连接的基础设施，可以利用它来处理物理世界和虚拟世界的信息，并做出反应。

2. 物联网的特点

从物联网的本质角度来看，物联网具有互连、识别与通信、智能化三个特点。

（1）互连。对需要联网的"物"一定要能够实现互联互通。

（2）识别与通信。纳入联网的"物"一定要具备自动识别物与物通信（Machine-To-Machine，M2M）的功能。

（3）智能化。网络系统应该具有自动化、自我反馈与智能控制的特点。

从产业的角度来看，物联网具备以下六个特点：

（1）感知识别普适化。无所不在的感知和识别将传统上分离的物理世界和信息世界高度融合。

（2）异构设备互连化。各种异构设备利用通信模块和协议自组成网，异构网络通过"网关"互联互通。

（3）联网终端规模化。物联网时代每一件物品均具有通信功能，可作为网络终端。

（4）管理调控智能化。物联网高效可靠，能组织大规模数据，与此同时，运筹学、机器学习、数据挖掘、专家系统等决策手段将广泛应用于各行各业。

（5）应用服务链条化。以工业生产为例，物联网技术覆盖了从原材料引进、生产调度、节能减排、仓储物流到产品销售、售后服务等各个环节。

（6）经济发展跨越化。物联网技术有望成为从劳动密集型向知识密集型，从资源浪费型向环境友好型转化的重要动力。

从应用角度来看，物联网具备领域性、多样化的特征。物联网应用通常具有领域性，几乎社会生活的各个领域都有物联网应用需求。

3. 物联网的分类

1）按照部署方式分类

按照部署方式分类，物联网可分为私有物联网、公有物联网、社区物联网和混合物联网。

- 私有物联网。顾名思义，私有物联网就是私人拥有的小型网络。就像互联网中的局域网一样，主要存在于一些公司企业的内部网络中。这些网络主要完成公司内部的相关服务，并且由公司自己进行维护和实施。
- 公有物联网。对象是公众或大型用户群体。基于互联网，涵盖广阔，网络上的信息被大家共有，提供的服务也就更广泛，主要由所属机构自己运营维护。
- 社区物联网。向一个关联的"社区"或机构群体提供服务，可能由两个或两个以上的机构协同运行和维护，主要存在于内网和专网中。内网，即局域网，是指在某一区域内或行业内由多台计算机相互连成的计算机组。专网指专用网络，是遵守 RFC 1918 和 RFC 4193 规范，使用私有 IP 地址空间的网络。私有 IP 无法直接连接互联网，需要公网 IP 转发。
- 混合物联网。是私有物联网、公有物联网、社区物联网中任意多个网络的组合，在后台统一运行维护。

2）按照应用领域分类

按照应用领域，可将物联网根据不同的业务进行分类。如医疗行业的医疗卫生物联网，交通行业的交通物联网，生活相关的家居生活物联网，如图 1-6 所示。

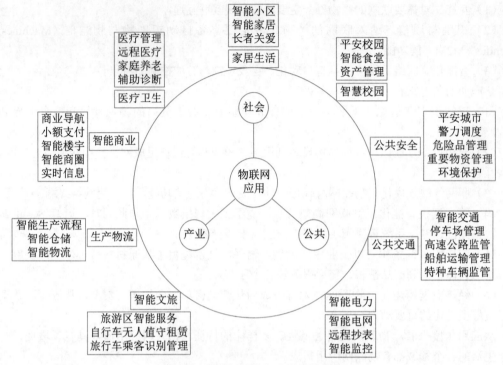

图 1-6   物联网按照应用领域的分类

3）基于物联网业务对传输速率的需求分类

基于物联网业务对传输速率的需求不同，物联网业务可分为高速率、中速率及低速率业务，具体如表 1-2 所示。

表 1-2   物联网业务基于传输速率需求的分类

业务分类	速度要求	业务占比	应用场景	网络接入技术要求	可采用技术
高速率	>10Mb/s	10%	监控摄像、数字医疗、车载导航和娱乐系统等对实时性要求较高的业务	低时延、高速率	3G、4G、5G 新技术等
中速率	<1Mb/s	30%	POS、智慧家居、储物柜等高频使用但对实时性要求低的场景	时延 100ms 级	2G GPRS/CDMA
低速率	<200Kb/s	60%	传感器、计量表、智慧停车、物流运输、智慧建筑等使用频次低但总数可观的应用场景	深度覆盖、超低成本、超低功耗、海量连接、时延不敏感（秒级）	NB-IoT、LoRa、Sigfox

1.3.4   工业互联网

工业互联网作为信息技术与工业经济深度融合的全新工业生态，已发展成为关键基础设施和新型的应用模式,它通过人、机、物、系统的全面互连,实现了全要素、全产业链、全价值链的连接,在全球范围内颠覆了传统的制造模式、生产组织方式和产业形态。工业互联网将推动全新工业生产制造和服务体系的形成,成为企业数字化转型和经济高质量发展的重要途径。

1. 工业互联网的定义

工业互联网不是一种技术门类,而是一种社会形态。它的产生是由于人类在各种技术,尤其是在物联网、互联网、云计算、大数据技术上的积累,这些技术积累到一定程度就产生了突破,带动社会进入工业互联网时代。

我国工业互联网产业联盟发布的《工业互联网体系架构》报告中指出,"工业互联网是互联网和新一代信息技术与工业系统全方位深度融合所形成的产业和应用生态,是工业智能化发展的关键综合信息基础设施。其本质是以机器、原材料、控制系统、信息系统、产品以及人之间的网络互连为基础,通过对工业数据的全面深度感知、实时传输交换、快速计算处理和高级建模分析,实现智能控制、运营优化和生产组织方式变革"。

工业互联网不是工业的互联网,也不是互联网的工业,更不是社交、消费互联网在工业领域的简单应用,而是通过工业与互联网的深度结合,借力数字技术,实现对产业的优化与整理、深度赋能和改造。

2. 工业互联网的构成

工业互联网包含网络、平台、数据、安全四大体系,既是工业数字化、网络化、智能化转型的基础设施,也是物联网、大数据、云计算、AI、5G 等技术与实体经济深度融合的应用模式,同时也是一种新产业与新业态,将重塑企业形态、供应链和产业链。

在工业互联网四大体系中,网络体系是工业互联网的基础,包括网络互连、数据互通、标识解析三部分;平台体系是工业互联网的中枢,包括边缘层(与设备连接)、IaaS 层、PaaS 层、SaaS 层四部分,是工业互联网的"操作系统";数据体系是工业互联网的要素,是工业互联网价值创造的源泉;安全体系是工业互联网的保障,针对工业互联网涉及范围广、影响大、企业防护基础弱的特点,提供设备、控制、网络、平台、工业应用的整体保护,保障工业互联网平稳运行。

3. 工业互联网的关键技术

1)5G 技术

5G 技术作为移动通信技术的典型代表,具有大带宽、低延时、高可靠的特性。5G 技术弥补了通用网络技术难以完全满足工业生产要求的技术短板,并通过灵活部署,帮助工业企业加快工厂生产内网的网络化改造。

2)TSN 技术

时间敏感网络(Time Sensitive Networking,TSN)技术用以太网物理接口实现工业有线连接,并基于 IEEE 802.1 实现工业以太网数据链路层传输。TSN 技术遵循标准以太网协议体系要求,打破原有封闭协议模式,提高了工业设备的连接性和通用性,具有良好的互联互通能力。在提供确定性时延、带宽保证等能力的同时,TSN 技术实现标准、开放的二层转发,提升了互操作性，为传统运营技术与互联网技术网络向融合扁平化的架构演进提供了技术支撑。由于 TSN 的互操作架构是基于 SDN 体系架构的，因此 TSN 技术可实现设备以及网络的灵活配置、监控、管理及按需调优。TSN 技术的时间片调度、抢占、流监控以及过滤等一系列网络流量调度特性，能有效支撑二层网络，为不同等级的数据业务流提供了差异化的承载服务，有助于工业数据在工业设备和工业云之间的传输和流转能力的提升。

3）IPv6 技术

工业互联网网络连接设备数量呈指数级增长，IP 地址短缺日益严重。IPv6 协议地址使用十六进制表示，长度在 IPv4 地址的基础上扩展为 128 位，地址前 64 位在整个互联网中进行路由查询，用来标识互联网中其所属的子网络，地址后 64 位为其在子网中的具体节点地址。IPv6 环境下，同一子网约含有 185 亿个地址空间，可以满足工业互联网海量设备节点的网络地址需求。

4）标识解析体系

工业互联网中每个物品、元件，甚至有的生产关键信息都有唯一的"身份证"，这个"身份证"就是标识。当前工业企业广泛建设和使用标识，但是目前大多数企业的标识还是体系自有，标识编码规则和解析系统之间相互独立，阻碍了标识数据的跨域共享和交互。

5）边缘计算技术

边缘计算技术是指通过靠近物或数据源头，实现计算、网络、存储等多维度资源的统一协同调度及全局优化。通过云计算、网络的协同联动，边缘计算技术打通云、边、网、端等关键环节，实现了工业互联网数据的纵向集成，可满足工业在敏捷连接、实时业务、数据聚合、应用智能等方面的关键需求。作为工业互联网数据的第一入口，边缘计算基础设施是各类工业应用的重要载体。

6）工业智能技术

工业智能（亦称工业人工智能）技术是人工智能技术与工业融合发展形成的，贯穿于设计、生产、管理、服务等工业领域的各个环节，已经实现了模仿甚至超越人类感知、分析、决策等能力的技术、方法、产品及应用系统。工业智能技术包括专家系统、机器学习、知识图谱、深度学习等，已在工业系统各层级、各环节广泛应用，其细分应用场景已达到数十种。

7）数字孪生技术

数字孪生技术是指通过数字空间实时构建物理对象（包括资产、行为、过程等）的精准数字化映射，通过针对数字空间的分析预测支持形成最佳综合决策，进而实现工业全业务流程的闭环优化。数字孪生技术以数据与模型的集成融合为核心，是由制造技术、信息技术和融合性技术交织在一起形成的新产物、新模式，覆盖产品全生命周期及生产的全过程。

8）区块链技术

区块链技术在工业互联网中能够解决高价值制造数据的追溯问题，充分发挥促进数据共享、优化业务流程、降低运营成本、提升协同效率、建设可信体系等方面的作用，有助于打通数据孤岛，加速工业企业内部的生产流程管理和设备安全互连。此外，区块链技术还能够辅助制造业在不同主体间进行高效协同，例如在工业企业之间实现产业链协同，在工业企业和金融机构之间构筑可信互连的新型产融协同生态。

9）虚拟现实（VR）/增强现实（AR）技术

VR/AR 技术在工业领域中有诸多应用场景。例如，工程师和设计师可以使用 VR/AR 技术，以新的动态方式协作、审查 3D 模型和数字原型。此外，AR 技术还能够实现产品可视化，增强显示产品操作说明，改善现场机械和产品的操作水平等。VR/AR 技术在产品开发、设计、制造、销售、服务、物流、培训、产品体验等多个环节均可进行部署应用，其可视化和增强功能将会对工业生产带来较大的影响。

1.3.5　区块链

区块链（Blockchain）技术作为以去中心化方式集体维护可信数据库的技术，正与大数据、云计算、人工智能、5G 等新一代信息技术快速融合，已应用到政务、医疗、公益慈善、司法治理等各个重要领域，支持推动人类从信息互联网时代步入价值互联网时代。

1. 区块链的定义及发展

根据工信部 2016 年 10 月发布的《中国区块链技术和应用发展白皮书》的定义：区块链是一种按照时间顺序将数据区块以顺序相连的方式组合成的一种链式数据结构，并以密码学方式保证的不可篡改和不可伪造的分布式账本。区块链可以理解为一个多方协作数据库，区块链技术是一种分布式账本的记账技术。ISO 22739《区块链和分布式记账技术术语》国际标准中，将区块链定义为使用密码技术链接，将共识确认过的区块按顺序追加而形成的分布式账本。狭义上，区块链是一种链式数据结构，一种分布式账本。广义上，区块链是一种技术，是利用块链式数据结构来验证与存储数据、利用分布式节点共识算法来生成和更新数据、利用密码学的方式保证数据传输和访问的安全、利用由自动化脚本代码组成的智能合约来编程和操作数据的一种全新的分布式基础架构与计算范式。

经过十余年的发展，区块链已逐渐被社会认知，并应用于多个领域。区块链发展大致经历了三个阶段：

（1）第一阶段：技术验证阶段。2009 年至 2013 年，区块链被应用在比特币的交易信息加密传输上。

（2）第二阶段：平台发展阶段。2014 年至 2017 年，随着智能合约的提出，区块链实现可编程，可记录程序计算结果，极大丰富了应用潜力，进入平台发展阶段。该阶段区块链主要应用于金融领域，在无须第三方介入的情况下，解决数字资产兑换、转账操作、跨行支付等问题。

（3）第三阶段：产业应用阶段。2018 年至今，区块链技术作为未来的可信基础设施，拓展到金融行业之外的其他各行业的应用中，被广泛应用于供应链管理、司法记录、数字版权、食药溯源、交通出行等多个领域，区块链与实体经济深度结合。

2. 区块链技术的特点

区块链通过哈希加密、非对称加密、数字签名等密码学方法实现用户的匿名以及交易的确认，通过共识机制对共同维护的数据达成一致，对信任危机提出了新的解决思路，具有多方协作、不可篡改、可追溯三大特点。

（1）多方协作。区块链网络中分布着众多节点，节点之间具有平等的权利与义务，整个系统由所有节点共同维护，节点之间无须通过单一中心机构即可直接进行数据交换。

（2）不可篡改。区块链中很多环节均使用了密码学技术，可保证信息一旦添加到链上就无法被篡改，数据更加安全可靠，避免了一切人为操作的可能性。由于其分布式存储的特性，若想篡改信息至少要掌握网络中 51% 的数据节点，在实践过程中是无法实现的。

（3）可追溯。由于区块链使用哈希算法，它的链接形式是后一个区块拥有前一个区块的哈希值，每一个区块都和前一个区块有联系，串联起来形成了区块链。区块链上保存了从第一个区块开始的所有历史数据，区块链上任意一条记录都可以进行追溯。

3. 区块链的分类

按照开放程度进行分类，区块链可分为公有链、私有链和联盟链。

（1）公有链。假设世界不可信，用户可以作为一个新节点，在任意时间、任意地点接入区块链，根据共识机制、工作量证明（Proof of Work，PoW）和股份证明（Proof of Stake，PoS）匿名进行交易的发送、数据的读写和验证。

（2）联盟链。假设组织不可信，在联盟链中，多个创建节点共同进行准则的建立、权限的设定、过程的监管。其他接入节点只能按规则进行交易，但不参与其他过程。

（3）私有链。假设组织内部或者"队友"不可信，私有链建立在某个组织内部，系统的运作规则根据组织要求进行设定，修改权限甚至是读取权限仅限于少数节点，同时仍保留着区块链的真实性和部分去中心化的特性。

4. 区块链的核心技术

近年来，学术界、产业界持续加大对区块链相关技术的研究力度，分布式存储、共识机制、智能合约、加密算法等关键技术取得新进展，跨链、分片等技术研究深度进一步下沉。

1）分布式存储

区块链本质上是一个分布式的公共账本，将各个区块连成一个链条，实际上是一种点对点的记账系统（一个总账本），每一个节点都可以记录信息。区块链中数据以区块的方式永久储存，区块按时间顺序逐个先后生成并连接成链，每一个区块记录了创建期间发生的所有交易信息。区块的数据结构一般分为区块头和区块体，如图 1-7 所示。

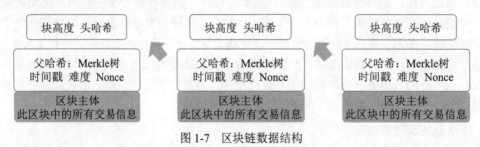

图 1-7   区块链数据结构

2019 年以来，面向区块链数据存储能力的技术研究取得新突破，星际文件系统（Inter Planetary File System，IPFS）等技术有效解决了区块链系统存储能力不足的问题，使超媒体数据上链成为可能。IPFS 是一个面向全球的、点对点的分布式文件系统，帮助万维网在网页寻址、访问效率、数据存储、隐私保护和数据交易等方面取得了大幅提升，通过 IPFS 处理大量数据，将不可变的永久 IPFS 链接放入区块链中，大大提高了区块链系统的存储能力。

2）共识机制

共识机制是在互不信任的网络中对事件前后顺序达成共识的一种算法。区块链技术正是运用共识算法在各个节点间建立去中心化的信任网络，解决记账不一致性的问题，为特定场景中的应用提供保障。主流的区块链系统共识算法有 PoW、PoS、股份授权证明（Delegated Proof of Stake，DPoS）、分布式事务一致性协议（PAXOS）、实用拜占庭容错算法（Practical Byzantine fault tolerance，PBFT）等，各类主流算法基于容错性、性能等因素在中心化程度上存在差异，如图 1-8 所示。此外，Kafka、Raft 协议、软硬件结合共识算法等也正在逐渐被区块链系统所采用。

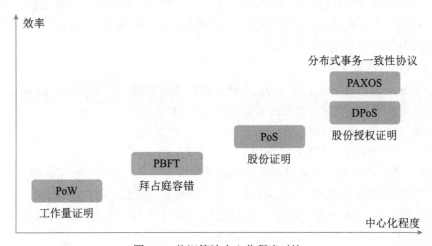

图 1-8　共识算法中心化程度对比

3）智能合约

智能合约是一种基于预定义事件触发、不可篡改、自动执行的计算机协议，旨在以数字方式促进、验证或强制执行合同的谈判或履行。长期以来，由于缺乏可执行、可验证的平台和规模化落地场景，智能合约并未受到广泛关注。2015 年，以太坊打开了智能合约规模化应用的窗口，智能合约在区块链中实现了防篡改、一致性、可审计、自动化执行等能力，从而也成为区块链技术的重要组成部分。

4）加密算法

加密算法将明文信息转换成密文信息，信息的接收方能够通过密钥对密文信息进行解密，获得明文信息。加密算法分为对称加密和非对称加密两种，区块链系统主要应用非对称加密算法来确认交易主体身份、交易数据消息摘要和信息安全编码解码。

5）跨链技术

跨链技术本质上是一种将区块链上的数据或信息安全可信地转移到另外一条区块链上，并在其链上产生预期效果的一种技术。当前区块链应用大多聚焦在局部单一领域，重点解决"局域网"内部的商业协作。随着商业应用大规模落地，各场景下现有的局部数字资产流转已经不能满足未来数字经济的发展需求，如何突破不同区块链之间互通性的限制，实现跨行业跨领域的深度互链，成为突破行业发展瓶颈的关键。

6）分片技术

分片是一种通过将数据库分割为不同片区以达到系统扩容的技术。当多笔交易数据进入区块链系统中，各片区将分别处理一部分输入的交易数据，使更多的交易能够同时被处理和验证。分片技术能够提高区块链系统交易处理和确认的并发性，进而提高整个网络的数据吞吐能力，提高交易数据处理验证效率，提升区块链系统服务能力，有效降低全网的交易转账成本。

5. 区块链技术融合应用

区块链作为基础支撑性技术可以与隐私计算、人工智能、物联网、分布式数字身份等技术相互融合，区块链为其他技术提供信任基础，其他技术拓展区块链的应用范畴，共同促进下一代信息技术的发展。

1）区块链融合隐私计算

隐私计算是一种由两个以上参与者联合计算的技术和系统，参与者在不泄露各自数据的前提下通过协作对他人的数据进行联合机器学习和联合分析。

隐私计算技术具备诸多优点，具体如下：

- 对个人而言，隐私计算有助于保障个人信息安全；
- 对企业而言，隐私计算可以真正做到数据可用不可见，是履行数据保护义务的关键路径，也可以促进企业的跨界数据合作，释放企业数据价值；
- 对行业而言，隐私计算可以使产业链上下游的各个主体乐于共享自身数据，实现行业数据价值的最大化，推动数据要素市场发展。

隐私计算同样存在一些缺点，具体如下：

- 隐私计算仅解决计算环节的隐私保护问题，无法解决数据共享流通全链条的数据安全、可信问题；
- 缺乏激励机制及可信公平的协作环境。

隐私计算与区块链技术相融合，能实现 $1 + 1 > 2$ 的效果。区块链技术可以为隐私计算带来两个方面的优势：

- 解决参与者数据泄露及全程数据安全问题；
- 培育共享共生的数据要素生态。

2）区块链融合人工智能

人工智能技术为人们带来了便捷，并获得了迅速的发展。由于人工智能技术在数据、算力和算法等方面存在不足，导致数据质量差、信息丢失、算法过分集中等问题，使得技术创新受阻、应用落地实施困难。随着区块链技术不断深入研究，研究者们利用区块链技术的优势，对人工智能技术发展中存在的困难进行改善，并取得了较好的成绩，为我国科学技术的发展提供了一个全新的模式。区块链技术可以为人工智能带来三个方面的优势：

- 区块链有助于人工智能获取更全面的数据；
- 区块链帮助人工智能共享算力；
- 区块链助力人工智能算法追溯监管。

3）区块链融合物联网

基于"区块链＋物联网"构建的协同网络，能够通过区块链的不可篡改、共识机制以及多方协作等特点，实现物联网设备安全防护和物联网数据的隐私保护，解决传统物联网存在的设备信任与数据安全等问题。物联网通过提升分布式数据的安全性、可信性、追溯性和流通性，使得价值安心有序地在人与人、人与物、物与物之间自如流动。区块链技术可以为物联网带来三个方面的优势：

- 提升物联网身份认证能力；
- 提升物联网设备安全防护能力；
- 提升物联网数据管理能力。

4）区块链融合分布式数字身份

可信数字身份是在真实身份核验的基础上，经加密及脱敏处理，由权威机构签发，用于网络空间中证明网络用户的电子文件，与居民法定证件信息具有一一对应关系，实现了端到端的全流程可信认证，符合网络身份的三级认证体系。

在传统的 PKI 系统中，数字证书是认证的核心，它由相对权威的 CA 机构签发，这种中心结构可能存在性能问题，涉及证书的所有操作任务繁重，成为性能短板拖累效率，且一旦上级 CA 机构被攻破，则与之相关联的下级 CA 也会受到牵连。分布式数字身份用分布式基础设施改变了应用厂商控制数字身份的模式，使得用户可以控制和管理数字身份。分布式数字身份通过将数据所有权归还用户，从根本上解决隐私问题，提升了身份的安全性和可移植性。

要使身份具有真正的自我主权，这种基础设施必然需要驻留在分散信任的环境中。区块链技术的出现让自我主权身份（Self-Sovereign Identity，SSI）的实现找到了突破口，作为分布式体系中的代表性技术，区块链可以为数字身份提供基础设施，有望成为分布式数字身份的技术基础。区块链技术用哈希链的数据结构改变了电子数据易被篡改的属性，用"区块＋共识算法"解决分布式系统的数据一致性问题，拜占庭容错能力保证跨实体运行的系统不受少数节点恶意行为的影响，从而解决业务层面的信任难题，有望在服务商之间搭建互联互通的信任协议。

1.3.6 人工智能

1. 人工智能的定义

人工智能是利用数字计算机或者数字计算机控制的机器模拟、延伸和扩展人的智能、感知环境，获取知识并使用知识获得最佳结果的理论、方法、技术及应用系统。人工智能系统在理想情况下应具有一定的自适应特性和学习能力，即具有一定的随环境、数据或任务变化而自适应调节参数或更新优化模型的能力。根据人工智能是否能真正实现推理、思考和解决问题，可以将人工智能分为弱人工智能和强人工智能。

弱人工智能指不能真正实现推理和解决问题的智能机器，这些机器表面看像是智能的，但是并不真正拥有智能，也不会有自主意识。强人工智能是指真正能思维的智能机器，并且该智能机器是有知觉的和有自我意识的，这类机器可分为类人（机器的思考和推理类似人的思维）与非类人（机器产生了和人完全不一样的知觉和意识，使用和人完全不一样的推理方式）两大类。迄今为止的人工智能系统都还是实现特定功能的专用智能，而不是像人类智能那样能够不断适应复杂的新环境并不断涌现出新的功能，因此都属于弱人工智能。当前的主流研究仍然集中于弱人工智能，其中语音识别、图像处理和物体分割、机器翻译等方面取得了重大突破，甚至可以接近或超越人类水平。

2. 人工智能的特征

人工智能具有以下特征：

（1）由人类设计，为人类服务，本质为计算，基础为数据。

从根本上说，人工智能系统必须以人为本，这些系统是人类设计出的机器，按照人类设定的程序逻辑或软件算法，通过人类发明的芯片等硬件载体来运行或工作，其本质体现为计算，通过对数据的采集、加工、处理、分析和挖掘，形成有价值的信息流和知识模型，为人类提供延伸人类能力的服务，实现人类期望的一些"智能行为"的模拟，在理想情况下必须体现服务人类的特点，而不应该伤害人类，特别是不应该有目的性地做出伤害人类的行为。

（2）能感知环境，能产生反应，能与人交互，能与人互补。

人工智能系统应能借助传感器等器件产生对外界环境（包括人类）进行感知的能力，可以像人一样通过听觉、视觉、嗅觉、触觉等接收来自环境的各种信息，对外界输入产生文字、语音、表情、动作（控制执行机构）等必要的反应，甚至影响到环境或人类。借助按钮、键盘、鼠标、屏幕、手势、体态、表情、力反馈、虚拟现实／增强现实等方式，人与机器间可以产生交互与互动，使机器设备越来越"理解"人类，乃至与人类共同协作、优势互补。这样，人工智能系统能够帮助人类做人类不擅长、不喜欢但机器能够完成的工作，而人类则全身心投入创造性、洞察力、想象力、灵活性、多变性等情感相关性的工作。

（3）有适应特性，有学习能力，有演化迭代，有连接扩展。

人工智能系统在理想情况下应具有一定的自适应特性和学习能力，即具有一定的随环境、数据或任务变化而自适应调节参数或更新优化模型的能力，并且能够在此基础上通过与云、端、人、物越来越广泛深入地进行数字化连接扩展，实现机器客体乃至人类主体的演化迭代，使系统具有适应性、鲁棒性、灵活性、扩展性，应对不断变化的现实环境，从而使人工智能系统在各行各业产生丰富的应用。

3. 人工智能的关键技术领域

人工智能的关键技术领域包括机器思维、机器感知、机器行为、机器学习、计算智能、分布智能、智能系统、人工心理和人工情感。

（1）机器思维。机器思维主要模拟人类的思维功能。在人工智能中，有关的研究主要包括推理、搜索、规划等。

（2）机器感知。机器感知作为机器获取外界信息的主要途径，是机器智能的重要组成部分，有关的研究主要包括机器视觉、模式识别和自然语言处理。

（3）机器行为。机器行为既是智能机器作用于外界环境的主要途径，也是机器智能的重要组成部分。机器行为的研究内容较多，主要包括智能控制、智能制造等。

（4）机器学习。机器学习是机器获取知识的根本途径，同时也是机器具有智能的重要标志。有人认为，一个计算机系统如果不具备学习功能，就不能称其为智能系统。机器学习有多种不同的分类方法，按照对人类学习的模拟方式划分，机器学习可分为符号学习和网络学习（或联结学习）。直接采用数学方法的机器学习方式主要有统计机器学习等。

（5）计算智能。计算智能（Computational Intelligence，CI）是借鉴仿生学的思想，基于人们对生物体智能机理的认识，采用数值计算的方法模拟和实现人类的智能。计算智能的主要研究领域包括神经计算、进化计算和模糊计算等。

（6）分布智能。分布式人工智能（Distributed Artificial Intelligence，DAI）是随着计算机网络、计算机通信和并发程序设计技术发展起来的新的人工智能研究领域。它主要研究在逻辑上或物理上分布的智能系统之间如何相互协调各自的智能行为，实现问题的并行求解。分布式人工智能的研究目前有两个主要方向，一个是分布式问题求解，另一个是多代理系统。

（7）智能系统。智能系统可以泛指各种具有智能特征和功能的软硬件系统。前面所讨论的研究内容几乎都能以智能系统的形式出现，例如智能控制系统、智能检索系统、专家系统和智能决策支持系统等。

（8）人工心理和人工情感。在人类神经系统中，智能并不是一个孤立现象，它往往和心理与情感联系在一起。心理学的研究结果表明，心理和情感会影响人的认知，即影响人的思维，因此在研究人工智能的同时也应该开展对人工心理和人工情感的研究。

1.3.7　虚拟现实（VR）和增强现实（AR）

1. VR/AR 的定义

虚拟现实是指用户完全沉浸在计算机生成的虚拟环境中，并在很大程度上隔离其物理环境的封闭式体验。其关键要素是沉浸感、交互性、假想性，需要设计并营造出虚拟场景，使用户与虚拟场景中的内容发生实时交互。

增强现实则强调虚拟信息与现实环境的融合，用户可以直接或间接观察真实场景，数字元素叠加到现实世界的对象和背景上。简单地说，AR 就是对现实场景进行补充，但不完全取代现实场景，通过虚实融合来增强用户对真实环境的理解和感受，以此来达到"增强"效果。其关键要素是现场感、增强性和相关性，即直接显示真实世界现场，对显示内容增加图像、声音、视频等信息，并保证增加的内容和现场在位置、内容、时间等方面具有相关度。

2. VR/AR 的区别

VR 和 AR 在定义、体验、设备、图像、应用五个方面的区别如表 1-3 所示，具体主要表现为设备区别、技术区别和应用场景区别三个方面。

表 1-3　VR 与 AR 的区别

项目	VR	AR
定义	利用计算机生成一种虚拟环境，使用户沉浸到该环境中	原本在现实世界的空间范围中比较难以进行体验的实体信息在计算机等科学技术的基础上实施模拟仿真处理，将虚拟信息内容叠加在现实世界中加以有效应用
体验	封闭式、沉浸式体验，用户与 VR 世界实时交互	通过将虚拟信息叠加在现实世界，用户处于现实与虚拟世界的交互中
设备	配备定位追踪设备、软件编码设备、交互设备，用于与虚拟场景互动	借助 3D 摄像头实现与现实的交互，带摄像头的产品安装 AR 软件后均可进行 AR 体验
图像	计算机生成虚拟图像，显示方面强调画面逼真、清晰度高	计算机基于现实世界绘制虚拟图像，呈现方面强调与现实交互
应用	侧重于机器观摩、直播、社交等大众市场	侧重于工业、军事等垂直应用

（1）设备区别。鉴于 VR 是纯虚拟场景，VR 装备多配有位置追踪器、数据手套、动作捕捉系统、数据头盔等，用于用户与虚拟场景的互动。而 AR 是虚拟与实景的结合，所以设备一般都配有 3D 摄像头，一般而言，只要安装 AR 软件，带摄像头的产品都可以进行 AR 体验。

（2）技术区别。VR 的核心是绘图相关的各项技术，目前在游戏领域应用最广，最为关注的是沉浸感，对图形处理器（Graphics Processing Unit，GPU）性能要求较高。AR 则强调复原人类视觉，应用计算机视觉技术对真实场景进行 3D 建模再处理，重视 CPU 的处理能力。另外，两者在硬件设备和开发内容方面也具有较大的差异。

（3）应用场景区别。VR 的虚拟现实特性使其具有沉浸感和私密性，决定了其在游戏、娱乐、教育、社交等领域具有天然优势，而 AR 的增强现实特性决定了其更偏向于与现实交互，适用于生活、工作、生产等场景。

3. VR/AR 的关键技术

1）虚拟现实建模

虚拟现实建模，即 3D 对象建模，这些对象将在真实世界和虚拟世界里交互。建模是 VR 的基础之一，包括场景展现建模、行为建模、虚实结合建模和基于物理的建模等一系列方法。

- 场景展现建模方法。虚拟现实系统需要建立一个虚拟与真实融通的场景并有效地展现，主要包括基于深度区域图像的建模方法、基于图像的建模方法、材质光照建模方法、领域建模方法。
- 行为建模方法。虚拟现实环境中活动对象（例如人、车）建模，尤其是其行为建模是 VR 的关键，主要包括自主对象的主要类型方法、基于有限状态自动机的建模方法、面向建模方法的专家系统、基于智能代理的建模方法、聚合与分解模型。
- 虚实结合建模方法。AR 需要虚实结合的场景，虚实结合建模是一大挑战，主要包括虚实合成场景中真实环境信息的获取与表示、虚实间 3D 登录和存储方法、虚实间耦合处理方法、虚实合成方法。

- 基于物理的建模方法。真实的自然环境及人物等在三维形态、运动变化、交互反馈等方面都具备其内在的物理意义和规则。基于物理的建模方法正是基于该角度，主要包括刚体建模方法、柔性物体建模方法、虚拟人体运动建模方法。

2）计算机图形学和计算机动画

计算机图形学和计算机动画相关的技术涉及数学、3D 建模和影像渲染等方面。数学方面指的是坐标系统、向量和转换矩阵，用于表示可视化 3D 对象动画、特征描述等。3D 建模是借助几何描述，为实际物体对象构建特定的 3D 形象。影像渲染是借助光照模型、灯光、色彩和纹理演绎 3D 模型。

1.4　信息化应用

本节关注在信息化建设中普遍引入监理服务的领域，即数字政府、数字经济、智慧城市和数字乡村等信息化应用领域。

1.4.1　数字政府

在新一代信息技术加速普及的大背景下，我国及世界主要国家纷纷推进数字政府建设。数字政府正全方位提升政府履职效能、提高政府治理水平、完善政府治理模式。党的十八大以来，我国高度重视数字政府建设。国家"十四五"规划和《"十四五"国家信息化规划》先后提出要提高数字政府建设水平，将数字技术广泛应用于政府管理服务，不断提高决策科学性和服务效率。

1. 数字政府的内涵

1）数字政府的理论内涵

对于数字政府的内涵界定，学术界主要有两种观点。第一种观点认为，凡是互联网技术介入到政府治理中的治理模式都属于数字政府的形态，包括办公自动化、电子政务以及当前的数字技术对政府组织架构、运作流程及政务内容的创新和重塑。另一种观点认为，数字政府是有别于电子政府、网络政府的一种新型政府形态，强调新一代信息技术对政府组织架构、行政流程、服务供给、施政理念、方式、手段、工具等的系统性、全局性变革。

2）新时代数字政府的内涵

新时代数字政府是在"立足新发展阶段、贯彻新发展理念、构建新发展格局"的历史方位下，坚持全心全意为人民服务的根本宗旨，以新一代信息技术为支撑，以应用场景为牵引，以数据治理为关键，通过重组政府架构、再造政府流程、优化政务服务，全面提升政府在经济调节、市场监管、社会治理、公共服务、生态环境保护等领域数字化履职能力，提升政务运行效能和政务公开水平，促进政府治理体系和治理能力现代化，实现政府决策科学化、社会治理精准化、公共服务高效化的新型政府运行形态。

新时代数字政府的内涵包含两个要点：

- 新时代数字政府是一种全新的政府运行形态或模式，是一种创新的行政管理和服务方式，涉及制度创新、组织创新、管理创新、业务创新、技术创新等系统性、全方位的深刻变革。

- 新时代数字政府的核心目标是促进政府治理体系和治理能力现代化，实现政府决策科学化、社会治理精准化、公共服务高效化。

2. 数字政府的特征

在信息时代，信息传播和信息交换正在快速取代传统资本流动和物品交换而成为新的社会驱动力量。凭借信息技术，人们的社会互动正取代等级结构成为社会组织形式的主导地位，数据和信息已在整个社会层面开始分享和传播，就连"权力"和"权威"也日趋分解为各个"去组织化""去中心化"的网络化社会运动，普通民众通过自己的移动终端和社交工具也可以参与社会公共问题的治理协商。数字政府作为一种新型国家治理方式，其主要特征体现在信息传播的平等化、社会生活的全面数据化、政府服务的精准化、政府治理的智慧化四个方面。

1）信息传播的平等化

在社会生活中，信息的生产与流动不再局限于精英之间，每个具备一定信息技术能力的社会个体都可以成为信息的生产者、传播者和消费者，这使得知识和信息资源在社会全体成员之间自由流动，从而使得有关社会公共问题的治理走向多主体参与和多主体协商。

2）社会生活的全面数据化

由于信息采集技术的进步和信息存储成本的降低，社会生活越来越具有高频互动性，同时人们的日常行为也越来越具有可记录性、可监测性和可预测性，人正在成为一切数据足迹的总和，人们的一切行为都可以以数据的形式被记录、被储存和被处理。

3）政府服务的精准化

政府各部门数据日趋融通、开放和具有可计算性，使得政府服务由以前的粗放式管理日趋转向针对具体个人、具体问题的高效、精准化治理。

4）政府治理的智慧化

传统的农业社会和工业社会的政府职能主要以统计管理为主，目标是为统治者和精英决策层提供决策数据与信息支撑，而信息社会的政府职能则以数据融通和提供智慧服务为主，着力解决信息碎片化、应用条块化、服务割裂化等问题，确保信息数据在政府与社会、市场、公民之间畅通，更好地提供个性化的政府服务，以信息化推进国家治理体系和治理能力现代化。

3. 数字政府的发展历程

我国政府信息化的发展大致经历了三个阶段：

- 第一阶段，电子政府。从 1993 年到 2001 年，以典型的"三金工程"为代表，实现了政府内部办公自动化。
- 第二阶段，网络政府。从 2002 年到 2016 年，2002 年国家颁发电子政务建设文件，明确提出加快建设 12 个重要业务系统，即"十二金工程"。经过国民经济和社会发展"十一五"规划、"十二五"规划，从国家到省、市、县各级政府大力建设网络政府，基础网络基本覆盖。
- 第三阶段，数字政府。从 2017 年开始，国家"十三五"规划提出建设"两网、一平台、四库、六系统"等国家重大政务信息化工程，政务服务标准化、网络水平显著提升，大幅度提升智慧化政务服务水平。2017 年习近平总书记提出"数字中国"概念，十九大报告明确提出"数字政府"概念，标志着政府信息化进入了数字政府阶段。各级政府单位网络基本成熟，政务信息化工作取得长足发展，基本实现部门办公自动化、重点业务信息化和政府网站普及化。

4. 数字政府应用场景

数字政府的建设目标是将数字化技术应用于政府管理、政务服务、公共服务、社会治理的全流程，从而推动政府数字化、智能化运行。其核心目的是满足人民日益增长的美好生活需要。《国务院关于加强数字政府建设的指导意见》（国发〔2022〕14 号）提出要把满足人民对美好生活的向往作为数字政府建设的出发点和落脚点，意味着数字政府建设需要时刻秉持以人民为中心。数字政府发展至今，其核心场景可以总结为"三张网"，即政务服务"一网通办"、城市治理"一网统管"、政府运行"一网协同"。以"三张网"为核心构筑的数字政府体系，是政府管理和服务模式的创新，也是数字政府得以满足人民现实需求的抓手。

1）政务服务"一网通办"应用场景

"一网通办"是我国政务服务的核心场景，是推进数字政府战略的重要组成部分，是助力民众美好生活实现的有效手段。"一网通办"，即将云计算、大数据、人工智能等新一代信息技术引入到政务服务中，通过构建一体化政务服务平台，建设一体化数据资源体系，全面实现政府公共信息资源的互连共享，建设便捷的在线政务服务，全面提升政府行政服务办事效率。

"一网通办"不仅是线上政务服务渠道的开拓，更是一场实质性的变革，通过整体化、集约化的建设，实现了线上政务服务的统筹融合，通过技术化的手段推进线上服务与线下服务融合共通。

"一网通办"的建设，能够有效促进跨地区、跨部门的政务事项办理，达到社会公众办事便利的目的，进一步提高人民群众对政府部门的满意度和信任感，促进人民与政府之间良好关系的形成。

2）城市治理"一网统管"应用场景

"一网统管"是面向城市治理、城市运行的综合管理体系，是以大数据、云计算、人工智能等新一代信息技术为支撑，将城市运行管理服务相关信息进行整合，加强对城市运行服务状况的实时监测、动态分析、统筹协调、指挥监督。通过共享、整合、优化、拓展、提升等手段，打造集常态运行与应急管理于一体的城市运行"一网统管综合平台"，逐步构建系统完善的城市运行管理体系，实现线上线下协同高效地处置一件事，通过数字化呈现、智能化管理、智慧化预防，不断提高城市治理体系和治理能力现代化。

"一网统管"是赋能市域治理现代化水平提升、实现国家治理能力和治理体系现代化的重要手段。随着各地"一网统管"建设的逐步深化，"一网统管"也逐渐迈向标准化、智能化、人性化、多元化、体系化。当前我国各地政府持续推进并迭代"一网统管"，未来"一网统管"体制机制将愈发完善，城市运行效率和风险防控能力将显著增强，城市科学化、精细化、智能化治理水平将大幅提升。

3）政府运行"一网协同"应用场景

"一网协同"面向政府运行和内部管理，是基于大数据、人工智能、生态开放等技术体系，以赋能、共建和贴身服务的方式，为政府机关各组织部门、上下级之间、省市县之间，构建不断完善、逐步进化的协同工作平台，从而实现政府内部业务流程优化，提升政府履职效能，改善内部管理，促进政府职能转变，从而推进政府完成一体化、全方位的数字化变革，构建政府整体智治的新格局。"一网协同"的核心在于"一网"，强调以统一平台和统一门户搭建整体化、全局化、移动化、安全化的运作体系，目标则在于"协同"，强调以业务融合、开放连接为原则，推动数据信息和业务流程在整体政府中真正有效地流转。

政务协同的概念脱胎于办公自动化，但与办公自动化有着显著差异。政务协同的目的不仅在于内部办公数据、公文的有效流转，也不仅在于内部流程、业务的线上化变革，更在于通过一体化的建设，将政府内部运作的各种数据、流程、结构连接起来，显著提高政府协同运行效率，形成一种跨区域、跨部门、跨层级的协同政府运行新模式，有效助力政府达成数字化、扁平化、一体化的"三化"转变，促进我国打造整体政府的目标的达成。

2017年5月，国务院发布的《政务信息系统整合共享实施方案》要求按照"内外联动、点面结合、上下协同"的思路，加快整合原有分散隔离的政务信息系统，形成一个互联互通、业务协同、信息共享的"大系统"。2022年5月，"一网协同"的概念被写入《国务院关于加强数字政府建设的指导意见》中。在中央政策的号召下，地方各级政府纷纷开展"一网协同"的建设工作，从政策制定到顶层设计，从平台建设到系统整合，从业务融合到应用创新，各地政府力图以政务协同为牵引，打破当前电子政务建设中系统林立的信息孤岛现象。

5. 数字政府建设管理

为进一步促进新一代信息技术赋能数字政府建设，挖掘政务数据的经济、社会和公共服务价值，提升数字政府治理能力和服务效率，在数字政府建设管理方面应重点理顺数据、制度、组织、技术等数字政府组成要素之间的关系。在这四个要素的基础之上，对数字政府的规划、建设、运营进行有效管理，重点从以下几方面发力。

（1）加强政府公共数据资源保护，具体包括以下两方面内容：

- 技术方面，加强数字政府平台网络安全实时监测与风险防控，强化网络安全防护技术和数据安全保护技术开发，强化权限认证、网络隔离、隐私计算等技术的研究及其在政务服务供给和政务数据访问中的应用。

- 制度方面，深化落实网络安全等级保护制度，加快健全数据分类分级保护等基础制度体系，梳理政务数据共享的安全风险影响，形成数据安全风险清单，动态监测和应对数据流动、网络传输、数据归集过程中的各种安全风险。

（2）推进数字政府数据互通融合。加强数字政府顶层设计，推进数字政府基础设施和标准化建设，消除区域和各部门之间的数字壁垒。制定跨部门、跨层级的数据标准接口，打破数据壁垒，整合数据资源，实现跨地区政务数据统一规范、互联互通和融合汇聚，挖掘更大的公共服务价值。深化、细化政务数据开放共享目录，有序推动公共数据资源开发利用，推进公共数据与社会数据融合，挖掘更大的社会价值。

（3）加快数字政府智慧应用场景开发。推进大数据、人工智能、区块链等数字技术应用，深入拓展政务大数据在监测经济、社会运行、智能辅助政策制定、公共服务精准定制等方面的应用场景，加强数字监管预警，重塑政府管理方式。推动跨区域数字治理服务一体化，突破时空限制，延伸服务半径，为区域同质服务、资源共享、协同发展提供支撑，最终实现国家治理体系和治理能力现代化目标。

1.4.2 数字经济

数字经济是继农业经济、工业经济之后产生的新的经济形态，是以数据资源为关键要素，以现代信息网络为主要载体，以信息通信技术融合应用和全要素数字化转型为重要推动力，促进公平与效率更加统一的新经济形态。数字经济正推动生产方式、生活方式和治理方式深刻变革，成为重组全球要素资源、重塑全球经济结构、改变全球竞争格局的关键力量。"十四五"时期，我国数字经济转向深化应用、规范发展、普惠共享的新阶段。

1. 数字经济的框架与内涵

数字经济是互联网发展到成熟阶段后产生的经济形态，数字经济已经超越了信息产业范围与互联网技术范畴，具有更加丰富的内涵。

中国信息通信研究院发布的《中国数字经济发展白皮书（2020 年）》从生产力和生产关系的角度提出了数字经济"四化"框架，即数字产业化、产业数字化、数字化治理和数据价值化。"四化"的内涵如图 1-9 所示。

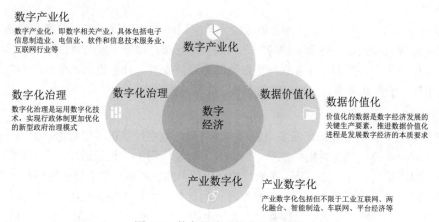

图 1-9　数字经济"四化"的内涵

数字产业化，即数字相关的产业，是数字经济发展的先导产业，为数字经济发展提供技术、产品、服务和解决方案等；产业数字化是数字经济发展的主阵地，是融合经济；数字化治理是运用数字化技术，实现行政体制更加优化的新型政府治理模式；价值化的数据是数字经济发展的关键生产要素，推进数据价值化进程是发展数字经济的本质要求。

2. 数字经济的基本特征

数字经济受到三大定律的支配。第一个定律是梅特卡夫定律（Metcalfe's Law），网络的价值等于其节点数的平方。所以网络上联网的计算机越多，每台计算机的价值就越大，"增值"以指数关系不断变大。第二个定律是摩尔定律（Moore's Law），计算机芯片的处理能力每 18 个月就翻一番。第三个定律是达维多定律（Davidow's Law），进入市场的第一代产品能够自动获得50% 的市场份额，因此任何企业在本产业中必须第一个淘汰自己的产品。实际上，达维多定律体现的是网络经济中的"马太效应"。三大定律决定了数字经济具有数字化、网络化、智能化、商业化、共享化五个基本特征。

1）数字化

以二进制的形式来表示和处理信息，将包括文字、图片、视频、声音等在内的诸多信息转化为计算机能够读取、处理和传输的二进制代码。20 世纪中叶，计算机的发明标志着数字化的起步，这一时期主要的商业模式是芯片生产和制造、计算机生产和制造、操作系统开发、相关软件开发等，虽然如今大部分信息都能以数字化的形式表示，但数字化的进程仍远未结束，还有大量信息和设备游离在数字系统之外。

在共享时代，为促进数字经济发展，必须通过延伸共享经济领域，推动传统产业向数字化转型，利用数字技能推动共享经济与数字经济的深度融合创新。鼓励共享经济深度发展，拓宽应用领域，为其与数字经济融合提供条件。伴随着信息技术的发展，尤其是"互联网＋"的发展，共享经济模式成为创业的首要选择，从餐饮住宿、金融借贷、交通出行、医疗保健到房屋租赁、科研实验、创意设计等，越来越多的领域与数字经济开展融合，促进共享经济和数字经济的双向发展。

2）网络化

20 世纪 90 年代开始，互联网的全球普及为数字经济发展构筑了重要的基础设施。通过网络通信技术实现人与人、人与物、物与物之间的实时连接。以数字经济为驱动力，推动网络空间开放、合作、交流、共享，让互联网更好地助力经济发展、社会进步、生活改善，支持实现发展共同推进、安全共同维护、治理共同参与、成果共同分享。

3）智能化

2015 年以来，人工智能研究在多个领域实现突破，数字经济进入以智能化为核心的发展阶段。目前，其商业模式还主要集中在单一的弱人工智能应用上，包括语音识别、自动驾驶、机器人写稿、图像识别、医疗辅助等。未来，智能化技术的发展将对数字经济发展产生质变效应，推动人类生产生活方式的新变革。利用共享时代的优势，加快传统企业的数字化转型，将是未来所有企业的核心战略。在共享时代利用个人、企业、政府甚至社会的闲置资源，依靠互联网、大数据、云计算等数字技能，推动传统企业向数字化转型发展。传统企业依靠"互联网＋企业"的模式，应用数据化思维，建立连接内外资源、协作共享的机制，通过建立数字化的协同平台，以及资源、财务、法务共享平台，实现互联互通，做到精细化管理，最终实现传统企业的智能化发展。

4）商业化

共享时代，数字资源的"共享价值"超过了"交换价值"，社会资本将会与金融资本处在同等重要的位置，合作共赢将会超越竞争，商品使用权将会超越所有权，可持续性替代消费主义，一系列的变化推动着新的商业模式出现。数字经济未来将会以大数据、云计算、互联网、人工智能为指引，在传统商业模式基础上进行重新设计，构筑依靠数字产品横向延伸价值链和依靠数字技术纵向衍生产业链的基本商业模式，构筑依靠数字技术驱动的跨行业、跨区域的商业模式。

5）共享化

共享化主要表现为以下几个方面：

- 共享时代要求数字资源的共享性。数字经济的一大发展方向应当是不断拓展数字信息资源，发展关于数字技术的集成、存储、分析、交易业务，在共享时代下释放数字技术资源的新价值。
- 共享时代需要数字技术与产业融合发展，以便创造出更多的商业发展模式。数字技术与产业融合成为数字经济的重要发展方向，通过产业融合，实现产业数字化、智能化，产业的边界逐渐模糊，最终形成产业开放化发展以及产业向价值网络的转型升级。
- 共享时代要求数字经济发展具有强大的服务功能，由此才能满足并扩展共享商业模式的更多需求。融合服务业与数字技术发展的服务型数字产业是共享时代数字经济发展的重要方向，也体现出数字经济在共享时代的应用性，以数字技术为基础的数字金融、智能支付、智慧物流、智慧健康、电子商务、数字信息服务等服务型产业将在共享时代迅猛发展。

3. 数字经济应用场景

数字经济应用场景主要有以下几个方面。

1）数字产业化

数字产业化应用包括但不限于电子信息制造业、电信业、软件和信息技术服务业、互联网和相关服务业中的 5G、集成电路、软件、人工智能、大数据、云计算、区块链等技术、产品及服务。

2）产业数字化

产业数字化是指传统产业应用数字技术所带来的生产数量和效率提升，其新增产出是数字经济的重要组成部分。产业数字化包括但不限于工业互联网、两化融合、智能制造、车联网、平台经济等融合型新产业、新模式、新业态。

3）数字化治理

数字化治理是国家推进治理体系和治理能力现代化的重要组成部分，是运用数字技术，建立健全行政管理体系，创新服务监管方式，实现行政决策、行政执行、行政组织、行政监督等体制更加优化的新型政府治理模式。数字化治理包括数字社区、数字乡村等。

4）数据价值化

中共中央、国务院于 2020 年 4 月印发的《关于构建更加完善的要素市场化配置体制机制的意见》是中央关于要素市场化配置的第一份文件，该文件围绕劳动力、资本、土地、科技、数据等五大要素领域提出了改革方向，把数据作为一种生产要素单独列出，数据上升为新的生产要素，对数字经济发展起到基础性和支撑性的关键作用。2022 年 12 月 19 日，《中共中央 国务院关于构建数据基础制度更好发挥数据要素作用的意见》对外发布，以解决市场主体遇到的实际问题为导向，创新数据产权观念，淡化所有权、强调使用权，聚焦数据使用权流通，创造性提出建立数据资源持有权、数据加工使用权和数据产品经营权"三权分置"的数据产权制度框架，构建中国特色数据产权制度体系。数据价值化包括但不限于数据采集、数据标准、数据确权、数据标注、数据定价、数据交易、数据流转、数据保护等。

4. 数字经济建设管理

数字经济建设管理主要包括以下几个方面。

（1）强化组织协调。优化工作推进机制，做好重大决策、工作部署和指导督促。加强数字经济高质量发展督查，压实项目建设有关部门责任。开展数字经济项目建设实施年度监测分析、中期评估和总结评估。加强领导干部、工作人员的数字素养培养，强化舆论宣传引导，营造良好发展环境。

（2）优化政策环境。完善数字经济法规制度，建立健全政务数据共享和开放制度，探索推进数据收益权与交易流通制度建设。出台支持数字经济项目建设发展的产业扶持政策、行动计划、实施方案，形成一体化规划架构体系。健全数字经济创新创业政策体系，搭建创业服务对接平台。

（3）拓展资金渠道。加强政府政策支持和资金统筹力度，建立政府引导、多元化投入的市场金融保障体系。推广政府和社会资本合作模式，发挥产业投资基金引导作用，向数字经济领域倾斜。建立政府部门主导应用需求、国有公司建设运营、行业企业共同参与的数字经济项目多元投融资运营模式，形成灵活的建设运营模式。鼓励金融机构围绕本地数字经济发展的各类融资需求，畅通融资渠道，创新融资产品。创新运用基础设施领域不动产投资信托基金盘活各类经营性基础设施存量资产。

（4）强化责任落实。采用"项目化、清单化"管理方式，制定年度工作要点，形成分年度推进计划和项目安排清单，确保各项工作任务落地落实。定期开展督促检查，对重大事项、重点任务、重点项目的进度、成效等实施专项督查。加大通报力度，对真抓实干、成效明显的予以表扬激励，对存在工作不力、政策不落实等情况进行通报并按相关规定进行责任追究。

（5）加大要素保障。盘活存量土地资源，强化对现有工业／农业集中区块的分级分类管理，在符合国土空间规划的前提下，鼓励将闲置工业／农业厂房、仓储用房、商务楼宇、沿街商铺、农村集体用地等改造为数字经济园区，为本地数字经济发展提供必要的空间载体。完善数字基础设施用能优惠政策，对符合条件的云计算中心、数据中心、超算中心、灾备中心等根据能耗双控相关政策在用能指标上给予适当支持。加大对数字经济发展环境影响的分析、预测、评估，跟踪监测数字经济重大项目可能造成的环境影响，提出预防或减轻不良影响的对策和措施。

1.4.3　智慧城市

城市作为一个复杂巨型系统，是多元主体融合及多元活动集聚的复杂综合体。城市的运行发展关联到发展、治理、社会和活动四个层面，它们相互关联、密不可分。其中，发展变化带动治理改革，治理能力提升促进发展效能提升；治理体系引领社会进步，社会演进推动治理优化；社会关系驱动活动变化，活动繁荣赋能社会进步。城市发展离不开智慧化建设，通过信息技术与城市治理、管理和服务等的深度融合，持续提升城市的现代化水平，从而让城市更加智慧。

1. 智慧城市的定义

GB/T 37043《智慧城市 术语》中指出，智慧城市是运用信息通信技术，有效整合各类城市管理系统，实现城市各系统间信息资源共享和业务协同，推动城市管理和服务智慧化，提升城市运行管理和公共服务水平，提高城市居民幸福感和满意度，实现可持续发展的一种创新型城市。

2. 城市数字化进程

城市化进程加快和城市化率的不断提高，推动全球经济社会发生根本性变革。我国城市数字化经历了从数字城市、智慧城市到新型智慧城市、数字孪生城市的发展历程。

1）数字城市

"十一五"发展期间，我国将数字城市列为重点发展战略。"数字城市"是综合运用地理信息系统、遥感、定位系统、宽带网络、多媒体及虚拟仿真等技术，对城市的基础设施及功能机制进行信息自动采集、动态监测管理、辅助决策服务的技术系统。它具有城市地理、资源、生态环境、人口、经济、社会等复杂系统的数字化、网络化、虚拟仿真、优化决策支持和可视化表现等强大功能，广泛应用于电子政务、电子商务、城市智能交通、市政基础设施管理、公共信息服务、教育管理、社会保障管理、城市环境质量监测与管理、社区管理等城市经济社会生活的方方面面。数字城市注重的是将各种实体信息构筑为虚拟平台。

数字城市是数字地球的重要组成部分，是传统城市的数字化形态。数字城市从技术和体制两方面为实现数据共享和互操作提供了基础。数字城市的发展积累了大量的基础数据和运行数据，也面临诸多挑战，包括城市级海量信息的采集、分析、存储、利用等处理问题，多系统融合中的各种复杂问题，以及技术发展带来的城市发展异化问题。

2）智慧城市

目前，我国已经成为世界智慧城市建设的"主战场"。智慧城市运用信息和通信技术手段感测、分析、整合城市运行核心系统的各项关键信息，从而对包括民生、环保、公共安全、城市服务、工商业活动在内的各种需求做出智能响应。其实质是利用先进的信息技术，实现城市智慧式管理和运行，进而为城市中的人创造更美好的生活，促进城市的和谐、可持续成长。

传统智慧城市是智慧城市建设的初级阶段，它强调的是"信息化"和"技术"，通过各类信息技术与城市管理、民生服务和产业发展等领域的融合应用，实现城市各部门的信息化建设，例如政务部门的电子化和信息化系统建设等。然而，随着各类信息基础设施建设的不断完善，智慧城市的理念不断走向成熟，大数据、云计算、物联网、移动互联网、人工智能等新兴的信息与通信技术迅猛发展，仅仅关注城市各部门的信息化建设已经无法满足城市未来长远、可持续发展的需求。传统智慧城市建设所造成的"信息烟囱""数据孤岛""重技术轻应用"等问题也逐渐暴露。

3）新型智慧城市

新型智慧城市是落实国家新型城镇化规划、富有中国特色、体现新型政策机制和创新发展模式的智慧城市；是在现代信息社会条件下，针对城市经济社会发展的实际需求，以提高人民群众的幸福感和满意度为核心，为提升城市发展方式的智慧化而开展的改革创新系统工程；新型智慧城市的核心是以人为本，关键是建设实效。

新型智慧城市注重的是城市各类信息的共享、城市大数据的挖掘和利用，以及城市安全的构建和保障。新型智慧城市建设的关键在于打通传统智慧城市的各类信息和数据孤岛，实现城市各类数据的采集、共享和利用，建立统一的城市大数据运营平台，有效发挥大数据在"善政、惠民、兴业"等方面的作用。同时，随着城市信息化和智慧化的程度越来越高，城市信息安全问题亦越来越受到关注，新型智慧城市建设亦更加重视城市信息安全体系的构建，保障城市各类信息和大数据安全。更为重要的是，新型智慧城市强调为"人"服务，根本上是促进人在城市中更好地生活和发展。因此，新型智慧城市也从过去以"信息技术"为出发点，回到"人"这一最根本的出发点和落脚点，"以人为本"将成为新型智慧城市的重要特征。

4）数字孪生城市

数字孪生城市是新一代信息技术在城市的综合集成应用，通过构建城市物理世界及网络虚拟空间一一对应、相互映射、协同交互的复杂系统，在网络空间再造一个与之匹配、对应的孪生城市，实现城市全要素数字化和虚拟化、城市状态实时化和可视化、城市管理决策协同化和智能化，形成物理维度上的实体世界和信息维度上的虚拟世界同生共存、虚实交融的城市发展新格局。

数字孪生城市既可以理解为实体城市在虚拟空间的映射状态，也可以视为支撑新型智慧城市建设的复杂综合技术体系，它支撑并推进城市规划、建设、服务，确保城市安全、有序运行。数字孪生城市将新型智慧城市建设推向了一个新的高度。

3. 新型智慧城市的特征与关注点

1）新型智慧城市的特征

新型智慧城市具有开放、共建、共享、服务均等化、城市特色化的特征。

- 开放、共建、共享。新型智慧城市建设首先要强调开放、共建、共享的基本原则，政府要开放数据，开放智慧城市规划，要让公众能够了解政府的整体规划并能够发表意见，形成社会共识。政府要促进社会公共服务的整合，不仅包含政府的服务，还包含企业提供的服务，政企合作，共创智慧城市的繁荣。

- 服务均等化。智慧城市的建设重点是提供更多的公共服务，当前的公共服务更多服务于拥有更高信息技能的用户，对于信息技能不足的弱势群体关注不够，新型智慧城市将努力改变这一局面，尽力消除信息鸿沟，让弱势群体能够享受更多的公共服务，支持国家新型城镇化战略。

- 城市特色化。智慧城市建设是在大城市中发展起来的，其做法并不能适应中小城市、小城镇的信息化建设，新型智慧城市建设将努力改变智慧城市同构化的思路，努力推动智慧城市建设的特色化，建设更多的特色化小镇、特色化经济区，推动地区经济特色化、多样化发展。

2）新型智慧城市的关注点

新型智慧城市关注如下七个方面：

- 信息技术的应用。以互联网、电信网和移动互联网等网络及其融合互连为基础，通过物联网对城市运行实时感测实现数据整合，通过信息促进资源配置优化，提高效率并促进城市发展。
- 民生服务均等化。以贯穿服务人的全生命周期需求为主线，缩小数字鸿沟，促进政策制定者关注城市发展中的公平问题，促进公共服务的均等性；整合民生领域服务内容，实现全程、全时和全方位服务，提升公众幸福感。
- 部门间信息共享和业务协同。基于网络实现城市跨部门、跨层级和跨领域的信息共享，提升公共服务效率和质量，科学制定城市管理决策，及时预测和应对突发事件，优化业务处理流程，实现城市运行的最佳状态。
- 公众参与。注重从市民需求出发，通过公共数据开放及微博与微信等自媒体工具和方法强化用户参与，支持多元主体参与城市治理，汇聚公众智慧，不断推动创新，实现经济、社会和环境的可持续发展。
- 产业创新。推动新一代信息技术与各行业融合创新发展，创新商业模式，促进企业与产品转型提升，拉动信息消费，实现信息经济快速有序发展。通过区域创新系统激励政府、企业和个人开展科技和业务创新，带动新兴产业的发展，为城市发展提供动力。
- 生态宜居和可持续发展。城市发展依赖于自然资源和生态环境，应强化信息技术在城市资源管理和节约利用及环境保护等方面的应用，提升城市获取、控制和转化资源能力，安全和可再生地使用自然资源，促进城市的可持续发展。
- 人力、教育和社会资本的作用。城市发展与人力资本和社会关系资本之间有显著关系，智慧城市是学习型和创新型城市，拥有受教育程度较高的劳动力，城市经济增长速度较快，社会关系资本则避免社会出现两极分化。

4. 智慧城市应用场景

新型智慧城市应用系统涵盖了智慧政府、智慧民生、智慧交通、智慧产业、智慧经济等的智慧化。

1）智慧城市的信息基础设施

智慧城市的信息基础设施包括城市骨干网、无线城市、三网融合。

- 城市骨干网。作为城市骨干网的宽带城域网（Metropolitan Area Network，MAN），就是在城市范围内，以 IP 和 ATM 电信技术为基础，把光纤作为传输媒介，集数据、语音、视频服务于一体的高带宽、多功能、多业务接入的多媒体通信网络。它能够满足政府机构、金融保险、大中小学校、公司企业等单位对高速率、高质量数据通信业务日益旺盛的需求，特别是快速发展起来的互联网用户群对宽带高速上网的需求。

- 无线城市。无线城市是指市民可以通过笔记本电脑、移动终端在无线网络覆盖区室外随时随地上网的城市。当前，我国数以百计的大中城市都提出建设或已经建设"无线城市"。以北京为例，西单、王府井、奥运中心区、金融街、燕莎、中关村大街是北京第一批开通无线网络的试点区域。北京市民在这些区域打开手机、平板电脑或笔记本电脑的 Wi-Fi 功能，点击"My Beijing"无线网络登录后，便可以享受免费的无线上网功能。
- 三网融合。推进电信网、广播电视网和互联网融合（简称"三网融合"），对于促进文化产业发展，推进社会信息化，提高人民群众的生活水平，拉动国内消费需求，形成新的经济增长点，都具有重要意义。三网融合概念涉及业务、技术、运营、终端、网络、监管等多个层面，是一个包含多层含义的复杂概念。

2）智慧政府

智慧政府不仅利用物联网、云计算、移动互联网、人工智能、数据挖掘、知识管理等技术，还强调以用户创新、大众创新、开放创新、共同创新为特征的创新方法论，提高政府办公、监管、服务、决策的智能化水平，形成高效、敏捷、便民的新型政府。智慧政府是电子政务发展的高级阶段，是提高党的执政能力的重要手段。

3）智慧民生

智慧民生是以民生内容为核心，以民政建设为基础，通过信息资源整合，优化业务流程，改进管理方式，转变工作方法，提高工作效率，构建完备的民政信息化建设体系，使各级政府部门更好地为人民群众提供福利、救助、救灾等社会事务，包括智慧健康服务、智慧养老服务、智慧家居、智慧社区等。

4）智慧交通

智慧交通是在智能交通系统（Intelligent Traffic System，ITS）的基础上，在交通领域充分运用物联网、云计算、互联网、人工智能、自动控制、移动互联网等技术，通过高新技术汇集交通信息，对交通管理、交通运输、公众出行等交通领域全方位以及交通建设管理全过程进行管控支撑，使交通系统在区域、城市甚至更大的时空范围具备感知、互连、分析、预测、控制等能力，以充分保障交通安全，发挥交通基础设施效能，提升交通系统运行效率和管理水平，为通畅的公众出行和可持续的经济发展服务。

5）智慧产业

智慧产业是指直接运用人的智慧进行研发、创造、生产、管理等活动，形成有形或无形智慧产品以满足社会需要的产业，是教育、培训、咨询、策划、广告、设计、软件、动漫、影视、艺术、科学、法律、会计、新闻、出版等智慧行业的集合。智慧产业的主要建设内容包括智慧应用技术研发、智慧装备制造、光通信、移动通信、集成电路、新型显示、应用电子及云计算产业等。

6）智慧经济

智慧经济是创新性知识在知识中占主导，创意产业成为龙头产业的知识经济形态，是完整的、真正意义上的知识经济形态。智慧经济形态由国民创新体系与国民创业体系组成，国民创新体系与国民创业体系使创新驱动由增长方式上升为经济形态。

5. 智慧城市建设管理

智慧城市建设管理主要包括以下几个方面。

（1）加强组织领导。智慧城市平台建设牵涉面广、涉及部门多、社会面情况复杂，必须强化组织机制。可通过成立智慧城市建设工作领导小组，由市委、市政府主管领导担任主要领导，会同发改、住建、公安、应急、工信、自然资源管理、交通管理、地方智慧建设主管单位等与智慧城市建设相关的主要部门共同成立领导小组，健全管理制度，明确责任人、时间表、路线图，建立工作考核机制，加强工作指导和检查督促，加强统筹谋划和组织推动。

（2）加强协同配合。明确各部门职责，由领导小组主要负责总体规划，为业务系统建设提供管理、技术支撑，统筹规划，加强技术指导和综合管理；结合智慧城市建设牵涉到的城市建设主要企业、城市建设投资公司、主要公共基础设施建设单位等形成智慧城市建设协同单位及单位管理机制，加强在智慧城市平台建设中所需要的基础设施、信息采集、现有信息互通共享等方面的合作。

（3）加强建设管理及资金保障。持续高度重视信息化配套制度机制建设，为智慧城市快速推进提供坚强保障。强化资金保障，积极争取财政资金支持，保障项目顺利实施，将建设经费列入财政预算，把建设分步分级、重点工程纳入优先投资领域，确保规划中的重点任务顺利实施落地；规范项目管理，理清组织管理与流程管理制度，完善项目建设组织机构，指导和规范城市信息模型（City Information Modeling，CIM）建设的高效高质开展；积极指导督促，高要求、高标准、高质量推动全市各区建设及应用。

（4）依法建设强化安全保障。根据《中华人民共和国网络安全法》《中华人民共和国数据安全法》《电子政务网安全管理规范》等法律法规及相关规定，开展智慧城市平台安全防护体系建设，建立完善项目安全保障体系，切实保障项目安全、稳定运行。

1.4.4 数字乡村

随着中国经济社会的发展和城镇化的推进，城乡融合发展所带来的问题逐渐显露，城市资源相对集中，而农村资源相对匮乏。国务院出台"互联网＋农业"和农村发展战略，目的在于促进一、二、三产业融合发展。建设"数字乡村"的目的是进一步破解当前城乡二元结构，释放农村发展潜力和活力，促进城乡一体化协同发展。

1. 数字乡村的定义

数字乡村就是在农村普及数字化、信息化的各种发展模式。DB33/T 2350《数字化改革术语定义》中将数字乡村定义为：按照乡村振兴产业兴旺、生态宜居、乡风文明、治理有效、生活富裕的总体要求，广泛应用网络化、信息化和数字化技术，着力促进乡村产业、人才、文化、生态、组织等领域数字化转型，建成数据互联互通、服务共建共享、治理高效有力的智能化乡村生产、生活、生态空间。

2. 数字乡村的演进

2017年10月18日，在党的十九大报告中，首次提出了实施乡村振兴战略。报告指出，农业农村农民问题是关系国计民生的根本性问题，必须始终把解决好"三农"问题作为全党工作的重中之重，实施乡村振兴战略。2019年3月，习近平总书记在参加河南代表团审议时强调"要把实施乡村振兴战略、做好'三农'工作放在经济社会发展全局中统筹谋划和推进"，充分彰显了实施乡村振兴战略这一做好新时代"三农"工作总抓手的重要性和紧迫性。在推动乡村振兴的进程中，建设数字乡村既是乡村振兴的战略方向，也是建设数字中国的重要内容。数字经济能为经济社会发展提供强大动力，也能为我国乡村振兴战略的顺利实施注入新动能。2020年7月，中央网信办等四部门联合印发的《2020年数字乡村发展工作要点》提出了数字乡村建设的8个方面及22项重点任务。2021年发布的国家"十四五"规划强调要"建设智慧城市，加快推进数字乡村建设"，为数字乡村的建设和发展指明了方向。2022年，中央网信办等十部门印发《数字乡村发展行动计划（2022—2025年）》（简称"数字乡村行动计划"），对"十四五"时期数字乡村发展作出部署安排。自此，我国数字乡村建设开启了巩固拓展脱贫攻坚成果同乡村振兴有效衔接的新时期。

3. 数字乡村应用场景

数字乡村行动计划部署了8个方面的重点行动：
（1）数字基础设施升级行动；
（2）智慧农业创新发展行动；
（3）新业态新模式发展行动；
（4）数字治理能力提升行动；
（5）乡村网络文化振兴行动；
（6）智慧绿色乡村打造行动；
（7）公共服务效能提升行动；
（8）网络帮扶拓展深化行动。

同时，数字乡村行动计划还设立了乡村基础设施数字化改造提升工程、智慧农业建设工程等七项重点工程，作为落实上述行动的重要抓手。

从应用系统建设的角度来看，数字乡村建设涵盖的内容可以归纳为乡村信息基础设施、乡村要素数据信息互通、乡村产业数字化、乡村治理数字化、乡村民生数字化、生态宜居数字化六个方面。

1）乡村信息基础设施

乡村信息基础设施是数字乡村的基石，包括网络基础设施、信息服务设施及传统基础设施数字化改造等建设内容。

- 网络基础设施。要实现高速、泛在、安全的基础通信网络在乡村的深入普及，网络能力满足乡村产业数字化、治理数字化、民生数字化等应用场景不断提升的数据传输质量需求。

- 信息服务设施。向村民提供农业生产经营、生活事务、就业劳保、知识技能培训等方面信息化服务的站点和设施,是数字乡村的触点,包括益农社、农村电商服务站、村级供销店等。在数字乡村的建设中,信息服务设施要充分发挥线下触点作用,随着整个数字乡村体系供给侧内容的丰富,不断更新和拓展服务功能。

- 传统基础设施数字化改造。通过传感设备、物联网等数字化手段对水利、交通、电力、农业生产和物流等传统基础设施进行改造,使之具备信息采集和智能感知能力,成为数字乡村数据采集体系的重要来源之一。

2)乡村要素数据信息互通

建立完善的信息共通、数据共享资源体系,提升乡村数据整合能力,实现全域乡村数据开放共享,为乡村跨部门、多业务场景集成应用提供支撑。

实现数字乡村相关数据的统一汇聚、治理、分析和应用,汇聚的数据资源包括农业农村各级各类数据,以及其他政府部门的涉农数据资源,基于汇聚的数据资源实现数据的治理、分析和共享调用服务。整合涉农各部门资源数据,包括永久基本农田、粮食生产功能区、重要农产品生产保护区,为农村土地整治、高标准农田建设、农田水利建设提供数据支撑,为数字农业、智慧农业、推进物联网试验示范和遥感技术的应用提供保障。

3)乡村产业数字化

在产业数字化方面,数字技术将渗透到农业生产、经营、管理、服务各个环节,促进农业提质增效。

- 农业生产。进一步深化物联网、人工智能技术在农业生产领域的融合应用,实现种植、养殖数字化,现代设施农业等绿色农业实现规模化发展,智慧农田、智慧牧场、智慧渔场等新型农业生产载体成为主流,同时实现农产品加工领域的数字化和智能化,提升农业生产环节的效率。
- 农业经营。进一步发挥"互联网+"优势,提升农村电商作为农产品出村进城和工业品下乡重要渠道的作用,消除农产品生产侧和消费侧的信息屏障,以消费促生产;借助直播带货等手段形成农产品营销新模式,促进农产品的标准化、品牌化和价值化。
- 农业管理。用数字化手段助力农产品全生命周期追溯和农业投入品追溯管理,实现绿色农业。
- 农业服务。利用互联网、智能手机等技术手段,将政策、科技、市场等信息快速精准传达给农民群众。
- 农村产业新业态。通过互联网、大数据、人工智能等数字技术,助力农村一、二、三产业融合发展,主要包括智慧乡村旅游、智慧认养农业等领域。

4)乡村治理数字化

在乡村治理方面,通过数字技术有效融入乡村治理过程,提升治理效率,助力推进乡村治理能力和治理体系现代化。

- 乡村党建。运用互联网、大数据技术,推动农村党务、学习、活动、监督、工作、宣传的全面整合,实现村级党建工作的一体化、数字化、智能化,不断提升党建管理效率和科学化水平,着力实现智慧党建。

- 乡村政务。加快推动"互联网＋政务"服务向农村基层延伸，实现涉农政务服务"网上办""马上办""一网通办"，打通乡村政务服务"最后一公里"。
- 村务管理。借助"互联网＋村务"实现村务、财务网上公开，利用数字手段不断创新村民自治形式，农民自治能力显著提高。
- 乡村综治。利用数字技术构建立体感知体系，实现乡村人、房、企、事等基本元素一屏全感知，提升基层综治的"预测、预警、预防"能力，实现平安乡村，提升农民群众的安全感。
- 乡村应急。构建乡村智慧应急体系，实现灾情有效预警、预防、应急事件快速处理、应急资源高效调度，最大程度保障村民人身和财产安全。

5）乡村民生数字化

在乡村民生方面，着力消除城乡差距，加快推动数字化公共服务在乡村的普及，实现城乡民生服务均等化。

- 乡村教育。借助"互联网＋教育"推动城市优质教育资源与乡村的对接，实现城乡教育资源均衡配置。
- 乡村医疗。借助"互联网＋医疗"推动城市优质医疗资源与乡村的对接，解决医疗资源分布不平衡、不充分的问题，提升乡村医疗资源和医疗服务普惠性和通达性。
- 乡村数字素养。通过线上线下相结合的方式，提升乡村基层干部和村民的手机应用、数字内容创建、数字安全等方面的素养，使手机成为"新农具"。
- 乡村文化。通过数字化手段实现乡村文化资源的数字化，通过互联网方式进行主流思想和文艺创作在乡村的传播，丰富村民的精神文化生活。

6）生态宜居数字化

乡村振兴，生态宜居是关键。良好的生态环境是农村最大的优势和宝贵财富。必须尊重自然、顺应自然、保护自然，推动乡村的自然资本加快增值，实现百姓富、生态美的统一。

统筹山、水、林、田、湖、草系统治理。以自然资源数据成果为基础，通过整合国土、林业、农业、环境、气象等多源数据信息，建立针对自然资源管理的一张图管理系统，利用 3S 技术，即遥感技术（Remote Sensing，RS）、地理信息系统（Geography Information Systems，GIS）和全球定位系统（Global Positioning Systems，GPS），实现数据的可视化、一体化管理，最终实现山、水、林、田、湖、草等自然资源的整体保护。

利用数字化技术手段，加强农村突出环境问题综合治理，包括但不限于：利用信息技术重组农业行业运行方式，硬技术赋能、软技术拓局；推进产地环境、水肥条件、品种质量、物资添加、生产规模等一体化的数字化、智能解决方案；利用数字化技术加强农村环境监管能力建设，落实县乡两级农村环境保护主体责任；大力推进绿色技术与数字技术的融合应用。

4. 数字乡村建设管理

数字乡村建设管理主要包括以下几个方面。

（1）基建先行，加强乡村信息基础设施建设。信息化基础设施是数字乡村发展的基石，是弥补城乡"数字鸿沟",加快乡村数字化转型的必要条件。要在充分考察各个乡村数字化发展水平的实际情况下,进行有针对性的专业信息基础设施等规划建设,对已建设的乡村信息基础设施进行常态化维护。

(2)智慧赋能,打造乡村现代化经济体系。以发展农业农村数字服务业为主攻方向打造乡村现代化经济体系,是高质量数字乡村建设的基本思想,借助信息化技术对农村产业、生产环节、经营模式进行智慧赋能,才能进一步解放数字化生产力。

(3)服务惠农,建成数字化农村公共信息服务体系。建设数字乡村的根本目的是惠农便民,要让农民成为数字乡村建设的真正受益者,为了提高广大农村居住人口的生活水平,有必要在数字乡村建设中建成区域性数字化农村公共信息服务体系,让乡村生活更便利。

(4)精准高效,建设数字乡村现代化治理体系。在数字乡村建设中,可以借助信息化与数字化技术补齐乡村治理的短板,探索专业化乡村治理新模式,让乡村治理更加精准高效。

(5)生态宜居,构建绿色乡村美好生活。近年来,人口流失一直是农村地区不容忽视的问题,为了践行"让乡村留得住乡愁、让乡亲生活更美好"的理念,可将信息化技术运用到新一轮农村人居环境改善提升行动中,打造绿色宜居的乡村环境,吸引更多的人投身乡村生活与建设中。

(6)打破信息"孤岛",实现顶层设计下的数据互通。要真正解决各地数字乡村建设过程中的结构性问题,为数字乡村发展营造良性的发展环境,就要在农村激发数字经济的内生动力,用科学的顶层设计创造强有力的制度保障,打破信息孤岛,让一切有助于乡村振兴的要素不断涌流。

第 2 章　信息系统工程

信息系统工程是用系统工程的原理、方法来指导信息系统建设与管理的一门工程技术学科，是信息科学、管理科学、系统科学、计算机科学与通信技术相结合的综合性、交叉性、具有独特风格的应用学科。信息系统工程的主要任务是研究信息处理过程内在的规律，以及基于计算机、互联网和云计算等现代化手段的形式化表达和处理规律等。信息系统工程的基本概念、原理和方法对实际规划、分析、设计、实现、运行评价和服务一个信息系统，从理论、手段、方法、技术等多方面提供了一套完整、科学、实用的研究与工程体系，具有十分重要的应用价值，对信息系统建设有着重要的理论指导意义。

2.1　信息系统

广义的信息系统包含组织内和组织所处环境中的重要人员、地点和事情的信息，通过输入、处理和输出三个基本活动将原始数据转变为有用的信息，具有决策支持、协调、控制、协助管理者与员工分析问题、可视化复杂对象和创造新产品等功能。信息系统具有三个维度：组织、管理、信息技术。

狭义的信息系统指由计算机硬件、网络和通信设备、软件、信息资源、信息用户和规章制度组成的以处理信息流为目的的人机一体化系统。从技术上可以定义为一系列支持决策和控制的相关要素，这些要素主要包括信息的收集、检索、加工处理和信息服务。除了支持决策和控制外，信息系统还帮助管理人员和生产人员分析问题，使复杂问题可视化，提供新的产品和服务。它的任务是对原始数据进行收集、加工、存储并处理产生各种所需的有价值的信息，以不同的方式提供给各类用户使用。

2.1.1　信息系统的定义

信息系统（Information System，IS）是一组相互关联的元素或组件，它们收集（输入）、操作（处理）、存储和传播（输出）数据与信息，并提供满足目标的反馈机制。信息系统的组成部分如图 2-1 所示。反馈机制可以帮助组织实现其目标（如增加利润或改善客户服务）。

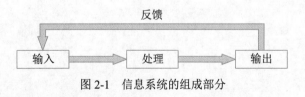

图 2-1　信息系统的组成部分

- 输入。在信息系统中，输入是收集和捕获原始数据的活动。
- 处理。在信息系统中，处理是将数据转换成有用的输出。处理过程包括计算、比较、替代等措施，以及存储数据以备将来使用。处理可以手动完成，也可以在计算机辅助下完成。

- 输出。在信息系统中，输出涉及有用信息的产生，通常采用文档和报告的形式。很多时候，一个系统的输出可以成为另一个系统的输入。
- 反馈。在信息系统中，反馈是系统中用于更改输入或处理活动的信息。例如，错误或问题可能导致需要更正输入数据或改进过程。除了反馈，计算机系统还可以预测未来事件以避免问题的出现。

信息系统的五个基本功能包括：输入、存储、处理、输出和控制。

- 输入功能。输入功能决定于系统所要达到的目的及系统的能力和信息环境的许可。
- 存储功能。存储功能指的是系统存储各种信息资料和数据的能力。
- 处理功能。处理功能指的是对数据进行加工、处理和计算，以产生有用的信息。
- 输出功能。信息系统的目的就是保证实现最佳的输出。
- 控制功能。控制功能对构成信息系统的各种信息处理设备进行控制和管理，对整个信息加工、处理、传输、输出等环节通过各种程序进行控制。

2.1.2 信息系统的发展

现代信息系统与计算机技术和网络技术的发展保持同步。随着社会的进步和技术的发展，信息系统的内容和形式也在不断发生着变化。1979 年，美国管理信息系统专家诺兰通过对 200 多个公司、部门的发展信息系统的实践和经验总结，提出了著名的信息系统进化的阶段模型，即诺兰模型。诺兰认为，任何组织由手工信息系统向以计算机为基础的信息系统发展时，都存在一条客观的发展路径和规律。数据处理的发展涉及技术的进步、应用的拓展、计划和控制策略的变化以及用户的状况四个方面。诺兰将计算机信息系统的发展道路划分为六个阶段：初始阶段、传播阶段、控制阶段、集成阶段、数据管理阶段和成熟阶段。

1. 初始阶段

计算机刚开始只作为办公设备使用，应用相对比较少，通常用来完成一些报表统计工作，甚至大多数被当作打字机使用。在这一阶段，IT 的需求只被作为简单的办公设施改善的需求来对待，采购量少，只有少数人使用，在组织内没有普及。这一阶段的主要特点是：

（1）组织中只有个别人具有使用计算机的能力；

（2）该阶段一般发生在一个组织的财务部门。

2. 传播阶段

人们对计算机有了一定了解，想利用计算机解决工作中的问题，例如进行更多的数据处理，给管理工作和业务带来便利。于是，应用需求开始增加，组织对 IT 应用开始产生兴趣，并对开发软件热情高涨，投入开始大幅增加。这一阶段的主要特点是：

（1）数据处理能力得到迅速发展；

（2）出现许多新问题（例如数据冗余、数据不一致、难以共享等）；

（3）计算机使用效率偏低等。

3. 控制阶段

在前一阶段盲目购机、盲目定制开发软件之后，组织管理者意识到计算机的使用超出控制、IT 投资增长快、效率不理想等问题，于是开始从整体上控制计算机信息系统的投入与发展，组织需要协调、解决数据共享问题。此时，组织的 IT 建设更加务实，对 IT 的利用有了更明确的认识和目标。在这一阶段，一些职能部门在部门内部实现了网络化，例如财务系统、人事系统、库存系统等，但各软件系统之间还存在"部门壁垒"与"信息孤岛"。信息系统呈现单点、分散的特点，系统和资源利用率不高。这一阶段的主要特点是：

（1）具备了专门的领导小组；

（2）采用数据库（Data Base，DB）技术；

（3）这一阶段是计算机管理向数据管理发展的关键。

4. 集成阶段

在控制的基础上，组织开始进行规划设计，建立基础数据库，并建成统一的信息管理系统。组织的 IT 建设开始由分散和单点发展为成体系。组织 IT 主管开始把内部不同的 IT 机构和系统统一到一个整体系统中进行管理，使人、财、物等资源信息能够在组织中集成共享，更有效地利用现有的 IT 系统和资源。这一阶段的主要特点是：

（1）建立集中式的数据库和相应的信息系统；

（2）增加大量硬件，预算费用迅速增长。

5. 数据管理阶段

组织高层意识到信息战略的重要性，信息作为组织的重要资源，组织的信息化建设也真正进入到数据处理阶段。在这一阶段，组织开始选定统一的数据库平台、数据管理体系和信息管理平台，统一数据的管理和使用，各部门、各系统基本实现资源整合和信息共享。IT 系统的规划及资源利用更加有效。

6. 成熟阶段

信息系统已经可以满足组织各个层次的需求，从简单的事务处理到支持高效管理的决策。组织真正把 IT 与管理过程结合起来，将组织内部、外部的资源充分整合和利用，从而提升了组织的竞争力和发展潜力。

诺兰的六阶段模型反映了计算机应用发展的规律性，前三个阶段具有计算机时代的特征，后三个阶段具有信息时代的特征。诺兰模型的预见性，其后被国际上许多组织的计算机应用发展情况所证实。

2.1.3　信息系统的结构

信息系统的结构分为物理结构与逻辑结构两种。物理结构是指不考虑系统各部分的实际工作与功能结构，只抽象地考察其硬件系统的空间分布情况。逻辑结构是指信息系统各功能子系统的综合体。

1. 信息系统的物理结构

按照信息系统硬件在空间上的拓扑结构，其物理结构一般可分为集中式与分布式两大类。

（1）集中式结构，指物理资源在空间上集中配置，如图 2-2 所示。早期的单机系统是最典型的集中式结构，它将软件、数据与主要外部设备集中在一套计算机系统中。由分布在不同地点的多个用户通过终端共享资源的多用户系统，也属于集中式结构。

集中式结构的优点是资源集中、便于管理、资源利用率较高。但是随着系统规模的扩大，以及系统的日趋复杂，集中式结构的维护与管理越来越困难，也不利于用户发挥在信息系统建设过程中的积极性与主动性。此外，资源过于集中会造成系统的脆弱性，一旦主机出现故障，会使整个系统瘫痪。

图 2-2　集中式信息系统

由于历史原因，集中式结构多用于传统银行、电信等行业。主机资源集中在大型主机或小型机上。集中式结构下，包括操作系统、中间件、数据库等基础软件，均为专用商用系统。

（2）分布式结构，指通过计算机网络把不同地点的计算机硬件、软件、数据等资源联系在一起，实现不同地点的资源共享，如图 2-3 所示。各地的计算机系统既可以在网络系统的统一管理下工作，也可以脱离网络环境利用本地资源独立运作。由于分布式结构顺应了现代企业管理发展的趋势，即企业组织结构朝着扁平化、网络化的方向发展，因此它已经成为信息系统的主流模式。

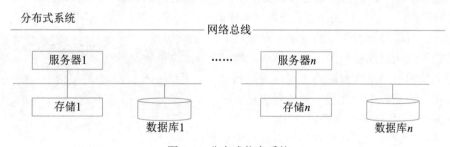

图 2-3　分布式信息系统

分布式信息系统可以根据应用需求来配置资源，提高信息系统对用户需求与外部环境变化的应变能力，系统扩展方便，安全性好，某个结点出现的故障不会导致整个系统停止运作。然而由于资源分散，且又分属于各个子系统，系统管理的标准不易统一，协调困难，不利于对整个资源的规划与管理。

一个标准的分布式系统在没有任何特定业务逻辑约束的情况下，具有分布性、对等性、并发性、缺乏全局时钟、故障多样等特性。

● 分布性。分布式系统中的多台计算机都会在空间上随意分布，同时，计算机的分布情况也会随时变动。

- 对等性。分布式系统中计算机没有主/从之分，组成分布式系统的所有计算机节点都是对等的。副本是分布式系统对数据和服务提供的一种冗余方式。在常见的分布式系统中，为了对外提供高可用的服务，往往会对数据和服务进行副本处理，即数据副本和服务副本。数据副本指在不同节点上持久化同一份数据，当某一节点上存储的数据丢失时，可以从副本上读取到该数据。这是解决分布式系统数据丢失问题最为有效的手段。服务副本指多个节点提供同样的服务，每个节点都有能力接收来自外部的请求并进行相应处理。
- 并发性。在一个计算机网络中，程序运行过程中的并发性操作非常常见。例如，同一个分布式系统的多个节点，可能并发地操作一些共享资源，诸如数据库或分布式存储等。如何准确并高效地协调分布式并发操作是分布式结构中最大的挑战之一。
- 缺乏全局时钟。典型的分布式系统由一系列在空间上随意分布的多个进程组成，进程之间通过交换消息来相互通信。在分布式系统中，很难定义两个事件的先后顺序，原因是分布式系统缺乏一个全局的时钟序列控制。
- 故障多样。组成分布式系统的所有计算机都可能发生任何形式的故障。

近年来，分布式结构在互联网公司被广泛应用，也越来越多地被金融行业关注和应用。

2. 信息系统的逻辑结构

信息系统的逻辑结构是其功能综合体和概念性框架。由于信息系统种类繁多，规模不一，功能上存在较大差异，其逻辑结构也不尽相同。

一个完整的信息系统支持组织的各种功能子系统，使得每个子系统可以完成事务处理、操作管理、管理控制与战略规划等各层次功能。在每个子系统中可以有自己的专用文件，同时可以共用系统数据库中的数据，通过接口文件实现子系统之间的联系。与之相类似，每个子系统有各自的专用程序，也可以调用服务于各种功能的公共程序，以及系统模型库中的模型。

目前，随着信息技术的不断发展，分布式的物理结构已经成为信息系统的主流，结合逻辑结构，信息系统的通用结构自底向上可分为基础设施层、资源管理层、中间件层、业务逻辑层、应用表现层五个层次，如图2-4所示。

（1）基础设施层。基础设施层是系统整体架构的底层技术基础，基于多种软件、硬件、网络和信息安全技术之间的相互作用支撑整个管控系

图2-4　信息系统的通用结构

统的正常应用，包括信息感知设备、网络传输设备、存储设备、计算设备等。

（2）资源管理层。主要包括操作系统、数据库等，负责各类资源的管理与调度。

（3）中间件层。主要负责保障信息（数据）的传输、共享，提供某一类特定基础数据服务，例如传输中间件、交易中间件、GIS中间件、J2EE架构等。

（4）业务逻辑层。主要是通过软件研发，创建统一的业务流程驱动引擎，例如工作流引擎、报表引擎、交易处理引擎等。

（5）应用表现层。主要负责用户的交互界面，通过 UI 设计将信息交互在客户端进行展示。

2.1.4　信息系统的分类与建设原则

1. 信息系统的分类

按照信息系统的通用架构，信息系统工程建设项目交付的内容主要包括机房基础设施、物理资源、虚拟资源、平台资源、应用和数据等。

（1）机房基础设施。主要指机房基础环境、安防系统、电气系统、精密空调系统、环境检测系统、消防系统。

（2）物理资源。主要指网络、服务器、存储、终端、外设等硬件。

（3）虚拟资源。主要指网络资源、计算资源、存储资源等。

（4）平台资源。主要指支撑应用系统运行的基础软件，如操作系统、数据库、中间件等。

（5）应用。主要指面向各类应用的软件系统。如财务软件、人力资源管理软件、办公自动化软件、监控软件、流程管理软件、安全分析软件等。

（6）数据。主要是指业务数据、运维数据、安全数据等。

从工程建设的角度，可以将信息系统分为：信息网络系统、信息资源系统和信息应用系统。

（1）信息网络系统，是指以信息技术为主要手段建立的信息处理、传输、交换和分发的计算机网络系统。信息网络系统为信息资源系统和信息应用系统提供基础的网络平台，其工程建设的核心是网络。

（2）信息资源系统，是指以信息技术为主要手段建立的信息资源采集、存储、处理的资源系统。信息资源系统是承载并管理基础设施、物理资源、虚拟资源、平台资源、应用和数据等资源的系统，在当前云计算、大数据的发展角度，其工程建设的核心是数据资源平台和云资源系统（包括云服务、云数据中心）。

（3）信息应用系统，是指以信息技术为主要手段建立的各类业务管理的应用系统，以满足业务处理、信息管理需要，其工程建设的核心是软件。

2. 信息系统的建设原则

为了能够适应需要，在信息系统规划以及建设开发的过程中，必须遵守一系列原则，这是信息系统建设成功的必要条件。

1）高层管理人员介入原则

一个信息系统的建设目标总是为组织的整体目标服务，否则，这个系统就不应该建设。而真正能够理解组织总体目标的人必然是组织的高层管理人员，只有他们才知道组织究竟需要什么样的信息系统，也只有他们才知道组织投入多少资源到 IT 建设中是值得的，超过这个界限就是浪费。这是身处某一部门的管理人员和技术人员无法做到的。因此，信息系统从概念到运行都必须有组织高层管理人员介入。当然，这里的"介入"有着特定的含义，可以是直接参加，也可以是决策或指导，还可以是在政治、经济、人事方面给予支持。

需要说明的是，随着首席信息官（Chief Information Officer，CIO）的出现，高层管理人员介入原则在现阶段已经逐步具体化。CIO 是组织设置的相当于副总裁的高级职位，负责组织信息化的工作，主持制定组织信息规划、政策和标准，并对组织的信息资源进行管理控制。在大多数组织中，CIO 是组织最高管理层中的核心成员之一。毫无疑问，深度介入信息系统建设及运行是 CIO 的职责所在。

2）用户参与建设原则

一个成功的信息系统，必须把用户放在第一位，用户参与建设包含如下含义：

● "用户"有确定的范围。用户或核心用户是信息系统的使用者。

● 用户，特别是核心用户应当参与信息系统全过程建设。即用户应当参与到从信息系统规划和设计阶段，直到系统运行的全过程中。

● 用户应当深度参与系统建设。一般来说，参与建设的用户人员，既要以甲方代表的身份出现，又应作为真正的系统建设与开发人员，与其他开发人员融为一体。

3）自顶向下规划原则

在信息系统建设开发过程中，经常出现信息不一致的问题，这种问题对于信息系统往往是致命的，有时可能会造成信息系统的报废。研究表明，信息的不一致是由计算机应用的历史性演变造成的，它通常发生在没有一个总体规划的指导就开始后续的设计实现的情况下。因此，坚持自顶向下规划原则对于信息系统的建设和开发至关重要。自顶向下规划的主要目标是达到信息的一致性，但是自顶向下规划不能取代信息系统的详细设计，应鼓励信息系统各子系统的设计者在总体规划的指导下进行设计。

4）工程化原则

20 世纪 70 年代，出现了世界范围的软件危机，即一个软件编制完成后，无法保证它能够正确地运行，也就是软件的可靠性存在问题。软件危机一度引起人们，特别是工业界的恐慌。经过探索，人们认识到软件危机是因为软件产品是一种个体劳动产品。因此，没有工程化是软件危机发生的根本原因，此后，软件工程学科得以发展，在一定程度上解决了软件危机。

信息系统也经历了与软件开发大致相同的历程。在信息系统发展的初期，人们也像软件开发初期一样，只要做出来就行，根本不在乎具体的实现过程。这时的信息系统，大多是少数开发者的"专利"，系统可维护性、可扩展性都比较差。后来，信息工程、系统工程等工程化方法被引入到信息系统建设过程中，才使问题得到一定程度的解决。因此，工程化不仅是一种有效的方法，也是信息系统建设开发的一项重要原则。

5）其他原则

对于信息系统建设，人们还从不同角度提出了一系列原则，主要包括：创新性原则，用于体现信息系统的先进性；整体性原则，用于体现信息系统的完整性；发展性原则，用于体现信息系统的前瞻性；经济性原则，用于体现信息系统的实用性等。

2.2　系统工程

系统工程是一种组织管理技术。所谓系统，首先是把要研究的对象或工程管理问题看作一个由很多相互联系、相互制约的组成部分构成的总体，然后运用运筹学的理论和方法及计算机技术，对构成系统的各组成部分进行分析、预测和评价，最后进行综合，从而使该系统达到最优。

2.2.1　系统工程方法

系统工程方法针对将要解决的问题及相关情况进行分门别类地处理并确定边界，强调各门类之间和各门类内部因素之间内在联系的完整性和整体性。系统工程方法主要包括以下几种。

1）霍尔三维结构

霍尔三维结构又称霍尔的系统工程，是美国系统工程专家霍尔（A.D.Hall）等人在大量工程实践的基础上，于 1969 年提出的一种系统工程方法论。其内容可以直观展示在系统工程各项工作内容的三维结构图中，如图 2-5 所示。霍尔三维结构集中体现了系统工程方法的系统化、综合化、最优化、程序化和标准化等特点，是系统工程方法论的重要基础。

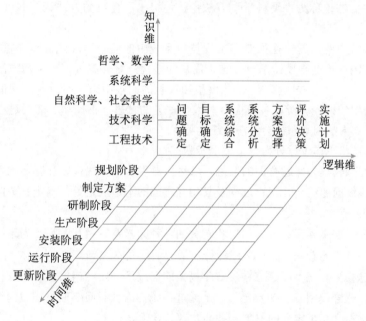

图 2-5　霍尔三维结构

霍尔三维结构将系统工程的整个活动过程分为前后紧密衔接的七个阶段和七个步骤，同时还考虑了为完成这些阶段和步骤所需要的各种专业知识和技能。这样，就形成了由时间维、逻辑维和知识维组成的三维空间结构。其中，时间维表示系统工程活动从开始到结束按时间顺序排列的全过程，分为规划、制定方案、研制、生产、安装、运行、更新七个时间阶段。逻辑维是指时间维的每个阶段内所要进行的工作内容和应该遵循的思维程序，包括问题确定、目标确定、系统综合、系统分析、方案选择、评价、决策、实施计划七个逻辑步骤。知识维需要运用包括工程、医学、建筑、商业、法律、管理、社会科学、艺术在内的各种知识和技能。霍尔三维结构形象地描述了系统工程研究的框架，对其中任意一个阶段和步骤又可以进一步展开，形成分层次的树状体系。

霍尔三维结构的出现，为解决大型复杂系统的规划、组织、管理提供了一种统一的思想和方法，因而在世界各国得到了广泛应用。

2）切克兰德方法

20 世纪 40—60 年代，系统工程主要用来寻求各种"战术"问题的最优策略，或用来组织和管理大型工程建设项目，最适合应用霍尔方法论。

20 世纪 70 年代以来，系统工程越来越多地用于研究社会经济发展战略和组织管理问题，涉及的人、信息和社会等因素相当复杂，使得系统工程的对象系统偏向软化，并导致其中的许多因素难以量化。许多学者在霍尔方法论的基础上，进一步提出了各种软系统工程方法论。20 世纪 80 年代，由英国的 P. 切克兰德（P.Checkland）提出的方法比较系统且具有一定的代表性。

切克兰德认为完全按照解决工程问题的思路来解决社会问题或"软科学"问题，会碰到许多困难，尤其是在设计价值系统、模型化和最优化等步骤方面，有许多因素很难进行定量分析。切克兰德把霍尔方法论称为"硬科学"方法论，他提出了自己的方法论，并称之为"软科学"方法论。

社会经济系统中的问题往往很难和工程技术系统中的问题一样能够事先将需求确定清楚，难以按价值系统的评价准则设计出符合这种需求的最优系统方案。切克兰德方法论的核心不是"最优化"，而是"比较"与"探寻"。从模型和现状的比较中来学习改善现状的途径。"比较"这一步骤，含有组织讨论、听取各方面有关人员意见的意思，不拘泥于非要进行定量分析的要求，能更好地反映人的因素和社会经济系统的特点。

切克兰德方法将工作过程分为以下七个步骤：

- 认识问题。收集与问题有关的信息，表达问题现状，寻找构成和影响因素及其关系，以便明确系统问题结构、现存过程及其相互之间的不适应之处，确定有关的行为主体和利益主体。
- 初步定义。初步弄清、改善与现状有关的各种因素及其相互关系。为系统发展及其研究确立各种基本的看法，并尽可能选择出最合适的基本观点。
- 建立概念模型。在不能建立精确数学模型的情况下，用结构模型或语言模型来描述系统的现状。概念模型基于初步定义，是通过系统化语言对问题抽象描述的结果，其结构及要素必须符合初步定义的思想，并能实现其要求。
- 比较及探寻。将现实问题和概念模型进行对比，找出符合决策者意图且可行的方案或途径。有时通过比较，需要对根底定义的结果进行适当修正。
- 选择。针对比较的结果，考虑有关人员的态度及其他社会、行为等因素，选出现实可行的改善方案。
- 设计与实施。通过详尽和有针对性的设计，形成具有可操作性的方案，并使得有关人员乐于接受和愿意为方案的实现竭尽全力。
- 评估与反馈。根据在实施过程中获得的新认识，修正问题描述、根底定义及概念模型等。

3）并行工程方法

并行工程（Concurrent Engineering）是对产品及其相关过程（包括制造过程和支持过程）进

行并行、集成化处理的系统方法和综合技术。它要求产品开发人员从设计开始就考虑产品生命周期的全过程，不仅考虑产品的各项性能，例如质量、成本和用户要求，还应考虑与产品有关的各工艺过程的质量及服务的质量。它通过提高设计质量来缩短设计周期，通过优化生产过程来提高生产效率，通过降低产品整个生命周期的消耗，如产品生产过程中的原材料消耗、工时消耗等，来降低生产成本。

并行工程的目标是提高质量、降低成本、缩短产品开发周期和产品上市时间。

并行工程的具体做法是：在产品开发初期，组织多种职能协同工作的项目组，使有关人员从一开始就获得对新产品需求的要求和信息，积极研究涉及本部门的工作业务，并将相应的要求提供给设计人员，使许多问题在开发早期就得到解决，从而保证了设计的质量，避免了大量的返工浪费。

并行工程强调以下三点：

● 在产品的设计开发期间，将概念设计、结构设计、工艺设计、最终需求等结合起来，保证以最快的速度按要求的质量完成。

● 各项工作由与此相关的项目小组完成。进程中小组成员各自安排自身的工作，但可以随时或定期反馈信息，并对出现的问题协调解决。

● 依据适当的信息系统工具，反馈与协调整个项目的进行。利用现代信息技术，在产品的研制与开发期间，辅助项目进程的并行化。

4）综合集成法

1990 年初，我国科学家钱学森等提出从系统的本质出发对系统进行分类的新方法，首次公布了"开放的复杂巨系统"这一新的科学领域及其基本观点，并首次把处理开放的复杂巨系统的方法命名为从定性到定量的综合集成法。综合集成是从整体上考虑并解决问题的方法论。

从系统的本质出发，根据组成子系统及子系统种类的多少和它们之间关联关系的复杂程度，可以把系统分为简单系统和巨系统两大类。

● 如果组成系统的子系统数量比较少，子系统之间的关系比较单纯，这样的系统称为简单系统，如一台测量仪器。

● 如果子系统数量巨大（例如成千上万），则称作巨系统。

● 如果巨系统中子系统种类不太多（几种、几十种），且它们之间的关联关系又比较简单，就称作简单巨系统，如激光系统。

● 如果巨系统中子系统种类很多并有层次结构，它们之间的关联关系又很复杂，这就是复杂巨系统，如果这个系统又是开放的，就称作开放的复杂巨系统（Open Complex Giant Systems）。

开放的复杂巨系统的一般基本原则与一般系统论的原则相一致：一是整体论原则；二是相互联系原则；三是有序性原则；四是动态原则。

开放的复杂巨系统的主要性质可以概括为：

● 开放性。系统对象及其子系统与环境之间有物质、能量、信息的交换。

● 复杂性。系统中子系统的种类繁多，子系统之间存在多种形式、多种层次的交互作用。

- 进化与涌现性。系统中子系统或基本单元之间的交互作用，从整体上演化、进化出一些独特的新性质，如通过自组织方式形成某种模式。
- 层次性。系统部件与功能上具有层次关系。
- 巨量性。数目极其巨大。

钱学森教授提出的综合集成法，就其实质而言，是将专家群体（各方面的专家）、数据和各种信息与计算机、网络等信息技术有机结合起来，把各种学科的科学理论和人的认识结合起来构成的系统，这个系统是基于网络的。应用综合集成法对开放的复杂巨系统进行探索研究，成为系统科学发展的里程碑，开辟了系统科学新的发展方向和研究领域。综合集成法的主要特点有：

- 定性研究与定量研究有机结合，贯穿全过程；
- 科学理论与经验知识结合，把人们对客观事物的知识综合集成起来解决问题；
- 应用系统思想把多种学科结合起来进行综合研究；
- 根据复杂巨系统的层次结构，把宏观研究与微观研究统一起来；
- 必须有大型计算机信息系统支持，不仅要有管理信息系统、决策支持系统等功能，而且还要包括综合集成的功能。

5）WSR 系统方法

WSR 是将物理（Wuli）、事理（Shili）、人理（Renli）三者合理配置、有效利用以解决问题的一种系统方法论，由中国著名系统科学专家顾基发教授和朱志昌博士于 1994 年在英国 HULL 大学提出。它既是一种方法论，又是一种解决复杂问题的工具。在观察和分析问题时，尤其是观察分析具备复杂特性的系统时，WSR 体现了其独特性，并具有中国传统哲学的思辨思想，是多种方法的综合统一。WSR 将多种方法条理化、层次化，化繁为简，属于定性与定量分析综合集成的东方系统思想。

WSR 系统方法论的内容易于理解，而具体实践方法与过程按照实践领域与考察对象可灵活调整。WSR 方法论的一般工作过程包含理解意图、制定目标、调查分析、构造策略、选择方案、协调关系和实现构想七个步骤。这些步骤不一定严格依照顺序执行，其中，协调关系始终贯穿于整个过程，具体表现为：

- 协调关系不仅仅是协调人与人的关系，实际上协调关系可以是协调每一步实践中物理、事理和人理的关系；
- 协调意图、目标、现实、策略、方案、构想间的关系；
- 协调系统实践的投入、产出与成效的关系；
- 协调都需要由人完成，着眼点与手段应根据协调对象的不同而有所不同。

WSR 系统方法论中，物理主要应用自然科学中的各种科学方法；事理主要使用各种运筹学、系统工程、管理科学、控制论和一些数学方法，特别是近年来的软计算方法（进化计算、模糊计算和网络计算等），以及各种模型和仿真技术等，还有一些定性方法及定性和定量结合的方法，例如德尔菲法、层次分析法等；人理可以细分为关系、感情、习惯、知识、利益等。

- 关系。人之间都有相互关系，需要去深入了解，并将它们适当表示出来。

- 感情。人之间是有感情的，可以用各种方法直接或间接地找出来。
- 习惯。人们在待人、处世、办事和做决策时都有一定的习惯，就像物体运动时会有惯性。人们可以从一个人过去的习惯去判断这个人会怎样做事，也可以改造一些不好的习惯，建立一些好的习惯。
- 知识。人能拥有知识和创造知识的能力，因此要找到知识的表达，特别是把隐性知识如何变成更多人可以掌握的显性知识。
- 利益。不同人有不同的利益，如何去协调，争取利益。

在管物、管事的同时需要对人进行管理。例如，在计划协调技术和统筹法中，要安排好项目中的时间、设备，同时还要考虑人的资源。

2.2.2　系统工程生命周期

系统工程生命周期一般包括如下七个阶段。

1）探索性研究阶段

探索性研究阶段的目的是识别利益相关者的需求，探索创意和技术。许多行业通过探索性研究阶段来研究诸多新的创意或创新型技术和能力，然后使其发展进入到一个新项目的启动阶段。大量的创造性系统工程在该阶段完成。

2）概念阶段

概念阶段的目的是细化利益相关者的需求，探索可行概念，提出有望实现的解决方案。概念阶段是对探索性研究阶段所开展的研究、实验和工程模型的细化与拓展。需要对利益相关者的需求进行识别、明确并将其文档化。

3）开发阶段

开发阶段的目的是细化系统需求，创建解决方案的描述，构建系统，验证并确认系统。开发阶段包括详细计划、开发，以及验证与确认活动。该阶段可以完全自主地选择开发模型，并不局限于瀑布或其他计划驱动的方法。开发阶段与所有阶段一样，组织可以选择最适合项目需求的流程和活动。

4）生产阶段

生产阶段的目的是生产系统并进行检验和验证。生产阶段是系统被生产或制造的阶段。该阶段可能需要产品变更以解决生产问题，降低生产成本，或提高产品或系统的能力。上述任何一点均可能影响系统需求，且需要系统重新验证或重新确认。

5）使用阶段

使用阶段的目的是运行系统以满足用户需求。使用阶段是系统在预期环境中运行以交付预期服务的阶段。该阶段通常在系统运行期间有计划地引入产品变更，这样的升级能提高系统的能力。

6）保障阶段

保障阶段的目的是提供持续的系统能力。保障阶段为系统提供服务，使之能持续运行。该阶段可建议进行变更以解决保障性问题，降低运行成本或延长系统寿命。

7）退役阶段

退役阶段的目的是存储、归档或退出系统。退役阶段是系统及其相关服务从运行中移除的阶段。这一阶段的活动主要集中于确保退出需求被满足。实际上，退出计划是在概念阶段系统定义的一部分。在 21 世纪早期，许多国家已经更改了它们的法律，强制系统的创建者负责系统生命终止时恰当地退出。

2.2.3 生命周期方法

生命周期方法具体包括以下几种。

1）计划驱动方法

需求、设计、构建、测试、部署范式被认为是构建系统的传统方式。在一些需要协调多家组织人员参与的大型团队项目中，计划驱动方法提供了一种基础的框架，为生命周期流程提供规程。计划驱动方法的特征在于整个过程始终遵守规定流程的系统化方法，特别关注文档的完整性、需求的可追溯性，以及每种表示的事后验证。

2）渐进迭代式开发

20 世纪 60 年代人们就已经开始使用渐进迭代式开发（Iterative and Incremental Development，IID）方法。该方法允许为项目提供一个初始能力，随之提供连续交付以达到期望的系统。目标在于快速产生价值并提供快速响应能力。

当需求不清晰、不确定或者客户希望在系统中引入新技术时，适合使用 IID 方法。基于一系列最初的假设，开发候选的系统，然后对其进行评估以确定是否满足用户需求。若不满足，则启动另一轮演进，并重复该流程，直到交付的系统满足利益相关者的要求或直到组织决定终止这项工作。

一般而言，IID 方法适用于较小的、不太复杂的系统。这种方法的重点在于灵活性，通过剪裁突出了产品开发的核心活动。

3）精益开发

精益思想中的精益开发和更广泛的方法均起源于丰田的"准时化"哲学思想，其目标是"通过彻底消除生产线上的浪费、不一致性及不合理需求，高效率地生产出优质产品"。精益系统工程是将精益思想应用到系统工程中，以及组织和项目管理的相关方面。精益思想是一种整体性的范式，聚焦于向客户交付最大价值并使浪费活动最小化。精益思想已成功地应用于制造、飞机库管、行政管理、供应链管理、健康医疗、产品开发和工程等领域。

精益开发是一个动态的、知识驱动的、以客户为中心的过程，通过这一过程使特定企业的所有人员以创造价值为目标不断地消除浪费。精益系统工程是将精益原则、实践和工具应用到系统工程中，以提升对系统利益攸关者的价值交付。

4）敏捷开发

敏捷的关键目标在于灵活性，当风险可接受时允许从序列中排除选定的事件。

适用于系统工程的敏捷原则如下：

- 最高的优先级是通过尽早地和持续地交付有价值的软件来满足客户。
- 欢迎需求变更，即使是在项目开发后期。敏捷流程利用需求变更帮助客户获得竞争优势。
- 不断交付可用的成果，周期从几周到几个月不等，且越短越好。
- 项目中业务人员与研发人员每天在一起工作，业务人员始终参与到研发工作中。
- 在研发团队内部和团队之间，传递信息最有效的方法是面对面交谈。
- 可以工作的成果是进展的主要度量。
- 对技术的精益求精及对设计的不断完善将提升敏捷性。
- 简单性（尽最大可能减少不必要工作的艺术）是精髓。
- 最佳的架构、需求和设计出自于自组织的团队。
- 团队要定期反省如何能够做到更加高效，并相应地调整团队的行为。

2.2.4　信息系统生命周期

信息系统与其他事物一样，也要经历发生、发展、成熟和消亡的过程。信息系统从产生到消亡的整个过程称为信息系统的生命周期。一般来说，信息系统的生命周期可分为五个阶段，分别是系统规划、系统分析、系统设计、系统实现、系统运行与评价。

（1）系统规划。信息系统规划是系统建设的起始阶段，作用是指明信息系统在组织经营战略中的作用和地位，指导信息系统后续的实现与开发。一个完整的系统规划，应当包括信息系统的目标、总体框架、组织结构和管理流程、实施计划和技术规范等。

（2）系统分析。系统分析阶段的目标是为系统设计阶段提供系统的逻辑模型，主要任务是在可行性分析和总体规划的基础上，对现有系统进行进一步的详细调查，并整理成规范的文档资料；对使用信息系统的组织的结构、业务流程和经营管理，以及信息需求与处理的现状和问题进行分析，为系统设计提供依据。

（3）系统设计。系统设计是信息系统建设过程中的另一个重要阶段。在这一阶段，要根据系统分析的结果，设计出信息系统的实施方案，从而为程序员提供清晰而完整的物理设计说明。

（4）系统实现。系统实现阶段的任务是将设计文档变成能在计算机上运行的信息系统。

（5）系统运行与评价。系统投入运行后，需要经常进行维护和评价，记录系统运行的情况，根据一定的规则对系统进行必要的修改，评价系统的工作质量和经济效益。

2.3　软件工程

计算机软件系统是指在计算机硬件系统上运行的程序、相关的文档资料和数据的集合。计算机软件可以扩充计算机系统的功能，提高计算机系统的效率。按照软件所起的作用和所需运行环境的不同，通常将计算机软件分为系统软件和应用软件两大类。

系统软件是为整个计算机系统配置的不依赖特定应用领域的通用软件。这些软件对计算机系统的硬件和软件资源进行控制和管理，并为用户使用和其他应用软件的运行提供服务。只有在系统软件的作用下，计算机硬件才能协调工作，应用软件才能运行。根据系统软件功能的不同，可将其划分为操作系统、程序设计语言翻译系统、数据库管理系统和网络软件等。

应用系统的核心即应用软件。应用软件是为某类应用需要或解决某个特定问题而设计的软件，例如图形图像处理软件、财务软件、游戏软件和各种软件包等。在各种组织中，应用软件发挥着巨大的作用，承担了诸多计算和管理任务，例如人事管理、财务管理和图书管理等。

软件工程将系统的、规范的、可度量的工程化方法应用于软件开发、运行和维护的全过程。

2.3.1　架构设计

软件架构虽然脱胎于软件工程，但其形成同时借鉴了计算机架构和网络架构中很多宝贵的思想和方法。近年来，软件架构已完全独立于软件工程，成为计算机科学的一个最新的研究方向和独立学科分支。解决好软件的复用、质量和维护问题，是研究软件架构的根本目的。

1. 软件架构风格

软件架构设计的一个核心问题是能否达到架构级的软件复用，也就是说，能否在不同的系统中，使用同一个软件架构。软件架构风格是描述某一特定应用领域中系统组织方式的惯用模式（Idiomatic Paradigm）。架构风格定义了一个系统"家族"，即一个架构定义、一个词汇表和一组约束。架构风格反映了领域中众多系统所共有的结构和语义特性，并指导如何将各个构件有效地组织成一个完整的系统。

Garlan 和 Shaw 对通用软件架构风格进行了分类，他们将软件架构分为以下几种：

（1）数据流风格。包括批处理序列和管道 / 过滤器两种。

（2）调用 / 返回风格。包括主程序 / 子程序、数据抽象和面向对象，以及层次结构。

（3）独立构件风格。包括进程通信和事件驱动的系统。

（4）虚拟机风格。包括解释器和基于规则的系统。

（5）仓库风格。包括数据库系统、黑板系统和超文本系统。

2. 软件架构评估

不同类型的系统需要不同的架构，甚至一个系统的不同子系统也需要不同的架构。架构的选择往往会成为一个系统设计成败的关键。软件架构评估可以只针对一个架构，也可以针对一组架构。在架构评估过程中，评估人员所关注的是系统的质量属性。

从目前已有的软件架构评估技术来看，评估方式主要可以归纳为以下三类：基于调查问卷（或检查表）的方式、基于场景的方式和基于度量的方式。这三种评估方式中，基于场景的评估方式最为常用。

基于场景的方式主要包括：架构权衡分析法（Architecture Trade-off Analysis Method，ATAM）、软件架构分析法（Software Architecture Analysis Method，SAAM）和成本效益分析法（Cost Benefit Analysis Method，CBAM）。在架构评估中，一般从刺激、环境和响应三个方面来对场景进行描述。刺激是场景中解释或描述项目干系人怎样引发与系统的交互部分，环境描述的是刺激发生时的情况，响应是指系统是如何通过架构对刺激做出反应的。

基于场景的方式分析软件架构对场景的支持程度，从而判断该架构对这一场景所代表的质量需求的满足程度。例如，用一系列对软件的修改来反映易修改性方面的需求，用一系列攻击性操作来代表安全性方面的需求等。这一评估方式考虑到了所有与系统相关的人员对质量的要求，涉及的基本活动包括确定应用领域的功能和软件架构之间的映射，设计用于体现待评估质量属性的场景，以及分析软件架构对场景的支持程度。

不同系统对同一质量属性的理解可能不同。例如，对操作系统来说，可移植性被理解为系统可以在不同的硬件平台上运行；而对于普通的应用系统而言，可移植性往往是指该系统可以在不同的操作系统上运行。由于存在这种不一致性，对一个领域适合的场景设计在另一个领域内未必合适，因此，基于场景的评估方式适用于某一特定领域。这一评估方式的实施者一方面需要有丰富的领域知识，以对某一质量需求设计出合理的场景；另一方面，必须对待评估的软件架构有一定的了解，以准确判断它是否支持场景描述的一系列活动。

2.3.2　需求分析

根据 IEEE 的软件工程标准词汇表，软件需求是指用户解决问题或达到目标所需的条件或能力，是系统或系统部件要满足合同、标准、规范或其他正式规定文档所需具有的条件或能力，以及反映这些条件或能力的文档说明。

1. 需求的层次

简单地说，软件需求就是系统必须完成的事，以及必须具备的品质。需求是多层次的，包括业务需求、用户需求和系统需求，这三个不同层次从目标到具体，从整体到局部，从概念到细节。

质量功能部署（Quality Function Deployment，QFD）是一种将用户要求转化为软件需求的技术，其目的是最大限度地提升软件工程过程中用户的满意度。为了达到这个目标，QFD 将软件需求分为三类：常规需求、期望需求和意外需求。

（1）常规需求。用户认为系统应该做到的功能或性能，实现越多用户会越满意。

（2）期望需求。用户想当然认为系统应具备的功能或性能，但并不能正确描述自己想要得到的这些功能或性能需求。如果期望需求没有得到实现，会让用户感到不满意。

（3）意外需求。意外需求也称为兴奋需求，是用户要求范围外的功能或性能（但通常是软件开发人员很乐意赋予系统的技术特性），实现这些需求用户会更高兴，但不实现也不影响其购买的决策。意外需求是控制在开发人员手中的，开发人员可以选择实现更多的意外需求，以便得到高满意、高忠诚度的用户，也可以（出于成本或项目周期的考虑）选择不实现任何意外需求。

2. 需求过程

需求过程主要包括需求获取、需求分析、需求规格说明书编制、需求验证与确认等内容。

1）需求获取

需求获取是一个确定和理解不同项目干系人的需求和约束的过程。需求获取是一件看上去很简单、做起来却很难的事情。需求获取是否科学、准备充分，对获取出来的结果影响很大，这是因为大部分用户无法完整地描述需求，而且也不可能看到系统的全貌。因此，需求获取只有与用户有效合作才能成功。常见的需求获取方法包括用户访谈、问卷调查、采样、情节串联板、联合需求计划等。

2）需求分析

在需求获取阶段获得的需求是杂乱的，是用户对新系统的期望和要求，这些要求有重复的地方，也有矛盾的地方，这样的要求是不能作为软件设计的基础的。一个好的需求应该具有无二义性、完整性、一致性、可测试性、确定性、可跟踪性、正确性、必要性等特性，因此，需要分析人员把杂乱无章的用户要求和期望转化为用户需求，这就是需求分析的工作。

需求分析对已经获取到的需求进行提炼、分析和审查，以确保所有的项目干系人都明白其含义并找出其中的错误、遗漏或其他不足的地方。需求分析的关键在于对问题域的研究与理解。为了便于理解问题域，现代软件工程方法所推荐的做法是对问题域进行抽象，将其分解为若干个基本元素，然后对元素之间的关系进行建模。

3）需求规格说明书编制

软件需求规格说明书（Software Requirement Specification，SRS）是需求开发活动的产物，编制该文档的目的是使项目干系人与开发团队对系统的初始规定有一个共同的理解，使之成为整个开发工作的基础。SRS是软件开发过程中最重要的文档之一，对于任何规模和性质的软件项目都不应该缺少。

在国家标准GB/T 8567《计算机软件文档编制规范》中，提供了一个SRS的文档模板和编写指南，其中规定SRS应该包括范围、引用文件、需求、合格性规定、需求可追踪性、尚未解决的问题、注解和附录。

4）需求验证与确认

当以SRS为基础进行后续开发工作时，如果在开发后期或在交付系统之后才发现需求存在问题，这时修补需求错误需要做大量的工作。相对而言，在系统分析阶段，检测SRS中的错误所采取的任何措施都将节省相当多的时间和资金。因此，有必要对于SRS的正确性进行验证，以确保需求符合良好特征。需求验证与确认活动的内容包括：

- SRS正确地描述了预期的、满足项目干系人需求的系统行为和特征；
- SRS中的软件需求是从系统需求、业务规格和其他来源中正确推导而来的；
- 需求是完整的和高质量的；
- 需求的表示在所有地方都是一致的；
- 需求为继续进行系统设计、实现和测试提供了足够的基础。

在实际工作中，一般通过需求评审和需求测试工作来对需求进行验证。

3. 结构化分析

使用结构化分析（Structured Analysis，SA）方法进行需求分析，其建立的模型的核心是数据字典。围绕这个核心，有三个层次的模型：数据模型、功能模型和行为模型（也称为状态模型）。在实际工作中，一般使用实体关系图（E-R图）表示数据模型，用数据流图（Data Flow

Diagram，DFD）表示功能模型，用状态转换图（State Transform Diagram，STD）表示行为模型。E-R 图主要描述实体、属性，以及实体之间的关系；DFD 从数据传递和加工的角度，利用图形符号通过逐层细分描述系统内各个部件的功能和数据在它们之间传递的情况，来说明系统所完成的功能；STD 通过描述系统的状态和引起系统状态转换的事件，来表示系统的行为，指出作为特定事件的结果将执行哪些动作（例如处理数据等）。

4. 面向对象分析

面向对象分析的基本任务是运用面向对象（Object-Oriented，OO）方法，对问题域进行分析和理解，正确认识其中的事物及它们之间的关系，找出描述问题域和系统功能所需的类和对象，定义它们的属性和职责，以及它们之间所形成的各种联系。最终产生一个符合用户需求，并能直接反映问题和系统功能的 OOA 模型及其详细说明。OOA 模型包括用例模型和分析模型。用例是一种描述系统需求的方法，使用用例的方法来描述系统需求的过程就是用例建模；分析模型描述系统的基本逻辑结构，展示对象和类如何组成系统（静态模型），以及它们如何保持通信，实现系统行为（动态模型）。

面向对象分析阶段的核心工作是建立系统的用例模型与分析模型。

1）用例模型

SA 方法采用功能分解的方式来描述系统功能，在这种表达方式中，系统功能被分解到各个功能模块中，通过描述细分的系统模块的功能来达到描述整个系统功能的目的。采用 SA 方法描述系统需求，很容易混淆需求和设计的界限，这样的描述实际上已经包含了部分的设计在内。从用户的角度看，他们并不想了解系统的内部结构和设计，他们所关心的是系统所能提供的服务，这就是用例方法的基本思想。用例方法是一种需求合成技术，先获取需求，记录下来，然后从这些零散的要求和期望中进行整理与提炼，从而建立用例模型。在 OOA 方法中，构建用例模型一般需要经历四个阶段，分别是识别参与者、合并需求获得用例、细化用例描述和调整用例模型，其中前三个阶段是必需的。

2）分析模型

用例模型是从用户的观点对系统进行用例建模，但捕获了用例并不意味着分析的结束，还要对需求进行深入分析，获取关于问题域本质内容的分析模型。分析模型描述系统的基本逻辑结构，展示对象和类如何组成系统（静态模型），以及它们如何保持通信，实现系统行为（动态模型）。

建立分析模型的过程大致包括定义概念类、确定类之间的关系、为类添加职责、建立交互图等，前三个步骤统称为 CRC（Class-Responsibility-Collaborator，类－责任－协作者）建模。

2.3.3　软件设计

软件设计是需求分析的延伸与拓展。需求分析阶段解决"做什么"的问题，而软件设计阶段解决"怎么做"的问题。同时，它也是系统实施的基础，为系统实施工作做好铺垫。合理的软件设计方案既可以保证系统的质量，也可以提高开发效率，确保系统实施工作的顺利进行。从方法上来说，软件设计分为结构化设计与面向对象设计。

1. 结构化设计

结构化设计（Structured Design，SD）是一种面向数据流的方法，它以 SRS 和 SA 阶段所产生的 DFD 和数据字典等文档为基础，是一个自顶向下、逐步求精和模块化的过程。SD 方法的基本思想是将软件设计成由相对独立且具有单一功能的模块组成的结构，分为概要设计和详细设计两个阶段。其中，概要设计又称为总体结构设计，它是开发过程中很关键的一步，其主要任务是将系统的功能需求分配给软件模块，确定每个模块的功能和调用关系，形成软件的模块结构图，即系统结构图。在概要设计中，将系统开发的总任务分解成许多个基本的、具体的任务，而为每个具体任务选择适当的技术手段和处理方法的过程称为详细设计。根据任务的不同，详细设计又可分为多种，例如输入 / 输出设计、处理流程设计、数据存储设计、用户界面设计、安全性和可靠性设计等。

在 SD 中，需要遵循一个基本的原则：高内聚，低耦合。内聚表示模块内部各成分之间的联系程度，是从功能角度来度量模块内的联系，一个好的内聚模块应当恰好做目标单一的一件事情；耦合表示模块之间联系的程度，紧密耦合表示模块之间联系非常强，松散耦合表示模块之间联系比较弱，非耦合则表示模块之间无任何联系，是完全独立的。

2. 面向对象设计

面向对象设计（OOD）是 OOA 方法的延续，其基本思想包括抽象、封装和可扩展性，其中可扩展性主要通过继承和多态来实现。在 OOD 中，数据结构和在数据结构上定义的操作算法封装在一个对象之中。由于现实世界中的事物都可以抽象出对象的集合，所以 OOD 方法是一种更接近现实世界、更自然的软件设计方法。

OOD 的主要任务是对类和对象进行设计，包括类的属性、方法，以及类与类之间的关系。OOD 的结果就是设计模型。对于 OOD 而言，在支持可维护性的同时，提高软件的可重用性是一个至关重要的问题，如何同时提高软件的可维护性和可重用性，是 OOD 需要解决的核心问题之一。

3. 设计模式

设计模式是前人经验的总结，它使人们可以方便地复用成功的软件设计。设计模式包含模式名称、问题、目的、解决方案、效果、实例代码和相关设计模式等基本要素。

根据处理范围不同，设计模式可分为类模式和对象模式。类模式处理类和子类之间的关系，这些关系通过继承建立，在编译时刻就被确定下来，属于静态关系；对象模式处理对象之间的关系，这些关系在运行时刻变化，更具动态性。根据目的和用途不同，设计模式可分为创建型模式、结构型模式和行为型模式三种。

（1）创建型模式主要用于创建对象，包括工厂方法模式、抽象工厂模式、原型模式、单例模式和建造者模式等；

（2）结构型模式主要用于处理类或对象的组合，包括适配器模式、桥接模式、组合模式、装饰模式、外观模式、享元模式和代理模式等；

（3）行为型模式主要用于描述类或对象的交互及职责的分配，包括职责链模式、命令模式、解释器模式、迭代器模式、中介者模式、备忘录模式、观察者模式、状态模式、策略模式、模板方法模式、访问者模式等。

2.3.4　软件实现

1. 软件编码

编码就是把软件设计的结果翻译成计算机可以"理解和识别"的形式，即用某种程序设计语言书写的程序。作为软件工程的一个步骤，编码是设计的自然结果，因此，程序的质量主要取决于软件设计的质量。但是，程序设计语言的特性和编码途径也会对程序的可靠性、可读性、可测试性和可维护性产生深远的影响。

1）程序设计风格

在软件生存期中，开发人员经常要阅读程序。特别是在软件测试阶段和维护阶段，编写程序的人员与参与测试、维护的人员要阅读程序。因此，阅读程序是软件开发和维护过程中的一个重要组成部分，而且读程序的时间比写程序的时间还要多。20 世纪 70 年代初，有人提出在编写程序时，应使程序具有良好的风格。程序设计风格包括四个方面：源程序文档化、数据说明、语句结构和输入 / 输出方法。应尽量从编码原则的角度提高程序的可读性，改善程序的质量。

2）程序复杂性度量

经过详细设计后每个模块的内容都已经非常具体，因此可以使用软件设计的基本原理和概念仔细衡量其质量。但是，这种衡量毕竟只能是定性的，人们希望能进一步定量度量软件的性质。定量度量程序复杂程度的方法很有价值，把程序的复杂度乘以适当的常数即可估算出软件中故障的数量以及软件开发时的工作量。定量度量的结构可以用于比较两个不同设计或两种不同算法的优劣；程序定量的复杂程度可以作为模块规模的精确限度。

3）编码效率

编码效率主要包括程序效率、算法效率、存储效率和 I/O 效率。

（1）程序效率：程序的效率是指程序的执行速度及程序所需占用的内存空间。一般来说，任何对效率无重要改善，且对程序的简单性、可读性和正确性不利的程序设计方法都是不可取的。

（2）算法效率：源程序的效率与详细设计阶段确定的算法的效率直接相关。在详细设计翻译转换成源程序代码后，算法效率反映为程序的执行速度和存储容量的要求。

（3）存储效率：存储容量对软件设计和编码的制约很大。因此要选择可生成较短目标代码且存储压缩性能优良的编译程序，有时需要采用汇编程序，通过程序员富有创造性的努力，提高软件的时间与空间效率。提高存储效率的关键是程序的简单化。

（4）I/O 效率：I/O（输入 / 输出）可以分为两种类型，一种是面向人（操作人员）的输入 / 输出；另一种是面向设备的输入 / 输出。如果操作人员能够十分方便、简单地输入数据，或者能够十分直观、一目了然地了解输出信息，则可以说面向人的输入 / 输出是高效的。至于面向设备的输入 / 输出，主要考虑设备本身的性能特性。

2. 软件测试

软件测试是在将软件交付给客户之前所必须完成的重要步骤。目前，软件的正确性证明问题尚未得到根本的解决，软件测试仍是发现软件错误（缺陷）的主要手段。根据国家标准 GB/T

15532《计算机软件测试规范》，软件测试的目的是验证软件是否满足软件开发合同或项目开发计划、系统 / 子系统设计文档、SRS、软件设计说明和软件产品说明等规定的软件质量要求。通过测试发现软件缺陷，为软件产品的质量测量和评价提供依据。

软件测试方法可分为静态测试和动态测试。

1）静态测试

静态测试是指被测试程序不在机器上运行，而采用人工检测和计算机辅助静态分析的手段对程序进行检测，用于在不运行代码的情况下检查和评估程序、文档或源代码。静态测试通过分析和评审来发现潜在的缺陷、错误或不符合要求的地方，从而提前修复这些问题，降低后期修改成本。相较于动态测试，静态测试可以更早地发现问题，并且具有成本更低、效率更高的特点。经验表明，静态测试能够有效地发现 30% ～ 70% 的逻辑设计和编码错误。

静态测试包括对文档的静态测试和对代码的静态测试。对文档的静态测试主要以检查单的形式进行文档审查，对代码的静态测试一般采用桌前检查、代码走查、代码审查和静态分析工具等方法。

静态测试主要包括以下几种方法：

（1）桌前检查：又称为纸上审查，是一种通过人工模拟程序执行来检查算法正确性和逻辑流程的方法。在桌前检查中，开发人员或测试人员会逐步模拟程序的执行，检查每个步骤的输入、处理和输出是否符合预期。桌前检查有助于发现潜在问题，验证设计方案的有效性，并确保软件满足需求规格。

（2）代码走查：是一种结构化的代码审查过程，通常在开发人员之间进行，目的是找出代码中的逻辑错误、语法错误、编码风格问题等。在代码走查过程中，参与者会逐行检查代码，分析其执行流程，并确保代码符合项目的设计要求和编码规范。

（3）代码审查：开发人员或专家对源代码进行审查，以发现编程错误、命名规范不一致、代码风格等问题。

（4）静态分析工具：使用自动化工具对源代码进行扫描和检查，可以发现潜在的缺陷、安全漏洞、性能问题等。

（5）文档审查：对需求文档、设计文档等相关软件文档进行审查，确保其准确、完整和符合标准。

总之，静态测试是软件开发过程中的重要环节，有助于提高软件质量、降低风险以及减少后期维护成本。

2）动态测试

动态测试是指在计算机上实际运行程序进行软件测试，一般采用白盒测试和黑盒测试。

白盒测试也称为结构测试、透明盒测试或代码覆盖测试。在这种测试中，测试人员对软件内部结构和实现细节有详细的了解，可以根据代码逻辑和程序设计来创建测试用例，以确保程序能够按预期处理各种输入和边界条件。白盒测试的目标是验证软件内部的逻辑流程和结构，从而发现程序中可能存在的错误或不足之处。白盒测试的主要优点是可以检查程序内部的逻辑和结构，并且可以更容易地找到潜在问题。然而，它的缺点是时间消耗较大，因为需要深入分析源代码，并可能因过于关注细节而忽略用户体验和功能需求。

黑盒测试又称为功能测试、数据驱动测试或规格测试。在这种测试中，测试人员不关心软件内部的实现细节，而是只关注程序的输入和输出结果。他们将软件看作一个黑盒子，通过提供各种输入并观察输出结果，来确定程序是否按照预期工作。黑盒测试主要关注程序是否满足功能需求和用户体验，而不关心其内部结构。黑盒测试的主要优点是可以从用户角度发现问题，并且相对于白盒测试更容易实施。然而，它的缺点是无法检查程序内部的逻辑和结构，可能会漏掉一些潜在的错误。

总之，白盒测试和黑盒测试各有优势和局限性，通常为了达到较好的测试效果，两种方法需要结合使用。

2.3.5　部署交付

软件开发完成后，必须部署在最终用户的正式运行环境中，交付给最终用户使用，才能为用户创造价值。传统的软件工程不包括软件部署与交付，但不断增长的软件复杂度和部署所面临的风险，迫使人们开始关注软件部署。软件部署是一个复杂过程，包括从开发商发放产品，到应用者在他们的计算机上实际安装并维护应用的所有活动。需求和市场的不断变化导致软件的部署和交付不再是一个一劳永逸的过程，而是一个持续不断的过程，伴随在整个软件的开发过程中。

1. 软件部署与交付

软件部署与交付是软件生命周期中的一个重要环节，属于软件开发的后期活动，即通过配置、安装和激活等活动来保障软件制品的后续运行。部署技术影响着整个软件过程的运行效率和投入成本，软件系统部署的管理代价占到整个软件管理开销的大部分。其中，软件配置过程极大地影响着软件部署结果的正确性，应用系统的配置是整个部署过程中的主要错误来源。

目前，部署与交付经常存在如下问题：

（1）分支冗余导致合并困难；

（2）缺陷过多导致阻塞测试；

（3）开发环境、测试环境、部署环境不统一导致的未知错误；

（4）代码提交版本混乱无法回溯；

（5）等待上线周期过长；

（6）项目部署操作复杂经常失败；

（7）上线之后出现问题需要紧急回滚；

（8）架构设计不合理导致发生错误之后无法准确定位等。

2. 持续交付

为解决以上部署与交付经常存在的问题，持续交付应运而生，持续交付是一系列开发实践方法，用来确保让代码能够快速、安全地部署到生产环境中。持续交付是一个完全自动化的过程，当业务开发完成后，可以做到一键部署。持续交付提供了一套更为完善的解决传统软件开发流程的方案，主要体现在：

- 在需求阶段，抛弃了传统需求文档的方式，使用开发人员易于理解的用户故事；
- 在开发测试阶段，做到持续集成，让测试人员尽早进入项目开始测试；
- 在运维阶段，打通开发和运维之间的通路，保持开发环境和运维环境的统一。

目前，国内外主流互联网组织的部署周期以分钟为单位，互联网巨头组织单日的部署频率都在 8000 次以上，部分组织达到 20 000 次以上。高频率的部署代表着能够更快、更好地响应客户的需求。

3. 持续部署

对于持续交付整体来说，持续部署非常重要。容器技术目前是部署中最流行的技术，常用的持续部署方案有 Kubernetes+Docker 和 Matrix 系统两种。部署层次的设置对于部署管理来说也非常重要。首先要明确部署的目的并不是部署一个可工作的软件，而是部署一套可正常运行的环境。完整的镜像部署包括三个环节：Build–Ship–Run。

- Build：与传统的编译类似，将软件编译形成 RPM 包或者 Jar 包；
- Ship：将所需的第三方依赖和第三方插件安装到环境中；
- Run：在不同的地方启动整套环境。

1）不可变服务器

不可变服务器是一种部署模式，是指除了更新和安装补丁程序以外不对服务器进行任何更改。不可变服务器是技术逐步演化的结果。在早期阶段，软件的部署是在物理机上进行的，每一台服务器的网络、存储、软件环境都是不同的，物理机的不稳定让环境重构变得异常困难。后来逐渐发展为虚拟机部署，在虚拟机上借助流程化的部署能较好地构建软件环境，但是第三方依赖库的重构不稳定为整体部署带来了困难。现阶段使用容器部署不但继承和优化了虚拟机部署的优点，而且很好地解决了第三方依赖库的重构问题，容器部署就像一个集装箱，直接把所有需要的内容打包进行复制和部署。

2）蓝绿部署和金丝雀部署

常见的两大持续部署方式是蓝绿部署和金丝雀部署。

- 蓝绿部署是指在部署的时候准备新旧两个部署版本，通过域名解析切换的方式将用户使用环境切换到新版本中，当出现问题的时候，可以快速地将用户环境切回旧版本，并对新版本进行修复和调整。
- 金丝雀部署是指当有新版本发布的时候，先让少量的用户使用新版本，并且观察新版本是否存在问题，如果出现问题，就及时处理并重新发布，如果一切正常，就稳步地将新版本适配给所有的用户。

4. 部署与交付的新趋势

持续集成、持续交付和持续部署的出现及流行反映了新的软件开发模式发展趋势，主要表现为：

- 工作职责和人员分工的转变。软件开发人员运用自动化开发工具进行持续集成，进一步将交付和部署扩展，而原来的手工运维工作也逐渐被分派到了开发人员的手里。运维人员的工作也从重复枯燥的手工作业转化为开发自动化的部署脚本，并逐步并入开发人员的行列之中。

- 大数据和云计算基础设施的普及进一步给部署带来新的飞跃。云计算的出现使得计算机本身也可以自动化地创建和回收，部署和运维工作也会脱离具体的机器和机房，可以在远端进行，部署能力和灵活性出现质的飞跃。
- 研发、运维的融合。减轻运维的压力，将运维和研发融合在一起。

2.4　数据工程

数据工程是信息系统的基础工程，围绕数据的生命周期，规范数据从产生到应用的全过程。数据工程的目标是为信息系统的运行提供可靠的数据保障和服务，为信息系统之间的数据共享提供安全、高效的支撑环境，为信息系统实现互连、互通、互操作提供有力的数据支撑。数据工程的主要研究内容包括数据建模、数据标准化、数据运维、数据开发利用和数据库安全等理论和技术。

2.4.1　数据建模

数据建模是对现实世界中具体的人、物、活动、概念进行抽象、表示和处理，变成计算机可处理的数据，也就是把现实世界中的数据从现实世界抽象到信息世界和计算机世界。

1. 数据模型

根据模型应用的目的不同，可以将数据模型划分为三类：概念模型、逻辑模型和物理模型。

1）概念模型

概念模型也称信息模型，它是按用户的观点对数据和信息建模，也就是说，把现实世界中的客观对象抽象为某一种信息结构，这种信息结构不依赖于具体的计算机系统，也不对应某个具体的数据库管理系统（Database Management System，DBMS），它是概念级别的模型。

2）逻辑模型

逻辑模型是在概念模型的基础上确定模型的数据结构，目前主要的数据结构有层次模型、网状模型、关系模型、面向对象模型和对象关系模型。其中，关系模型是目前最重要的一种逻辑数据模型。

关系模型的基本元素包括关系、关系的属性、视图等。关系模型是在概念模型的基础上构建的。关系数据模型的数据操作主要包括查询、插入、删除和更新数据，这些操作必须满足关系的完整性约束条件。关系的完整性约束包括：实体完整性、参照完整性和用户定义的完整性。其中，实体完整性、参照完整性是关系模型必须满足的完整性约束条件，用户定义的完整性是应用领域需要遵照的约束条件，体现了具体领域中的语义约束。

3）物理模型

物理模型是在逻辑模型的基础上，考虑各种具体的技术实现因素，进行数据库体系结构设计，真正实现数据在数据库中的存放。物理模型的内容包括确定所有的表和列，定义外键用于确定表之间的关系，基于性能的需求可能进行反规范化处理等。物理模型的目标是如何用数据库模式来实现数据的逻辑模型，以及真正地保存数据。物理模型的基本元素包括表、字段、视图、索引、存储过程、触发器等，其中表、字段和视图等元素与逻辑模型中的基本元素有一定的对应关系。

2. 数据建模过程

通常来说，数据建模过程包括数据需求分析、概念模型设计、逻辑模型设计和物理模型设计等过程。

（1）数据需求分析。简单地说，数据需求分析就是分析用户对数据的需要和要求。数据需求分析是数据建模的起点，数据需求掌握的准确程度将直接影响后续阶段数据模型的质量。数据需求分析通常不是单独进行的，而是融合在整个系统需求分析的过程之中。数据需求分析采用数据流图作为工具，描述系统中数据的流动和数据变化，强调数据流和处理过程。

（2）概念模型设计。经过需求分析阶段的充分调查，得到了用户数据开发利用需求，但是这些应用需求还是现实世界的具体需求，需要首先把它们抽象为信息世界的结构，才能进一步更好地、更准确地用某个 DBMS 来实现用户的这些需求。将需求分析得到的结果抽象为概念模型的过程即概念模型设计，其任务是确定实体和数据及其关联。

（3）逻辑模型设计。概念模型独立于机器，更抽象，从而更加稳定，但是为了能够在具体的 DBMS 上实现用户的需求，还必须在概念模型的基础上进行逻辑模型的设计。由于现在的 DBMS 普遍都采用关系模型结构，因此逻辑模型设计主要指关系模型结构的设计。关系模型由一组关系模式组成，一个关系模式就是一张二维表，逻辑模型设计的任务就是将概念模型中的实体、属性和关联转换为关系模型结构中的关系模式。

（4）物理模型设计。经过概念模型设计和逻辑模型设计，数据模型设计的核心工作基本完成，如果要将数据模型转换为真正的数据库结构，还需要针对具体的 DBMS 进行物理模型设计，使数据模型走向数据存储应用环节。物理模型考虑的主要问题包括命名、确定字段类型和编写必要的存储过程与触发器等。

2.4.2　数据标准化

数据标准化是实现数据共享的基础。数据标准化主要为复杂的信息表达、分类和定位建立相应的原则和规范，使其简单化、结构化和标准化，从而实现信息的可理解、可比较和可共享，为信息在异构系统之间实现语义互操作提供基础支撑。数据标准化的主要内容包括元数据标准化、数据模式标准化和数据分类与编码标准化等。

1. 元数据标准化

元数据最简单的定义是：元数据是关于数据的数据（Data About Data）。在信息界，元数据被定义为提供关于信息资源或数据的一种结构化的数据，是对信息资源的结构化描述。其实质是用于描述信息资源或数据的内容、覆盖范围、质量、管理方式、数据的所有者、数据的提供方式等有关信息。

根据信息对象从产生到服务的生命周期、元数据描述和管理内容的不同，以及元数据作用的不同，元数据可以分为多种类型，从最基本的资源内容描述元数据开始，到指导描述元数据的元元数据，形成了一个层次分明、结构开放的元数据体系，如图 2-6 所示。

信息内容	内容元数据
	标记数字对象内容及结构的元数据
内容对象	专门元数据
	描述单一数字对象的内容、属性及外在特征的元数据
内容对象集合	资源集合元数据
	按照科学、主题、资源类型、用户范围、生成过程、使用管理范围形成的信息资源集合的描述
对象的管理与保存	管理元数据
	数字对象加工、存档、结构、技术处理、存取、控制、版权管理以及相关系统等方面的信息描述
对象的服务服务过程服务系统	服务元数据
	数字资源服务的揭示与表现、服务过程、服务系统等方面的相关信息的描述
元数据的管理	元元数据
	对元数据的标记语言、格式语言、标识符、扩展机制、转换机制等的描述

图 2-6　元数据体系与元数据类型

2. 数据模式标准化

数据模式是数据的概念、组成、结构、相互关系的总称。本质上，数据模式反映的是人类客观世界的主观认知，而不同的人群对相同的客观世界的主观认知会有所不同，这就造成了在相同领域有不同的数据模式存在。在数据共享过程中，这种差异对人们进行信息的共享与交换形成了障碍。为了保证能够顺畅进行信息的共享，对特定领域而言，需要一个统一的数据模式作为数据共享与交换的基础，同时也保证该领域的相关人员对统一的数据模型有准确的、无歧义的理解。

但在物理和技术层面，各类数据资源的数据格式、存储方式等各不相同，因此需要采用跨越物理和技术层面的方法来进行描述，也就是从数据的逻辑层面对数据集的内容、组成及其结构信息，进行合理的、规范的、本质上的说明和描述。通过数据集模式的标准化，一方面对数据的内容、组成、结构以及各部分的相互关系进行统一规范，相关领域、部门或者数据集制作者都可以根据数据模式制作出标准化的数据；另一方面，数据集按照数据库理论对数据进行了规范化处理，有利于减少数据冗余。

在建立各数据集的数据模式的过程中，需要对客观世界的实体进行分析和抽象，利用图形、文字等方法定义各种实体和相互关系。为了对数据模式形成一致的理解，必须有规范的方法来客观、无歧义地描述数据集的内容、组成及其结构。数据模式的描述方式主要有图描述方法和数据字典方法。图描述方法常用的有 IDEF1X 方法和 UML 图，主要用来描述数据集中的实体和实体之间的相互关系；数据字典用来描述模型中的数据集、单个实体、属性的摘要信息。

3. 数据分类与编码标准化

数据分类是根据内容的属性或特征，将数据按一定的原则和方法进行区分和归类，并建立起一定的分类体系和排列顺序。数据分类有分类对象和分类依据两个要素。分类对象由若干个被分类的实体组成，分类依据取决于该分类对象的属性或特征。任何一种信息都有多种多样的属性特征，这些属性特征有本质属性特征和非本质属性特征之别。分类应以相对最稳定的本质属性为依据，但是对具有交叉、双重或多重本质属性特征的信息进行分类，除了需要符合科学性、系统性等原则外，还应符合交叉性、双重或多重性的原则。

数据编码是将事物或概念（编码对象）赋予具有一定规律、易于计算机和人识别处理的符号，形成代码元素集合。代码元素集合中的代码元素就是赋予编码对象的符号，即编码对象的代码值。所有类型的数据都能够进行编码，例如关于产品、人、国家、货币、程序、文件、部件等的各种各样的信息。

所谓数据分类与编码标准化就是把数据分类与编码工作纳入标准化工作的领域，按标准化的要求和工作程序，将各种数据按照科学的原则进行分类与编码，经有关方面协商一致，由主管机构批准、注册，以标准的形式发布，作为共同遵守的准则和依据，并在其相应的级别范围内宣贯和推行。

数据分类与编码标准化是简化信息交换、实现信息处理和信息资源共享的重要前提，是建立各种信息管理系统的重要技术基础和信息保障依据。通过分类与编码标准化，可以最大限度地消除对信息命名、描述、分类和编码的不一致造成的混乱、误解等现象，可以减少信息的重复采集、加工、存储等操作，使事物的名称和代码的含义统一化、规范化，确立代码与事物或概念之间的一一对应关系，以保证数据的准确性和相容性，为信息集成与资源共享提供良好的基础。数据分类与编码标准化的作用主要包括用于信息系统的共享和互操作、统一数据的表示法、提高信息处理效率。

4. 数据标准化管理

在数据标准化活动中，首先要依据信息需求，参照现行数据标准、信息系统的运行环境，以及法规、政策和指导原则，在数据管理机构、专家组和开发者共同参与下，运用数据管理工具，得到注册的数据元素、物理模式和扩充的数据模型。数据标准化的具体过程包括确定数据需求、制定数据标准、批准数据标准和实施数据标准四个阶段。

（1）确定数据需求。本阶段将产生数据需求及相关的元数据、域值等文件。在确定数据需求时应考虑现行法规、政策，以及现行的数据标准。

（2）制定数据标准。本阶段要处理"确定数据需求"阶段提出的数据需求。如果现有的数据标准不能满足该数据需求，可以建议制定新的数据标准，也可建议修改或者封存已有数据标准。推荐的、新的或修改的数据标准记录于数据字典中。这个阶段将产生供审查和批准的成套建议。

（3）批准数据标准。本阶段的数据管理机构对提交的数据标准建议、现行数据标准的修改或封存建议进行审查。一经批准，该数据标准将扩充或修改数据模型。

（4）实施数据标准。本阶段涉及在各信息系统中实施和改进已批准的数据标准。

2.4.3　数据运维

1. 数据存储

所谓数据存储，就是根据不同的应用环境，通过采取合理、安全、有效的方式将数据保存到物理介质上，并能保证对数据实施有效的访问。其含义包含两个方面：一是数据临时或长期驻留的物理媒介；二是保证数据完整、安全存放和访问而采取的方式或行为。数据存储就是把这两个方面结合起来，提供完整的解决方案。

（1）数据存储介质。数据存储首先要解决的是存储介质的问题。存储介质并不是越贵越好、越先进越好，要根据不同的应用环境，合理选择存储介质。存储介质的类型主要有磁带、光盘和磁盘三种。

（2）存储管理。存储管理在存储系统中的地位越来越重要，例如，如何提高存储系统的访问性能，如何满足数据量不断增长的需要，如何有效地保护数据、提高数据的可用性，如何满足存储空间的共享等。存储管理的具体内容包括资源调度管理、存储资源管理、负载均衡管理和安全管理。

2. 数据备份

数据备份是为了防止由于用户操作失误、系统故障等意外原因导致的数据丢失，将整个应用系统的数据或一部分关键数据复制到其他存储介质上的过程。这样做的目的是保证当应用系统的数据不可用时，可以利用备份的数据进行恢复，尽量减少损失。

当前最常见的数据备份结构可以分为四种：DAS 备份结构、基于 LAN 的备份结构、LAN-FREE 备份结构和 SERVER-FREE 备份结构。常见的备份策略主要有三种：完全备份、差分备份和增量备份。

在数据备份系统中，备份服务器、独立冗余磁盘阵列（Redundant Arrays of Independent Disks，RAID）和磁带机等设备提供了硬件基础，具体备份策略的制定、备份介质的管理，以及一些扩展功能的实现都需要软件来完成。备份软件主要分为两大类：一是操作系统自带的软件，例如麒麟操作系统的"备份"工具，这类软件实现的功能比较简单；二是专业备份软件，能够实现比较全面的功能。

3. 数据容灾

一切引起系统非正常停机的事件都可以称为灾难，包括不可预料、不可抗拒的自然灾害，系统软硬件故障，人为误操作和恶意攻击等。根据其保护对象不同，容灾系统分为应用容灾和数据容灾两类。应用容灾用于克服灾难对系统的影响，保证应用服务的完整、可靠和安全等一系列要求，使得用户在任何情况下都能得到正常的服务；数据容灾则重点关注保证用户数据的高可用性，在灾难发生时能够保证应用系统中的数据尽量少丢失或不丢失，使得应用系统能不间断地运行或尽快地恢复正常运行。

在一般情况下，数据容灾是应用容灾的一个子集，也是应用容灾最根本的基础，因为"得数据者得天下"，数据是应用系统的基础。容灾是一个工程，而不仅仅是技术，容灾有其完整的流程、规范及其具体措施。

数据备份是数据容灾的基础。数据备份是数据高可用的最后一道防线，其目的是系统数据崩溃时能够快速恢复数据。容灾不是简单备份。真正的数据容灾就是要避免传统冷备份所具有的先天不足，它在灾难发生时能全面、及时地恢复整个系统。容灾按其灾难恢复能力的高低可以分为多个等级，例如，国际标准 SHARE 78 定义的容灾系统有七个等级，从最简单的仅在本地进行磁带备份，到将备份的磁带存储在异地，再到建立应用系统实时切换的异地备份系统。恢复时间也可以从几天到小时级，再到分钟级、秒级或零数据丢失等。从技术上看，衡量容灾系统有两个主要指标，即 RPO（Recovery Point Object）和 RTO（Recovery Time Object），其中 RPO 代表当灾难发生时允许丢失的数据量，而 RTO 则代表系统恢复的时间。

4. 数据质量评价与控制

在不同时期，数据质量有不同的概念和标准。目前普遍认为，数据质量高低必须从用户使用的角度来看，即使准确性相当高的数据，如果时效性差，或者不为用户所关心，仍达不到数据质量管理标准。

1）数据质量描述

数据质量可以通过数据质量元素来描述，数据质量元素分为数据质量定量元素和数据质量非定量元素。

2）数据质量评价过程

数据质量评价过程是产生和报告数据质量结果的一系列步骤，图 2-7 描述了数据质量评价过程。

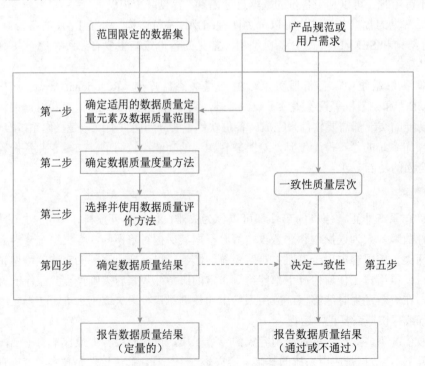

图 2-7　数据质量评价过程

3）数据质量评价方法

数据质量评价过程是通过应用一个或多个数据质量评价方法来完成的。数据质量评价方法分为直接评价法和间接评价法。

4）数据质量控制

数据产品的质量控制分为前期控制和后期控制两部分。前期控制包括数据录入前的质量控制、数据录入过程中的实时质量控制；后期控制是数据录入完成后的后处理质量控制与评价。从监控流程角度可分为前期控制、过程控制、系统监测和进度评价。

5）数据清理

数据清理也称数据清洗。从广义上讲，数据清理是将数据库精简以除去重复记录，并使剩余部分转换成符合标准的过程。而狭义上的数据清理特指在构建数据仓库和实现数据挖掘前对数据源进行处理，使数据实现准确性、完整性、一致性、唯一性、适时性、有效性，以适应后续操作的过程。从提高数据质量的角度出发，凡是有助于提高数据质量的处理过程，都可以认为是数据清理。一般来说，数据清理主要包括数据分析、数据检测和数据修正三个步骤。

2.4.4　数据开发利用

数据只有得到充分的开发利用才能发挥出它的作用。通过数据集成、数据挖掘、数据服务、数据可视化等技术手段，可以帮助数据用户从数据资源中找到所需要的数据，并将数据以一定的方式展现出来，实现对数据的开发利用。

1. 数据集成

数据集成就是将驻留在不同数据源中的数据进行整合，向用户提供统一的数据视图（一般称为全局模式），使得用户能以透明的方式访问数据。其中，数据源主要是指数据库，广义上也包括各类 XML 文档、HTML 文档、电子邮件、普通文件等结构化、半结构化和非结构化数据。这些数据源存储位置分散，数据类型异构，数据库产品多样。

数据集成的目标就是充分利用已有数据，在尽量保持其自治性的前提下，维护数据源整体上的一致性，提高数据共享利用效率。实现数据集成的系统称为数据集成系统，它为用户提供了统一的数据源访问接口，用于执行用户对数据源的访问请求。典型的数据集成系统模型如图 2-8 所示。

2. 数据挖掘

数据挖掘是指从大量数据中提取或挖掘知识，即从大量的、不完全的、有噪声的、模糊的、随机的实际数据中，提取隐含在其中的、人们不知道的

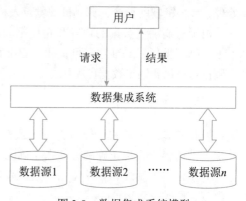

图 2-8　数据集成系统模型

却潜在有用的知识。数据挖掘把人们从对数据低层次的简单查询，提升到从数据库挖掘知识，提供决策支持。数据挖掘是一门交叉学科，其过程涉及数据库、人工智能、数理统计、可视化、

并行计算等多种技术。

数据挖掘的主要任务包括数据总结、关联分析、分类和预测、聚类分析和孤立点分析。数据挖掘流程一般包括确定分析对象、数据准备、数据挖掘、结果评估与结果应用五个阶段，这些阶段在具体实施中可能需要重复多次。为完成这些阶段的任务，需要不同专业人员参与其中，主要包括业务分析人员、数据挖掘人员和数据管理人员。数据挖掘的结果经过决策人员的许可，才能实际运用并指导实践。将通过数据挖掘得出的预测模式和各个领域的专家知识结合在一起，构成一个可供不同类型的人使用的应用程序。

3. 数据服务

数据服务主要包括数据目录服务、数据查询与浏览及下载服务、数据分发服务。

（1）数据目录服务。由于专业、领域、主管部门、分布地域和采用技术的不同，数据资源呈现出海量、多源、异构和分布的特点。对于需要共享数据的用户来说，往往面临不知道有哪些数据、不知道想要的数据在哪里、不知道如何获取想要的数据等困难。数据目录服务就是要解决这些问题，它是用来快捷地发现和定位所需数据资源的一种检索服务，是实现数据共享的重要基础功能服务之一。

（2）数据查询与浏览及下载服务。数据查询、浏览和下载是网络数据共享服务的重要方式，用户使用数据的方式有查询数据和下载数据两种。

（3）数据分发服务。数据分发是指数据的生产者通过各种方式将数据传送到用户的过程。通过分发，能够使数据从采集、存储、加工、传播向使用流动，实现数据的价值。分发服务的核心内容包括数据发布、数据发现、数据评价和数据获取。

4. 数据可视化

可视化技术是指将抽象的事物或过程变成图形图像的表示方法。数据可视化（Data Visualization）概念来自科学计算可视化。数据可视化主要运用计算机图形学和图像处理技术，将数据转换为图形或图像在屏幕上显示出来，并能进行交互处理。它涉及计算机图形学、图像处理、计算机辅助设计、计算机视觉及人机交互技术等多个领域，是一门综合性的学科。

由于所要展现数据的内容和角度不同，可视化的表现方式也多种多样，主要可分为七类：一维数据可视化、二维数据可视化、三维数据可视化、多维数据可视化、时态数据可视化、层次数据可视化和网络数据可视化。

2.4.5　数据库安全

数据是脆弱的，它可能被无意识或有意识地破坏、修改，需要采用一定的数据安全措施，确保合法的用户采用正确的方式在正确的时间对相应的数据进行正确的操作，确保数据的机密性、完整性、可用性和合法使用。数据库安全是指保护数据库，防止不合法的使用所造成的数据泄露、更改或破坏。

1. 数据库安全威胁

在数据库环境中，不同的用户通过数据库管理系统访问同一组数据集合，这样减少了数据的冗余，消除了不一致的问题，同时也免去程序对数据结构的依赖。然而，这也导致数据库面临更严重的安全威胁。数据库安全威胁的主要类型如表 2-1 所示。

表 2-1　数据库安全威胁的主要类型

维度	表现方式		说明
威胁后果	非授权的信息泄露		未获授权的用户有意或无意得到信息。通过对授权访问的数据进行推导分析获取非授权的信息也属于这一类
	非授权的数据修改		包括所有通过数据处理和修改而违反信息完整性的行为。非授权修改不一定会涉及非授权信息泄露，因为即使不读取数据也可以进行破坏
	拒绝服务		包括会影响用户访问数据或使用资源的行为
威胁方式	无意	自然或意外灾害	例如地震、水灾、火灾等。这些事故可能会破坏系统的软硬件，导致完整性破坏和拒绝服务
		系统软硬件中的错误	导致应用实施错误的策略，从而导致非授权的信息泄露、数据修改或拒绝服务
		人为错误	导致无意地违反安全策略，导致的后果与软硬件错误类似
	有意	授权用户	授权用户滥用自己的特权造成威胁
		恶意代理	病毒、特洛伊木马和后门是这类威胁中的典型代表

2. 数据库安全对策

根据数据库安全威胁的特点，常用的数据库安全对策如表 2-2 所示。

表 2-2　常用的数据库安全对策

安全对策	说明
防止非法的数据访问	这是数据库安全关键的需求之一。数据库管理系统必须根据用户或应用的授权来检查访问请求，以保证仅允许授权的用户访问数据库
防止推导	推导指的是用户通过授权访问的数据，经过推导得出机密信息，而按照安全策略，该用户是无权访问此机密信息的。在统计数据库中需要防止用户从统计聚合信息中推导得到原始个体信息，特别是统计数据库容易受到推导问题的影响
保证数据库的完整性	该需求指的是保护数据库不受非授权的修改，以及不会因为病毒、系统中的错误等导致存储数据破坏。这种保护通过访问控制、备份／恢复及一些专用的安全机制共同实现
保证数据的操作完整性	定位于在并发事务中保证数据库中数据的逻辑一致性。一般而言，数据库管理系统中的并发管理子系统负责实现这部分需求
保证数据的语义完整性	在修改数据时，保证新值在一定范围内符合逻辑上的完整性。对数据值的约束通过完整性约束来描述。可以针对数据库定义完整性约束（定义数据库处于正确状态的条件），也可以针对变换定义完整性约束（修改数据库时需要验证的条件）
审计和日志	为了保证数据库中数据的安全，一般要求数据库管理系统能够将所有的数据操作记录下来。这一功能要求系统保留日志文件，安全相关事件可以根据系统设置记录在日志文件中，以便事后调查和分析，追查入侵者或发现系统的安全弱点。审计和日志是有效的威慑和事后追查、分析工具

（续表）

安全对策	说明
标识和认证	同计算机系统的用户管理类似，使用的方法也非常类似。与其他系统一样，标识和认证也是数据库的第一道安全防线。标识和认证是授权、审计等的前提条件
机密数据管理	数据库中的数据可能有部分是机密数据，也有可能全部是机密数据（如军队的数据库），而有些数据库中的数据则全部是公开的。同时保存机密数据和公开数据的情况比较复杂。对于同时保存机密数据和公开数据的数据库而言，访问控制主要保证机密数据的保密性，仅允许授权用户的访问。这些用户被赋予对机密数据进行一系列操作的权限，并且禁止传播这些权限。此外，这些被授权访问机密数据的用户应该与普通用户一样可以访问公开数据，但是不能相互干扰。另一种情况是用户可以访问一组特定的机密数据，但是不能交叉访问。此外，还有一种情况是用户可以单独访问特定的机密数据集合，但是不能同时访问全部机密数据
多级保护	多级保护表示一个安全需求的集合。现实世界中很多应用要求将数据划分不同的保密级别。在多级保护体系中，进一步的要求是研究如何赋予多数据项组成的集合一个恰当的密级。数据的完整性和保密性是通过给予用户权限来实现的，用户只能访问拥有的权限所对应级别的数据
限界	限界的意义在于防止程序之间出现非授权的信息传递。信息传递出现在"授权通道""存储通道""隐通道"中。授权通道通过授权的操作提供输出信息，例如编辑或编译一个文件。存储通道是存储区，一个程序向其中存储数据，而其他程序可以读取。隐通道指的是使用系统中并非设计用来进行通信的资源在主体间通信的信道

3. 数据库安全机制

数据库安全机制是用于实现数据库的各种安全策略的功能集合，正是由这些安全机制来实现安全模型，进而实现保护数据库系统安全的目标。数据库安全机制包括用户的身份认证、存取控制、数据库加密、数据审计、推理控制等内容。

2.5　系统集成工程

随着信息技术的发展，系统集成逐步成为信息系统实施中一项重要的工作。本书的系统集成概念专指计算机信息系统的集成，包括计算机硬件平台、网络系统、系统软件、工具软件、应用软件的集成，以及围绕这些系统的相应咨询、服务和技术支持。信息系统集成是以计算机有关技术储备为基础，以可靠的产品为工具，用以实现某一特定的计算机系统功能组合的工程行为。

2.5.1　集成基础

计算机信息系统的系统集成就是运用先进的计算机与通信技术，将支持各个信息孤岛的小运行环境集成统一在一个大运行环境之中。

系统集成的工作在信息系统项目建设中非常重要，它通过硬件平台、网络通信平台、数据库平台、工具平台、应用软件平台将各类资源有机、高效地集成到一起，形成一个完整的工作台面。系统集成工作的好坏对系统开发、维护有极大的影响。因此，系统集成在技术上需要遵循的基本原则包括：开放性、结构化、先进性和主流化。

（1）开放性。系统软硬件平台、通信接口、软件开发工具、网络结构的选择要遵循工业开放标准，这是关系到系统生命周期长短的重要问题。对于稍具规模的信息系统，其系统软硬件平台很难由单一厂商提供。由不同厂商提供的系统平台要集成在一个系统中，就存在着接口的标准化和开放问题，它们的连接都依赖于开放标准。所以，开放标准已成为建设信息系统必须考虑的问题。一个集成的信息系统必然是一个开放的信息系统。只有开放的系统才能满足可互操作性、可移植性及可伸缩性的要求，才可能与另一个标准兼容的系统实现"无缝"的互操作，应用程序才可能由一种系统移植到另一种系统，不断地为系统的扩展、升级创造条件。

（2）结构化。复杂系统设计的最基本方法依然是结构化系统分析设计方法。把一个复杂系统分解成相对独立和简单的子系统，每一个子系统又分解成更简单的模块，这样自顶向下逐层模块化分解，直到底层每一个模块都是可具体说明和可执行的为止。这一思想至今仍是复杂系统设计的精髓。

（3）先进性。先进性有两层意义：目前先进性和未来先进性。系统的先进性是建立在技术先进性之上的，只有先进的技术才有较强的发展生命力，系统采用先进的技术才能确保系统的优势和较长的生存周期。系统的先进性还表现在系统设计的先进性，包括先进技术有机集成、问题划分合理、应用软件符合人们的认知特点等。系统设计的先进性贯穿系统开发的整个生存周期，一定要认真对待。

（4）主流化。构成系统的每一个产品应属于该产品发展的主流，有可靠的技术支持，有成熟的使用环境，并具有良好的升级发展势头。

2.5.2　网络集成

计算机网络系统集成不仅涉及技术问题，还涉及组织的管理问题，因而比较复杂，大型网络系统更是如此。从技术角度讲，网络集成不仅涉及不同厂家的网络设备和管理软件，还涉及异构和异质网络系统的互连问题。从管理角度讲，每个组织的管理方式和管理思想千差万别，实现向网络化管理的转变会面临许多人为因素的影响。因此，组织需要结合实际情况，建立网络系统集成的体系框架，指导网络系统建设，实现真正的网络化管理。如图 2-9 所示为计算机网络集成的一般体系框架。

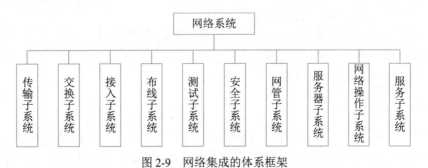

图 2-9　网络集成的体系框架

下面对网络集成体系框架中的部分重要子系统进行说明。

（1）传输子系统。传输是网络的核心，是网络信息的"公路"和"血管"。传输线路带宽的高低不仅体现了网络的通信能力，也体现了网络的现代化水平，并且传输介质在很大程度上也决定了通信的质量，从而直接影响网络协议。

（2）交换子系统。网络按所覆盖的区域可分为局域网、城域网和广域网，由此，网络交换也可以分为局域网交换技术、城域网交换技术和广域网交换技术。

（3）安全子系统。由于网络的发展，安全问题一直是网络研究和应用的热点。网络安全主要关注的内容包括：使用防火墙技术，防止外部的侵犯；使用数据加密技术，防止任何人从通信信道窃取信息；访问控制，主要是通过设置口令、密码和访问权限保护网络资源。

（4）网管子系统。网络是一种动态结构。随着组织规模的扩大和改变，网络也会跟着扩大和改变。配置好网络以后，必须对其进行有效的管理，确保网络能连续不断地满足组织的需要。对于任何网管子系统来说，关键的任务便是保证网络良好运行。由于网络规模的扩大，通常会出现网络"瓶颈"问题，使系统的速度放慢。网管的职责便是找出瓶颈并解决它。

（5）服务器子系统。服务器是网络中的关键设备。服务器的作用就是提供处理器内存、磁盘、打印机、软件数据等资源和服务，并负责协调管理这些资源。由于网络服务器要同时为网络上所有的用户服务，因此要求网络服务器具有较高的性能，包括较快的处理速度、较大的内存、较大的磁盘容量和高可靠性。根据网络的应用情况和规模，网络服务器可以选用高配置微机、工作站、小型机、超级小型机和大型机等。选择网络服务器时需要考虑以下因素：

- CPU 的速度和数量；
- 内存容量和性能；
- 总线结构和类型；
- 磁盘容量和性能；
- 容错性能；
- 网络接口性能；
- 服务器软件等。

（6）网络操作子系统。网络操作子系统的主要任务是调度和管理网络资源，并为网络用户提供统一、透明使用网络资源的手段。网络资源主要包括网络服务器、工作站、打印机、网桥、路由器、交换机、网关、共享软件和应用软件等。

（7）服务子系统。网络服务是网络应用的核心。带宽再高的网络，如果没有好的网络服务，就不能发挥网络的效益。网络服务主要包括互联网服务、多媒体信息检索、信息点播、信息广播、远程计算和事务处理以及其他信息服务等。

2.5.3　数据集成

数据集成的目的是运用一定的技术手段将系统中的数据按一定的规则组织成为一个整体，使得用户能有效地对数据进行操作。数据集成处理的主要对象是系统中各种异构数据库中的数据。数据仓库技术是数据集成的关键。

1. 数据集成层次

数据集成是将参与数据库的有关信息在逻辑上集成为一个属于异构分布式数据库的全局概念模式，以达到信息共享的目的。数据集成可以分为基本数据集成、多级视图集成、模式集成和多粒度数据集成四个层次。

（1）基本数据集成。基本数据集成面临的问题很多。通用标识符问题是数据集成时遇到的最难的问题之一。由于同一业务实体存在于多个系统源中，并且没有明确的办法确认这些实体是同一实体时，就会产生这类问题。处理该问题的办法包括：

- 隔离。保证实体的每次出现都指派一个唯一标识符。
- 调和。确认哪些实体是相同的，并且将该实体的各次出现合并起来。

当目标元素有多个来源时，指定某一系统在冲突时占主导地位。数据丢失问题是最常见的问题之一，通常解决的办法是为丢失的数据产生一个非常接近实际的估计值来进行处理。

（2）多级视图集成。多级视图机制有助于对数据源之间的关系进行集成：底层数据表示方式为局部模型的局部格式，如关系和文件；中间数据表示为公共模式格式，如扩展关系模型或对象模型；高级数据表示为综合模型格式。视图集成化过程为两级映射：

- 数据从局部数据库中经过数据翻译、转换，并集成为符合公共模型格式的中间视图；
- 进行语义冲突消除、数据集成和数据导出处理，将中间视图集成为综合视图。

（3）模式集成。模型合并属于数据库设计问题，其设计的好坏常视设计者的经验而定，在实际应用中可参考的成熟理论较少。在实际应用中，数据源的模式集成和数据库设计仍有相当的差距，例如模式集成时出现的命名、单位、结构和抽象层次等的冲突问题，就无法照搬模式设计的经验。

（4）多粒度数据集成。多粒度数据集成是异构数据集成中最难处理的问题，理想的多粒度数据集成模式是自动逐步抽象。数据综合（或数据抽象）指由高精度数据经过抽象形成精度较低，但是粒度较大的数据，其作用过程为，从多个较高精度的局部数据中获得较低精度的全局数据。在这个过程中，要对各局域中的数据进行综合，提取其主要特征。数据综合集成的过程实际上是特征提取和归并的过程。数据集成是最终实现数据共享和辅助决策的基础。

2. 异构数据集成

数据集成的目的是为应用提供统一的访问支持，因此集成后的数据必须保证一定的完整性，包括数据完整性和约束完整性。数据集成还必须考虑语义冲突问题，信息资源之间存在的语义区别可能引起各种矛盾。从简单的名字语义冲突到复杂的结构语义冲突，都会干扰数据处理、发布和交换。此外，数据访问权限、异构数据源数据的逻辑关系、数据集成范围等问题都需要加以考虑。

1）异构数据集成的方法

异构数据集成方法归纳起来主要有两种：过程式方法和声明式方法。采用过程式方法，一般是根据一组信息需求，采用一种点对点（Ad-hoc）的设计方法来集成数据。在这种情况下，关键就是设计一套合适的软件模块来存取数据源。软件模块不需要一个关于完整数据模式的清晰概念，主要是依赖于包装器（Wrapper）来封装数据源，利用中介器（Mediator）来合并和一致化从多个 Wrapper 和其他 Mediator 传过来的数据。声明式方法的主要特点就是通过一套合适的语言来对多个数据源的数据进行建模，构建一个统一的数据表示，并且基于这一数据表示来对整体系统数据进行查询，通过一套有效的推理机制来对数据源进行存取，获得所需的信息。对于声明式数据集成方法，在设计过程中要重点考虑的两个关键问题是：相关领域的概念化建模和基于这一概念化表示的推理的可行性。

另一类方法是利用中间件集成异构数据库，该方法不需要改变原始数据的存储和管理方式。中间件位于异构数据库系统（数据层）和应用程序（应用层）之间，向下协调各数据库系统，向上为访问集成数据的应用提供统一的数据模式和数据访问通用接口。各数据库仍完成各自任务，中间件主要为异构数据源提供一个高层次的检索服务。

2）开放数据库互连标准（ODBC）

实现异构数据源的数据集成首先要解决的问题是原始数据的提取。从异构数据库中提取数据大多采用开放式数据库互连（Open Database Connectivity，ODBC）。ODBC 是一种用来在数据库系统之间存取数据的标准应用程序接口，目前流行的数据库管理系统都提供了相应的 ODBC 驱动程序，它使数据库系统具有很好的开放性，数据格式转换也很方便。另一种提取数据的方法是针对不同的数据源编写专用的嵌 C 接口程序，这样可提高数据的提取速度。

3）基于 XML 的数据交换标准

使用中间件作为组织异构数据源集成的解决方案时，需要为中间件选择一种全局数据模式，统一异构数据源的数据模式。异构数据集成的全局模式需要满足的条件如下：

- 能够描述各种数据格式，无论其是结构化的还是半结构化的。
- 易于发布和进行数据交换，集成后的数据可以方便地以多种格式发布，并便于在应用之间交换数据。
- 可以采用关系或对象数据模式为全局模式，但并不能很好地满足上述要求。

4）基于 JSON 的数据交换格式

在开发客户端与服务端的应用当中，数据交换接口通常都是通过 XML 格式来进行数据交换的。近年来，随着 AJAX 技术的兴起，JSON 作为一种轻量级的数据交换格式，以其易于阅读和编写的优点，被越来越多地应用于各个项目中。

2.5.4　软件集成

随着对象技术和网络技术的发展，信息系统开发环境也逐步体现出从结构化到面向对象、从集中到分布、从同构到异构、从独立到集成、从辅助到智能、从异步到协同的发展趋势。应用系统的开发已从以单机为中心逐步过渡到以网络环境为中心，成千上万台个人计算机与工作站已变成全球共享的庞大的计算机信息资源。开放系统可以让用户透明地应用由不同厂商制造的不同硬件平台、由不同操作系统组成的异构型计算资源，在千差万别的信息资源（异构的、网络的、物理性能差别很大的、不同厂商和不同语言的信息资源）的基础上构造起信息共享的分布式系统。面对这样的趋势，必须对面向对象技术进行改进和扩展，使之符合异构网络应用的要求。在这一背景下出现了有代表性的软件构件标准：公共对象请求代理结构（Common

Object Request Broker Architecture，CORBA）、COM、DCOM 与 COM+、.NET、J2EE 应用架构等标准。

1）CORBA

对象管理组织（Object Management Group，OMG）是 CORBA 规范的制定者，是由信息系统供应商、软件开发者和用户共同构成的国际组织，建立于 1989 年。OMG 在理论上和实践上促进了面向对象软件的发展。OMG 的目的则是将对象和分布式系统技术集成为一个可相互操作的统一结构，此结构既支持现有的平台，也将支持未来的平台集成。以 CORBA 为基础，利用 JINI 技术，可以结合各类电子产品成为网络上的服务资源，使应用集成走向更广阔的应用领域，同时 Object Web 把 CORBA 技术带入了互联网世界。CORBA 是 OMG 进行标准化分布式对象计算的基础。CORBA 自动匹配许多公共网络任务，例如对象登记、定位、激活、多路请求、组帧和错误控制、参数编排和反编排、操作分配等。

2）COM

COM 中的对象是一种二进制代码对象，其代码形式是 DLL 或 EXE 执行代码。COM 中的对象都被直接注册在 Windows 的系统库中，所以，COM 中的对象都不再是由特定的编程语言及其程序设计环境所支持的对象，而是由系统平台直接支持的对象。COM 对象可能由各种编程语言实现，并为各种编程语言所引用。COM 对象作为某个应用程序的构成单元，不但可以作为该应用程序中的其他部分，而且还可以单独为其他应用程序或系统提供服务。

COM 技术要达到的基本目标是：即使对象是由不同的开发人员用不同的编程语言实现的，在开发软件系统时，仍能够有效地利用已经存在于其他已有软件系统中的对象；同时，也要使当前所开发的对象便于今后开发其他软件系统时进行重用。

为实现与编程语言的无关性，将 COM 对象制作成二进制可执行代码，然后在二进制代码层使用这种标准接口的统一方式，为对象提供标准的互操作接口，并且由系统平台直接对 COM 对象的管理与使用提供支持。COM 具备了软件集成所需的许多特征，包括面向对象、客户机 / 服务器架构（B/S）、语言无关性、进程透明性和可重复性。

3）DCOM 与 COM+

DCOM 作为 COM 的扩展，不仅继承了 COM 的优点，而且针对分布式环境还提供了一些新的特性，例如位置透明性、网络安全性、跨平台调用等。DCOM 实际上是对用户调用进程外服务的一种改进，通过 RPC 协议，使用户可以通过网络以透明的方式调用远程机器上的远程服务。在调用的过程中，用户并不是直接调用远程机器上的远程服务，而是首先在本地机器上建立一个远程服务代理，通过 RPC 协议，调用远程服务机器上的桩，由桩来解析用户的调用以映射到远程服务的方法或属性上。

COM+ 是 COM 的新发展或 COM 更高层次上的应用，其底层结构仍然以 COM 为基础，几乎包容了 COM 的所有内容。COM+ 倡导了一种新的概念，它把 COM 组件软件提升到应用层而不再是底层的软件结构，通过操作系统的各种支持，使组件对象模型建立在应用层上，把所有组件的底层细节留给操作系统。因此，COM+ 与操作系统的结合更加紧密。

COM+ 标志着组件技术达到了一个新的高度，它不再局限于一台机器上的桌面系统，而是把目标指向了更为广阔的组织内部网，甚至互联网。COM+ 与多层结构模型，以及 Windows 操作系统为组织应用或 Web 应用提供了一套完整的解决方案。

4）.NET

.NET 是基于一组开放的互联网协议推出的一系列的产品、技术和服务。.NET 开发框架在通用语言运行环境基础上，向开发人员提供了完善的基础类库、数据库访问技术及网络开发技术，开发者可以使用多种语言快速构建网络应用。.NET 开发框架如图 2-10 所示。

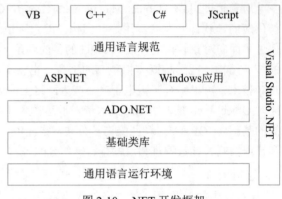

图 2-10　.NET 开发框架

5）J2EE

J2EE 架构是使用 Java 技术开发组织级应用的一种事实上的工业标准，它是 Java 技术不断适应和促进组织级应用过程中的产物。J2EE 为搭建具有可伸缩性、灵活性、易维护性的组织系统提供了良好的机制。J2EE 的体系结构可以分为客户端层、服务器端组件层、EJB 层和信息系统层。

在 J2EE 规范中，J2EE 平台包括一整套的服务、应用编程接口和协议，可用于开发一般的多层应用和基于 Web 的多层应用，是 J2EE 的核心和基础。它还提供了 EJB、Java Servlets API、JSP 和 XML 技术的全面支持等。

2.5.5　应用集成

集成关心的是个体和系统的所有硬件与软件之间各种人机界面的一致性。从应用集合的一致表示、行为与功能的角度来看，应用（包括软件、构件或部分）的集成化集合提供一种一致的无缝用户界面。从信息系统集成技术的角度看，在集成的堆栈上，应用集成在最上层，主要解决应用的互操作性问题，如图 2-11 所示。

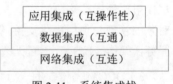

图 2-11　系统集成栈

拿语言作比喻，语法、语义、语用三者对应到系统集成技术上，网络集成解决语法的问题，数据集成解决语义的问题，应用集成解决语用的问题。

应用集成或组织应用集成（Enterprise Application Integration，EAI）是指将独立的软件应用连接起来，实现协同工作。借助应用集成，组织可以提高运营效率，实现工作流自动化，并增强不同部门和团队之间的协作。对应用集成的技术要求包括：

- 具有应用间的互操作性。应用的互操作性提供不同系统间信息的有意义交换，即信息的语用交换，而不仅限于语法交换和语义交换。此外，它还提供系统间功能服务的使用功能，特别是资源的动态发现和动态类型检查。
- 具有分布式环境中应用的可移植性。提供应用程序在系统中迁移的潜力，并且不破坏应用所提供的或正在使用的服务。这种迁移包括静态的系统重构或重新安装，以及动态的系统重构。

- 具有系统中应用分布的透明性。分布的透明性屏蔽了由系统的分布所带来的复杂性。它使应用编程者不必关心系统是分布的还是集中的，从而可以集中精力设计具体的应用系统，这就大大减少了应用集成编程的复杂性。

实现上述目标的关键在于，在独立应用之间实现实时双向通信和业务数据流，这些应用包括本地应用和云应用，其中云应用正变得越来越多。借助互联互通的流程和数据交换，组织通常可以基于统一用户界面或服务，协调所有基础设施和应用的各种功能。

当事件或数据发生变化时，应用集成会确保不同应用之间保持同步。应用集成不同于数据集成：数据集成是共享数据，并不存储数据；而应用集成是在功能层面将多个应用直接连接起来，帮助打造动态且具有高度适应性的应用和服务。

由于应用集成重点关注的是工作流层面的应用连接，因此需要的数据存储空间和计算时间并不多。应用集成既可以部署在云端，集成 SaaS、CRM 等云应用，也可以部署在受防火墙保护的本地，集成传统 ERP 系统等，还可以部署在混合环境中，集成本地应用和托管在专用服务器上的云应用。可以帮助协调连接各种应用的组件有应用编程接口（API）、事件驱动型操作和数据映射。

如今，各行各业不同规模的组织都在利用应用集成实现流程互连和数据交换，提高业务效率。

2.6　安全工程

信息系统安全是一门新兴的工程实践课题。加大对信息安全系统工程的研究，可以规范信息安全系统工程建设的过程，提高建设信息安全系统工程的成熟能力。

2.6.1　工程概述

信息安全系统工程就是要建造一个信息安全系统，它是整个信息系统工程的一部分，最好与业务应用信息系统工程同步建设，主要围绕"信息安全"的内容，例如信息安全风险评估、信息安全策略制定、信息安全需求确定、信息安全系统总体设计、信息安全系统详细设计、信息安全系统设备选型、信息安全系统工程招投标、密钥密码机制确定、资源界定和授权，以及信息安全系统实施中需要注意的防泄密问题和实施中后期的信息安全系统测试、运营、维护的安全管理等问题。

为进一步论述信息安全系统工程，需要区分几个术语，并了解它们之间的关系，如图 2-12 所示。

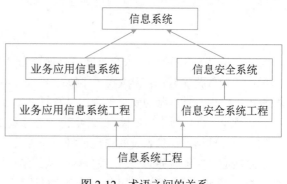

图 2-12　术语之间的关系

信息安全保障系统（简称"信息安全系统"）是信息系统的一个部分，用于保证业务应用信息系统正常运营。要建立一个信息系统，就必须建立一个或多个业务应用信息系统和一个信息安全系统。

业务应用信息系统是支撑业务运营的计算机应用信息系统，例如银行柜台业务信息系统、国税征收信息系统等。业务应用信息系统工程就是为了建设好业务应用信息系统所组织实施的工程，一般称为信息系统集成工程，是信息系统工程的一部分。

信息安全系统工程是指为了建设好信息安全系统所组织实施的工程，也是信息系统工程的一部分。

2.6.2　安全系统

如图 2-13 所示的"宏观"三维空间图（信息安全空间），可以反映信息安全系统的体系架构及其组成。

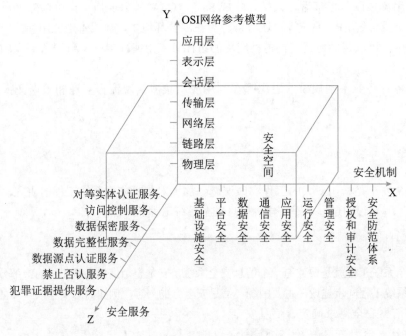

图 2-13　信息安全空间

X 轴是"安全机制"。安全机制可以理解为提供某些安全服务，利用各种安全技术和技巧所形成的一个较为完善的结构体系。例如"平台安全"机制，实际上就是指安全操作系统、安全数据库、应用开发运营的安全平台，以及网络安全管理监控系统等。

Y 轴是"OSI 网络参考模型"。信息安全系统的许多技术、技巧都是在网络的各个层面上实施的，离开网络，信息系统的安全也将失去意义。

Z 轴是"安全服务"。安全服务就是从网络中的各个层次提供信息应用系统所需的安全服务支持。例如对等实体认证服务、访问控制服务、数据保密服务等。

由 X、Y、Z 三个轴形成的信息安全系统三维空间就是信息系统的安全空间。随着网络逐层扩展，这个空间不仅范围逐步加大，安全的内涵也更加丰富，具有认证、权限、完整、加密和不可否认五大要素，也称作安全空间的五大属性。

1. 安全机制

安全机制包括基础设施安全、平台安全、数据安全、通信安全、应用安全、运行安全、管理安全、授权和审计安全、安全防范体系等。

（1）基础设施安全。主要包括机房安全、场地安全、设施安全、动力系统安全、灾难预防与恢复等。

（2）平台安全。主要包括操作系统漏洞检测与修复、网络基础设施漏洞检测与修复、通用基础应用程序漏洞检测与修复、网络安全产品部署等。

（3）数据安全。主要包括介质与载体安全保护、数据访问控制、数据完整性、数据可用性、数据监控和审计、数据存储与备份安全等。

（4）通信安全。主要包括通信线路和网络基础设施安全性测试与优化、安装网络加密设施、设置通信加密软件、设置身份鉴别机制、设置并测试安全通道、测试各项网络协议运行漏洞等。

（5）应用安全。主要包括业务软件的程序安全性测试（Bug 分析）、业务交往的防抵赖测试、业务资源的访问控制验证测试、业务实体的身份鉴别检测、业务现场的备份与恢复机制检查，以及业务数据的唯一性与一致性及防冲突检测、业务数据的保密性测试、业务系统的可靠性测试、业务系统的可用性测试等。

（6）运行安全。主要包括应急处置机制和配套服务、网络系统安全性监测、网络安全产品运行监测、定期检查和评估、系统升级和补丁提供、跟踪最新安全漏洞及通报、灾难恢复机制与预防、系统改造管理、网络安全专业技术咨询服务等。

（7）管理安全。主要包括人员管理、培训管理、应用系统管理、软件管理、设备管理、文档管理、数据管理、操作管理、运行管理、机房管理等。

（8）授权和审计安全。授权安全是指以向用户和应用程序提供权限管理和授权服务为目标，主要负责向业务应用系统提供授权服务管理，提供用户身份到应用授权的映射功能，实现与实际应用处理模式相对应的、与具体应用系统开发和管理无关的访问控制机制。

（9）安全防范体系。组织安全防范体系的建立，就是使得组织具有较强的应急事件处理能力，其核心是实现组织信息安全资源管理（Enterprise Information Security Resource Management，EISRM）。组织安全防范体系的建立可以更好地发挥以下六项能力：预警（Warn）、保护（Protect）、检测（Detect）、反应（Response）、恢复（Recover）和反击（Counter-attack），即综合的 WPDRRC 信息安全保障体系。

组织可以结合 WPDRRC 能力模型，从人员、技术、政策（包括法律、法规、制度、管理）三大要素来构成宏观的信息网络安全保障体系结构的框架。主要包括组织机构的建立、人员的配备、管理制度的制定、安全流程的明确等，并切实做好物理安全管理、中心机房管理、主机安全管理、数据库安全管理、网络安全管理、网络终端管理、软件安全管理、授权和访问控制管理、审计和追踪管理，确保日常和异常情况下的信息安全工作持续、有序地开展。

2. 安全服务

安全服务包括对等实体认证服务、访问控制服务、数据保密服务、数据完整性服务、数据源点认证服务、禁止否认服务和犯罪证据提供服务等。

（1）对等实体认证服务。用于两个开放系统同等层中的实体建立连接或数据传输时，对对方实体的合法性、真实性进行确认，以防假冒。

（2）访问控制服务。访问控制服务提供一套方法，将系统中的所有功能进行标识、组织、托管，通过网络隐身、动态自适应认证、终端动态环境检测、全周期业务准入、智能权限基线、动态访问控制、多源信任评估等核心技术能力，满足多场景的各类组织的应用安全访问需求。

（3）数据保密服务。包括多种保密服务，为了防止网络中各系统之间的数据被截获或被非法存取而泄密，提供密码加密保护。数据保密服务可提供连接方式和无连接方式的数据保密，同时也可以对用户可选字段的数据进行保护。

（4）数据完整性服务。用于防止非法实体对交换数据的修改、插入、删除及在数据交换过程中的数据丢失。

（5）数据源点认证服务。用于确保数据来自真正源点，防止假冒。

（6）禁止否认服务。用于防止发送方在发送数据后否认自己发送过此数据，接收方在收到数据后否认自己收到过此数据或伪造接收数据，由两种服务组成，即不得否认发送和不得否认接收。

（7）犯罪证据提供服务。指为打击违反国内外法律法规的行为或活动提供各类数字证据、信息线索等。

3. 安全技术

安全技术主要涉及加密、数字签名技术、访问控制、数据完整性、认证、数据挖掘等内容。

2.6.3　工程体系架构

信息安全系统工程（Information Security System Engineering, ISSE）是一门系统工程学，它的主要内容是确定系统和过程的安全风险，并且使安全风险降到最低或使其得到有效控制。

1. ISSE-CMM 基础

信息安全系统工程能力成熟度模型（ISSE Capability Maturity Model, ISSE-CMM）是一种衡量信息安全系统工程实施能力的方法，是使用面向工程过程的一种方法。ISSE-CMM 是建立在统计过程控制理论基础上的。ISSE-CMM 模型抽取了这样一组"好的"工程实践并定义了过程的"能力"，主要用于指导信息安全系统工程的完善和改进，使信息安全系统工程成为一个清晰定义的、成熟的、可管理的、可控制的、有效的和可度量的学科。

ISSE-CMM 模型是信息安全系统工程实施的度量标准，它覆盖了：

- 整个工程生命期，包括工程开发、运行、维护和终止；
- 管理、组织工程活动的组织；
- 与其他规范（例如系统、软件、硬件、人的因素、测试工程、系统管理、运行和维护等规范）并行的相互作用；
- 与其他组织（包括获取、系统管理、认证、认可和评估组织）的相互作用。

2. ISSE-CMM 过程

ISSE 过程的目标是提供一个框架，每个工程项目都可以对这个框架进行裁剪以符合自己特定的需求。ISSE 表现为直接与系统工程功能和事件相对应的一系列信息安全系统工程行为。ISSE 将信息安全系统工程实施过程分解为工程过程（Engineering Process）、风险过程（Risk Process）和保证过程（Assurance Process）三个基本部分，如图 2-14 所示。它们相互独立，但又有着有机的联系。粗略地说，在风险过程中，人们识别出所开发的产品或系统风险，并对这些风险进行优先级排序。针对风险所面临的安全问题，工程过程与其他工程一起来确定安全策略和实施解决方案。最后，由保证过程建立起解决方案的可信性，并向用户传达这种安全可信性。

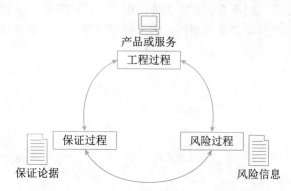

图 2-14　信息安全系统工程过程的组成部分

1）工程过程

信息安全系统工程与其他工程活动一样，是一个包括概念、设计、实现、测试、部署、运行、维护、退出的完整过程，如图 2-15 所示。在这个过程中，信息安全系统工程的实施必须紧密地与其他系统工程组进行合作。ISSE-CMM 强调信息安全系统工程是一个大项目队伍中的组成部分，需要与其他科目工程的活动相互协调。这将有助于保证安全成为一个大项目过程中的一部分，而不是分离的独立部分。

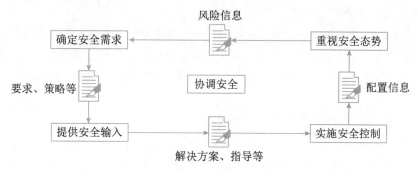

图 2-15　信息安全系统工程实施过程

使用上面所描述的风险管理过程的信息和关于系统需求、相关法律、政策的其他信息，信息安全系统工程就可以与用户一起来识别安全需求。一旦需求被识别，信息安全系统工程就可以识别和跟踪特定的安全需求。

对于信息安全问题，创建信息安全解决方案一般包括识别可能选择的方案，然后评估决定哪一种更可能被接受。将这个活动与工程过程的其他活动相结合，不但要解决方案的安全问题，还需要考虑成本、性能、技术风险、使用的简易性等因素。

2）风险过程

信息安全系统工程的一个主要目标是降低信息系统运行的风险。在信息安全中，风险就是有害事件发生的可能性及其危害后果。

一个有害事件由威胁、脆弱性和影响三部分组成。脆弱性包括可被威胁利用的资产性质。如果不存在脆弱性和威胁，则不存在有害事件，也就不存在风险。风险管理是调查和量化风险的过程，并建立组织对风险的承受级别。它是安全管理的一个重要部分。风险管理过程如图 2-16 所示。

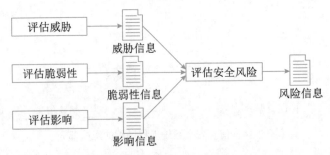

图 2-16　风险管理过程

安全措施的实施可以减轻风险，但无论如何，不可能消除所有威胁或根除某个具体威胁。这主要是因为消除风险所需的代价，以及与风险相关的各种不确定性。因此，必须接受残留的风险。在存在很大不确定性的情况下，由于风险度量不精确的本质特征，在怎样的程度上接受它才是恰当的，往往会成为很大的问题。ISSE-CMM 过程域包括实施组织对威胁、脆弱性、影响和相关风险进行分析的活动保证。

3）保证过程

保证过程是指安全需求得到满足的可信程度，它是信息安全系统工程非常重要的产品，保证过程如图 2-17 所示。保证的形式多种多样。ISSE-CMM 的可信程度来自信息安全系统工程实施过程可重复性的结果质量，成熟的组织比不成熟的组织更可能产生出重复的结果。

图 2-17　保证过程

安全保证并不能增加任何额外的对安全相关风险的抵抗能力，但它能为减少预期安全风险提供信心。安全保证也可看作安全措施按照需求运行的信心。这种信心来自措施及其部署的正确性和有效性。正确性保证了安全措施按设计实现了需求，有效性则保证了提供的安全措施可充分地满足用户的安全需求。安全机制的强度也会发挥作用，但其作用却受到保护级别和安全保证程度的制约。

3. ISSE-CMM 体系结构

ISSE-CMM 的体系结构模型采用两维设计，其中一维是"域"（Domain），另一维是"能力"（Capability）。

1）域维 / 安全过程域

域维汇集了定义信息安全工程的所有实践活动，这些实践活动称为过程域（Process Area，PA）。ISSE 包括 6 个基本实践，这些基本实践被组织成 11 个信息安全工程过程域，这些过程域覆盖了信息安全工程的所有主要领域。每一个过程域包括一组表示组织成功执行过程域的目标，每一个过程域也包括一组集成的基本实施，基本实施定义了获得过程域目标的必要步骤。

基本实施的特性包括：

- 应用于整个组织生命期；
- 和其他基本实践互相不覆盖；
- 代表安全业界"最好的实施"；
- 不是简单地反映当前技术；
- 可在业务环境下以多种方法使用；
- 不指定特定的方法或工具。

由基本实施组成的 11 个安全工程过程域包括：PA01 实施安全控制、PA02 评估影响、PA03 评估安全风险、PA04 评估威胁、PA05 评估脆弱性、PA06 建立保证论据、PA07 协调安全、PA08 监控安全态、PA09 提供安全输入、PA10 确定安全需求、PA11 验证和证实安全。

ISSE-CMM 还包括 11 个与项目和组织实施有关的过程域：PA12 保证质量、PA13 管理配置、PA14 管理项目风险、PA15 监测和控制技术工程项目、PA16 规划技术工程项目、PA17 定义组织的系统工程过程、PA18 改进组织的系统工程过程、PA19 管理产品线的演变、PA20 管理系统工程支持环境、PA21 提供不断更新的技能和知识、PA22 与供应商的协调。

2）能力维 / 公共特性

通用实施（Generic Practices，GP）由被称为公共特性的逻辑域组成。公共特性分为 5 个级别，依次表示增强的组织能力。能力维的通用实施按其成熟性排序，因此高级别的通用实施位于能力维的高端。

公共特性的成熟度等级定义如表 2-3 所示。

表 2-3　公共特性的成熟度等级定义

级别	公共特性	通用实施
Level 1：非正规实施级	1.1 执行基本实施	1.1.1：执行过程

（续表）

级别	公共特性	通用实施
Level 2：规划和跟踪级	2.1 规划执行	2.1.1：为执行过程域分配足够资源 2.1.2：为开发工作产品和 / 或提供过程域服务指定责任人 2.1.3：将过程域执行的方法形成标准化和 / 或程序化文档 2.1.4：提供支持执行过程域的有关工具 2.1.5：保证过程域执行人员获得适当的过程执行方面的培训 2.1.6：对过程域的实施进行规划
	2.2 规范化执行	2.2.1：在执行过程域中，使用文档化的规划、标准和 / 或程序 2.2.2：在需要的地方将过程域的工作产品置于版本控制和配置管理之下
	2.3 验证执行	2.3.1：验证过程与可用标准和 / 或程序的一致性 2.3.2：审计工作产品（验证工作产品遵从可适用标准和 / 或需求的情况）
	2.4 跟踪执行	2.4.1：用测量跟踪过程域相对于规划的态势 2.4.2：当进程严重偏离规划时采取必要的修正措施
Level 3：充分定义级	3.1 定义标准化过程	3.1.1：对过程进行标准化 3.1.2：对组织的标准化过程族进行裁剪
	3.2 执行已定义的过程	3.2.1：在过程域的实施中使用充分定义的过程 3.2.2：对过程域的适当工作产品进行缺陷评审 3.2.3：通过使用已定义过程的数据管理该过程
	3.3 协调安全实施	3.3.1：协调工程科目内部的沟通 3.3.2：协调组织内不同组间的沟通 3.3.3：协调与外部组间的沟通
Level 4：量化控制级	4.1 建立可测度的质量目标	4.1.1：为组织标准过程族的工作产品建立可测度的质量目标
	4.2 对执行情况实施客观管理	4.2.1：量化地确定已定义过程的过程能力 4.2.2：当过程未按过程能力执行时，适当地采取修正行动
Level 5：持续改进级	5.1 改进组织能力	5.1.1：为改进过程效能，根据组织的业务目标和当前过程能力建立量化目标 5.1.2：通过改变组织的标准化过程，从而提高过程效能
	5.2 改进过程的效能	5.2.1：执行缺陷的因果分析 5.2.2：有选择地消除已定义过程中缺陷产生的原因 5.2.3：通过改变已定义过程来连续地改进实施

3）能力级别

将通用实施划分为公共特性，将公共特性划分为能力级别有多种方法。

公共特性和能力级别无论在评估一个组织过程能力时还是改进组织过程能力时都是重要的。当评估一个组织过程能力时，如果这个组织只执行了一个特定级别的一个特定过程的部分公共特性，则这个组织对这个过程而言，处于这个级别的最底层。例如，在 2 级能力上，如果缺乏跟踪执行公共特性的经验和能力，那么跟踪项目的执行将会很困难。如果高级别的公共特性在一个组织中实施，但其低级别的公共特性未能实施，则这个组织不能获得该级别的所有能力带来的好处。评估组织在评估一个组织个别过程能力时，应对这种情况加以考虑。

当一个组织希望改进某个特定过程能力时，能力级别的实施活动可为实施改进的组织提供一个"能力改进路线图"。能力级别代表工程组织的成熟度级别，如图 2-18 所示。

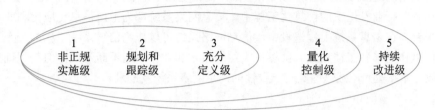

图 2-18　能力级别代表工程组织的成熟度级别的 5 级模型

5 级能力级别的重点及能力特点如表 2-4 所示。

表 2-4　能力级别的重点与能力特点

级别	重点	能力特点
1 级：非正规实施级	着重于一个组织或项目只是执行了包含基本实施的过程	必须首先做它，然后才能管理它
2 级：规划和跟踪级	着重于项目层面的定义、规划和执行问题	在定义组织层面的过程之前，先要弄清楚与项目相关的事项
3 级：充分定义级	着重于规范化地裁剪组织层面的过程定义	这个级别的能力特点可描述为：用项目中学到的最好的东西来定义组织层面的过程
4 级：量化控制级	着重于测量。测量是与组织业务目标紧密联系在一起的。尽管在以前的级别上，也把数据收集和采用项目测量作为基本活动，但只有达到高级别时，数据才能在组织层面上被应用	只有知道它是什么，才能测量它；当被测量的对象正确时，基于测量的管理才有意义
5 级：持续改进级	从前面各级的所有管理活动中获得发展的力量，并通过加强组织的文明保持这种力量。这一方法强调文明的转变，这种转变又将使方法更有效	持续性改进的文明需要以完备的管理实施、已定义的过程和可测量的目标作为基础

第 3 章 信息网络系统

信息网络系统是信息应用系统的网络基础，无论是在运营商通信网络中，还是在智慧城市、智慧政务和各类行业及组织的信息化工程中，信息网络系统都为上层信息化应用和业务系统提供了基础平台。在信息系统工程建设中，信息网络系统可以作为信息系统工程的一个组成部分实施，也可以作为单独工程实施。虽然各类网络技术和业务应用不断涌现，但其基础原理和架构基本一致。本章重点阐述这些具有一致性的信息网络系统及技术。

3.1 信息网络系统体系框架和 OSI 七层模型

信息网络系统负责各类终端设备的接入和互联互通，负责承载各种类型的信息化应用。信息网络系统一般由某个管理者或者运营者负责进行建设或维护，不同管理者或者运营者建设或维护的信息网络系统又需要一定程度的互联互通，才能满足跨地域、跨管理域的终端用户间的互通或者应用访问，即使是一个管理域内的信息网络系统，也可能由不同厂家的不同设备（例如计算机设备、服务器设备、存储设备、路由器设备、交换机设备、各类传感器设备，以及各类应用软件等）按照一定的协议标准互联互通而成。因此，信息网络系统往往是一个复杂的系统工程，如何将复杂的系统工程进行抽象简化，业界一般采取两种做法：一是将信息网络系统按照业务功能模块进行划分；二是以网络信息流七层协议模型进行抽象。

3.1.1 信息网络系统一般体系框架模型

为简化整体系统的设计，一个相对完整的信息网络系统一般由若干相对独立又相互连接的功能模块组成，如图 3-1 所示。

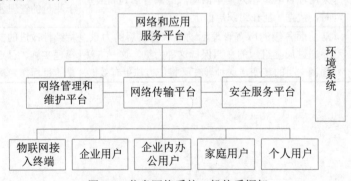

图 3-1　信息网络系统一般体系框架

（1）网络传输平台。负责信息网络系统中的数据传输，关注点是根据最终用户和上层应用的需要，高效、高质量、准确、安全地传输各类信息数据。网络传输平台一般包括传输、路由、交换、有线和无线接入等设备和系统。

（2）网络和应用服务平台。负责网络管理服务和业务应用层面的管理逻辑、业务逻辑和信息数据处理，包括域名解析系统（Domain Name System，DNS）、地址分配系统、业务应用系统（例如 OA、WWW、电子邮件、语音会议、视频会议、VOD、人脸识别等系统）。

（3）安全服务平台。负责网络、应用和用户的安全防护，包括信息加解密、防火墙、入侵检测、漏洞扫描、病毒查杀、安全审计、数字证书等。

（4）网络管理和维护平台。负责整个信息网络系统的管理和维护，如果对外提供业务服务，还需要专门的运营系统。

（5）环境系统。现代信息网络系统对能源、安防等提出了更高的要求，包括机房建设、环境监控、智能安防、节能降耗、综合布线等。

3.1.2 开放系统互连（OSI）七层模型

为了简化信息网络系统的设计和实现，尽量优化和保障各相关模块之间的互联互通，使不同专业的厂商研发的不同设备可以按照特定的标准规范进行互通，信息网络系统采用了功能分层的体系架构理念，即将整个信息网络系统分为自下而上的若干层，每一层侧重完成不同的功能，下层为上层提供业务和服务，上层调用下层的业务和服务能力，处于某个层级（或者某几个层级）的业务功能模块可以只关注自己的功能实现。业界最通用的分层模型是开放系统互连（Open System Interconnection，OSI）通信参考模型，该模型是由国际标准化组织 ISO 于 1984 年提出的一种标准参考模型，OSI 模型被公认为信息网络通信系统的一种基本结构模型。

OSI 模型将信息网络系统中的通信和信息处理过程定义为上下衔接的七个层级，如图 3-2 所示，自下而上分别是物理层、数据链路层、网络层、传输层、会话层、表示层和应用层，各层相对独立，上下层之间和同层之间根据特定的标准规范进行相互调用和互通。

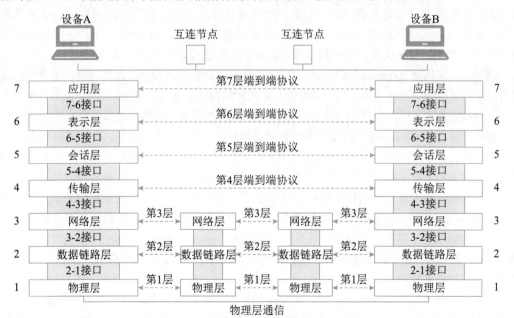

图 3-2　OSI 七层模型

第一层：物理层（Physical Layer）。物理层是 OSI 七层模型的最底层，规定了承载其上的各层发送和接收具体数据的物理硬件方法。信息网络中各个节点模块之间，包括路由器、交换机、各种传输设备、服务器、计算机、移动基站、手机等设备之间，需要特定的物理信道进行基本数据的发送和接收。物理信道包括光纤、同轴电缆、双绞线、无线电信道等，信道两端的连接器包括光收发模块、以太网卡、各类无线收发模块等。物理层规定了相关设备、模块的机械特性、电气特性、功能特性和规程特性，各设备厂商按照这些特征标准进行模块和设备开发，相关设备之间才能进行物理层的互联互通。

第二层：数据链路层（Data Link Layer）。物理层提供的仅仅是原始的信息数据比特流，没有赋予任何意义，也没有任何差错保护机制。数据链路层负责将物理层透明传输过来的比特流组织成有意义的数据包，规定了数据包的格式和大小，规范了发送和接收特定数据包的寻址方式、同步控制、差错控制和流量控制机制。网络中的每个设备模块在数据链路层都会有一个地址，称为 MAC 地址（媒体访问控制地址），有了数据链路层的服务，其上层就可以认为设备节点间链路的传输是可达并无差错的。

第三层：网络层（Network Layer）。物理层和数据链路层负责相连两个设备节点间的数据通信。信息网络系统由多个甚至成百上千个设备相互连接而成，多个网络（子网）相互连接组成一个规模更大的网络。在网络设备之间、系统之间，网络层定义和规范了不同网络间的通信规则，包括寻址和路由选择，链路连接的建立、保持和终止等。网络层提供的服务使得其上层不需要了解网络内部的具体架构和数据传输的具体过程。

以上三层从最低的物理比特流连接（物理层），到比特流组成一定规则的数据包（数据链路层），再到由多台物理设备及链路组网后互联互通（网络层），基本上解决了信息网络系统内外部和与之连接的各类终端设备之间的数据通达问题。然而，当今信息终端设备，无论是计算机、服务器、手机终端，还是各类五花八门的智能终端设备，大都会在同一台设备上安装和承载多种类型的应用，用户往往通过同一个物理设备享用多种丰富多彩的业务应用，这些机制需要通过 OSI 第四到第七层来实现。为了便于理解，先说人们感受最为密切的第七层。

第七层：应用层（Application Layer）。应用层是 OSI 协议的最顶层，直接向用户提供信息通信服务，信息通信服务五花八门，例如常见的互联网网站访问服务（万维网）、邮件服务、视频会议服务、游戏服务等，都会对应不同的应用程序和相应的服务协议，万维网服务使用的就是 HTTP（超文本传输）协议，诸如此类的应用程序和对应的应用服务协议就是在第七层进行表现和规范的。

第六层：表示层（Presentation Layer）。应用层要表述的应用信息和应用本身紧密相关、多种多样，信息发布 / 发送端与信息接收端的技术实现很难完全一致，因此需要一种信息数据转换的机制，这种机制被 OSI 定义为信息数据的表示方法。表示层定义若干信息数据的表示方法，向应用层的具体应用程序（计算机学科中称其为"实体"，既可能是一个具体应用程序进程，也可能是一个特定的硬件）提供一系列信息数据转换和传输服务，以使两个不同应用系统可以用共同的表示方法 / 语言进行通信。表示层的典型服务包括数据翻译（例如信息编解码、加密解密等）、格式化（例如数据格式转换、数据压缩等）、语法选择（语法的定义及不同语言之间的翻译）等。

第五层：会话层（Session Layer）。会话层的基本功能是向两个表示层实体提供建立、管理、拆除和使用连接的方法，这种表示层之间的连接就叫作会话（Session）。在网络中传输数据之前，必须先建立会话，会话层确保正确建立和维护这些会话。

第四层：传输层（Transport Layer）。网络层解决的是由多台设备或多个子网组成的网状连接设备节点之间互联互通的问题，传输层则是为会话层提供建立可靠的端到端的透明数据传输机制，根据发送端和接收端的地址定义一个跨网络的多个设备甚至是跨多个网络的逻辑连接（并非物理层所处理的物理连接），同时完成发送端和接收端的差错纠正和流量控制功能。

3.2　TCP/IP 协议族

传输控制 / 网络协议（Transmission Control Protocol/Internet Protocol，TCP/IP）是现代信息网络系统中最基础和通用的协议，TCP/IP 由一系列协议组成，由于 TCP 和 IP 是其中最重要的两个协议，所以一般将相关的系列协议统称为 TCP/IP 协议族。

TCP/IP 应用层的主要协议有网络远程访问协议（Telnet）、文件传输协议（File Transfer Protocol，FTP）、简单电子邮件传输协议（Simple Mail Transfer Protocol，SMTP）等，用来接收来自传输层的数据，或按不同的应用要求与方式将数据传输至传输层；传输层的主要协议有用户数据报协议（User Datagram Protocol，UDP）、TCP，负责上面应用层协议发送和接收具体数据的机制和过程；互联网络层的主要协议有 Internet 控制报文协议（Internet Control Message Protocol，ICMP）、IP、Internet 组管理协议（Internet Group Management Protocol，IGMP），主要负责网络中数据包的具体传输等；而物理和数据链路层（也叫网络接口层或网络访问层）的主要协议有地址解析协议（Address Resolution Protocol，ARP）、反向地址转换协议（Reverse Address Resolution Protocol，RARP），主要功能是提供链路管理错误检测、对不同通信媒介的有关信息细节问题进行有效处理等。

3.2.1　TCP/IP协议层级结构

TCP/IP 协议定义了四个相对独立的层级，自上而下分别是应用层、传输层、互联网络层、物理和数据链路层。TCP/IP 协议栈和 OSI 模型的对应关系如图 3-3 所示。

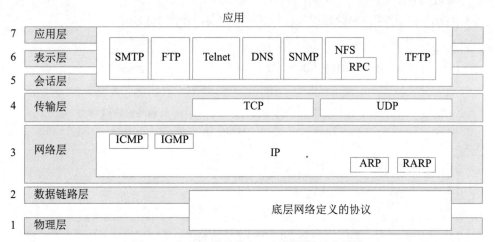

图 3-3　TCP/IP 协议栈和 OSI 模型的对应关系

1）应用层

应用层负责处理特定的应用程序细节，对应 OSI 七层模型中的应用层、表示层和会话层的部分功能，定义了与应用程序自身业务逻辑密切相关的全部规则（包括本地或异地属于一个应用的不同模块之间的情形），以及利用下一层传输层进行业务数据传输的具体机制。TCP/IP 协议栈中，应用层以不同的协议规范实现不同的具体应用，例如 SMTP、FTP、Telnet、DNS、HTTP、NAT 等。应用程序的功能越来越多，一个应用程序可能会用到多个协议。

2）传输层

传输层负责应用层协议发送和接收具体数据的机制和过程，包括逻辑连接的建立、维护和拆除等，还包括可靠性传输和拥塞控制机制等。TCP/IP 协议栈中的传输层对应 OSI 模型中的传输层和会话层的部分功能。传输层主要包含 TCP 和 UDP 协议。TCP 是面向连接的协议，在收发数据前，必须和对方建立可靠的连接；UDP 是非连接协议，传输数据之前源端和终端不建立连接，并不保证数据一定能传送到，也不保证按顺序传输。

3）互联网络层

互联网络层负责基本的数据封装和全网传输，是整个网络内部、不同网络之间数据互联互通最重要的一层，对应 OSI 模型中的网络层。互联网络层最基本的协议是 IPv4 和 IPv6。

4）物理和数据链路层

物理和数据链路层是 TCP/IP 协议栈的最底层，对应 OSI 的下两层，基于各种物理介质实现对上层数据的成帧传输。局域网、城域网、广域网都在这一层定义。

3.2.2 IPv4协议和IPv6协议

1. IPv4 协议

IPv4 是互联网协议（Internet Protocol，IP）的第四版，也是第一个被广泛使用、构筑当今互联网基石的协议。主要技术概念包括 IPv4 数据包、IPv4 地址、IPv4 路由。

1）IPv4 数据包

IPv4 协议对在网络层传输的数据包进行了严格定义，如图 3-4 所示。

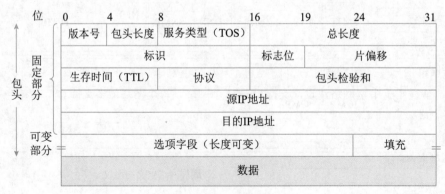

图 3-4 IPv4 数据包格式

IPv4 数据包由 IPv4 包头（Header）和实际的数据部分组成。包头由固定格式和顺序的长度为 20 个字节的固定字段加上长度可变的选项字段组成，固定字段部分一般表示为上图的 5 行，每行 4 个字节。其中：

- 版本号。4 比特，定义协议版本，IPv4 协议中版本号为 4。
- 包头长度。4 比特，定义整个 IP 数据包包头的长度。
- 服务类型。8 比特，定义供相关路由设备数据处理方式的基本服务类型。
- 总长度。16 比特，表示整个 IP 数据包长度，表示的最大字节为 65535 字节。
- 标识（16 比特）、标志位（3 比特）、片偏移（13 比特）。用于 IP 数据包的分片与重组。
- 生存时间（Time To Live，TTL）。8 比特，表示数据包在网络中的生命周期，用通过路由器的数量来计量，即跳数（每经过一个路由器会减 1），TTL 指示数据包在网络中可通过的路由器数的最大值。
- 协议。8 比特，定义该数据包所携带的协议类型，协议类型包括 TCP、UDP、ICMP、IGMP、开放最短路径优先（Open Shortest Path First，OSPF）协议等。
- 包头校验和。16 比特，对数据包包头本身的数据信息进行校验，不包括数据部分。
- 源地址。32 比特（4 字节），标识 IP 数据包的发送源 IP 地址。
- 目的地址。32 比特，标识 IP 数据包的目的 IP 地址。
- 选项字段。可扩充部分，具有可变长度，定义了安全性、严格源路由、松散源路由、记录路由、时间戳等选项。
- 填充。用全 0 的填充字段补齐为 4 字节的整数倍。

2）IPv4 地址

IP 地址用来标识互联网中数据传输的发送方（源 IP 地址）和接收方（目的 IP 地址），任何设备想接入 IPv4 网络，都要申请一个 IPv4 地址。IPv4 地址由 32 位二进制数组成，即由 4 个字节组成，为便于阅读和分析，通常称其为点分十进制表示法（例如 192.121.123.56）。出于网络规划、全网路由、地址匮乏、网络安全等考虑，IPv4 地址有严格的规划格式，也有公网地址和私网地址之分。公网地址的管理和分发由互联网数字分配机构（The Internet Assigned Numbers Authority，IANA）的互联网号码分配局负责（地址为 http://www.iana.org/）。

IPv4 地址由网络位和主机位两大部分组成，前者用于标识网络，后者用于标识网络内部不同主机。为了便于规划管理，又将 IPv4 地址分为 A、B、C、D、E 五类，如图 3-5 所示，A、B、C 类地址用于不同类型的网络规模，D 类地址专门用于组播地址。

A 类地址适用于大型网络建设，支持 126 个网络，每个网络最多支持 16 777 214 个主机地址；B 类地址适用于中型网络建设，支持 16 384 个网络，每个网络最多支持 65 534 个主机地址；C 类地址适用于小型网络建设，支持 209 万余个网络，每个网络最多支持 254 个主机地址。

理论上，IPv4 地址长度为 32 位，有超过 42 亿（2 的 32 次方）个地址可用，但实际上，一些地址是为特殊用途保留的（例如多播地址等），能够真正拿来使用的 IPv4 地址远少于 42 亿。2011 年 2 月 3 日，在最后 5 个地址块被分配给 5 个区域互联网注册管理机构之后，IANA 的主要地址池已经用尽。

1.0.0.0~126.255.255.255			

A类地址 | 0 | 网络位（7bit） | 主机位（24bit） |

128.0.0.0~191.255.255.255

B类地址 | 1 | 0 | 网络位（14bit） | 主机位（16bit） |

192.0.0.0~223.255.255.255

C类地址 | 1 | 1 | 0 | 网络位（21bit） | 主机位（8bit） |

244.0.0.0~239.255.255.255

D类地址 | 1 | 1 | 1 | 0 | 组播地址 |

240.0.0.0~255.255.255.255

E类地址 | 1 | 1 | 1 | 1 | 0 | 保留 |

图 3-5　IPv4 地址类型

实际规划操作中，IPv4 地址还有一个重要的概念，即私网地址。公网地址是全球唯一分配的地址，私网地址则是可以在多个内部局域网里重复使用的地址，例如甲单位可以使用 192.168.0.234 作为私网地址，乙单位也可以使用这个私网地址。

在 IPv4 的 A 类、B 类和 C 类地址池中，都有一部分预留给了私网地址：A 类地址中私网地址可用范围是 10.0.0.0 到 10.255.255.255，B 类地址中私网地址可用范围是 172.16.0.0 到 172.31.255.255，C 类地址中私网地址可用范围是 192.168.0.0 到 192.168.255.255。注意这些私网地址仅可以在内部网络中使用，不可以在公网中使用。

用户可以依据自己组织规模的大小，酌情选择使用哪类私网地址。家庭网络以及小规模的组织，通常设备数量比较少，使用 C 类私网地址即可，大中型组织在 IP 地址规划时，可以考虑使用 A 类或 B 类私网地址，能够支持更多的主机地址。使用私网地址的主机需要通过地址转换技术（Network Address Translation，NAT）与公网 IPv4 地址的主机进行通信。NAT 一般在家庭网关、企业网关或者接口路由器等设备上实现。通信前，NAT 将内部私网地址和端口号转换成家庭网关或者企业网关申请的公网地址，再与外部网络中的主机进行通信，实现数据转发，如图 3-6 所示。

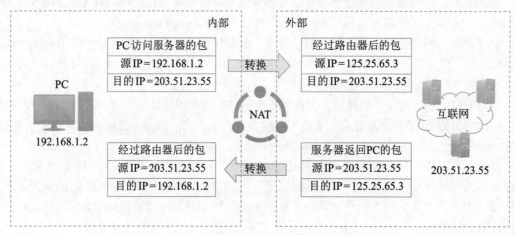

图 3-6　IPv4 的 NAT 地址转换机制

3）IPv4 路由

路由（Routing）是指路由器从一个接口上收到数据包，根据数据包的目的地址进行定向并转发到另一个接口的过程。TCP/IP 的互联网络层实现不同网络中两个主机设备之间的数据传输，路由发挥了重要的作用，每一个 IP 数据包从发送端源头到接收端目的地，中间要经过若干路由器（或其他互联网络层设备）。每台路由器都会在本地建立和维护一个路由表，路由表中装载着路由器通过各种途径获知的路由条目（Routes），每一条路由条目由路由前缀（路由所关联的目的网络号及掩码长度）、路由信息来源、出接口或下一跳 IP、优先级、开销等信息元素构成。路由器获取路由条目并维护自己的路由表，路由表是每台支持路由功能的设备进行数据转发的依据和基础，任何一台支持路由功能的设备要执行数据转发或路由的动作，就必须拥有及维护一张路由表。当路由器每收到一个 IP 数据包，便会查找 IP 包头里的目的 IP 地址，然后根据目的 IP 地址到自己的路由表中进行匹配，找到"最匹配"的路由条目后，将数据包根据路由条目所指示的出接口或下一跳 IP 转发出去，这就是路由的概念。

路由器获得路由条目的方式（即路由的类型）包括：

● 直连路由。由设备物理端口直接相连而获取的路由，设备自动获取。
● 静态路由。由管理员亲自配置的路由，用于固定路径的流量转发。
● 动态路由。与静态路由相对的概念，指路由器能够根据路由器之间交换的特定路由信息自动地建立自己的路由表，并且能够根据链路和节点的变化适时地进行自动调整。动态路由需要路由器之间可以互认的路由协议支持，主要有两大类路由协议：一是距离矢量路由协议，主要依据从源网络到目标网络所经过的路由器的个数来选择路由，包括路由信息协议（Routing Information Protocol，RIP）、边界网关协议（Border Gateway Protocol，BGP）；二是链路状态路由协议，综合考虑从源网络到目标网络的各条路径的情况选择路由，包括 OSPF 协议、中间系统到中间系统（Intermediate System to Intermediate System，ISIS）协议。

2. IPv6 协议

2011 年 IANA 正式宣布分配完最后的 468 万个公网 IPv4 地址，然而随着互联网、物联网、移动通信等的蓬勃发展，全世界对 IP 地址的需求愈加强烈，IPv6 的部署应用步伐也逐步加快，IPv6 被公认为下一代互联网的核心。

1）IPv6 地址

IPv6 地址由 128 位二进制数组成，是 IPv4 地址长度的 4 倍，前 64 比特为网络前缀，主要用于寻址和路由，后 64 比特为接口标识，主要用于标识主机。理论上，IPv6 地址总数共计 2^{128} 个，几乎可以为地球上每一粒沙子分配一个地址。IPv6 地址由国际组织互联网数字分配机构（IANA）/互联网名称与数字地址分配机构（The Internet Corporation for Assigned Names and Numbers，ICANN）统一管理，采用分级管理架构，首先由 IANA/ICANN 分配给大区一级的管理机构，再由各大区管理机构分配给各会员国。与 IPv4 地址表示方法不同，IPv6 地址采用点分十六进制形式，分为 8 段，每段 16 位，例如 ABCD:EF01:2345:6789:ABCD:EF01:2345:6789。

2）IPv6 数据包

IPv6 数据包的整体结构分为 IPv6 包头、扩展包头和上层协议数据三大部分。IPv6 包头是必选数据包头部，长度固定为 40 个字节，包含该数据包的基本信息；扩展包头是可选包，可能存在 0 个、1 个或多个，IPv6 协议通过扩展包头实现各种丰富的功能；上层协议数据是该 IPv6 数据包携带的上层数据，可能是 ICMPv6 数据包、TCP 数据包、UDP 数据包或其他可能数据包。IPv6 数据包格式如图 3-7 所示。

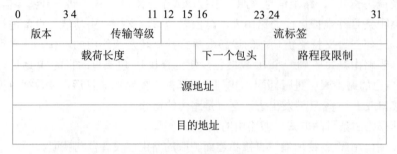

图 3-7　IPv6 数据包格式

- 版本。该字段的长度与 IPv4 相同，版本号 4（二进制 0100）、版本号 6（二进制 0110）分别代表 IPv4 和 IPv6 数据包。
- 传输等级。8 位传输等级字段用于源节点或路由器识别和区分不同级别的 IPv6 信息包。
- 流标签。源节点用 20 位流标签字段来标识一系列属于同一流的信息包。一个流可以由源 IPv6 地址和非空的流标签唯一地标识，属于同一个流的信息包必须由 IPv6 路由器做专门的处理，至于做何种处理则由信息包本身或资源预留协议（Resource Reservation Protocol，RSVP）所给的信息来决定。
- 载荷长度。16 位载荷长度字段，指出 IPv6 信息包除去报头之后的数据字段的长度，以字节为单位，IPv6 数据包的最大载荷长度为 65 535 个字节。
- 下一个包头。8 位下一个包头字段指出 IPv6 包头之后的包头类型。
- 路程段限制。8 位路程段限制字段。数据包每向前经过一个转发节点（通常为路由器），路程段限制减 1，当路程段限制减至 0，则丢弃该数据包。
- 源地址。128 位 IPv6 源地址。
- 目的地址。128 位 IPv6 目的地址。

3.3　网络传输平台

网络传输平台负责信息的传输，一般由传输媒介、传输设备、路由设备、交换设备、有线接入设备、无线接入设备和相关系统组成。传统的网络传输设备是软件和硬件一体，当前的趋势是软件和硬件分离，例如软件定义网络（Software Defined Network，SDN）技术就是将传统的路由、交换设备中的控制功能分离出来，专门设置 SDN 控制器系统，统一控制基于路由或者交换设备的数据转发。

3.3.1　网络传输平台的一般架构和主要技术

网络传输平台的一般架构如图 3-8 所示。

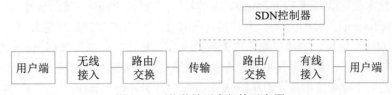

图 3-8　网络传输平台架构示意图

1）网络传输媒介

网络传输媒介是指在传输系统中，借助电磁波能量承载的信号将数据由发送端传输到接收端的媒介，处于 OSI 的物理层。传输媒介一般分为有线和无线两大类，有线媒介包括光纤、双绞线、同轴电缆等；无线媒介一般按照波长来区分，包括长波（3 ～ 30kHz）、中波（0.03 ～ 3MHz）、短波（3 ～ 30MHz）、超短波（30 ～ 300MHz）、微波（0.3 ～ 300GHz）等。

2）网络传输技术

网络传输数据带宽、传输线路调度的灵活性、传输故障响应和切换的时效等，都反映通信网络的最底层承载能力。目前常用的网络传输技术包括基于光纤的同步数字序列（Synchronous Digital Hierarchy，SDH）、准同步数字序列（Plesiochronous Digital Hierarchy，PDH）、密集波分复用（Dense Wavelength Division Multiplexer，DWDM）等，基于同轴电缆的混合光纤同轴电缆（Hybrid Fiber-Coaxial，HFC），基于无线媒介的 Wi-Fi、数字微波通信（Digital Microwave Communication，DMC）、卫星小数据站（Very Small Aperture Terminal，VSAT）、数字卫星通信系统、2G/3G/4G/5G/6G 移动通信系统等。

3）网络路由、交换和组网技术

网络路由组网有一个重要概念，即路由域，也叫自治系统，是一个有权自主决定在本系统中应采用何种路由协议的小型网络单位。遍布全球的互联网系统由多个各自独立又相互连接的自治系统组成，有的自治系统由运营商或某机构建设和运营（例如运营商网络），用于其他自治系统的互联互通；有的自治系统由某个组织建设（例如企业网），通过路由器或网关设备接入运营商网络，进而与整个互联网连通。在一个自治系统中的所有路由器相互连接，运行相同的路由协议（例如 RIP、OSPF、ISIS 等），同时分配同一个自治系统编号。自治系统之间的连接使用外部路由协议，例如 BGP。

从组网规模（自治系统规模）、数据转发效率、管理范围等多方面考虑，不可能在任何范围内都建设三层的路由网络，在一定的覆盖区域范围内或一定的管理范围内建设二层的交换网络更为普遍，业务能力也更强大。这里所指的二层交换网络更多是指基于 MAC 地址实现数据交换转发的设备组建的网络，此类设备一般被称为二层交换机（可以无路由功能），三层路由网络则是指由支持路由功能的路由器设备组建的网络。

　　按照物理覆盖和管理范畴划分组网，可以分为局域网（Local Area Network，LAN）、城域网（Metropolitan Area Network，MAN）和广域网（Wide Area Network，WAN）。

　　（1）局域网（LAN）。

　　局域网是在比较小的管理范围或地理范围内（例如企业单位内部、家庭内部）组建的网络。早期的局域网技术包括以太网（Ethernet）、令牌环网（Token Ring）、光纤分布式数据网（Fiber Distributed Data Internet，FDDI）等。目前基本采用各类以太网交换机组建局域网，包括百兆、千兆、万兆以太网交换机，物理层通常用光纤或双绞线相连，无线局域网 Wi-Fi 作为局域网的无线接入，例如手机、计算机等各类终端设备可以通过 Wi-Fi 接入局域网。

　　局域网中的一个重要技术是虚拟局域网（Virtual Local Area Network，VLAN），VLAN 是一种将局域网设备从逻辑上划分成一个个虚拟网段（更小的局域网），从而实现局域网内虚拟工作组（单元）的数据交换技术。一个 VLAN 内部的广播和单播流量都不会转发到其他 VLAN 中，从而有助于控制流量、减少设备投资、简化网络管理、提高网络的安全性。

　　（2）城域网（MAN）。

　　城域网，顾名思义，就是在一个城市范围内建设的网络。在运营商等的网络规划中，为便于管理，很多业务需要在一个城市范围内向用户提供（例如 IPTV 业务、城市内的企业上网和互连、家庭上网业务等），因此城域网的规划建设越来越引起重视。早期的城域网组网技术包括 FDDI、分布式队列双总线（Distributed Queue Dual Bus，DQDB）、交换多兆位数据服务（Switched Multimegabit Data Service，SMDS）等。目前普遍应用的城域网组网技术是以太网技术和 IP 城域网技术。以太网是当下城域网组网普遍采用的二层传输技术，虚拟局域网（VLAN）和虚拟扩展局域网（Virtual extensible Local Area Network，VxLAN）技术也得到普遍应用，用来区分城域网中的用户和应用。专门的国际组织城域以太网论坛研究解决和规范定义相关技术问题，包括城域以太网的架构、城域以太网提供的业务、城域以太网的保护和服务质量（Quality of Service，QoS）、城域以太网的管理等。随着城域网规模不断扩大和承载业务类型不断增加，城域网的结构也逐步演进，引入各类 IP 路由设备，二层组网和三层组网有机结合，层级关系更加科学的 IP 城域网建设越来越引起重视，并在实际组网中获得应用。

　　虚拟扩展局域网主要在城域网范围内规划网络应用，在传统的 VLAN 网络中，标准定义所支持的可用 VLAN 数量只有 4094 个。VxLAN 在其帧头中引入了类似 VLAN ID 的网络标识，称为 VxLAN 网络标识 VNI（VxLAN Network ID），由 24 比特组成，理论上可支持多达 16M 的 VxLAN 段，满足了大规模不同用户之间的标识和隔离需求。

　　（3）广域网（WAN）。

　　广域网是跨地区、跨省市、跨国家的更大规模网络的统称，用来连接地区的城域网、省网和各个国家的网络，在运营商的网络规划中，连接城域网的省网以上均属广域网的范畴，Internet 是全球最大的广域网，它覆盖的范围遍布全世界。

　　早期的广域网组网技术包括数字数据网（Digital Data Network，DDN）、X.25 分组交换数据网、公共交换电话网（Public Switched Telephone Network，PSTN）、综合业务数据网（Integrated Services Digital Network，ISDN）、帧中继（Frame Relay，FR）、异步传输模式（Asynchronous Transfer Mode，ATM）等，当前广域网技术主要集中在 TCP/IP 领域，以及基于 TCP/IP 的多

协议标记交换（Multi-Protocol Label Switching，MPLS）技术、虚拟专用网络（Virtual Private Network，VPN）技术等。

MPLS 在 IP 数据包基础上，增加了一个标签（Lable），基于这个标签进行路由选择和数据转发。在基于 TCP/IP 的广域网中，要支持 MPLS 功能，需要将传统路由器升级为 MPLS 标记交换路由器，以支持 MPLS 的标记分发协议（Label Distribution Protocol，LDP），按照它们在 MPLS 网络中所处位置的不同，可划分为 MPLS 标记边缘路由器（Label Edge Router，LER）和 MPLS 标记核心路由器（Label Switching Router，LSR）。MPLS 支持流量工程、服务级别（Class of Service，CoS）、QoS 和 MPLS VPN 等应用。

VPN，即虚拟专用网，指通过 VPN 技术在运营商等公有网络中构建专用的虚拟网络，主要用于将企业的分支机构网络通过城域网和广域网实现互连，或个人用户终端通过 VPN 接入远程的企业网络，通过 VPN 可有效解决互通、安全、成本等问题；实现 VPN 的关键技术包括隧道（Tunneling）技术、认证协议、密钥交换技术等，隧道技术除了 MPLS 外，点对点隧道协议（Point-to-Point Tunneling Protocol，PPTP）、第二层隧道协议（Layer2 Tunneling Protocol，L2TP）、互联网安全协议（Internet Protocol Security，IPSec）、通用路由封装（Generic Routing Encapsulation，GRE）和 GPRS 隧道协议（GPRS Tunneling Protocol，GTP）等也被广泛应用。

4）有线、无线接入技术

网络接入是整个信息网络系统的重要组成部分，根据用户的不同需求，有不同的接入技术和设备供选择。早期的有线接入技术包括电话线调制解调器（Modem）、非对称数字用户环路（Asymmetric Digital Subscriber Line，ADSL）、高速数字用户环路（High-speed Digital Subscriber Line，HDSL）、电缆调制解调器（Cable Modem）。现阶段，随着光纤接入网（Optical Access Network，OAN）的部署和应用的普及，无源光网络（Passive Optical Network，PON）逐步获得广泛应用，PON 有几种类型，包括以太网无源光网络（EPON）、千兆无源光网络（GPON）和 10G 无源光网络（10G-PON）。无线接入技术包括 Wi-Fi 和蓝牙等。

3.3.2　运营商网络架构

传统的运营商网络会按照不同的业务功能分别建设，例如 PSTN 网、DDN 网、FR 网、IP 网等，当前运营商网络建设已经走向融合，即建设支持多种业务能力的融合 IP 网络，来统一承载数据、语音、流媒体等多种业务应用。典型的运营商网络由全国骨干网、省级骨干网、城域网和接入网组成，如图 3-9 所示。

全国骨干网负责省级骨干网的互联互通，以及与国内其他运营商网络、国际运营商网络的互联互通，省级骨干网负责省内各城域网之间的互联互通，业务量大的城域网之间也会设置直达路由线路进行互联互通。

当前的 IP 城域网已演变成以 IP 技术为基础，以光纤为传输媒介，集数据、语音、流媒体等业务服务于一体的高带宽、多功能、多业务接入的多媒体通信网络。将承载综合业务，特别是快速发展起来的互联网用户群对宽带高速上网的需求，承载各类宽带用户接入和互连、IPTV、内容分发网络（Content Delivery Network，CDN）、互联网数据中心（Internet Data Center，IDC）、组播、游戏、AR 等宽带网络业务，满足政府机构、金融保险、大中小学校、公司企业等组织对高速率、高质量数据通信业务日益旺盛的需求。IP 城域网作为一个综合性多业务平台，提供多种宽带接入手段，并能提供城域内乃至连接国内外的 IP-VPN 业务。

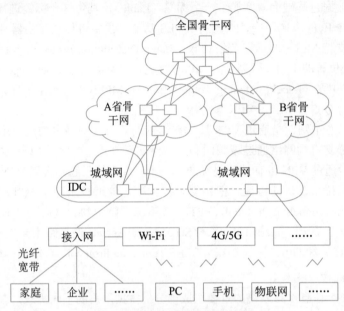

图 3-9   运营商网络架构示意图

典型的城域网一般由核心层、汇聚层和接入层三层架构组成。

（1）核心层部署核心路由器设备，提供本城域网的互联网出口，与省级骨干网相连，同时作为本城域网内的 IDC、CDN 等中心节点的接入；

（2）汇聚层部署汇聚交换机设备，作为本城域网的区域性汇接点，上联核心层设备，下接光纤线路终端（Optical Line Termination，OLT）等接入设备，同时作为各类边缘 IDC 节点、边缘计算节点的接入；

（3）接入层面向各类园区、楼宇、住宅小区等商业、家庭和个人用户，提供各种有线、无线接入方式。

3.3.3　企业网和家庭网络组网

随着企业内部应用越来越丰富、企业分支之间互联互通、企业与外部应用对接的需求越来越多，以及企业内部人员移动办公、家庭办公等情况越来越普及，对网络和数据安全性的要求越来越高，企业网的组建愈发受到重视。

企业组网根据企业规模、是否有分支、企业信息化部署要求等方面的不同，实际部署网络架构会有所差异。对于中小型企业网，一般设置企业网关 / 企业接口路由器设备，核心层设置若干台二层或者三层交换机设备，相关应用服务器、接入点（Access Point，AP）、PC、手机等设备通过光线、双绞线、Wi-Fi 等手段接入交换机设备即可；对于大中型企业网，尤其有多个分支的企业网络，组网就比较复杂，一般也会分为核心层、汇聚层、接入层三层部署架构，分支之间会租用运营商等的 VPN 通道进行互联互通，核心层主要是路由器设备，汇聚层主要是三层交换机设备，接入层主要是二层交换机设备。

随着家庭宽带业务应用的丰富多彩，特别是智慧家庭应用的普及，家庭宽带组网也逐渐受到重视，家庭网络的概念也愈发成熟。家庭网络（Home Network）是融合家庭控制网络和多媒体信息网络于一体的家庭信息化平台，是在家庭范围内实现信息设备、通信设备、娱乐设备、家用电器、自动化设备、照明设备、安防（监控）装置及水电气热表设备、家庭求助报警等设备互连和管理，以及数据和多媒体信息共享的系统。

3.3.4　4G/5G 移动通信

20 世纪 70 年代到 21 世纪初，移动通信的发展历经三代：

- 第 1 代，模拟蜂窝通信系统；
- 第 2 代，数字蜂窝移动通信系统，即 2G 系统，包括全球移动通信系统（Global System for Mobile Communications，GSM）、码分多址（Code Division Multiple Access，CDMA）等；
- 第 3 代，数字移动通信系统，即 3G 系统，包括宽带码分多址（Wide band Code Division Multiple Access，W-CDMA）、CDMA2000、时分同步码分多址（Time Division-Synchronous Code Division Multiple Access，TD-SCDMA）等。

1. 4G 移动通信

2013 年 12 月 4 日，我国正式向三大运营商发布 4G 牌照，标志着第 4 代移动通信系统建设的开启。相比 3G 系统，4G 移动通信采用了正交频分复用（Orthogonal Frequency Division Multiplexing，OFDM）技术、软件无线电技术、智能天线技术、多输入多输出（Multiple Input Multiple Output，MIMO）技术、基于 IP 的核心网等技术，以提高无线通信网络效率和功能。

（1）4G 移动通信的优势包括：

- 高速率、高容量。4G 拥有比 3G 更快的通信传输速率，理论上最高下行速率可达 100Mb，上行速率可达 50Mb，当然这与用户的移动特征有关，移动越快，速率越低。
- 网络频谱更宽。每个 4G 信道将占 100MHz 频谱，相当于 W-CDMA 3G 网络的 20 倍。
- 智能性能更高。4G 采用智能技术，使得终端设备具有智能化，同时系统可自适应地进行资源分配。
- 兼容性能更平滑。4G 系统具备全球漫游功能，接口开放，能与多种网络互连，终端多样化，在不同系统间能够无缝切换、传输高速多媒体业务数据。
- 实现更高质量、更低费用的通信。4G 系统可以提供良好的覆盖性、高速数据和高分辨率的多媒体服务，因此 4G 系统也可以称为"多媒体移动通信"。
- 更好的安全性。4G 安全已经与计算机网络安全、终端安全与认证系统安全融为一体，4G 系统充分共享并利用计算机安全管理机制与技术加强 4G 移动通信的安全。

（2）4G 网络架构模型如图 3-10 所示。

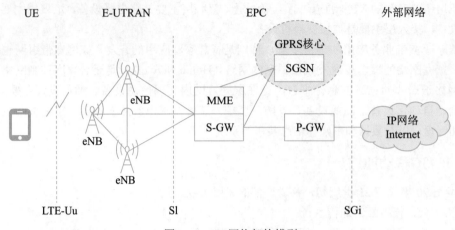

图 3-10　4G 网络架构模型

分组核心演进（Evolved Packet Core，EPC）核心网主要由移动性管理设备（Mobility Management Entity，MME）、服务网关（Serving GateWay，S-GW）、分组数据网关（PDN GateWay，P-GW）等组成。EPC 秉承了控制与承载分离的理念，将分组域中服务 GPRS 支持节点（Serving GPRS Support Node，SGSN）的移动性管理、信令控制功能和媒体转发功能分离出来，MME 负责移动性管理、信令处理等功能，S-GW 负责媒体流处理及转发等功能。P-GW 承接原 3G 网络中网关支持节点（Gateway General Support Node，GGSN）网元的功能，S-GW 和 P-GW 可以合设，也可以分设。

演进的通用地面无线电接入网（Evolved Universal Terrestrial Radio Access Network，E-UTRAN）中，eNodeB 之间底层采用 IP 传输，在逻辑上互相连接形成 Mesh 型网络，支持 UE 在整个网络内的移动性，保证用户的无缝切换。

4G 用户设备包括 4G 手机或携带 4G 卡的 PAD、笔记本、物联网等终端设备。

2. 5G 移动通信

2019 年 6 月，工信部正式向中国电信、中国移动、中国联通、中国广电发放 5G 商用牌照，中国进入第 5 代移动通信系统商用元年。

国际电信联盟（ITU）定义了 5G 的三大类应用场景，即增强移动宽带（Enhanced Mobile Broadband，eMBB）、超高可靠低时延通信（Ultra Reliable Low Latency Communication，uRLLC）和海量机器类通信（Massive Machine Type Communication，mMTC）。eMBB 主要面向移动互联网流量爆炸式增长，为移动互联网用户提供更加极致的应用体验；uRLLC 主要面向工业控制、远程医疗、自动驾驶等对时延和可靠性具有极高要求的垂直行业应用需求；mMTC 主要面向智慧城市、智能家居、环境监测等以传感和数据采集为目标的应用需求。

1）5G 系统主要性能指标

5G 系统主要性能指标包括：峰值速率达到 10 ～ 20Gbit/s，以满足高清视频、虚拟现实等大数据量传输；空中接口时延低至 1ms，满足自动驾驶、远程医疗等实时应用；具备百万连接 / 平方公里的设备连接能力，满足物联网通信；频谱效率比 4G LTE 提升 3 倍以上；连续广域覆盖和高移动性下，用户体验速率达到 100Mbit/s；流量密度达到 10Mbps/m^2 以上；移动性支持 500km/h 的高速移动。

5G 系统采用了更多的创新技术以实现上述功能和性能指标，包括网络功能虚拟化、控制面与用户面分离、网络切片、边缘计算、网络功能重构等新型网络技术和架构，以及极化码（Polar code）编码、毫米波、小基站、MIMO 等新型空中接口技术。

2）5G 系统网络架构

5G 系统采用总线式的微服务架构，将大型服务分解为若干个小型独立的服务，每个服务可以独立运行、扩展、开发和演化。微服务架构的采用为 5G 核心网的维护和扩展提供了极大的便利性，也利于切片技术的实现。5G 网络架构模型如图 3-11 所示。

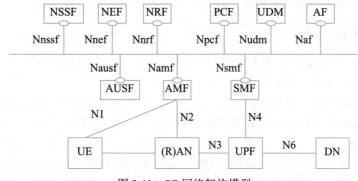

图 3-11　5G 网络架构模型

- 用户设备（User Equipment，UE），包括手机、计算机、各类物联网终端在内的各种接入终端设备。
- 接入网（Access Network，AN），指由业务节点接入到用户网络接口间的传输网络。
- 应用功能（Application Function，AF），指应用层的各种服务功能，AF 与核心网交互以提供各种服务。
- 数据网络（Data Network，DN），指 5G 系统可以对接的其他运营商网络、企业网或者互联网上的网络服务。
- 接入及移动性管理功能（Access and Mobility Management Function，AMF），实现终端用户的接入和移动性管理，类似 4G 核心网中的 MME（移动性管理实体）。
- 会话管理功能（Session Management Function，SMF），用以实现会话管理，支持会话的建立、修改和释放，UE IP 地址的分配和管理等，其作用相当于 4G 核心网中 MME、S-GW 和 P-GW 的会话管理功能。
- 用户面功能（User Plane Function，UPF），5G 核心网中所有的用户面功能都由 UPF 完成，包括分组路由和转发、外部 PDU 与数据网络互连的会话点等，相当于 4G 核心网 S-GW 和 P-GW 中的用户面功能。
- 统一数据管理功能（Unified Data Management，UDM），用于管理用户数据，相当于 4G 核心网归属用户服务器（Home Subscriber Server，HSS）中的用户数据管理功能。
- 鉴权服务功能（Authentication Server Function，AUSF），用于实现用户鉴权，相当于 4G 核心网中 MME 和 HSS 的用户鉴权功能，包括 3GPP 接入鉴权和非 3GPP 接入鉴权。

- 策略控制功能（Policy Control Function，PCF），相当于 4G 核心网 PCRF 中的策略控制部分，支持管控网络行为的统一策略框架，为控制面提供策略规则等。
- 网络开放功能（Network Exposure Function，NEF），提供对外开放网络数据的功能，使非 3GPP 网络能够接入 5G 核心网。
- 网络切片选择功能（Network Slice Selection Function，NSSF），用以实现网络切片功能，网络切片技术可以把网络切成多个虚拟的子网，以满足不同业务的个性化需求。
- 网络功能存储功能（NF Repository Function，NRF），用于网络功能（NF）的注册、存储、管理和状态检测，实现所有 NF 的自动化管理。

3.3.5 物联网组网技术

物联网（Internet of Things，IoT）泛指物与物、物与人之间通过通信网络实现的互联网，这里的"物"可以是大家想象得到的各种物品，例如各种生活娱乐设施、工业生产设备，甚至是各种动植物，当然也包括人类自身。这些"物"通过各类传感器设备，或者附着二维码、射频识别（Radio Frequency Identification，RFID）等标签，可以感知和反映相关"物"内在某些特征要素的信息数据，通过通信网络传递到物联网业务平台，按照设定的业务逻辑进行处理，将结果反馈给"物"本身，或传递给其他的"物"或者人，进行相应处置和展示。从技术角度看，物联网一般由三层组成，分别是由负责感知"物"的传感器组成的感知层、负责进行信息数据传递的网络层、负责相关数据处置和提供服务的应用层，如图 3-12 所示。

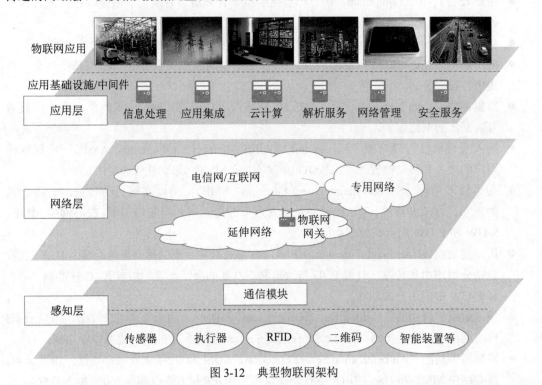

图 3-12 典型物联网架构

1）感知层

感知层承担着物联网应用对现实世界的"物"进行感知和交互的任务，收集信息数据或获取指令对现实世界进行交互。

感知层包括各类感知和处置设备，主要负责：

（1）感知各类物品的信息；

（2）将信息进行本地处理和传递；

（3）根据应用层的指令进行下一步处置。

各式各样的温度、压力、湿度、色彩等的传感器，各类摄像头、条码设备、二维码设备、GPS 设备、NFC 设备等，都是感知层设备。感知层的关键技术包括各种传感器技术、射频识别技术、条码、二维码技术、GPS 技术、NFC 技术、微机电系统技术等。

2）网络层

网络层负责连通感知层和应用层，安全、顺畅地传输数据和指令。

在实际信息系统工程建设中有以下几种方式：一种方式是由用户自行组建网络进行数据传输，相关应用服务系统也自行建设；另一种方式是租用运营商等的通信网络（运营商有线网络、移动网络或专门服务于物联网数据传输的网络）以及互联网进行数据传输。也可以将上述两种方式混合使用，即一部分自己建设，一部分租用运营商等的网络。

组建网络层系统，除了之前提及的各种互联网技术和设备外，根据大多数物联网传感设备数据量小、时延敏感等特点，又开发出特别适合物联网数据传输的若干无线传输技术，例如 Bluetooth（IEEE 802.15.1 标准）、ZigBee（IEEE 802.15.4 标准）无线传输技术，其特点是低功耗、低传输速率、短距离，一般用作个人电子产品互连、工业设备控制等领域；LoRa、NB-IoT 等无线传输技术，其特点是低功耗、低传输速率、长距离，适用于智慧城市、智慧农业等诸多应用场景。不同类型的无线传输技术适用于不同的使用环境和场景。

3）应用层

应用层承载着物联网应用的信息数据和业务处置逻辑，对感知层收集到的信息数据进行处理，对感知层下达相关处置指令。应用层由一系列满足特定用户业务需求、安全需求、运营需求的应用和服务模块组成。物联网应用包括各类智慧城市、智慧校园、智慧矿山、智能交通、智能办公、智能家居、工业控制等应用。

物联网已经融入国计民生、衣食住行的各个方面。随着近年来不断爆发的令世人瞩目的安全事故，物联网应用为人们的生产生活带来诸多便利的同时，其安全威胁也逐渐进入了大众的视野。不同于传统的网络安全威胁，物联网应用场景强调的是与现实世界的感知和交互，物联网产生的安全威胁会对现实世界造成直接的威胁。无论是车辆、摄像头、心脏起搏器，还是工业物联网中的各类工业控制系统，一旦被入侵和攻击，都会直接对人身安全、个人隐私和工业生产安全带来极大威胁。

物联网的三个层面均会受到不同程度的安全威胁：

● 感知层各类传感设备数量庞大，受攻击面较大较广。如果感知节点或感知网关被入侵、被控制，攻击者可以偷窃感知数据，或者借由控制的传感网络培养为僵尸网络对外发动

DDoS 攻击，甚至可能直接对感知节点下达指令，对现实世界造成破坏。

- 物联网需要网络层处理应用层和感知层之间的安全互连，但是由于网络层的互联互通（尤其是互联网），也带来了外部的安全威胁，成为威胁物联网应用场景的攻击源。
- 应用层承载着物联网应用智能处理的任务，是物联网应用的核心。应用层需要接收来自网络层的海量数据，其中除了来自感知层的数据外，也许还会混杂着恶意的流量和数据。可能是为了偷窃数据，也可能是为了获取对整个物联网应用的控制权，甚至可能是出于经济目的、政治目的进行恶意破坏。同时，应用层还需要面对传统网络应用场景下的安全威胁，包括来自内部和外部的各类会话对网络、主机、应用和数据的威胁。

对物联网的安全防护，不应是各个层面单独布防，而应以点带面，将物联网应用场景作为整体，按照纵深防御、安全措施互补、保证一致性强度、建立统一支撑平台、实现集中安全管理的等级保护 2.0 思想，构建物联网安全保障体系。

3.4　网络和应用服务平台

网络传输平台负责数据在各设备和系统之间的传输，数据资源平台负责存储和处理各类信息数据，网络和应用服务平台则负责服务于整个网络业务应用正常运行的各类通用的业务逻辑的实现。网络和应用服务平台由众多相互独立又有关联关系的网络服务协议组成和实现，只有遵守这些网络服务协议和功能，才能真正基于互联网实现和享受相关应用服务。常见的互联网服务有 E-mail 电子邮件服务、WWW 万维网服务、DNS 域名解析服务、FTP 文件传输服务、Telnet 远程登录服务等。

1）E-mail 电子邮件服务

E-mail 是互联网中最常见的服务，常见的电子邮件协议包括 SMTP、邮局协议（Post Office Protocol Version 3，POP3）、互联网邮件访问协议（Internet Message Access Protocol，IMAP），这几种协议都是由前述的 TCP/IP 协议族定义的。SMTP 主要负责底层的邮件系统，将邮件从一台机器传至另外一台机器；POP3 是将邮件从电子邮箱中传输到本地计算机的协议；IMAP 提供邮件检索和邮件处理的新功能，用户可以不必下载邮件正文就看到邮件的标题摘要，从邮件客户端软件即可对服务器上的邮件和文件夹目录等进行操作。

E-mail 系统采用客户端 / 服务器模式，在客户端或运营商数据资源平台的服务器中部署 E-mail 系统，用户使用专业的客户端或 Web 界面登录即可链接和访问 E-mail 系统，每个客户有一个 E-mail 账号地址，就像每家的门牌号码地址一样，根据该地址就可以进行邮件的收发工作。

2）WWW 万维网服务

可以说，真正带来互联网革命的是万维网（World Wide Web，WWW）服务。WWW 服务是一种建立在超文本基础上的浏览、查询互联网信息的方式，以交互方式查询并访问存放于远程计算机的信息，为多种互联网信息浏览与检索访问提供一个单独一致的访问机制。网页将文本、超媒体、图形和声音结合在一起，WWW 服务给个人、家庭和企业带来了通信与获取信息资源的便利条件。

WWW 服务技术包括 HTTP 和 HTML。其中，HTTP 是 WWW 服务使用的应用层协议，用于实现 WWW 客户机与 WWW 服务器之间的通信；HTML 语言是 WWW 服务的信息组织形式，用于定义在 WWW 服务器中存储的信息格式，2008 年发布的 HTML5 版本对视频、音频、图像、动画以及与设备的交互都进行了规范。

3）DNS 域名解析服务

互联网是基于 IP 地址进行数据收发的，但是在 E-mail、WWW 等众多服务中，让每个人都记住对方和己方的 IP 地址显然是不现实的，这里就用到了域名服务（Domain Name Service，DNS），DNS 就是将容易记忆的域名（例如 www.baidu.com）转换为网络可以识别的 IP 地址。

域名是互联网上某一台计算机或计算机组的名称，用于在数据传输时标识计算机的电子方位（有时也指地理位置）。域名是由一串用点分隔的名字组成的，通常包含组织名，以指明组织的类型或该域所在的国家或地区。DNS 系统的本质是一个将域名和 IP 地址相互映射的分布式数据库，以及保存、更新、解析、遍历这种对应数据的方式方法。存储该数据库的服务器叫 DNS 服务器，一般由相关机构和运营商进行部署，为企业、家庭和个人客户提供域名解析服务。

域名由 ICANN 进行管理，中国的顶级域名 .cn 就是由其分配的。.cn 下的域名（如 www.baidu.cn 中的 .cn 之前的部分）由中国互联网络信息中心（China Internet Network Information Center，CNNIC）进行管理。

4）FTP 文件传输服务

FTP 允许用户以文件操作的方式（例如文件的增、删、改、查、传输等）与另一主机相互通信。FTP 采用客户端 / 服务器模式，FTP 客户端软件必须与远程 FTP 服务器建立连接和登录后，才能进行文件传输操作。

5）Telnet 远程登录服务

Telnet 远程登录服务用于将用户计算机与远程主机连接起来，并可作为该远程主机的一个访问终端使用，共享远程主机的 CPU、硬件、存储、应用等资源，例如进行远程计算和远程事务处理等操作。

3.5　安全服务平台

在信息网络系统的规划建设中，安全已经成为不可或缺的一部分。一方面要从物理安全、网络安全、主机安全、应用安全、数据安全、安全管理等相关层面进行考量；另一方面应结合特定的网络业务场景，例如云计算、物联网、人工智能等特定场景考虑安全风险和防护。随着社会分工的细化，出现了专门从事安全业务运营的公司，将安全服务本身的安全功能云化，即基于云计算资源平台，采用云计算 SaaS 模式提供安全服务。

信息网络系统安全体系框架如图 3-13 所示。

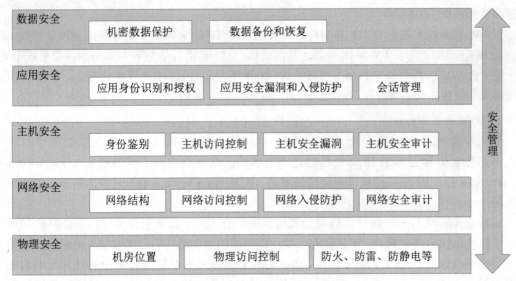

图 3-13　信息网络系统安全体系框架

1. 物理安全

物理安全是网络和上层系统应用及数据安全的基础，包括机房和相关设施的安全。机房是网络设备、安全设备、服务器设备、存储设备和存储介质，以及供电和通信用线缆等实体的物理存放场所，机房环境除了物理场地外，还包括确保机房安全及维护机房正常运转的配电、照明、供水、制冷等各类系统、设备及措施等支撑设施。

物理安全主要包括环境安全、供配电系统、安防系统和消防系统四个部分。

- 环境安全主要包括防水、防尘、防静电、防电磁干扰、防雷击、防震动、防生物和有害气体等。相关设备包括相关专业传感器、专业防控设备、温湿度调节设备等。
- 供配电系统主要为机房提供可用的电源，并确保供电动力安全。相关设备包括配电柜、不间断电源系统（UPS）、交直流电源等，还包括应急响应设备，例如发电机组等。
- 安防系统为机房提供基本的物理访问控制安全保护，例如各类门禁系统、红外传感器等。
- 消防系统为机房提供防火的安全保护，消防设备主要包括烟感器、火焰传感器、触发设备、排烟设备、灭火设备等。

2. 网络安全

网络安全关注的重点包括：网络结构，包括网络结构合理性、安全域划分合理性等；访问控制，包括网络边界部署访问控制设备，是否制定了用户和系统之间的允许访问规则，访问控制策略和粒度是否合理等；网络入侵防护，包括拒绝服务攻击的监控和防御能力，对于端口扫描、IP 碎片攻击、网络蠕虫等网络攻击的监控能力等；网络安全审计，包括对网络设备运行状况、网络流量、用户行为等进行日志审计的能力等。

网络安全设备和手段主要包括但不限于：

- 防火墙是基本的网络层安全防护设备，目前基本上所有业务平台都部署了硬件防火墙。通过防火墙可以实现系统内外网边界的访问控制，对进出的网络数据包进行过滤和检测，并可实现对网络层分布式拒绝服务（Distributed Denial of Service，DDoS）攻击的防御功能。
- 利用 Vlan 等技术进行安全域划分是实现网络安全域结构优化的主要技术手段，目前大多数业务平台都进行了相应的 Vlan 网段划分，能够按照不同功能、级别、安全要求等对网络系统划分不同的安全域。
- 网络入侵检测和防护主要通过入侵检测系统 / 入侵防御系统（Intrusion Detection Systems，Intrusion Prevention Systems，IDS/IPS）安全设备进行，通过部署 IDS/IPS，能够对已知的网络攻击进行监控和报警。
- 网络安全审计主要通过统一日志管理系统或安全运营中心（Security Operations Center，SOC）实现，通过部署 SOC 系统或统一的日志服务器，能够对网络安全日志进行统一管理和分析。

3. 主机安全

主机安全关注的重点包括：身份鉴别，包括用户身份标识和鉴别，用户或用户组的权限管理，用户口令策略等；访问控制，包括特权用户的权限分离，主机设备的网络访问限制和物理访问限制，主机端口和服务控制等；安全漏洞和攻击防御，包括操作系统和数据库系统的补丁更新，操作系统和数据库系统的安全漏洞管理，病毒、木马等恶意代码的防范能力等；主机安全审计，包括操作系统和数据库系统运行状况、用户行为等的日志审计能力等。

主机安全设备和手段主要包括但不限于：

- 身份鉴别，主要通过主机操作系统和数据库系统自身的安全机制和安全配置来实现，如活动目录（Active Directory，AD）域、安全模板配置、数据库配置文件安全配置等，相关的安全设备包括堡垒主机和认证、授权、计费（Authentication Authorization Accounting，AAA）系统。
- 主机层的访问控制，主要通过主机防火墙实现，如 Windows 系统防火墙，Unix/Linux 的 IP tables 等。
- 主机安全漏洞的发现，主要通过相关主机层漏洞扫描系统工具来实现，能够发现操作系统、数据库系统、应用中间件系统等存在的安全漏洞，安全漏洞修补主要通过安全补丁更新和安全配置加固等技术手段来实现。
- 病毒、木马防护，主要通过部署防病毒网关或单机版防病毒系统进行防护。

4. 应用安全

应用安全关注的重点包括：身份和访问控制，包括应用层用户身份识别、认证、权限管理，口令策略和传输，端口控制，敏感信息访问等；应用安全漏洞，防范应用层存在的安全漏洞，如 SQL 注入、跨站脚本编制、上传漏洞、命令注入、应用中间件漏洞等；会话管理，包括会话标识、cookie 管理等。

应用层安全设备和技术包括但不限于：

- 应用层安全漏洞检测，主要通过相关应用漏洞扫描系统工具来实现，还包括渗透测试、代码审计等技术手段。应用层的安全漏洞修补主要通过应用中间件安全配置和应用程序安全代码整改来实现。
- 应用层的安全防护设备，主要通过 Web 防火墙对 SQL 注入、XSS 等已知应用漏洞攻击以及应用层 DoS 攻击起到防护作用。

5. 数据安全

数据安全关注的重点包括：机密数据保护，包括数据加密传输、数据加密存储、敏感资源控制等；数据备份恢复，包括重要信息的冗余备份机制和恢复机制等。

数据安全设备和技术包括但不限于：

- 数据安全传输设备和技术，包括 VPN 设备（IPSEC VPN、SSL VPN 等），可以使用防火墙的 VPN 功能模块或单独的 VPN 设备或者软件来实现。
- 数据加密技术，将数据信息（或称明文）经过加密钥匙（Encryption Key）及加密函数转换，变成无意义的密文，而接收方则将此密文经过解密函数、解密钥匙（Decryption Key）还原成明文。
- 数据备份和恢复，包括自动化备份系统和手工备份等方式，如定期将数据库文件备份到磁带库或磁盘阵列等。数据备份的目的是防止发生数据灾难。数据恢复是在数据发生灾难时能及时有效地恢复，数据备份是恢复的基础。

6. 安全管理

安全管理的重点内容包括：安全组织和责任，包括建立安全工作组织架构，设置安全分管领导和安全管理专员，明确人员的安全责任等；风险管理工作机制，包括实施定期的安全评估、漏洞管理、安全加固、残余风险评价等工作；应急处理工作机制，包括安全风险监控、定期安全通告、安全紧急事件处理措施等；容灾备份工作机制，包括制定完善的灾难恢复方案并制定定期的灾难恢复演练计划等；制定系统上线、切换办法、安全运维方案等。

7. 云计算安全

当业务平台迁移到云计算环境后，由于虚拟化技术的引入，原本运行在物理服务器上的业务系统转而运行在虚拟机上，因此出现了新的安全问题和需求。

云化业务平台和传统业务平台相比，新增的主要安全问题包括：

- 主机安全方面。基于以虚拟化技术为核心的云资源池，需要重新审视主机层安全问题。一方面要考虑运行在虚拟机之上的操作系统、数据库系统等的安全问题，同时还要考虑虚拟机管理程序的安全问题，包括虚拟机管理程序（Virtual Machine Manager，VMM）安全问题和用户虚拟机（Guest OS）安全问题。VMM 安全是云化系统的新增安全问题，主要包括 VMM 安全漏洞检测、VMM 用户身份鉴别、VMM 物理和网络访问控制、VMM 安全审计等问题；Guest OS 安全与传统的主机安全需求基本一致。
- 网络安全方面。虚拟化技术的引入使得传统的基于物理服务器为单元划分网络安全域的方法发生了改变，与传统的基于安全域隔离的模型不同，云计算模型不再有物理机的隔离，测试虚拟机可能与生产虚拟机在同一台物理机上，相应的网络隔离也不存在。除传统的安全问题之外，云化业务系统在网络层上还需要重点考虑如何设置虚拟安全域，包括虚拟安全域划分方式、虚拟安全域访问控制，以及相应的虚拟防火墙部署和配置等。

- 数据安全方面。在虚拟化环境中，由于云计算平台的多租户特性，数据安全将更为复杂。除了传统业务平台的机密数据保护和数据备份恢复之外，还需要考虑虚拟环境中的用户数据隔离、镜像文件存储、残留数据处理等安全问题。
- DDoS 攻击。云计算环境中，DDoS 攻击将更加集中化和多样化，除了传统的网络层 DDoS 攻击（如 Syn Flooding）之外，还需要着重关注近年来成为趋势的应用层 DDoS 攻击和云计算环境中特有的 EDoS（Economic DoS）攻击。

云化业务平台在物理安全、应用安全、安全管理方面与传统的业务平台安全需求和处置方法基本相同。

3.6　网络管理和维护平台

随着网络规模的不断扩大，需要建设专门的网络管理和维护系统来管理、监测和控制网络的运行。一方面，通过网络业务流量、流向等监测，可以有效优化和利用网络资源；另一方面，在网络发生故障时能够利用相关技术手段及时检测、排查和修复故障，甚至要求在故障未发生前就进行故障预警，以保障信息网络系统的正常运行。

1. 网络管理的五大功能

国际标准化组织（ISO）定义了网络管理的五大功能，分别是故障管理、配置管理、性能管理、计费管理和安全管理。

（1）故障管理。通过收集网络中各类设备告警信息，通过各种技术手段，进行网络故障的判定和定位，为快速完成故障排除和网络恢复打下基础。

（2）配置管理。配置网络以使其提供网络服务，同时采集网络中相关设备的配置数据，对其进行管理和分析，以便使网络整体运行状态达到最优。

（3）性能管理。通过对网络各类性能数据的采集、分析和处理，更好地了解整个网络和其中设备的运行状况。

（4）计费管理。记录各类网络业务资源的使用情况，目的是控制和监测网络操作的费用和代价。

（5）安全管理。提供网络中各类设备和网络管理层面的安全性管理功能，目的是保障网络安全运行。

2. 网络管理和维护系统

现代信息网络系统中，一般会根据网络规模、网络性质（自建自用的局域网，或向外界用户提供业务服务运营的运营商网络）、网络管理维护运营需求来建设不同规模架构和功能定位的网络管理系统。

网络管理系统的功能体系结构从下至上可以分为网元 / 网络层、管理应用层和表示层。

（1）网元 / 网络层。网管系统的最底层，包括被管理的所有网元设备和网络系统。被管理的设备会按照一定的规范定义自身的管理信息，包括各种操作信息、告警信息、设备状态信息等。最著名的是 TCP/IP 网络管理协议标准框架定义的管理信息库（Management Information Base，MIB）规范和简单网络管理协议（Simple Network Management Protocol，SNMP）。MIB 定义了受管设备必须保存的数据项、允许对每个数据项进行的操作及其含义，管理系统可访问的受管设备的控制和状态信息等数据变量都保存在 MIB 中；SNMP 主要涉及与信息通信相关的关系和消息流，定义了管理系统上运行的管理软件如何与被管设备中的代理模块通信，包括两者之间交换的消息分组的格式、含义及名字与值的表示等，此外也定义了被管设备间的管理关系。

（2）管理应用层。主要实现网络管理五大功能，并可以根据实际管理需求和扩展接口实现附加的功能模块或相关子系统，例如辅助决策子系统、资源管理子系统、测试评估子系统等。

（3）表示层。提供用户直观、友好的人机交互界面，可以支持图形、文字、表格等多种形式，支持本地大屏显示、办公室 PC 展示以及远程手机接入等多种接入和展现手段。

3.7　环境系统建设

环境系统是指承载信息网络系统相关设备的物理机房场地，以及确保机房安全及维护机房正常运转的配电、照明、供水、制冷等各类系统、设备及措施等支撑设施，在保障信息网络系统正常运转的同时，需要充分考虑节能降耗，降低运行成本，提高运行效率。

3.7.1　机房建设

现代机房建设工程充分体现了新技术、新材料、新工艺、新设备的特点。一方面，网络机房运转是否正常将会影响信息网络系统的日常经营业务的正常运行，所以对机房的安全性、可靠性和可管理性提出了很高的要求，机房建设要符合国家各项有关标准的规定，机房建设也为机房工作人员提供了一个舒适的工作环境；另一方面，现代机房建设越来越需要考虑建设、维护的性价比，有效降低运行功耗，提升机房本身、机房环境系统、机房内承载的各类设备的故障处理能力，对机房建设和运行维护提出了更高的要求。

机房的建设工程是一项综合性的专业技术系统工程，它具有建筑设计、空调、通风、给排水、强电、弱电等各个专业所特有的专业技术要求，同时又具有建筑装饰的关于美学、光学、色彩学等专业的技术要求。因此，机房建设常常需要专业技术单位来完成，从而在设计施工中确保机房先进、可靠、安全、精致。既满足机房专业的各项技术条件，又具有建筑装饰现代艺术风格的机房，才能充分满足业主的使用要求。

机房建设包括机房装修、空调系统、电气系统、接地和防雷系统、消防系统、环境监控系统、节能降耗系统等。

3.7.2 综合布线

综合布线系统是指按标准的、统一的和简单的结构化方式编制和布置各种建筑物（或建筑群）内各种系统的通信线路，包括网络系统、电话系统、监控系统、电源系统和照明系统等。因此，综合布线系统是一种标准通用的信息传输系统。

综合布线系统设施的建设应纳入建筑与建筑群相应的规划设计之中，根据工程项目的性质、功能、环境条件和近、远期用户需求进行设计，应考虑施工和维护是否方便，确保综合布线系统工程的质量和安全，做到技术先进、经济合理。综合布线系统宜与信息网络系统、安全防护系统、建筑设备监控系统等的配线做统筹规划，同步设计，并应按照各系统对信息传输的具体要求，做到合理优化设计。

综合布线系统的基本构成应包括建筑群子系统、干线子系统和配线子系统，如图 3-14 所示。图中 CD 代表建筑群配线设备；BD 代表建筑物配线设备；FD 代表楼层配线设备；CP 代表集合点，是综合布线系统中所规定的在水平电缆中的一个连接点；TO 代表信息插座模块；TE 代表终端设备。

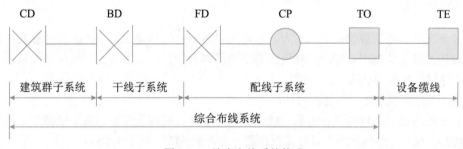

图 3-14　综合布线系统构成

综合布线系统工程中的产品类别及链路、信道等级的确定应综合考虑建筑物的性质、功能、应用网络和业务对传输带宽及缆线长度的要求、业务终端的类型、业务的需求及发展、性能价格、现场安装条件等因素，并应符合国家相关标准规范的规定。

3.7.3 监控系统

机房监控系统主要是对机房环境自身和所承载的信息网络设备进行集中监控和管理，通过监控系统收集机房运行的各种参数数据，进行实时分析和研判，当出现问题时或者有潜在隐患时，及时或者预先通知机房及专业维护人员，做出判断和进行相关处置动作。

机房监控系统自身也经历了从简单到复杂、从分专业独立到综合、从功能性监测到基于人工智能的智能化监控的转变。

机房监控对象可涵盖机房环境、承载设备和运行所涉及的方方面面，包括内部各类动力设备、各类环境设施、消防设施、安防设施、所承载的信息网络设备等。机房监控的具体作用包括：自动预警、报警，使机房故障能及时处置，避免扩大故障影响；让运维人员从烦琐、复杂的运维工作中解脱出来，做到机房智能运维管理模式；机房得到有效的管理，防护效果提升，业务系统能长期运行，为企业创造直接、间接的利益。

典型的机房监控功能系统（子系统）包括但不限于：

（1）机房动力环境系统监控。为保障机房安全正常运行，与之配套的机房动力系统、环境系统、消防系统、安保系统必须时刻稳定协调工作。如果机房动力及环境设备出现故障，轻则影响相关系统的运行，重则造成系统相关设备的报废，后果不堪设想。因此对通信机房的环境系统进行实时集中地监控极其必要。

（2）机房系统 / 网络设备监控。机房里有成千上万的设备，监控这些设备的运行是非常必要的，如服务器运行中的 CPU/ 内存等参数、网络设备的端口流量、业务运行层面的监控等，设备运行的有关参数需要清晰呈现并进行必要的分析处置。

（3）机房门禁监控。为保障业务保密和机房安全运行，防止无关人员进入，要监控进出机房的人员，如在机房出入口部署摄像头、门禁等监控设备。

（4）机房环境消防监控。机房内存放的是精密电子设备，一旦发生火灾，对于机房就是毁灭性的打击。应时刻注意机房的温湿度、粉尘、气体和消防，最大程度避免机房发生火灾等事故。

3.7.4　节能降耗

随着信息通信系统规模的不断扩大，以及人们对温室气体排放、节能减排的愈发重视，各类机房设施尤其是数据中心等高能耗机房的节能降耗问题日益引发关注，绿色节能机房、绿色数据中心建设已经成为必选项。

机房的节能降耗是多方面的，包括：

（1）在机房选址和规划建设方面，就应考虑选址是否有利于节能和降低能源成本，机房的密封、绝热、配风、气流组织等设计是否合理，是否能降低空调等成本；

（2）机房内部的规划布局、机柜的布局排列是否能分隔冷热气流，形成良好的气流组织，提高空调使用效率；

（3）各种设备本身，例如机柜、服务器本身等是否具备一定的节能降耗措施；

（4）基于人工智能等技术手段，根据对机房内部实时环境监测结果和各类设备系统的能源消耗情况进行智能分析和决策，例如采取按需调节动态制冷的手段，以整体降低机房的能耗水平。

第 4 章 信息资源系统

传统信息化的业务信息系统正在变得越来越复杂笨重，业务间的关联也越来越强。随着用户数或业务量的急剧增加，给计算能力、数据存储能力、系统稳定性和安全性带来了巨大挑战。为了适应不断增长的业务需要，组织不得不购买更多的软件（应用软件、数据库、中间件等）和硬件设备（存储、服务器、负载均衡等），引入更多的专业人员来维持这些软硬件的正常运行。随着业务的不断增长和变化，支持这些业务的信息系统开销变得非常大，这些信息系统的维护成本也呈几何级数上升。数据资源平台和云资源系统可以帮助用户解决以上问题。数据资源平台负责信息系统中的数据存储、计算和相关处理。云资源系统把物理资源、虚拟资源、平台资源、应用及数据等信息资源集合起来，将其作为服务资源池，通过网络以不同服务模式提供给用户，满足用户在各种环境和资源需求上的要求。

本章重点介绍数据资源平台和云资源系统，帮助监理人员奠定资源管理相关的技术理论基础。

4.1 数据资源平台

数据资源平台负责信息系统中的数据存储、计算和相关处理，硬件层面包括各类服务器、存储设备和备份设备等，软件层面包括操作系统、数据库系统、中间件系统、云计算系统、虚拟化系统、集群系统等。

4.1.1 计算服务器和人工智能服务器

信息网络系统中所有的信息处理、逻辑运算等活动都可以抽象为基于某种算力来执行的计算操作。广义的算力是计算机设备或计算/数据中心服务器等设备处理数据的能力，是计算机硬件和软件配合共同执行某种计算需求的能力。狭义的算力是指一台计算机具备的理论上最大的每秒浮点运算次数（floating-point operations per second，FLOPS），这里的计算机泛指个人PC、数据中心或组织的服务器、各类 PAD 设备，甚至是人们日常使用的已经具备某种计算机功能的智能手机等设备。

本节重点阐述监理人员工作中常见的计算服务器和人工智能服务器。

1. 计算服务器

计算服务器主要承载和提供各类业务应用、管理服务及数据资源共享服务，计算服务器相比于普通的计算机，要求具有高速的 CPU 计算能力、较大的存储空间、长时间的可靠运行、强大的 I/O 外部数据吞吐能力以及更好的扩展性。选择计算服务器时应考虑的因素包括：CPU 的类型、数量、核数、速度等；内存数量、容量、性能等；总线结构和类型；磁盘总量和性能；容错性能；网络接口类型、数量、性能等；服务器软件；服务器本身的管理等。

服务器操作系统是服务器重要的组成部分，当前主流的服务器操作系统包括 Unix、Linux、Windows、Netware 等，主流国产操作系统包括麒麟、统信、欧拉等。

2. 人工智能（AI）服务器

随着算法、算力、数据的不断发展，计算机视觉、语音识别、自然语言处理、生物特征识别、知识图谱以及机器学习等人工智能核心技术也愈发成熟。人工智能已经从单纯的技术研究走向整体产业格局的发展，包括算法研究设计、芯片、基础软件、人工智能框架、开源数据集、人工智能应用等。人工智能的内涵已经大大扩展，成为一门交叉学科。抽象地看，人工智能包括算力、算法和数据三个方面，具体到人工智能应用，需要着重考虑应用场景、平台框架、解决方案、部署实施等事项。

应用场景首先应明确人工智能实现环节，人工智能的实现包括训练和推理两个环节。一般大型的人工智能应用需要独立部署训练服务器和推理服务器（或者是专用的实现推理功能的计算机、工控机和专用设备），例如常见的道路视频监控，在数据中心侧部署用于视频图像识别训练的训练服务器，在道路侧部署专用的用于本地实际视频图像识别的推理设备。

训练服务器和推理服务器一般是由通用计算服务器上加插特定 AI 模块组成的，也有根据具体业务场景需求定制的工控机、其他专用或通用设备的。根据承担训练或推理任务的不同，AI 芯片也分为训练芯片和推理芯片两类。

（1）训练芯片主要用于构建 AI 训练模型，注重强大的计算能力；

（2）推理芯片则利用训练模型的结果进行推理预测，更注重综合指标，例如算力、能耗、成本等。

人工智能仍处于快速发展阶段，为服务千差万别的 AI 使用场景，由底层 AI 处理器（例如图形处理器 GPU、神经网络处理器 NPU、张量处理器 TPU、深度学习处理器 DPU、可穿戴处理器 WPU 等）、中层 AI 开发框架（例如 TensorFlow、PyTorch、PaddlePaddle、MindSpore 等）、上层 AI 应用共同构成的异构人工智能算力中心，相互连接，形成了能够覆盖不同区域，且具备异地灵活调度、漫游接入功能的人工智能算力网络。

4.1.2　数据存储和备份设备

目前市场上的存储产品主要有磁盘阵列、磁带机与磁带库、光盘库、存储区域网络（Storage Area Network，SAN）和网络附加存储（Network Attached Storage，NAS）、对象存储、集中式存储和分布式存储等。

1）磁盘阵列

磁盘阵列（RAID）是将很多块独立的专用磁盘或普通磁盘连成阵列，组合成一个容量巨大的磁盘组，使其能以某种快速、准确和安全的方式来读写更大的磁盘数据。将多个容量较小的磁盘通过某种技术连接，可组合成容量巨大的磁盘组，通过智能镜像等技术实现对数据的冗余保护，在其中某一个或几个磁盘故障失效时，阵列中其他磁盘上保存的冗余数据仍然可用。通过阵列中的几块磁盘同时读取和对磁盘上的数据成块存取，提高整体数据存取速度。

2）磁带机、磁带库和光盘库

磁带机由磁带驱动器和磁带构成，是一种经济、可靠、容量大、速度快的备份存储设备，随着制造技术和生产工艺的不断改进，磁带机的体积越来越小，存储能力越来越大，数据备份的可靠性和自动化程度越来越高。

广义的磁带库产品包括自动加载磁带机和磁带库。自动加载磁带机由磁带和磁带机有机结合组成，是一个位于单机中的磁带驱动器和自动磁带更换装置。自动加载磁带机可以从装有多盘磁带的磁带匣中拾取磁带并放入驱动器中，或执行相反的过程，可以备份 TB 级的数据。自动加载磁带机能够支持例行备份过程，自动为每日的备份工作装载新的磁带，从而实现自动备份。

磁带库是像自动加载磁带机一样的基于磁带的备份系统，磁带库由多个驱动器、多个槽和机械手臂组成，并可以由机械手臂自动实现磁带的拆卸和装填。它能够提供同样的基本自动备份和数据恢复功能，但同时具有更先进的技术特点。磁带库可以多个驱动器并行工作，也可以几个驱动器指向不同的服务器进行备份，存储容量达到 PB 级，可以实现连续备份、自动搜索磁带等功能，并可以在管理软件的支持下实现智能恢复、实时监控和统计功能，是集中式网络数据备份的主要设备。磁带库不仅数据存储量庞大，在备份效率和人工占用方面也拥有无可比拟的优势。在网络系统中，磁带库通过 SAN 系统可以形成网络存储系统，为组织存储提供有力保障，实现远程数据访问、数据存储备份功能，或通过磁带镜像技术实现多磁带库备份功能，无疑是适合数据仓库、ERP 等大型网络应用的良好存储设备。

光盘以其容量大、成本低、制作简单、体积小、易于保存、使用便利等特点，仍是当前海量信息和重要文献资料的备份媒体。光盘存储产品包括光盘塔、光盘库、光盘镜像服务器等。光盘塔由多个光盘驱动器并联而成，可以通过软件控制某台光驱的读写操作。光盘库是一种可以存放多张光盘并带有机械臂和光盘驱动器的光盘柜，也叫自动换盘机，能够利用机械手从机柜中选出一张光盘送到光盘驱动器进行读写。光盘镜像服务器是一种"瘦服务器"，采用硬盘高速缓存技术，将整张光盘的内容存储（镜像）到硬盘中，这样，用户就可以以硬盘的速度来共享服务器中的镜像光盘。

3）SAN 和 NAS

SAN 采用光纤通道技术，通过光纤通道交换机连接存储阵列和服务器主机，建立专用于数据存储的区域网络。SAN 提供了一种与现有 LAN 连接的简易方法，并且通过同一物理通道支持广泛使用的小型计算机系统专用接口（Small Computer System Interface，SCSI）和 IP 协议。SAN 采用 SCSI 块 I/O 的命令集，通过在磁盘或光纤通道（Fiber Channel，FC）级的数据访问提供高性能的随机 I/O 和数据吞吐率，具有高带宽、低延迟的优势，在高性能计算中占有一席之地，例如 SGI 的 CXFS 文件系统就是基于 SAN 实现高性能文件存储的，但是由于 SAN 系统的价格较高，且可扩展性较差，已不能满足成千上万个 CPU 规模的系统。

NAS 将存储设备通过标准网络拓扑结构（例如以太网）连接到一群计算机上。NAS 是部件级的存储方法，其重点在于满足组织迅速增加存储容量的需求。NAS 采用网络文件系统（Network File System，NFS）或通用网络文件共享服务（Common Internet File System，CIFS）命令集访问数据，以文件为传输协议，通过 TCP/IP 实现网络化存储，可扩展性好、价格便宜、用户易管理，例如目前在集群计算中应用较多的 NFS 文件系统。但 NAS 协议开销高、带宽低、延迟大，不利于在高性能集群中应用。

4）对象存储

SAN 和 NAS 是人们比较熟悉的两种主流网络存储架构，而对象存储（Object-based Storage）是一种新的网络存储架构，基于对象存储技术的设备就是对象存储设备（Object-based Storage Device，OSD）。对象存储系统允许保留大量的非结构化数据，例如相关应用网站上存储的短视频、歌曲、文件数据等。

总体而言，对象存储同时兼具 SAN 的高速直接访问磁盘的特点及 NAS 的分布式共享的特点。对象存储的设计原则之一是将一些较低层次的存储从管理员和应用程序中抽象出来，数据是作为对象而不是文件或块被暴露和管理的。对象包含额外的描述性属性，可以用于更好地进行索引或管理，对象存储还允许通过文件名和文件路径以外的方式对单个对象进行寻址和识别。对象数据不是存储在固定的块中，而是在大小可变的"容器"里，鉴于元数据（Metadata）和数据本身可以通过传统数据访问方法进行访问，对象存储允许数据被直接访问。

5）集中式存储和分布式存储

集中式存储是将一台或多台存储设备组成中心节点，数据集中存储于这个中心节点中，并且整个系统的所有业务单元都集中部署在这个中心节点上。集中式存储是一直以来普遍应用的传统架构，由于 I/O 路径短、性能较高且技术成熟，一般应用于对 I/O 延时要求严格的核心业务场景，其优势在目前技术条件下是无可替代的，但缺点就是核心部件集中，冗余性和扩展能力较差。

分布式存储是将数据分散存储在多台独立的存储设备上，采用可扩展的系统结构，利用多台存储服务器分担存储负载，利用位置服务器定位存储信息，节点间采用高速网络，对硬件无特殊要求，成本较低，扩展能力强。同时可以灵活配置故障与副本策略，拥有自动重平衡能力，但延迟高、数据一致性问题也是其缺点和难点所在。

在数据服务层面，通常会提到块、文件和对象三个概念，前面讲到的集中式存储中，SAN 是提供块服务的设备，NAS 是提供文件服务的设备，还有一种统一存储设备，能同时提供块和文件的服务。同样的，分布式存储系统也有类似的分布式块、分布式文件和分布式对象的区分。顾名思义，这三种分布式存储系统对外提供的数据服务不同，但从硬件设备形态上很难进行区分，因为它们通常都会选择部署在多台通用的服务器硬件平台上。

集群存储是将多台存储设备中的存储空间聚合成一个能够给应用服务器提供统一访问接口和管理界面的存储池，应用可以通过该访问接口透明地访问和利用所有存储设备上的磁盘。

分布式存储也分为分布式块存储、分布式文件存储和分布式对象存储，区别在于它的核心软件，有些分布式存储软件甚至能够同时向外提供块、文件和对象的服务能力。著名的 CAP 定理指出：在一个分布式存储架构中，数据的一致性、可用性和网络分隔的容忍程度，三者只能取两个来做优化，无法三者兼具。分布式存储系统的设计需要针对特定服务的内容和性质来做取舍，很难有通用的最佳解。显然，分布式存储系统的优势在于其近乎无限的扩展能力，更适合互联网类型的大规模应用，而集中式存储的优势在于能够提供低延时、高性能的数据一致性，更适合对处理时延敏感的交易类型系统。

集中式存储、集群存储和分布式存储的典型部署架构如图 4-1 所示。

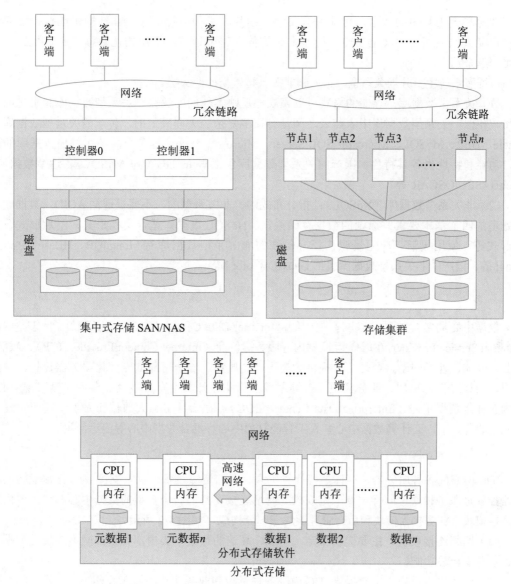

图 4-1　三种典型存储部署架构

4.1.3　主流数据库技术和系统

在数据库领域，数据从组织的角度主要分为结构化数据和非结构化数据两类。结构化数据是带有固定结构的数据，在组织形式上是整齐格式化的，同一数据对象的所有数据都具有完全相同的结构。例如人员信息数据，定义为"身份证号、姓名、籍贯、出生日期"这种结构后，所有人员的信息都会按照这个固定的格式来组织。结构化数据是数据库中最常见的数据，也是数据库最擅长处理的数据。非结构化数据可以理解为结构化数据之外的一切数据，这类数据无法预先定义出固定格式，直接的表现就是字段可变，包括字段的多少和类型。例如在即时聊天工具中的数据，可能包含文字、图片、音频、视频等。非结构化数据是生活中数量最庞大的数据，尤其是当前由机器生成的数据越来越多，非结构化数据在所有数据中的占比也越来越大。

数据库系统主要分为关系型数据库和非关系型数据库两大类。

（1）关系型数据库：存储的格式可以直观地反映实体间的关系。关系型数据库和常见的表格比较相似，关系型数据库中表与表之间是有很多复杂的关联关系的。传统的关系型数据库有Oracle、DB2、MySQL、Microsoft SQL Server、Microsoft Access 等多个品种，每种数据库的语法、功能和特性也各具特色。国产的关系型数据库包括 GaussDB（for MySQL）、达梦数据库、OpenBASE、OSCAR 等。

（2）非关系型数据库（NoSQL）：指分布式的、非关系型的、不保证遵循 ACID（数据库事务处理的四个基本要素）原则的数据存储系统。NoSQL 数据库适合文档形式、图片形式、文件形式等，使用灵活，应用场景广泛。传统的非关系型数据库有 MongoDB、HBase、Redis、Neo4j 等。国产的非关系型数据库包括 GaussDB（for Mongo）等。

4.1.4 典型数据中心组网技术

数据中心通常指的是互联网数据中心（Internet Data Center，IDC），为互联网业务提供商（Internet Service Provider，ISP）、互联网内容服务提供商（Internet Content Provider，ICP）、政府、企业、媒体、各类网站甚至是个人提供大规模、高质量、安全可靠的专业化服务器托管、空间租用、云计算资源租用、业务应用部署等服务。除此之外，也有大型企业自主建设数据中心，称为企业级数据中心（Enterprise Data Center，EDC）。在云计算、大数据和人工智能快速发展和应用的背景下，云计算数据中心、人工智能算力中心、混合数据中心等应运而生。

1. 数据中心网络

IDC 内部的各种服务器、存储器等计算资源、存储资源设备，以及支撑 IDC 正常运转的各类监控管理服务模块，同样需要一定规模的网络连接支持，一个典型的数据中心网络主要由网络连接模块、业务接入模块和后台管理模块三部分构成，如图 4-2 所示。

（1）网络连接模块。主要提供稳定、可靠、高速的数据中心内部和外部网络连接、数据交换、业务安全等功能。

（2）业务接入模块。主要提供 IDC 内部各种资源和业务功能的接入和连接，通常包括：基本业务区，实现 IDC 主机托管、云计算等资源接入和基本业务能力提供；增值业务区，提供安全服务、高速缓存、负载均衡、SSL 加速、VPN 服务、应用系统托管服务等增值业务能力；存储业务区，提供存储、备份等增值服务能力。

（3）后台管理模块。主要提供 IDC 的接入管理、监控、系统管理、网络管理、防病毒管理、安全管理中心、DCN 接口、银行接口等功能。

2. 数据中心组网架构

针对网络连接模块，传统的做法是采用两层或三层的树形架构进行组网，随着传统 IDC 向云数据中心转型，数据中心网络架构也在不断演进。传统的大型数据中心采用层次化模型设计

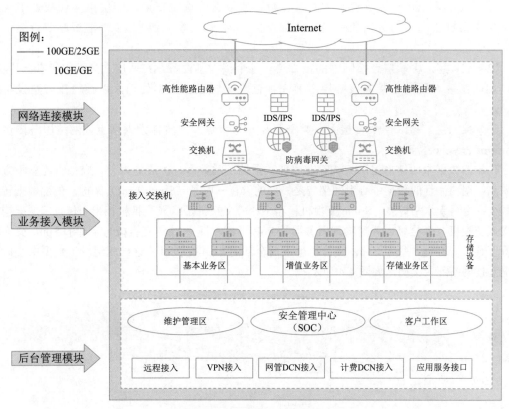

图 4-2　数据中心模块构成

的三层网络架构，将复杂的网络设计分成几个层次，每个层次着重于某些特定的功能，这样就能够使一个复杂的大问题变成许多简单的小问题。三层网络架构设计如图 4-3 所示。

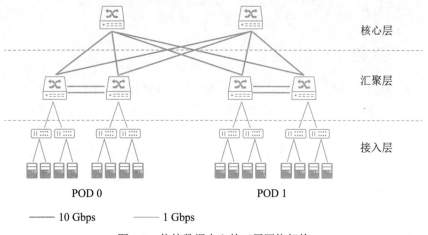

图 4-3　传统数据中心的三层网络架构

（1）核心层。核心层是整个数据中心网络的数据传输主干道，一般由两台或若干台三层路由交换机实现，为进出数据中心的数据提供高速转发，为内部多个汇聚层节点提供连接性。

（2）汇聚层。汇聚层连接网络的核心层和各个接入层设备，在两层之间承担"媒介传输"的作用，在接入层设备接入核心层之前先经过汇聚层进行数据处理，以减轻核心层设备的负荷。

（3）接入层。接入层负责接入各类资源和业务节点，一般称为入网点或网络服务提供点（Point-of-Presence，PoP）。

传统的数据中心树形组网架构存在内部数据转发跳数多、扩展能力差、虚拟机迁移不方便等缺点，现在流行的数据中心组网架构是二层的脊背—叶子（Spine-Leaf）架构，内部数据转发跳数少，更易于水平扩展。Spine 交换机相当于核心交换机，Leaf 交换机相当于传统三层架构中的接入交换机，直接接入各类物理服务器等 PoP 设备，每个 Leaf 交换机与全部的 Spine 交换机进行互连，同样地，每个 Spine 交换机也下连全部的 Leaf 交换机，这样就组成了数据中心内部的全互连网络连接架构，如图 4-4 所示。

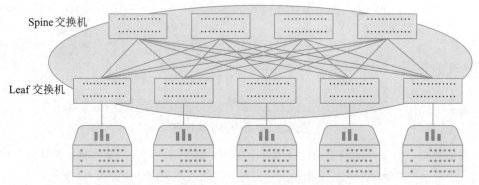

图 4-4　数据中心二层 Spine-Leaf 组网架构

4.2　云资源系统

云资源系统通过云计算，把基础设施、物理资源、虚拟资源、平台资源、应用及数据等资源集合起来，作为服务资源池，以不同的服务模式，通过网络提供给用户。用户仅需较少的代价即可获得优质的 IT 资源和服务，避免了前期基础设施建设的大量投入，同时，用户只需投入管理性工作，即可完成信息化的快速发展，而且与服务供应商的交互较少。

4.2.1　云计算参考架构

1. 云计算功能架构

云计算功能架构分为服务和管理两大部分，如图 4-5 所示。

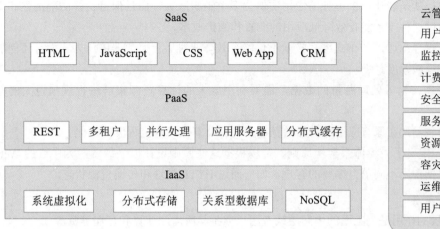

图 4-5　云计算功能架构

（1）在服务方面，主要向用户提供基于云的各种服务，共包含三种模式：SaaS、PaaS 和 IaaS。其中，SaaS 层的作用是将应用主要基于 Web 的方式提供给用户；PaaS 层的作用是将一个应用的开发和部署平台作为服务提供给用户；IaaS 层的作用是将各种底层的计算（如虚拟机）和存储等资源作为服务提供给用户。

（2）在管理方面，主要提供云相关的管理功能，以确保整个云计算中心能够安全、稳定地运行，并且能够被有效地管理。

2. 云计算层次结构

云计算架构按照分层方式，包括显示层、中间层、基础设施层和管理层。

1）显示层

云计算架构的显示层主要是以友好的界面展现用户所需的内容和服务体验，并会用到中间层提供的多种服务。

- JavaScript：一种用于 Web 页面的动态语言，通过 JavaScript，能够极大地丰富 Web 页面的功能，并且可以用异步 JavaScript 和 XML（Asynchronous Javascript And XML，AJAX）创建更具交互性的动态页面。
- HTML：标准的 Web 页面技术，HTML4、HTMLS 是其主要实现技术。
- CSS：主要用于控制 Web 页面的外观，而且能使页面内容与其表现形式之间进行分离。
- Flash：最常用的丰富互联网应用（Rich Internet Applications，RIA）技术，能够提供 HTML 等技术所无法提供的基于 Web 的丰富的应用，而且在用户体验方面非常不错。

2）中间层

中间层是承上启下的，它在下面的基础设施层所提供资源的基础上提供了多种服务，例如缓存服务和表述性状态传递（Representational State Transfer，REST）服务等，而且这些服务既可用于支撑显示层，也可以直接让用户调用。

- 多租户：就是能让一个单独的应用实例为多个组织服务，而且保持良好的隔离性和安全性，通过这种技术能有效降低应用的购置和维护成本。
- 分布式缓存：通过分布式缓存技术不仅能有效降低对后台服务器的压力，而且还能加快相应的反应速度。
- 并行处理：为了处理海量的数据，需要利用庞大的计算资源集群进行规模巨大的并行处理。
- 应用服务器：在原有应用服务器的基础上为云计算做了一定程度的优化。
- REST：定义了一组体系架构原则，可以根据这些原则设计以系统资源为中心的 Web 服务，包括使用不同语言编写的客户端如何通过 HTTP 处理和传输资源状态。

3）基础设施层

基础设施层的作用是为上面的中间层或者用户准备其所需的计算和存储等资源。

- 虚拟化：可以理解为基础设施层的"多租户"，因为通过虚拟化技术，能够在一个物理服务器上生成多个虚拟机，并且能在这些虚拟机之间实现全面的隔离，这样不仅能降低服务器的购置成本，而且还能降低服务器的运维成本。
- 分布式存储：为了承载海量的数据，同时保证这些数据的可管理性，就需要一整套分布式的存储系统。
- 关系型数据库：基本是在原有关系型数据库的基础上做了扩展和管理等方面的优化，使其在云中更适应。
- NoSQL（Not only SQL）：泛指非关系型的数据库，用以解决大规模数据集合多重数据种类带来的挑战，特别是大数据应用难题。

4）管理层

管理层是为另外三层服务的，并给这三层提供管理和维护等方面的多种技术。

- 账号管理：通过良好的账号管理技术，能够在安全的条件下方便用户登录，并方便管理员对账号的管理。
- SLA 监控：对各层运行的虚拟机、服务和应用等进行性能方面的监控，以使它们都能在满足预先设定的服务水平协议（Service Level Agreement，SLA）的情况下运行。
- 计费管理：也就是对每个用户所消耗的资源等进行统计，以便准确地向用户收取费用。
- 安全管理：对数据、应用和账号等 IT 资源采取全面保护，使其免受犯罪分子和恶意程序的侵害。
- 负载均衡：通过将流量分发给一个应用或者服务的多个实例来应对突发情况。
- 运维管理：主要是使运维操作尽可能专业和自动化，从而降低云计算中心的运维成本。

4.2.2　云计算关键技术

云计算的实现采用分层架构，其中的关键技术包括虚拟化技术、分布式数据存储技术、资源管理技术、云计算平台管理技术和多租户隔离技术等。

1. 虚拟化技术

虚拟化是云计算的核心技术之一，它为云计算服务提供基础架构层面的支撑，是信息通信技术（ICT）服务快速走向云计算的最主要驱动力。虚拟化技术根据对象的不同可分成存储虚拟化、计算虚拟化、网络虚拟化等。计算虚拟化又分为系统级虚拟化、应用级虚拟化和桌面虚拟化。从表现形式上看，虚拟化又分为两种应用模式，包括将单个资源划分成多个虚拟资源的裂分模式，以及将多个资源整合成一个虚拟资源的聚合模式。这两种模式的核心都是统一管理、动态分配资源、提高资源利用率。

2. 分布式数据存储技术

通过将数据存储在不同的设备中，能实现动态负载均衡、故障节点自动接管，具有高可靠性、高可用性和高可扩展性。因为在多节点的并发执行环境中，各个节点的状态需要同步，并且在单节点出现故障时，系统需要有效的机制来保证其他节点不受影响。这种模式不仅摆脱了硬件设备限制，同时扩展性更好，能够快速响应用户需求的变化。

3. 资源管理技术

云计算需要将分布式的海量资源进行池化，然后提供给用户使用，因此，云计算的关键技术还包括资源管理技术。资源管理技术主要包括两个方面：一是对海量资源的统一管理；二是对资源的弹性管理。在云计算环境下，主要通过基于概率预测的负载均衡技术、基于遗传算法的资源调度技术、双向竞拍资源竞价技术等，来有效地对动态、异构、分布以及自治等的云计算资源进行管理。

4. 云计算平台管理技术

云计算资源规模庞大，服务器数量众多并分布在不同地点，同时运行着大量应用，如何有效管理这些服务器，保证整个系统提供不间断的服务，是一项巨大的挑战。云计算系统的平台管理技术能够使大量的服务器协同工作，方便进行业务部署和开通，快速发现和恢复系统故障，通过自动化、智能化的手段实现大规模系统的可靠运营。

5. 多租户隔离技术

与传统的软件运行与维护模式相比，云计算要求硬件资源与软件资源能够更好地被共享，具有良好的伸缩性，任何一个企业用户都能够按照自己的需求对 SaaS 软件资源进行客户化配置而不影响其他用户的使用。目前多租户隔离技术是云计算环境中能够满足上述需求的关键技术。

多租户技术面临的技术难题包括数据隔离、客户化配置、架构扩展与性能定制。

云计算提供了 IaaS、PaaS 和 SaaS 三种服务模式，而在具体的运营中，云服务提供商和用户共同分担安全责任，不同服务模式下二者的安全责任也不相同。

4.2.3　云计算运营模式

1. 云计算服务角色

在 NIST 定义的通用云计算架构中，包括了五种云计算相关角色。

（1）云服务提供商：即提供云服务（云计算产品）的厂商，例如提供 AWS 云服务的亚马逊、提供阿里云服务的阿里巴巴、提供华为云服务的华为等。

（2）云服务消费者：即租赁和使用云服务产品的组织和个人消费者。

（3）云服务代理商：即云服务产品的代理商。因为一个产品厂商很难靠自己去销售，所以通常会寻找代理商，由代理商将产品销往全球。

（4）云计算审计：即能够对云计算安全性、性能、操作进行独立评估的第三方组织或个人。

（5）云服务承运商：即提供云服务消费者到云服务产品之间连接的媒介，通常云服务消费者是通过 Internet 访问使用云服务的，所以 Internet 服务提供商就是这里的云服务承运商，例如中国电信。

2. 云计算责任模型

安全责任划分是云计算场景下云服务提供者和云服务客户间的痛点，2019 年发布的《云计算安全责任共担模型》行业标准，规范了公有云 IaaS、PaaS、SaaS 模式下云服务提供者和云服务客户间的安全责任共担模型。

（1）云服务责任承担能力评估。考察公有云服务提供者（至少提供 IaaS、PaaS、SaaS 中的一类云服务）的安全责任承担情况，以及安全责任承担披露情况，即是否如实告知客户云服务商承担的安全责任。

（2）云服务安全使用能力评估。考察公有云服务客户（至少使用 IaaS、PaaS、SaaS 中的一种云服务）对所用云服务的安全使用能力。

在采购云服务的同时，需要注意和云服务提供商签署相关的协议，明确服务水平、安全责任和义务等事项，如图 4-6 所示。

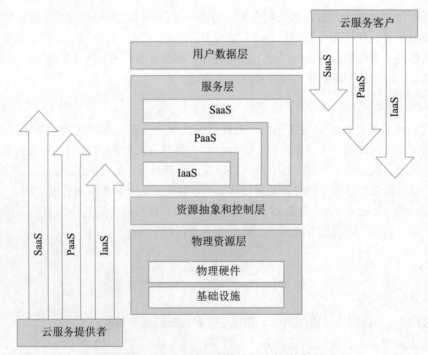

图 4-6　云计算服务模式与责任关系

云计算的基础设施、物理硬件、资源抽象和控制层都处于云服务提供者的完全控制下，所有安全责任由云服务提供者承担。应用软件层、软件平台层、虚拟化计算资源层的安全责任则由双方共同承担，越靠近底层的云计算服务（即 IaaS），客户的管理和安全责任越大；反之，云服务提供者的管理和安全责任越大。在 Iaas 中，客户的责任是最大的，SaaS 中客户的责任最小，PaaS 中客户的责任介于 IaaS 和 SaaS 之间。在 SaaS 模式下，客户仅需承担自身数据安全、客户端安全等相关责任，云服务提供者承担其他安全责任；在 PaaS 模式下，软件平台层的安全责任由客户和云服务提供者分担，客户负责自己开发和部署的应用及其运行环境的安全，其他安全由云服务提供者负责；在 IaaS 模式下，虚拟化计算资源层的安全责任由客户和云服务提供者分担，客户负责自己部署的操作系统、运行环境和应用的安全，对这些资源的操作、更新、配置安全和可靠性负责，云服务提供者负责虚拟机监视器及底层资源的安全。

云计算环境的安全性由云服务提供者和客户共同保障。在某些情况下，云服务提供者还要依靠其他组织提供计算资源和服务，其他组织也应承担安全责任。因此，云计算安全措施的实施主体有多个，各类主体的安全责任因不同的云计算服务模式而不同。

3. 云计算服务的交付

云计算的服务交付主要包括六种模式：

（1）模式一：组织所有，自行运营。这是一种典型的私有云模式，组织自建自用，基础资源在组织数据中心内部，运行维护也由组织自己承担。

（2）模式二：组织所有，运维外包。该模式也是私有云，但是组织只进行投资建设，而云计算架构的运行维护外包给服务商（也可以是服务提供者），基础资源依然在组织数据中心。

（3）模式三：组织所有，运维外包，外部运行。由组织投资建设私有云，但是云计算架构位于服务商的数据中心内，组织通过网络访问云资源。这是一种物理形体的托管型服务。

（4）模式四：组织租赁，外部运行，资源独占。由服务提供者（Service Provider，SP）构建云计算基础资源，组织只租用基础资源形成自身业务的虚拟云计算，相关物理资源完全由组织独占使用。这是一种虚拟的托管型服务（数据托管）。

（5）模式五：组织租赁，外部运行，资源共享调度。由 SP 构建云计算基础资源，多个组织同时租赁 SP 的云计算资源，资源的隔离与调度由 SP 管理，组织只关注自身业务，不同组织在云架构内虚拟化隔离，形成一种共享的私有云模式。

（6）模式六：公共云服务。由 SP 为组织或个人提供面向互联网的公共服务（如邮箱、即时通信、共享容灾等），云架构与公共网络连接，由 SP 保证不同组织与用户的数据安全。

4.2.4　云服务产品

1. 云服务器

云服务器是通过云提供的一种基础云计算服务。客户无须提前采购硬件设备，而是根据业务需要，随时创建所需数量的云服务器。在使用过程中，随着业务的扩展，可以随时扩容磁盘、增加带宽。如果不再需要云服务器，也能随时释放资源，节省费用。

云服务器具有高可用性、稳定性与安全性、弹性的特点。

（1）高可用性。公有云会使用更严格的 IDC 标准、服务器准入标准以及运维标准，以保证云计算整个基础框架的高可用性、数据的可靠性以及云服务器的高可用性。公有云所提供的每个地域都存在多可用区。当客户需要更高的可用性时，可以利用公有云的多可用区搭建自己的主备服务或者双活服务。在云的整个框架下，这些服务可以非常平滑地进行切换。无论是两地三中心，还是电子商务以及视频服务等，都可以找到对应的行业解决方案。

（2）稳定性与安全性。公有云专有网络也更加稳定和安全。稳定性：业务搭建在专有网络上，而网络的基础设施会不断进化，使客户每天都拥有更新的网络架构及更新的网络功能，使业务永远保持稳定的状态。专有网络允许客户自由地分割、配置和管理自己的网络。安全性：面对互联网上不断的攻击行为，专有网络具备流量隔离及攻击隔离的功能。业务搭建在专有网络上，专有网络会为业务筑起第一道防线。

（3）弹性。云计算最大的优势就在于弹性，包括计算弹性、存储弹性和网络弹性。

云服务器提供了丰富的块存储产品类型，包括基于分布式存储架构的弹性块存储产品和基于物理机本地硬盘的本地存储产品。

2. 存储类产品

1）块存储

块存储为云服务器提供高效可靠的存储设备，它是一种高可用、高可靠、低成本、可定制化的块存储设备，可以作为云服务器的独立可扩展硬盘使用。块存储提供数据块级别的数据存储，为虚拟机（Virtual Machine，VM）提供数据可靠性保证。

块存储具有如下功能特点：

- 弹性可扩展。可以自由配置存储容量，按需扩容，以满足业务数据扩容需求，灵活应对 TB/PB 级数据的大数据处理场景。

- 多存储类型。提供普通、高性能和固态硬盘（Solid State Disk/Drive，SSD）三种类型，满足业务不同性能要求，其中 SSD 块存储采用非易失性存储器（Non-Volatile Memory Express，NVMe）标准高性能 SSD，单盘最大提供 24 000 的每秒读写操作次数（Input/Output Operations Per Second，IOPS），260MB/s 的吞吐率，能够轻松支撑业务侧高吞吐量 DB 访问。

- 稳定可靠。在每个存储写入请求返回给用户之前，就已确保数据被成功写入跨机架的存储节点中，能够保证任何一个副本发生故障时可快速进行数据迁移恢复，以保护客户的应用程序免受组件故障的威胁。

- 简单易用。通过简单的创建、挂载、删除等操作即可管理并使用块存储，节省人工管理部署成本。

- 快照备份。客户可以通过拍摄存储块的时间点快照来备份数据，防止因篡改和误删导致的数据丢失，保证在业务故障时能够快速回退。

- 分类。块存储的分类如表 4-1 所示。

表 4-1　块存储的分类

块存储	弹性块存储	共享块存储	SSD 块存储
			高效块存储
		云盘	SSD 云盘
			高效云盘
			普通云盘
	本地存储	NVMe SSD 本地盘	—
		SATA HDD 本地盘	

2）对象存储

对象存储服务（Object Storage Service，OSS）是通过云提供的海量、安全、低成本、高可靠的云存储服务。它具有与平台无关的 RESTful API 接口。可以在任何应用、任何时间、任何地点存储和访问任意类型的数据。OSS 适合各种开发企业及开发者使用。

对象存储具有如下功能特点：

- 访问灵活。提供标准的 RESTful API 接口，通过丰富的软件开发工具包（Software Development Kit，SDK）、客户端工具、控制台，像使用文件一样方便地上传、下载、检索、管理用于 Web 网站或者移动应用的海量数据。
- 支持数据生命周期管理及流式写入和读取，支持边读边写，真正实现文件流式存储，视频录像秒级回放。
- 提供多维度、多层次的安全防护与访问控制，以及保障客户数据安全的灵活的鉴权、授权机制。
- 提供安全令牌服务（Security Token Service，STS）和 URL 鉴权和授权机制，以及白名单、防盗链、主子账号功能。
- 提供跨区域复制功能实现数据异地容灾。强大的数据处理能力，协助客户对存储在 OSS 上的文件进行加工处理。
- 图片处理。支持 jpg、png、bmp、gif、webp、tiff 等多种图片格式的文件格式转换、缩略图、剪裁、水印、缩放等多种操作。
- 音视频转码基于 OSS 存储，提供高质量、高速并行音视频转码能力，让客户的音视频文件轻松应对各种终端设备。
- 内容加速分发。OSS 作为源站，搭配 CDN 进行加速分发，稳定、无回源带宽限制、性价比高，一键配置。拥有不断丰富的行业解决方案产品包。适合安防行业，在线点播、交互式传播，图片处理与存储等。

对象存储的应用场景有：图片和音视频等应用的海量存储、网页或移动应用的静态和动态分离。

3. 网络类产品

1）专有网络

专有网络（Virtual Private Cloud，VPC）是基于云构建的一个隔离的网络环境，专有网络之间逻辑上彻底隔离。客户能够在自己定义的虚拟网络中使用云资源。

专有网络的功能特点有：VPC 是一个独立的虚拟化网络，可提供独立的路由器和交换机组件，包括私网 IP 地址范围、子网网段和路由配置等，不同的 VPC 之间实现彻底逻辑隔离。专有网络的应用场景有：本地数据中心 + 云上业务的混合云模式、多租户的安全隔离、主动访问公网的抓取类业务。

2）负载均衡

负载均衡（Server Load Balancer，SLB）是对多台云服务器进行流量分发的均衡服务，可以通过流量分发扩展应用系统对外的服务能力，通过消除单点故障提升应用系统的可用性。

负载均衡的功能特点有：

- 高可用。采用全冗余设计，无单点，支持同城容灾，搭配 DNS 可实现跨地域容灾，可用性高。根据应用负载进行弹性扩容，在流量波动情况下不中断对外服务。
- 低成本。与传统硬件负载均衡系统的高投入相比成本低。

负载均衡的应用场景有：高访问量的业务、横向扩张系统、消除单点故障、同城容灾（多可用区容灾）。

3）弹性公网 IP

弹性公网 IP 地址（Elastic IP Address，EIP）是可以独立购买和持有的公网 IP 地址资源。目前，EIP 可绑定到专有网络类型的云服务器实例、专有网络类型的私网 SLB 实例和 NAT 网关上。弹性公网 IP 是一种网络地址转换（Network Address Translation，NAT）IP，它实际位于云的公网网关上，通过 NAT 方式映射到了被绑定的实例位于私网的网卡上。因此，绑定了弹性公网 IP 的专有网络实例可以直接使用这个 IP 进行公网通信，但是在实例的网卡上并不能看到这个 IP 地址。

弹性公网 IP 的功能特点有：

- 灵活独立的公网 IP 资源；
- 动态绑定和解绑；
- 按需购买和灵活管理。

弹性公网 IP 的应用场景有：业务系统高可靠的需求、带宽使用成本降低的需求、保证系统实时性的需求、游戏业务精确分区和游戏玩家多房间接入需求。

4. 数据库类产品

云关系型数据库是一种稳定可靠、可弹性伸缩的在线数据库服务。基于云分布式文件系统和高性能存储，云关系型数据库支持 MySQL、SQL Server、PostgreSQL 和 PPAS（Postgre Plus Advanced Server，一种高度兼容 Oracle 的数据库）引擎，并且提供了容灾、备份、恢复、监控、迁移等方面的全套解决方案。

云关系型数据库的功能特点有：

- 便宜易用。即开即用、按需升级、透明兼容、管理便捷。
- 高性能。参数优化、SQL 优化建议、高端硬件投入。
- 高安全性。防 DDoS 攻击、访问控制策略、系统安全。
- 高可靠性。双机热备、多副本冗余、数据备份、数据恢复。

云关系型数据库的应用场景有：异地容灾、数据多样化存储、持久化缓存数据、大数据分析。

5. 安全类产品

1）DDoS 高防 IP

DDoS 高防 IP 是针对互联网服务器在遭受大流量的 DDoS 攻击后导致服务不可用的情况下，推出的付费增值服务，用户可以通过配置高防 IP，将攻击流量引流到高防 IP，确保源站的稳定可靠。

DDoS 高防 IP 的功能特点有：防护多种 DDoS 类型攻击、随时更换防护 IP、弹性防护、精准防护报表、防护海量 DDoS 攻击、精准攻击防护、隐藏用户服务资源、高可靠性和高可用性。

DDoS 高防 IP 的应用场景有：DDoS 高防 IP 可服务于云内及云外的所有客户，主要使用场景包括金融、娱乐（游戏）、媒资、电商、政府等对用户业务体验的实时性要求较高的业务。

2）Web 应用防火墙

Web 应用防火墙（Web Application Firewall，WAF）基于云安全大数据能力，用于防御 SQL 注入、XSS 跨站脚本、常见 Web 服务器插件漏洞、木马上传、非授权核心资源访问等 OWASP 常见攻击，并过滤海量恶意 CC 攻击，避免客户的网站资产数据泄露，保障网站的安全与可用性。

WAF 的功能特点有：WAF 可以帮助客户应对各类 Web 应用攻击，确保网站的 Web 安全与可用性，其可以提供常见 Web 应用攻击防护、恶意 CC 攻击防护、精准访问控制、强大报表分析、强大 Web 防御能力、网站专属防护、大数据安全能力、检测快、防护稳、高可靠、高可用的服务。

WAF 的应用场景有：Web 应用防火墙服务于云上及云外的所有客户，该服务主要应用于金融、电商、O2O、互联网 +、游戏、政府、保险等对安全要求较高的各类网站。

6. 管理工具类产品

云监控是一项针对云资源和互联网应用进行监控的服务。云监控服务可用于收集获取云资源的监控指标，探测互联网服务可用性，以及针对指标设置警报。云监控为用户提供仪表盘驾驶舱、站点监控、云产品监控、自定义监控和报警服务。

管理类工具的应用场景有：云服务监控、系统监控、及时处理异常场景、及时扩容场景、站点监控、自定义监控等。

4.2.5 云服务质量评估

云服务的质量包括各种功能性和非功能性的交付水平。

1. 云主机服务质量评估

云主机服务质量评估主要考察以下指标要求：

（1）通用处理能力，包括 CPU 运算处理能力、内存处理能力、硬盘处理能力、网络传输能力、在线可用性、对弹性主机服务。

（2）系统处理能力，即对不同典型应用组件的支持能力评估，包括 Web 网站、J2EE 应用、关系数据库、Hadoop、邮件系统和中间件等。

（3）行业应用承载能力，即对行业不同典型产品的承载能力评估，包括 ERP 产品、CRM 产品和其他典型产品。

（4）交付服务内容评估，包括界面交互服务、计费服务、技术支持服务、资料信息服务、其他服务。

2. 对象存储服务质量评估

对象存储服务质量评估主要考察以下性能指标要求：

（1）数据存储的持久性。具体包括：

- 用户数据应有本地副本，且有大于 1 份的数据副本；
- 对象存储服务提供商具有跨机房或异地备份的能力。

（2）数据可销毁性。具体包括：

- 用户终止服务的时候，除非有特殊约定，对象存储服务提供商应该立即将用户数据彻底删除；
- 服务过程中，如果用户提出数据删除要求，服务商应立即删除数据；
- 如果用户提出高级清零要求，对象存储服务提供商应提供相应的服务；
- 在存储设备报废时，服务提供商应使用消磁、损毁等方式进行处理。

（3）数据可迁移性。在用户提出数据迁移需求时，对象存储服务提供商能够提供迁入和迁出工具或迁入和迁出人工服务，具体包括：

- 对象存储服务提供商可提供管理工具、API、SDK，用户可以使用管理工具、API、SDK 完成数据迁移；
- 对象存储服务提供商也可提供数据迁入和迁出人工服务，帮助用户完成数据迁移；
- 如果以代码可编程方式提供服务，还应包括对象有关的代码的迁移。

（4）数据私密性。具体包括：

- 对象存储服务提供商应保证非公开对象外部无法获取；
- 保证不同用户之间的隔离，不能相互控制、篡改文件等；
- 用户授权的情况下，对象存储服务提供商才能获得数据；
- 供应商应遵守我国保护用户信息 / 隐私的相关法律法规。

（5）数据知情权。为我国提供对象存储服务的数据中心（包括备份数据的数据中心）必须在我国境内，并且达到以下要求：

- 对象存储服务提供商告知数据中心及备份数据中心的位置；
- 对象存储服务提供商对用户数据进行的操作均需获得用户授权，向用户告知操作的细节，并进行日志留存；
- 在任何情况下对象存储服务提供商不能将用户相关信息及数据转移至我国境外的国家和地区；
- 提供对象存储服务的系统和平台相关的维护、管理、升级等操作均需在我国境内进行。

（6）服务可审查性。具体包括：

- 对象存储服务提供商应依法配合国家监管机构、司法机构等政府部门的安全检查，符合相关数据安全管理规定，应制定完备的安全和服务两方面的运维管理制度和组织机制，并在运维管理系统中实现相应功能；
- 对象存储服务提供商应接受由政府或用户指定的第三方机构的审查和监测；
- 实际功能与对象存储服务提供商宣称的功能一致，并应提供详尽的用户使用指南。

（7）服务功能。实际功能与服务协议的功能一致，并提供以下文档：

- 提供用户使用指南；
- 提供与承诺相符的业务功能的材料，即云服务商应能提供用户有关使用其云服务产品的操作指导/说明、安全参考框架等资料；
- 必须涵盖如下功能示范，即新增一条数据、修改一条数据、下载一条数据、删除一条数据、查询一条数据，上述功能可以通过 API、页面、工具、代码等的任意一种或几种方式实现。

（8）服务可用性。具体包括：

- 服务资源调配能力：服务商应能按照服务协议中承诺的时间，完成用户需求的扩容或缩减；
- 故障恢复能力：对象存储服务提供商应具备完善的故障恢复机制，在服务发生故障时，应能在承诺时间内恢复业务至正常水平，并提供完整的故障报告。

4.2.6　IaaS模式

1. 资源抽象

资源抽象主要是将下层的物理硬件资源统一进行抽象，抽象成和单个物理硬件无关的资源集合，上层无须关心物理机器的型号，只需专注于具体的资源即可。资源抽象层需要重点做好三件事：

（1）收集和管理具体物理资源。

（2）重新封装抽象的硬件资源属性，使之成为上层可以使用的一个实体，既可以是容器，也可以是虚拟机或者资源集合。

（3）数据存储问题。业务需要在本机存储数据，为了能够全局调度，需要解决三个场景下的问题：

- 数据不需要永久本地存储，但是会实时写到本地的场景，如应用的日志；
- 需要永久存储的场景，如数据库数据；
- 分布式存储场景中，要做到存储与计算分离。

2. 计算负载管理

云计算主机是通过云计算技术将 IT 设备的硬件、存储及网络等资源统一虚拟化为相应的资源池，再从资源池分割成独立的虚拟主机（服务器）的产品。

在进行服务器承载能力计算之前，需要明确以下指标：

（1）虚拟化开销。采用虚拟技术之后，会带来额外的 CPU 和内存开销，包括：

- 虚拟架构 CPU 开销：裸金属架构小于 5%；
- 虚拟架构内存开销：约占该服务器内存容量的 2%。

（2）虚拟机调度开销。多个虚拟桌面共享服务器时还将带来虚拟机之间的调度开销，开销会随着虚拟机数量的增加而增加，按中等密度计取，调度开销约占 10%。

（3）服务器负荷率。为保证服务器的健康持续运行，服务器 CPU 负荷率按 80% 考虑，服务器内存负荷率按 90% 考虑。

3. 数据存储管理

数据存储管理就是根据不同的应用环境，通过采取合理、安全、有效的方式将数据保存到某些介质上，并能保证有效地访问。总的来讲，它包含两个方面的含义：一方面，它是数据临时或长期驻留的物理媒介；另一方面，它是保证数据完整安全存放的方式或行为。数据存储是数据流在加工过程中产生的临时文件或加工过程中需要查找的信息。数据以某种格式记录在计算机内部或外部存储媒介上。数据存储要命名，这种命名要反映信息特征的组成含义。数据流反映了系统中流动的数据，表现出动态数据的特征；数据存储反映系统中静止的数据，表现出静态数据的特征。

4. 网络管理

网络管理（Network Management）的定义是监测、控制和记录网络资源的性能和使用情况，以使网络有效运行。网络管理是指网络管理员通过网络管理程序对网络上的资源进行集中化管理的操作，包括配置管理、性能和记账管理、问题管理、操作管理和变化管理等。一台设备所支持的管理程度反映了该设备的可管理性及可操作性。而交换机的管理功能是指交换机如何控制用户访问交换机，以及用户对交换机的可视程度如何。通常，交换机厂商都提供管理软件或满足要求的第三方管理软件远程管理交换机。一般的交换机满足 SNMP/MIB/MIB II 统计管理功能，复杂一些的交换机会通过内置 RMON 组（mini-RMON）来支持 RMON 主动监视功能。

考虑到未来网络有较大的扩展空间，同时需具备良好的电源和网络条件。为了保证满足弹性扩展的需求，云化网络系统在设计时需遵循下述原则：

- 安全性、可靠性和容错性：由于云平台业务具有向外部用户、内部业务部门提供数据类服务的性质，决定了其网络设计的首要原则就是，保证用户的设备或内容在一个安全、可靠的网络环境下进行信息安全可靠地传输和处理。

- 开放式、标准化：网络平台的目的在于互连不同制造厂商的设备，实现计算机软、硬件资源的数据交换。为此必须建立一个由开放式、标准化的网络系统组成的平台，来满足当前可实现的应用要求，又能适应今后系统扩展的需要。
- 可扩展性：网络结构分层次设计，网络设备采用模块化、堆栈式的系统结构，为今后随着业务的发展完善、各种特色增值业务的部署，提供一个灵活方便的升级和扩充的途径。
- 实用性、先进性、成熟性：通信和计算机技术的发展日新月异。因此，方案不仅要能适应新技术的发展要求，保证计算机网络的先进性，同时也要兼顾成熟的网络技术和经济实用性。
- 大容量：云计算中心不但要提供高带宽和多业务，而且能随时升级网络以满足将来的业务需要，包括提供多种接入端口，满足不同带宽的专线接入业务等。
- 可管理性：网络运维平台可以提供 7×24 小时不间断的网络监控、技术服务与支持，标准监控程序每隔 5 分钟会检测网络连接状况，出现问题立即告警并及时通知用户。控制中心同时提供恒温、恒湿的机房环境，以及自动防火告警等服务。

5. 安全服务

加强网络信息系统的安全性，对抗安全攻击而采取的一系列措施称为安全服务。安全服务的主要内容包括安全机制、安全连接、安全协议和安全策略等，它们能在一定程度上弥补和完善现有操作系统和网络信息系统的安全漏洞。

（1）硬件安全要求：

- 系统使用的设备不能是已停产或即将停产的设备，软件应是定制开发后通过测试验证的软件的最新稳定版本，采用先进的技术，设备运行稳定、可靠，具有很好的可扩充能力，提供较强的处理能力；
- 数据存储采用 IPSAN 方式，配置物理热备盘，常用或重要的数据采用 RAID 0+1 方式存储；
- 所有硬件产品应能够正常安装在机架 / 机柜中；
- 高可靠性及低维护成本、较低的业务 / 应用开发成本；
- 提供及时的维护服务和全面的技术支持；
- 硬件设备均应提供双电源、多电源配置。

（2）云平台软件安全要求：包括虚拟机安全、数据安全、访问安全、接口安全、系统安全和信息安全。

（3）存储与备份安全：

- 存储安全：存储设备应具有极高的可靠性。系统应有良好的备份手段。系统数据和业务数据可联机备份、联机恢复，恢复的数据必须保持其完整性和一致性。存储重要数据采用 RAID 0+1 存储。
- 备份安全：系统应提供安全可靠的联机数据备份功能，支持系统的双机备份功能；卖方应提供有关数据备份的详细说明，包括备份方式、备份周期、备份介质和相关软件的列表，备份策略制定必须充分考虑出现异常时数据的恢复。

6. 计费

云服务计费平台，指通过精确可靠地采集 IaaS、PaaS 和 SaaS 服务资源的各种指标数据，依据一定的计费算法来计算出所提供服务资源的费用，或者预测服务可能产生的费用，并将这些信息展示给用户和云服务的提供商的平台。同时，它还应结合第三方平台，提供便捷的支付手段。

4.2.7 PaaS模式

1. 中间件

中间件是一类连接软件和应用的计算机软件或服务，它通过网络进行交互。该技术所提供的互操作性，推动了分布式体系架构的演进，该架构通常用于支持并简化那些复杂的分布式应用程序，包括 Web 服务器、事务监控器和消息队列软件。

1）中间件的定义

中间件是一种独立的系统软件或服务程序，分布式应用软件借助这种软件在不同的技术之间共享资源，中间件位于客户机服务器的操作系统之上，管理计算资源和网络通信。

2）中间件的基本功能

中间件是独立的系统级软件，连接操作系统层和应用程序层，屏蔽具体操作的细节，为不同操作系统提供应用的接口标准化、协议统一化。中间件一般提供如下功能：

- 通信支持：中间件为其所支持的应用软件提供平台化的运行环境，该环境屏蔽底层通信之间的接口差异，实现互操作。
- 应用支持：中间件的目的是服务上层应用，提供应用层不同服务之间的互操作机制。它为上层应用开发提供统一的平台和运行环境，并封装不同操作系统，向应用提供统一的标准接口，使应用的开发和运行与操作系统无关，实现其独立性。中间件的松耦合结构、标准的封装服务接口，有效的互操作机制，都能给应用结构化和开发方法提供有力的支持。
- 公共服务：公共服务是对应用软件中的共性功能或约束的提取，将这些共性功能或约束分类实现，作为公共服务提供给应用程序使用。通过提供标准、统一的公共服务，可减少上层应用的开发工作量，缩短应用的开发时间，并有助于提高应用软件的质量。

3）中间件的分类

中间件可分为以下几类：

- 事务式中间件：事务式中间件又称事务处理管理程序，是当前使用最广泛的中间件之一，其主要功能是提供联机事务处理所需的通信、并发访问控制、事务控制、资源管理、安全管理、负载平衡、故障恢复和其他必要的服务。
- 过程式中间件：过程式中间件又称远程过程调用中间件。过程式中间件一般从逻辑上分为两部分，即客户和服务器。客户和服务器是一个逻辑概念，既可以运行在同一计算机上，也可以运行在不同的计算机上，甚至客户和服务器底层的操作系统也可以不同。客户和服务器之间的通信可以使用同步通信，也可以采用线程式异步调用。

- 面向消息的中间件：面向消息的中间件（简称"消息中间件"）是一类以消息为载体进行通信的中间件，利用高效可靠的消息机制来实现不同应用间大量的数据交换。消息中间件的通信模型有两类，即消息队列和消息传递。通过这两种通信模型，不同应用之间的通信和网络的复杂性可实现脱离，摆脱对不同通信协议的依赖，可以在复杂的网络环境中高可靠、高效率地实现安全的异步通信。消息中间件的非直接连接，支持多种通信规程，达到多个系统之间的数据共享和同步。消息中间件是一类常用的中间件。
- 面向对象中间件：面向对象中间件又称分布对象中间件，是分布式计算技术和面向对象技术发展的结合，简称对象中间件。分布对象模型是面向对象模型在分布异构环境下的自然拓广。面向对象中间件给应用层提供多种不同形式的通信服务，通过这些服务，上层应用对事务处理、分布式数据访问、对象管理等的处理更简单易行。对象管理组织（Object Management Group，OMG）是分布对象技术标准化方面的国际组织，它制定了CORBA 等标准。
- Web 应用服务器：Web 应用服务器是 Web 服务器和应用服务器相结合的产物。应用服务器中间件可以说是软件的基础设施，利用构件化技术将应用软件整合到一个确定的协同工作环境中，并提供多种通信机制、事务处理能力及应用的开发管理功能。由于直接支持三层或多层应用系统的开发，应用服务器受到了广大用户的欢迎，是目前中间件市场上竞争的热点，J2EE 架构是目前应用服务器方面的主流标准。

4）中间件的应用

关注中间件与电子商务的整合。互联网是电子商务发展的基础，让商户可以通过它把商业扩展到能到达的任意地点。这个过程中离不开大量的信息传输，而电子商务则使用 B/S 技术来达到大量数据处理的目的。中间件在 B/S 模式下起到了功能层的作用。当用户从 Web 界面向服务器提交了数据请求或者应用请求时，功能层负责将这些请求分类为数据或应用请求，再向数据库发出数据交换申请。数据库对请求进行筛选处理之后，再将所需的数据通过功能层传递回用户端，如此处理，单一用户可以进行点对面的操作，无须通过其他软件进行数据转换。

2. 云数据库服务

云数据库服务包括关系型云数据库服务和非关系型云数据库服务两种。其中关系型云数据库服务是一种稳定可靠、可弹性伸缩的在线数据库服务，采用即开即用方式。关系型云数据库服务在技术上兼容 MySQL、SQL Server 等一种或多种关系型数据库应用调用方式，并提供数据库服务在线扩容、备份回滚、性能监控及分析功能。而非关系型云数据库服务能帮助用户全面、可靠、快速地构建对数据规模、并发访问、扩展能力和实时性要求都很高的应用服务。

3. 数据中台

1）数据中台产生背景

数据中台是商业模式的产物，是从流程驱动转向数据驱动的结果。现在比较流行的数据中台可以理解为 PaaS。随着大数据、人工智能新技术的发展，出现了像分布式计算、容器化、机器学习、人工智能等技术框架。这种变化使 PaaS 层开始以数据驱动为核心，充分利用数据价值提供服务应用，最终形成数据中台。

2）数据中台的作用

企业需要一个强大的中间层为高频多变的业务提供支撑，为不同受众用户提供多端访问渠道。数据中台能够帮用户快速"找到"数据，明确数据在哪里。通过数据中台相关工具，用户可实现自动化抽取现在运行数据库的库表定义、字段属性和关联关系，实现快速数据位置定位；分析数据使用频度和调用关系，挖掘数据血缘关系，构建网络图谱，实现数据关系高维展示；分析系统搬迁上云，容灾备份和字段变更等。

数据中台能够帮助用户应用数据，发挥数据价值，以数据为驱动，形成数据闭环，不断优化模型算法，动态调整模型，提高模型效率和准确度，更好地挖掘数据价值。

3）数据中台体系架构

广义的数据中台体系包括基础中台、技术中台、数据中台和业务中台，它们合称为"大中台"。

- 基础中台：基础中台为大中台的底层基础支撑，也称为 PaaS 容器层，要求平台灵活高效，这就意味着对容器集群管理与容器云平台的选择十分重要，技术运用得是否到位直接影响平台的开发效率和运维程度。

- 技术中台：技术中台是随着平台化架构的发展所演进的产物，从技术层面来讲，大中台技术延续平台化架构的高聚合、松耦合、数据高可用、资源易集成等特性，之后结合微服务方式，将企业核心业务下沉至基础设施中，基于前后端分离的模式，为企业打造一个连接一切、集成一切的共享平台。技术中台架构的底层为应用提供层，即企业信息化系统或伙伴客户相关信息化系统等；上层为集成 PaaS 层，将服务总线、数据总线、身份管理、门户平台等中间件产品和技术融入，作为技术支撑；数据层通过数据中台，结合主数据、大数据等技术，发挥数据治理、数据计算、配置分析的能力；服务中台层与共享服务层共同支持应用层中的行业业务，为用户提供个性化的服务。

- 数据中台：数据中台部分用于进行数据管理，打造数字化运营能力。数据中台中不仅包括对业务数据的治理，还包括对海量数据的采集、存储、计算、配置、展现等一系列手段。数据中台主要从系统、社交、网络等渠道采集结构化或半结构、非结构化数据，按照所需的业态选择不同技术手段接入数据，之后将数据存入相应的数据库中进行处理，通过数据治理及数据清洗，保证所需数据的一致性、准确性和完整性，之后将数据抽取或分发至计算平台中，通过不同的分析手段，根据业务板块、主题进行多维度分析、加工处理，之后得到有价值的数据，用于展现、辅助决策分析。

- 业务中台：技术中台从技术角度出发，数据中台从业务数据角度出发，业务中台则从企业全局角度出发，从整体战略、业务支撑、连接用户、业务创新等方面进行统筹规划，由基础中台、技术中台、数据中台联合支撑来建设业务中台。业务中台底层是以 PaaS 为核心的互联网中台作为支撑，通常将开源的、外采的、内研的信息化系统、平台等作为基础的能力封装成核心技术层，通过系统整合、业务流程再造、数据治理分析等一系列活动为企业的业务提供支撑，形成特有的业务层，通过连接上下游伙伴、内外部客户、设备资源系统，建立起平衡的生态环境，最终支撑起业务的发展与创新。

4. 容器

容器技术是云原生技术的底层基石，一般说的"容器"都是"Linux 容器"。容器早期是用来在 Chroot 环境（隔离 Mount Namespace 的工具）中做进程隔离（使用 Namespace 和 Cgroups）的。而现在 Docker 所用的容器技术和当时并没有本质上的区别。容器的本质，就是一组受到资源限制，彼此间相互隔离的进程。隔离所用到的技术都是由 Linux 内核本身提供的。其中 Namespace 用来做访问隔离，Cgroups 用来做资源限制。容器就是一种基于操作系统能力的隔离技术。虚拟化技术和容器技术对比如图 4-7 所示。

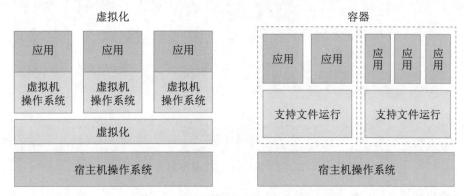

图 4-7　虚拟化技术和容器技术的对比图

可以看出，容器是没有自己的操作系统的，直接共享宿主机的内核，也没有虚拟机监控器这一层进行资源隔离和限制，所有对于容器进程的限制都是基于操作系统本身的能力来进行的，由此容器获得了一个很大的优势，即轻量化，由于没有虚拟机监控器这一层，也没有自己的操作系统，自然占用资源很小，因此镜像文件占用空间也相应要比虚拟机小。

4.2.8 SaaS模式

SaaS，简言之就是软件部署在云端，让用户通过互联网来使用它，即云服务提供商把系统的应用软件层作为服务出租出去，而消费者可以使用任何云终端设备接入计算机网络，然后通过网页浏览器或者编程接口使用云端的软件。

1. 特点

1）SaaS 的服务模式

SaaS 的种类与产品已经非常丰富，面向个人用户的服务包括：账务管理、文件管理、照片管理、在线文档编辑、表制作、资源整合、日程表管理、联系人管理等；面向企业用户的服务包括：在线存储管理、网上会议、项目管理、CRM、ERP、人力资源管理（HRM）、销售管理（STS）、协调办公系统（EOA）、财务管理、在线广告管理，以及针对特定行业和领域的应用服务等。

与传统软件相比，SaaS 依托于互联网，无论从技术角度还是商务角度都拥有与传统软件不同的特性。在 SaaS 模式下，软件使用者无须购置额外的硬件设备、软件许可证及安装和维护软件系统，只要通过互联网浏览器就可以在任何时间、任何地点轻松地使用软件，并按照使用量定期支付使用费。SaaS 云层次架构图如图 4-8 所示。

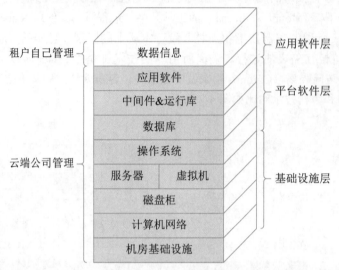

图 4-8　SaaS 云层次架构图

SaaS 提供商这时有三种选择：

- 租用别人的 IaaS 云服务，自己再搭建和管理平台软件层和应用软件层。
- 租用别人的 PaaS 云服务，自己再部署和管理应用软件层。
- 自己搭建和管理基础设施层、平台软件层和应用软件层。

从云服务消费者的角度来看，SaaS 提供商负责 IT 系统的基础设施层、平台软件层和应用软件层，也就是整个 IT 层，最后直接把应用软件出租出去。

2）适合做 SaaS 应用软件的特点

适合做 SaaS 应用软件的特点具体如下：

- 复杂：软件庞大、安装复杂、使用复杂、运维复杂，单独购买价格昂贵，如 ERP、CRM 系统及可靠性工程软件等。
- 高效的多用户支持（Multi-Tenant-Efficient）特性：当一个用户试图通过某个基于 SaaS 模式的 CRM 来访问本公司的客户数据时，它所连接的这一基于 SaaS 模式的 CRM 应用可能正在同时被来自不同企业的成百上千个终端用户所使用，此时所有用户完全不知道其他并发用户访问的存在。这种在 SaaS 应用中极为常见的场景就要求基于 SaaS 模式的系统可以支持在多用户间最大程度共享资源的同时，严格区分和隔离属于不同客户的数据。
- 模块化结构：按功能划分成模块，租户需要什么功能就租赁什么模块，也便于按模块计费，如 ERP 系统划分为订单、采购、库存、生产、财物等模块。

- 多租户：适合多个企业中的多个用户同时操作，也就是说，使用同一个软件的租户之间互不干扰。租户一般指单位组织，一个租户包含多个用户。
- 多币种、多语言、多时区支持。
- 非强交互性软件：如果网络延时过大，那么强交互性软件作为 SaaS 对外出租就不太合适，会大大降低用户的体验度，除非改造成弱交互性软件或者批量输入 / 输出软件。

2. 应用分类与优势

（1）适合云化并以 SaaS 模式交付给用户的软件包括：

- 企事业单位的业务处理类软件：这类软件一般被单位组织用来处理提供商、员工投资者和客户相关的业务，如开具发票、资金转账、库存管理及客户关系管理等。
- 协同工作类软件：这类软件用于团队人员一起工作，团队成员可能都是单位组织内部的员工，也可能包含外部的人员，例如日历系统、邮件系统、屏幕分享工具、协作文档创作、会议管理及在线游戏。
- 办公类软件：这类软件用于提高办公效率，如文字处理、制表、幻灯片编辑与播放工具，以及数据库程序等。基于 SaaS 云服务的办公软件具备协同的特征，便于分享，这是传统的本地化办公软件所没有的。
- 软件工具类：这类软件用来解决安全性或兼容性问题，以及在线软件开发，如文档转换工具、安全扫描和分析工具、合规性检查工具及线上网页开发等。随着互联网进一步延伸到世界各地，带宽和网速进一步提升，以及云服务提供商通过近距离部署分支云端，从而进一步降低网络延时，可以预计，能够云化的软件种类将越来越多。

（2）SaaS 模式具有的优势具体如下：

- 云终端少量安装或不用安装软件：直接通过浏览器访问云端 SaaS 软件，非常方便且具备很好的交互体验，消费者使用的终端设备上无须额外安装客户端软件。配置信息并不会存放在云终端里，所以不管用户何时何地使用何种终端操作云端的软件，都能看到一样的软件配置偏好和一致的业务数据，云终端成了无状态设备。
- 有效使用软件许可证：软件许可证费用大幅度降低，因为用户只用一个许可证可以在不同的时间登录不同的计算机，而在非 SaaS 模式下，必须为不同的计算机购买不同的许可证（即使计算机没被使用），从而导致可能过度配置许可证的现象。另外，专门为保护软件产权而购置的证书管理服务器也不需要了，因为在 SaaS 模式下，软件只运行在云端，软件开发公司只跟云服务提供商打交道并进行软件买卖结算即可。
- 数据安全性得到提高：对于公共云和云端托管别处的其他云来说，意味着 SaaS 软件操纵的数据信息存储在云端的服务器中，云服务提供商也许把数据打散并把多份数据副本存储在多个服务器中，以便提高数据的完整性，但是从消费者的视角看，数据是被集中存放和管理的。云服务提供商能提供专家管理团队和专业级的管理技术和设备，如合规性检查、安全扫描、异地备份和灾难恢复，甚至是建立跨城市双活数据中心。

- 对于云端就在本地的私有云和社区云来说，好处类似于公共云，无处不在的网络接入使人们再也不用复制数据并随身携带，从而避免数据介质丢失或者被盗。数据集中存放管理还有利于人们分享数据信息。
- 有利于消费者摆脱 IT 运维的技术"泥潭"而专注于自己的核心业务：SaaS 云服务消费者只要租赁软件即可，而无须担心底层（基础设施层、平台软件层和应用软件层）的管理和运维。
- 消费者能节约大量前期投资：消费者不用装修机房，不用建设计算机网络，不用购买服务器，也不用购买和安装各种操作系统和应用软件，这样就能节省成百上千万元的资金。

SaaS 云服务的实际应用包括：电子邮件和在线办公软件、计费开票软件、CRM、协作工具、CMS、财务软件、销售工具、ERP、在线翻译等。

4.2.9　云数据中心

从计算机发明至今，数据中心的发展主要经过了四个阶段。从 20 世纪 60 年代到 20 世纪 80 年代后期为第一代数据中心，主要是用于科研和国防领域科学计算服务的大型计算机专用机房；到 1990 年前后的机房为第二代数据中心，此时计算机设备进入塔式服务器和小型机房的时代，并出现了专业分工的机房设备制造企业和机房工程实施服务企业；到 2000 年前后第一次出现了真正意义上的"数据中心"，即以提供互联网数据处理、存储、通信为服务模式的互联网数据中心，称为第三代数据中心；如今云计算的到来，正引领数据中心进入第四代发展阶段——云数据中心时代。

1. 概念

云数据中心是云计算数据中心（Cloud Computing Data Center，CDC）的简称，作为支撑云服务的物理载体，处于云计算技术体系的核心地位。它以基于云计算技术架构为特征，以调度技术及虚拟化技术等为手段，通过建立物理的、可伸缩的、可调度的、模块化的计算资源池，将 IT 系统和数据中心基础设施合二为一，以崭新的业务模式向用户提供高性能、低成本、弹性的持续计算能力、存储服务及网络服务。云计算数据中心包括计算资源、存储资源、电力资源、交互能力，以及弹性、负载均衡及虚拟化资源部署方式，而所有的计算、存储及网络资源都是以服务的方式提供的。这种新型服务最大的好处在于合理配置整个网络内的资源，提高 IT 系统能力的利用率，降低成本、节能减排，真正实现数据中心的绿色、集约化。

云数据中心不仅是一个机房设施和网络的概念，还是一个服务概念，它构成了网络基础资源的一部分，提供了一种高端的数据传输服务和高速接入服务。

2. 要素

云数据中心是传统数据中心适应市场需求的升级，也是数据中心演进的方向。云数据中心一般具有以下五大要素：

（1）面向服务。云数据中心的整体结构都是以服务为导向的。通过将自身的物理资源进行虚拟化和聚合，以松耦合的方式提供多种服务的综合承载。用户可从服务目录中选择自己所需的各类资源，而云数据中心底层实现这些资源供给的方法对用户是完全透明的。

（2）资源池化。面向服务是云数据中心对外提供服务的宗旨，而资源池化则是云数据中心的实现途径。在云数据中心内部，各类 IT 资源和网络资源一起构成了统一的资源池，以便对逻辑资源和各类物理资源进行去耦合。对于用户而言，所面对的都是以逻辑形式统一存在的资源，用户只需要关注如何使用和操作这些资源，不必关心这些资源与哪些实际物理设备相关联。

（3）高效智能。云数据中心主要基于虚拟化和分布式计算等技术。现代的集群设备成本较低，利用这些低廉的硬件设备可以实现相对高效的信息承载、数据存储与处理。另外，云数据中心可以综合运用各种调度策略，达到负载均衡、资源部署与调度智能化的目的。

（4）按需供给。通过资源池化将物理资源转化为统一的逻辑资源后，云数据中心的底层架构可以根据用户的实际需求对资源实现动态供给。另外，云数据中心还可以根据实际的需求趋势，对底层的物理硬件设备进行智能的容量规划，从而保证在实际需求之前满足供给。

（5）低碳环保。云数据中心中通过虚拟化技术可以实现绿色节能的目标，综合运用各种基于能耗的调度策略，可以在满足需求的前提下有效降低云数据中心设备的投入和运营维护成本。

3. 总体架构

云计算技术的发展推动着数据中心架构的变化，云计算架构模式的引入，使数据中心的架构更适应用户业务的快速变化，体现数据中心的敏捷性。通过引入云化技术，对计算、存储、网络等资源进行统一的管理，实现资源的共享，提高企业资源的利用率。在机房设计方面，引入低碳环保理念，通过模块化机房、云主机自动管理技术等构建绿色机房。随着新理念、新技术的引入，云数据中心架构随之出现。云数据中心总体架构是数据中心构建的顶层设计，为数据中心的建设提供重要支撑作用。云数据中心架构自下而上由数据中心机房层、物理资源层、基础设施层、平台服务层、软件服务层、终端用户层六大部分构成。

（1）数据中心机房层是数据中心的基础，为数据中心系统提供基础承载环境。数据中心机房由机房布局、综合布线、机柜、电力系统、消防设施、机房运维中心、制冷系统、监控门禁系统等组成。

（2）物理资源层是指为数据中心信息系统提供物理承载的各类资源，主要有服务器、网络设备、存储设备、安全设备、负载均衡设备等。

（3）基础设施层通过云化技术对物理资源进行虚拟化，以云主机的形式为用户构建虚拟计算资源池、虚拟存储资源池、虚拟网络资源池。

（4）平台服务层为用户提供开发平台、软件运行环境、管理平台等，支持应用软件开发，为开发用户提供编程语言、程序库、公用服务和工具链方面的支持。

（5）软件服务层为用户提供各种应用业务场景的服务，如电子商务网站、门户网站、社交网站、在线应用软件、移动互联网应用等。

（6）终端用户层是指各类用户（软件开发人员、系统管理维护人员、应用用户、平台运营商等）通过笔记本电脑、台式计算机、平板电脑、智能手机等接入终端，访问数据中心的软件服务。

数据中心各层向上提供支撑，数据中心机房层为物理资源层提供承载环境；物理资源层为基础设施层提供基础资源，是虚拟计算资源、虚拟存储资源、虚拟网络资源的基础；平台服务层以基础设施服务为基础，为开发用户提供开发支持能力，为上层软件运行提供环境支持；软件服务层为终端用户层提供各类服务，适应各类应用场景；终端用户层通过各类终端接入数据中心，使用各类软件服务。

4. 核心技术

1）网络架构设计

随着网络技术的发展，数据中心已经成为提供 IT 网络服务、分布式并行计算等的基础架构，为加速现代社会信息化建设、加快社会进步发挥着举足轻重的作用。云数据中心对于网络有高带宽、低时延、高可靠性、高灵活性、低能耗的要求，因此构建云数据中心网络需要具备以下要素：

- 良好的可扩展性。因为随着网络应用的不断发展，更多的服务器将会连接到数据中心中，这就要求数据中心拓扑具有容纳更多服务设备的能力。
- 多路径容错能力。为保证拓扑的容错性能，要求拓扑必须具有路径多样性，这样对于链路或服务器故障等都有很好的容错效果，同时并行路径能够提供充裕带宽，当有过量业务需要传输服务时，网络能动态实现分流，满足数据传输需求。
- 低时延。云数据中心为用户提供视频、在线商务、高性能计算等服务时，用户对网络时延比较敏感，需要充分考虑网络的低时延特性要求，实现数据的高速率传输。
- 高带宽网络传输能力。数据中心各服务器之间的网络通信量很大且很难预测，达到 TB、PB 级，乃至 EB、ZB 级，这就要求拓扑结构能够保证很好的对分带宽，实现更大吞吐量的数据通信，这样才能有效地保证高带宽的应用请求得到服务响应。
- 模块化设计。充分利用模块化设计的优点，实施设备模块化添加、维护、替换等，降低网络布局和扩展的复杂度。另外，充分考虑业务流量特点及服务要求，保证通信频繁的设备处在同一模块内，降低模块之间的通信量，便于优化网络性能，实现流量均衡。
- 网络扁平化。随着融合网络的发展，网络扁平化要求构建网络的层数尽可能少，以利于网络流量均衡，避免过载，方便管理。
- 绿色节能。因云数据中心运营能耗开销甚大，合理的布局有利于数据中心散热，实现降低能耗开销、保护网络设备的目的。

2）网络融合技术

以太网、存储网络及高性能计算网络融合是数据中心网络发展的趋势，通过融合可以实现降低成本、降低管理复杂度、提高安全性等目的。现阶段主要的网络融合技术有光纤以太网通道技术、数据中心桥接技术及多链接透明互连技术等。

3）网络性能测试

网络性能测试是通过测试工具对可用于系统设计、配置和维护的性能参数进行测试，然后得到的一组结果。它与用户的操作和终端性能无关，体现的是网络自身的特性。在视频数据、电子商务等应用场景中，因其数据业务占用带宽大且具有实时性，因此需要有效地对网络进行预测和使用控制手段来保证网络服务质量。网络性能测试可以分析网络承载的关键业务，因此可采用一定的测试方法来获取网络性能指标，最终确保用户应用服务体验质量。

出于网络的体系结构和安全因素考虑，网络测试技术被广泛使用和研究。在不同层次上（如网络层、传输层和应用层等）都各自对应着不同的测试指标：

● 网络层测试指标主要有连通性、带宽、时延和丢包率；

● 传输层测试指标主要有丢包率、吞吐量和连接数；

● 应用层测试指标主要有页面丢失率、应答延迟和吞吐量。

网络性能测试一般是利用如 ICMP 和 TCP 等网络协议开展测试，主要有主动测试、被动测试及主、被动这两种测试相结合的测试方法。其中，主动测试只需要把测试工具部署在测试源端上，由监测者主动发送探测流去监测网络设备的运行情况，从网络的反馈中观察分析探测流的行为，来评估网络性能，得到需要的信息。被动测试是指在链路或路由器等设备上对网络进行监测，为了解网络设备的运行情况，监测者需要被动地采集网络中现有的标志性数据。主动测试比较适合对端到端的时延、丢包及时延变化等参数的测量，而被动测试则更适用于对路径吞吐量等流量参数的测试。

4）虚拟化技术

虚拟化（Virtualization）技术最早出现在 20 世纪 60 年代的 IBM 大型机系统，在 20 世纪 70 年代的 System 370 系列中逐渐流行起来。这些机器通过一种叫虚拟机监控器（Virtual Machine Monitor，VMM，又称 Hypervisor）的程序在物理硬件之上生成许多可以运行独立操作系统软件的虚拟机（Virtual Machine，VM）。虚拟化技术的本质在于对计算机系统软硬件资源的划分和抽象。

（1）虚拟化技术层次。

计算机系统包括五个抽象层：硬件抽象层、指令集架构层、操作系统层、库函数层和应用程序层。虚拟化可以在每个抽象层来实现。虚拟化平台是操作系统层虚拟化的实现。在系统虚拟化中，虚拟机是在一个硬件平台上模拟一个或者多个独立的和实际底层硬件相同的执行环境。每个虚拟的执行环境里面可以运行不同的操作系统，即客户机操作系统（Guest OS）。Guest OS 通过虚拟机监控器提供的抽象层来实现对物理资源的访问和操作。目前存在各种各样的虚拟机，但基本上所有虚拟机都基于"计算机硬件 + 虚拟机监控器（VMM）+ 客户机操作系统（Guest OS）"的模型，如图 4-9 所示。虚拟机监控器是计算机硬件和 Guest OS 之间的一个抽象层，它运行在最高特权级，负责将底层硬件资源加以抽象，提供给上层运行的多个虚拟机使用，并且为上层的虚拟机提供多个隔离的执行环境，使得每个虚拟机都以为自己在独占整个计算机资源。虚拟机监控器可以将运行在不同物理机器上的操作系统和应用程序合并到同一台物理机器上运行，减少了管理成本和能源

图 4-9　虚拟机监控器模型

损耗，并且便于系统的迁移。

（2）常用虚拟化技术包括：

● 硬件仿真技术。该技术在宿主机操作系统上创建一个硬件虚拟机来仿真所想要的硬件，包括客户机需要的 CPU 指令集和各种外设等。

● 全虚拟化技术。该技术以软件模拟的方式呈现给虚拟机一个与真实硬件完全相同的硬件环境，使得原始硬件设计的操作系统或其他系统软件完全不做任何修改就可以直接运行在全虚拟化的虚拟机监控器上，兼容性好。

● 半虚拟化技术。又称为泛虚拟化技术、准虚拟化技术、协同虚拟化技术或者超虚拟化技术，是指通过暴露给 Guest OS 一个修改过的硬件抽象，将硬件接口以软件的形式提供给客户机操作系统。

● 硬件辅助虚拟化技术。它是指借助硬件（CPU、芯片组及 IO 设备等）的虚拟化支持来实现高效的全虚拟化。这主要体现在以软件方式实现内存虚拟化和 IO 设备虚拟化。

5）安全技术

云计算数据中心安全体系包括安全管理和安全技术，并贯穿于定级、备案、自评估、整改、测评等安全域中，在安全过程的每一个环节中予以实施。安全管理包括管理制度、管理机构、人员管理、系统建设、系统运维。安全技术需要有效应用在安全计算环境、安全区域边界、安全通信网络、安全管理中心的各个方面。同时，应当充分考虑各部分之间的动态关系与依赖性。云数据中心安全体系架构如图 4-10 所示。

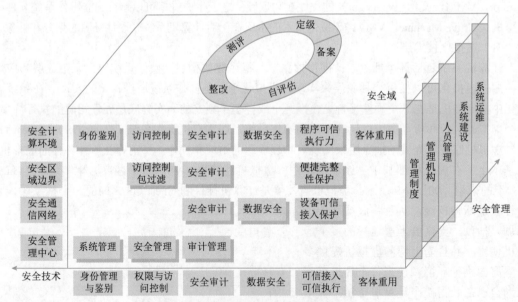

图 4-10 云数据中心安全体系架构

6）节能技术

从企业角度出发，电能开销是云数据中心运营的重要成本之一；从环境角度出发，保护环境、降低能源消耗也是每个企业应尽的社会责任。传统数据中心运行能耗及制冷能耗开销巨大，由此带来了很大的经济负担，也不利于资源节约及环境保护，因此降低能耗也成为设计建设新一代数据中心的一个重要目标。在建设数据中心的地点选择上，大多数企业会考虑环境温度较低的地点，从而利用当地适宜的气候和空气进行冷却。在供电方面，对新一代数据中心的供电可以采用风能、太阳能等清洁可再生能源，减少碳排放，应对全球气候变暖问题。同时，可以选择一些功耗较低，具有节能设计的硬件设施，也能有效降低能耗。

电能利用效率（Power Usage Effectiveness，PUE）是评价数据中心能源效率的指标，是数据中心消耗的所有能源与 IT 负载使用的能源之比。PUE 的值越接近于 1，表示一个数据中心的绿色化程度越高。在固定 IT 设备不变的条件下，其能耗主要由承载的业务负荷值决定。建立绿色节能、低 PUE 的数据中心是提高能源利用效率、降低运营商能耗成本的根本解决途径。

PUE= 数据中心的总用电量 / IT 设备的总用电量。

在引进节能技术的同时，应该注意到数据中心机房是一个特殊的应用环境。机房因为通信设备的需求，必须保持恒温、恒湿及少尘的要求。

5. 规划与建设

1）功能定位

数据中心的规划由数据中心的性质、商业需求、规模、业务定位、扩展计划、可用性等级、能源效率综合决定。数据中心根据使用的独立性划分为自用型数据中心与商业化数据中心。根据企业不同的业务应用需求，数据中心的使用功能也不尽相同，主要有 IT 生产中心、IT 开发与测试中心、灾难备份中心。各类用途的数据中心还可以根据其用户类型、业务领域等进行细分，如互联网数据中心、云计算数据中心、政务级数据中心等。GB 50174《数据中心设计规范》分级的原则是从机房的使用性质、管理要求及重要数据丢失或网络中断在经济或社会上造成的损失或影响程度确定的，从高到低分为 A、B、C 三级。国际分级标准 TIA-942《数据中心电信基础设施标准》的分级原则是可用性，从高到低分为 T4、T3、T2、T1 四级。

各类型的数据中心呈现出以下发展特点：

- 城市数据中心向实时性和弹性化发展。从大数据防疫、智慧城市治理到居民信息消费等都需要数据中心提供底层算力支撑，面对突如其来的巨大流量，城市数据中心如果不能提前准备计算资源进行弹性扩容，显然会力不从心。随着我国城镇化进程的加速和 5G 商用的落地，未来对时延要求更为敏感的 VR/AR、移动医疗、远程教育等场景将会得到更加广泛的推广应用，需要贴近用户聚集区域部署数据中心，以保证系统的稳定性和数据的实时性。此外，城市数据中心需要充分考虑大范围自然灾害等不可控因素影响，也应该考虑城市数据中心的异地灾备，保障数据的安全性和业务的连续性。
- 边缘数据中心实现计算能力下沉。随着 5G、AI 和工业互联网的发展，很多业务场景需要超低的网络时延和海量、异构、多样性的数据接入，"云计算 + 边缘计算"的新型数据处理模式使云端数据处理能力下沉，未来大多数的数据需要边缘计算处理，对边缘数据中心的需求将迅猛增长。同时，边缘计算与处于中心位置的云计算之间的算力协同成为新的技术难题，需要在边缘计算、云计算及网络之间实现云网协同、云边协同和边边协同，才能实现资源利用的最优化。

- 数据中心和网络建设协同布局。构建基于云、网、边、端深度融合的算力网络，满足在云、网、边、端之间按需分配和灵活调度计算资源、存储资源等需求。实施网络扁平化改造，推动大型数据中心聚集区升级建设互联网骨干核心节点或互联网交换中心。推进数据中心之间建设超高速、低时延、高可靠的数据中心直联网络，满足数据中心跨地域资源调度和互访需求。根据业务场景、时延、安全、容量等要求，在基站到核心网络节点之间的不同位置上合理部署边缘计算，形成多级协同的边缘计算网络架构。
- 试点探索建设国际化数据中心。面对全球广阔的市场前景，在自贸区、"一带一路"沿线地区等对外开放前沿地区试点探索国际化数据中心，面向亚太及全球市场，探索利用更优路由、更低时延、更低成本服务国际用户。数据中心企业加强云计算、人工智能、区块链等能力建设，丰富服务种类，提高国际竞争能力，创新商业模式，积极拓展海外市场。

2）建设项目分类

云计算数据中心的建设应在遵循安全适用的基础上，以合理控制投资、降低成本、提高投入产出比为指导原则。建设项目分类主要包括建筑工程、机房空调与配电工程、供电系统工程、机房工艺工程等方面。

- 建筑工程：主要包括机房楼和动力中心工程，包括土建工程、外立面装饰工程、室内装饰工程、动力照明及防雷接地工程、火灾自动报警系统、给水排水及水消防工程、气体消防工程、通风及防排烟工程、辅助用房空调工程、智能化系统、电梯工程等。
- 机房空调与配电工程：主要包括机房防静电架空地板（含保温工程）、机房空调工程、空调配电工程、空调自控系统等。
- 供电系统工程：主要包括列头配电工程、UPS 电源工程、变配电工程、油机工程、监控系统及外市电引入、变电站工程等。
- 机房工艺工程：主要包括数据中心机房内的服务器机柜、走线架、尾纤槽、列头柜至服务器机柜的电力电缆及服务器机柜接地电缆、主配线区至各数据机房水平配线区的综合布线及相关安装工程等。

3）建设布局

（1）数据中心的选址要求具体如下：

- 数据中心总体规划应符合国家、上级主管部门、城市规划等部门的总体规划要求。
- 电力供给充足且稳定可靠，通信快速畅通，交通便捷。
- 采用水蒸发冷却方式制冷的数据中心，水源应充足。
- 自然环境应清洁，环境温度应有利于节约能源。
- 应远离产生粉尘、油烟、有害气体及生产或贮存具有腐蚀性、易燃、易爆物品的场所。
- 应远离水灾、火灾及地震等自然灾害隐患区域，应避开低洼、潮湿、落雷频率高、盐害重和地震频繁的地方，避免设在矿山"采空区"及杂填土、淤泥、流沙层、地层断裂地区。

- 应尽量远离无线电干扰源、电波发射塔等强磁干扰，远离强振动源和强噪声源。当无法避开强电磁场干扰或为保障计算机系统信息安全，需采取有效的电磁屏蔽措施。
- A 级数据中心不宜建在公共停车库的正上方。
- 大中型数据中心不宜建在住宅小区和商业区内。
- 设置在建筑物内局部区域的数据中心，在确定主机房的位置时，应对安全、设备运输、管线敷设、雷电感应、结构荷载、水患及空调系统室外设备的安装位置等问题进行综合分析和经济比较。

（2）数据中心的空间平面布局。

数据中心建设是一个综合的工程，应该针对所选数据中心建筑物的状况，进行数据中心的功能区的划分，合理布局。云数据中心由机房区、辅助区、支持区、行政管理区与总控中心区等功能区组成。其中，辅助区、行政管理区及支持区中的柴油发电机室和冷水主机房，在布局上需作为一个共享基础设施模块加以整体考虑；而机房区则可结合支持区中的变配电室、电力室、电池室、末端空调机房、消防设施用房，设计成一个个规模大小合适、高内聚、低耦合、可复制、标准化的基本单元模块。

（3）数据中心的功能单元布局的总体原则。

为顺应发展趋势，同时尽可能避免因空间布局不当而引发的种种问题，数据中心各功能单元在布局设计上应遵循如下主要原则：

- 整体性原则。数据中心整体布局应在最初规划阶段进行统一考虑，统筹初期建设规模与远期发展规划协调一致。对于同类建筑体内的各基本单元模块应具有较强的通用性。
- 安全性原则。应从建筑安全性、区域逻辑管理安全性、运行管理安全性、配套基础设施安全性等不同维度进行空间布局的总体规划。
- 模块化原则。数据中心各功能单元应遵循模块化设计理念，其核心思想是将数据中心分解成多个相对独立的标准化模块，以达到简化设计、按需扩容的目的。每个模块相对独立，其他模块的部署与改造不会影响现有模块内设备的运行，即符合低耦合特性。
- 灵活性及可扩展性原则。单元模块力求标准化，应易于扩展，将来能方便平滑地对原有模块进行升级和更新。在平面设计上，数据中心内隔墙应具有一定的可变性。布局可按中、远期发展的趋势，适当预留设备扩展和变化的空间，从而为未来的发展奠定基础。总体上，至少能满足未来 5 ～ 10 年内业务变化对数据中心资源的无缝增长需求。
- 可维护性原则。具体包括：
  - ◇ 各功能单元内的设备排列间距合理，留有维护所需的操作空间。
  - ◇ 充分考虑设备搬运、替换所需的通道，要人货分离，并考虑大型设备搬运的便利性。
- 经济性原则。具体包括：
  - ◇ 各功能单元内的设备排布尽可能紧凑，以使建筑面积得以充分利用。
  - ◇ 各功能单元之间的相对位置尽可能合理，使得需连通的管线距离缩短，减少投资与损耗。

◇ 各基本单元模块的容量规划尽可能匹配，使得数据中心能运行在高效率、低 PUE 的工况下，减少运营成本。

（4）数据中心的各功能单元之间的布局建议具体如下：

● 数据中心的共享基础设施模块，由于所涉及的设备体积大、承重要求高，柴油发电机室和冷水主机房一般设置于底层，且靠近外墙。两者之间应避免相邻，建议布局于建筑物的两侧，中间可考虑设置网管监控室及其他辅助或行政管理用房作为缓冲隔离。

● 在数据中心运行大脑——总控中心区（网管监控室）的布局上，应关注几个细节：出于以人为本的考虑，网管监控室建议靠近建筑外墙一侧，可以实现自然通风和自然采光；由于网管监控室人员出入较频繁，建议设置在靠近人流线路起点的区域，不宜设在物流起点的区域；网管监控室与主机房或其他核心基础设施区域之间应能设置物理或逻辑隔离装置，譬如门禁系统，以保证主机房或核心基础设施的安全。同样，客户用房与主机房或其他核心基础设施区域之间也要做到安全隔离。

● 除共享基础设施模块外，应结合变压器容量及相互之间的对应关系，将包括主机房、变配电室、电力室、电池室、末端空调机房、消防设施用房在内的多个功能单元作为一个基本单元模块加以统一考虑。具体可结合数据中心所在建筑楼层数及单层面积，在水平和垂直两个方向上进行布局。如果建筑物形态较为狭长，可考虑先做水平切分，然后利用垂直空间来跨楼层部署基本单元模块，以避免电源走线过长的问题。同时，变配电室的位置应尽可能靠近电力室与柴油发电机室，一般在水平或垂直方向紧邻电力室为宜。

● 出于安全考虑，互为冗余备份的功能单元不应相邻布置。垂直方向上应尽可能规划布局相同功能的单元。主机房、变配电室、电力室、电池室不应布置在用水区域的直接下方，以防水患。

● 在数据中心内，人流区域与物流区域应界限分明，以减少相互间功能性使用冲突。使物流通道位于数据中心非重点区域，减少对其他功能区域的干扰。

（5）数据中心的各功能单元内部的布局建议具体如下：

● 主机房单元。机架排布所形成的冷热通道与机房两侧末端空调的出风方向保持水平。针对那些需求不明确且后期变动可能性较大的机房，可采用列头柜集中靠墙布放方式。

● 供配电单元。供配电单元主要包括变配电室、电力室、电池室三个功能区。视情况可考虑将变配电室与电力室合设，不做物理分隔，以减少配套面积和消防保护区数量。出于安全考虑，不建议将电力室和电池室合设。单元内设备排布所形成的通道与两侧末端空调的出风方向保持水平。若将互为冗余备份的设备放置在同一物理空间内，则在布局上应尽可能将其远离，避免发生故障时相互影响、干扰。

● 末端空调单元。在不影响维护及日后更新改造的前提下，各末端空调之间的距离建议适当紧凑，最好能在靠中间位置留出后续设备扩容所需的安装空间。

4.2.10　新基建背景下的数据中心产业发展

新型基础设施建设致力于科技端的基础设施建设，主要包括 5G 基站建设、特高压、城际高速铁路和城市轨道交通、新能源汽车充电桩、大数据中心、人工智能、工业互联网七大领域，涉及诸多产业链，是以新发展为理念，以技术创新为驱动，以信息网络为基础，面向高质量发展需要，提供数字转型、智能升级、融合创新等服务的基础设施体系。与传统基建相比，新基建更加侧重于突出产业转型升级的新方向，无论是人工智能还是物联网，都体现出加快推进产业高端化发展的大趋势。

新基建对数据中心提出新要求，大型数据中心对海量数据处理能力和能耗水平提出更高要求。海量数据将推动数据中心向超大规模发展。与此同时，数据中心对于电力、土地等资源的消耗也将日益增长，大型和超大型数据中心需在更大地域范围内进行选址，进一步降低综合成本和能耗水平。为保障用户数据访问和数据中心互连，需要配合大型数据中心布局来优化骨干网络组织架构，推进互联网技术升级，满足数据中心互连对网络资源的弹性需求和性能要求。

近年来，多地纷纷投资建设数据中心，但这些数据中心大多各自为政、相互分离，缺乏一体化的战略规划，容易造成烟囱效应和重复浪费。在新基建的背景下，数据中心建设应当加强统筹协调，立足国家战略层面，从全局角度进行顶层设计，为数据中心全国统筹布局提供战略性、方向性指引。同时，数据中心发展规划也要与网络建设、数据灾备等统筹考虑、协同布局，实现全国数据中心优化布局。各地因地制宜，差异化规划布局数据中心。新基建浪潮下，数据中心的建设不能简单重复传统基建的方式方法，各地需因地制宜，找准自身定位，开展数据中心规划布局。具体原则包括：

（1）对于仍存在较大需求缺口的北、上、广、深等热点城市，综合考虑数据中心对计算能力提升效率和降低能耗之间的平衡，支持建设支撑 5G、人工智能、工业互联网等新技术发展的数据中心，保证城市基本计算需求，或在区域一体化的概念下，在周边统筹考虑数据中心建设。

（2）对于各区域的中心城市，时延敏感、以实时应用为主的业务可选择在用户聚集地区，依据市场需求灵活部署大中型数据中心。

（3）对于中西部能源富集地区，可利用自身能源充足、气候适宜的优势建设承接东部地区对时延敏感不高且具有海量数据处理能力的大型、超大型数据中心。

（4）对于部分对时延极为敏感的业务，如 VR/AR、车联网等，需要最大限度贴近用户部署边缘数据中心，满足用户的需求。

第 5 章　信息应用系统

信息应用系统是以信息技术为主要手段建立的各类业务处理、管理的应用系统，例如电子政务系统、城市综合管理信息系统、企业信息化管理、集团财务系统、知识管理系统等，是信息处理系统、管理信息系统和办公自动化系统的叠加，其系统建设的核心是应用软件。

本章重点介绍信息应用系统的分类和各类典型信息应用系统的特点，帮助监理人员奠定相关技术理论基础。

5.1　信息应用系统的分类

现在的商业组织中最常见的信息应用系统是为电子商务和移动商务、交易处理、管理信息和决策支持而设计的系统。而有些组织还会使用特殊的信息应用系统，例如虚拟现实。从系统建设角度来看，这些系统通常集成在一个大的统一系统中。信息应用系统分为业务信息系统、管理信息系统与决策支持系统、专用信息系统。

1. 业务信息系统

随着企业业务需求的增长和技术条件的发展，人们逐步将计算机应用于企业局部业务的管理，例如财会管理、销售管理、物资管理和生产管理等，即计算机应用发展到对企业的局部事务的管理，形成了所谓的事务处理系统（Transaction Processing System，TPS），但它并未形成对企业全局的、整体的管理。

企业资源规划（ERP）是企业在生产制造过程普遍使用的一种信息应用系统。企业的所有资源包括三大流：物流、资金流和信息流。ERP 是对这三种资源进行全面集成管理的管理信息系统。概括地说，ERP 是建立在信息技术基础上，利用现代企业的先进管理思想，全面地集成了企业的所有资源信息，并为企业提供决策、计划、控制与经营业绩评估的全方位和系统化的管理平台。

电子商务是公司与公司（Business-to-Business，B2B）、公司与消费者（Business-to-Consumer，B2C）、消费者与消费者（Consumer-to-Consumer，C2C）、企业与公共部门及消费者与公共部门之间利用信息系统和互联网进行的任何商业交易。此外，电子商务还包括客户、供应商、战略合作伙伴及利益相关者之间的合作。移动商务是使用移动设备、无线设备下订单和开展业务，移动商务依赖于无线通信。

2. 管理信息系统与决策支持系统

管理信息系统（Management Information System，MIS）最早出现在 20 世纪 80 年代初，是用系统思想建立起来的，以电子计算机为基本信息处理手段，以现代通信设备为基本传输工具，且能为管理决策提供信息服务的人机系统。也就是说，管理信息系统是一个由人和计算机等组成的，能进行管理信息的收集、传输、存储、加工、维护和使用的系统。在管理信息系统发展过程中，形成了对企业全局性的、整体性的计算机应用。MIS 强调以企业管理系统为背景，以基层业务系统为基础，强调企业各业务系统间的信息联系，以完成企业总体任务为目标，它能为企业各级领导提供从事管理需要的信息，但其收集信息的范围更多地侧重于企业内部。

决策支持系统（Decision Support System，DSS）是管理信息系统应用概念的深化，是在管理信息的基础上发展起来的系统。DSS 是能帮助决策者利用数据和模型去解决半结构化决策问题和非结构化决策问题的交互式系统，是服务于高层决策的管理信息系统，按功能可分为专用 DSS、DSS 工具和 DSS 生成器。专用 DSS 是为解决某一领域问题的 DSS；DSS 工具是指某种语言、某种操作系统、某种数据库系统；DSS 生成器是通用决策支持系统。一般 DSS 包括数据库、模型库、方法库、知识库和会话部件。

3. 专用信息系统

典型的专用信息系统主要有以下几种：

（1）知识管理系统（Knowledge Management System，KSM）。它是用于存储和检索知识、改进协作、定位知识源、获取和使用知识的系统。

（2）专家系统（Expert System，ES）。它是一个智能计算机程序系统，其内部含有某个领域具有专家水平的大量知识与经验，能够利用人类专家的知识和解决问题的方法来处理该领域的问题。也就是说，专家系统是一个具有大量的专门知识与经验的程序系统，它应用人工智能技术和计算机技术，根据某领域一个或多个专家提供的知识和经验，进行推理和判断，模拟人类专家的决策过程，以便解决那些需要人类专家处理的复杂问题。简而言之，专家系统是一种模拟人类专家解决领域问题的计算机程序系统。

（3）虚拟现实系统（Virtual Reality System，VRS）。它使一个或多个用户能够在计算机模拟环境中移动和反应。虚拟现实模拟需要特殊的接口设备，将模拟世界的景象、声音和感觉传送给用户。

（4）办公自动化（Office Automation，OA）系统。它是一个人机结合的综合性的办公事务管理系统，或称办公事务处理系统。该系统将当代各种先进技术和设备，包括计算机、文字处理机、声音图形（图像）识别、数值计算、光学、微电子学、通信和管理科学等，应用于办公室的办公活动中，使办公活动实现科学化、自动化，以改善工作环境、最大限度地提高办公事务工作质量和工作效率。

信息应用系统之间的关系并不是取代关系，而是互相促进、共同发展的关系。在一个企业里，多种系统可能同时存在，也可能只有其中的一种或多种。更高级的是几种信息应用系统互相融合为一体。

5.2　典型信息应用系统

典型信息应用系统包括业务信息系统、管理信息系统与决策支持系统、专用信息系统。

5.2.1 业务信息系统

1. 事务处理系统

事务处理系统（TPS）是计算机在管理方面早期应用的最初级形式的信息应用系统。自1946年世界上第一台电子计算机诞生之后，TPS就开始获得广泛的应用，20世纪50—60年代出现了TPS的应用高潮，随着信息技术及相关学科的发展，TPS的功能越来越强大，应用的范围也越来越广。可以说，在当今各行业各领域的管理系统中，几乎都有TPS的存在。

1）TPS的功能

由于TPS的主要功能就是对企业管理中日常事务所发生的数据进行输入、处理和输出。因此，如图5-1所示，TPS的数据处理周期由以下五个阶段构成：数据输入、数据处理、数据库的维护、文件报表的生成和查询处理。

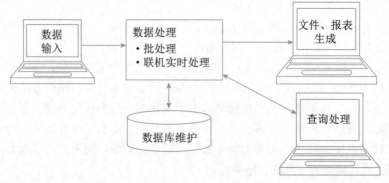

图 5-1 TPS 的构成

（1）数据输入。

数据输入是TPS工作过程的第一个阶段，该阶段主要解决如何将企业经营活动中产生的大量原始数据准确、迅速地输入到计算机系统中并存储起来，这是信息系统进行信息处理的"瓶颈"。因此，数据的输入方式和进度是这个阶段的关键问题。

常见的数据输入方式有三种，即人工、自动及二者结合。若用人工输入数据，在运行TPS中的数据输入模块时，屏幕上就会显示出与原始数据凭证相似格式的画面，而后由作业层的管理人员通过键盘等输入装置进行数据输入，输入的数据以TPS预先确定好的格式（即数据库结构）存储，或由TPS直接使用。这种传统的数据输入方式的缺点是显而易见的，费时费力，需要大量存储空间，而且极易出错。

随着计算机及相关技术的迅速发展，原始数据的输入也朝着自动化方向发展，只要将自动化数据录入装置与远程TPS的计算机系统连接起来，就可以实现原始数据的自动化或半自动化输入。常见的自动化输入装置有：

- POS终端，获取条码或磁卡中的信息；
- 光读机OCR，阅读条码信息；
- ATM，接收各种信用卡信息；

- 扫描仪，输入图像信息；
- 语音识别系统，输入声音信息；
- 触摸屏，直接接收用户输入的信息。

（2）数据处理。

TPS 常见的数据处理方式有两种：一种是批处理方式；另一种是联机事务处理方式。

- 批处理（Batch Processing）。

这种方式是将事务数据积累到一段时间后进行定期处理（如每日、每周、每月等）。

批处理方式的优点是：当有大量的事务数据需要处理时，使用批处理是一种较经济的方式，因为它可以缩减因频繁修改数据库所需的费用。这种方式适合于在事务发生时无须即时修改数据库以及只需定期产生文件、报表的应用。例如，在每周发放工资的情况下，员工的考勤数据及其他有关的工资数据就可以在收集成批后每周处理一次。

批处理方式的缺点是：在定期事务处理的间隔期，主文件易过时，而且也无法满足实时的查询需求。

- 联机事务处理（OnLine Transaction Processing，OLTP）。

这种方式又称为实时处理，即能对所发生的事务数据进行立即处理，并将处理结果提供给终端用户。事务数据一旦产生，则无须积累成批，也无须经过分类，就直接从联机的终端上输入到计算机系统中并进行处理。因此，这些事务数据总是联机存储在存取文件中，有关文件及数据库也立刻得到更新，并能即时响应终端用户的查询需求。OLTP 方式主要依赖网络来实现事务终端、工作站和其他计算机系统之间的通信。

某些实时处理是不能被中断的，如证券的股票交易、航空公司的客户订单等。为保证在硬件系统运行出现故障时这些实时处理仍能继续进行，通常要在 TPS 中采用有关的容错处理。常用的容错技术有双 CPU 的计算机、后备机、保存冗余数据等。

OLTP 方式的优点是，当事务数据产生时能即时更新有关的文件和数据库，并能立刻响应终端用户的查询请求。其缺点是成本高，由于是对数据库进行联机直接存取，为防止数据被非法存取或被偶然破坏，需要有一定的授权机制。同时，为保证实时处理不被中断，要采用有关的容错技术，这也需要额外的开支。但是，在某些情况下，以费用换取速度、效率和更优质的服务是值得的。

（3）数据库的维护。

一个组织的数据库通过 TPS 来更新，以确保数据库中的数据能及时、正确地反映当前最新的经营状况，因此数据库维护是 TPS 的一项主要功能。这些数据库是一个企业的数据资源，能为支持中、高层管理人员决策的管理信息系统、决策支持系统和专家系统等提供有用的基础信息。对数据库的访问形式分为四种：检索、修改、存入和删除。

（4）文件报表的产生。

TPS 的输出就是为终端用户提供所需的有关文件和报表。

TPS 还产生一些其他类型的报表，用于记录和监控某段时间内业务发生或处理的结果，它们并不是因管理的需要而特别编制的，例如流水账（即业务日志）等。因此 TPS 产生的文件、报表是原始数据经简单地分类、汇总之后形成的，几乎未经任何分析和概括，无法为中、高层管理人员的决策提供直接支持。

（5）查询处理。

TPS 支持终端用户的批次查询或联机实时查询，典型的查询方式是用户通过屏幕显示获得查询结果，例如，销售人员可查询客户的合同情况，读者可查询图书馆的借书情况等。这种查询实际上是对数据库进行有条件的检索，因此，为保证数据的安全性和保密性，必须对不同级别的用户授予不同的访问权限。

2）TPS 的特点

TPS 是信息应用系统发展的最初级形式，但这并不意味着 TPS 不重要或者不需要。实际上，TPS 是其他类型信息应用系统的信息产生器，企业在推进全面信息化的过程中往往是从开发 TPS 入手的。由于 TPS 支持的是企业的日常业务管理，TPS 一旦出现故障，就有可能导致企业的正常运作发生紊乱，例如航空公司的订票系统、银行的存取款 / 转账系统、企业的物料进出库系统等。同时，许多 TPS 处于企业系统的边界，它是将企业与外部环境联系起来的"桥梁"。因此，TPS 性能的好坏将直接影响组织的整体形象，是提高企业市场竞争力的重要因素。

由于 TPS 面对的是结构化程度很高的管理问题，因此可以采用结构化生命周期法来进行开发。而且同行业事务处理存在相似性，使得越来越多的 TPS 都已商品化。所以，许多企业可直接购买现成的 TPS，只需要再进行一些简单的二次开发，就能投入使用，避免了低水平的重复开发工作。

2. 企业资源规划

ERP 是企业制造资源规划（Manufacturing Resource Planning II，MRP II）的下一代制造业系统和资源计划系统软件。除了 MRP II 已有的生产资源计划、制造、财务、销售、采购等功能外，还有质量管理，实验室管理，业务流程管理，产品数据管理，存货、分销与运输管理，人力资源管理和定期报告系统。

ERP 的结构原理如图 5-2 所示。

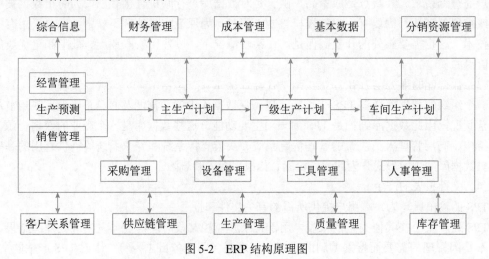

图 5-2　ERP 结构原理图

ERP 为企业提供的功能是多层面和全方位的，主要包括：

（1）支持决策的功能。ERP 在 MRP II 的基础上扩展了管理范围，给出了新的结构，将企业内部业务流程划分成几个相互协同作业的支持子系统，如财务、市场营销、生产制造、质量控制、服务维护和工程技术等，并在功能上增加了质量控制、运输、分销、售后服务与维护，以及市场开发、人事管理等功能，把企业的制造系统、营销系统、财务系统等都紧密地结合在一起，可以实现全球范围内的多工厂、多地点的跨国经营运作。因此，ERP 能够不断地收到来自各个业务过程的运作信息，并且提供了对质量控制、市场变化、客户满意度、经营绩效等关键问题的实时分析，从而有力地支持企业的各个层面上的决策。

（2）为处于不同行业的企业提供有针对性的 IT 解决方案。ERP 打破了 MRP II 只局限在传统制造业的格局，把应用扩展到其他行业，并逐渐形成了针对某种行业的解决方案。有些 ERP 供应商除了传统的制造业解决方案外，还推出了商业与零售业、金融业、能源、公共事业、工程与建筑业等行业的解决方案，以财务、人事、后勤等功能为核心，加入每一行业特殊的需求。

（3）从企业内部的供应链发展为全行业和跨行业的供应链。当前企业只有联合该行业中的其他上下游企业，建立一条业务关系紧密、经济利益相连的供应链，实现优势互补，才能适应社会化大生产的竞争环境，共同增强市场竞争实力。因此，供应链的概念就由狭义的企业内部业务流程扩展为广义的全行业供应链及跨行业的供应链，ERP 的管理范围亦相应地由企业的内部拓展到整个行业的原材料供应、生产加工、配送环节、流通环节及最终消费者。在整个行业中建立一个环环相扣的供应链，使多个企业能在一个整体的 ERP 管理下实现协作经营和协调运作。把这些企业的分散计划纳入整个供应链的计划中，从而大大增强该供应链在大市场环境中的整体优势，同时也使每家企业之间均可实现以最小的个别成本和转换成本来获得成本优势。

5.2.2 管理信息系统与决策支持系统

1. 管理信息系统

管理信息系统（MIS）是由事务处理系统发展而成的，是在 TPS 的基础上引进大量管理方法对企业整体信息进行处理，并利用信息进行预测、控制、计划、辅助企业全面管理的信息系统。从 MIS 应用的历史和现状来看，MIS 是一个高度集成化的人机信息系统，它是企业信息应用系统中职能明确、体系结构较为稳定、处理技术成熟、应用也最为成功的分支。管理信息系统中包含各种模型和方法，数据共享能力更大，能够提供分析、计划和辅助决策功能的系统，并具有改进企业组织的效能。

1）MIS 的概念

从管理信息系统的概念出发，管理信息系统由四大部件组成，即信息源、信息处理器、信息用户和信息管理者，如图 5-3 所示。

根据各部件之间的联系可分为

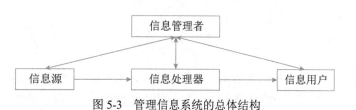

图 5-3 管理信息系统的总体结构

开环结构和闭环结构。开环结构是在执行一个决策的过程中不收集外部信息，不根据信息情况改变决策，直至产生本次决策的结果，事后的评价只供以后的决策作参考。闭环结构是在决策过程中不断收集信息，不断发送给决策者，不断调整决策，事实上最后执行的决策已不是当初设想的决策。开环结构与闭环结构如图 5-4 所示。

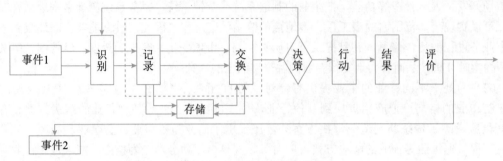

图 5-4　开环结构与闭环结构

计算机实时处理的系统均属于闭环系统，而批处理系统一般属于开环系统。其次，根据处理的内容及决策的层次来看，可以把管理信息系统看成一个金字塔式的结构，如图 5-5 所示。

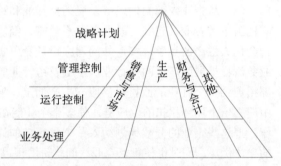

图 5-5　管理信息系统的金字塔结构

2）MIS 的组成

一个管理信息系统可以用功能 / 层次矩阵表示，如图 5-6 所示。

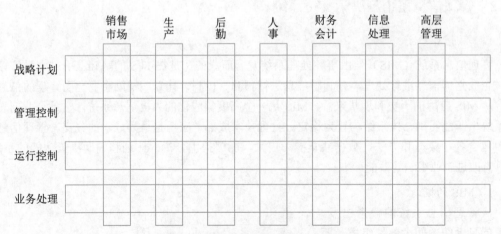

图 5-6　管理信息系统的功能 / 层次矩阵

上图每一列表示一种管理功能，这种管理功能没有标准的分法，因组织不同而异。上图每一行表示一个管理层次，行列交叉表示每一种功能子系统。

对应上图的管理信息系统，其软件结构如图 5-7 所示。

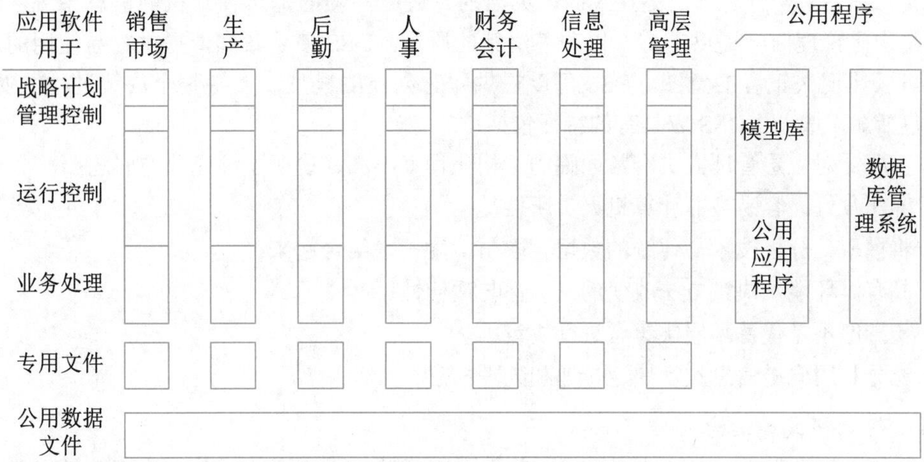

图 5-7　管理信息系统的软件结构

2. 决策支持系统

20 世纪 70 年代中期首次提出了决策支持系统（DSS），标志着利用计算机与信息支持决策的研究与应用进入了一个新的阶段，并形成了决策支持系统新学科。

20 世纪 70 年代末期，DSS 大多由模型库、数据库及人机交互系统三个部件组成。20 世纪 80 年代初，DSS 增加了知识库与方法库，构成了三库系统或四库系统。20 世纪 80 年代后期，人工智能技术与 DSS 相结合，充分利用两者的优点，形成了智能决策支持系统，提高了 DSS 支持非结构化决策问题的能力。近年来，DSS 与计算机网络技术结合，构成了新型的能供异地决策者共同参与决策的群体决策支持系统。群体决策支持系统利用便捷的网络通信技术在多位决策者之间沟通信息，提供良好的协商与综合决策环境，以支持需要集体做出决定的重要决策。在此基础上，为支持范围更广的群体，又将分布式数据库、模型库与知识库等决策资源有机地集成起来，构建分布式决策支持系统。

DSS 的发展与信息技术、管理科学、人工智能及运筹学等科学技术的发展密切相关。随着 DSS 研究与应用范围的扩大和层次的提高，以及新技术、新方法的不断推出与引入，DSS 会逐步走向成熟，其实用性与有效性会进一步提高。

1）DSS 的定义

对 DSS 的定义始终存在着不同的观点，但都基本一致认为其定义必须建立在对象所具有的特征之上。

定义一：DSS 是一个由语言系统、知识系统和问题处理系统三个互相关联的部分组成的基于计算机的系统。DSS 应具有的特征包括：

- 数据和模型是 DSS 的主要资源；
- DSS 用来支援用户做决策而不是代替用户做决策；
- DSS 主要用于解决半结构化及非结构化问题；

- DSS 的作用在于提高决策的有效性，而不是提高决策的效率。

定义二：DSS 应当是一个交互式的、灵活的、适应性强的基于计算机的信息系统，能够为解决非结构化管理问题提供支持，以改善决策的质量。DSS 使用数据，提供容易使用的用户界面，并可以体现决策者的意图。DSS 可以提供即时创建的模型，支持整个决策过程中的活动，并可能包括知识成分。DSS 应具有的特征包括：

- 主要针对上层管理人员经常面临的结构化程度不高、说明不够充分的问题；
- 界面友好，容易被非计算机人员所接受；
- 将模型、分析技术与传统的数据存取与检索技术结合起来；
- 具有对环境及决策方法改变的灵活性与适应性；
- 支持但不是代替高层决策者进行决策；
- 充分利用先进信息技术快速传递和处理信息。

2）DSS 的模式和结构

DSS 由若干部件按一定的结构组成，部件不同或结构不同会构成功能略有差异的 DSS，但各种 DSS 的结构都建立在某种基本模式之上。DSS 的基本模式反映 DSS 的形式及其与"真实系统"、人和外部环境的关系，如图 5-8 所示。其中管理者处于核心地位，运用自己的知识和经验，结合决策支持系统提供的支持，对其管理的"真实系统"进行决策。

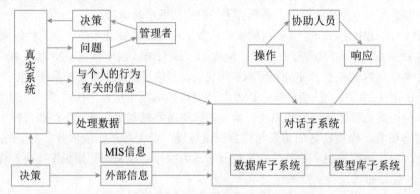

图 5-8　DSS 的基本模式和结构

具有不同功能特色的 DSS，其系统结构也不相同。DSS 的两种基本结构形式是两库结构和基于知识的结构，实际运用中的 DSS 由这两种基本结构通过分解或增加某些部件演变而来。两库结构是由数据库子系统、模型库子系统和对话子系统形成的三角形分布的结构（如图 5-8 所示）。

3）DSS 的特点

决策支持系统具有不同于其他计算机信息系统的特点，具体如下：

- 决策支持系统面向决策者，系统在开发中遵循的需求和操作是设计系统的依据和原则。系统的收集、存储和输出的一切信息都是为决策者服务的。
- 决策支持系统支持对半结构化问题的决策。半结构化问题的复杂性致使传统的计算机信息系统，如电子数据处理系统、管理信息系统都难以解决，而决策支持系统则可以辅助决策者对决策信息过程和方案进行较系统且全面的分析。

● 决策支持系统的作用是辅助决策者、支持决策者。由于决策过程的复杂性和人在决策过程中的重要作用，系统不可能取代人而做出决策。在整个决策过程中，系统不可能也不应该提供答案，也不应该强加给决策者预先规定的决策顺序。

● 决策支持系统体现决策过程的动态性。用户或用户通过模型，根据决策层次、决策环境、问题理解、知识积累等多方面变化的情况来动态地确定问题的解答，并在决策的动态运行过程中完善和调整系统。

● 决策支持系统提倡交互式处理。通过人机对话的方式将决策人的经验、观念和判断纳入系统，进而将人们主观的、经验的判断与客观的信息反映相结合，最后确定决策方案。

4）DSS 的组成

（1）数据的重组和确认。

与决策支持系统相关的数据库的问题是，获得正确的数据并且可用理想的形式操作这些数据。有时这是非常困难的，因为从事务处理系统收集的数据必须经过重组和确认才能对决策支持有效。这个问题可以通过数据仓库的概念解决。

（2）数据字典的建立。

大多数支持商业信息系统的数据库并不能满足管理者决策支持的需要。现存数据库的问题是，数据以特定的格式存储，同一个数据在不同系统中的表示不同。最重要的是，管理者不能得到他们需要的日常问题的答案。例如，去年同期的某一产品的特殊促销手段的影响，将对今年产品的定价产生什么样的影响。

大多数现存作业层的数据库没有按有利于分析类型和查询应用的方式组织。起初，公司通过产生一些从查询得到的固定的数据析取来解决这样的问题。但这种方法使析取的数据固定在一个时间点上，并随时间的推移很快就不适用了。

数据仓库是一个与作业层系统分离存在的数据库。通过对数据仓库的存取，管理者可以做出以事实为根据的决策来解决许多业务问题。例如，什么定价策略最有效，什么样的客户能带来更多的利润，什么样的产品有最大利润。

生成数据仓库的过程十分直接。首先，数据被"提炼"出来，确认它们是有意义的、一致的和准确的，然后载入关系表中以便支持分析及查询应用。通常数据必须从多个生产系统和外部来源获得，这是一个困难的过程，包括识别相应数据、数据混合、提炼数据阶段以保证其有效性。最后数据需要与建立的逻辑数据模型相一致。

（3）数据挖掘和智能体。

一旦建成数据仓库，管理者们需要运用工具进行数据存取和查询，这个过程为数据挖掘，使用的工具称为智能体。智能体是管理者用来在关系数据库中搜寻相应数据的软件，用来做趋势分析、异常情况识别和结果跟踪。数据挖掘工具同时也被用来识别数据的模式，从模式中得出规则，并且利用另外的数据检验来精练这些规则。数据挖掘的结果类型包括：

- 联合。把各个事件联系在一起的过程。例如，将学生们经常同时选修的两门课程联系起来，以便这两门课程不被安排在同一时间。
- 定序。识别模式的过程。例如，识别学生们多个学期课程的次序。
- 分类。根据模式组织数据的过程。例如，以学生完成学业的时间（4 年以内、4 年以上）为标准分成几个小组。
- 聚类。推导特定小组与其他小组相区分的判断规则的过程。例如，通过兴趣、年龄、工作经验来划分学生。

数据仓库的主要优点是向管理者提供所需要的数据和用来分析这些数据的工具。数据仓库的概念使信息系统专业人员从日常定制报告的编程中解脱出来，给决策者提供真正的决策支持工具。此外，许多数据仓库工具还配有图形用户界面，以便用户使用。

（4）模型建立。

模型管理的目的是帮助决策者理解与选择有关的现象。例如，在一场广告竞争中，能够知道一种产品对年轻未婚的职业人员或年轻已婚的蓝领工人是否具有吸引力是有益的。大量业务问题需要分析可选的方案设计，模型是建立分析框架的一种有力的工具。

每种模型都有不同的应用范围，例如，统计模型包括回归分析、方差和指数平滑，会计模型包括折旧、纳税计划和成本分析，人事管理模型包括环境模拟、角色练习，市场营销模型包括广告策略分析、消费者选择倾向及消费者行为转变分析。建立一个决策支持系统的难点在于，必须清楚系统应包括什么样的模型，如何使这些模型对决策者有意义。

模型也有不同的特点，有一些是经验的，有一些是客观的。经验模型包括判断和专家的意见，例如，一个内科医生使用一个经验模型去诊断心脏的状况；客观模型意味着数据分析独立于决策者的经验。建立模型的方法有枚举法、算法、启发式和模拟法。

5.2.3　专用信息系统

1. 知识管理系统

知识管理系统（KSM）是将人员、流程、软件、数据库和设备组织在一起的集合，用于创建、存储、共享和使用组织的知识和经验。一个有效的 KSM 能使一个组织更好地利用它所收集的知识，避免资源浪费、提高客户满意度，提高组织在市场中的竞争力，并提高其规划过程的成功率。

获取、存储、共享和使用知识是任何知识管理的关键。知识被创建后，它通常存储在包含文档、报告、文件和数据库的知识库（Knowledge Repository）中。知识库可以位于组织内部，也可以位于组织外部。

某些类型的软件可以存储和共享文档和报表中包含的知识。传统的数据库、数据仓库和数据集市通常可用于存储组织的知识。专家系统中的专门知识库也可以用于存放知识。由于知识工作者经常在小组或团队中工作，所以他们可以使用协作工作软件和小组支持系统来共享知识，例如会议软件和协作工具。同时，许多组织利用专利、版权、商业秘密、互联网防火墙等措施，防止知识被非授权或非法获取。

2. 专家系统

1）专家系统的概念

基于知识的专家系统简称专家系统（ES），它是人工智能的一个重要分支。专家系统的能力来自它所拥有的专家知识，知识的表示及推理的方法则提供了应用的机理。因此这种基于知识的系统设计是以知识库和推理机为中心展开的，即结构为：

$$知识 + 推理 = 系统$$

而传统的软件的结构是：

$$数据结构 + 算法 = 程序$$

专家系统是一种智能的计算机程序，该程序使用知识与推理过程，求解那些需要资深专家的专门知识才能解决的高难度问题。

由此定义可以看出，专家系统既不同于传统的应用程序，也不同于其他类型的人工智能问题求解程序。不同点主要表现在以下五个方面：

- 专家系统属于人工智能范畴，其求解的问题不是传统程序求解的结构化问题，而是半结构化或非结构化问题，需要应用启发法或弱方法来解决，它不同于传统应用程序的算法。
- 传统应用程序通过建立数学模型去模拟问题领域，而专家系统模拟的是人类专家在问题领域的推理，而不是模拟问题领域本身。从模拟对象的不同，足可以区分出专家系统与传统的应用程序。
- 专家系统由三个要素组成：描述问题状态的综合数据库、存放启发式经验知识的知识库和对知识库的知识进行推理的推理机。三要素分别对应数据级、知识库级和控制级三级知识。而传统应用程序只有数据和程序两级结构，将描述算法的过程性计算信息与控制性判断信息合而为一地编码在程序中，缺乏专家系统的灵活性。
- 专家系统处理的问题属于现实世界中必须具备人类专家的大量专门知识才能解决的问题，它必须可靠地工作，并在合理的时间内对求解的问题给出可用的解答。所以它面对的往往是实际的问题，而不是纯学术的问题。
- 从求解手段来看，专家系统的高性能是通过将问题领域局限在相对狭窄的特定领域内，它更强调该领域中人类专家的专门知识的应用。专家系统所拥有的这种启发式知识的数量和质量，将决定专家系统的性能和效率。从这个角度讲，专家系统的问题求解的通用性是较差的。

总之，专家系统是使用某个领域内实际专家所拥有的领域知识来求解问题，而不是用那些从数学或计算机科学中导出的与领域关系不大的方法来解决问题。所以专家系统适合于完成那些没有公认的理论和方法、信息不完整、人类专家短缺或专门知识相对昂贵的工作，诸如规划、设计及决策制定、医疗诊断、质量监控等。

2）专家系统的特点

专家系统与一般的计算机系统相比有着特殊的设置，二者的相异之处如表 5-1 所示。

表 5-1 专家系统与一般计算机系统的比较

系统	专家系统	一般计算机系统
功能	解决问题、解释结果、进行判断和决策	解决问题
处理能力	处理数字与符号	处理数字
处理问题种类	多数属于准结构性或非结构性，可处理不确定性的知识，用于特定领域	多数属于结构性，处理确定的知识

目前，专家系统和人工智能所关注的是，把数据和信息转换为可使用知识的能力，吸取和分享专家意见，并且把知识管理成一种至关重要的竞争资源。

3）专家系统的组成

由于专家系统的应用领域不同，求解问题的类型不同，专家系统的结构也略有差别。但总的来说，专家系统的核心部分基本相同，其一般结构如图 5-9 所示。

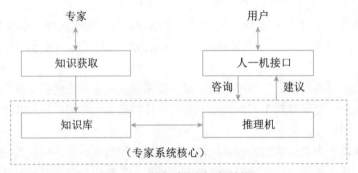

图 5-9 专家系统的一般结构

专家系统的结构与系统的适用性和有效性密切相关，选择什么样的系统结构，要根据系统的应用环境和所执行任务的特点而定。

（1）知识库。

专家系统的知识库用来存放系统求解实际问题的领域知识。一般来说，知识库中的知识可分成两类：事实性知识和启发性知识。这些知识可以从书籍中或亲身实践中获得。事实通常指的是公共定义的或已经发生的具体事件。事实性知识尽管相对容易获得，但在求解问题时是不可或缺的。启发性知识是领域专家在长期的工作中获得的经验总结，一般条理性差，较难理解，且适用范围窄，但对求解问题却十分有效，它使专家系统的决策在领域中具有专家的水平。

知识库中的知识主要供推理机求解问题时使用。知识库要具有知识存储、检索、排序、增删改等管理功能。知识的表示方法和组织结构是设计知识库时必须考虑的问题。知识表示方法要尽量简洁、准确地表达领域专家的知识。知识的组织结构要增强知识的模块性和独立性，便于知识库的管理和维护。

（2）综合数据库。

综合数据库是专家系统在执行与推理过程中用以存放所需要和产生的各种信息的工作存储器，通常包括欲解决问题的初始状态描述、中间结果、求解过程的记录、用户对系统提问的回答等信息，因此，综合数据库又叫动态知识库，其内容在系统运行过程中是不断变化的。相应地，把专家系统的知识库称为静态知识库，因为它在一次推理中其内容是保持不变的，只有领域专家或知识工程师通过知识获取模块或系统通过自学习功能才能改变它的内容。可以认为，综合数据库和知识库一起才构成专家系统的完整知识库。在设计专家系统时，一般使综合数据库的数据表示与组织和知识库的知识表示与组织相一致。这样可以方便推理机的推理。

（3）推理机。

推理机和知识库一起构成专家系统的核心。甚至有人认为专家系统等于知识库加推理机。推理机也被称为控制结构或规则解释器，通常包括推理机制和控制策略，是一组用来控制系统的运行、执行各种任务、根据知识库进行各种搜索和推理的程序模块。

专家系统中常用的推理方式有三种：正向推理或前向推理、反向推理或逆向推理、双向推理或混合推理。正向推理又称数据驱动策略，即从条件出发推出结论。反向推理又称目标驱动策略，即先假设结论正确，再去验证条件是否满足，若诸条件都满足，则证明结论正确；否则，再由另一个假设去推断结论。正向推理适用于目标解空间很大的问题。反向推理适用于解空间较小的问题。双向推理是正向推理和反向推理同时进行，以期在某一时刻使正、反向推理过程达到某种一致状态而获得问题的解。在双向推理中，常常用正向推理来确定各种假设证实的先后次序，一旦确定后，又用反向推理验证假设是否成立。

推理机的构成与实现依赖于领域问题的性质和知识表示方法及组织结构。在设计专家系统时，一般使知识库和推理机相分离，即求解问题的知识与使用知识的程序相分离，以保证专家系统的模块性、灵活性和可维护性。

（4）知识获取。

知识获取模块主要有两方面功能：一是知识的编辑和求精；二是知识自学习。两者相辅相成，负责管理知识库中的知识，根据需要添加、修改或删除知识以及由此产生的一些必要的改动，维护知识库的一致性和完整性。知识的编辑与求精，可使领域专家的经验或书本上的知识转化为系统所需的内部形式，作为新知识移入知识库，同时也可以使领域专家方便地修改知识库。自学习功能可以根据系统运行过程中积累的经验自动地修改和补充知识库的知识，发现求解问题的规律，提高系统的性能和处理效率。

（5）解释程序。

解释程序是面向用户服务的，负责解答用户提出的各种问题。这些问题既可以是和系统运行过程有关的，也可以是关于系统性能和行为的。当用户得到一个问题的答案时，可以通过向专家系统提问的方式，验证推理结果的合理性或正确性，了解专家系统对问题求解过程的细节。这时，通过解释程序，专家系统可以针对性地以一种用户易于理解的形式对用户的问题进行解释，回答推导结论的步骤、每个步骤的根据、所用的各种数据和知识等。目前，解释程序的实现方法大多是在推理过程中，把每步推理所用的数据和知识按推理的顺序连接起来，一旦需要解释时，就把这个推理链一步一步地显示给用户，以此作为对用户提问的回答。

（6）人机接口。

人机接口通常包括两部分：一部分是专家系统与用户的接口；另一部分是专家系统与领域专家和知识工程师的接口。与用户的接口可直接处理用户的操作命令和提出的问题，通过对命令的解释和对问题的分析，将结果传送到推理机、综合数据库和知识库，以启动系统的问题求解过程，同时也将系统对用户的提问以及对问题求解过程的跟踪解释传递给用户，使用户对专家系统的执行动态有所了解。与领域专家和知识工程师的接口可接受领域专家或知识工程师的知识，使领域专家或知识工程师了解系统的性能，并进一步改善和提高系统求解问题的能力。

不论是哪种接口，都要包括输入和输出，完成系统的内部表示形式和外部表示形式（用户、领域专家和知识工程师易于理解和接受的形式）的相互转换。随着自然语言理解、语音识别、图像处理、文字识别等技术的不断完善和逐步成熟，专家系统将会更多地采用包含图、文、声、像的多媒体接口。

一般的专家系统通过推理机与知识库和综合数据库的交互作用来求解领域问题。这种求解过程有如下几个步骤：

- 根据用户的问题对知识库进行搜索，寻找有关的知识。
- 根据有关的知识和系统的控制策略形成解决问题的途径，即知识操作算子序列，从而构成一个假设集合。
- 对解决问题的一组可能假设方案进行排序，并挑选其中在某些准则下最优的假设方案。
- 根据挑选的解决方案去求解具体问题。
- 如果该方案不能真正解决问题，则追溯到假设方案序列中的下一个假设方案，重复求解问题。
- 上述过程循环进行，直至问题已经解决或者所有的求解方案都不能解决问题而宣告"本系统该问题无解"为止。

3. 虚拟现实系统

虚拟现实系统（VRS）使一个或多个用户能够在计算机模拟环境中移动和反应。虚拟现实模拟需要特殊的接口设备，将模拟世界的景象、声音和感觉传送给用户。这些设备还可以将参与者的语音和动作记录一并发送到仿真程序中，使用户能够像感知和操作真实对象一样感知和操作虚拟对象。这种自然的互动方式给参与者一种沉浸在模拟世界中的感觉。例如，汽车制造商可以使用虚拟现实来帮助其模拟和设计工厂。

现在已经有成千上万的虚拟现实应用，随着硬件和软件成本的下降以及人们对虚拟现实潜力的开发，更多的虚拟现实应用正在开发中。虚拟现实正在医学、教育培训、商业和娱乐等领域得到应用。

4. 办公自动化系统

1）办公自动化系统的概念

办公自动化就是办公信息处理手段的自动化。从 20 世纪 50 年代电子打字机的出现，到 20 世纪 70 年代文字处理机的出现，直至 20 世纪 80 年代迅速发展起来的办公自动化（OA），表明办公自动化的发展历史虽短，但是办公手段却发生了翻天覆地的变化，经历了从低级到高级、从简单到复杂、从单功能到多功能的发展过程，并逐步向系统化、综合化、数字化、标准化、智能化、网络化方向发展。与业务处理系统和管理信息系统等以数据处理的信息系统有所不同，

OA 要解决的是包括数据、文字、声音、图像等信息的一体化处理问题。

目前，对办公自动化这一概念还没有一个公认的定义。从本质上讲，办公自动化就是以先进的科学技术为基础，利用有关办公自动化设备协助办公人员管理各项办公信息，主要利用资源以提高办公效率和办公质量。它是一个集文字、数据、语言、图像为一体的综合性、跨学科的人机信息处理系统，计算机技术、通信技术、系统科学和行为科学是它的四大支柱。其中以行为科学为主导，以系统科学为理论基础，结合运用计算机技术和通信技术。

2）办公自动化系统的功能

OA 的功能就是要能完成办公信息处理各个环节的任务，准确并及时地为有关单位人员提供信息服务，改善办公环境，提高办公效率。从业务性质来看，OA 的主要功能如下。

（1）事务处理。

企业中各个办公部门都有大量烦琐的工作，例如发送通知、草拟文件、打印文字、数据汇总、报表合成、日程安排和会议组织等，一般由企业内的文案工作者来完成。实行办公自动化系统可以把这类大量、繁杂、反复性强的事务交由有关的设备及相应的软件来完成，以达到提高工作效率、减轻工作负担和节省人力的目的。这种办公自动化系统称为事务型办公系统，它又可分为两种，即单机处理系统和可以支持一个机构内的各办公室的多机处理系统。

单机处理系统主要完成以下任务：

- 文字处理。完成各类文件、报告、通知等书面材料的起草、修改、编辑及存储，并能通过相应的输出设备（如打印机、轻印刷设备等）输出符合需求、排版精美的书面文本。
- 日程安排。为各级办公人员或某一部门安排活动日程和工作计划，具有自动提醒、提示、警告等能力。
- 文档管理。能对各类文件档案资料收发登记，处理领导批示，检阅登记，分类存储，建立目录、主题词等索引，方便查询，并有行文追踪的随机查询和自动提示的功能。
- 电子报表。能对各种数据进行报表格式处理，并对各种报表格式的数据进行输入、加工、计算及输出。
- 数据处理。能对各种办公数据（包括人事、工资、财务、房屋、基建、车辆和各种办公用品等）进行数据采集、计算和存储，主要是利用数据库管理系统来构造小型办公事务处理数据库。

多机处理系统具有通信功能，实现信息共享，其主要功能有：

- 电子会议。包括会议日程安排、资料查问、发言记录、会议纪要等。
- 电子邮件。利用计算机及其网络系统对各种公文、信函、报表和资料进行编辑、加工、收发、存储及传递，实现无纸办公。
- 语音处理。利用电子设备对语音进行识别、合成、存储并传输，如电话会议、语音信箱等。
- 图形图像处理。对办公事务中的图形（静态）、图像（动态）进行输入、加工、传输和输出，如电视会议、图形扫描、文字传真等。
- 联机情报检索。对国内、国际上的大型综合情报资料数据库进行联机检索，以获得所需相关领域的信息。

（2）信息管理。

对信息流的控制管理是每个办公部门最本质的工作，主要包括信息的收集、加工、传递、交流、存取、提供、分析、判断、应用和反馈。那些办公人员的综合性工作，一般由企业中层管理人员完成。支持这类办公活动的办公自动化系统可称为管理型办公系统，它能将事务型办公系统中各项孤立的事务处理通过信息交换和共享资源联系起来，获得准确、快捷、及时、优质的功效。管理型办公系统是一种分布式的处理系统，具有计算机通信和网络功能。

（3）辅助决策。

决策是根据预定目标做出的行动决定，它是办公活动的重要组成部分，一般由企业高层领导人及其"智囊团"（即专业人员）来完成。担任辅助决策的办公自动化系统可称为决策型办公系统，以经理型办公系统提供的大量信息作为决策工作的基础，建立起综合分析、预测发展、判断利弊的计算机可运行的决策模型，根据原始数据信息，自动做出比较符合实际的决策方案。

3）办公自动化系统的组成

办公自动化系统是现代企业办公的一类信息系统，OA 的组成包括以下四部分。

（1）计算机设备。

计算机设备包括主机系统、终端设备及外部设备。办公自动化系统通常是一个局域网系统，它由主机系统连接各种终端以及远地工作站、远程终端。因此，主机系统至少要由超级微机来担任，它必须具备高速的处理器、大容量的存储设备、各种高低档的外部设备。终端设备是安置在各办公室内供工作人员使用的，一般情况下系统都会为用户提供一个用户界面，如菜单式提示，以方便用户使用。外部设备包括输入设备、输出设备。在办公自动化系统中使用的输入设备除了常用的键盘输入以外，经常使用的还有语音输入、手写输入、图像输入等形式。输出设备有各种类型的打印机，如针式打印机、喷墨打印机、激光打印机等，可以输出各类印制要求较高的公文和报表。

（2）办公设备。

办公设备包括电话机、传真机、电传机、复印机和轻印刷设备，以及各种大容量存储介质（例如光盘、缩微胶片等）和电子会议支持设备（例如闭路电视、投影仪等）等。

（3）数据通信及网络设备。

数据通信及网络设备应能连接各远程结点，便于快速处理数据，及时上传下达。

（4）软件系统。

软件系统体现了办公自动化的全部功能，可分为以下三大类：系统软件，如操作系统软件、网络系统软件等，提供应用软件运行的系统支持；专用软件，根据实际应用，利用一定的系统开发方法和开发工具进行各项办公信息、事务处理和管理的专用程序；支持软件，辅助专用软件完成相应的管理工作，如文字处理软件、数据库管理系统、电子邮件支持软件、图形图像处理软件等。这几类软件与系统软件一般都是通过购买而直接使用。

第 6 章　信息安全

信息技术和信息产业以前所未有之势，渗透到各行各业和社会生活当中，正在逐渐改变人们的生产和生活方式，推动着社会的进步。但是，随着各类应用系统的广泛使用，以及信息网络的不断扩展，口令入侵、木马入侵、非法监听、网络钓鱼、拒绝服务等攻击充斥网络，信息网络的安全问题日益严峻。信息安全不仅关系个人用户的利益，还是影响社会经济发展、政治稳定和国家安全的战略性问题。因此，信息安全问题已经成为国内外专家学者广泛关注的课题。

6.1　信息安全的定义及属性

在 ISO/IEC 27001 信息安全管理体系中，将信息安全定义为保护信息的保密性、完整性、可用性及其他属性，即为数据处理系统建立和采用的技术、管理上的安全保护，为的是保护计算机硬件、软件、数据不因偶然和恶意的原因而遭到破坏、更改和泄露。

信息安全的基本属性包括以下五个方面：

（1）保密性，即保证信息为授权者享用而不泄露给未经授权者。

（2）完整性，即保证信息从真实的发信者传送到真实的收信者手中，传送过程中没有被非法用户添加、删除、替换等。

（3）可用性，即保证信息和信息系统随时为授权者提供服务，保证合法用户对信息和资源的使用不会被不合理地拒绝。

（4）可控性，即出于国家和机构的利益和社会管理的需要，保证管理者能够对信息实施必要的控制管理，以对抗社会犯罪和外敌侵犯。

（5）不可否认性，即人们要为自己的信息行为负责，提供保证社会依法管理需要的公证、仲裁信息证据。

信息安全的重要性是任何一个国家、政府、部门、行业都必须十分重视的问题，是一个不容忽视的国家战略安全问题。对于政府、金融、电信和科研机构等来讲，信息安全的重要性毋庸置疑，但对于不同的部门、行业来讲，对信息安全的要求和重点策略还是有差异的。

6.2　信息安全的发展历程

信息安全的发展与信息技术的发展和用户的需求密不可分。信息安全的发展大致分为通信保密、信息安全和信息安全保障三个阶段。

1. 通信保密阶段

20 世纪 90 年代以前，通信技术还不发达，面对电话、电报、传真等信息交换中存在的安全问题，人们强调的是信息的保密性。这一阶段对信息安全理论和技术的研究也只侧重于密码技术，可以称为通信保密安全，主要目的是保障传递的信息安全，防止信源、信宿以外的对象查看信息。其保密性也仅表现在信息只能为授权者使用，而不泄露给未经授权者的特性。

2. 信息安全阶段

20 世纪 90 年代以后，半导体和集成电路技术的飞速发展推动了计算机软硬件的发展，计算机和网络技术的应用进入了实用化和规模化阶段。这一阶段计算机病毒出现并广泛传播，非法拷贝软件的现象也相当普遍。随着网络技术的发展和应用，计算机病毒、蠕虫和木马等恶意代码通过网络传播，造成了更大范围的危害。于是，防范计算机病毒等恶意代码、阻止非法拷贝软件、保障网络安全成为社会对信息安全的迫切需要。除了通信保密之外，计算机操作系统安全、分布式系统安全和网络系统安全的重要性和紧迫性逐渐凸显出来。为了解决这些信息安全问题，出现了计算机安全、软件保护等信息安全新内容和新技术，同时出现了防火墙、入侵检测、漏洞扫描及 VPN 网络安全技术等。

3. 信息安全保障阶段

互联网、信息高速公路的出现和应用，构成了人类生存的信息环境，即网络空间。人类社会进入信息化时代。在信息化时代，信息科学技术和产业空前繁荣，社会的信息化程度大大提高。电子商务、电子政务、云计算、物联网、大数据处理等大型应用信息系统相继出现并广泛应用。这些都对信息安全提出了更新、更高的要求。信息安全不再局限于对信息的静态保护，而需要对整个信息和信息系统进行保护，对可能的信息安全攻击适时进行防御。

6.3　信息安全的主要技术和措施

信息安全的主要技术和措施包括身份认证、访问控制、入侵检测系统、防火墙、网闸、防病毒、数据加密技术等。

6.3.1　身份认证

身份认证是在计算机网络中确认操作者身份的过程。身份认证可以分为用户与主机间的认证和主机与主机之间的认证，常见的认证措施如下：

（1）虚拟身份电子标识。虚拟身份电子标识（Virtual Identity Electronic Identification，VIEID），俗称网络身份证，是网民在网络上的身份标识，具有唯一性。VIEID 是一段含有标识持有者身份信息并经过信息安全系统内的身份认证中心审核签发的电子数据，只要在网络环境中有需要识别用户身份、进行信息交换和传输的地方，都可以用电子标识保障安全。

（2）静态密码。用户的密码通常都是由用户自己设定的。在网络登录时输入正确的密码，计算机就认为操作者是合法用户。

（3）智能卡。一种内置集成电路的芯片，芯片中存有与用户身份相关的数据，智能卡由专门的厂商通过专门的设备生产，是不可复制的硬件。智能卡由合法用户随身携带，登录时必须将智能卡插入专用的读卡器读取其中的信息，以验证用户的身份。

（4）短信密码。短信密码以手机短信形式请求包含 4 位或 6 位或一定位数随机数的动态密码，身份认证系统以短信形式发送随机的密码到客户的手机上。客户在登录或者交易认证时输入此动态密码，从而确保系统身份认证的安全性。它利用 what you have（你拥有什么）方法，也是日常生活中经常用到的认证方法之一。

（5）动态口令。目前比较常用且是安全性较高的身份认证方式，也是利用 what you have 方法，是一种动态密码。动态口令牌是客户手持用来生成动态密码的终端，大多是基于时间同步方式的，在固定时间（如每 60 秒）变换一次动态口令，口令一次有效，它产生 6 位动态数字进行一次一密的方式认证。

（6）USB Key。基于 USB Key 的身份认证方式是当前一种方便、安全的身份认证技术。它采用软硬件相结合、一次一密的强双因子认证模式，很好地解决了安全性与易用性之间的矛盾。USB Key 是一种 USB 接口的硬件设备，内置单片机或智能卡芯片，可以存储用户的密钥或数字证书，利用 USB Key 内置的密码算法实现对用户身份的认证。基于 USB Key 身份认证系统主要有两种应用模式：一种是基于冲击 / 响应（挑战 / 应答）的认证模式，另一种是基于公钥基础设施（Public Key Infrastructure，PKI）体系的认证模式，比较多地运用在电子政务、网上银行。

公钥基础设施（PKI）是一个包括硬件、软件、人员、策略和规程的集合，用来实现基于公钥密码体制的密钥和证书的产生、管理、存储、分发和撤销等功能。PKI 体系是计算机软硬件、权威机构及应用系统的结合。它为实施电子商务、电子政务、办公自动化等提供了基本的安全服务，从而使那些彼此不认识或距离很远的用户能通过信任链安全地交流。

（7）生物识别。运用 who you are（你是谁）方法，通过可测量的身体或行为等生物特征进行身份认证的一种技术。生物特征是指唯一的、可以测量或可以自动识别和验证的生理特征或行为方式。生物特征分为身体特征（人脸识别）和行为特征（左右转转头、眨眨眼、张张嘴等）两类。

（8）双因素认证。就是将两种认证方法结合起来，进一步加强认证的安全性。目前使用最为广泛的双因素有：动态口令牌 + 静态密码、USB Key+ 静态密码、二层静态密码等。

（9）Infogo 认证。网络安全准入设备的制造商，与国内专业网络安全准入实验室联合研制并获得准入认证后，向信息安全市场推出的一种安全身份认证技术。

（10）虹膜认证。虹膜是瞳孔周围的环状颜色组织，具有丰富而各不相同的纹理图案，构成了虹膜识别的基础。虹膜识别技术是通过一种近似红外线的光线对虹膜图案进行扫描成像，并通过图案像素的异或操作来判定相似程度。与现有大量指纹鉴别产品相比，虹膜鉴别在可靠性、安全性（指纹易仿造）、稳定精度等方面仍具有巨大的优势。

6.3.2　访问控制

访问控制技术，指防止对任何资源进行未授权的访问，从而使计算机系统在合法的范围内使用。通过用户身份及其所归属的某项定义组来限制用户对某些信息项的访问，或限制对某些控制功能的使用的一种技术，如 UniNAC 网络准入控制系统的原理就是基于此技术的。访问控制通常用于系统管理员控制用户对服务器、目录、文件等网络资源的访问。

通过身份认证，能够确认用户的身份，而对用户的操作和访问行为的把控就需要授权和审计发挥作用了。

通俗地讲就是，用户是主体，文件是客体，读取文件操作是请求，一个主体请求一个客体，这个请求的授权由访问控制来完成。

主体：请求的发起者。主体可以是用户，也可以是进程、应用、设备等任何发起访问请求的来源。

客体：请求的接收方，一般是某种资源。例如某个文件、数据库，也可以是进程、设备等接受指令的实体。

请求：主体对客体进行的操作。一般是读、写和执行，也可以进一步细分为删除、追加等粒度更细的操作。

访问机制是否对请求进行授权，决定着这个操作能否顺利执行下去。所以，了解访问机制的规则至关重要。常见的访问控制机制有以下四种：

- 自主访问控制（Discretionary Access Control，DAC）。让客体的所有者来定义访问控制规则。
- 基于角色的访问控制（Role-Based Access Control，Role-BAC）。将主体划分为不同的角色，然后对每个角色的权限进行定义。
- 基于规则的访问控制（Rule-Based Access Control，Rule-BAC）。制定某种规则，将主体、请求和客体的信息结合起来进行判定。
- 强制访问控制（Mandatory Access Control，MAC）。一种基于安全级别标签的访问控制策略。

6.3.3　入侵检测系统

入侵检测系统是依照一定的安全策略，通过软硬件对网络、系统的运行状况进行监视，尽可能发现各种攻击企图、攻击行为或攻击结果，以保证网络系统资源的机密性、完整性和可用性。

入侵检测可以分为实时入侵检测和事后入侵检测两种。实时入侵检测在网络连接过程中进行，系统根据用户的历史行为模型、存储在计算机中的专家知识及神经网络模型对用户当前的操作进行判断，一旦发现入侵迹象立即断开入侵者与主机的连接，并收集证据和实施数据恢复。这个检测过程是不断循环进行的。而事后入侵检测则是由具有网络安全专业知识的网络管理人员定期或不定期进行的，不具有实时性，因此防御入侵的能力不如实时入侵检测系统。

入侵检测系统是国家信息安全的重要建设内容之一，已经纳入信息安全等级保护和安全测评的范畴。

6.3.4　防火墙

防火墙，又称防护墙、火墙，其功能主要是及时发现并处理计算机网络运行时潜在的安全风险、数据传输风险等问题，同时可以对计算机网络安全中的各项操作进行记录与检测，以确保计算机网络正常运行。

目前的防火墙已经是一个由软件和硬件设备组合而成的，在内部网和外部网之间、专用网与公共网之间的界面上构造的保护屏障，是一种获取安全性方法的形象说法。防火墙位于计算机和它所连接的网络之间，计算机流入、流出的所有网络通信和数据包均需要经过它。防火墙在 Internet 与 Intranet 之间建立起一个安全网关，从而保护内部网免受非法用户的侵入。防火墙主要由服务访问规则、验证工具、包过滤和应用网关四个部分组成。

1. 防火墙的分类

通常情况下，防火墙分为四类：基于路由器的防火墙、用户化的防火墙工具组件、建立在通用操作系统上的防火墙、具有安全操作系统的防火墙。

按照结构划分，防火墙可以分为：代理主机结构、路由器 + 过滤器结构。

按照原理划分，防火墙可以分为：特殊设计的硬件防火墙、数据包过滤型防火墙、电路层网关和应用级网关。安全性能高的防火墙系统都是组合运用多种类型的防火墙，构筑多道防火墙组成的"防御工事"。

防火墙应用的主要技术指标是吞吐量和报文转发率，一般采用全双工吞吐量（Full Duplex Throughput，FDT）来衡量，FDT 是指 64 字节数据包的全双工吞吐量，该指标既包括吞吐量指标，也涵盖了报文转发率指标。

2. 防火墙的基本特性

防火墙具有以下特性：

（1）内部网络和外部网络之间的所有网络数据流都必须经过防火墙。这是防火墙所处网络位置的特性，同时也是一个前提。因为只有当防火墙是内、外部网络之间通信的唯一通道时，才能够全面、有效地保护组织内部网络不受侵害。

（2）只有符合安全策略的数据流才能通过防火墙。这是防火墙最基本的功能，能够确保网络流量的合法性，并在此前提下将网络的流量快速地从一条链路转发到另外的链路上。

（3）防火墙自身应具有非常强的抗攻击免疫力。这是防火墙担当组织内部网络安全防护重任的先决条件。防火墙处于网络边缘，就像一个边界卫士一样，每时每刻都要面对黑客的入侵，这就要求防火墙自身具有非常强的抗击入侵本领。防火墙操作系统是关键，只有自身具有完整信任关系的操作系统才可以谈论系统的安全性。

（4）应用层防火墙具备更细致的防护能力。传统防火墙由于不具备区分端口和应用的能力，以至于只能防御传统的攻击，面对来自应用层的攻击可能毫无办法。

（5）数据库防火墙具有针对数据库恶意攻击的阻断能力。采用虚拟补丁技术、SQL 注入禁止技术、SQL 黑名单技术等关键技术应用，为数据库提供安全、可靠的防护。

6.3.5 网闸

网闸是使用带有多种控制功能的固态开关读写介质、连接两个独立主机系统的信息安全设备。由于两个独立的主机系统通过网闸进行隔离，使系统间不存在通信的物理连接、逻辑连接及信息传输协议，不存在依据协议进行的信息交换，只有以数据文件形式进行的无协议摆渡。因此，网闸从逻辑上隔离、阻断了互联网、工作外网等对工作内网具有潜在攻击可能的一切网络连接，使外部攻击者无法直接入侵、攻击或破坏内网，保障了内部主机的安全。

1. 网闸技术

网闸技术也称网络隔离技术，由两套各自独立的系统分别连接安全和非安全的网络，两套系统之间通过网闸进行信息摆渡，保证两套系统之间没有直接的物理通路。在通信过程中，当存储介质与安全的网络连通时，断开与非安全网络的连接；当与非安全网络连通时，断开与安全网络的连接；通过分时使用两套系统中的数据通路进行数据交换，以达到隔离与交换的目的。此外，在数据交换过程中，需要同时进行防病毒、防恶意代码等信息过滤，以保证信息的安全。

网络隔离技术的产品和方案主要有以下几种。

1）独立网络方案

根据保密需求的不同，将信息存放在两个独立的网络中。一个是内部网络，用于存储、处理、传输涉密信息；另一个是外部网络，与互联网相连。内部网络和外部网络物理断开。两个网络之间如果有数据交换需要，则采用人工操作（例如通过软盘、磁带等）的方式。

2）终端级解决方案

用户使用一台客户端设备排他性选择连接内部网络和外部网络。终端级解决方案主要分为以下几类：

（1）双主板，双硬盘型。通过设置两套独立计算机的设备实现，使用时通过客户端开关分别选择两套计算机系统。

（2）单主板，双硬盘型。客户端通过增加一块隔离卡、一块硬盘，将硬盘接口通过添加的隔离卡转接到主板，网卡也通过该卡引出两个网络接口。通过该卡控制客户端存储设备，同时选择相应的网络接口，达到网络隔离的效果。

（3）单主板，单硬盘型。客户端需要增加一块隔离卡，存储器通过隔离卡连接到主板，网卡也通过隔离卡引出两个网络接口。对硬盘上划分安全区、非安全区，通过隔离卡控制客户端存储设备分时使用安全区和非安全区，同时对相应的网络接口进行选择，以实施网络隔离。

网闸实现了内外网的逻辑隔离，在技术特征上主要表现为网络模型各层的断开，实现了物理层断开、链路层断开、TCP/IP协议隔离和应用协议隔离。

2. 网闸应用的具体部署

1）涉密网与非涉密网之间

有些政府办公网络涉及敏感信息，当其与外部非涉密网连接的时候，可以用物理隔离网闸将两者隔开。

2）局域网与互联网之间（内网与外网之间）

有些局域网络，特别是政府办公网络，涉及政府敏感信息，有时需要与互联网在物理上断开，物理隔离网闸是一个常用的办法。

3）办公网与业务网之间

由于办公网络与业务网络的信息敏感程度不同，例如，银行办公网络和银行业务网络就是典型的信息敏感程度不同的网络。为了提高工作效率，办公网络有时需要与业务网络交换信息。为保障业务网络的安全，比较好的办法就是在办公网与业务网之间使用物理隔离网闸，实现两类网络的物理隔离。

4）电子政务的内网与专网之间

在电子政务系统建设中，要求政府内网与外网之间逻辑隔离，在政府专网与内网之间用物理隔离。常用的方法是采用物理隔离网闸来实现。

5）业务网与互联网之间

电子商务网络一边连接着业务网络服务器，一边通过互联网连接着广大用户。为了保障业务网络服务器的安全，在业务网络与互联网之间应实现物理隔离。

6.3.6　防病毒

1. 防病毒分析

防病毒指用户主动防范计算机等电子设备不受病毒入侵，从而避免出现用户资料泄密、设备程序被破坏等情况。病毒潜伏在电子设备中，即使还没有开始发作也总会留下一些"蛛丝马迹"。常见的中毒现象包括：

- 计算机系统经常无故死机；
- 计算机系统的运行速度明显减慢；
- 系统出现异常的重新启动现象；
- 磁盘坏簇莫名其妙地增多，它是病毒为了隐藏自己伪造的假象；
- 操作系统无故频繁地报警或虚假报警；
- 丢失文件或文件被破坏；
- 系统中的文件时间、日期、大小发生了变化；
- 磁盘出现特殊标签或系统无法正常引导磁盘；
- 磁盘空间迅速减少；
- 屏幕上出现异常显示；
- 部分文档自动加了密码，限制阅读和修改；
- 以前能正常运行的应用程序运行时经常发生死机或者出现非法错误；
- 自动发送电子邮件等。

2. 防病毒策略

在分析了病毒侵害的原因后，就需要有的放矢地设计病毒防护策略。

病毒防护策略准则包括：

（1）拒绝访问能力。来历不明的入侵软件（尤其是通过网络传输的软件）不得进入系统。

（2）病毒检测能力。应当认识到，病毒总是有可能进入系统的，系统中应设置检测病毒的机制。除了检测已知病毒外，能否检测未知病毒是一个重要的指标。

（3）控制病毒传播的能力。应当认识到，没有一种方法能检测出所有病毒。一旦病毒进入系统，不应让病毒在系统中到处传播，系统一定要有控制病毒传播的能力。

（4）清除能力。如果病毒突破了系统的防护，即使它的传播受到了控制，也要有相应的措施将它清除掉。对于已知病毒，可以使用专用杀毒软件；对于未知病毒，在发现后使用软件工具对它进行分析，尽快编写出消杀软件。当然，如果有后备文件，也可以使用它直接覆盖受感染文件，但一定要查清楚病毒的来源。

（5）恢复能力。有可能在消除病毒以前，病毒就破坏了系统中的数据，系统应提供一种高效的方法来恢复这些数据。

（6）替代操作。系统应该提供一种替代操作方案。在恢复系统时可用替代系统工作，问题解决后再换回来。这一准则对于某些关键的系统应用是必须得到保证的。

6.3.7   数据加密技术

数据加密（Data Encryption）技术是指将一个信息（或称明文，Plain Text）经过加密钥匙（Encryption Key）及加密函数转换，变成无意义的密文（Cipher Text），而接收方则将此密文经过解密函数、解密钥匙（Decryption Key）还原成明文。数据加密技术只有在指定的用户或网络下，才能解除密码而获得原来的数据，这就需要给数据发送方和接收方以一些特殊的信息用于加解密，即所谓的密钥。密钥的值是从大量的随机数中选取的。需要强调的是，数据加密技术的首要目的是隐藏信息（数据）的含义，并不是隐藏信息（数据）的存在。

数据加密技术按加密算法分为专用密钥和公开密钥两种。

1）专用密钥

专用密钥又称为对称密钥或单密钥，加密和解密时使用同一个密钥，即同一个算法。例如对称加密算法 DES 和麻省理工学院（Massachusetts Institute of Technology，MIT）的 MIT 许可证中的 Kerberos 算法。

单密钥是最简单的方式，通信双方必须交换彼此的密钥，当需要给对方发信息时，用自己的加密密钥进行加密，而在接收方收到数据后，用对方所给的密钥进行解密。当一个文本需要加密传送时，该文本用密钥加密构成密文，密文在信道上传送，收到密文后用同一个密钥将密文解出来，形成普通文本供阅读。

在对称密钥中，密钥的管理极为重要，一旦密钥丢失，密文将无密可保。这种方式在与多方通信时因为需要保存很多密钥而变得很复杂，而且密钥本身的安全也是一个问题。对称密钥是最古老的加密方法，"密电码"采用的就是对称密钥。由于对称密钥运算量小、速度快、安全强度高，因而目前仍被广泛采用。

2）公开密钥

公开密钥又称为非对称密钥，加密和解密时使用不同的密钥，即不同的算法，虽然两者之间存在一定的关系，但不可能轻易地从一个推导出另一个。有一个公用的加密密钥，有多个解密密钥，如 RSA 算法（非对称加密算法，是 1977 年由麻省理工学院的三人共同开发的，故用其姓氏开头字母组合命名）。

非对称密钥由于两个密钥（加密密钥和解密密钥）各不相同，因而可以将一个密钥公开，而将另一个密钥保密，同样可以起到加密的作用。在这种编码过程中，一个密钥用来加密消息，而另一个密钥用来解密消息。

3）数字签名

公开密钥的加密机制虽提供了良好的保密性，但难以鉴别发送者，即任何得到公开密钥的人都可以生成和发送报文。数字签名机制提供了一种鉴别方法，以解决伪造、抵赖、冒充和篡改等问题。

数字签名（又称公钥数字签名、电子签章）是一种类似写在纸上的普通的物理签名，但是使用了公钥加密领域的技术实现的，用于鉴别数字信息的方法。一套数字签名通常定义两种互补的运算，一个用于签名，另一个用于验证。数字签名不是指把签名扫描成数字图像，或者用触摸板获取的签名，更不是个人的落款。经过数字签名的文件，其完整性是很容易验证的，而且具有不可抵赖性，不需要骑缝章、骑缝签名，也不需要笔迹专家来验证。

数字签名一般采用非对称加密技术（例如 RSA），通过对整个明文进行某种变换，得到一个值，作为核实签名、确认身份的技术手段之一。接收者使用发送者的公开密钥对签名进行解密运算，如其结果为明文，则签名有效，证明对方的身份是真实的。当然，签名也可以采用多种方式，例如将签名附在明文之后。数字签名普遍用于银行、电子贸易等。

数字签名不同于手写签字：数字签名随文本的变化而变化，手写签字反映某个人的个性特征，是不变的；数字签名与文本信息是不可分割的，而手写签字是附加在文本之后的，与文本信息是分离的。

密码技术是网络安全最有效的技术之一。一个加密网络不但可以防止非授权用户搭线窃听和入网，而且也是对付恶意软件的有效方法之一。

6.4　网络安全等级保护

随着互联网的飞速发展和广泛应用，国家机关、社会、企事业机构、团体和民众都面临着网络时代下互联网环境、信息交互等带来的信息安全防范不到位的威胁，"没有网络安全就没有国家安全"。《中华人民共和国网络安全法》《中华人民共和国密码法》《中华人民共和国保守国家秘密法（修订）》等法律法规颁布执行，为承载影响国计民生的重要网络信息系统的安全提供了法律保障。

6.4.1　网络安全等级保护定级基础

等级保护（简称"等保"），目前指网络安全等级保护。《中华人民共和国网络安全法》明确规定，我国实行网络安全等级保护制度。

1. 等保发展历程

截至目前，等保经历了两个发展历程，即等保 1.0 和等保 2.0 两个典型阶段。

1）等保 1.0

等保 1.0 的主要标准是：GB/T 22239《信息安全技术　信息系统安全等级保护基本要求》、GB/T 25070《信息安全技术　信息系统等级保护安全设计要求》和 GB/T 28448《信息安全技术信息系统安全等级保护测评要求》。

2）等保 2.0

2019 年 5 月 13 日，国家市场监督管理总局、国家标准化管理委员会发布了三个网络安全领域的国家标准，即 GB/T 22239《信息安全技术 网络安全等级保护基本要求》、GB/T 25070《信息安全技术 网络安全等级保护安全设计技术要求》和 GB/T 28448《信息安全技术 网络安全等级保护测评要求》，于 2019 年 12 月 1 日起实施，标志着我国进入等保 2.0 时代。

2. 等保分级

根据等级保护对象在国家安全、经济建设、社会生活中的重要程度，以及一旦遭到破坏、丧失功能或者数据被篡改、泄露、丢失、损毁后，对国家安全、社会秩序、公共利益以及公民、法人和其他组织的合法权益的侵害程度等因素，等级保护对象的安全保护等级分为以下五级：

（1）第一级，自主保护级。指等级保护对象受到破坏后，会对相关公民、法人和其他组织的合法权益造成损害，但不危害国家安全、社会秩序和公共利益。

（2）第二级，指导保护级。指等级保护对象受到破坏后，会对相关公民、法人和其他组织的合法权益造成严重损害或特别严重损害，或者对社会秩序和公共利益造成危害，但不危害国家安全。

（3）第三级，监督保护级。指等级保护对象受到破坏后，会对社会秩序和公共利益造成严重危害，或者对国家安全造成危害。

（4）第四级，强制保护级。指等级保护对象受到破坏后，会对社会秩序和公共利益造成特别严重危害，或者对国家安全造成严重危害。

（5）第五级，专控保护级。指等级保护对象受到破坏后，会对国家安全造成特别严重危害。

3. 等保 1.0 与等保 2.0 的主要差异

等保 1.0 与等保 2.0 的差异主要体现在：

- 保护对象和名称有调整，等保 1.0 为信息系统安全等级保护，等保 2.0 为网络安全等级保护；
- 等保 2.0 的保护对象较等保 1.0 扩大了保护范围；
- 相比等保 1.0，等保 2.0 进一步加强了等级保护基本要求；
- 等保 2.0 对等保 1.0 的保护内容进行了适当扩容、完善和调整。

两者的具体差异如表 6-1 所示。

表 6-1　等保 1.0 与等保 2.0 的主要差异

序号	比较项	等保 1.0	等保 2.0
1	名称	信息系统安全等级保护	网络安全等级保护
2	对象	信息系统	基础信息网络、云计算平台/系统、大数据平台/系统、物联网、工业控制系统、移动互联网系统等
3	基本要求	安全要求	安全要求 新型应用安全扩展要求：云计算安全扩展要求、物联网安全扩展要求、工业控制系统安全扩展要求、移动互联安全扩展要求

（续表）

序号	比较项	等保 1.0	等保 2.0
4	内容	物理安全	安全物理环境
		网络安全	安全通信网络
		主机安全	安全区域边界
		数据安全及备份 / 恢复	安全计算环境
		应用安全	安全管理中心
		安全管理制度	安全管理制度
		安全管理机构	安全管理机构
		人员安全管理	安全管理人员
		系统建设管理	安全建设管理
		系统运维管理	安全运维管理

相较等保 1.0，等保 2.0 在保护范围、法律效力、参考标准、定级流程、备案流程、保护重点、保护思路等方面都发生了较大的变化，具体体现为以下五点：

（1）等保 2.0 以《中华人民共和国网络安全法》《中华人民共和国保守国家秘密法》等法律为顶层设计，法律效力更强。

（2）等保 2.0 在等保 1.0 的标准体系上进行了修订，并增加了 GB/T 36627《信息安全技术 网络安全等级保护测试评估技术指南》等新的技术标准。

（3）在定级原则方面，等保 2.0 将原有的"自主定级、自主保护"原则变成了国家行政机关持续监督的"明确等级、增强保护、常态监督"方式。

（4）对关键信息基础设施提出了"定级原则上不低于三级"的指导意见。

（5）在备案流程方面，等保 2.0 明确了定级流程，包括确定定级对象、初步确定等级、专家评审、主管部门审核、公安机关备案审查，弥补了等保 1.0 时代只能按照定级要素进行级别识别、没有严格流程等方面的不足。

依据 GB/T 25058《信息安全技术　网络安全等级保护实施指南》等技术规范，等级保护整体流程包括：系统定级、专家评审、网安备案、系统测评、系统整改、复测、出具报告等。

6.4.2　网络安全等级保护基本要求

1. 信息系统安全等级保护的定级要素

信息系统安全等级保护就是在等级保护对象受到信息安全攻击的破坏时，使其遭受侵害的程度、范围可以得到控制，或避免其遭受侵害。

等级保护对象的定级要素包括：受侵害的客体、对客体的侵害程度。

（1）等级保护对象受到破坏时所侵害的客体包括：

- 公民、法人和其他组织的合法权益；
- 社会秩序、公共利益；
- 国家安全。

（2）对客体造成侵害的程度。

对客体的侵害程度由客观方面的不同外在表现综合决定。由于对客体的侵害是通过对等级保护对象的破坏实现的，因此，对客体的侵害外在表现为对等级保护对象的破坏，通过危害方式、危害后果和危害程度加以描述。

等级保护对象受到破坏后对客体造成侵害的程度归结为：造成一般损害、造成严重损害、造成特别严重损害。

2. 定级要素与等级的关系

区分了受侵害的客体，确定了等级保护对象受到破坏后对客体造成侵害的程度，也就明确了其与信息系统安全保护等级的关系。定级要素与信息系统安全保护等级的关系如表 6-2 所示。

表 6-2　定级要素与安全保护等级的关系

信息安全被破坏时受侵害的客体	对相应客体的侵害程度		
	一般损害	严重损害	特别严重损害
公民、法人和其他组织的合法权益	第一级	第二级	第二级
社会秩序、公共利益	第二级	第三级	第四级
国家安全	第三级	第四级	第五级

3. 信息系统定级的一般程序

确定信息系统安全保护等级的一般流程如图 6-1 所示。

（1）确定作为定级对象的信息系统及信息系统安全受到破坏时所侵害的客体；

（2）根据不同的受侵害客体，分析确定遭受破坏对客体的侵害程度，并完成初步定级，提出信息系统安全定级方案；

（3）组织专家对信息系统安全保护初步等级进行评审，并出具专家意见；

（4）将信息系统安全定级方案、专家评审意见报送国家有关信息系统安全等级保护部门，申报定级，完成备案审核；

（5）国家有关信息系统安全等级保护部门批复信息系统安全定级。

有关信息系统安全定级的具体方法，可参照 GB/T 22240《信息安全技术　网络安全等级保护定级指南》和 GB/T 25058《信息安全技术　网络安全等级保护实施指南》。

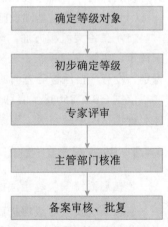

图 6-1　等级保护对象定级工作的一般流程

6.4.3　网络安全等级保护测评要求

网络安全等级保护测评（简称"等保测评"）是经公安部认证的具有资质的测评机构，依据国家信息安全等级保护规范规定，受有关单位委托，按照有关管理规范和技术标准，对信息系统安全等级保护状况进行检测评估的活动。

等级保护第三级（简称"等保三级"），即监督保护级，是当下信息系统建设过程中比较常见的等级保护定级级别。

由于该等级的信息系统受到破坏后，会对社会秩序和公共利益造成严重损害，或者对国家安全造成损害，危害程度影响较大。又由于该等级的信息系统适用范围较广，如地市级以上国家机关、企业、事业单位内部重要的信息系统，涉及工作秘密、商业秘密、敏感信息的办公系统和管理系统，跨省或全国联网运行的用于生产、调度、管理、指挥、作业、控制等方面的重要信息系统以及这类系统在省、地市的分支系统，中央各部委、省（区、市）门户网站和重要网站，跨省连接的网络系统等，都属于等保三级。因此以下内容多以等保三级为例予以论述。

1. 等保测评的主要内容

等保测评的主要内容包括：

（1）物理安全。包括物理位置的选择、物理访问控制和防盗、防火、防水、防雷、温湿度控制、电力供应、防静电和电磁防护。

（2）网络安全。包括结构安全、安全审计、访问控制、边界完整性检查、恶意代码防范、入侵防范和网络设备防护等。

等保三级要求的主要增强点包括：结构安全扩展到对重要网段采取可靠的技术隔离，在网络边界增加对恶意代码的检测和清除；安全审计要增强审计数据分析和保护，生成审计报表；访问控制扩展到对进出网络的信息内容过滤。

（3）主机安全。包括身份鉴别、访问控制、安全审计、入侵防范、恶意代码防范和资源控制等。

等保三级要求的主要增强点包括：身份鉴别要求对管理用户采用组合鉴别技术。

（4）应用安全。包括身份鉴别、访问控制、安全审计、通信完整性、通信保密性、抗抵赖、软件容错和资源控制等。

等保三级要求的主要增强点包括：身份鉴别要求组合鉴别技术；访问控制和安全审计基本同主机安全的增强要求；要求对通信过程中的整个报文或会话过程进行加密。

（5）数据安全。包括数据完整性和保密性、数据的备份和恢复。

等保三级要求的主要增强点包括：对系统管理数据、鉴别信息和重要业务数据在存储过程和传输过程中的完整性进行检测和恢复，采用加密或其他有效措施实现以上数据传输和存储的保密性；提供异地数据备份等。

2. 测评实施和实施要点

在实施测评过程中，对于每一项测评内容，根据技术标准的约定都要设置若干测评项，每一个测评项都有针对性的测评对象、测评方法，并根据测评结果给出分数，并在测评报告中给出总分。

等保测评的实施要点包括：

（1）需要注意的关键环节，具体如下：

- 等保定级后，第二级以上系统需要到属地公安机关办理备案手续，公安机关审核合格后颁发备案证明；
- 各单位、各部门根据系统等级，按照国家标准进行信息系统安全建设的整改工作；
- 聘请测评机构进行等级测评；
- 公安机关定期开展监督、检查、指导。

（2）目前必须进行等保定级并开展测评的行业主要有：国土资源、交通、海关、铁路、税务、广电、征信、烟草、教育、档案、卫生、网约车、金融行业、网络借贷、电力行业、智慧城市、电子政务等。

（3）等级保护工作的流程和要求具体如下：

- 等级保护整体流程包括系统定级、专家评审、网安备案、系统测评、系统整改、复测、出具报告等；
- 时间周期安排，涵盖备案、整改和出具报告的时间，完整工作周期一般为三个月；
- 整理内部资料；
- 按照测评要求，开展对环境和设备的符合性自查及整改。

6.5　信息安全风险评估概述

信息安全风险评估是参照国家有关部门制定的风险评估标准和管理规范，对信息系统的资产价值、潜在威胁、薄弱环节、已采取的防护措施等进行分析，判断安全事件发生的概率，以及可能造成的损失，提出风险管理措施的过程。

信息安全风险评估的技术标准主要有：GB/T 28449《信息安全技术　网络安全等级保护测评过程指南》和 GB/T 20984《信息安全技术　信息安全风险评估方法》。

6.5.1　信息安全风险评估的重要性

风险评估不是一个新概念，早在 21 世纪初期，金融行业、电子商务等许多领域应用信息技术解决业务问题时，就已经有了对信息安全的风险分析、判断及风险评估需求的具体实践。随着国家对信息安全风险评估研究的快速进展，具体评估方法也在不断推陈出新、得到改进完善并进入标准化。风险评估也从早期简单的漏洞扫描、人工审计、性能测试等类型的纯技术操作，逐渐过渡到普遍采用 BS7799、OCTAVE、NIST SP800-26、NIST SP800-30、AS/NZS4360、SSE-CMM 等方法进行检测、分析，并寻求信息安全风险漏洞，在一定程度上充分体现以资产为出发点、以威胁为触发、以技术 / 管理 / 运行等方面存在的脆弱性为诱因，适当地开展信息安全风险评估综合方法及操作模型。

信息安全风险评估的重要性主要体现在以下两个方面：

（1）在信息系统应用过程中，信息安全风险评估必须满足业务不断增长而带来的安全实际要求；

（2）信息安全风险评估必须响应国家法律法规的政策性要求。

6.5.2　信息安全常见风险点危害分析

T/ISEAA 001《网络安全等级保护测评高风险判定指引》整理出了大多数工程经常涉及的等保三级、等保二级所需产品和要求，业主单位、承建单位、监理单位有关人员可通过分析开展自查，为信息安全风险分析提供参考与帮助。

从技术措施角度，信息安全常见的风险点可以分为安全物理环境、安全通信网络、安全区域划分、安全计算环境（包括网络硬件设备、应用系统）和数据安全六个分项。

从管理措施角度，信息安全常见的风险点可以分为安全管理中心、安全管理制度及机构设置、安全管理人员、安全建设管理和安全运维管理五个分项。再针对各个分项的风险点检测项，以及每一个检测项对应的等保三级要求或等保二级要求进行分析，研究对策。

通过自查，可以比较直观地了解和掌握工程建设实践过程中，信息系统与等保三级、等保二级对应的要求，以及建设实际所存在的差距，并针对差异做出相应的信息安全规划和部署实施，再针对不符合项开展必要的补充、完善等整改工作，加强信息系统安全。

6.6　关键信息基础设施保护

关键信息基础设施保护是确保国家安全、经济发展和社会稳定的重要措施，用于保障重要网络系统、数据资源和关键服务稳定运行，以抵御外部攻击和应对内部风险。

1. 关键信息基础设施保护的基本概念及依据

关键信息基础设施保护的法律依据是《中华人民共和国网络安全法》。

（1）《中华人民共和国网络安全法》有关规定。

第三十一条　国家对提供公共通信、广播电视传输等服务的基础信息网络，能源、交通、水利、金融等重要行业和供电、供水、供气、医疗卫生、社会保障等公共服务领域的重要信息系统，军事网络，设区的市级以上国家机关等政务网络，用户数量众多的网络服务提供者所有或者管理的网络和系统（以下称关键信息基础设施），实行重点保护。关键信息基础设施安全保护办法由国务院制定。

（2）《关键信息基础设施安全保护条例》有关规定。

第二条　本条例所称关键信息基础设施，是指公共通信和信息服务、能源、交通、水利、金融、公共服务、电子政务、国防科技工业等重要行业和领域的，以及其他一旦遭到破坏、丧失功能或者数据泄露，可能严重危害国家安全、国计民生、公共利益的重要网络设施、信息系统等。

（3）《网络安全审查办法》有关规定。

第一条　为了确保关键信息基础设施供应链安全，保障网络安全和数据安全，维护国家安全，根据《中华人民共和国国家安全法》《中华人民共和国网络安全法》《中华人民共和国数据安全法》《关键信息基础设施安全保护条例》，制定本办法。

第二条　关键信息基础设施运营者采购网络产品和服务，网络平台运营者开展数据处理活动，影响或者可能影响国家安全的，应当按照本办法进行网络安全审查。

前款规定的关键信息基础设施运营者、网络平台运营者统称为当事人。

第三条　网络安全审查坚持防范网络安全风险与促进先进技术应用相结合、过程公正透明与知识产权保护相结合、事前审查与持续监管相结合、企业承诺与社会监督相结合的原则，从产品和服务以及数据处理活动安全性、可能带来的国家安全风险等方面进行审查。

第四条　在中央网络安全和信息化委员会领导下，国家互联网信息办公室会同中华人民共和国国家发展和改革委员会、中华人民共和国工业和信息化部、中华人民共和国公安部、中华人民共和国国家安全部、中华人民共和国财政部、中华人民共和国商务部、中国人民银行、国家市场监督管理总局、国家广播电视总局、中国证券监督管理委员会、国家保密局、国家密码管理局建立国家网络安全审查工作机制。

2. 关键信息基础设施保护内容

《关键信息基础设施安全保护条例》第五条规定：国家对关键信息基础设施实行重点保护，采取措施，监测、防御、处置来源于中华人民共和国境内外的网络安全风险和威胁，保护关键信息基础设施免受攻击、侵入、干扰和破坏，依法惩治危害关键信息基础设施安全的违法犯罪活动。

6.7　数据安全的主要策略及方法

数据安全是指通过采取必要措施，确保数据处于有效保护和合法利用的状态，以及具备保障持续安全状态的能力。数据安全有两方面含义：

（1）数据本身的安全，主要是指采用现代密码算法对数据进行主动保护，如数据保密、数据完整性、双向强身份认证等；

（2）数据防护的安全，主要是采用现代信息存储手段对数据进行主动防护，如通过磁盘阵列、数据备份、异地容灾等手段保证数据的安全，数据安全是一种主动的保护措施。数据本身的安全必须基于可靠的加密算法与安全体系，主要有对称算法与公开密钥密码体系两种。

数据处理的安全是指如何有效地防止数据在录入、处理、统计或打印中由于硬件故障、断电、死机、人为的误操作、程序缺陷、病毒或黑客等造成的数据库损坏或数据丢失现象，某些敏感或保密的数据可能被不具备资格的人员或操作员阅读，从而造成数据泄密等后果。

数据存储的安全是指数据库在系统运行之外的可读性，一个标准的 Access 数据库，稍微懂得一些基本方法的计算机人员都可以打开阅读或修改。一旦数据库被盗，即使没有原来的系统程序，照样可以另外编写程序对盗取的数据库进行查看或修改。从这个角度说，不加密的数据库是不安全的，容易造成商业泄密。这就涉及计算机网络通信的保密、安全及软件保护等问题。

6.7.1　数据安全技术的发展要求

数据安全技术的发展要求为：

（1）必须适应新形势、新需求的需要。从信息安全合规性建设、实施与应用角度来看，数据安全技术迎来发展新趋势。具体表现为：

- 数据安全技术正逐步获得国家政策重视以及用户认可，从顶层规划到配套法律法规的不断加码，企业层面越发重视加密技术应用；
- 数据安全技术与业务的结合越来越紧密，业务应用层正成为数据安全建设的重点，将成为解决企业在平衡合规压力、改造复杂业务和信息系统方面困境的关键所在；
- 数据安全技术应用扩展到各领域行业，密码技术的行业及场景适用性进一步延伸。如国家标准 GB/T 39786《信息安全技术　信息系统密码应用基本要求》的发布，替代了行业标准 GM/T 0054《信息系统密码应用基本要求》。

（2）必须适应国家有关法律法规要求。

6.7.2　数据安全的特点

数据安全的三项基本特点是：机密性、完整性和可用性。

1. 机密性

机密性又称保密性，是指个人或团体的信息不为其他不应获得者获得。

许多软件包括邮件软件、网络浏览器等，都有保密性相关设定，用以维护用户资讯的保密性。间谍档案或黑客也有可能导致保密性的问题。

2. 完整性

数据完整性是指在传输、存储信息或数据的过程中，确保信息或数据不被未授权地篡改或在篡改后能够被迅速发现。

在信息安全领域，完整性和保密性的边界经常混淆。以普通 RSA 对数值信息加密为例，黑客或恶意用户在没有获得密钥破解密文的情况下，可以通过对密文进行线性运算，相应改变数值信息的值。例如交易金额为 X 元，通过对密文乘 2，可以使交易金额成为 2X。为解决以上问题，通常使用数字签名或散列函数对密文进行保护。

3. 可用性

数据可用性是一种以使用者为中心的设计概念，其设计的重点在于让产品的设计能够符合使用者的习惯与需求。以互联网网站为例，设计人员希望让使用者在浏览过程中不会产生压力或感到挫折，并让使用者在使用网站功能时，能够用最少的努力发挥最大的效能。

人们对信息安全的认识经历了三个比较显著的发展阶段：一是数据安全初级阶段，强调保密通信，实现数据传输加解密；二是网络信息安全时代，强调网络环境；三是信息保障时代，强调不能被动地保护，需要实现"保护—检测—反应—恢复"四个环节的多重安全保障。

6.7.3　数据安全主要防护技术

1. 数据安全风险分析

威胁数据安全的因素有很多，主要有以下几种常见情形：

（1）硬盘驱动器损坏。一个硬盘驱动器的物理损坏意味着数据丢失。设备的运行损耗、存储介质失效、运行环境以及人为的破坏等，都能对硬盘驱动器设备造成影响。

（2）人为错误。由于操作失误，使用者可能会误删除系统的重要文件，或者修改影响系统运行的参数，以及没有按照规定要求或操作不当导致系统宕机。

（3）黑客攻击。入侵者通过网络远程入侵系统，造成黑客攻击的原因很多，如系统技术防范不到位、存在安全漏洞、管理措施不力等。

（4）病毒侵害。因感染计算机病毒而破坏计算机系统、造成重大损失的事件屡屡发生。计算机病毒的复制能力强，感染性强，特别是在网络环境下，传播速度更快。

（5）信息窃取。从计算机上复制、删除信息或干脆把计算机偷走。

（6）自然灾害。

（7）电源故障。电源供给系统故障，例如一个瞬间过载功率会使硬盘或存储设备上的数据遭到破坏。

（8）电磁干扰。重要的数据接触到有磁性的物质，可能造成计算机数据被破坏。

2. 主要防护技术

计算机存储的信息越来越多、越来越重要，为防止计算机中的数据意外丢失，一般都用多种安全防护技术或手段来确保数据安全，常用的数据防护机制包括：

（1）磁盘阵列。磁盘阵列是指把多个类型、容量、接口甚至品牌一致的专用磁盘或普通硬盘连成一个阵列，使其以更快的速度、准确、安全的方式读写磁盘数据，从而提升数据读取速度和安全性的一种手段。

（2）数据备份。备份管理包括备份的可计划性、自动化操作、历史记录的保存或日志记录。

（3）双机容错。双机容错的目的在于保证系统数据和服务的在线性，即当某一系统发生故障时，仍然能够正常地向网络系统提供数据和服务，使系统不至于停顿。双机容错是为了保证数据不丢失和系统不停机。

（4）网络附加存储（NAS）。NAS 解决方案通常配置为作为文件服务的设备，由工作站或服务器通过网络协议和应用程序来进行文件访问，大多数 NAS 链接在工作站客户机和 NAS 文件共享设备之间进行。这些链接依赖于企业的网络基础设施来正常运行。

（5）数据迁移。由在线存储设备和离线存储设备共同构成一个协调工作的存储系统，该系统在在线存储和离线存储设备间动态地管理数据，使得访问频率高的数据存放于性能较高的在线存储设备中，而访问频率低的数据存放于较为廉价的离线存储设备中。

（6）异地容灾。一种以异地实时备份为基础的高效、可靠的远程数据存储工作模式。在主数据中心基础上配备一个同城异地或外埠异地的备份数据中心，利用数据备份机制实现数据实时的存储保护，一旦主数据中心出现故障或遭遇水患、火灾、地震等灾难时，主数据中心瘫痪了，备份数据中心立即接管主数据中心，继续为系统运行提供数据存储、数据支撑等服务。

（7）存储区域网络（SAN）。SAN 允许服务器在共享存储装置的同时仍能高速传送数据。这一方案具有带宽高、可用性高、容错能力强的优点，而且它可以轻松升级，容易管理，有助于改善整个系统的总体成本状况。SAN 支持磁盘镜像技术、备份与恢复、档案数据的存档和检索、存储设备间的数据迁移以及网络中不同服务器间的数据共享等功能。典型的 SAN 是一个机构的整个计算机网络资源的重要部分。

第 7 章　运行维护

信息系统的核心价值在于使用。在信息系统工程建设项目交付后，其成为支撑业主单位相关业务正常运行的核心及支柱，因此信息系统工程的运行维护工作对业务连续性尤为重要。随着以云计算、大数据、物联网、人工智能等为代表的新技术迅速发展，信息系统运行维护（简称"运维"）领域的相关技术也在不断更新。

我国信息技术服务标准（Information Technology Service Standards，ITSS）系列的建立，明确了信息技术服务分类、运行维护工作涉及的关键要素、质量评价指标体系等。运维服务人员可以通过运维服务级别协议熟悉运维服务项目的交付内容及应急响应要点，达到提升运维服务质量的目标。运维服务团队可以在服务能力、运维项目过程交付、应急响应等各方面提升整体规范化管理能力，提升运维服务团队的工作效率和服务质量。

7.1　运行维护概述

本节阐释信息系统运行维护的基本概念，同时展望其演进轨迹，介绍运行维护当前实践及其潜在发展的概览。

7.1.1　基本概念

信息系统运维是指新建或升级改造类信息系统工程实施完成后的系统在完成其试运行周期后，正式进入生产环境交付使用阶段的维护和保养工作。

运行维护服务是指采用信息技术手段及方法，依据信息系统业主单位提出的服务需求，为其在使用信息系统过程中提出的各类需求提供的综合服务。

运行维护服务对象（简称"服务对象"）是指信息系统工程建设项目交付的内容，主要包括机房基础设施、物理资源、虚拟资源、平台资源、应用和数据等。

运行维护服务级别协议（简称"服务级别协议"或"SLA"）是指业主单位与运维服务提供方之间为约定运维服务内容和各项服务指标所签署的文件。

运行维护服务交付是指在签署的服务级别协议中，运维服务提供方承诺在服务有效期内向业主单位提供的运行维护服务内容。运维服务交付的内容通常包括例行操作、响应支持、优化改善、调研评估等。

运行维护监理是指运维服务提供方受业主单位委托，依据国家有关法律法规、标准规范、监理合同，对运维服务团队提供的运行维护服务实施监督管理。

7.1.2　运行维护的发展历程

纵观国内外信息系统建设的发展，经历了从无到有、从单机到网络、从单一的业务办公系统到综合性管理信息系统的发展历程。在这个过程中，信息系统的运维工作也随之经历了从单一化的网络管理（Network System Management，NSM），到一体化的运行维护服务管理（IT Service Management，ITSM），再到以业务支撑为核心的业务服务运维管理（Business Service Management，BSM）这三个循序渐进的阶段。

1. 基于 NSM 的基础运维阶段

在信息系统运维工作发展的早期，运维工作主要表现为针对信息系统基础架构的管理，以及以信息系统设备为核心的基础设施管理两大任务。任何信息系统基础架构都有其建设周期，随着信息技术的不断进步和信息系统建设需求的变化，建设完成的信息系统设施也存在更新换代、升级改造的过程。因此上述两个核心任务应当是并行融合的关系，它们是实现信息系统服务管理以及 ITSM 和 BSM 的基础，是发展阶段中不可跨越的起始点。

信息系统运行涉及的基础软件和基础硬件是业务的基础支撑环境，主要包括网络、链路、路由器、服务器、数据库等。为保障硬件环境稳定、网络运行通畅、系统可用，最大程度地减少各类故障的发生，避免业务因基础支撑环境变化而造成被动影响，需要对信息系统的基础支撑环境进行全面管理。通过网络实现对所有监控数据的采集、分析，获得系统及基础环境运行状态的信息，通过对动态信息的监控，保障在故障发生的第一时间或发生之前定位故障的原因及趋势并及时发出报警信息，采取主动的故障防御措施，从而提高信息系统运行环境的健康程度，同时利用基于 SNMP 协议的相关技术实现对信息系统基础设施的远程管理操作，降低信息系统管理的成本并提高效率。

2. 基于 ITSM 的集中运维阶段

在实现了基于 NSM 的基础设施运维后，信息系统基础设施的环境数据得到全面监控，信息系统基础软硬件的稳定性、连续性有了明显提升，但用户在信息系统运行过程中仍会遇到各种各样的问题，由于各信息系统及基础设施的运维是相互独立的，相应的运维管理制度、流程、工具及方法也是相对独立的，各运维团队不得不对用户的网络设备、服务器、信息系统等进行逐一排查，运维工作效率低下，在这个过程中也容易出现互相推诿的现象，造成更大的资源浪费。调查表明，管理原因造成的问题远远多于基础设施和技术本身的问题，运维团队长时间承担着"救火队"的角色。随着我国信息化进程的加快，业主单位对信息系统的依赖程度也逐渐提升，对信息系统运维也提出了更高的要求。ITSM 作为一种新的信息化运维理念开始普及，其最大的变革在于使信息系统运维工作不再仅仅依赖信息技术，而是对整个流程进行梳理，并形成规范化的运维管理标准和制度。

ITSM 主要强调以最终用户为核心，以流程为导向，提供高质量、低成本、高效的信息技术服务。在信息系统建设期，信息化服务管理需要针对组织业务和客户的真实、可用的需求，对信息系统基础架构配置进行合理的安排与设计，避免盲目地投资和重复建设信息系统；在信息系统运维期，ITSM 不同于传统的以系统功能为中心的信息系统管理方式，而是以流程为重点，从复杂的信息系统管理活动中梳理出那些核心流程，例如事故管理、问题管理和配置管理，将流程进行规范化、标准化，明确各运维流程的目的和范围、相关人员的责任和权利、运维步骤、关键成功因素和绩效指标，以及各个流程之间的关系等。ITSM 的目标是将组织的信息系统运维工作从成本中心转化为服务中心和效益中心，使业主单位的业务所产生的价值与信息化成本投入比逐步提高，同时降低信息系统运营的成本。

3. 基于 BSM 的业务导向集中运维阶段

经过 ITSM 阶段，组织实现了规范化、流程化的信息系统运维，但 ITSM 阶段的管理仍然是以业务信息化为对象，针对业务提出的需求进行被动式调整，随着运维服务管理流程的逐步捋顺，业主单位越来越关注信息化服务对业务带来的影响及整体业务情况，越来越注重运维服务团队从业务目标出发来优化运维服务质量，也就是进入了信息化与业务融合的 BSM 阶段。

BSM 实现了业主单位信息系统运维到运维服务团队业务的映射过程，业务目标和成果的达成依赖于实现关键业务流程的自动化工具，这些自动化工具出现故障或性能问题可能会导致严重的业务影响，而信息系统的性能还与许多外部因素有关，例如网络组件、服务器、操作系统和其他基础设施等。要完成运维工作，首先需要进行业务的梳理，确定服务对象，包括每项业务涉及的所有资源、过程、状态、绩效指标、成本和收益等；然后对服务对象的各项性能指标进行定义，并确定如何获取各项性能指标；将各项指标进行关联对应，分析服务对象产生问题时会影响到哪些业务，及如何对业务产生影响；最后，完成资源到业务关联的分析，对运维服务所涉及业务需要的信息化资源进行重现，按最优化分配。

由此可见，BSM 的核心主要体现为三个方面，即业务、资源配置及两者之间的关系：

（1）业务蓝图展现运维服务团队业务的构成情况；

（2）资源配置蓝图展现一个运维服务团队及所有对象构成关系全景；

（3）最终将业务蓝图与资源配置蓝图进行整合，可以动态展现当前信息系统的运行情况，并动态体现出其对业务支撑的相关运维要素及各类资源的情况和能力。

BSM 相关的软件或平台是智能运维服务的实践。业主单位的用户可以将因业务变化产生的请求提交给运维服务团队，通过 BSM 技术可以对相应的基础设施做出动态的改变和配置，而且能对系统性能进行建模，实时对系统性能进行跟踪和监控，动态地调整基础设施等资源以适应业务的变化。到目前为止，我国大多数业主单位及运维服务团队的管理层次仍然停留在 ITSM 初级阶段，甚至是 NSM 阶段，如果以这样的运维架构实施 BSM 技术，不仅无法实现信息化与业务的有效结合，还会导致业务混乱。从传统的信息化运维服务向 BSM 发展的过程，也是信息化运维与组织业务相互匹配、相互磨合、相互融合的过程，许多技术和管理细节需要持续改进、优化。

7.1.3 运行维护服务发展趋势

1. 新技术不断涌现

随着基础设施运维技术、节能技术、新能源技术、网络技术、存储技术、虚拟技术、数据库技术、分布式计算技术、云计算技术、大数据技术、人工智能技术、开发运维一体化（DevOps）技术、物联网技术等新一代信息技术在 5G、云计算、区块链、人工智能、数字孪生、北斗通信等场景的应用，为运维服务提供了新的实现手段，促使数据服务、区块链服务、数字内容处理服务、数字化转型服务等新兴信息技术服务不断涌现，服务模式也由传统的人月方式、项目方式扩展到云订阅、远程服务等方式。创新技术的不断涌现使运维服务走向多元化模式。

2. 运维服务模式转型升级

传统的运维服务，由基于人员、流程、资源和技术的传统运维模式向基于知识、数据、算法、算力的智能运维模式转变。随着人工智能、大数据、云计算等技术的飞速发展，运维服务面临信息系统技术架构日趋复杂、运维对象规模快速增长、告警信息海量涌现、业务需求快速迭代等困难，智能运维应运而生。智能运维是人工智能在运行维护领域的应用，更关注知识、数据、算法、算力的应用，具备能感知、会描述、自学习、会诊断、可决策、自执行、自适应等特征，是"数据驱动的运维"，极大地降低了运维成本，提高了运维效率。

3. 自主创新能力进一步加强

在国家政策的支持下，构建自主可控的运维服务产业生态，基于自主研发芯片、操作系统、中间件和应用软件进行研发的运维服务工具、监控工具、专业工具等，通过对软硬件的重构，自主创新实现从软硬件到云的全面升级，从单一到重点领域的突破，进而实现信息技术应用创新技术的跃升和融合发展，最终达到提升运维服务质量的目的。

7.2　运行维护服务能力

为确保提供的运行维护服务符合与业主单位约定的质量，运维服务团队应具备提供服务的条件和能力。

7.2.1　运行维护服务能力模型

按照 ITSS 体系要求，可以从人员、技术、过程、资源四个维度评价运维服务团队的能力，如图 7-1 所示。

运行维护服务能力模型中提出了运行维护服务能力的四个关键要素：人员、技术、过程、资源，每个要素通过关键指标反映运维服务团队应具备的能力。运维服务团队可以有效地利用资源，运用适当的技术手段，通过规定的运维服务过程为业主单位提供运行维护服务工作，在运维执行过程中采取有效的管理手段，促使运行维护团队达成既定的运维工作目标。

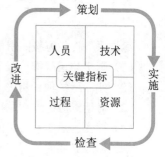

图 7-1　运行维护服务能力模型（关键要素）

1. 策划

在招标阶段，按照业主单位的服务需求、关键技术标准、行业相关标准和服务标准等要求，确定运维服务提供方，在签订运行维护服务合同时应明确的合同及 SLA 要点如下：

（1）运行维护合同条款包含运行维护服务期限、服务范围、服务内容、服务级别（例如 SLA、人员投入、运行维护评估、付款节点、服务变更控制及奖惩条款等）。

（2）服务目录定义的完整性、文件的规范性、考核评估机制的有效性和完整性。

（3）在运行维护合同中应明确要求运维服务提供方接受监理单位的监理。

在运维服务合同签订后，运维工作启动前，运维服务提供方对运维团队的服务能力和关键指标进行策划，并制定相应的运行维护服务方案，服务方案应关注服务内容的完整性、合理性、适宜性等方面，保证运维服务团队能够顺利执行运行维护服务工作。服务方案中包括的内容有：

（1）根据业务需求和管理要求，结合新技术、新模式等要求，策划运行维护服务对象的内容与要求，并形成项目级运维服务目录。

（2）确定参与运维项目的相关方，建立项目管理制度，以支持服务目录的实现。

（3）运维服务团队识别出影响运维服务的相关因素，并依据项目级运维服务目录开展运维服务工作。

（4）结合服务场景，对人员、技术、过程和资源进行策划，并保留运维项目交付过程中的工作内容等相关记录性文件。具体包括以下内容：

- 针对业主单位人员和运维服务提供人员，策划项目人员的岗位及岗位职责，并对人员的储备、培训、绩效考核、能力评价等进行管理。
- 识别现有技术与服务需求间的差距，确定技术管理目标，规划技术研发与成果应用等方面的技术实现方案。
- 识别并建立运维过程，设计过程框架，确定过程之间的关系，策划各过程的能力要求、过程的执行保障等。
- 综合评估现有资源及需求，确定运行维护工具、服务台、备件库、最终软件库、服务数据、服务知识等资源的配备方案。

（5）建立相适应的能力指标体系，包括指标、度量方法、数据来源，以及评价方法等。

（6）确定质量目标，对管理、审核并改进服务质量进行策划，形成服务质量管理计划。

（7）对策划结果的适宜性、合规性等方面进行评审，必要时进行修订。

2. 实施

运维服务提供方按照审核通过的运行维护服务方案开展如下运行维护工作：

（1）制定与运行维护服务方案相适应的实施计划；

（2）建立运维项目相关方内外部的沟通协调机制；

（3）对运维服务过程进行管理，保证实施计划的执行可追溯、服务结果可计量或可评价；

（4）提交满足质量要求的运维服务过程交付物；

（5）形成必要的过程记录文件，并对记录文件进行管理。

3. 检查

业主对运行维护服务的过程和实施结果进行监控和评审，保证运行维护服务质量满足要求。具体包括以下内容：

（1）对服务绩效及能力水平进行评价，包含服务能力实施情况、各项指标达成情况、服务级别协议达成情况、业主单位满意度等；

（2）参考法律法规及标准体系中适用的评价指标，如运行维护服务的安全性、可靠性、响应性、有形性等指标，以识别运维过程中的薄弱环节和潜在问题，以及与预期目标之间的差距，制定服务改进跟踪表以促进运维服务质量的持续提升。

4. 改进

针对运行维护服务过程中发现的不足之处，运维服务提供方应建立运维服务持续改进机制，对业主单位不满意的情况、服务级别协议中要求了但运维团队未达成的指标进行调查、总结、分析，根据汇总的分析结果确定运维服务的改进措施及服务能力改进工作计划，并按照服务改进计划自行跟进运维服务交付过程，形成服务改进跟踪表，纳入运维服务项目绩效考核统计的指标数据。

7.2.2　运维服务级别管理

1. 运维服务目录

运维服务提供方应首先识别和分析业主单位的运行维护服务需求，形成项目级的运维服务目录，具体要求如下：

（1）项目级运维服务目录的结构设计可参考 GB/T 29264《信息技术服务　分类与代码》的要求；

（2）梳理运维服务项目的服务对象，确定服务内容以及相关方；

（3）运维服务提供方应对运维服务项目级服务目录的变更进行管控，当内、外部环境发生重大变化时，应该对服务目录进行修订；

（4）组织项目相关方对修订后的服务目录进行评审，确保满足运维需求。

2. 运维服务对象

运行维护的服务对象是信息系统工程建设项目交付的内容，主要包括机房基础设施、物理资源、虚拟资源、平台资源、应用和数据等。

（1）机房基础设施：主要是指机房基础环境、安防系统、电气系统、精密空调系统、环境检测系统、消防系统，如高低压供配电系统、电源系统、照明系统、防雷与接地、空调系统、火灾自动报警系统、消防供水设施及消火栓系统、自动灭火系统、防烟排烟系统、防火分隔设施、应急照明与疏散指示系统、应急广播系统、环境和设备监控系统、安全防范系统、综合布缆系统等。

（2）物理资源：主要是指网络、服务器、存储、终端、外设等硬件，如网络线路、路由器、交换机、防火墙、入侵检测、负载均衡、语音以及通信传输设备、通用计算服务器、人工智能服务器、小型机、大型机、磁盘阵列、磁带库、光盘库、台式计算终端、移动计算终端、输入输出设备、移动存储设备、通信设备等。

（3）虚拟资源：主要是指网络资源、计算资源、存储资源等，如虚拟网络设备、虚拟链路、虚拟机网络、虚拟机、虚拟机宿主机、虚拟存储卷、存储控制器、存储链路等。

（4）平台资源：主要是指支撑应用系统运行的基础软件，如操作系统、数据库、中间件等。

（5）应用：主要是指面向各类应用的软件系统，或者应用于运维服务管理的工具软件，如财务软件、人力资源管理软件、办公自动化软件、监控软件、流程管理软件、安全分析软件等。

（6）数据：主要是指业务数据、运维数据、安全数据等，如业务数据包括信息系统采集、分析并存储的各种信息载体等，运维数据包括运行维护过程中产生的各类运维信息，运行状态日志、故障处理文档等信息，安全数据包括在业务运行和运维过程中与安全相关的数据。

3. 运维服务内容

运行维护服务根据其工作目标、工作内容、交付结果分为四大类，包括调研评估、例行操作、响应支持和优化改善。

（1）调研评估。对运行维护对象的运行状况进行分析和评估，并提出方案建议。

（2）例行操作。具体包括：

- 监控。对运行维护对象的动态指标、静态指标、运行状况和发展趋势等进行记录、分析和告警。
- 预防性检查。对监控记录、运行条件和运行状况进行检查和趋势分析，发现其脆弱性，以消除或改进。
- 常规作业。对运行维护对象进行的日常维护，包括定期维护、配置备份、数据备份、数据恢复、定期重启等活动。

（3）响应支持。具体包括：

- 事件驱动响应。由于外部事件、系统事件或安全事件，导致运行维护对象整体或部分性能下降、功能丧失，而触发的将运行维护对象恢复到正常状态的活动。
- 服务请求响应。由于业主单位提出各类服务请求，引发的需要针对运行维护对象、服务级别做出调整或修改的响应型服务。可能涉及服务级别、服务范围、技术资源、运维服务提供方式等的变更。
- 应急响应。依据 GB/T 28827.3《信息技术服务 运行维护 第 3 部分：应急响应规范》规定的应急响应服务，执行运行维护服务应急操作流程（Emergency Operating Procedure，EOP）。

（4）优化改善。具体包括：

- 适应性改进。为保持运行维护对象在新环境中可持续运行而实施的优化改进。
- 增强性改进。采取改进措施，增强数据中心的安全性、可用性和可靠性。
- 预防性改进。检测和纠正运行维护对象运行过程中潜在的问题或缺陷。

7.2.3 人员

1. 组织架构

为了保障信息系统运维工作的正常运转，应对突发事件、应急事件的解决和处理，以及重大事项的决策，确保一体化运维工作的顺利实施，确保相关资源的协调和调度，运维服务提供方应该制定合理的组织架构。

（1）识别职能的设置与调整需求：

- 结合信息系统的运维规划、服务需求，定期对项目的组织结构设置、岗位设置进行分析；
- 识别职能设置及调整需求，成立运维保障部门，包括运维保障领导小组、运维保障调度组、运维保障技术组、运维保障专家组等；
- 如有调整，对调整后的组织结构和岗位实施效果进行回顾，并进行必要的改进。

（2）制定职能设计方案并落实，保证职能设置的完整性（覆盖适用的能力，没有已知的遗漏）、合理性（满足职责分离和职责不重叠的要求）、稳定性（确保职能的调整对业务的负面影响可控）：

- 结合分析结果制定职能设计方案，划分或调整职能结构框架和汇报关系；
- 梳理必要的工作活动，落实常态化运营要求，应根据职能设计方案建立或调整职能，配置组织资源，并进行必要的培训和辅导。

（3）职责不清或需要协同处置的，运维服务提供方要同步制定和落实协同方案：

- 确定处置原则和方式，明确协同决策机制；
- 制定协同各方认可的处置方案并落实。

2. 岗位职责

为保证运行维护服务工作的顺利开展，运维工作一般由专职的运维服务团队负责，每个角色有明确的分工和职责定义，规定各岗位在知识、技能、经验等方面需达到的要求。明确运行维护服务对运维团队各岗位的安全要求。识别出运维团队中的关键岗位，并针对关键岗位建立人员备份机制。对运维服务人员的岗位进行等级划分，等级划分可参考 GB/T 37696《信息技术服务　从业人员能力评价要求》。

运维服务提供方的运维团队岗位设置一般包括管理岗、技术岗、操作岗等岗位。

（1）管理岗的岗位职责如下：

- 负责管理运行维护项目的服务及相关管理工作；
- 负责与相关方建立顺畅的沟通渠道，并准确地将运维需求传递给运维团队；
- 负责规划、检查运行维护服务的各个过程，对运行维护服务能力的策划、实施、检查、改进的范围、执行过程、信息安全和成果等负责。

（2）技术岗的岗位职责如下：

- 在运行维护服务中负责技术支持工作，如运维服务对象相关的技术、信息安全技术等；
- 对运行维护服务过程中接受的请求、发生的事件和问题做出响应，保障信息安全并对处理结果负责；
- 必要时负责与技术研发、成果应用、预防风险等能力要素相关的技术实现。

（3）操作岗的岗位职责如下：

- 在运行维护服务中负责日常操作的实施；
- 根据规范和手册等，执行运行维护服务全过程，并对其执行结果负责。

3. 人员储备

为了保证有足够的运维人员，以满足当前和未来的运行维护服务需求，运维团队在运维服务项目启动前，需要建立起与运维服务相关的人员储备计划和机制。具体如下：

（1）根据信息系统运维业务发展的需要和岗位聘用要求，确定运维服务人员储备的需求、时间与机制；

（2）根据储备需求和运维服务人员现状，选拔符合要求的运维人员，或制定招聘计划招聘人员。

4. 人员培训

运维服务提供方根据运维服务需求，建立与运行维护服务相关的培训计划，在制订培训计划时应识别培训要求，并提供及时和有效的培训。具体如下：

（1）建立与运维服务对象和服务内容相关的培训与考核机制；

（2）通过分析运维服务相关方人员的岗位职责要求和人员技术能力现状，确定培训需求；

（3）按运维项目的服务对象、服务内容，结合培训需求，制订培训计划；

（4）按照培训计划执行培训，并对培训效果进行评价，评价方式包括考核、调查和验证等。

5. 绩效考核

运维服务提供方需要建立与运行维护服务相关的绩效考核体系或机制，并有效组织实施。具体如下：

（1）建立与运维服务相关的绩效考核体系或机制；

（2）应结合绩效管理，根据岗位履职情况对人员使用进行评价，并明确奖惩规则，评价方式宜包括考核、沟通和调查。

7.2.4　技术

运维团队根据运行维护服务能力策划要求，开展技术研发和技术成果应用等活动，保证技术能力可以满足业主单位不同服务场景下的服务要求，包括运维服务能力长期发展的需求调研与分析、技术管理、预期目标等，实现其服务价值。

运维服务提供方根据运行维护服务能力策划要求，实施技术管理活动，确保运维服务提供方具备预防风险、发现问题、解决问题和优化创新的技术能力。项目相关负责人要针对以下工作进行管理：

（1）根据不同的服务场景，确定技术研发范围；

（2）根据运维项目的服务对象及内容，选择适合的技术研发方式，包括自研、外采及合作研发等；

（3）根据运维服务策划的要求，分配技术研发资金，管理预算使用情况；

（4）为运维项目配备必要的技术研发环境和研发队伍；

（5）对技术研发风险进行识别和评估，并采取有效的控制措施；

（6）对技术研发活动进行有效管理，并监控技术研发活动的执行情况；

（7）对运维服务团队的技术研发成果进行综合评价。

7.2.5　资源

1. 运维工具

为了满足与业主单位约定的运行维护服务需求，运维服务提供方需要根据不同的服务场景使用具体的运维工具开展日常运行维护工作。运行维护工具可分为过程管理工具、监控工具和专用工具，其功能覆盖运维服务流程管理、系统及硬件环境运行状态的监控、信息安全防护、计算资源调度、自动化维护操作、服务数据分析、服务知识提炼、服务可视化等。运维工具作为运维工作不可或缺的部分，其好坏直接影响运维人员的服务能力和服务效率。通过制定运行维护工具的管理制度，管理各类运维工具的选择与使用，并定期评估运行维护工具的应用效果，用以进行运行维护工具的优化改进。需要考虑的要素包含：

（1）运维服务流程管理工具。具体功能为：

● 根据不同层级用户的权限进行分别设置；

● 按照运维服务合同约定的服务级别协议管理运行维护服务的交付过程；

● 运维服务流程管理的内容包括日常运行维护管理、记录、测量、监督和评估等；

● 运维服务团队使用的功能包括值班管理、服务巡检管理、服务请求管理、事件管理、问题管理、配置管理、变更管理和发布管理等内容；

● 能够针对服务结果和过程进行统计分析和报告，能够实现对 SLA 完成情况及达成率的考评分析，例如对事件分布、解决率、及时率等进行评估分析；

● 定期对运维流程管理工作的使用效果进行自评估，保存自评估报告。

（2）运维监控工具。具体功能为：

● 能够采集机房基础设施、物理资源、虚拟资源、平台资源、应用和数据等监控数据；

● 能够对各种技术路线的物理资源的状态进行监控，如服务器、存储、网络和安全等硬件设备及其附带软件；

● 能够对平台资源涉及的软件运行状态及健康度进行监控，包括但不限于系统运行情况、资源占用及运行情况，以及性能状况的监控；

● 通过监控系统收集全部应用的监控状态信息，实现异常监控信息的初步分析，能够智能告警并定位故障点，支持故障溯源和关联分析；

● 宜采用自动化运维工具定期对 IT 设备硬件和应用系统进行作业，例如系统补丁的同步分发与升级、数据备份、病毒查杀和自助巡检等工作；

● 应制定监控数据采集、传输、共享和交换的标准规范或通用协议，以实现信息系统运维可扩展、易集成。

（3）专用工具。具体功能为：

● 根据运行维护的服务需求选择专用工具，实现工具技术指标的规范化、标准化；

● 通过统一的运维服务工作流程来管理信息系统生产环境中的各个组成部分；

● 通过各种工具提高运维工作效率和质量，必要时，可通过二次开发实现工具间的集成；

● 量化运维管理过程中的各项运行数据，为运维管理部门和领导评估运维质量和效率提供支撑数据。

2. 备品备件

为了实现有效管理运行维护服务活动所需的备件资源，按照 SLA 要求为所运行维护的设备或系统及时提供备件，运维服务团队需要建立备件库，保证设备或系统的正常运行。具体要求应包含以下几个方面：

- 制定备件库管理规范，包括备件响应方式和级别定义、备品备件的数量和类型、类别与编码、存放环境，以上内容均能够满足 SLA 所要求的备件支持。
- 制订备件采购计划或方案，包括采购流程、库存策略、紧急采购预案等。
- 制定出入库制度，包括送货、验收、入库、出库等的流程并实施，做好日常管理的记录，并定期形成报告。
- 制定备件的检测、报废制度，并按照制度定期对备件状态进行检测，对国家强制规定检定的设备须有专业机构的检测报告。

3. 服务台

服务台负责在各时间段，提供给用户或服务人员利用电话、邮箱、即时通信、网络或其他自动化手段，针对发生的事件、用户请求、变更等进行交流的途径。服务台是运维服务团队的重要组成部分，为用户和服务人员提供联络手段的同时，使用专门的工具进行记录并管理相关内容。具体包括：

- 制定服务台的职能说明、服务台管理制度、培训体系、操作手册等。
- 根据服务台的知识、技能和经验要求，设立服务台培训课程。
- 根据绩效考核办法，定期对服务台进行绩效考核，分析考核的评价结果。
- 根据服务请求的需要，规范服务请求的操作规程、跟踪和反馈方法。
- 服务台的日常工作纳入过程管理工具支撑范围，集成服务台管理与服务交付流程、事件管理流程、服务级别管理流程等。
- 服务台对服务交付发挥支撑作用，如事件的接受和处理、一线支持、服务交付的调度管理等。
- 服务台能够从知识库中获得必要的技术支持，如发现问题的手段、常见问题处理方法等。
- 定期评估服务台的设立和运行情况并持续改进，并可根据运维工作需要，量化衡量服务台的资源整合和过程促进的价值。
- 对运维服务需方的行为进行分析，分析内容至少包括行为习惯、知识技能域和潜在需求等。
- 及时有效跟踪运维服务交付的状态信息，实现对运维服务的高效管理及运维活动关联分析、决策支持和优化。

4. 知识库

运维服务团队应对运行维护工作相关的经验进行积累，形成可在运维团队内共享、可重复使用的知识和信息，具体内容包括：

- 识别主要岗位和主要业务流程的知识技能需求，知识库内容包括针对已知错误和问题的描述、分析和解决方法等。
- 制定知识管理策略，包括知识来源、类别、共享范围、更新升级、传播方式等。
- 制定知识管理和使用制度，对知识库进行生命周期管理，知识管理的角色应落实到具体人员。
- 根据项目的具体情况，选择适宜的工具对知识库进行管理，支撑运维服务团队的日常工作。
- 对知识库的使用情况和知识库内容的适宜性、有效性等进行分析，并保留相关统计分析等管理记录。

7.3　运行维护服务交付过程

运行维护服务交付过程包括运维服务需求识别、运维服务交付内容、运维服务交付方式等内容。

7.3.1　运维服务需求识别

运行维护服务根据其工作目标、工作内容、交付结果可分为四大类：

（1）例行操作服务：是指运维服务提供方提供的预定的例行服务，为了及时获得运行维护服务对象状态，发现并处理潜在的故障隐患。

（2）响应支持服务：是指运维服务提供方接到业主单位服务请求或故障申告后，在 SLA 的承诺内尽快降低和消除对业主单位业务的影响而执行的服务。

（3）优化改善服务：是指运维服务提供方为适应业主单位业务要求，通过提供调优改进服务，达到提高运行维护服务对象性能或管理能力的目的。

（4）调研评估服务：是指运维服务提供方结合业主单位业务需求，通过对运行维护服务对象的调研和分析，提出咨询建议或评估方案。

7.3.2　运维服务交付内容

1. 调研评估

运维服务提供方通过对信息系统的运行现状和未来预期进行调研、分析，根据业务需求，提出运维服务方案。运维服务方案的主要内容如下：

（1）需求的调研、评估和服务方案的制定；

（2）系统版本管理方案的制定；

（3）需求变更方案的制定与评估；

（4）软件升级方案的制定与评估；

（5）系统优化方案的制定与评估；

（6）重大配置变更评估和方案的制定；

（7）系统迁移需求的调研、评估和方案的制定。

2. 例行操作

按照约定的触发条件或预先规定的常态服务，运维服务提供方对信息系统的例行操作一般分为监控、预防性检查和常规作业。

（1）监控。采用各类工具和技术，对系统的功能、性能和稳定性等运行状况和发展趋势进行记录、分析和告警。

（2）预防性检查。包括功能检查、性能检查和安全性检查等。

（3）常规作业。定期对基础环境、硬件、软件、服务安全和健康状况等进行定期巡检，具体包括：

- 对网络及其他硬件设备的运行状态进行检查；
- 对系统磁盘状态、CPU 状态、进程、内存的使用情况进行巡检；
- 对各项服务及服务器运行状态进行检查；
- 对组件进行自查；
- 通过相关运维工具的功能页面检查服务是否正常；
- 对系统操作行为进行记录备案，定期检查系统调用访问日志；
- 检查服务运行健康情况，包括服务 URL 是否可以正常访问、服务是否正常运行；
- 定期对系统接口进行测试与自查；
- 定期对软件系统进行自查。

3. 响应支持

根据运维的需要或服务相关方的请求，运维服务提供方对信息系统的响应支持工作一般包括：应用级启停、系统级启停、用户注册、权限配置、更新驱动、用户口令重置、参数调整、系统配置、故障处理。

4. 优化改善

运维服务提供方对信息系统的优化改善工作包括：

（1）对操作系统、数据库、应用服务器中间件等的集成性优化；

（2）优化系统参数、配置文件，更新系统错误或性能更新包；

（3）对现有系统进行功能更新，应用系统升级；

（4）对客户端错误或已知漏洞进行修复；

（5）对性能和可靠性进行优化改善；

（6）对业务逻辑、符合度的优化改善；

（7）对应用服务能力进行优化，如对应用进程数、应用线程数的优化；

（8）应用日志级别及日志空间的调整。

7.3.3　运维服务交付方式

运维服务提供方可以根据运维服务内容选择现场交付或远程交付的方式开展运行维护工作。

1. 现场交付

在实施现场交付的过程中，运维服务提供方需要做好以下工作：

（1）在到达业主单位现场前的工作包括：

- 了解现场交付的内容、到达时间要求、之前的支持情况及遗留问题，并与业主单位确认；
- 对复杂或存在风险的工作做好预案，经审核后实施；
- 准备必要的资料和工具；
- 根据安全要求，做好准备工作。

（2）在到达业主单位现场后的工作包括：

- 及时通知业主单位并确认到达现场时间；
- 与业主单位确认服务内容、操作流程和可能的风险后实施；
- 严格遵守业主单位现场的管理制度；
- 根据安全要求提供现场交付服务，并做好相关服务记录；
- 完成确认的工作内容；
- 遇到无法解决的问题或业主单位提出额外要求时，通知上级，得到授权后再做处理。

（3）在离开业主单位现场前的工作包括：

- 与业主单位确认工作完成情况，必要时签署服务单；
- 就遗留问题的处理建议和业主单位达成共识；
- 根据业主单位要求恢复服务现场原状并保持整洁；
- 做必要的安全检查，如清除本次服务临时账号等；
- 获得业主单位的离场许可。

（4）在离开业主单位现场后的工作包括：

- 调查客户满意度；
- 更新服务记录；
- 就遗留问题寻找解决方案，跟踪解决。

2. 远程交付

在实施远程交付的过程中，运维服务提供方需要做好以下工作：

（1）在提供远程交付前的工作包括：

- 了解需要远程交付的内容、支持时间要求、之前的支持情况及遗留问题，并与业主单位确认；
- 对复杂或存在风险的工作做好预案，经供需双方审核后实施；
- 确保远程交付所需的工作条件满足安全、稳定和可用的要求。

（2）在远程交付过程中的工作包括：

- 按照约定的时间提供远程交付；
- 与业主单位确认服务内容、操作流程和可能的风险后实施；
- 严格遵守业主单位的管理制度；

- 根据安全要求提供远程交付服务，并做好相关服务记录；
- 完成确认的工作内容；
- 遇到无法解决的问题或业主单位提出额外要求时，通知上级，得到授权后再做处理。

（3）在结束远程交付前的工作包括：

- 就遗留问题的处理建议和业主单位达成共识；
- 做必要的安全检查，如清除本次服务临时账号等；
- 获得业主单位结束许可。

（4）在结束远程交付后的工作包括：

- 调查客户满意度；
- 更新服务记录；
- 就遗留问题寻找解决方案，跟踪解决。

7.4　运行维护应急管理

运行维护应急管理包括建立应急管理制度、规范应急响应组织、制定应急响应预案、组织培训并开展应急演练、应急响应工作总结等内容。

7.4.1　建立应急管理制度

业主单位负责制定应急响应制度，明确应急响应的目标、原则、范围及各项管理制度。具体要求如下：

- 应急管理制度要遵循统一领导、分级负责、预防为主、快速响应的原则；
- 与相关利益方就应急响应制度达成一致；
- 定期对应急响应制度进行评审；
- 在组织战略、业务流程、客户要求等发生重大变化时调整应急管理制度。

7.4.2　规范应急响应组织

在日常运行维护交付工作的基础上建立应急响应组织，应急管理组织架构由运维项目相关单位组成，包括业主单位的信息化主管部门、信息系统的运维服务提供方、运维服务执行单位等。具体要求如下：

- 实行统一领导，分级负责。在业主单位信息化主管部门的统一领导下，建立"分级管理，分线负责"的应急管理制度，各司其职、各负其责，应充分发挥应急响应的指挥协调作用。
- 规定运行维护服务及应急响应相关的所有人员角色及职责，至少应包括应急响应责任者、运维现场负责人、分组负责人、值班人员等，并为关键角色提供备份人选。
- 与相关单位就应急响应服务的范围、要求等达成一致，确定沟通流程和方式，并形成记录。

● 如果应急组织内的人员发生变更，应及时与相关单位进行通报，并记录。

7.4.3　制定应急响应预案

结合信息系统现状和要求开展风险评估，从技术和管理等方面确定风险要素，制定应急响应预案，主要包括以下内容：

● 对风险要素进行评估，形成风险评估报告，并对识别的风险形成应对措施；
● 根据风险级别制定相应的应急响应预案；
● 应急响应预案可以分为总体预案和针对某个核心系统的专项预案；
● 应急响应预案的格式应该能够为应急响应组织进行系统恢复操作提供快速明确的指导；
● 应急响应预案要清晰、简洁，易于在紧急情况下执行，可使用检查列表；
● 应针对应急预案定期开展培训，至少每年举办一次。

7.4.4　组织培训并开展应急演练

为检验应急响应预案的有效性，同时使相关人员了解运行维护预案的目标和内容，熟悉应急响应的操作规程，运维服务团队应进行应急演练，具体执行工作应包括：

● 制订应急演练计划、演练脚本；
● 对应急组织人员进行培训，讲解应急演练预案、应急演练计划和脚本；
● 对应急演练的整个过程进行详细记录，并形成报告；
● 要保证应急演练的过程不影响业务的正常运行。

7.4.5　应急响应工作总结

运维服务团队定期对发生的应急事件和应急响应工作进行分析与回顾，并总结经验教训。具体包括：

● 对应急响应工作的分析和回顾应形成总结报告，并将总结报告作为改进应急响应工作及信息系统的重要依据；
● 应急事件总结、应急工作审核的结果应该作为应急准备阶段各项工作的改进要素；
● 组织应根据总结报告中给出的建议项和评审结果完善信息系统，深化应急准备工作。

第一篇练习

1. 选择题

（1）按部署范围的不同，云计算可分为_____三种。

    A. 公有云、私有云和混合云

    B. IaaS、PaaS 和 SaaS

    C. 区域云、省级云、国家级云

    D. 基础设施云、平台云、应用云

参考答案：A

（2）信息系统的生命周期可分为五个阶段，分别是系统规划、系统分析、系统设计、系统实现、_____。

    A. 系统计费   B. 系统维护

    C. 系统运行与评价   D. 系统管理

参考答案：C

（3）_____是指运维服务提供方接到业主单位服务请求或故障申告后，在 SLA 的承诺内尽快降低和消除对业主单位业务的影响而执行的服务。

    A. 例行操作服务   B. 响应支持服务

    C. 优化改善服务   D. 调研评估服务

参考答案：B

（4）面向_____是云数据中心对外提供服务的宗旨，而_____则是云数据中心的实现途径。

    A. 服务   资源池化   B. 应用   分布式

    C. 服务   分布式   D. 应用   集中式

参考答案：A

（5）某单位数据中心对外提供云计算服务，可以使个人或企业用户使用其数据中心的服务器、磁盘存储等资源。其对外提供的云计算服务是_____。

    A. PaaS   B. IaaS   C. SaaS   D. CaaS

参考答案：B

（6）数据安全的三项基本特点是：_____。

    A. 社会性、经济性、合法性

    B. 机密性、完整性和可用性

    C. 合理性、有效性、可靠性

    D. 高可靠性、松耦合性、可维护性

参考答案：B

（7）对代码进行静态测试可以采用：_____。

　　①桌前检查　　　②代码走查　　　③代码审查　　　④黑盒测试

　　A.①②④　　　　B.①③④　　　　C.①②③　　　　D.②③④

参考答案：C

（8）等保1.0与等保2.0的差异主要体现在保护对象不同，等保1.0为_____保护，等保2.0为_____保护。

　　A.网络安全等级　　信息系统安全等级

　　B.网络安全等级　　业务系统安全等级

　　C.信息系统安全等级　　网络安全等级

　　D.信息系统安全等级　　业务系统安全等级

参考答案：C

（9）系统维护人员一般不需要关心_____。

　　A.需求规格说明　　B.软件设计说明　　C.测试报告　　　D.项目建设合同

参考答案：D

（10）运维服务的交付内容包括：_____。

　　①调研评估　　　②例行操作　　　③响应支持　　　④优化改善

　　⑤持续交付

　　A.①③④⑤　　　B.①②③④　　　C.②③④⑤　　　D.①②④⑤

参考答案：B

2.案例题

阅读下列说明，回答问题1至问题2。

【说明】业主单位甲选定承建单位乙承担某应用软件开发项目建设任务，选定监理单位丙对项目实施全过程监理。在项目实施过程中，发生如下事件：

【事件1】软件测试是质量控制的重要手段之一。丙单位总监理工程师要求监理工程师对乙单位的测试方案、测试用例及测试数据进行重点监控。

【事件2】由于开发的软件是企业的核心业务系统，需要一次性部署，全员同步使用新系统。在采用持续部署的模式选择上，乙单位和丙单位发生了争执。

【问题1】在（1）～（2）中填写恰当内容。

针对事件1，为了检验程序的正确性，使用白盒测试方法时，应根据__(1)__和指定的覆盖标准确定测试数据。但有时为了降低成本，开发人员也需要采用__(2)__逐步模拟程序的执行，检查每个步骤的输入、处理和输出是否符合预期。

（1）A.程序的内部逻辑　　　　　　　B.程序的复杂程度

　　　C.软件使用说明书　　　　　　　D.软件的功能与性能

（2）A.静态测试工具　　　　　　　　B.代码审查

　　　C.代码走查　　　　　　　　　　D.桌前检查

【问题2】在（1）～（4）中填写恰当内容。

__(1)__部署是指除了更新和安装补丁程序以外不对服务器进行任何更改。__(2)__是指在部署的时候准备新旧两个部署版本，通过域名解析切换的方式将用户使用环境切换到新版本中，当出现问题的时候，可以快速地将用户环境切回旧版本，并对新版本进行修复和调整。　(3)　是指当有新版本发布的时候，先让少量的用户使用新版本并且观察新版本是否存在问题，如果出现问题，就及时处理并重新发布，如果一切正常，就稳步地将新版本适配给所有的用户。针对事件 2，本项目最适宜的部署方式是　(4)　。

参考答案：

【问题 1】（1）A　（2）D

【问题 2】（1）不可变服务器　（2）蓝绿部署　（3）金丝雀部署　（4）蓝绿部署

第二篇　信息系统工程监理通识

第 8 章　信息系统工程监理基础知识

在全球信息化的浪潮中，我国的信息化建设和应用走过了四十多年的发展历程，各种信息化系统已经渗透国民经济和社会生活的方方面面。在信息系统工程建设过程中，无论是业主单位还是承建单位，依然面临着许多问题，为了保障信息系统工程按照质量要求、投资计划、工程进度顺利完成，信息系统工程监理应运而生。经过二十多年的实践，尤其是随着国家法规性文件的推陈出新、一系列技术标准的贯彻落实和针对信息化监理规范的更新完善，信息系统工程监理行业不断发展壮大，逐渐在国家信息化项目的建设、应用过程中起到了至关重要的作用。

8.1　信息系统工程监理的意义和作用

众所周知，信息系统工程监理是吸取了建筑行业建设监理的经验和思路，结合信息技术服务行业本身的特点发展而来的，是针对信息化建设中独特的性质产生的新兴行业。信息系统工程监理系列标准规范的制定和大量专业技术人才的培养，对我国信息系统工程监理市场从无到有、从小到大、从弱到强的发展起到了规范和促进作用，同时随着我国信息系统工程监理业务的不断扩展和规范，在信息技术服务中形成了信息系统工程监理的新市场，其服务质量和管理水平得以不断提高，所做的工作也得到了行业认可，对提高我国信息化建设水平发挥了极其重要的作用。

8.1.1　信息系统工程监理的地位和作用

信息系统工程监理通常直接面对业主单位和承建单位，在二者之间形成了一种系统的工作关系，在保障工程质量、进度、投资和合同管理、信息管理、协调双方关系中处于重要的、不可替代的地位。

信息系统工程监理为业主单位提供信息系统工程相关的技术建议。作为信息系统工程监理，对信息系统工程相关技术的理解和认知是对其专业素养的必然要求。监理单位在项目的可行性研究、实施、交付过程中要全程参与，通过技术方案评价、管理过程监督、交付成果检验等方法和手段，为业主单位提供技术建议和解决对策。

信息系统工程监理代表业主单位对项目的实施过程进行全程跟踪和监督管理。现阶段对信息系统工程监理的服务需求主要有：有关国有投资项目建设管理的国家政策、法规的要求；有关业主单位工程建设的实际需求，包括合规性管理的实际要求、审计要求、管理办法要求等；业主单位在一定程度上由于工程技术特点、管理实践、经验和技能等原因，必须通过第三方监理服务协助承担有关监督、管理的责任；业主单位由于专业的原因，难以对项目建设过程进行有效的监督和管理。这时就会委托监理单位对承建单位项目实施过程的标准性、规范性进行监督和管理，确保项目顺利交付。

信息系统工程监理保证项目交付成果的质量。信息系统工程监理要依据项目的质量目标和质量标准的要求，参照行业和技术标准，对项目的交付成果和项目的管理成果进行必要的检验和审核，确保相关成果达到质量要求。

信息系统工程监理协调项目干系人间的关系，促使项目建设过程中的各类项目信息得到全面有效的共享、一致的理解和认同，保证项目质量目标得到贯彻和落实。

信息系统工程监理涉及的部门和人员范围包括：监理及相关服务的资格认定和监督管理部门；从事监理及相关服务的单位和人员；信息系统工程的业主单位；信息系统工程的承建单位；信息系统运行维护服务的业主单位和运维服务提供方；从事监理及相关服务的教育、培训和研究单位。

8.1.2　信息系统工程监理的重要性与迫切性

监理在工程建设过程中的重要性不言而喻，在信息系统工程建设项目中，其重要性更为突出，主要原因有：

（1）随着信息化项目应用的普及，信息系统工程无论大小，一般都关系到国家、企业、单位的重要业务；

（2）信息技术飞速发展，信息系统工程建设项目往往在还没有需求或需求还不明确时就付诸实施，因此在实施过程中需要不断修改；

（3）由于用户需求的不断变化，以及其他内部或外部因素的影响，信息系统工程存在不能按预定进度执行的问题和风险；

（4）信息系统工程建设项目的投资相对较大，如果管理不善会造成较大浪费；

（5）信息系统工程的实施过程存在隐蔽工程，可视性差，如果过程监督缺失，容易产生工程隐患；

（6）信息系统工程建设项目存在重建设、轻管理的问题，尤其是项目内容在技术上或专业上比较复杂时，业主单位缺乏足够的技术能力进行监管，需要懂专业的技术人员进行监督管理，并通过必要的信息化技术手段、方法和过程予以查验、审核，并确认其技术指标是否实现。

8.1.3　信息系统工程监理的技术参考模型

信息系统工程监理的技术参考模型由四部分组成，即监理支撑要素、监理运行周期、监理对象、监理内容，其相互关系如图 8-1 所示。

上述参考模型表明，信息系统工程监理及相关服务工作应建立在监理支撑要素的基础上，根据工程项目的需要，在监理运行周期的规划部分，提供相关信息技术咨询服务；在部署实施和运行维护部分，结合各项监理内容，对监理对象进行监督管理，并提供相关信息技术服务。

监理支撑要素包括三方面的内容：监理法规及管理文件、监理及相关服务合同、监理及相关服务能力。其中，监理及相关服务能力要素由四部分组成：人员、技术、资源、流程。

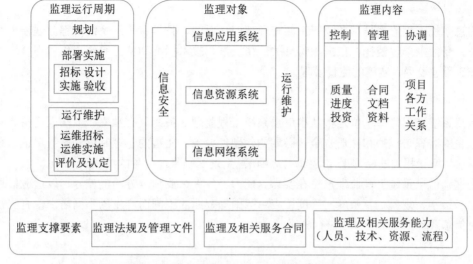

图 8-1　信息系统工程监理的技术参考模型

参考我国信息技术服务标准（ITSS）体系对信息技术服务生命周期的划分，监理运行周期主要分为规划、部署实施、运行维护三部分，每一部分由若干阶段组成：

（1）规划，又称规划阶段；

（2）部署实施，包括招标阶段、设计阶段、实施阶段、验收阶段；

（3）运行维护，包括运维招标阶段、运维实施阶段、评价及认定阶段。

监理对象是指各种类型的信息系统工程，包括五个方面：信息网络系统、信息资源系统、信息应用系统、信息安全和运行维护。

监理内容是指在监理运行周期的各部分、各阶段，需要控制信息系统工程的质量、进度和投资，同时需要对项目合同和文档资料进行管理，并协调有关各方的工作关系。此外，还应该根据信息系统工程的特点，对知识产权保护、工程变更、项目风险等内容进行监理。

最基础的监理内容被概括为"三控、两管、一协调"：

（1）三控：质量控制、进度控制、投资控制；

（2）两管：合同管理、信息管理；

（3）一协调：在信息系统工程实施过程中协调有关单位及人员间的工作关系。

8.2　信息系统工程监理的相关概念

1. 信息系统工程

从工程建设的角度来看，信息系统工程是指信息化工程建设中的信息网络系统、信息资源系统、信息应用系统的新建、升级、改造工程。

2. 信息系统工程监理

信息系统工程监理是指在政府工商管理部门注册的，且具有信息系统工程监理能力及资格的单位，受业主单位委托，依据国家有关法律法规、技术标准和信息系统工程监理合同，对信息系统工程建设项目实施的监督管理。

3. 信息系统工程监理单位

信息系统工程监理单位是指从事信息系统工程监理业务，具有独立企业法人资格，并具备规定数量的监理工程师和注册资金、必要的软硬件设备、完善的管理制度和质量保证体系、固定的工作场所和相关的监理工作业绩，从事信息系统工程监理业务的单位。

为区别信息系统工程监理单位在实力、能力、条件、业绩等方面的差异，以适应信息系统工程由于级别、规模、复杂度、难度、应用范围等方面的不同而产生的不同需求，有些行业协会还对信息系统工程监理单位进行分级。

4. 业主单位

业主单位（也称建设单位）是指具有信息系统工程（含运行维护）发包主体资格和支付工程及相关服务价款能力的单位。

5. 承建单位

承建单位是指具有独立企业法人资格，具有承接信息系统工程建设能力的单位。

6. 监理机构

监理机构是指当监理单位对信息系统工程建设项目实施监理及相关服务时，负责履行监理合同的组织机构。

7. 监理人员

从事信息系统工程监理业务的人员称为信息系统工程监理人员，包括：

（1）监理工程师：监理单位正式聘任的、取得国家相关主管部门颁发的信息系统工程监理工程师资格证书的专业技术人员。

（2）总监理工程师：由监理单位法定代表人书面授权，全面负责监理及相关服务合同的履行、主持监理机构工作的监理工程师。

（3）总监理工程师代表：由总监理工程师书面授权，代表总监理工程师行使其部分职责和权力的监理工程师。

（4）监理员：经过监理及相关服务业务培训，具有同类工程相关专业知识，从事具体监理及相关服务工作的人员。

8. 监理资料和工具

监理资料是指监理过程中需要的文件资料，包括监理服务过程中形成的文件和原始记录，应真实完整、分类有序。监理记录应规范、真实、严谨、及时，不应随意涂改，保持清晰，易于识别和检索。

监理资料和工具包括：

（1）监理大纲：在投标阶段，由监理单位编制，经监理单位法定代表人（或授权代表）书面批准，用于取得项目委托监理及相关服务合同、宏观指导监理及相关服务过程的方案性文件。

（2）监理规划：在总监理工程师主持下编制，经监理单位技术负责人书面批准，用来指导监理机构全面开展监理及相关服务工作的纲领性文件。

（3）监理实施细则：根据监理规划，由监理工程师编制，经总监理工程师书面批准，针对工程建设或运维管理中某一方面或某一专业监理及相关服务工作的操作性文件。

（4）监理意见：在监理过程中，监理机构以书面形式向业主单位或承建单位提出的见解和主张。

（5）监理报告：在监理过程中，监理机构对工程监理及相关服务阶段性的进展情况、专项问题或工程临时出现的事件、事态，通过观察、检测、调查等活动，形成的以书面形式向业主单位提出的陈述。

（6）监理工具：在监理及相关服务过程中，监理机构用于日常办公、监督、管理、检测等方面所需的设备或系统。

9. 监理过程

监理过程是指监理阶段负责进行监理的种类，具体包括：

（1）全过程监理：根据委托监理及相关服务合同要求开展工程建设及运行维护全过程的监理工作，包括部署实施部分中的招标、设计、实施和验收阶段，以及运行维护部分中的招标、实施和评价及认定阶段的监理工作。

（2）里程碑监理：根据委托监理及相关服务合同和信息系统工程标准规范要求，对工程里程碑产生的结果进行确认的监理工作。

（3）阶段监理：根据委托监理及相关服务合同要求开展某个或某些特定阶段的监理工作。

10. 监理形式

监理形式是指监理过程中所采用的方式，具体包括：

（1）监理例会：由监理机构主持、有关单位参加的，在工程监理及相关服务过程中，针对质量、进度、投资控制和合同、文档资料管理，以及协调项目各方工作关系等事宜定期召开的会议。

（2）签认：在监理过程中，工程建设或运维管理任何一方签署并认可其他方所提供文件的活动。

（3）现场：开展项目所有监理及相关服务活动的地点。驻场服务属于现场监理的一种形式，要求监理人员在项目执行期间，一直在现场开展监理服务。

（4）旁站：在关键部位或关键工序实施过程中，由监理人员在现场进行的监督或见证活动。

8.3　信息系统工程监理的发展

我国开展信息系统工程监理工作可以追溯到 20 世纪 90 年代初，各省市、部委在较大的信息系统工程中引入工程监理，对项目的顺利开展起到了重要作用。同时主管部门也出台了一些相应的建设管理实施办法，进一步规范监理工作。

8.3.1 我国信息系统工程监理服务的发展

信息系统工程监理行业从 2002 年开始在我国迎来了发展机遇，形成了一定规模的发展，同时确定了政府管理层面在信息系统工程监理整个体系中的重要性。

（1）2002 年 5 月，国家电子政务标准化总体组（由国务院信息化工作办公室和国家标准化管理委员会联合组成）发表的《电子政务标准化指南（第一版）》中，明确提出进行"信息化工程监理规范"研制的项目，2005 年国家标准 GB/T 19668.1《信息化工程监理规范 第 1 部分：总则》发布。

（2）2002 年 5 月 31 日，北京市信息化工作办公室发布了《北京市信息系统工程监理管理办法（试行）》，并明确规定于同年 8 月 1 日在所辖地区对信息系统工程实行强制性监理，2002 年 9 月 11 日颁布了 DB11/T 160《信息系统工程监理规范》。这是我国历史上第一个信息系统工程监理的地方标准。

（3）2002 年 11 月 28 日，原信息产业部（现工信部）以文件号"信部信〔2002〕570 号"颁布了《信息系统工程监理暂行规定》。这标志着在我国信息技术服务行业政府主管部门的领导下，正式将信息系统工程监理推向信息技术服务行业市场化运作，推动了信息系统工程监理在全国范围的蓬勃发展。

（4）2003 年 1 月，国信办、科技部、原信息产业部联合印发《电子政务工程技术指南》，其中规定：电子政务工程建设要按照《信息系统工程监理暂行规定》（信部信〔2002〕570 号），加强电子政务工程监理市场的规范化管理，确保电子政务工程的安全和质量。从事电子政务工程监理活动的单位要具备信息产业部信息系统工程监理的相应资质，同一工程的建设和监理要由相互独立的机构分别承担，监理单位要先于承建单位介入，没有设立监理的工程，业主单位不得开始建设。

（5）2003 年 3 月，原信息产业部发布《信息系统工程监理单位资质管理办法》和《信息系统工程监理工程师资格管理办法》（信部信〔2003〕142 号），详细规定了"双资"认证办法，同年 4 月 1 日起实施。该文件既是信部信〔2002〕570 号文件的补充，又是全国信息系统工程监理行业开展"双资"认证工作的指导性文件。

（6）在职业技术资格方面，2003 年 10 月 18 日，人事部和原信息产业部联合发布《计算机技术与软件专业技术资格（水平）考试暂行规定》和《计算机技术与软件专业技术资格（水平）考试实施办法》（国人部发〔2003〕39 号），文件中第一次明确在"信息系统"专业类中设"信息系统监理师"资格，规定用人单位可按中级技术资格聘用，并说明今后"不再进行计算机技术及软件相应专业和级别的专业技术职务任职资格评审工作"。该文件于 2004 年 1 月 1 日起实施。

（7）在高水平专门人才培养方面，2002 年 3 月，北京交通大学计算机与信息技术学院在我国首次为计算机应用和软件工程专业的硕士研究生开设了"信息工程监理学"课程。这标志着在信息系统工程监理领域开始出现具备信息系统工程监理有关理论知识的硕士研究生。2003 年

9 月，北京联合大学信息学院在 8 个班的教学计划中列入了监理课程。2003 年 10 月，北京航空航天大学软件学院设置首个信息工程监理专业，并成立我国第一个信息工程监理研究所。

（8）2007 年 8 月 13 日，发改委发布的《国家电子政务工程建设项目管理暂行办法》第 55 号令第十八条规定：电子政务项目实行工程监理制，委托具有信息系统工程相应监理资质的工程监理单位，对项目建设进行工程监理。

（9）2014 年，GB/T 19668.1《信息技术服务　监理　第 1 部分：总则》发布以来，监理其他系列国家标准 GB/T 19668.2 也陆续发布，为规范监理市场起到了重要的指导作用，使更多优秀企业加入信息系统工程监理行业，信息系统工程监理行业进入稳步繁荣的发展阶段。

（10）2019 年，国务院办公厅发布《国家政务信息化项目建设管理办法》（国办发〔2019〕57 号），自 2020 年 2 月 1 日起实施，进一步规范了国家政务信息化建设管理，2007 年 8 月 13 日国家发改委公布的《国家电子政务工程建设项目管理暂行办法》同时废止。国办发〔2019〕57 号文件第十九条规定：国家政务信息化项目实行工程监理制，项目建设单位应当按照信息系统工程监理有关规定，委托工程监理单位对项目建设进行工程监理。国办发〔2019〕57 号文件第二十条规定：项目建设单位应当对项目绩效目标执行情况进行评价，并征求有关项目使用单位和监理单位的意见，形成项目绩效评价报告，在建设期内每年年底前向项目审批部门提交。

8.3.2　信息化建设中普遍存在的问题

1. 信息化建设中普遍存在的主要问题

信息化建设中普遍存在的主要问题包括：

（1）系统质量不能满足应用的基本需求；

（2）工程进度拖后延期，记录不全、手续缺失；

（3）项目资金使用不合理或预算"超范围"使用；

（4）项目文档不全甚至严重缺失，造成验收环节"查漏补缺"；

（5）在项目实施过程中系统业务需求一变再变，需求管理缺失；

（6）项目实施过程中经常出现扯皮、推诿现象，进而出现合同纠纷或合同违约；

（7）系统存在安全漏洞和隐患，造成信息泄露、系统设置后门等；

（8）重硬件、轻软件，重开发、轻维护，重建设、轻使用；

（9）系统功能和技术越来越复杂，用户很难找到既懂业务又懂全部技术的"全方位"人员；

（10）业主单位难以应对工程建设过程以及建设应用后的审计、巡视、巡察等各项监管检查工作；

（11）项目验收或工程验收需要进一步规范，建设过程的管理需要更加规范、更加细致、更加到位，业主单位往往能力不足；

（12）缺乏专业化的监督管理。

2. 问题原因及分析

上述问题严重阻碍着信息化建设进程，甚至产生了令人痛心的信息系统豆腐渣工程，导致投资见不到效果和效益，使国家和用户单位蒙受极大的经济损失。究其原因，尽管不同项目之间存在差异，但概括起来主要因素有以下四点：

（1）不具备能力的单位搅乱信息化工程市场。信息化建设项目为计算机信息系统集成业务开辟了巨大的市场空间，也使得不少企业承接超过自己承建信息系统工程技术能力的集成项目，或采用压低价格等多种不正当手段获取项目，致使项目难以达到用户要求。

（2）一些业主单位在选择项目承建单位和进行业务需求分析方面有误。一些业主单位对信息系统集成企业的实力、专长等要素不熟悉，在招投标环节运作不规范，选择了缺乏相应能力的单位承建项目；对要上马的项目具有某种程度的盲目性，对项目所要达到的目标不明确，不能清楚准确地提出项目的业务需求。

（3）信息系统集成企业自身建设有待加强。经过多年信息产业发展和信息技术应用推广实践，一批专门从事软件开发和信息系统集成的企业涌现出来，但有些集成企业的技术能力和管理水平还有待进一步提高。

（4）缺乏相应的机制和制度。信息化建设的蓬勃发展呼唤相适应的机制和制度，使之对信息系统工程和信息系统集成企业进行引导、鼓励，同时对其进行规范和约束。

3. 问题解决办法

我国政府机构，尤其是信息产业与信息化建设的主管部门，在积极推进信息化建设的过程中，对所产生的问题予以密切关注，并且逐步采取了有效措施。各省、自治区、直辖市等地方政府的信息产业及信息化主管部门也积极参与并且发挥创造性，进行了有益的探索。随着国家"放管服"的改革，如何让有能力的优秀企业建设优质的信息系统工程项目，这就需要建立一支技术精干、业务能力强、管理水平高的监理队伍，加强信息系统工程监理人员管理和服务水平，做好绩效评价和审计监督管理，成为信息系统工程建设质量更上一个台阶的有力保障。

8.4　信息系统工程监理的依据

在信息系统工程建设方面，国家出台了相应的管理规定和办法，同时发布了相关国家标准和行业团体标准，规范监理工作，作为开展信息系统工程监理工作的重要依据。

1. 国家标准

信息系统工程监理方面的国家标准主要是 GB/T 19668《信息技术服务　监理》（简称"监理规范"）。信息化工程监理规范自 2005 年发布以来，已经经过了两轮修订，相关的国家标准主要包括：

（1）GB/T 19668.1《信息技术服务 监理 第 1 部分：总则》；

（2）GB/T 19668.2《信息技术服务 监理 第 2 部分：基础设施工程监理规范》；

（3）GB/T 19668.3《信息技术服务 监理 第 3 部分：运行维护监理规范》；

（4）GB/T 19668.4《信息技术服务 监理 第 4 部分：信息安全监理规范》；

（5）GB/T 19668.5《信息技术服务 监理 第 5 部分：软件工程监理规范》；

（6）GB/T 19668.6《信息技术服务 监理 第 6 部分：应用系统：数据中心工程监理规范》；

（7）GB/T 19668.7《信息技术服务　监理　第 7 部分：监理工作量度量要求》。

2. 团体标准

相关团体标准主要包括：
（1）T/CEEA PJ.001《信息系统工程监理　服务评价　第 1 部分：监理单位服务能力评估规范》；
（2）T/CEEA PJ.002《信息系统工程监理　服务评价　第 2 部分：从业人员能力要求》；
（3）T/CEEA PJ.003《信息系统工程监理　服务评价　第 3 部分：从业人员能力评价指南》；
（4）T/CEEA PJ.004《信息系统工程监理　服务评价　第 4 部分：服务成本度量指南》；
（5）T/CEEA PJ.005《信息系统工程监理　服务评价　第 5 部分：服务质量评价规范》。

8.5　信息系统工程监理的风险

信息系统工程监理工作会面临各种各样的风险，监理单位应采用相应合适的风险防范方法，对风险进行管控。

8.5.1　监理工作的风险类别

1. 行为责任风险

行为责任风险来自以下三个方面：
（1）监理人员超出业主单位委托的工作范围，从事了自身职责外的工作，并造成了工作上的损失。
（2）监理人员未能正确履行合同中规定的职责，在工作中发生失职行为造成损失。
（3）监理人员由于主观上的无意行为，未能严格履行职责并造成了损失。

2. 工作技能风险

监理人员由于在某些方面工作技能的不足，尽管履行了合同中业主单位委托的职责，实际上并未发现本应该发现的问题和隐患。现代信息技术日新月异，并不是每一位监理人员都能及时、准确、全面地掌握所有的相关知识和技能，因此这一类风险无法完全避免。

3. 技术资源风险

即使监理人员在工作中没有行为上的过错，仍然有可能承受一些风险。例如，在软件开发过程中，监理人员按照正常的程序和方法，对开发过程进行了检查和监督，并未发现任何问题，但仍有可能出现由于系统设计本身存在缺陷而导致不能完全满足实际应用的情况。某些工程上质量隐患的暴露需要一定的时间和诱因，利用现有的技术手段和方法，并不可能保证所有问题都能及时发现。同时，由于人力、财力和技术资源的限制，监理人员无法对实施过程的所有部位、所有环节的问题都进行及时全面细致地检查、发现，因此必然需要面对风险。

4. 管理风险

明确的管理目标、合理的组织机构、细致的职责分工、有效的约束机制，是监理单位组织管理的基本保证。如果管理机制不健全，即使有高素质的人才，也会出现这样或那样的问题和风险。

8.5.2 监理单位的风险防范方法

1. 谨慎签订监理合同

监理单位在签订信息系统工程监理合同之前，应该首先调查业主单位的资信、经营状况和财务状况。其次，在合同的谈判过程中，要争取主动并采取相应的对策，保护自己的合法利益。对委托单位提出的合同文本要仔细推敲，对重要问题要慎重考虑，积极争取对风险性条款及过于苛刻的条款做出适当调整，不能接受权利与义务不平等的合同，不能为了揽到信息系统工程监理合同而随意让步，从而丧失公平原则，使自己陷入被动地步。

2. 严格履行合同

对于监理工作中涉及的所有合同，监理人员必须做到心中有数，注意在自身的职责范围内开展工作，不要超越业主单位的委托范围去工作。

3. 提高专业技能

监理人员的职责从客观上要求从业者不断学习，努力提高自身素质，否则就无法适应现代工程建设的要求。监理人员应在专业能力和行为能力两个方面进行持续提升，以防范由于专业能力和行为能力不足带来的风险。

表 8-1 详细列出了监理人员应具备的能力类别、能力项及能力要求的内容。

表 8-1　监理人员能力要求

序号	能力类别	能力项	能力要求描述
1	专业能力	监理流程和工具	● 了解常见的监理项目类别及其监理内容 ● 理解常用监理流程，了解每个流程的目标、范围、主要活动、角色与职责以及关键控制要点 ● 掌握常见的监理工具，掌握信息系统工程监理中的测试要求与方法
2	专业能力	监理相关标准知识	● 掌握信息系统工程监理的有关政策、法律、法规、标准和规范； ● 熟悉信息系统主要应用领域的背景知识和应用发展趋势，包括电子政务、电子商务、企业信息化、行业信息化等
3	专业能力	信息安全意识和技术	● 理解信息安全的重要性 ● 理解信息安全管理的范围 ● 了解常用的信息安全技术 ● 了解常用的信息安全管理体系及方法
4	专业能力	项目管理基本知识	● 理解项目与项目生命周期的概念 ● 理解项目管理中的主要角色及其职责 ● 理解项目管理的主要目标 ● 理解项目管理与传统的业务管理的区别 ● 理解项目管理的基本过程 ● 理解网络图、关键路径法、甘特图等基本项目管理方法

序号	能力类别	能力项	能力要求描述
5	专业能力	问题判断与解决能力	● 掌握问题发现的基本流程及方法 ● 掌握问题分析的基本流程及方法 ● 掌握问题解决的基本流程及方法 ● 掌握问题回顾的意义及基本方法
6	专业能力	文档撰写能力	● 理解文档撰写技能的重要性 ● 掌握监理工程师常用文档及常见文档 ● 掌握文档管理工具的常用功能
7	专业能力	质量意识和技术	● 理解质量及质量管理的基本概念 ● 了解全面质量管理、戴明环、ISO 9000等国际通行质量管理体系 ● 理解监理工程师应具备的质量意识
8	行为能力	人际沟通能力	● 理解人际沟通的基本原理和要点 ● 掌握人际沟通的基本框架，并能够在现实场景下针对不同对象进行有效的沟通 ● 掌握人际沟通的基本方式和方法，如报告、信件、会议和电话等 ● 理解影响沟通的因素，并在沟通中保证信息的正确性和有效性，达成沟通的目的和效果
9	行为能力	客户服务意识和技术	● 具备良好的客户意识，能够理解优质服务的特性，熟悉优质服务的流程 ● 掌握客户服务的基本方式、方法和技术，并能够灵活应用 ● 理解客户的需求及关注的指标，能够有效收集客户满意度情况，并持续改善 ● 掌握客户抱怨和投诉处理的原则、方法和流程，消除不利影响并持续改善，提高客户满意度水平
10	行为能力	团队合作意识和技巧	● 理解团队的特征及合作的重要性，具备良好的团队合作意识 ● 掌握基本的团队合作原则、方法和技巧，并能在现实场景下有效应用
11	行为能力	学习能力	● 在较短的时间内能够掌握一些真实场景下的基本操作 ● 能够根据前人积累的经验和案例，快速学习借鉴，按照规定的步骤执行，完成工作任务或目标 ● 能够持续地把学习的新知识应用到工作中 ● 能够进行熟练的思考，能结合环境，通过持续不断的实践来获得经验
12	行为能力	压力与情绪管理	● 能感知自己的情绪及其根源 ● 能够在压力下克制自己的情感，保持冷静和耐心 ● 能够有效管理压力，通过适时表达情绪来传递信息，从而缓解压力 ● 能够把冲突视为一种问题解决的机会，采取行动针对问题来源正面处理问题

4. 提高管理水平

监理单位必须结合所承担工程的具体情况，明确监理工作目标，制定行之有效的内部管理约束机制，尤其是在监理责任的承担方面，机构内所有成员各自的责任应该明确并落实到位，将这方面风险置于有效的控制之下。监理工程师必须尊重科学、尊重事实，组织各方协调配合，维护有关各方的合法权益。在实施监理过程中，必须坚持公正、对立、自主原则，按照合同约定的责、权、利关系，协调各方的一致性。

5. 坚持守法、公正、独立、科学、保密的行为准则

监理单位应坚持的行为准则包括：

（1）守法。这是任何一个具有民事行为能力的单位或个人最起码的行为准则，对于监理单位，守法就是依法经营，其行为应遵守国家和相应地区的所有法律法规。

（2）公正。主要是指监理单位在处理业主单位与承建单位之间的矛盾和纠纷时，要做到不偏袒任何一方，是谁的责任就由谁承担，该维护谁的权益就维护谁的利益，决不能因为监理单位受业主单位的委托就偏袒业主单位。

（3）独立。主要是指监理单位在组织关系、经济关系、人际关系和业务关系方面独立。组织关系独立是指监理单位是工程建设中独立的一方，不是业主单位的附属机构。经济关系独立是指监理单位不与参加建设的各方发生利益分享的关系。人际关系独立是指监理单位不与参加建设各方及政府部门发生人事连带关系。业务关系独立是指监理合同一经确定，业主单位不得干涉监理的工作，同时监理单位不得从事任何具体的信息系统工程业务。

（4）科学。监理的业务活动要依据科学的方案，运用科学的手段，采取科学的方法，进行科学的总结。

（5）保密。信息系统工程是高新技术领域的工程，在工程设计和实施中会涉及大量的技术、商业、经济等秘密，监理单位有义务对其在工作范围内接触的上述信息保守秘密。

8.6 信息系统工程监理服务的成本

监理服务的成本分为直接成本、间接成本和其他成本。

（1）直接成本主要包括：

● 直接人力成本（本项目监理机构成员的工资、奖金、福利等人力资源费用）；

● 直接非人力成本（本项目顺利开展而需要支出的设备购置费、资料费、差旅费、培训费等费用）。

（2）间接成本主要包括：

● 间接人力成本（本项目涉及的行政、财务、市场等其他人员的工资、奖金、福利等人力资源费用）；

● 间接非人力成本（本项目监理机构的办公场地费）。

（3）其他成本主要包括：本项目监理机构应缴纳的税费及其他费用。

8.7 监理及相关服务的质量与评价

业主单位和承建单位、监理单位均可根据自身的需要对监理及相关服务质量做出评价，并

作为监理服务持续改进的基础。评价应当基于监理合同的要求，结合监理及相关服务质量的特性进行综合评定。监理及相关服务质量与业主单位、承建单位、监理单位（简称"三方"）之间的关系如图 8-2 所示。

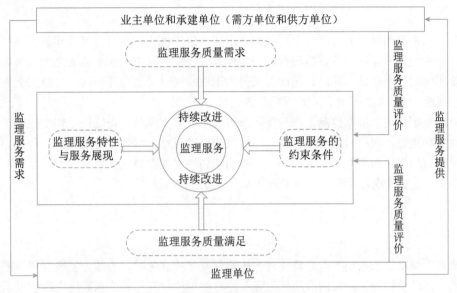

图 8-2　监理服务质量评价模型

监理及相关服务的评价原则描述了对监理及相关服务评价的通用要求，可以作为评价特定项目监理及相关服务的参考。评价监理及相关服务需要综合考虑服务内容、服务质量及项目建设的效果三个方面。这三个评价方面相互交叉、相互影响且密切联系。具体评价要求如下：

（1）服务的内容。监理及相关服务是由不同的多种技术服务组成的。可以从监理及相关服务的范围、密度和技术进行评价。监理及相关服务的范围要求完善、可用；监理及相关服务的密度要求与项目监理活动匹配；监理及相关服务的技术要求工具等手段科学、可靠、合理。

（2）服务的质量。监理及相关服务的质量是整个评价体系中较为重要的一方面。作为信息技术服务的一种，要求监理服务成果准确、无疑义，监理服务过程安全可控、及时响应。

（3）项目建设的效果。对信息系统工程建设效果的评价是从另外一个角度对监理及相关服务效果的评价。结合监理及相关服务自身的特殊性，对建设效果考量的指标包括信息系统工程的运行状况和经济效益两个方面。

评价指标包括：在服务的内容中，评价监理及相关服务的范围覆盖率、监理及相关服务密度、工具的数量及准确性等；在服务的质量中，评价监理及相关服务的成果错误率、合同履行程度及重大责任事故等；在服务的效果中，评价系统的系统故障率、系统稳定性、系统安全性及经济和社会效益达成率等。在特定项目的评价中，考虑到信息系统工程建设目标差别较大，对监理及相关服务的评价必须结合项目特点设定。对于评价特定项目的监理及相关服务，依据项目特点选择评价指标，并依据评价指标与监理及相关服务的关联程度设定评价指标权重，依据监理及相关服务评价指标得分和评价指标权重计算监理及相关服务的评价结果。

第9章 监理工作的组织和规划

监理机构是监理单位为了履行监理合同而组建的组织机构，其目标是高质量、高效率地完成监理合同中规定的监理任务。监理目标的实现很大程度上取决于各个要素之间的协调和配合程度，要明确每一个层面、部门、团队、人员的职责，同时又要相互协作，把组织上下左右联系起来，形成一个有机的整体，实现灵活高效运转。

良好的组织和规划可以提高工作效率，降低成本，减少风险。在监理工作实施前，包括签订监理合同和组建监理机构的前后，监理单位就要以总监理工程师和专业监理工程师为主，开始逐步进行监理工作的规划。在这期间，产生的计划性文件主要包括监理大纲、监理规划和监理实施细则，它们将成为监理工程师实施具体工作的重要指导文件。

9.1 监理机构

当监理单位对信息系统工程建设项目实施监理及相关服务时，为履行监理合同，需要建立监理机构。监理机构的生命周期取决于监理单位与业主单位签订的信息系统工程建设项目的合同规定。一般来说，监理单位接到监理任务后，就应书面任命总监理工程师，成立监理机构，并书面通知业主单位和承建单位（或通过业主单位书面通知承建单位）。从此时开始，监理机构完全代表监理单位，对工程项目的监理负责，对所监理的工程项目全过程进行监理活动。监理机构在完成监理合同规定的监理及相关服务内容后方可撤销。

监理机构的组织形式和规模，应根据监理合同规定的服务内容、服务期限、工程类别、规模、技术复杂程度、监理方式等因素确定。监理人员的技术水平、专业结构应合理，数量和比例应满足监理工作的实际需要。

9.1.1 监理机构的组织架构

监理机构的主要成员为：总监理工程师、总监理工程师代表（必要时配备）、监理工程师、监理员。具体的组织架构如图 9-1 所示。

9.1.2 监理人员的职责

1. 总监理工程师的职责

总监理工程师的职责包括：

（1）全面负责监理合同的实施；

（2）确定监理机构人员分工并书面授权总监理工程师代表；

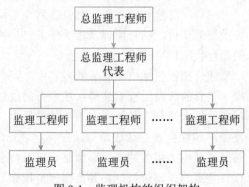

图 9-1　监理机构的组织架构

（3）主持编制监理规划，审批监理实施细则；

（4）负责管理监理机构日常工作，定期向监理单位报告；

（5）检查和监督监理人员的工作，根据工程项目及相关服务项目的进展情况，可进行监理人员调配，对不称职的监理人员应调换其工作；

（6）主持监理工作会议，签发工程监理机构的文件和指令；

（7）审查承建单位及运维服务提供方的资质，并提出审查意见；

（8）审定承建单位的开工申请、系统实施方案、实施进度计划；

（9）组织编制并签发监理月报、监理工作阶段报告、专题报告和工程监理及相关服务项目工作总结；

（10）主持审查和处理工程变更及运维服务过程的变更；

（11）参与工程质量事故和其他事故调查；

（12）审查承建单位竣工验收申请，组织有关人员进行竣工测试验收，签认竣工验收文件，审核运维服务的评价与认定结果；

（13）主持整理工程项目及相关服务项目的监理资料；

（14）审核签认承建单位或运维服务提供方的付款申请、付款证书和竣工结算或运维服务提供方的项目结算；

（15）调解业主单位与承建单位或运维服务提供方的合同争议，参与索赔的处理，审批工程及相关服务项目的延期；

（16）组织业主单位和承建单位完成工程项目成果的移交或运维服务提供方的成果的移交。

2. 总监理工程师代表的职责

总监理工程师代表的职责包括：

（1）按总监理工程师的授权，行使总监理工程师的部分职责和权力；

（2）总监理工程师不得将下列工作委托总监理工程师代表：

● 主持编制监理规划，审批监理实施细则；

● 调解业主单位和承建单位或运维服务提供方的合同争议，参与索赔的处理，审批工程及相关服务项目的延期；

● 根据工程项目的进展情况进行监理人员的调配，调换不称职的监理人员；

● 审核签认承建单位或运维服务提供方的付款申请、付款证书和竣工结算或运维服务提供方的项目结算。

3. 监理工程师的职责

监理工程师的职责包括：

（1）负责编制监理规划中本专业部分的内容及本专业的监理实施细则；

（2）负责本专业监理工作的具体实施；

（3）组织、指导、检查和监督监理员的工作；

（4）协助总监理工程师审查承建单位或运维服务提供方涉及本专业的计划、方案、申请、变更；

（5）负责核查工程及相关服务项目中所用的设备、材料和软件；

（6）负责本专业监理资料的收集、汇总及整理，参与编制监理月报；

（7）定期向总监理工程师提交本专业监理工作实施情况报告，对重大问题及时向总监理工程师报告；

（8）负责本专业工程量及相关服务项目工作量的审核；

（9）协助组织本专业分系统工程及相关服务项目的测试、验收；

（10）填写监理日志。

4. 监理员的职责

监理员的职责包括：

（1）在监理工程师的指导下开展监理工作；

（2）协助监理工程师完成工程量及工作量的核定；

（3）担任现场监理工作，发现问题及时向监理工程师报告；

（4）对承建单位或运维服务提供方的实施计划和进度进行检查并记录；

（5）对承建单位或运维服务提供方实施过程中的软件和设备安装、调试、测试情况进行监督并记录；

（6）填写监理日志。

9.2　监理大纲

监理大纲是监理单位承担信息系统工程建设项目的监理及相关服务的法律承诺，可以帮助监理单位获得监理业务，并为监理单位今后开展监理工作确定了框架方案。

9.2.1　监理大纲的作用

监理大纲的作用包括：

（1）使业主单位认可大纲中的监理方案，确信采用本监理单位制定的监理方案能实现项目的投资目标和建设意图，从而帮助监理单位获得监理业务；

（2）为监理单位今后开展监理工作制定框架方案。

9.2.2　监理大纲的编制

1. 监理大纲的编制要求

监理大纲的编制应针对业主单位对监理工作的要求，明确监理单位所提供的监理及相关服务目标和定位，确定具体的工作范围、服务特点、组织机构与人员职责、服务保障和服务承诺。监理单位编制监理大纲后，应经监理单位技术负责人审核，并由监理单位法定代表人（或授权代表）书面批准。

监理大纲的编制由于具体工程的不同会有差异，需要针对工程招标文件的要求逐项进行响应，突出监理单位针对该工程的理解、合理化建议、类似项目的经验、人员组织、技术以及售后服务等方面的优势，但严禁弄虚作假。

2. 监理大纲的编制依据

监理大纲的编制依据主要包括：

（1）业主单位对监理工作的要求（包括监理招标文件）。

（2）监理单位的服务质量管理体系。监理单位建立的质量管理体系标准需符合国际和我国质量管理体系和服务管理体系相关标准要求，包括 GB/T 19000 和 ISO/IEC 20000 系列标准。

（3）监理及相关服务规范。监理单位内部制定的信息系统工程监理技术规范需符合国家标准 GB/T 19668 系列规范等对监理工作的要求。

（4）与工程及相关服务有关的法律法规和标准规范。包括与工程有关的政策、法规、批文、前期设计文件，与工程建设内容有关的管理、技术标准等。

3. 监理大纲的编制程序

监理大纲的编制程序为：

（1）监理单位编制监理大纲后，应经监理单位技术负责人审核；

（2）由监理单位法定代表人（或授权代表）书面批准。

9.2.3　监理大纲的内容

监理大纲的主要内容包括：监理工作目标、监理工作依据、监理工作范围、项目监理机构及配备人员、监理工作计划、各阶段监理工作、监理流程和成果、监理服务承诺等。

1. 监理工作目标、依据和范围

（1）监理工作目标。结合工程项目具体的建设内容，从质量控制、进度控制、投资控制、合同管理、信息管理、安全管理等方面的工作目标进行分析。

（2）监理依据。主要是依据国家有关工程建设的政策、法律、法规、批准的建设计划、设计文件，工程建设的有关规程、规范、标准，以及招标文件中对监理范围的约定，对工程项目建设过程进行以控制投资、进度、质量和安全为核心的监督、管理、协调、服务，使工程项目尽可能好地实现投资目标、进度目标、质量目标和安全目标。

（3）监理范围。根据项目招标需求或监理合同约定的监理服务范围，进行全过程监理、里程碑监理、阶段监理等。

2. 项目监理机构及配备人员

根据监理及相关服务招标文件或委托文件约定的工程类别、规模、服务内容、技术复杂程度、实施工期和实施环境等因素确定监理机构的组织形式和规模，并对人员按照职务进行分工。

3. 监理工作计划和各阶段监理工作

（1）监理工作计划。在监理工作实施前，包括签订监理合同和组建监理机构的前后，监理单位就要以总监理工程师和专业监理工程师为主，开始逐步进行监理工作的计划。在这期间产生的计划性文件主要包括监理大纲、监理规划和监理实施细则，它们将成为监理工程师实施具体工作的重要指导文件。

（2）各阶段监理工作。根据监理及相关服务招标文件或委托文件约定的工程类别和服务内容，对各阶段的监理工作进行描述。

4. 监理流程、成果和服务承诺

（1）监理流程。包括展开监理信息搜集的步骤、监理意见的发布程序、监理会议召开的程序等，监理流程应符合监理规范等相关标准对监理工作的要求。

（2）监理成果。交付物要列出清单。

（3）服务承诺。根据工程招标文件与监理单位自身实力，对监理及相关服务提出可实施、可度量的服务承诺，严禁虚假承诺。

9.3　监理规划

监理规划将监理合同中规定的责任和任务具体化，是整个项目开展监理工作的依据和基础。

9.3.1　监理规划的作用

1. 监理规划的目的

信息系统工程监理规划是对工程项目实施监理的工作计划，也是监理单位为完成工程建设管理全过程的监理工作任务所编制的一种指导性文件。在信息系统工程监理规划中，应该明确规定监理的指导思想、计划目标、计划实施进度、计划实施的保证措施（包括组织措施、技术措施和管理措施等）等一系列需要统筹规划的问题。因此，监理单位编制监理规划的目的就是把信息系统工程建设项目监理活动的实施过程纳入规范化、系统化、标准化的科学管理范畴，以确保监理任务完成和监理目标的最终实现。监理单位应该高度重视项目监理规划的编制工作。一份完善、有效、高质量的项目监理规划可以充分地显示监理单位的组织管理能力，很好地体现监理单位的业务素质，同时也为以后监理任务的顺利完成打下一个良好的基础。信息系统工程监理规划在总监理工程师的主持下编制，并由业主单位认可，经总监理工程师签署后执行。

监理规划是整个项目开展监理工作的依据和基础。监理规划相当于一个监理项目的"初步设计"，而监理实施细则相当于具体的"实施图设计"。

监理单位在接受监理任务、开展监理投标和监理合同谈判时，应该根据业主单位对信息系统工程监理招标的要求和意图，向业主单位提供监理大纲，使业主单位通过监理大纲了解监理单位对该项目监理的行动纲要，增强业主单位对监理单位从事项目监理的信任感和认同感，促成双方合同洽谈和合同签约的成功。在合同签订后，监理单位应根据合同规定和要求，对监理大纲进一步细化，并向业主单位提交监理规划，作为监理单位对监理项目的行动指南，也可以作为业主单位考核监理单位对监理合同实际执行情况的重要依据。因此，监理规划在监理单位经营管理活动中有着重大的现实意义。

2. 监理规划的作用

监理规划的作用体现在以下几点：

（1）监理规划是监理机构职能的具体体现。

工程监理是一项高度复杂的管理系统工程活动。监理机构的职能几乎包含全部的管理职能，即计划与决策、组织与指挥、控制与协调、教育与激励等。计划是开展监理工作的首要职能，是保证监理行为的有序性的关键，也是实现信息系统工程监理目标和完成监理任务的重要手段。监理机构的职能不仅包含监理计划职能，也包含以计划职能为中心的其他监理职能，如组织、指挥、决策、控制、协调、教育及激励等管理职能。因此，监理规划是对监理机构职能的具体描述。

（2）监理规划是指导监理机构全面开展工作的纲领性文件。

信息系统工程监理的中心任务，是协助信息系统工程的业主单位实现监理的目标。而实现监理目标，需要制订计划、建立组织、配备人员，并进行有效的指导。在实施监理的过程中，监理单位要集中精力做好目标控制工作。但如果不能事先对计划、组织、人员配备、制度建立等工作进行科学的安排，就很难实现对目标的有效控制。因此，监理规划需要对监理机构开展的各项监理工作做出全面、系统的组织和安排。具体包括确定监理目标，制订监理计划，安排目标控制、合同管理、信息管理、组织协调等各项工作，并确定各项工作的方法和手段。监理规划是在监理大纲的基础上编制的。因此，应当更加明确地规定监理机构在监理实施过程中应重点做好哪些工作，由谁来做这些工作，在什么时候和什么地点做这些工作，如何做好这些工作。只有全面确定了这些问题的答案，监理机构才能真正展开工作，做到有条有理，有据可依。

（3）监理规划是业主单位检查监理单位是否能够认真、全面履行信息系统工程监理合同的重要依据。

监理单位如何履行信息系统工程监理合同，如何落实业主单位委托监理单位所承担的各项监理服务工作，业主单位作为监理的委托方，需要且有权了解和掌握这些情况。而监理规划正是业主单位加以了解和掌握这些问题的第一手资料，也是业主单位确认监理单位是否履行监理合同内容的主要说明性文件。

（4）监理规划是具有合同效力的一种文件。

监理规划要能够体现业主单位对监理工作的需求，它是对监理合同签约双方的责、权、利的进一步细化。由监理单位编制的监理规划，经过业主单位审查同意和总监理工程师签署后，作为监理合同的一个重要的附件，同样具有合同效力。因此，业主单位与监理单位双方都必须按监理规划要求统一认识、统一步伐和统一行动，以保证监理规划的实施。

9.3.2　监理规划的编制

1. 监理规划的编制要求

1）监理规划的内容应有统一性

由于监理规划是指导整个监理项目工作的纲领性文件，在编制监理规划时应当做到其内容构成力求统一。这是监理工作规范化、制度化、统一化的基本要求，也是监理工作科学化的要求。监理规划的基本作用是指导监理机构全面开展工作，如果监理规划的编写内容不能做到系统、统一，监理工作就会出现漏洞或矛盾，使正常的监理工作受到影响，甚至出现失误。

2）监理规划的内容应有针对性

对于一个具体的信息系统工程建设项目而言，监理规划往往是一次性的，监理规划的内容必须根据这个项目的实际来编制，如果忽视监理规划内容的针对性，采用同一模式、同一方法开展监理工作，必然会导致目标偏离计划，甚至出现失误。所以一个好的监理规划，应该针对具体的信息系统工程建设项目进行目标规划，建立监理机构和制度。只有这样，监理规划才能真正起到指导监理工作的作用。

3）监理规划的内容应有时效性

监理规划的内容应该随着工程项目的逐步开展而调整，有时需要对不切实际的措施进行不断地补充、完善、调整，把开始勾画的轮廓进一步细化，使得监理规划变得更加详尽可行。在工程项目的开始阶段，总监理工程师有时对项目的具体信息掌握得不完全准确，兼之工程项目在建设过程中，受到来自内外部的各种因素和条件变化的影响，使得监理规划需要进行相应的调整和进一步完善，以保证监理目标的实现。

2. 监理规划的编制依据

监理规划的编制依据主要包括：

（1）与信息系统工程建设有关的法律、法规及项目审批文件等；

（2）与信息系统工程监理有关的法律、法规及管理办法等；

（3）与本项目有关的标准、设计文件、技术资料等，其中，标准包含相关国际标准、国家或地方标准；

（4）监理合同、监理大纲；

（5）与本项目建设有关的合同文件（承建合同、运维服务合同等）及相关服务的其他文件。

3. 监理规划的编制程序

监理规划的编制程序具体如下：

（1）在签订监理合同后，总监理工程师应主持编制监理规划。具体步骤如下：

- 规划信息的收集与处理。所谓规划信息是指与监理规划相关的信息，如所监理的信息系统工程建设项目的情况（一般由业主单位提供）、承建单位（可能还包括设计单位、分包单位）的情况、业主单位的情况、监理合同所规定的各项监理任务等信息。在编制监理规划以前，应该广泛收集相关的监理信息，在整理和消化这些材料的基础上着手编制项目监理规划。
- 项目规划目标的确认。依据收集到的项目规划信息来确定项目规划的目标，并对目标进行识别、排序和量化，为下一步确定监理工作做准备。
- 确定监理工作。在对监理规划目标进行确认的基础上，具体确定监理单位应该做的工作。需要确定监理工作的工作内容、工作程序和工作要求等，确定的依据一方面来自所确定的监理规划目标，另一方面来自监理合同。

● 按照监理工作性质及内容进行工作分解。在对监理工作进行初步确认的基础上，对监理工作进行细分，确定各小组的责任，以此确定各自的监理任务。

（2）监理规划完成后，应经监理单位技术负责人审批。

（3）监理规划报送业主单位签认后生效。

9.3.3　监理规划的内容

监理规划的主要内容包括：工程及相关服务对象概况、监理依据、监理范围、监理内容、监理目标、监理机构的组织及监理人员的职责、监理工作方法及措施、监理工作制度、监理工具和设施等。

在监理工作实施过程中，如实际情况或条件发生重大变化而需要调整监理规划内容，应由总监理工程师组织监理工程师修改，经监理单位技术负责人审批后报业主单位签认。

1. 工程及相关服务对象概况

工程及相关服务对象概况描述了整个信息系统工程建设项目及相关服务对象的大体情况，包括工程名称、工程项目组成及规模、工程预计总投资额、项目预计工期、工程质量等级、设计、实施及开发承建单位名称、工程特点的简要描述等。

2. 监理范围、内容与目标

监理范围要表明监理组织机构的工作在工程的什么范围内进行，也包含对工程的哪些阶段进行监理；监理内容要说明监理工作具体做什么，例如包含质量控制、进度控制、信息管理、合同管理等；监理目标列出监理工作在本项目中要达到的效果，这些效果应该符合实际，并且在监理的控制范围之内。这三者要根据监理合同和一般的监理原则来确定。

3. 监理机构的组织及监理人员的职责

监理单位应根据工程项目的实际情况确定监理机构的组织结构，并按合理的比例配备专业的监理工程师。在监理规划中，应该写明针对该项目组建的监理机构的组织形式，以及各个环节、各个分项目方面的人员配备等情况。其中，监理机构的组织形式一般都以图表的形式简明扼要地表示出来；监理工程师的配备可以按照各个分项目的不同划分，也可以按照职能划分，还可以综合考虑两方面的内容，按照它们之间的交叉划分。具体应该采用哪一种划分形式，可以按照项目自身的特点进行选择。

4. 监理依据、工作制度、工作方法及措施

监理依据要求列出监理工作所依据的所有文件、标准、资料，并对依据的理由和办法进行阐述。

监理工作制度是监理机构制定的，用来约束监理工程师的监理行为的规章，不同项目的监理制度可能有不同之处。制度内容主要包括会议、签认、处理、审查等方面。

监理工作方法及措施指监理对某一特定的监理对象采取的监理手段，例如对网络设计的监理手段、对软件开发过程的监理手段、对信息设备安装的监理手段等。

5. 监理工具和设施

监理工具和设施可分为两类：一类是监理单位自带的监理工具；一类是由业主单位提供的监理设施。

监理单位应根据工程情况，配备满足监理工作需要的软硬件工具和监理设备，特别是软件工具，一般包括监理管理软件、监理测试软件和监理支持软件。

如果监理工作包含现场监理部分，还应按合同规定向业主单位提出必要的办公设施等要求。需要强调的是，监理机构应妥善使用业主单位提供的设施，并在完成监理工作后移交业主单位。

9.4 监理实施细则

监理实施细则是指导监理工作开展的文件与备忘录，是指导监理单位各项监理活动的包括技术、经济、组织和管理在内的综合性文件。

9.4.1 监理实施细则的作用

1. 监理实施细则的目的

监理实施细则是以被监理的信息系统工程建设项目为对象而编制的，用以指导监理单位各项监理活动的技术、经济、组织和管理的综合性文件。它是根据监理合同规定范围和业主单位的具体要求，由项目总监理工程师主持，监理工程师参加编制，在设计阶段监理工作的基础上，综合项目的具体情况，广泛收集工程信息和资料，以及征求监理工程师的意见和建议的情况下，结合监理的具体条件制定的指导整个监理机构开展监理工作的技术管理性文件。应该注意的是，对信息系统工程监理而言，仅仅有信息系统工程设计方案是无法完成监理实施细则的制定的。监理工程师应掌握系统设计中所确定的大量具体实施方法及开发的具体数据之后，编制出切合此项工程实际的监理实施细则。编写监理实施细则对实施监理工作意义重大，是监理工作必经的一个阶段。

2. 监理实施细则的作用

1）对监理机构的作用

通过对监理实施细则的书写，让监理工程师增加对本工程项目的认识程度，使他们更加熟悉工程的一些技术细节。监理工程师在熟悉工程的专业技术的情况下写出有针对性的监理实施细则。

监理实施细则是指导监理工作开展的文件与备忘录。由于监理工作繁杂，难免会有遗漏，监理实施细则就会起到备忘录的作用。因为细则中包含了与规定的质量控制点相对应的检查、监督内容，监理工程师对此质量控制点进行检查和监督，当检查中发现问题时，因细则中对这些可能出现的问题已有相应的预防与补救措施，便可迅速采取补救措施，有利于保证工程的质量。

2）对承建单位的作用

监理单位把监理实施细则提供给承建单位，能起到工作联系单或监理通知单的作用。因为除了强制性要求的验收内容外，承建单位不清楚还有哪些工序是监理机构必须进行检查的。而细则中通过质量控制点设置的安排，可提示承建单位在相应的质量控制点到来前必须通知监理机构，避免承建单位遗忘通知而引发纠纷。

监理机构把监理实施细则提供给承建单位，为承建单位起到提醒与警示的作用。主要是提醒承建单位注意质量通病，使之为预防通病出现而采取相应的措施，同时，监理设置的质量控制点提醒承建单位对工程过程中关键部位可能出现的问题采取相应的应急措施。

3）对业主单位的作用

监理单位将一份切合工程实际的监理实施细则提供给业主单位，使业主单位对工程的质量、进度、投资、变更等控制方法有一定的了解，从而有利于业主单位对工程的管理和控制。同时也让业主单位了解监理工作的具体内容，配合和督促承建单位共同完成项目建设，有利于获得业主单位对监理的信任与支持。

9.4.2　监理实施细则的编制

对于技术复杂、专业性较强的大中型信息系统工程建设项目，监理机构应该编制监理实施细则。信息系统工程监理实施细则是在监理规划的基础上，根据项目实际情况，对各项监理工作的具体实施和操作要求的具体化、详细化，用以指导监理机构全面开展监理业务。监理实施细则应符合监理规划中的相关要求，并应结合信息系统工程建设项目的专业特点，做到详细具体，具有可操作性。

监理实施细则应在相应工程实施开始前，由总监理工程师组织各专业监理工程师编制，经总监理工程师批准后方能实施。在监理工作实施过程中，监理实施细则还应根据实际情况进行补充、修改和完善，修订后的细则也需要报总监理工程师批准后实施。

1. 监理实施细则的编制要求

监理实施细则的编制应符合下列要求：

（1）要符合项目本身的专业特点。

监理实施细则是具体指导项目中各专业开展监理工作的技术性文件，需要各专业间相互的配合协调、有序进行。如果各自管各自的专业特点而不考虑别的专业，那么整个项目的实施就会出现混乱，甚至影响目标的实现。

（2）严格执行国家、地方的规范及标准并考虑项目自身的特点。

国家和地方的标准、规范、规程及行业技术规范文件等是开展监理工作的主要依据。但对于一些非强制性的标准、规范，可以结合项目的自身特点和监理目标，有选择地采纳适合项目自身特点的部分，而不要照抄、照搬。

（3）尽可能地对专业方面的技术指标量化、细化，使其更具有可操作性。

编写监理实施细则的目的是指导项目实施过程中的各项活动，并对各专业的实施活动进行监督和对结果进行评价，监理工程师必须尽可能地依据技术指标来进行检验评定，使监理实施细则更具有针对性、可操作性。

在监理工作的具体实施过程中，监理实施细则根据实际可进行补充、修改和完善。同时监理实施细则应对所要监理项目中的关键点和实施难点设置"质量控制点"。

2. 监理实施细则的编制方式

1）按信息系统工程中的专业分工编制

一个综合性的信息系统工程涉及的专业领域可能有通信工程、网络工程、软件开发、信息安全、经济核算、设备选型等，每种专业都有自己的监理手段和技术。

这种编制监理实施细则的方式是最常用的方式，也是比较好组织的一种方式。

2）按信息系统工程的阶段编制

按照信息系统工程建设项目的进程，可划分为招标阶段、设计阶段、实施阶段、验收阶段和缺陷责任期，每一阶段的监理方法和措施各有特点。

3）按监理的工作内容编制

监理的工作内容可分为质量控制、进度控制、投资控制、合同管理和信息管理。

3. 监理实施细则的编制依据

监理实施细则的编制依据包括：

（1）已经批准的监理规划；

（2）与信息系统工程相关的国家、地方政策、法规和技术标准；

（3）与信息系统工程相关的设计文件和技术资料；

（4）工程实施方案及相关服务方案等与工程相关的文件；

（5）相关合同文件。

9.4.3 监理实施细则的内容

监理实施细则的主要内容包括工程及相关服务的特点、监理工作流程、监理工作的控制要点及目标、监理方法及措施。监理实施细则的编制要做到"可行、有效、细致、全面"，真正起到指导监理工程师实际工作的作用。一般来说，监理实施细则是由监理工程师编写，由总监理工程师审核，作为实施监理工作的指导文件。无论哪种专业，都应包含以下四个方面的内容。

1. 工程及相关服务的特点

工程及相关服务对象概况描述了整个信息系统工程建设项目及相关服务对象的大体情况，包括工程名称、工程项目组成及规模、工程预计总投资额、项目预计工期、工程质量等级、设计、实施及开发承建单位名称、工程特点的简要描述等。

2. 监理工作流程

监理工作流程是指进行专业监理时遵循的程序，例如监理信息的搜集、汇报、分析，监理措施的采取，监理意见的发布等。在制定监理流程时，要充分考虑工程的实际情况，做到切实可行；监理程序简明而不粗糙，对工程异常情况反应迅速；流程要有一定的灵活性，不能太僵硬，避免过度限制监理工程师使用监理手段。

3. 监理工作的控制要点及目标

监理工作的控制要点包含控制点和质量、进度、投资等控制需要注意的事项。监理工程师应根据专业的特点，在工程过程中设置一些容易检测和纠正的标志性时机作为控制点，为每个控制点确定检测标准，也就是该控制点的目标。在实施监理工作时，监理工程师通过对这些关键点的控制达到对本专业的控制。

4. 监理方法及措施

措施，即计划采用的监理技术、监理工具和针对工程异常情况的监理措施。对不同的专业应有不同的监理技术，在不同的工程阶段也有不同的监理手段。例如，在对综合布线系统的线路连通性进行控制时，可采用一些测试仪器进行抽检；对软件开发进度进行控制时，可通过审查开发过程文档、检查代码来实现；对网络设备价格进行控制时，可审核原始单据，并通过电话核实确认。

9.5　监理大纲、监理规划、监理实施细则的异同

监理大纲、监理规划、监理实施细则的异同主要表现在以下几个方面：

（1）监理大纲是在业主单位选择合适的监理单位时，监理单位为了获得监理任务，在项目监理招标阶段编制的项目监理单位方案性文件。它是监理单位参与投标时，投标文件内容的重要组成部分。编制监理大纲的目的是要使业主单位信服，采用本监理单位制定的监理方案，能够圆满实现业主单位的投资目标和建设意图，进而赢得竞争投标的胜利。由此可见，监理大纲是为监理单位的经营目标服务的，起着承接监理任务的作用。

（2）监理规划是在监理合同签订后，由监理单位制定的指导监理工作开展的纲领性文件。它的作用是指导监理单位规划自身的业务工作，并协调与业主单位在开展监理活动过程中统一认识、统一步调、统一行动。由于监理规划是在委托合同签订后编制的，监理委托关系和监理授权范围都已经很明确，工程项目特点及建设条件等资料也都比较翔实。因此监理规划在内容和深度等方面比监理合同更加具体化，更加具有指导监理工作的实际价值。

（3）监理实施细则是在监理规划的指导下，监理机构已经建立，各项专业监理工作责任制已经落实，配备的监理工程师已经上岗，再由监理工程师根据专业项目特点及本专业技术要求所编制的，具有实施性和可操作性的业务性文件。监理实施细则由各专业监理工程师负责主持编制，并报送项目总监理工程师批准执行。

监理大纲、监理规划和监理实施细则三者之间有一定的联系性，它们都是由监理单位对特定的监理项目编制的监理工作计划性文件，且编制的依据具有一定的共同性，编制的文件格式也具有一定的相似性。但由于监理大纲、监理规划和监理实施细则三者的作用不同、编制对象不同、编制负责人不同、编制时间不同、编制的目的不同等，在编制内容侧重点、深度、广度和细度诸方面有着显著区别。

监理大纲、监理规划和监理实施细则三者的主要区别如表 9-1 所示。

表 9-1　监理大纲、监理规划和监理实施细则三者的主要区别

名称	编制对象	负责人	编制时间	编制目的	编制作用	编制内容		
						为什么	做什么	如何做
监理大纲	项目整体	公司总监	监理招标阶段	供业主单位审查监理能力	增强监理项目中标的可能性	重点	一般	无
监理规划	项目整体	总监理工程师	监理合同签订后	项目监理的工作纲领	对监理自身工作的指导、考核	一般	重点	重点
监理实施细则	某项专业监理工作	监理工程师	监理机构建立、责任明确后	专业监理实施的操作指南	规定专业监理程序、方法、标准，使监理工作规范化	无	一般	重点

第 10 章 质量控制

质量控制是为满足质量要求所开展的作业技术和活动。信息系统工程质量控制分为信息系统工程的质量和信息系统工程建设过程的质量。其中，工程建设过程的质量控制是工程的质量控制的基础，工程的质量控制是工程建设过程的质量控制的最终目标。因此，监理单位的高质量控制工作不仅要确保工程的质量，而且要确保工程建设过程中的质量。质量控制是进度控制、投资控制的基础和前提。

由于信息系统工程的建设过程中汇集了人的智力劳动，具有可视性差、变更比较频繁等特点，因此信息系统工程的质量控制过程就显得更加复杂。信息系统的质量控制主要从质量体系控制、实施过程控制及单元控制入手，通过阶段性评审、评估，以及实时测量等手段尽早发现质量问题，找出解决问题的方法，最终达到工程的质量目标。

10.1 质量控制基础

信息系统工程的最终产品是建成投入使用的信息工程项目，其质量要求就是对整个信息系统工程项目与其实施过程满足规定或潜在需求的特征以及特征的总和，即要达到的信息系统工程项目质量目标。如果项目是在给定的时间、成本和质量等约束条件下完成的，那么这个项目就是成功的。

一般情况下，时间和成本是可以清楚度量的，但是项目的质量却很难以简单的一个量化标准来理解和控制。每个行业都有本行业的一套标准，包括行为标准、技术标准或者约定，项目的结果只有符合相关的质量标准，项目的结果才满足质量要求。就信息系统工程来说，一般要从功能、性能、安全性、可靠性、易用性及可扩展性等方面来考察其质量，但是最根本的还要看信息系统工程完成之后能否满足业主单位预期的要求。如果一个系统的性能符合预期要求，并且用户可以方便地使用，令用户感到满意，就可以说明它达到了一定的质量水准；如果一个信息系统工程建成之后，不适合用户使用，那么就不能说它的质量达到了要求。

信息系统工程监理质量控制的特点和意义主要体现在以下几个方面：

（1）监理单位受业主单位的委托，对工程质量形成的全过程进行控制，将对工程质量的保证和提高起到重要作用。避免了由业主单位进行质量控制的片面性或专业性不强的弊端，强化了质量控制。

（2）监理单位的质量控制可以促进承建单位的质量控制活动。监理单位掌握设计标准和规范要求，监理人员需要具有丰富的工程经验；通过监理机构对设计文件决策的监督和审查，可以有力地促进设计质量的提高。监理人员的现场工作促使承建单位更自觉地按照技术规范、操作规程、设计要求和实施方案进行实施，从而保证实施质量。

（3）监理单位与承建单位、软硬件供应商、分包单位、外协单位等都是质量体系的共同体，没有这些单位的质量保证，承建单位的质量保证就不可能健全。监理单位除了对承建单位进行质量监理以外，也对他们共同体的质量活动进行必要的监理，对他们产品的质量进行验收、检验和认证等。

（4）监理的过程性质量监督是对质量监督制度重大的改进和提高。信息系统工程的质量监理主要通过监理单位进行质量控制，监理单位在工作中可以体现出权威性、公正性和科学性，不受业主单位人情世故等因素的干预制约，按照相关法律法规和标准对工程进行直接和具体的监理。监理单位的工作是连续的，与业主单位、承建单位形成三位一体的体制，各自行使自身的权利和义务，对工程质量进行全过程的卓有成效的咨询和监督，对工程质量的控制效果和经济效益的提高都更有利。监理人员在实施质量控制的时候应该始终坚持质量控制活动的独立性、公正性、全面性和过程性，只有这样才能够体现监理质量控制的作用和意义。

（5）信息系统工程建设项目实体、功能和使用价值的各方面都应当列入项目的质量目标范围。对所有参与项目的单位和人员的资质、素质、能力和水平，特别是对其工作质量的要求，也是项目质量目标不可缺少的组成部分，因为他们的工作质量直接影响产品的质量。项目的每个阶段都对项目质量的形成起着重要的作用，对工程质量产生重要影响。因此每个阶段都应有其具体的质量控制任务，监理工程师应当根据该阶段的特点，确定其质量控制的目标和任务，以便实行全过程的控制。

10.1.1 质量控制的概念

信息系统质量控制是为了确保承建合同所确定的、相关标准所要求的、法律法规所规定的质量要求采取的一系列监控措施、手段和方法。

质量控制是一个系统过程，贯穿项目全过程。监理单位的质量控制主要包括项目预研和规划的质量控制、实施过程的质量控制、项目实施结果与服务的质量控制、运行维护阶段的质量控制。监理人员采取有效的措施，监督项目的规划、部署实施过程以及具体的实施结果，判断是否符合有关的质量标准，并确定消除不良结果的方法。

10.1.2 质量控制的原则

信息系统工程的质量控制贯穿招标、设计、实施、验收，以及系统运行维护等阶段。质量控制的原则如下：

（1）质量控制要与业主单位对工程质量的监督紧密结合。就信息系统工程的投资目标、进度目标、质量目标而言，质量目标特别受到业主单位的重视，衡量信息系统工程建设项目质量是否达到计划标准和要求，需要监理单位及其监理人员与业主单位的工程质量监督管理部门共同承担对项目的质量进行监督管理的任务。

（2）质量控制要实施全过程控制。项目的实施过程，也是其质量形成的过程。要使项目的质量控制能够产生所期望的成效，监理单位及其监理人员就要对项目的实施全过程不间断地进行质量控制。

（3）质量控制要实施全面控制。对项目质量实施全面控制，要把控制重点放在各种干扰质量的因素上，做好风险分析和管理工作，预测可能出现的质量偏差，并采取有效的预防措施。

监理单位的工作重点是监督信息系统工程关键性过程和检查工程阶段性结果，判定其是否符合预定的质量要求，并在整个监理过程中强调对项目质量的事前控制、事中控制和事后控制。

- 信息系统工程监理对于不同的项目内容应采取不同的质量控制方法；
- 以信息系统工程建设及验收规范、工程质量验收及评审标准等为依据，督促承建单位全面实现承建合同约定的质量目标；
- 对承建单位的人员、设备、方法、环境等因素进行全面的质量监察，督促承建单位的质量保证体系落实到位；
- 对信息系统工程建设全过程实施质量控制，以质量预控为重点，做好技术总体方案、系统集成方案、开发 / 测试计划、培训计划、售后服务等审核把关；
- 确定项目质量控制的关键节点，重点控制，监理人员要严格把关，必要时还要组织专家顾问进行集体论证，或请第三方检测机构进行质量测试；
- 对工程的关键工序和重要实施过程进行跟踪参与，及时发现质量问题，及时纠正，消除质量隐患；
- 坚持本工序质量不合格或未进行验收签认的下一道工序不得进行建设，以防止质量隐患积累；
- 对工程项目的系统集成、应用系统开发、培训等进行全面的质量控制，监督承建单位的质量保证体系落实到位，加强作业程序管理，实现工程建设的过程控制。

10.1.3　质量控制的特点

信息系统工程的质量控制和其他工程的质量控制相比有其特殊性，只有对信息系统工程的特点以及质量影响因素有比较清晰的认识，质量控制才具有针对性。

（1）信息系统工程的建设过程是人的智力劳动过程，实施人员的技术水平和责任心对项目建设影响比较大，而且企业人员流动现象比较普遍，因此要控制质量，首先要控制人。监理单位对承建单位的人员控制并不是人事权的控制，而是主要通过审查项目主要负责人是否具有相关专业能力，以保证项目经理的素质；检查承建单位的项目过程质量控制体系，以保证项目能够在有序的状态下进行，督促检查承建单位建立有效的版本控制体系和文档管理体系，最大可能减少人员流动所带来的损失。

（2）随着信息化项目建设的规范，项目变更的情况相对可控，但项目变更客观存在。在需求获取过程中有时会存在需求不完整、不清晰的情况，而对于信息系统来说，需求变更将引发大量的质量缺陷及隐患，因此对于信息系统的变更，要科学评估变更的风险，并严格执行变更处理程序。

（3）信息系统工程比较复杂，故障定位比较困难。例如，信息系统的性能问题可能是由网络性能、主机性能、数据库性能、中间件性能和应用软件性能共同决定的，某一部分出现故障，就会影响整体的性能，因此在进行质量控制时既要切实控制单项部件的质量，又要有全局的整体观念。

（4）信息系统工程的可视性差，质量缺陷比较隐蔽，无法直接通过人的感官直观地判断信息系统质量的优劣，而且信息系统的质量问题往往在特定条件下才会出现。因此在对信息系统工程进行质量控制时要进行大量的测试，测试对于信息系统工程质量控制是必不可少的。

（5）质量缺陷发现后，改正错误的代价往往较大，并且可能引发其他的质量问题。例如，在软件开发过程中即使发现了软件的错误，也不能随意修改。因为修改一个问题，可能会引起雪崩效应，出现更多问题，因此在质量控制时要做好质量改进评估。

（6）质量纠纷认定的难度大。由于信息系统经常存在对需求理解的偏差，质量问题也往往是在特定的条件下才会发生，业主单位和承建单位对质量问题的认定可能会产生分歧。一方认为是质量问题，另外一方可能认为不是问题，因此监理人员在质量控制过程中除了要严把需求关之外，还要站在独立公正的立场上去处理质量纠纷，并且要以双方认可的测试结果作为判定质量问题的依据，必要时可以引入第三方测试机构。

（7）信息系统工程建设项目是一个系统工程，不能仅靠多增加一些设备和人手就加快进度，因此进度计划的制定一定要科学合理并且留有余量，避免由于严重的质量问题返工导致进度计划失控，同时要注意质量控制和进度控制都要在一个适合的范围之内，应协调进行。

（8）由于信息系统工程完成的主体是承建单位，优秀的承建单位是质量控制的关键因素。因此在招标阶段对承建单位的选择非常重要，监理单位应较早介入，严格审核承建单位的能力水平。

10.2　对质量影响因素的控制

质量控制应该是积极主动的，应事先对影响质量的各种因素加以控制，而不能是消极被动的，等出现质量问题再进行处理，否则将造成不必要的损失。只有控制好影响质量的各类因素，才能建设出优质工程。

监理工程师对工程质量影响因素的控制主要包括以下几个方面。

1. 对人的行为的质量控制

人是信息系统工程建设项目的实施者，工程质量是在各类组织者、指挥者、操作者的共同努力下建立起来的。人的素质、管理水平、技术能力将最终影响工程实体质量的优劣。为了调动人的积极性，避免因人的失误而影响工程质量或造成工程质量事故，监理人员在质量控制环节的事前控制中，应要求承建单位管理人员和操作人员，尤其是专业作业人员都通过专业技术培训，取得培训合格证或上岗证以后，持证上岗。承建单位应有健全的岗位责任制，要充分发挥管理人员和操作人员在质量活动中的作用，禁止违章作业和野蛮施工，做到对现场实施人员的素质心中有数，针对不同情况分别采取不同的控制手段。

2. 对材料、配件、设备和系统的质量控制

信息系统工程中采用的材料、配件、设备和系统本身的质量是保证工程建设质量的物质基础。《中华人民共和国采购法》明确指出：工程建设项目中的材料、配件、设备、系统，都必须符合设计要求和产品质量标准。因此要保证工程质量合格，应对材料、配件、设备、系统进行质量控制，避免伪劣材料和配件混入工程。其质量控制要点包括：

（1）采购订货前，审查有关性能、数据等是否与本工程要求相符。

（2）进场前，核验产品出厂合格证及检测报告，对主要材料、配件、设备、系统应分批量按规定取样检验和复检。

（3）对进口材料、设备应配合商检部门做好开箱检查。

（4）材料、配件、设备、系统等应按规定的条件保管，并在规定的条件和期限内使用；对保管不善或使用期限超过规定的，应再按规定取样测试，经检验合格后，才能使用。

（5）对自研的初次使用的设备和系统，应先提出试用要求，经试验合格后，才能使用。

（6）材料、配件、设备、系统的抽样和检验方法，应符合国家有关标准和专业技术标准的规定。监理人员应着重检查试验室资质是否符合要求，计量器具应定期检定。另外，为了把好材料、配件、设备、系统关，要严格执行设备材料检测的见证、取样、送检制度，以确保检测报告的真实性。

3. 对实施方案与方法的质量控制

实施方案与方法是为保证工程质量做出的详细的实施措施，包括对工程中具体技术问题确定的实施步骤、工程质量的控制方法以及如何选用材料、配件、设备、系统等的具体要求。对于信息应用系统工程建设项目，要对开发方法和设计方案进行质量控制。监理人员在工程实施前应熟悉设计文件及规范要求，在重要或关键部位实施前及早协助和督促承建单位做好实施方案，并对其申报的实施方案进行审查。在审查时，监理人员应结合工程实际情况，从技术、组织、管理、经济等方面进行分析，综合考虑，确保实施方案技术可行，符合国家有关工程实施规范和质量检验评定标准，从而保证工程质量。只有这样，监理人员才能对工程进行预控，使工程质量建立在可靠的基础上，使承建单位的项目人员与监理单位的监理人员有保证工程质量的共同指导文件，一起把好质量关。

4. 对环境因素的控制

影响信息系统工程质量的环境因素很多，有直接影响工程的供电、空调、消防等基础设施环境，有反映承建单位管理水平、质量保证体系、质量管理制度的工程管理环境，有反映技术人员的业务能力环境等。由于环境因素具有复杂多变的特点，因此在信息系统工程项目建设中，应根据工程特点和具体条件，对影响工程质量的环境因素利用其有利的一面，采取措施控制其不利的一面。

10.3　质量控制体系建设

质量控制体系应与组织的具体业务方向相符合，业主单位、承建单位、监理单位应根据各自的特点建立相适应的质量保证体系。

10.3.1　质量控制体系的概念

质量控制体系是指为保证性能、过程或服务在质量上满足规定或潜在的要求，由组织机构、职责、程序、活动、能力和资源等构成的有机整体。质量控制体系的结构由领导的责任、质量责任和权限、组织结构、资源和人员以及工作流程五个方面组成。这五个方面按其性质可以分为规章制度和客观物质条件两大部分。一个客观存在的质量体系，首先要具备一定的客观物质条件，即人员、检测设备及能力等，然后通过设置组织机构，规定各级人员的职责、工作流程、质量活动内容等规章制度，组成一个有机体，这样的体系才能经济、有效、协调地满足用户需要。

1. 领导的责任

领导应对质量方针的制定与质量体系的建立、完善、实施和保持负全面责任。这是做好全面质量管理的关键。在信息系统工程建设项目中，作为工程主体的业主单位、承建单位、监理单位，其项目主管人员都需要建立起质量体系与组织，并担负质量体系有效运行的责任。

2. 质量责任和权限

确定为达到规定的质量水平所必须进行的质量控制活动，明确规定项目组织体系中各部门及人员在进行这些质量活动时应承担的责任。明确规定从事各项质量活动人员的责任和权限，规定各项工作与流程之间的衔接、控制和协调措施。在一个机构完善且有效的质量体系中，其工作的重点是以实施全过程控制为主，实行预防与把关相结合，采取各种方法查明实际的或潜在的质量问题，并采取预防和补救措施。

3. 组织结构

组织结构是指组织内影响质量的组织体制、隶属关系及相互联系的方法。组织结构一般应包括各级质量机构的设置、各机构的隶属关系、各机构的职责范围、各机构的工作衔接与相互关系、形成的各级质量管理工作网络等。

在实施全面质量管理时，通常可以将质量组织形式分为以下五类：

（1）质量预防组织。从事组织制订各类质量计划，预防质量缺陷，以便获得确定的质量水平的工作。

（2）质量改进组织。主要是针对功能和管理上发生的经常性缺陷，组织质量突破，把性能质量和质量管理提高到一个新的水平。

（3）质量保证组织。主要是组织对工程质量工作的审核，确保质量要求的实现，并保持稳定。

（4）接收组织。从事进场物品接收、工序制造接收、产品接收等工作。

（5）协调组织。主要是协调影响质量的有关部门的活动。

必须着重指出：上述五种质量组织并不是必须有五种对应的机构，而是这五个方面的质量活动在组织上应是落实的，可以根据组织及项目的具体情况来进行设计。

为了使项目质量体系正常运行并不断完善，业主单位应设置综合质量管理部门，负责项目关键点的质量管理与监控工作，进行质量活动的组织、计划、协调、指导、检查和督促工作。承建单位必须设置独立的质量控制部门，并能行使职权，严格检验，加强检测、把关和报告的职能。作为监理单位，除建立自己的项目质量管理体系外，还需要协助业主单位建立质量控制体系，监控承建单位质量体系的建立与有效运行，并有效协调三方体系的协同运行。

4. 资源和人员

资源和人员是质量体系的客观物质条件。质量保证能力主要表现为组织是否拥有能生产满足质量要求的资源条件、检测设备，并有一支经验丰富、训练有素的技术、管理队伍，这是质量体系的固有技术和物质基础。这些资源包括：人才资源和专业技能、实施工具及设备、检验和试验设备和仪器仪表等。

为确保各类人员的工作能力适应和满足工作的要求，监理单位应对员工必须具备的资格、经验、能力等基本素质以及需要进行的培训计划做出相应的具体规定。

5. 工作流程

流程是规定某一项活动的目的和范围，应做什么事，由谁来做，如何做，如何控制和记录，在什么时间以及采用什么材料、设备和文件等。类似于全面质量管理提出的"5W1H"（What，Who，When，Where，Why，How）。工作流程是质量管理工作的科学总结，也是实现质量控制的不可缺少的手段。

工作流程是通过文件形式来描述的，但不一定是独立的文件，一般可在规章制度或管理标准、工作标准中体现。质量体系应具备以下几个功能：

（1）应能对所有影响质量的活动进行恰当而连续的控制；

（2）应重视并采取预防性措施，避免问题发生；

（3）应具有一旦发现问题能及时做出反应并加以纠正的能力。

组织为保证质量体系功能的发挥，应制定和颁发质量体系各项活动的工作流程，并认真贯彻实施，变"人治"为法治，保持工作连续性和一致性，这是质量体系的重要内容。各项工作流程应做到简练、明确、易懂、相互协调、相互配合，而且都要对活动的目标采用的方法和工作质量做出相应的规定。

10.3.2　三方协同的质量控制

信息系统工程建设项目是由业主单位、承建单位和监理单位共同完成的，三方的最终目标是一致的，那就是高质量地完成项目，因此质量控制任务也应该共同完成，三方都应该建立各自的质量保证体系，而整个项目的质量控制过程也就包括业主单位的质量控制过程、承建单位的质量控制过程和监理单位的质量控制过程。

1. 工程项目的质量管理体系

承建单位是工程建设的实施方，因此承建单位的质量管理体系能否有效运行是整个项目质量保证的关键。业主单位作为工程建设的投资方和用户方，应该建立较完整的工程项目管理体系，这是项目成功的关键因素之一。监理单位是工程项目的监督管理协调方，既要按照自己的质量控制体系从事监理活动，还要对承建单位的质量管理体系以及业主单位的工程项目管理体系进行监督和指导，使之能够在工程建设过程中得到有效的实施，三方协同的质量控制体系是信息系统工程建设项目成功的重要因素。

业主单位的参与人员是业主单位为本项目配备的质量管理人员，承建单位的参与人员是承建单位的质保部门的质量管理人员，监理单位的参与人员主要是质量监理工程师、总监理工程师和专家。

项目质量控制体系运作的主要目的是对包含设计、实施和验收等在内的工程全过程进行质量管理，向业主单位的决策部门提供质量信息，为他们关于工程的决策提供依据。虽然业主单位、承建单位有各自的质量管理体系，但是每一种体系在实际的运行过程中都不是完美无缺的，双方的理解也可能不尽一致，因此通过监理单位的协调控制，可以充分发挥各自质量控制手段和方法的长处，从而达到最优质量控制的效果。信息系统工程建设项目只有通过业主单位、承建单位和监理单位既相互独立又紧密结合的共同的质量控制，项目的质量目标才有可能实现。

2. 工程项目的质量控制体系

项目的质量控制体系以承建单位的质量管理体系为主体，在项目开始实施之前由承建单位建立，监理单位对组织结构、工序管理、质量目标、自测制度等要素进行检查。监理单位监控质量控制体系的日常运行状况，包括设计质量控制、分项工程质量控制、质量控制分析、质量控制点检测等内容。监理单位核定工程的中间质量、监督阶段性验收，并参与竣工验收。

项目的质量控制体系运行的主要目的是对信息系统工程的各种质量进行监控和把握，发现质量问题及时采取措施进行更正，保证工程的过程质量达到预期要求的目标。

工程项目的质量保证计划是在承建单位的质量管理计划的基础上建立起来的。信息系统工程监理单位对承建单位质量控制方面的作用是检查承建单位质量管理体系的建立情况，并对计划的实施进行必要的监督和检查。在签订合同后，承建单位应按合同要求建立工程项目质量管理体系。承建单位要满足业主单位的使用功能要求，并符合质量标准、技术规范及现行法规。质量管理体系要满足业主单位和承建单位双方的需要。

在信息系统工程建设过程中，针对不同的项目，承建单位在需求分析、方案设计、软件代码设计、阶段测试、验收等不同阶段的管理模式会有所不同，质量管理体系的内容也应该具有针对性。在信息系统工程建设的整个形成过程中，设计和实施是最关键也是最复杂的环节。监理将着重依据承建单位的质量管理体系进行监理，承建单位应结合建设项目的具体特点，制定一套行之有效的质量管理体系进行相应的质量管理工作。

承建单位质量管理体系的主要内容应包括：

（1）制订明确的质量计划。

根据合同要求的质量目标，承建单位应制订相应的质量计划，既要有提高工程质量的综合计划，又要有分项目、分部门的具体计划，形成一套完整的质量计划体系，并且有检查、有分析。承建单位领导应对质量计划的制订负全面的责任。

（2）建立和健全专职质量管理机构。

它的作用在于统一组织、计划、协调、综合质量管理体系的活动，检查、督促各部门的质量管理职能，开展质量管理教育和组织质量管理活动。

（3）实现管理业务标准化，管理流程程序化。

实施质量管理的许多活动都是重复发生的，具有一定的规律性。把这些重复出现的质量管理业务，按照客观要求分类归纳，并将处理办法定为规章制度，作为员工行动准则，使管理业务标准化。把管理业务处理过程所经过的各环节、各管理岗位、先后工作步骤等经过分析、研究、改进，定为标准的管理程序，使管理流程程序化，使组织全体人员都严格遵循统一的制度和工作程序。

（4）配备必要的资源条件。

资源主要包括人力、设备和质量检测手段等。实施信息系统工程的项目建设，承建单位的人力配备要制订一套科学、合理的人力资源计划，与项目实施计划配套，根据项目实施过程的不同，针对项目特点，合理地调配人员，确保项目顺利进行。

设备和应用环境是保证项目进行的基础条件之一，可以根据项目合同要求，依据具体情况的不同，制订不同的策略计划。鉴于信息系统工程的特点，承建单位可能无法构建与业主单位完全相同的设备和应用环境，如果一定要利用业主单位的设备和应用环境进行调试或测试，必须在合同或协议中阐明相关内容。

承建单位应具备必要的质量检测手段的资源条件，包括在应用环境中对采用其他厂商的产品做必要检测的设备和软件工具，在软件开发过程中进行测试的必要环境和工具。具备相关技术能力的承建单位一定要具备或建设与之相适应的试验室或检测室等基础设施，或有第三方检测机构的支持。

（5）建立一套灵敏的质量信息反馈系统。

工程质量的形成过程伴随着大量与质量有关的信息，这些质量信息是进行质量管理的依据。质量管理就是质量管理相关部门根据质量信息协调和控制质量活动的过程。没有信息反馈就没有质量管理。建立和健全信息反馈系统，一定要抓好信息的流转环节，注意和掌握数据的检测、收集、处理、传递和存储。信息运动的流动速度要快，效率要高。在交付使用之后，要在保修期内，由监理工程师带领有关人员到业主单位进行调查访问，听取使用部门或用户对工程质量的意见，深入了解工程的实际使用效果，从中发现工程质量存在的问题，分析原因，为进一步改进工程的实施质量提供依据。

10.4 质量控制手段

监理工作过程中常用的质量控制手段包括评审、测试、旁站、抽查等。

10.4.1 评审

评审的主要目的是本着公平、公正的原则检查项目的当前状态。项目评审一般在主要的项目里程碑接近完成时进行，例如总体设计、产品设计、编码或测试完成时。通过评审可以及时发现重大问题，并给出处理意见。

1. 评审依据

评审一般依据以下内容来进行：

（1）国家和行业团体的相关标准、技术规范及其他有关规定；

（2）有关部门关于本项目的文件和批示；

（3）已经确定的本方案的承前性文件；

（4）监理工程师提供的监理信息。

2. 评审范围

一般来说，信息系统工程建设过程中需要进行评审的内容有：

（1）业主单位的用户需求和招标文件；

（2）承建单位的质量控制体系和质量保证计划；

（3）承建单位的总体技术方案；

（4）承建单位的工程实施方案；

（5）承建单位的系统集成方案；

（6）承建单位有关应用软件开发的重要过程文档；

（7）工程验收方案；

（8）承建单位的培训方案与计划；

（9）承建单位的售后保障方案；

（10）其他需要评审的重要方案与计划。

3. 评审过程

评审过程具体如下：

（1）现场质量监理工程师收集方案、文档等资料，进行初审，并将初审结果上报总监理工程师。

（2）总监理工程师根据方案的重要性、时间要求、初审结果判断是否进行评审，并确定评审的时间、方式、内容、参加人员等，形成评审方案。

（3）承建单位和有关方面提交评审必需的其他材料。由总监理工程师组织专家、质量监理工程师和其他相关人员参加，对方案进行评审、讨论，得出评审结论。评审的过程应记录，并保存备案。在特殊情况下，评审可以通过远程方式异地进行，但要做好技术保密工作。必要时评审人员可以到现场进行实地考察。

（4）总监理工程师根据评审结论，组织现场监理工程师讨论，形成最终的监理意见，提交给业主单位和承建单位。

（5）业主单位和承建单位根据监理意见进行处理，处理结果由现场监理人员进行确认，并报总监理工程师签发。

10.4.2　测试

测试是信息系统工程质量控制最重要的手段之一，这是由信息系统工程的特点所决定的，信息系统工程一般由信息网络系统、信息资源系统、信息应用系统组成，而这些系统的质量到底如何，往往需要通过实际的测试才能知道，因此测试结果是判断信息系统工程质量最直接的依据。

在整个质量控制过程中，可能需要业主单位、承建单位、监理单位和第三方测试机构对工程进行测试。业主单位的测试是为了验证系统是否满足业务需求，承建单位的测试是为了保证工程质量和进度，监理单位的测试是为了检查和确认工程质量，第三方测试是对工程做出客观的质量评价。虽然各自的工作重点不同，但都是为了更好地控制项目质量。

在测试过程中，监理工程师应关注以下内容。

1. 测试依据

测试依据根据不同的测试阶段和测试对象有所不同，主要包括：

（1）需求说明书；

（2）设计说明书；

（3）行业和团体标准；

（4）国家标准。

2. 监督承建单位的测试工作

监理工程师应监督评审承建单位的测试计划、测试方案、测试实施以及测试结果，主要包括以下内容：

（1）督促承建单位建立项目测试体系，成立独立的测试小组；

（2）督促承建单位制订全过程的测试计划，从项目需求分析阶段开始，直到项目结束，要进行不间断地测试，并且随着项目进展，还要制订分系统的测试计划和详细测试方案；

（3）对测试方案和测试计划进行审核，对承建单位选择的测试工具的有效性进行确认；

（4）对测试结果的正确性进行审查；

（5）对测试问题改进过程进行跟踪。

3. 亲自测试重要环节

对重要环节，监理单位要亲自进行测试，主要包括以下内容：

（1）现场抽查测试。当现场监理工程师发现质量疑点时，要进行现场抽查测试。例如，对于综合布线阶段，监理工程师除了在隐蔽工程实施过程中要旁站外，还要通过网络测试仪对布线质量进行抽测，以便能够分析网络综合布线的效果，可以有效保证网络综合布线的质量。另外，对于设备进货也要进行现场抽检。

（2）对于软件开发项目，监理单位要对重要的功能、性能、安全性等进行模拟测试，判断阶段性开发成果是否满足质量要求，并且作为进度控制和成本控制的依据。

4. 第三方测试的监理

在重要的里程碑阶段或验收阶段，往往要聘请专业的第三方测试机构对项目进行全面或专项测试。在此期间，监理单位的主要工作包括：

（1）协助业主单位选择权威的第三方测试机构，一般应审查第三方测试机构的资质、测试经验以及承担该项目的测试工程师情况；

（2）对第三方测试机构提交的测试计划进行确认；

（3）协调承建单位、业主单位以及第三方测试机构的工作关系，并为第三方测试机构的工作提供必要的帮助；

（4）对测试问题和测试结果进行评估。

10.4.3　旁站

在项目实施现场进行旁站是监理在信息系统工程质量控制方面的重要手段之一。旁站监理是指监理人员在实施现场对某些关键部位或关键工序的实施全过程现场跟班的监督活动。旁站监理在总监理工程师的指导下，由现场监理人员负责具体实施。旁站监理的工作时间应该根据实施进度计划事先做好安排，直到关键工序实施完成。旁站的目的在于保证实施过程中项目标准的符合性，尽可能保证实施过程符合相关标准。

旁站是监理人员控制工程质量、保证项目目标实现必不可少的重要手段。旁站往往是针对那些出现问题后难以处理的关键过程或关键工序。现场旁站比较适合网络基础设施建设、设备开箱检验、机房建设等方面的质量控制，也适合其他与现场地域有直接关系的项目质量控制的工作，尤其是实施过程中的隐蔽工程。

现场旁站要求现场监理工程师要具有扎实的专业知识和项目管理知识，能够纵观全局，对项目阶段或者全过程有深刻的理解，对项目的建设具有较高的深入细致的观察能力和总结能力。旁站记录是监理工程师或总监理工程师依法行使有关签字权的重要依据，是对工程质量的签认资料。旁站记录必须做到：

（1）记录内容要真实、准确、及时；

（2）对旁站的关键部位或关键工序，应按照时间或工序形成完整的记录；

（3）记录表内容填写要完整，未经旁站人员和实施单位质检人员签字不得进入下道工序；

（4）记录表内实施过程情况指所旁站的关键部位和关键工序实施情况，例如，人员上岗情况、材料使用情况、实施技术和操作情况、执行实施方案和强制性标准情况等；

（5）完成的工程量应写清准确的数值，以便为投资控制提供依据；

（6）监理情况主要记录旁站人员、时间、旁站监理内容、实施质量检查情况、评述意见等，将发现的问题做好记录，并提出处理意见；

（7）质量管理体系运行情况主要记述旁站过程中承建单位质量管理体系的管理人员是否到位，是否按事先的要求对关键部位或关键工序进行检查，是否对不符合操作要求的实施人员进行督促，是否对出现的问题进行纠正；

（8）若工程因意外情况发生停工，应写清停工原因及承建单位所做的处理。

总监理工程师或专业监理工程师通过对旁站记录的审阅，可以从中掌握关键过程或关键工序的有关情况，针对出现的问题，分析原因，制定措施，保证关键过程或关键工序质量，同时这也是监理工作的责任要求。

监理人员应对旁站记录进行定期整理，并报业主单位审阅。一份好的旁站记录不仅可以使业主单位掌握工程动态，更重要的是使业主单位了解监理工作，了解监理单位的服务宗旨与服务方向，树立监理单位的良好形象，同时监理人员也可从中听取业主单位的意见，及时改进监理工作，提高服务质量。

10.4.4　抽查

信息系统工程建设过程中的抽查主要针对计算机设备、网络设备、软件产品以及其他外围设备的到货验收检查，以及对项目实施过程中有可能发生质量问题的环节随时进行检查。

1. 到货验收的抽查

对于到货验收的抽查，主要是针对大量设备到货情况。例如，一次进来上百台不同型号的设备，这时就需要对不同型号的产品进行抽查。在抽查时，要有详细的记录。对于少量设备到货的情况，要逐一检查。在验收过程中，要详细记录查验设备的参数、功能、品牌、型号、产地、数量、外观及相关材料。

2. 实施过程的抽查

在软件开发过程中，监理工程师可以随时抽查开发文档的编写情况，测试执行情况，功能和性能，已经完成的代码是否符合基本的开发规范等。

10.5　质量控制点

1. 设置质量控制点的目的

质量控制点是指对信息系统工程建设项目的重点控制对象或重点建设进程实施有效的质量控制而设置的一种管理模式。在工程项目进行的不同阶段，依据项目的具体情况，可设置不同的质量控制点，通常情况下可以分为工程招标阶段的质量控制点、设计阶段的质量控制点、实施阶段的质量控制点、验收阶段的质量控制点和运行维护阶段的质量控制点。其目的就是通过对控制点的设置，可以将工程质量总目标分解为各控制点的分目标，通过对各控制点分目标的控制，最终实现对工程质量总目标的控制。

2. 设置质量控制点的意义

设置质量控制点的意义具体包括以下几个方面：

（1）便于对工程质量总目标的分解，可以将复杂的工程质量总目标分化为一系列简单分项的目标控制；

（2）有利于监理工程师和承建单位的控制管理人员及时分析和掌握控制点所处的环境因素，易于分析各种干扰条件对有关分项目标产生的影响及其影响程度的测定；

（3）有利于监理工程师和承建单位的控制管理人员监测分项控制目标，计算分项控制目标值与实际目标值的偏差；

（4）由于质量控制点目标单一，且干扰因素便于测定，有利于监理工程师和承建单位的控制管理人员制定、实施纠偏措施和控制对策；

（5）通过对下层级质量控制点分项目标的实现，对上层级质量控制点分项目标提供保证，从而可以保证上层级质量控制点分项控制目标的实现，直到工程质量总目标的最终实现。

3. 质量控制点的设置原则

设置质量控制点应遵循以下原则：

（1）选择的质量控制点应该突出重点。质量控制点应放置在工程项目建设活动中的关键时刻和关键部位，有利于控制影响工程质量目标的关键因素。例如，对于一个应用软件开发项目，需求获取阶段关系整个应用系统的成败，而这一部分工作往往做得不够细致，因此监理机构可以把需求获取作为一个质量控制点，制定详细的需求获取方案。

（2）选择的质量控制点应该易于纠偏。质量控制点应设置在工程质量目标偏差易于测定的关键活动或关键时刻处，有利于监理工程师及时发现质量偏差，同时有利于承建单位控制管理人员及时制定纠偏措施。例如，对于综合布线来说，可以把隐蔽工程的实施过程作为一个控制点，如果发现问题，可以及时纠正。这一部分如果出现质量问题，事后解决的成本就会非常大。

（3）质量控制点设置要有利于参与工程建设的三方共同从事工程质量的控制活动。对业主单位来说，由于主要是从宏观角度来从事工程质量控制，在工程建设的各个阶段和相对重要的建设成果都应设置控制点；对承建单位来说，由于从事信息系统工程过程中的微观控制，其控制点可以按工程进度、工程部位、重要活动及重要建设资源供应等来设置；根据监理目标确定监理要检查的质量控制点，三方可以根据项目的具体情况，商定各个阶段的质量控制重点，并制定各自的质量控制措施。

（4）保持质量控制点设置的灵活性和动态性。对于一些大型信息系统工程建设项目，由于建设规模庞大，建设周期较长，影响因素繁多，工程项目建设目标干扰严重，质量控制点设置并不是一成不变的，必须根据工程进展的实际情况，对已设立的质量控制点随时进行必要的调整或增减，使质量控制点设置具有相应的灵活性和动态性，以达到对工程质量总目标的全过程、全方位的控制。

10.6　监理质量控制工作

信息系统工程建设项目的监理质量控制工作按照工程建设阶段划分，可以分为招标阶段质量控制、设计阶段质量控制、实施阶段质量控制、验收阶段质量控制。

对于监理工作中发现的问题，监理单位可以通过监理工作联系单的方式与承建单位沟通，要求对问题进行整改，如果承建单位整改仍不合格，监理单位应签发监理通知单，责令承建单位整改，并跟踪落实（后文简述为"出具监理意见并跟踪整改"）。

10.6.1　招标阶段监理质量控制

监理单位在信息系统工程建设项目招标阶段的质量控制，主要是通过对招投标过程的监理，协助业主单位选择合格的承建单位，并为工程的设计实施做好准备。信息系统工程建设项目的招标一般由业主单位、监理单位、招标公司、专家、纪检或者公证部门参加。

监理单位在招标阶段的质量控制要点包括：

（1）协助业主单位提出工程需求方案，确定工程的整体质量目标；

（2）参与招标文件的编制，并对工程的技术和质量、验收准则、投标单位资格等可能对工程质量有影响的因素明确提出要求；

（3）协助招标公司和业主单位制定投标文件的质量评定标准；

（4）对招标文件进行审核，对其中涉及的质量内容进行确认；

（5）协助业主单位评标时，应审查投标文件中的质量控制计划；

（6）协助业主单位审核承建单位及其人员的能力；

（7）对招标过程进行监督，例如，招标过程中是否存在不公正的现象等；

（8）协助业主单位与中标单位洽商并签订承建合同，建议业主单位在承建合同中明确规定工程所包含的功能、技术要求、测试标准、验收要求、质量目标、质量责任、变更控制程序等有关内容。

10.6.2　设计阶段监理质量控制

信息系统工程建设项目设计阶段的主要任务是使工程设计的各项工作能够在预定的质量、进度、投资目标内完成，主要工作包括用户需求调研分析、方案设计、概要设计、详细设计、阶段性测试验收计划等内容。这些工作内容比较复杂，且制约因素较多，因此应对承建单位提供的各类设计方案进行审查，并采取相应的监理措施。

监理单位在设计阶段的质量控制要点包括：

（1）充分了解业主单位的项目需求，协助业主单位制定项目质量目标规划；

（2）对各种设计文件提出设计质量标准；

（3）进行设计过程跟踪，审查阶段性设计成果，及时发现质量问题；

（4）审查承建单位提交的设计方案；

（5）审查承建单位对关键部位的测试方案，例如主机网络系统软硬件测试方案、应用软件开发的模块功能测试方法等；

（6）审查承建单位的质量管理体系，包括是否具备完善的质量检测技术和手段等；

（7）组织设计文件及设计方案交底会，帮助承建单位熟悉项目设计、开发及实施过程；

（8）设计方案经监理工程师审定后，由总监理工程师审定签发；

（9）设计方案未经批准，不得进行部署实施。

10.6.3　实施阶段监理质量控制

在信息系统工程建设项目实施阶段，监理单位应通过现场监督、核查、记录和协调，及时发现项目实施过程中的问题，并督促承建单位采取措施纠正问题，促使其按要求实现项目质量目标。

监理单位在实施阶段的质量控制要点包括：

（1）项目实施前，组织审核承建单位提交的质量管理计划，签署监理审核意见。

（2）项目实施前，组织业主单位、承建单位召开工程实施准备会议。

（3）依据签认的质量管理计划、实施方案、实施计划等文件，制定切合实际的监理实施细则，并根据质量控制点的设置原则合理设置质量控制点，并选用合适的质量控制手段，主要的质量控制手段包括评审、测试、旁站和抽查。

（4）组织对承建单位提供的产品及服务进行验收，对验收结果做验收记录，并对验收记录办理三方签认手续；对不符合合同或相关标准规定的产品及服务应拒绝签认，没有被签认的产品及服务不得在工程实施中应用；具体检查项可依据相关标准及规范，组织三方共同协商确定。

（5）项目实施过程中，按计划检查承建单位的项目实施状况、人员与实施方案的一致性。发现人员与实施方案不一致时，应要求承建单位严格按照实施方案更换或申请更换人员，尤其注意对特种作业人员的现场资质审查，必须做到人证合一。

（6）执行已确定的阶段性质量监督、控制措施及方法，并做监理日志，出现质量问题时，可以要求承建单位整改，并跟踪落实。

（7）及时处理承建单位提交的关键环节的施工申请，审核其合理性后签认，报业主单位批准。

（8）必要时，检查承建单位重要工程步骤的衔接工作，做监理日志。未经监理单位检查认可，承建单位不能进行与之相关的下一步骤的实施。

（9）及时处理工程变更申请，审核变更的合理性，按变更控制程序处理，保证项目总体质量不受影响。

（10）有分包单位时，应组织审核分包单位的工程实施资质。

（11）出现质量事故时，及时按照质量事故处理程序进行处置。

（12）若发现工程实施过程存在重大质量隐患，应及时向承建单位签发停工令，并报业主单位，监督承建单位进行整改。整改完毕后，及时处理承建单位的复工申请。

10.6.4 验收阶段监理质量控制

监理单位在信息系统工程建设项目验收阶段的质量控制工作及要点包括：

（1）审核初验／终验计划及方案。

监理单位应协助业主单位审核承建单位提交的验收计划及方案，明确验收目标、各方责任、验收内容、验收标准、验收方式和验收结果等内容，审核后签署审核意见。

（2）审核初验／终验条件。

监理单位应及时处理承建单位提交的工程初验／终验报审表，审核初验／终验的必备条件。具备初验／终验条件时，监理单位在初验／终验报审表中予以签认，并报业主单位签认；否则，监理单位应出具监理意见并跟踪整改。

（3）处理初验／终验中发现的质量问题。

监理单位应协助业主单位对初验／终验中发现的质量问题进行评估，根据质量问题的性质和影响范围，确定整改要求和整改后的验收方式，以监理通知单的形式告知承建单位。必要时，应组织重新验收。

（4）确认初验／终验结果。

监理单位应敦促承建单位根据整改要求提出整改方案，并监督整改过程，与业主单位和承建单位一起对初验／终验结果进行确认，共同签署初验／终验合格报告，应有计划地监督系统的试运行，督促承建单位解决试运行中出现的质量问题。

第 11 章　进度控制

进度控制是指对信息系统工程建设项目各阶段的工作内容、工程程序、持续时间和衔接关系，根据进度总目标及资源优化配置的原则编制计划并付诸实施。在进度计划的实施过程中，应经常检查实际进度是否按照计划进行。对出现的偏差情况进行分析，采取补救措施或调整、修正原计划后，再付诸实施，如此循环，直到项目竣工验收交付使用，力求实际工期不超过计划工期，使项目按照预定的时间完成。

进度控制是项目管理的关键要素，是保障信息系统工程建设项目按期完成的基本措施。进度控制与质量控制、成本控制并列为信息系统工程建设项目的三大目标。作为监理工程师，应该采用科学的控制方法和手段控制项目的建设进度。

11.1　进度与进度控制

进度还常以"工期"来代称。讲工期也就是讲进度。进度控制是指对信息系统工程建设项目各阶段的工作程序和持续时间进行规划、实施、检查、调整等一系列活动的总称。

11.1.1　进度概述

在实际工作中，进度也称计划，进度管理也称计划管理。

项目计划，是指对一个项目进行分解，并对分解后的工作（通常称为"作业"或"活动"或"工作单元"）规定相互之间的顺序关系（通常称为"逻辑关系"）以及工期，通过进度计算在时间上对作业进行排列，规定哪些作业何时开始何时结束的一种过程。这一过程的结果或过程本身称为计划或进度计划。

进度有计划的含义，是指作业在时间上的排列，强调的是一种作业进展以及对作业的协调和控制。所以常有加快进度、赶进度、拖延进度等说法。

11.1.2　进度控制的基本流程

进度控制的基本思路是比较实际状态和计划之间的差异，并做出必要的调整，使项目向有利的方向发展，其目的是确保项目"时间目标"的实现。进度控制可以分为四个步骤，即计划（Plan）、执行（Do）、检查（Check）和行动（Action），简称 PDCA。

由于项目环境不断变化，计划也随之不断变化。因此，项目进度不仅要有计划，而且要随时预见变化、掌握变化，及时采取对策，调整进度计划，对计划实行动态管理，这样才能真正有效地控制进度。

进度控制过程必然是一个周期性的循环过程。一个完整的进度控制流程大致可以分为四个阶段：编制计划、实施计划、检查计划、总结计划。在计划编制完成后，按分解指标与分解任务下达给各单位、各部门贯彻执行。在执行过程中及时进行督促和跟踪检查，取得计划执行情况的信息，将执行结果与计划做比较，以便发现是否存在偏差，分析偏差的大小和性质。然后根据计划要求和实际条件研究纠正偏差的对策，采取纠偏措施来达到本阶段的进度目标而形成一个进度控制过程。显然，在第二阶段开始时，计划编制是在前阶段偏差处理的基础上进行的。纠偏成功，第二阶段可以按原计划继续执行；纠偏措施未达到目的或发现原计划存在某些不当，则须进行计划的调整或修正。这样构成一个封闭的循环回路。一个又一个封闭环路就形成了循环往复、逐步提高、向最终进度目标逐步趋近的动态控制过程。

1. 进度计划的编制

进度计划是表示各项任务的实施顺序、开始和结束时间以及相互衔接关系的计划，也是现场实施管理的核心指导文件、进度控制的依据和工具，进度计划是按工程对象编制的，重点是安排项目实施的连续性。

（1）进度计划编制的主要目的有：

● 保证按时完成项目目标；

● 协调资源；

● 使资源被需要时可以利用；

● 预测在不同时间所需的资金和资源的级别，以便赋予项目不同的优先级；

● 保证项目进度正常进行。

（2）进度计划编制的基本要求具体如下：

● 保证项目在合同规定的时间内完成，实现项目的目标要求；

● 实施进度安排应满足连续性和均衡性的要求；

● 实施顺序的安排应进行优化，以便提高经济效益；

● 应选择适当的计划图形，满足使用进度计划的要求；

● 应遵循编制程序，提高进度计划的编制质量。

（3）进度计划编制的原则具体如下：

● 应该对所有里程碑及其期限要求进行说明；

● 确切的工作程序能够得到详细说明；

● 进度应该与工作分解结构（Work Breakdown Structure，WBS）保持一致，并明确表明全部任务开始和结束的时间节点；

● 全部进度必须体现时间的紧迫性，可能的话需要详细说明每件大事需要配置的资源；

● 项目越复杂，专业分工就越多，就更需要全面综合管理，需要有一个主体的协调的工作进度计划，以便支持对整个项目的建设进度进行控制。

（4）进度计划编制的依据具体包括：

● 信息系统工程建设项目承包合同及招标投标文件；

● 项目全部设计施工图纸及变更洽商；

● 项目所在地区位置的自然条件和技术经济条件；

● 项目设计概算和预算资料、任务定额等；

- 项目拟采用的主要实施方案及措施、实施顺序、阶段划分等；
- 项目需要的主要资源。

（5）进度计划编制的关键制约因素包括：

- 以合同工期为依据安排开工、竣工时间；
- 设计图纸、定额等；
- 设备和主要材料的供应及到货情况；
- 承建单位可能投入的实施力量及资源情况；
- 项目现有资源可利用情况；
- 影响实施的经济条件和技术条件；
- 项目的外部环境等。

（6）进度计划的内容具体包括：

- 项目综合进度计划。该计划是一个综合性的进度控制计划，将项目所有的专业单项（网络、软件、硬件、集成等）按顺序排列，明确其相互制约的关系，计算出每一专业单项所需的时间，进而计算出各单项工程所需的工期，以此为基础计算整个项目所需的工期，直到达到计划目标确定的合理工期。若达不到合同工期要求，则应采取有效措施，改进实施方法、技术、运货途径，增加工作班次等，同时考虑对费用的控制。
- 设备（材料）采购工作进度计划。该计划根据项目流程图、系统图，编制项目所需的设备（材料）清单和编号，按照项目总进度计划中对各项设备（材料）到达现场的时间要求，确定各设备到达项目现场的具体日期。
- 项目实施（开发）进度计划。该计划根据预算中各专业单项所需的实施（开发）工期，以及计划投入的资源，求出各专业单项顺序的实施（开发）工期，然后根据实施（开发）流程的要求，制订整个项目的实施（开发）进度计划。
- 项目验收和投入使用进度计划。该计划是对项目的软件系统、硬件主要设备和各项设施验收、投入使用的进度进行安排，可以使业主单位、承建单位及监理单位做到心中有数，据此安排好各自的工作。

2. 进度计划的实施

进度计划的实施是进度控制的核心。具体包括以下工作。

（1）做好准备工作。

应将进度计划具体化为实施计划和实施任务书。实施计划一般指月计划，明确月度的实施任务，明确所需的关键技术、软件环境、硬件设备、网络构件等资源，并提出完成计划和提高效率的措施。实施任务书是将作业计划下达到项目小组进行责任承接，并将计划执行与质量控制、安全控制、投资控制、合同管理、信息管理等融合为一体的技术经济文件，同时也是计划和实施两个环节相衔接的纽带。

应当分析计划执行中可能遇到的阻力，计划执行的重点和难点，进而提出保证计划实施成功的措施，以便在执行中认真执行。必须将计划交给执行者，称为交底。交底可以通过开会，也可以结合下达实施任务书进行，使执行者掌握计划的要点、关键、薄弱环节、最终目标、协作配合、执行条件、困难条件等。接受交底后，管理者和实施者均应提出保证计划实现的技术和组织措施。

（2）做好实施记录。

在计划实施过程中，应进行跟踪记录，以便为检查计划、分析实施状况和计划执行情况、调整计划、总结等提供原始资料。记录工作最好在计划图表上进行，以便检查计划时进行分析对比。记录工作必须实事求是，不得造假。

（3）做好调度工作。

实行动态进度控制，调度工作是不可缺少的手段。可以说，调度工作起着各环节、各专业、各工程协调动作的核心作用。

调度工作的主要任务是掌握计划的实施情况，协调关系，排除矛盾，克服薄弱环节，保证项目计划和进度控制目标的实现。因此，调度工作的内容应该包括：

- 检查作业计划执行中的问题，找出原因，采取措施予以解决；
- 督促供应商按照进度计划的要求供应资源；
- 控制实施现场临时设施等正常使用，搞好平面管理，发布调度令，检查决议执行情况等。

调度工作应以项目计划和现场实际需要为依据，按政策和规章制度办事，加强预测，信息灵通，及时、准确、灵活、果断，确保工作效率。

在接受监理的项目中，调度工作应与监理单位的协调工作密切结合，承建单位排除障碍、解决矛盾应取得监理的支持、协助。召开调度会及监理的协调会应结合进行，调度会应请监理参加，监理协调会可以视为调度会的一种形式。

3. 进度计划的检查与调整

进度计划应该根据项目的实际情况进行检查，并实时调整和修正。在实施进度记录的基础上对计划执行情况进行检查，判断计划实施状况，分析其原因，为调整计划提供信息。

检查的时间分为两类：一类是日常检查，一类是定期检查。定期检查一般与计划周期相一致，在计划执行结束时检查。

检查的内容包括：进度计划中工作的开始时间、完成时间、持续时间、逻辑关系、实物工程量和工作量、关键线路和总工期、时差利用等。

检查的方法一般采用对比法，即将计划内容与记录的实际状况进行对比。

项目进度控制不定期地收集项目完成情况的数据，将其与计划进度进行比较，如果项目实际进度晚于计划进度，则采取纠正措施。

在整个项目实施期间，应该收集以下数据和信息：

（1）实际执行中的数据。具体包括：

- 活动开始或结束的实际时间；
- 实际投入的人力；
- 使用或投入的实际成本；
- 影响进度的重要因素及分析；
- 进度管理情况。

（2）有关项目范围、进度计划和预算变更的信息。

这些变更可能由业主单位、承建单位、设计单位或监理单位等参建各方引起，或者由某种不可预见事情的发生引起。

必须说明的是，一旦变更被列入计划并取得业主单位的同意，就必须建立一个新的基准计划，整个计划的范围、进度和预算可能和最初的基准计划有所不同。

此外，这些数据必须及时收集，以作为更新项目进度计划和预算的依据。如果项目报告期是一个月，数据和信息应尽可能在该月的后期收集，这样才能保证在更新进度计划和预算时所依据的信息尽可能是新的；不应在月初收集信息，等到月末再来利用其更新进度和预算，因为这样会使得在项目进展情况和纠正措施方面的决策失效。

进度计划实施情况检查的结果应写进"进度报告"。承建单位的进度报告应该提交给监理工程师，作为其进度控制、核发进度款的依据；监理工程师应向业主单位报告进度状况。

通过检查分析，如果进度偏离计划不是特别严重，便可以通过解决矛盾，排除障碍，继续执行原计划的顺序和时间安排。当项目确实不能按原计划实现时，应该考虑对计划进行必要的调整，适当延长工期，或改变实施速度。计划的调整一般是不可避免的，但应慎重，尽量减少变更计划。如果通过检查和分析后发现，原有进度计划确实已不能适应变化，为了确保进度目标的实现，需要确定新的计划目标，则应做出调整进度计划的决策，以形成新的调整后的"进度计划"，作为进度控制的新依据。

4. 进度计划的分析与总结

分析与总结是进度控制的最后阶段，在检查的基础上对前面的控制工作加以总结，可以进一步提高控制水平，对不足之处加以改进，帮助实现预期的控制目标。

总结的目的是发现问题，总结经验，寻找更好的控制措施。

"问题"是指某些进度控制目标没有实现，或在计划执行中存在的缺陷。在总结分析时，可以定性分析，也可以定量计算，所用指标与成绩总结分析所用的指标相同。问题的分析应抓住关键，对产生问题的原因进行透彻分析，寻根求源。

"经验"是指对卓有成效的控制及其取得成效的原因进行分析以后归纳出来的，可以为以后的进度控制工作借鉴的本质内容。在进度控制中，真正的经验是有长远时效的，必须通过大量事实提炼出来，反映客观规律，加以规范化、制度化，才能对以后的进度控制发挥积极作用。

11.1.3　进度控制的意义

作为信息系统工程的主要控制手段之一，进度控制具有以下重要意义：

（1）有利于尽快发挥投资效益。

进度控制在一定程度上提供了项目按预定时间交付使用的保证。项目按计划投入使用，可以使业主单位尽早提高运营效率与效果，增加社会效益，为国家增加利税收入；反之，如果进度失控和拖延工期，会导致投资的失控和时间的浪费。

（2）有利于维持良好的管理秩序。

信息系统工程建设具有投入大、消耗多、涉及组织结构创新、关联环节多等特点，项目建设需要资金、人力、物资的保证，影响众多部门的正常运转。如果投资项目进度失控，将不可避免地危害到业主单位的管理秩序。

（3）有利于提高企业经济效益。

对承建单位而言，进度控制的顺利实现就意味着承建合同能够按期完成，资金能够正常周转。既为国家创造财富，又为企业增添利润，从而使企业走向良性的运行循环，有利于企业增强竞争力。此外，进度控制是企业管理工作的综合体现，进度控制的过程也是企业降低成本、提高经济效益的过程，更是企业信誉和自我价值的重要体现。

（4）有利于降低信息系统工程建设项目的投资风险。

由于信息技术发展迅速，信息化产品更新换代快，使基于信息技术的信息系统工程不断地增加新的信息、新的内容，用户需求也容易随着形势发展而发生急速变化，甚至有许多要求超过了新技术的发展。信息系统工程建设项目的不可预见成分高，风险程度大，如果没有良好的进度控制，随着项目时间的延长，信息系统工程的风险越大，诸如政府法律规章等的变化带来的风险、建设资金不到位带来的风险、项目发生变更带来的风险以及一些不可预见的风险等。良好的进度控制可以有效地降低项目的风险，避免或减少损失，保护各方利益。

11.2　进度控制的目标与范围

为确保信息系统工程顺利进行、按时完成，监理工程师应充分了解进度控制的目标、范围以及可能影响进度的关键因素。

1. 进度控制的目标

实施信息系统工程监理，需要做好进度控制工作，应当明确进度控制的目标。作为信息系统工程管理服务的主体，监理单位进行的进度控制是为了使项目按计划投入使用。

因此，信息系统工程建设项目监理的进度控制总目标是：通过各种有效措施，保障项目在计划规定的时间内完成，即使信息系统按照计划时间内达到竣工验收、试运行及投入使用的目标。项目进度控制总目标应当进行分解，可以按单项工程分解，也可以按专业或项目阶段分解，也可以按年、季、月计划进行分解。需要注意的是，进度控制目标必须符合业主单位的委托要求，应该在监理合同中明确进度控制目标。

2. 进度控制的范围

信息系统工程的进度需要进行多方面的控制，是一个二维的控制过程：纵向包含了工程建设的各个阶段；横向涉及工程建设的各个组成部分。进度控制包括以下内容：

（1）对工程建设全过程的控制。

信息系统工程监理进度控制的目标是保证项目在计划的时间范围内投入使用，因此进度控制不仅包括实施阶段，还包括招标阶段、设计阶段、系统试运行及项目验收阶段。其时间范围应该涵盖工程建设的全过程。

（2）对分项目、分系统的控制。

信息系统工程由多个子项目组成，因此进度控制必须实现全方位的控制，既包括主要工程，也包括分部、分项工程，即对组成项目的各个子项目的进度进行控制管理，包括综合布线、设备采购、软件开发、硬件安装等。

3. 影响进度的因素

信息系统工程的进度受多方面因素的影响，主要包括：

（1）工程质量的影响。

质量与进度存在相互制约的关系。可以说，工程质量是进度的最大影响因素。质量指标的不明确、质量的变更、不切实际的质量目标，都将对项目进度产生重大影响。

（2）设计变更的影响。

工程建设过程中，设计变更是难免的，可能是因为原设计有问题，也可能是业主单位提出了新的要求，设计的变更通常会引发质量、投资的变化，增加工程建设的难度，从而影响进度计划。监理工程师应加强设计变更对进度、质量、成本的风险管理，控制变更并杜绝随意变更。

（3）资源投入的影响。

人力、部件和设备不能按时、按质、按量供应，也会影响信息系统工程的进度。

（4）资金的影响。

对承建单位来说，资金的影响主要来自业主单位。不能及时给足预付款，拖欠阶段性工程款，都会影响承建单位资金的周转，进而殃及进度。解决的办法包括：①进度计划安排与资金供应状况进行平衡；②想办法及时收取工程进度款；③对占用资金的各要素进行计划管理。进度目标的确定要根据业主单位资金提供能力及资金到位情况确定，以免因资金供应不足而拖延进度，发生工期延误索赔。

（5）相关单位的影响。

与项目进度有关的单位，包括项目业主单位、设计单位、承建单位、设备供应单位、监理单位、监督管理信息系统工程建设的政府部门等。这些单位之间的协同配合都可能对项目的进度带来直接和间接的影响。

（6）可见的或不可见的各种风险因素的影响。

风险因素包括：政治上的，例如劳资纠纷、拒付债务、制裁等；经济上的，例如延迟付款、通货膨胀、分包商违约等；技术上的，例如软件开发过程或软件系统、硬件设备的调试、配置过程遭遇技术难题、测试或试验失败、标准变化等。监理单位要加强风险管理，对发生的风险事件给予恰当处理，及时采取相应措施控制风险、减少风险损失，减缓其他可能对进度产生影响的风险。

（7）承建单位管理水平的影响。

实施现场的情况千变万化，若承建单位的实施方案不恰当、计划不周详、管理不完善、解决问题不及时等，都会影响项目的实施进度。应及时总结分析教训，及时改进，并接受监理各项改进建议。

11.3　进度控制技术

为了有效控制进度，监理工程师应随时掌握项目的实际进度情况，及时发现计划与实际的偏差，谋求修正和补偿的措施。可以采用多种技术实施进度控制，本节介绍甘特图、网络图计划法和"香蕉"曲线图法。使用这些技术手段进行进度控制时，必须与具体项目紧密结合，灵活运用。

11.3.1　图表控制法

进度控制的线性图表通常包括横道式进度图表（也称甘特图）和进度曲线图。

1. 甘特图

甘特图是一种比较简单的直观进度控制图，如图 11-1 所示。深色表示计划进度，浅色表示实际进度。当类似的实施进度表编制完成后，就可以此为基础确定进度要求，编制满足进度计划所需的其他计划表，例如，适应进度要求的设备采购计划表、人力资源计划表、资金计划表等。

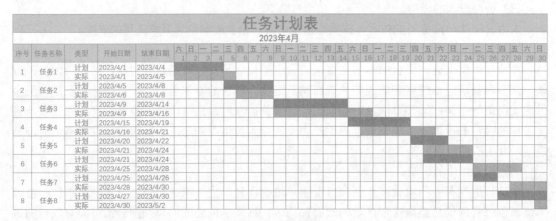

图 11-1　甘特图

监理工程师应将每天、每周或每月的进度实际情况记录在实施进度表内，并与计划进度相比较，以确定进度是超前还是落后，亦或按预定的进度进行。如果检查发现项目进度已经落后，则应立即提出监理报告，并与承建单位一起商讨对策，采取补救措施，改变落后情况。如果检查发现项目进度超前，也应分析原因，避免出现任务遗漏、工序不合理缩减等情形。

2. 进度曲线图

甘特图虽然简单直观，但在计划与实际的对比上，很难准确表示出实际进度较计划进度超前或延迟的程度。为了更准确地掌握工程进度状况，有效地进行进度控制，可以采用实施进度曲线。

实施进度曲线图采用直角坐标，横轴代表工期或时间，纵轴代表项目完成的任务量或实施进度的累计。将有关数据表示在坐标图中，将不同时间和完成不同任务量的交点连起来，就形成了实际完成曲线。

根据项目计划中各任务的预计最快完成时间和预计最慢完成时间，可以绘制出"香蕉"曲线图，如图 11-2 所示。图中曲线 ES 为最早时间计划，曲线 LS 为最迟时间计划，实际完成曲线为实际进度。实际完成曲线处在两曲线之中表示进度正常，处于曲线 ES 之上表示提前，处于曲线 LS 之下表示延期。

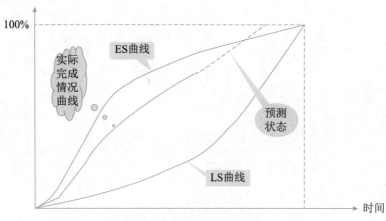

图 11-2　"香蕉"曲线图

11.3.2　网络图计划法

监理工程师利用甘特图控制进度有一个较大的缺点，就是很难了解或难以迅速准确地了解该项任务的延迟及变化对整个工期的影响，特别是在处理错综复杂的关系时，往往不能预先确定哪些属于关键作业。

采用网络图计划法进行进度控制，不仅能够将现在和将来完成的工程内容、各工作单元间的关系明确地表示出来，而且能够预先确定各作业、各系统的时差。这就使监理工程师能够十分明确地了解关键作业或某一环节进度的超前、落后对以后衔接工程和总工期的影响程度，就可以及时采取措施或调整进度计划，以确保总目标的实现。

网络图是由箭头线和节点组成的用来表示工作流程的有向网状图形，包括单代号网络图和双代号网络图两种。

双代号网络图又称箭头线式网络图，以箭头线表示工作，以节点表示工作的开始或结束状态及工作之间的连接点，如图 11-3 所示。

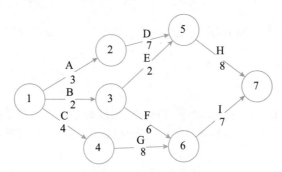

图 11-3　双代号网络图

单代号网络图又称节点式网络图，以节点及其编号表示工作，以箭头线表示工作之间的逻辑关系，如图 11-4 所示。

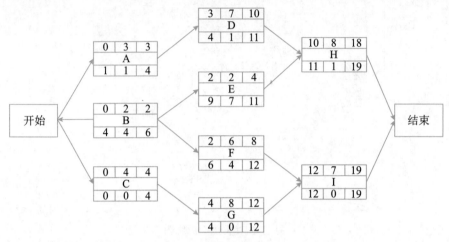

图 11-4   单代号网络图

在实施过程中，工期的超前和落后是经常发生的，为此，在利用网络图控制进度时的具体做法是：首先应掌握现状，看进度是超前还是落后；其次是分析现状，分析超前落后的主客观因素及对工期的影响程度；最后是研究解决工期超前或落后应采取的相应措施。

应当注意的是，当工期拖延发生时，要合理采取措施，权衡进度、成本及质量之间的关系，具体包括：

（1）采用无目标地补充设备、增加人员或加班加点的做法，往往既不经济，效果也不佳，还可能导致质量和效率降低；

（2）压缩工期往往需要增加实施费用，采用一些特别措施更需要增加额外费用，但实施速度加快，工程可以提前交付使用，能够提前发挥组织效益和社会效益；

（3）承建单位的超额支出，一般可以从合同条款和业主单位的奖励中得到补偿。

11.4   监理进度控制工作

本节从监理进度控制程序和监理进度控制方法两个方面介绍监理在进度控制时需要开展的主要工作。

11.4.1   监理进度控制程序

监理单位的进度控制工作包括审查承建单位的进度计划，对计划进行跟踪检查、分析（与计划目标的偏离程度及原因），并根据执行情况采取相应的措施。进度控制的基本程序如图 11-5 所示。

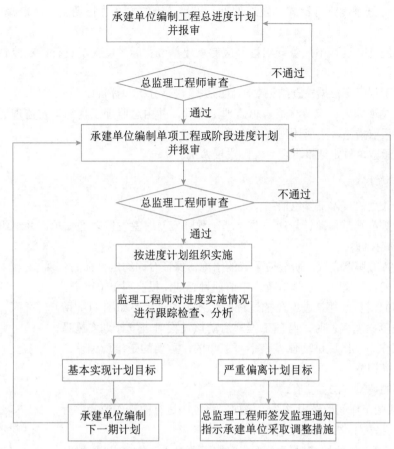

图 11-5　进度控制的基本程序

1. 审查进度计划

审查进度计划的具体工作包括：

（1）承建单位应根据承建合同的约定，按时编制项目总体进度计划、单项工程进度计划或阶段进度计划，并报监理单位审查；

（2）监理工程师应根据本项目的具体条件（例如建设内容、质量标准、开发条件等），全面分析承建单位编制的进度计划的合理性、可行性；

（3）监理工程师应审查进度计划的关键路径，并进行分析；

（4）对单项工程或阶段进度计划，应分析承建单位在主要项目人员能力等方面的配套安排；

（5）有重要的修改意见应要求承建单位重新申报；

（6）进度计划由总监理工程师签署意见批准后实施，并报送业主单位。

2. 监控进度计划

监理工程师应对各阶段进度计划的执行情况进行跟踪检查，发现进度偏差及时分析原因，以便为进度计划的调整提供必要的依据；定期收集本阶段工作的进度资料，检查实际进展情况，将实际进度与计划进度进行比较，发现偏差，采用适当的方式进行调整，尽量减少进度变更。具体包括：

（1）在实施计划过程中，监理工程师应对承建单位实际进度情况进行跟踪监督，并对实际情况进行记录；

（2）监理工程师应根据检查结果对项目的进度进行分析和评价；

（3）如果发现偏离，应及时报告总监理工程师，并由总监理工程师签发监理通知单，要求承建单位及时采取措施，实现计划进度的安排；

（4）督促承建单位定期报告项目实际进展情况。

3. 调整进度计划

调整进度计划的具体工作包括：

（1）发现进度严重偏离计划时，总监理工程师应及时签发监理通知单，并组织监理工程师分析原因、研究措施；

（2）召开各方协调会议，研究应采取的措施，保证合同约定目标的实现；

（3）必须延长工期时，承建单位应申请项目延期，报监理单位审查。

进度计划的调整过程是进度监控过程的后续工作过程，如图 11-6 所示。当项目进度出现偏差时，监理工程师启动该过程对进度计划实施调整。在实际工作中，出现进度偏差是不可避免的，重要的是出现偏差后应及时进行进度调整。

进度计划的调整方法主要有：

- 改变某些工作间的逻辑关系。例如，将顺序进行的工作改为并行工作、搭接工作或分段工作等。
- 缩短某些工作的持续时间。通过增加资源投入、提高劳动效率、应急赶工等措施，缩短某些影响总工期的工作的持续时间，使工程进度加快，以保证按计划工期完成项目。
- 申请工程变更，延长工期。

4. 工程进度报告

在项目进行过程中，监理工程师应根据实际进度及其调整情况进行必要的分析，提供阶段性进度报告、进度月报、进度调整报告等进度报告。

5. 项目延期处理

当承建单位认为必须延期项目时，向监理单位提交项目延期申请，监理单位综合考虑进度、质量、延期的原因、延期造成的后果、延期时间等，做出延期处理。监理单位在承建单位申请项目延期时的处理程序如下：

（1）监理单位应根据项目情况确认其合理性，并与业主单位、承建

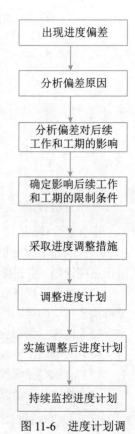

图 11-6　进度计划调整过程

单位协商确认后，由总监理工程师对项目延期申请予以签认；

（2）项目延期影响总体进度计划时，监理单位应要求承建单位修改总体进度计划，经三方签认后，编写项目进度备忘录；

（3）监理单位应组织审查进度纠偏措施的合理性及可行性，如果发现问题，出具监理意见并跟踪整改；

（4）当发生由于延期造成的索赔时，总监理工程师应综合考虑项目延期和费用索赔的关系，做出费用索赔和项目延期的建议。

11.4.2　监理进度控制方法

1. 监理进度控制方法

监理进度控制方法主要包括：

（1）从招标阶段开始直至竣工验收的全过程中，应坚持采用动态管理和主动预控的方法进行控制。

（2）在充分掌握第一手实际进度数据的前提下，采用实际值与计划值进行比较的方法进行检查和评价。

（3）充分运用行政的方法进行进度控制。所谓行政方法，主要是指通过承建单位的上级及业主单位的领导，利用其行政权力发布进度指令予以指导、协调、考核，采用奖惩、表扬、批评等手段进行监督、督促，实施有效的控制。

（4）发挥经济杠杆的作用，采用经济手段对项目进度加以影响和制约。

（5）利用管理技术的方法进行控制。这种方法要求监理单位必须具有较深厚的规划、控制和协调能力。所谓规划，就是确定进度总目标与分目标；所谓控制，就是运用动态方法，采取实际值与计划值比较的手段检查项目进度，发现偏差时，及时予以纠正；所谓协调，就是适时地协调参加工程建设的各单位之间的进度计划关系。

2. 监理进度控制措施

监理进度控制措施主要包括组织措施、技术措施、经济措施和合同措施。

（1）组织措施。具体如下：

- 建立进度控制目标体系；
- 落实监理单位进度控制的人员组成、具体控制任务和管理职责分工；
- 建立进度报告制度及进度信息沟通协调机制；
- 建立进度计划审核制度和进度计划实施中的检查分析制度；
- 建立方案审查、工程变更管理制度。

（2）技术措施。具体如下：

- 审查承建单位提交的进度计划，使承建单位能在合理的状态下施工；
- 编制进度控制工作细则，指导监理工程师实施进度控制；
- 采用进度控制技术及其他科学适用的进度控制方法，结合信息技术及信息系统的应用，对进度实施动态控制，进行进度动态比较，提供比较报告；

- 确定合理的工作定额，进行进度预测分析和进度统计。

（3）经济措施。具体如下：

- 及时办理工程预付款及工程进度款支付手续；
- 对必须的应急赶工给予优厚的赶工费用；
- 对合理的工期提前给予奖励；
- 对工程延误收取误期损失赔偿金。

（4）合同措施。具体如下：

- 加强合同管理，协调合同工期与进度计划之间的关系，保证合同中进度目标的实现；
- 严格控制合同变更，对各方提出的工程变更，监理工程师应严格审查后再变更合同；
- 加强风险管理，在合同中应充分考虑风险因素对进度的影响，以及相应的处理方法；
- 加强索赔管理，公正地处理索赔。

第 12 章　投资控制

信息系统工程建设项目投资是指为完成项目建设并达到使用要求，在建设期内预计或实际投入的全部费用总和。投资控制就是在项目各阶段控制经费的使用，把实际投资控制在批准的投资限额以内，随时纠正发生的偏差，以求在项目建设过程中合理使用人力、物力、财力，取得较好的投资效益和社会效益。投资控制是对信息系统工程建设项目费用全过程、全方位、多目标的动态控制。

12.1　投资与投资控制

信息系统工程建设项目的投资控制是在批准的预算条件下确保项目保质按期完成，在信息系统工程项目的各阶段，根据合同与计划，在满足项目质量和进度要求的前提下，保证信息系统工程项目的实际投资额不超过计划投资额。投资控制需要在项目投资的形成过程中，对项目所消耗的人力资源、物质资源和费用开支进行指导、监督、调节和限制，及时纠正即将发生和已经发生的偏差，把各项项目费用控制在计划投资的范围之内，保证投资目标的实现。信息系统工程建设项目投资控制的目的在于降低项目成本，提高经济效益。

在信息系统工程监理过程中，不能简单地把投资控制理解为将信息系统工程建设项目实际发生的投资控制在计划投资的范围内即可，而应当认识到，投资控制是与质量控制和进度控制同时进行的，是针对整个信息系统工程项目目标系统所实施的控制活动的一个组成部分，在实现投资控制的同时需要兼顾质量最终目标和进度目标。

1. 投资控制的过程

项目投资主要包括对项目所需资源、设备、人力和时间的预算分配。在项目执行过程中，为了实现投资目标并确保项目按照计划推进，需要管理并控制项目成本。项目成本涵盖了项目各阶段的预算支出，通过有效的成本控制，能够对项目投资进行持续追踪，从而提高项目效率、减少浪费，并确保项目按照预期投资目标完成。

2. 投资控制的原则

对信息系统工程建设项目进行投资控制时，应遵循以下基本原则：

（1）系统原则。

首先，在项目投资目标确定或论证时，应综合考虑整个目标系统的协调和统一。不仅要使信息系统工程项目的投资目标满足业主的需求，还要兼顾进度目标和质量目标。这就要求在确定信息系统工程目标系统时，要认真分析项目业主对信息系统工程项目的整体需求，做好投资目标、进度目标和质量目标三方面的反复协调工作，力求优化地实现各目标之间的平衡。在进行投资控制的过程中，也需要协调投资控制与质量控制、进度控制的关系。投资控制的实施不应以牺牲质量、进度为代价，当采取某项投资控制措施时，要充分考虑这项措施是否会对其他两项目标控制产生不利影响。

其次，项目投资涉及项目的整个周期，投资控制工作伴随项目的每一阶段，包括在项目计划阶段制订最佳的项目投资计划，按照设计要求和操作规范开发与实施，工程按时验收移交，按时办理工程结算等，使项目投资始终处于有效控制之下。

因此，监理工程师需要从项目系统性出发，进行综合性的工作，从多方面采取措施实施控制。除了从经济方面做好控制工作以外，还应当围绕组织、技术和合同等方面开展相应的工作。

（2）投资最优化原则。

信息系统工程建设项目投资控制的根本目的在于，通过各种成本管理手段，在保证项目进度和质量的前提下，实现目标成本最优化。在实行成本最优化原则时应注意：一方面挖掘各种降低成本的能力，使可能性变为现实；另一方面要从实际出发，制定通过主观努力可能达到的合理的最优成本水平。

（3）全面成本控制原则。

全面成本控制包括所有承建单位、项目参与人员全过程的管理，项目成本的全员控制需要系统的实质性内容，包括各承建单位、业主单位、监理单位等各方的责任。应防止成本控制人人有责，人人不管。项目成本的全过程控制要求成本控制工作要随着项目实施进展的各个阶段连续进行，既不能疏漏，又不能时紧时松，应使信息工程项目成本自始至终置于有效的控制之下。

（4）动态控制原则。

信息系统工程建设项目成本控制应强调项目的中间控制，即动态控制，应根据各阶段工作内容的不同，动态调整控制内容，同时对所产生的偏差尽早采取措施，包括：

①招标及设计阶段的成本控制是确定成本目标、编制成本计划、制定成本控制的方案，为今后的成本控制做好准备。

②实施阶段的成本控制是根据已经制定的成本控制方案进行动态纠偏，通过偏差分析找出引起偏差的原因，从而采取有针对性的纠偏措施，并根据项目实施情况调整成本控制方案。纠偏可以采用组织措施、经济措施、技术措施、合同措施等。例如：

● 寻找新的、更好更省的、效率更高的设计方案和实施方案；
● 购买部分产品或服务，而不是完全由自己开发和生产；
● 重新选择承建单位或供应商，但会产生风险，且选择需要时间；
● 变更工程范围；
● 索赔。

③竣工阶段由于成本盈亏已基本定局，即使发生了偏差，也已来不及纠正，但也应尽可能将成本偏差控制到最小，总结经验教训。

（5）目标管理原则。

当前信息系统工程项目的规模较大，一般是多个网络系统、资源系统、应用系统的综合集成，因此，在投资控制过程中，为了不偏离项目整体的投资控制目标，应实施目标管理。目标管理是管理活动的基本技术和方法，把计划的方针、任务、目标和措施等加以逐一分解落实。

在实施目标管理的过程中，目标的设定应切实可行。

目标管理的内容包括：目标的设定和分解，目标的责任到位和执行，检查目标的执行结果，评价目标和修正目标，形成目标管理的计划、实施、检查、处理循环。

（6）责、权、利相结合原则。

在项目实施过程中，承建单位、业主单位和监理单位在肩负成本监督控制责任的同时，享有成本监督控制的权利，同时承建单位的项目经理要对各小组在成本控制中的业绩进行定期的检查和考评，实行有奖有罚。只有真正做好责、权、利相结合的成本控制，才能收到预期的效果。

（7）微观控制原则。

信息系统工程监理是一种微观性的监督管理工作，投资控制也是一种微观性的工作，其着眼点并不是关于项目的投资方向、投资结构、资金筹措方式和渠道，监理工程师要从工程的每个单项工程或活动开始，一步一步地进行循环控制。从小处着手，放眼整个项目，实施全面投资控制。

（8）设计监理原则。

在项目规划和设计阶段，对各项业务进行建模，将业务模型转化成逻辑模型，再将逻辑模型转化成功能模型、数据模型。建模的过程就是量化的过程，根据定量分析要实现的模块的数量计算出其成本，进而就计算出了投资。所以，对信息系统工程项目的规划和设计阶段的监理也是控制投资的重要环节。

3. 投资控制的必要性

项目的投资受工期、建设地点、招标方式、建设任务发包方式、项目规模、项目特点、项目质量水平等因素的影响，通过投资控制，使业主单位能够确实掌握成本，规划资金运用流程，拟定预防措施，获得预期投资效益。使项目建设成本在预定的时间及预算内达成，将使业主单位减少不必要的成本支出及银行贷款利息等负担，使承建单位的项目投入资源的利用率提高，获得较好的经济效益。

12.2 投资控制过程

在项目建设阶段，投资控制过程体现为成本控制过程，包括规划成本管理、成本估算、成本预算和成本控制。

12.2.1 规划成本管理

规划成本管理是确定如何估算、预算、管理、监督和控制项目成本的过程，并形成成本管理计划，在整个项目期间为管理项目成本提供指南和方向。

1. 规划成本管理的依据

规划成本管理的依据具体包括：

（1）项目章程。项目章程规定了预先批准的项目投资，可据此确定详细的项目成本。项目章程所规定的项目审批要求，也对项目成本管理有影响。

（2）进度管理计划。进度管理计划确定了编制、监督和控制项目进度的准则和活动，同时也提供了影响成本估算和管理的过程及控制方法。

（3）风险管理计划。风险管理计划提供了识别、分析和监督风险的方法，同时也提供了影响成本估算和管理的过程及控制方法。

（4）组织相关的成本控制程序（例如定期报告、必需的费用与支付审查、会计编码及标准合同条款等）、历史信息和经验教训知识库、财务数据库、现有的正式和非正式的与成本估算和预算有关的政策、程序和指南等。

2. 成本管理计划

成本管理计划是项目管理计划的组成部分，描述将如何规划、安排和控制项目成本。成本管理计划的内容包括：

（1）成本管理过程及其工具与技术。

（2）计量单位。例如，用于测量工作量的人日数、用于计量设备数量的单位等。

（3）准确度。为成本估算规定的可接受的区间，例如 ±10%，其中可能包括一定数量的应急储备。

（4）精确度。根据活动范围和项目规模，设定成本估算向上或向下取整的程度。

（5）与工作分解结构（WBS）匹配的成本分配。WBS 为成本管理计划提供了框架，以便据此规范地开展成本估算、预算和控制。

（6）控制临界值。可能需要规定偏差临界值，用于监督成本绩效。它是在需要采取某种措施前允许出现的最大偏差，通常用偏离基准计划的百分数来表示。

（7）绩效测量规则。需要规定用于绩效测量的挣值管理（Earned Value Management，EVM）规则。

（8）报告格式。需要规定各种成本报告的格式和编制频率。

（9）其他细节。例如，对战略筹资方案的说明，记录项目成本的程序等。

12.2.2　成本估算

1. 估算及其注意事项

估算涉及计算完成项目所需各资源（人、材料、设备等）成本的近似值，形成项目的估算总成本。当一个项目按合同进行时，应区分估算和定价这两个不同意义的词。估算涉及的是对可能数量结果的估计，例如承建单位为提供产品或服务的花费估计是多少；而定价是一个商业决策，例如承建单位为其提供的产品或服务索取多少费用。估算只是定价要考虑的因素之一。在进行估算时应注意以下几点：

- 当项目在一定的约束条件下实施时，价格的估算是一项重要的因素。
- 成本估算应该与工作质量的结果相联系。
- 成本估算过程中，应该考虑各种形式的费用交换。例如，在多数情况下，增加工作的延续时间通常是与减少工作的直接费用联系在一起的；相反，追加费用将缩短项目工作的延续时间。因此，在成本估算的过程中，必须考虑附加的工作对工程期望工期缩短的影响。

估算是一个不断优化的过程。随着项目的进展和相关详细资料的不断出现，应该对原有成本估算做相应的修正。

2. 成本估算的依据

成本估算的依据具体包括：

（1）成本管理计划。成本管理计划中描述了可使用的估算方法以及成本估算需要达到的准确度和精确度。

（2）质量管理计划。质量管理计划描述了项目管理团队为实现一系列项目质量目标所需的活动和资源。

（3）范围基准。包括项目范围说明书、WBS 和 WBS 词典。

（4）经验教训登记册。项目早期与制定成本估算有关的经验教训可以运用到项目后期阶段，以提高成本估算的准确度和精确度。

（5）项目进度计划。进度计划包括项目可用的团队和实物资源的类型、数量和可用时间长短。如果资源成本取决于使用时间的长短，并且成本出现季节波动，则持续时间估算会对成本估算产生影响。进度计划还为包含融资成本（包括利息）的项目提供有用信息。

（6）资源需求。资源需求明确了每个工作包或活动所需的资源类型和数量。

（7）风险登记册。风险登记册包含了已识别并按优先顺序排列的单个项目风险的详细信息，及针对这些风险采取的应对措施。风险登记册还提供了可用于估算成本的详细信息。

（8）影响成本估算过程的市场条件、发布的商业信息、通货膨胀等。

（9）影响估算成本过程的组织内部的成本估算政策、成本估算模板、历史信息和经验教训知识库等。

3. 成本估算常用方法

1）类比估算

成本类比估算使用以往类似项目的实际数据作为估计现在项目的基础。项目的参数值和属性包括（但不限于）范围、成本、预算、持续时间和规模指标（例如工作量、设备数量等），类比估算以这些项目参数值或属性为基础来估算当前项目的同类参数或指标。这种估算方法适用于早期的成本估计，因为此时有关项目仅有少量消息可供利用。类比估算是专家判断的一种形式，花费较少，但精确性也较差。如果被估算的项目包含一种新的编程语言或是使用新的硬件和网络，这种方法就会导致预算偏低。

以下情况的类比估算是可靠的：

● 先前的项目不仅在表面上而且在实质上和当前项目是类同的；

● 做估算的个人或小组具有必要经验。

2）参数估算

参数估算是指利用历史数据之间的统计关系和其他变量，把项目的一些特征作为参数，通过建立一个数学模型来进行项目工作的成本估算。参数估算的准确性取决于参数模型的成熟度和基础数据的可靠性，模型可以简单（开发人员的成本是以每月的费用成本作为参数）也可以复杂（软件研制的模型涉及 13 个独立参数因子，每个因子有 5 ～ 7 个子因子）。基于软件开发项目中使用的编程语言、编程人员的专业知识水平、程序大小和设计数据的复杂性等，一个参数模型可能会得出每行编码的花费预算。

参数建模的成本和可靠性各不相同，参数估算法在以下情况下是可靠的：

- 用来建模的历史数据是精确的；
- 用来建模的参数容易定量化；
- 模型对大型项目适用，也对小型项目适用。

3）自下而上估算

自下而上估算是对工作组成部分进行估算的一种方法，通常首先估计各个独立工作的费用，对单个工作包或活动的成本进行最具体、细致的估算，然后再汇总，从下往上估计出整个项目的总费用。自下而上估算的成本和准确性取决于单个工作项的大小和预算人员的经验。工作划分得细，则花费的时间较长，因此应用代价高，但准确性也有所提升，因此必须在成本和准确性之间进行权衡。

4）三点估算

通过考虑估算中的不确定性与风险，使用以下三种估算值来界定活动成本的近似区间，可以提高单点成本估算的准确性：

- 最可能成本（C_m）。对所需进行的工作和相关费用进行比较现实的估算，所得到的活动成本。
- 最乐观成本（C_o）。基于活动的最好情况所得到的成本。
- 最悲观成本（C_p）。基于活动的最差情况所得到的成本。

基于活动成本在三种估算值区间内的假定分布情况，使用公式来计算活动的预期成本。两种常用的公式是三角分布和贝塔分布，其计算公式分别为：

- 三角分布。预期成本 $=(C_o + C_m + C_p) \div 3$。
- 贝塔分布。预期成本 $=(C_o + 4 \times C_m + C_p) \div 6$。

5）数据分析

- 备选方案分析。备选方案分析是一种对已识别的可选方案进行评估的技术，用来决定选择哪种方案或使用何种方法来执行项目工作。例如，评估购买和制造可交付成果分别对成本、进度、资源和质量的影响。
- 储备分析。为应对成本的不确定性，成本估算中可以包括应急储备。应急储备是包含在成本基准内的一部分预算，用来应对已识别的风险；应急储备还通常是预算的一部分，用来应对那些会影响项目的"已知—未知"风险。例如，可以预知有些项目可交付成果需要返工，却不知道返工的工作量是多少。可以预留应急储备来应对这些未知数量的返工工作。小到某个具体活动，大到整个项目，任何层级都可有其应急储备。应急储备可以是成本估算值的某一百分比、某个固定值，或者通过定量分析来确定。而随着项目信息越来越明确，可以动用、减少或取消应急储备。应该在成本估算中清楚地列出应急储备。应急储备是成本基准的一部分，也是项目整体资金需求的一部分。

● 质量成本。在估算时可能要用到关于质量成本的各种假设，这包括对以下情况进行评估：是为达到要求而增加投入，还是承担不符合要求而造成的成本；是寻求短期成本降低，还是承担信息系统生命周期后期频繁出现问题的后果。

12.2.3　成本预算

成本预算是把估算阶段形成的估算总成本分配到各个工作中，建立成本基准，以衡量项目执行情况。

1. 成本预算的类型

信息系统工程建设成本的预算主要包含量级预算、预算估算和最终预算。这些方法的不同主要体现在其在什么时间进行、如何使用和精确度如何。

（1）量级预算提供了信息系统工程建设成本控制的一个粗略概念。它在信息系统工程建设早期甚至建设之前使用，信息系统工程建设相关人员使用该预算帮助决策。进行这种类型的预算通常是在工程建设完成之前 2 ～ 3 年。量级预算的精确度一般是从 -25% ～ 75%，也就是项目的实际成本可能低于量级预算的 25%，或高于量级预算的 75%。对于目前的信息系统工程建设而言，该精确范围经常更广。例如，许多 IT 项目专业人员为软件开发项目成本估算自动增加一倍。

（2）预算估算被用来将资金划入一个组织的预算。许多业主单位建立至少 2 年的预算。预算估算在信息系统工程完成前 1 ～ 2 年做出。其精确度一般在 -10% ～ 25%，也就是项目的实际成本可能低于预算估算的 10%，或高于预算估算的 25%。

（3）最终预算提供精确的项目成本预算。常用于许多项目采购决策的制定，因为这些决策需要精确的预算。也常用于估算信息系统工程建设的最终成本，其精确度通常在 -5% ～ 10%，也就是项目的实际成本可能低于最终预算的 5%，或高于最终预算的 10%。

2. 成本预算的常用技术

1）成本汇总

制定预算是汇总所有单个活动或工作包的估算成本，最终得出整个项目的总成本，建立一个经批准的成本基准的过程。

2）储备分析

可以建立项目管理储备的储备分析。管理储备是为了管理控制的目的而特别留出的项目预算，用来应对项目范围中不可预见的工作，目的是用来应对会影响项目的未知风险。管理储备不包括在成本基准中，但属于项目总预算和资金需求的一部分。当动用管理储备资助不可预见的工作时，就要把动用的管理储备增加到成本基准中，从而导致成本基准变更。

3）历史信息审核

审核历史信息有助于进行类比估算或参数估算。历史信息可以包括各种项目特征（参数），能够用于建立数学模型预测项目总成本。类比和参数模型的成本及准确性可能差别很大。在以下情况下，类比估算和参数估算将最为可靠：

- 用来建立模型的历史信息准确；
- 模型中的参数易于量化；
- 模型可以调整，以便对大项目、小项目和各项目阶段都适用。

4）资金限制平衡

应该根据对项目资金的限制来平衡资金支出。如果发现资金限制与计划支出之间的差异，则可能需要调整工作的进度计划，以平衡资金支出水平。这可以通过在项目进度计划中添加强制日期来实现。

5）融资

融资是指为项目获取资金。长期的基础设施、工业和公共服务项目通常会寻求外部融资。如果项目使用外部资金，出资实体可能会提出一些必须满足的要求。

3. 成本基准和项目资金需求

1）成本基准

成本预算工作为项目建立其所需的成本基准。成本基准是经过批准的、按时间段分配的项目预算，不包括任何管理储备，只有通过正式的变更控制程序才能变更，用作与实际结果进行比较的依据，可以用于度量和监督项目执行成本。成本基准是经批准的预算的总和，把预计成本按时间累加便是成本基准。

项目预算和成本基准的各个组成部分如图 12-1 所示。先汇总各项目活动的成本估算及其应急储备，得到相关工作包的成本；然后汇总各工作包的成本估算及其应急储备，得到控制账户（一种管理控制点，在该控制点上，把范围、预算、实际成本和进度加以整合，并与挣值比较以测量绩效）的成本；接着再汇总各控制账户的成本，得到成本基准。

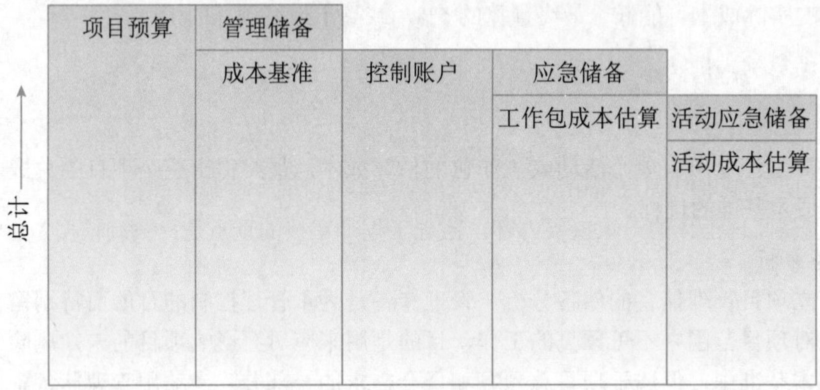

图 12-1　项目预算的组成

由于成本基准中的成本估算与进度活动直接关联，因此可以按照时间段分配成本基准，得到一条 S 曲线，如图 12-2 所示。最后，在成本基准之上增加管理储备，得到项目预算。

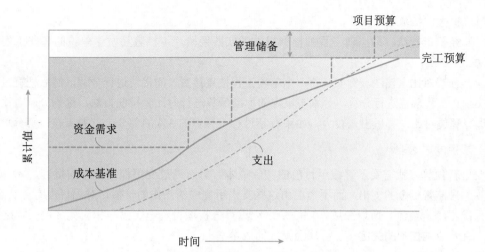

图 12-2　成本基准、支出与资金需求

当出现有必要动用管理储备的变更时，则应该在通过变更控制程序的批准之后，把适量的管理储备移入成本基准中。

许多项目（尤其是大项目）可以有多重成本基准以衡量成本的不同方面。例如，成本计划或现金流量预测是衡量支付的成本基准。

2）项目资金需求

根据成本基准，确定总资金需求和阶段性（如季度或年度）资金需求。成本基准中包括预计支出及预计债务。项目资金通常以增量的方式投入，并且可能是非均衡的，呈现出如图 12-2 中所示的阶梯状。如果有管理储备，则总资金需求等于成本基准加管理储备。在资金需求文件中，也可以说明资金来源。

12.2.4　成本控制

成本控制是监督项目状态，以更新项目成本和管理成本基准变更的过程。成本控制的主要作用是在项目期间保持对成本基准的维护，需要在整个项目期间开展。

1. 预算审核

预算编制是一项十分细致复杂的工作，计算中难免出现一些疏漏和错误，为此必须搞好审核工作，这也是监理工作的一项重要内容。监理工程师审核的重点是：编制依据是否符合规定，造价及各项经济指标是否合理，单位工程有无漏项，说明是否全面并做到内容完整，造价正确，经济指标及主要设备、软件配置合理。预算的审核本身也是对投资控制的一种方法，目的是发现、纠正错误，从而控制投资和造价。预算审核有如下几种方法：

（1）全面审核法。其具体计算和审核过程与编制过程基本相同。优点是全面细致、质量高、差错少；缺点是工作量过大，需要组织一批分专业的计划预算工程师、经济师进行。

（2）重点审核法。如选择工程量大，或造价高的项目重点审核，对补充单价和定额外设备价及差价进行审核，以及对计取各项费用和计算方法进行重点审核，在重点审核中如发现问题较多时应扩大审核范围。

（3）经验审核法。即监理工程师根据以往的实践经验，审核容易发生差错的那些工程细目的方法。

（4）分解对比审核法。例如，将一个单项工程按直接费、间接费进行分解，然后把直接费按工程类别、工程部位进行分解，分别与审定的标准预算进行对比分析的方法，称为分解对比审核法。边分解边对比，哪里出入较大，如果有超过标准预算的 3% 的部分，就要审核该部分价格。

2. 项目的成本控制

要更新预算，就需要了解截至目前的实际成本。只有经过变更控制程序的批准，才可以增加预算。只监督资金的支出，而不考虑由这些支出所完成的工作的价值，对项目没有什么意义，最多只能跟踪资金流。所以在成本控制中，应重点分析项目资金支出与相应完成的工作之间的关系。有效成本控制的关键在于管理经批准的成本基准。

项目成本控制包括：

- 对造成成本基准变更的因素施加影响；
- 确保所有变更请求都得到及时处理；
- 当变更实际发生时，管理这些变更；
- 确保成本支出不超过批准的资金限额，既不超出按时段、按 WBS 活动分配的限额，也不超出项目总限额；
- 监督成本绩效，找出并分析与成本基准间的偏差；
- 对照资金支出，监督工作绩效；
- 防止在成本或资源使用报告中出现未经批准的变更；
- 向相关方报告所有经批准的变更及其相关成本；
- 设法把预期的成本超支控制在可接受的范围内。

12.3　投资构成和投资控制方法

所谓项目投资，就是投资主体为了达到一定的目的而将其能支配的资金（或其他资源）投入工程项目建设的过程。这里的投资包含三层含义：一是指投入的资金（或其他资源）；二是指投资主体的资金投放行为，包括资金的筹措、投向、投资决策、投资计划、实施、调控等活动；三是指资金（或其他资源）的投入过程。

在信息系统工程建设项目中，投资可以理解成进行某项信息系统工程建设花费的全部费用，即为项目实施完成，业主单位所支付的设备采购费用、应用环境所需的系统软件和配置软件费用，支付承建单位的设计、开发、服务费用，监理费用等。

12.3.1　信息系统工程建设项目投资构成分析

信息系统工程总费用由工程建设费用、工程建设其他费用、预备费、建设期利息构成。各项费用的构成如图 12-3 所示。

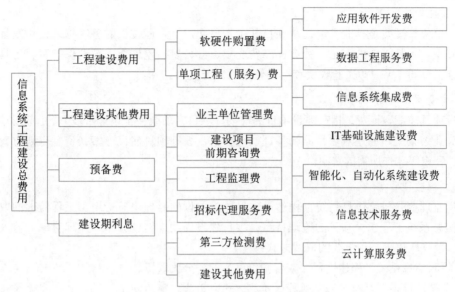

图 12-3　信息系统工程总费用构成

1. 工程建设费用

信息系统工程建设费用由软硬件购置费、各类单项工程（服务）费构成。

1）软硬件购置费

软硬件购置费是指信息系统工程建设项目中各类单项工程（服务）建设所需购置或租用的构成工程实体的软件产品、硬件设备或设施的费用。

- 软件产品购置费。软件产品购置费是指各类单项工程中所需的软件产品，如系统软件、商用（套装）软件、支撑软件等的购置或租用费用。
- 硬件设备购置费。硬件设备购置费是指各类单项工程中所需的硬件设备或设施，如网络设备、服务器、存储设备、终端设备、信息安全设备、智能化设备、自动化设备、机房设备等及其所附带的软件的购置或租用费用。

2）单项工程（服务）费

单项工程（服务）费是指信息系统工程建设项目中的各类建设工程和信息技术服务项目的费用，包含项目的直接费用、间接费用、项目利润和税金。其中：

- 直接费用是指各类单项工程（服务）实施过程中发生的与其直接相关的费用，包括直接人力费和直接非人力费；
- 间接费用是指企业因项目实施而分摊到项目中的各项间接费用，包括间接人力费和间接非人力费。

2. 工程建设其他费用

构成信息系统工程建设的其他费用通常包括：业主单位管理费、建设项目前期咨询费、工程监理费、招标代理服务费、第三方检测费、建设其他费用。

1）业主单位管理费

业主单位管理费是指业主单位从项目开工之日起，至办理竣工财务决算之日止发生的管理性质的开支，包括工资性支出、社会保障费支出、办公费、差旅费、劳动保护费、工具用具使用费、施工现场津贴、竣工验收费和其他管理性质开支等。

2）建设项目前期咨询费

建设项目前期咨询费是指在建设项目的前期（项目立项或初步设计阶段），由业主单位自身或聘请专业咨询公司通过对项目的初步调研与分析，编制项目建设方案（资金申请方案）及项目立项、评审等工作所需的费用。

3）工程监理费

工程监理费是付给信息系统工程建设项目监理单位的监理服务费用。工程监理的取费应综合考虑信息系统工程建设项目的监理特点、项目建设周期、地域分布、监理对象、监理难度等因素。一般采取以下几种主要的取费方式：

● 按照信息系统工程建设费（或合同价格）的百分比取费。
● 主要根据信息系统工程的规模、类型（软件开发、硬件集成、网络和信息系统集成、机房工程等）、阶段、内容、复杂程度、监理成本等多方面因素综合计算。
● 按照参与信息系统工程的监理人员服务费计取，例如小型信息系统工程、业主单位有特殊要求的工程等，按人/月取费。
● 由业主单位和监理单位商定。不宜按上述办法计取的，可以由业主单位和监理单位按商定的其他办法计取。

4）招标代理服务费

招标代理服务费是指业主单位委托招标代理机构，从事编制招标文件、组织招标活动等业务所需的费用。招标代理服务分为货物招标、服务招标和工程招标三类。

5）第三方检测费

第三方检测费是指委托权威专业的第三方检测机构对工程进行检测验收所需的费用。检测内容包括系统检测（功能检测、性能检测和源代码安全审查）、设备检测（硬件设备、软件产品查验）。

6）建设其他费用

建设其他费用是指以上未涉及的，但根据项目实际需要计列的费用，如工程造价评估咨询费、工程保险费等。费用计取根据项目实际情况按有关规定或协商确定。

3. 预备费

预备费是指在项目立项阶段、可行性研究阶段、初步设计阶段难以事先预料，而在建设期间可能发生的工程费用。

预备费包括基本预备费和价差预备费：

● 基本预备费是指项目建设过程中可能发生的难以预料的工程费用支出，如工程设计变更或实施过程中增加工程量所增加的费用。

- 价差预备费是指项目建设过程中由于物价、原料价格上涨、汇率、利息变化等因素影响而需增加的费用。

4. 建设期利息

建设期利息是指建设项目投资中分年度使用银行或其他金融机构等贷款，在建设期内应归还的贷款利息。

12.3.2　投资控制中的技术经济分析

技术经济分析方法是成本控制的基础，是一种综合评价方法，综合评价决定成本控制的合理性。本章之所以特别强调对方案的综合评价，是因为在投资控制的监理实务中要特别注意，投资控制不是一个单打一的问题，也绝不是指初期投资越少的方案就是最佳方案，而是要通过具体的经济对比计算，例如年成本法、净现值法和内部收益率法等，获得整体经济效果最佳的方案，据此合理地控制投资。而合理控制投资的另一个必须掌握的尺度和原则就是综合评价。只有通过综合评价而优选的方案才是最佳方案。最佳方案的标志是技术上最佳，经济上最合理而不是最少。

1. 技术经济分析的特点和方法步骤

据有关资料统计，在同样能满足功能要求的前提下，合理的技术经济设计可以将工程造价降低 5% ～ 20%，因此，搞好方案的技术经济分析，就成为建设项目设计阶段优选方案和控制造价的重点环节。

（1）技术经济分析的特点具体如下：

- 综合性。技术经济分析学是根据现代科学技术和国民经济发展的需要，逐渐地从自然科学和社会科学的发展过程中交叉形成发展起来的一门综合性边缘科学。
- 系统性。技术经济分析研究的对象大多是由若干个相互联系的单元所组成的整体，因此要具备系统分析的思想方法和工作方法，要从整体着眼，周密地分析各个因素和环节，取得科学依据，实现总体优化。
- 实用性。技术经济分析是一门实践性很强的应用科学，其主要研究对象是技术方案、设计方案的优选问题，是解决具体问题，进行具体分析研究，做具体评价，为采用的方案提出技术经济效果的论据，如工程优化设计、系统方案选择等。
- 数据化。技术经济学采用了许多定量分析方法，把各种有关因素定量化，通过定量计算进行分析比较。由于计算机和数学方法的迅速发展，定量分析范围日益扩大。除去环境保护、政治因素、学术发展等社会因素目前还只能做定性分析外，大量问题均可定量化。因此定性分析与定量分析相结合，并以量化为主是技术经济分析的一大特点。

（2）技术经济分析的方法。

技术经济学研究主要有两种方法，即调查研究方法和理论研究法。后者是对调查得到的原始数据与资料进行加工管理、去粗取精、去伪存真的过程，在这个过程中既要采取定量的数字计算与分析，也要采取定性的推理、论证、分析等方法。

（3）技术经济分析的步骤具体如下：

- 确定目标。例如，对于一个新建项目，要根据市场需要及资金条件研究确定；对项目中的某一个子系统，要根据其既能满足功能要求，又要在经济上合理确定；对一个系统方案或一项主要设备选址，既要可行和适用，又要在经济评价的各项指标上先进等。

- 调查研究。收集各种有关资料和数据，通过调查研究，搞清有关的技术因素情况，这些因素之间以及与其他有关的经济因素之间的联系、依据和条件。

- 拟定各种可行方案。为了满足同一功能或应用的需要，一般可以采用多种不同的、彼此可以代替的方案。为了选出最优的方案，首先要列出所有可能实行的方案。

- 方案评价。分析各种了解的技术方案在技术上的优缺点。应该指出，对每个技术方案优缺点分析得越细致、透彻、全面、具体，则对每个技术方案的经济评价就越准确。在分析技术方案的优缺点时，必须进行充分的调查研究，并且从国民经济整体利益出发，客观地分析不同的技术方案所引起的对外部各种自然、技术、经济、社会等方面所产生的影响，从而准确地找到现有条件下最优的技术方案。

- 建立各种技术方案的经济指标和各种参数间的函数关系。列出相应的方程式或数学表达式，这种方程式、表达式称为数学模型。在分析技术方案优缺点的基础上，能用相应的数学方程式描述各方案的经济指标与参数间量的关系，这就是经济数学模型。

- 计算与求解数学模型。第一步，把有关数据资料，包括各种自然资源的地质的、技术的、经济的指标代入数学模型并进行数学运算；第二步，求得各个方案的经济效果指标，利用方案比较法，进行择优。求最优方案的方法一般可用列表法或图解法。

- 技术方案的综合评价。由于技术方案的许多优缺点往往不能用数学指标来描述，而且一个方案不可能兼备各种优点，这就要求从各个侧面对某个技术方案进行综合分析及论证，最后选出在技术、经济、社会、政治等方面综合性最优的方案。

2. 单方案的经济评价方法

对于单方案，一般可以通过下面的四种方法进行经济评价，这种评价主要是对技术上可行的方案，评价其经济上的合理性，做到使设计人员和建设监理人员心中有数，并对一些技术上可行而经济上不合理的方案采取必要的修正办法，从而在满足功能要求的基础上做到经济合理。

1）成本回收期法

成本回收期法可以用于单方案评价，也可以用于多方案的比较，分为静态成本回收期与动态成本回收期。

- 静态成本回收期是指以工程项目的净收益补偿全部成本所需要的时间，通常情况下，成本回收期愈短愈好。对于单方案经济评价时，通常是将计算结果同国家或部门所规定的标准成本回收期（TM）进行比较来取定其"经济合理性"。当所计算的成本回收期大于 TM 时，一般应对技术方案做出总成本的削减修正措施，否则应予舍弃。

- 动态成本回收期是指给定基准收益率 i，用项目方案的净现金收入求出偿还全部成本的时间。

2）等效年值法

等效年值法就是工程项目的所有现金流量都化为其等值的年金，用以评价方案经济效益的经济分析方法。等效年值是指把工程项目在寿命期内的所有收入和支出，按基准收益率折算成与其等值的各年年末的等效年金。这里所说的基准收益率是指最低要求的贴现率（亦称折现率），在国外又称作最低有吸引力的收益率，一般用代号 MARR 表示，是成本决策部门做出取舍决定的重要决策参数。通常情况下，如果把基准收益率定得太高，可能会使许多经济效果较好的方案被放弃；反之，如果基准收益率定得太低，又可能接受一些经济效果并不理想的方案。

按照惯例，通常基准收益率应高于贷款的利率。很显然，由于一些成本方案大多带有一定的风险和不确定性，再加上市场经济供需要求对产品价格浮动的影响，如果基准收益率不高于贷款利率，就不值得进行投资。只有当方案的等效年值大于零，在经济上才是合理的。等效年值法可以用存储基金法或资金还原法计算。

3）净现值法与净现值指数法

净现值法是根据方案的净现值大小来评定方案经济效果的一种方法。这里的净现值（Net Present Value，NPV）是指按基准收益率或设定的折现率，将各年的净现金流量折现到基准年的现值之和。基准年一般选在基建开始年。如果 NPV>0，表示技术方案本身的收益不仅可以达到基准收益率的水平，而且还有盈余；如果 NPV=0，表示方案的收益率正好等于基准收益率。在上述两种情况下，方案均可取。如果 NPV<0，则表示方案的收益率达不到基准收益率水平，应被舍弃。

净现值指数法是将技术方案在寿命期的净现值与逐年成本的现值之和进行比较，该数值反映了单位成本现值所创造的现值收益。当 NPV>0 或 NPV=0 时，方案可行，否则应放弃。

4）内部收益率法

内部收益率法是目前国内外广泛采用的一种经济评价方法，根据内部收益率指标的大小对方案进行评价。内部收益率和净现值有密切关系，对一个技术方案来说，其净现值的大小与所选用的折现率有关。折现率愈小，净现值愈大；反之，折现率愈高，则净现值就愈小。

3. 多方案经济评价的可比性

在项目设计中往往可以提出许多不同的设计方案，这些方案可以采用不同的技术、开发与实施方法、设备等。当这些设计方案在技术上都是可行的，经济上也合理时，就要通过经济分析从中选出最佳的方案。但是不同的方案必须具备一定的可比条件，如满足需求可比、时间因素可比、价格指标可比和消耗费用可比。满足需求可比是指项目的质量、进度、类型完全一样或基本相似，在对比时应用一致的指标，如单位项目投资额、单位项目年运营费。价格指标可比是因为无论是投入的费用还是产出的效益，都要借助于价格进行计算。消耗费用可比性是指在计算比较费用的指标时，必须考虑有关的费用，各种费用计算必须采用统一的原则和方法。目前国内常用的设计方案、技术方案的经济计算方法主要有：不考虑时间价值的追加成本回收期与计算费用法；考虑时间价值的年成本法、净现值法和内部收益率法。

1）追加成本回收期与计算费用法

追加成本回收期（ΔT）是一个相对经济效果指标，是指两个方案比较时，用成本大的方案年经营费的节约额，抵偿追加成本所需要的时间。当 ΔT 小于或等于标准成本回收期时，则认为成本大的方案为优，反之则成本小的方案为优。

计算费用法是很多个方案不考虑时间价值时进行经济比较常用的方法。年计算费用是指年生产成本与按标准成本效果系数换算的年成本费用总额。

2）年成本法

年成本法是在年产量相同的条件下简易而有效的一种方案比较方法。这种方法是把各方案中项目的寿命期内的现金支出（成本、年经营费、残值）按基准收益率折算成等值的等额年成本，然后进行比较，年成本最小的方案为优选方案。用这种方法进行对设计方案的成本控制比较适用于市场经济体制下考虑资金时间价值时的方案优选。

3）追加成本净现值法

当评选的两个方案均可行而计算经济效果进行优选时，如果第二方案的成本大于第一方案（这部分称为追加成本），就需要考虑这一部分追加成本在经济上是否更合算，把两个方案现金流量之差的净现值称为追加成本净现值（或差额成本净现值）。如果追加成本而增加的收益按基准收益率折现后的现值大于追加成本的折现值，即追加成本净现值大于零，则成本大的方案从整个时间看比成本小的方案经济，说明追加成本是合算的。

追加成本净现值法的实质就在于此。由此可知，作为监理工程师，在控制成本和评价方案优劣时，要做到公正合理，并非只选用初期成本小的方案，而应当用追加成本净现值法对多种方案做出比较，再行择优选用。

4）追加成本内部收益率法

这是在方案经济比较中重要的方法之一。追加成本内部收益率是指两个对比方案净现金流量之差的各年折现值之和等于零时的折现率。采用此法进行方案比较时，如果计算出的追加成本内部收益率大于或等于基准收益率时，则成本大的方案比较经济，反之则成本小的方案比较经济。

12.3.3　投资控制的技术和方法

对于信息系统工程建设项目的成本控制，仅依靠经验、直觉、审查的手段不利于纠正偏差，还需要掌握一些专业技术和方法，只有这样才能更有效地做好成本控制工作。

1. 挣值分析（EVA）

挣值分析法将实际进度和成本绩效与绩效测量基准进行比较。这一方法是项目投资控制的重要方法，其基本思想就是通过引进中间变量（挣值），来帮助项目管理者分析项目的成本和工期的变动情况，并给出相应的信息，以便他们能够对项目成本的发展趋势做出科学的预测与判断，并提出相应的对策。

挣值管理综合了项目范围、进度计划和资源，测量项目绩效，主要计算并监测以下三个关键指标。

1）计划价值

计划价值（PV）是为计划工作分配的经批准的预算，不包括管理储备。应该把该预算分配到项目生命周期的各个阶段。在某个给定的时间点，计划价值代表着应该已经完成的工作。PV的总和被称为绩效测量基准（PMB），项目的总计划价值又被称为完工预算（BAC）。

2）挣值

挣值（EV）是对已完成工作的测量值，用该工作的批准预算来表示，是已完成工作的经批准的预算。EV 的计算应该与 PMB 相对应，且所得的 EV 值不得大于相应工作的 PV 总预算。EV 常用于计算项目的完成百分比，进行投资控制时既要监测 EV 的增量，以判断当前的状态，又要监测 EV 的累计值，以判断长期的绩效趋势。

3）实际成本

实际成本（AC）是在给定时段内，执行某工作而实际发生的成本，是为完成与 EV 相对应的工作而发生的总成本。AC 的计算方法必须与 PV 和 EV 的计算方法保持一致（例如，都只计算直接工作量，都只计算直接成本，或都计算包含间接成本在内的全部成本）。AC 没有上限，为实现 EV 所花费的任何成本都要计算进去。

2. 偏差分析

在挣值管理中，偏差分析用以解释成本偏差、进度偏差的原因、影响和纠正措施。成本和进度偏差是最需要分析的两种偏差。对于不使用正规挣值分析的项目，可以开展类似的偏差分析，通过比较计划成本和实际成本，来识别成本基准与实际项目绩效之间的差异；然后可以实施进一步的分析，以判定偏离进度基准的原因和程度，并决定是否需要采取纠正或预防措施。可以通过成本绩效测量来评价偏离原始成本基准的程度。

项目成本控制的重要工作包括：判定偏离成本基准的原因和程度，并决定是否需要采取纠正或预防措施。随着项目工作的逐步完成，偏差的可接受范围（常用百分比表示）将逐步缩小。

偏差分析包括（但不限于）以下两方面内容。

1）进度偏差

进度偏差（SV）是测量进度绩效的一种指标，表示为挣值与计划价值之差。它是指在某个给定的时点，项目提前或落后的进度，它是测量项目进度绩效的一种指标，等于挣值（EV）减去计划价值（PV）。EVA 进度偏差是一种有用的指标，可以表明项目进度是落后还是提前于进度基准。当项目完工时，全部的计划价值都将实现（即成为挣值），所以 EVA 进度偏差最终将等于零。公式：$SV=EV-PV$。当 $SV>0$ 时，表明进度超前；反之，当 $SV<0$ 时，表明进度滞后；当 $SV=0$ 时，表示按计划进行。

2）成本偏差

成本偏差（CV）是在某个给定时点的预算亏空或盈余量，表示为挣值与实际成本之差。它是测量项目成本绩效的一种指标，等于挣值（EV）减去实际成本（AC）。项目结束时的成本偏差就是完工预算（BAC）与实际成本之间的差值。由于成本偏差指明了实际绩效与成本支出之间的关系，所以非常重要。负的 CV 一般都是不可挽回的。公式：$CV=EV-AC$。当 $CV>0$ 时，表明成本节约；反之，当 $CV<0$ 时，表明成本超支；当 $CV=0$ 时，表示按计划进行。

3. 趋势分析

趋势分析旨在审查项目绩效随时间的变化情况，以判断绩效是正在改善还是正在恶化。图形分析技术有助于了解截至目前的绩效情况，并把发展趋势与未来的绩效目标进行比较。

1）图表

在挣值分析中，对计划价值、挣值和实际成本这三个参数，既可以分阶段（通常以周或月为单位）进行监督和报告，也可以针对累计值进行监督和报告。图12-4以S曲线展示了某个项目的EV数据，该项目预算超支且进度落后。

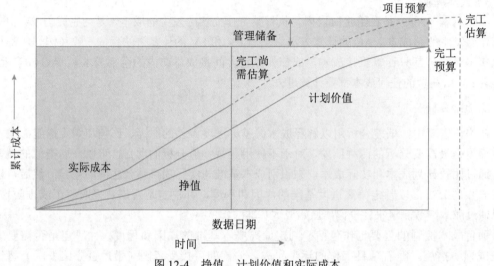

图12-4　挣值、计划价值和实际成本

2）预测

随着项目进展，项目团队可以根据项目绩效，对完工估算（EAC）进行预测，预测的结果可能与完工预算（BAC）存在差异。如果BAC已明显不再可行，则应考虑对EAC进行预测。预测EAC是根据当前掌握的绩效信息和其他知识，预计项目未来的情况和事件。预测要根据项目执行过程中所提供的工作绩效数据来产生、更新和重新发布。工作绩效信息包含项目过去的绩效，以及可能在未来对项目产生影响的任何信息。在计算EAC时，通常用已完成工作的实际成本加上剩余工作的完工尚需估算（ETC）。预测者要根据已有的经验，考虑实施ETC工作可能遇到的各种情况。把挣值分析与手工预测EAC方法联合起来使用，效果会更佳。手工进行的自下而上汇总方法，就是一种最普通的EAC预测方法。自下而上的EAC估算，就是以已完成工作的实际成本为基础，并根据已积累的经验来为剩余项目工作编制一个新估算。公式：EAC＝AC＋自下而上的ETC。

4. ABC分析法（帕累托图）

ABC分析法由意大利经济学家帕累托（Vifredo Pareto）所创，其基本原理为"关键的少数和次要的多数"，抓住关键的少数可以解决问题的大部分。ABC分析法也称费用比重分析法、不均匀分布定律法。

相当多的项目 / 产品中，占总项目 10% ～ 20% 的一些子项目，其费用 / 成本占总费用 / 总成本的 60% ～ 80%。选择这 10% ～ 20% 的子项目定位为 A 类，同理，定位 B 类和 C 类，如图 12-5 所示。

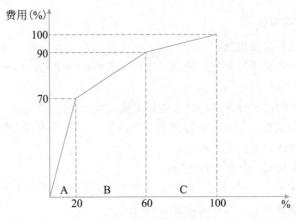

图 12-5　ABC 分析法图示

在 ABC 分析法的分析图中，有一个纵坐标，一个横坐标，几个长方形，一条曲线，以百分数表示。横坐标表示影响质量的各项因素，按影响大小从左向右排列，曲线表示各种影响因素大小的累计百分数。一般地，是将曲线的累计频率分为三级，与之相对应的因素分为三类：

（1）A 类因素，发生频率为 70% ～ 80%，是主要影响因素。

（2）B 类因素，发生频率为 10% ～ 20%，是次要影响因素。

（3）C 类因素，发生频率为 0% ～ 10%，是一般影响因素。

ABC 分析法抓住成本比重大的子项目或阶段作为研究对象，有利于集中精力重点突破，取得较大效果，且简便易行，所以广泛地在项目管理和项目监理中被采用。但在实际项目中，有时由于投资分配不合理，造成投资比重不大但业主单位认为功能重要的对象可能漏选或排序推后，而这种情况应列为监理在投资控制工作中的重点。ABC 分析法的这一缺点可以通过经验分析法、强制确定法等方法补充修正。

5. 全寿命费用方法

信息系统工程建设项目投资控制是每个业主单位和监理所关心的重要内容之一。就工程项目建设而言，投资控制贯穿项目建设的全过程。从目前监理的投资控制来看，通过招标、设计阶段的投资控制监理工作，使采购成本、设计预算超投资估算的现象得到了基本控制。实施阶段通过实施监理的全面推行，使工程预算投资得到了合理的确定和有效控制，通过对工程结算和决算的审核，剔除其中的不合理部分，使该阶段的投资得到应有的控制。但如何通过对项目建议书和可行性研究阶段的投资估算和优化设计来有效控制投资，也需要引起重视。而在信息系统工程建设项目的投资控制中，采取全寿命费用方法是投资规模得到有效控制、杜绝工期马拉松现象的有效手段之一。

12.4 监理投资控制工作

本节从监理投资控制任务、监理投资控制措施、工程计量与工程付款控制、竣工结算四个方面介绍监理在投资控制时需要开展的主要工作。

12.4.1 监理投资控制任务

监理投资控制的任务主要包括：

（1）参与项目总投资目标的分析、论证、审核（在可行性研究的基础上，再做详细的分析、论证）；

（2）对项目总投资切块、分解规划结果进行审核、确认、监督和提出实施建议；

（3）审核承建单位编制的项目实施各阶段、各季度、各年等阶段性资金使用计划，并控制其执行，必要时对上述计划提出调整建议；

（4）审核工程成本估算、预算、标底等；

（5）在项目实施过程中，按阶段（例如月、季）进行投资计划值与实际值的比较，经常或定期向业主单位提交投资控制及其存在问题的报告；

（6）对设计、实施、开发方法、器材和设备等多个方面进行必要的技术经济比较，提出有效的建议，从而挖掘节约投资、提高项目经济效益的潜力；

（7）定期比较投资计划值与实际值，当实际值偏离计划值时，分析偏差原因，采取纠偏措施；

（8）审核招投标文件和合同文件中有关投资的条款；

（9）审核阶段性工作报告和付款申请；

（10）计算、审核各项索赔金额。

在具体项目的监理工作中，监理工程师应以监理单位与业主单位签订的监理合同为依据履行自己的职责，不一定完全覆盖上述工作任务，如果合同中规定监理工作从项目实施开始，则监理工程师就可以不承担上述前两项的工作内容。

12.4.2 监理投资控制措施

降低信息系统工程建设项目成本的途径，应该是既开源又节流，或者说既增收又节支。只开源不节流，或者只节流不开源，都不可能达到降低成本的目的，至少不会有理想的降低成本效果。控制项目成本的措施归纳起来有四个方面：组织措施、技术措施、经济措施和合同措施。

（1）组织措施具体包括：

①在项目监理机构中落实投资控制人员、任务分工和职能责任，具体做法为：

● 总监理工程师是项目成本管理的第一责任人，全面组织项目监理机构成本管理工作，应及时掌握和分析盈亏状况，并迅速采取有效措施；

● 监理工程师是整个工程项目主管实施技术和进度的人员，应在保证质量、按期完成任务的前提下尽可能采取先进技术，以降低工程成本；

● 负责综合管理的监理人员主管合同实施和合同管理工作，负责工程进度款的申报和催款工作，处理施工赔偿问题，他们应注重加强合同预算管理，增创工程预算收入；

- 总监理工程师会同相关监理人员应随时分析项目的资金运用支出情况，提出合理调度资金建议；
- 监理机构的其他成员都应精心组织，为增收节支尽职尽责。

②编制各阶段投资控制计划和详细的工作流程。

（2）技术措施具体包括：

①监督承建单位制定先进的、经济合理的技术实施方案，以达到缩短工期、提高质量、降低成本的目的。正确选择技术实施方案是降低成本的关键所在。技术实施方案包括以下内容：

- 技术实施方法的确定；
- 技术实施设备、工具、软件的选择；
- 技术实施顺序的安排和技术活动的组织。

②对设计变更进行技术经济比较，严格控制设计变更。

③持续寻找通过设计挖潜节约投资的可能性。

④审核承建单位编制的实施组织设计，对主要实施方案进行技术经济分析。

⑤严把质量关，可以减少返工现象、缩短验收时间、节省费用开支。

（3）经济措施具体包括：

①人工费控制。主要是建议承建单位改善劳动组织，减少窝工浪费；实行合理的奖惩制度；加强技术教育和培训工作；加强劳动纪律，严格控制非项目人员比例。

②设备、软件及开发、实施费控制管理。主要是改进设备、软件的采购、运输、收发、保管、安装调试及软件开发等方面的工作，减少各个环节的损耗，节约采购费用；合理堆置现场设备，避免和减少二次搬运；严格设备进场验收和限额领料制度；制定并贯彻节约设备的技术措施，合理使用设备，综合利用一切资源。

③间接费及其他直接费控制。主要是精简不必要的人员和过程，合理配备承建单位的项目人员组成，节约技术实施管理费等。

（4）合同措施具体包括：

监理工程师应合理利用合同的约束力进行投资控制。具体做法为：

- 对业主单位与承建单位签订的合同严格把关，利用合同手段鼓励承建单位采取性价比高的技术方案和实施过程；
- 对承建单位提出的项目报价、人员安排、实施周期、实施方式等进行充分的比较与论证后，才能最终确定合同价格等内容；
- 做好项目实施记录，保存各种文件图纸，特别是发生了变更的文件图纸；
- 注意积累素材，为正确处理可能发生的索赔提供依据，参与处理索赔事宜；
- 参与合同修改、补充工作，着重考虑其对投资控制的影响。

项目成本控制的组织措施、技术措施、经济措施和合同措施四者是融为一体、相互作用的。监理机构是项目监理的成本控制中心，要以合同价格为依据，监督、检查承建单位制定合理有效的项目成本控制目标，业主单位、承建单位和监理单位通力合作，形成以市场投标报价及合同价格为基础的技术实施方案经济优化、物资采购经济优化、人力资源配备经济优化的项目成本控制体系。

12.4.3 工程计量与工程付款控制

总监理工程师应依据承建合同及其补充协议，对资金使用实施监督，并审核承建单位提交的工程阶段性报告和付款申请，总监理工程师签发工程款支付意见，报业主单位签认。

1. 工程计量

信息系统工程计量是价款结算的基础。承建单位应建立、健全与成本核算有关的各项原始记录和工程量统计制度，认真填写工程量计算文件。实际工作中工程计量有以下两种情况：

（1）由承建单位负责工程计量，并提供计量工作的记录正本和计算结果，经监理工程师和现场工程师定期检查确认。

（2）如果由监理工程师负责工程计量，则承建单位必须提供有关资料，监理工程师和现场工程师的每月工程计量记录由承建单位审阅，作为实施付款的依据。

2. 价款结算方法与工程付款控制

工程价款的结算，应根据信息系统工程的特点，既保证承建单位及时补偿实施工作耗费，满足正常资金周转的需要，又要适当简化手续，故应采取适当的价款结算方法。信息系统工程价款的结算及付款控制方法主要有以下几种。

（1）按工程标志性任务完成结算。

这种工程价款结算方法，是根据信息系统工程建设的特点，按工程标志性任务或阶段来支付结算。信息系统工程中多以合同签订、需求调研完毕、系统测试成功、验收完毕等里程碑式任务作为结算条件。这种结算方式在信息系统工程中较为常见。

（2）按旬（或半月）预支，按月结算。

工程实施阶段可以实行旬末或月中预支，月终结算工程价款的办法，即每月上、中旬旬末（或月中），由承建单位按当月计划工作量填列工程价款预支账单，列明工程名称、预算造价、完工进度、预支工程款和实支款项，报送监理工程师、业主单位审查签认；每月终了，承建单位应根据当月实际完成的工程量，实施预算所列工程单价相应取费标准，计算已完工程价值，编制已完工程月报表，填列工程价款结算账单，报送监理工程师、业主单位核实签认后方可领款。

（3）按月（或分次）预支，完工后一次结算。

对于成本少、实施期短、技术比较简单的工程，为了简化手续，可以采取分次或分月预支，工程完工后一次结算的简便方法。采用这种方法时，应注意使分次（月）预支的款额大体同工程实施进度相适应。

（4）按工程进度预支，完工后一次结算。

这种工程价款结算方法，是根据信息系统工程的不同性质和特点，按工程建设实施顺序，把其划分为几个实施段落，经测算后定出每一实施段落的造价。当承建单位完成了一定的实施段落后，就可按该实施段落的预算造价进行预支，即由承建单位填制工程造价预支账单，送监理工程师和业主单位审查核实签证后，办理付款。当整个工程完工后，再办理竣工结算。

为促使承建单位保质保量地完成建设任务，无论采用何种工程价款结算办法，都应保留一定比例的尾工款，待工程竣工后凭竣工结算单据做最后结算。

如果工程是跨年度建设，当每年终了时应办理一次年终结算，将当年的建设价款清算一次，以核实工程年度成本拨款。

分包单位应及时上报已完成工程量统计资料给总承包单位。分包单位于每月底应进行进度盘点，将本月度内完成的建设内容和工程量报告给总承包单位。总承包单位每月须将实际的实施进度情况报监理工程师和业主单位审查确认，并作为控制实施拨款的依据。

3. 工程款支付流程

业主单位支付承建单位工程款须按一定的程序进行，承建单位应通过监理单位要求业主单位支付工程款。当到期支付承建单位工程款时，监理单位应向业主单位提供相应的证明文件和材料，业主单位收到监理单位的证明文件和材料后，再决定是否支付承建单位工程款。

如果承建单位未达到工程建设目标要求，监理单位将驳回承建单位要求支付工程款的请求，并由监理单位出具拒绝支付的工程款支付意见，交承建单位和业主单位。

当按阶段支付工程款时（包括工程进度款、设计变更及洽商款、索赔款等），支付流程如下：

（1）承建单位向监理工程师提交工程阶段性报告；

（2）监理工程师审查工程阶段性报告，对承建单位的申报进行核实签认；

（3）承建单位根据监理单位核定的情况，按承建合同的规定计算工程款，提交付款申请，报监理工程师审核；

（4）监理工程师依据合同有关规定进行审核，确认应支付的工程进度款、设计变更及洽商款、索赔款等；

（5）监理工程师审核后，总监理工程师签发工程款支付意见，报业主单位签认。

12.4.4　竣工结算

当信息系统工程竣工验收之后，监理工程师应协助业主单位正确编制工程结算。项目的竣工结算既是应该做的，也是国家要求做的工作。国家规定，项目在验收后一个月内，应向主管部门和财政部门提交结算。

在编制竣工结算之前，应对项目的所有财产和物资，包括各种设备等逐项清仓盘点，核实账务，清理所有债权债务，做到工完账清。

项目竣工结算是以实物量和货币为计量单位，综合反映竣工验收的项目的建设成果和财务状况的总结性文件。它是项目的实际造价和成本效益的总结，是项目竣工验收报告的重要组成部分，是项目竣工验收和动用验收结果的反映，是对项目进行财务监督的手段。

项目竣工结算由业主单位汇总编制。项目竣工结算必须内容完整、核对准确、真实可靠。

1. 竣工结算的意义

竣工结算具有以下几个方面意义：

（1）可以正确分析成本效果。

竣工结算是项目的财务总结。它从经济角度反映了工程建设的成果，只有编制好工程项目竣工结算，才有可能正确考核、分析项目的成本效果。

（2）可以分析工程建设计划和设计预算实际执行情况。

编制好工程竣工结算，才能了解工程建设计划和设计预算实际执行的情况，才能考核工程建设成本，才可以分析工程设计预算与竣工结算的差额，以及计划成本额与实际成本额的差距，并可发现成本使用中存在的问题。

（3）可以分析总结项目成本使用中的经验和教训。

编制好工程竣工结算，可分析业主单位对建设的财务计划和财经制度的遵守情况，以及项目成本使用的合理性，总结工程建设和成本使用中的经验，为有关部门制订类似项目的建设计划提供参考资料和有益的经验。

（4）为修订预算定额提供依据资料。

竣工结算反映项目的实际物资消耗和劳动消耗。在项目建设过程中，随着不断加强和改进管理、实施方法等，原有的预算定额在执行一段时间后需要进行相应的调整和修改。通过竣工项目有关资料的积累，可为修订预算定额提供必要的依据资料。

2. 竣工结算的编制与结算报表

由于项目的规模大小不同，对竣工结算报表的深度要求也有所不同。大、中型项目的竣工结算报表一般包括：竣工工程概况表、竣工财务结算表、交付使用财产总表和明细表、结余设备明细表和应收应付款明细表等。下面分别做简要说明。

1）竣工工程概况表

竣工工程概况表用来反映竣工工程项目新增生产能力，项目建设的实际成本及各项技术经济指标的实际情况。本表包括以下具体内容：

- 竣工工程项目名称、建设地址；
- 初步设计和概算的批准机关、日期、文号；
- 工程项目设计与实际占地面积（对硬件、网络、机房建设而言）；
- 竣工项目新增生产能力（或收益）；
- 项目计划与实际开、竣工日期；
- 完成主要工程量（用实物工程量表示）；
- 建设成本；
- 主要技术经济指标；
- 收尾工程。

如在项目验收之后，尚有少量收尾工程，则应在此表中列出收尾工程的内容、尚需成本数额、负责收尾的单位、完成时间。对收尾工程的成本可进行估算并加以说明，然后列入结算成本。收尾工程竣工后不必另编项目竣工结算。

2）竣工财务结算表

竣工财务结算表反映竣工工程项目的全部资金来源和其运用情况，作为考核和分析基建成本效果的依据。此表采用平衡表的形式，即资金来源合计等于资金运用合计。

在竣工财务结算表中，应将资金来源与资金运用两栏对应列表。资金来源包括工程项目的各种来源渠道的资金。资金运用反映工程项目从开工准备到竣工的全过程中资金运用的全面情况。

3）交付使用财产总表

交付使用财产总表反映工程项目建成后，交付投产或使用的新增资产的全部情况及其价值，作为财产交接、检查成本计划完成情况和分析成本效果的依据。

4）工程项目竣工结算说明书

在编制竣工结算报表的同时，还应编制竣工结算说明书，它是对竣工结算报表进行分析和补充说明的文件。其主要内容包括：工程概况、项目设计预算、建设计划的执行情况、建设成本使用情况、建设成本和成本效益、各项技术经济指标完成情况、收尾工程的处理意见、工程质量评定情况，以及项目建设的经验总结、存在的主要问题和解决措施等。

3. 竣工结算的审核

审核分析工程竣工结算是监理工程师对项目成本控制工作的一项重要内容。在深入实际、弄清情况、掌握数据的基础上，以国家政策、设计文件、建设预算、项目建设成本计划为依据，重点审核分析以下内容：

（1）审核项目成本计划的执行情况。

根据批准的初步设计和项目建设成本计划，核对竣工项目中有无计划外工程的增减，是否有监理工程师和承建单位双方的签证手续；工程设计的变更是否有设计部门和监理工程师的变更设计手续；根据批准的设计概算，审核竣工项目的实际成本额是节约还是超支了。

（2）审核项目的各项费用支出是否合理。

根据财务制度审核分析各项费用的支出是否符合有关规定，有无乱挤成本、扩大开支范围、假公济私、铺张浪费等违反财经纪律和不合理的情况。

（3）审核报废损失和核销损失的真实性。

审核分析报废工程损失，应核销其他支出中的各项损失是否符合实际情况，是否经有关主管部门批准。特别是对报废工程要进行认真审核，要尽量回收利用减少损失。

（4）审核各项账目、统计资料是否准确完整。

对各项账目和统计资料进行完整性和准确性审核。各项应收应付款是否全部结清，工程上应分摊的各项费用是否全部分摊完毕，应退余料是否退清等。

（5）审核项目竣工说明书是否全面系统。

对项目竣工说明书的内容进行全面性、系统性审核，看其是否符合实际情况，是否对项目建设全过程取得的经验和存在的主要问题如实做了说明，说明书中有无虚假不实、掩盖矛盾等情况。

第 13 章　合同管理

信息系统工程的建设过程实际上就是合同的执行过程。合同是工程建设的基本依据，也是监理工作的主要依据之一。合同管理是信息系统工程建设合同得到有效履行的有力保证，贯穿于监理活动的始终。合同管理的任务是对承建合同的签订、履行、变更、终止或解除进行检查和监督，以保证承建合同的签订、执行具备合法性和有效性。

作为监理工程师，应该熟悉合同管理的基本内容和要求，掌握合同管理的监理工作技能。

13.1　信息系统工程合同的内容及分类

《中华人民共和国民法典》（简称"民法典"）规定，合同是民事主体之间设立、变更、终止民事法律关系的协议。信息系统工程合同是承建单位进行信息系统工程建设、业主单位支付价款的合同，确定了信息系统工程实施和管理的主要目标，是合同双方在工程中各种经济活动的依据。

对于监理工作而言，信息系统工程合同是监理承建单位和业主单位双方开展信息系统建设工作的基本依据，同时也是后续合同执行过程中开展各项监理活动、合同款支付、项目验收和解决纠纷的重要依据。在合同签订时，监理工程师应提醒签约方在合同中对相关重要事项做出明确规定。合同签订后，监理工程师利用合同可以对工程进度、质量和投资实施管理和控制。

13.1.1　合同的概念及其法律特征

合同又称契约，是社会财产私有的产物，是随着社会分工和交换的发展而发展起来的。到了现代，合同已成为实现商品经济流转的纽带，是维护正常商品交换关系的基本法律手段。长期以来，人们在使用合同的同时，也对合同的概念进行了广泛的研究。合同的概念有广义和狭义之分。广义的合同泛指一切确立权利义务关系的协议，既包括民法中的合同，也包括行政法中的行政合同、劳动法中的劳动合同、国际法中的国家合同等；狭义的合同仅指民法上的合同，即当事人双方或数方设立、变更或终止相互民事权利义务关系的合同。我国民法典基本上采纳了狭义的合同的概念。民法典规定：合同是民事主体之间设立、变更、终止民事法律关系的协议；依法成立的合同，受法律保护；依法成立的合同，仅对当事人具有法律约束力，但是法律另有规定的除外。

合同具有以下主要法律特征：

（1）合同是当事人之间在自愿基础上达成的协议，是双方或多方的民事法律行为。

合同是建立在自由基础之上的，是当事人自愿协商订立的。这是合同自愿原则的体现。

多方法律行为是相对单方法律行为而言的。当事人不能同自己签订合同，必须有两个或者两个以上的主体参加。另外，当事人之间还必须在平等自愿的基础上，通过协商达成一致的协议，做出合同签约各方理解完全一致的表示。

民事法律行为是民事主体实施的能够引起民事权利义务的产生、变更或者终止的合法行为。因此，只有在合同当事人所做出的意思表示是合法的、符合法律要求的情况下，合同才具有法律约束力，并应受到国家法律的保护。相反，如果当事人做出了违法的意思表示，即便达成了协议，也不能产生合同的效力。公民、法人、其他组织均可成为合同法关系的主体。公民，是具有中华人民共和国国籍、依照宪法和法律享有权利和承担义务的自然人。法人，是具有民事权利能力和民事行为能力的社会组织。

（2）合同当事人的法律地位平等。

当事人法律地位平等是民事法律关系的重要特点，也是合同的基本特征之一。当事人法律地位平等是合同区别于以命令、服从为特征的行政管理关系的重要标志，是合同制度的内在要求，它决定于商品经济关系的性质，也是合同平等原则的体现。

合同的各方当事人，无论公民还是法人，无论其经济实力和所有制形式如何，也无论其在行政上有无上下级隶属关系，法律地位一律平等，各方之间没有上下之分。

（3）合同以设立、变更、终止民事权利义务关系为目的。

设立民事权利义务关系，是当事人订立合同旨在形成某种法律关系，从而享受具体的民事权利，承担具体的民事义务。变更民事权利义务关系，是指当事人通过订立合同，使原有的合同关系在内容上发生变化。当事人订立合同不论是出于何种目的，只要当事人达成的协议依法成立并生效，就对合同当事人产生法律约束力，当事人就要依照合同的规定享有权利、履行义务。

合同是一种民事法律行为，民事法律行为是民事主体实施的能够引起民事权利和民事义务产生的法律行为。

订立合同的行为是一种法律行为，合同一旦订立，合同当事人就要依照合同的约定享有权利，承担义务。违反合同约定的，就要承担违约责任。因此，订立合同的主体必须具有缔约能力，不具备缔约能力的主体订立的合同不具备法律效力。

根据民法典的规定，合同是民事主体之间设立、变更、终止民事法律关系的协议。民法典中的民事主体包括自然人、法人和非法人组织。法人是具有民事权利能力和民事行为能力，依法独立享有民事权利和承担民事义务的组织。非法人组织是不具有法人资格，但是能够依法以自己的名义从事民事活动的组织。非法人组织包括个人独资企业、合伙企业、不具有法人资格的专业服务机构等。

签订合同不仅要求合同当事人必须具有缔约合同的能力，而且还要求其具有相应的履约能力。所谓"相应"，是指与订立该类合同相适应。例如，信息系统工程监理合同就要求监理单位必须具备合同履约能力的相关监理能力证明等。

13.1.2　信息系统工程合同的分类

信息系统工程合同是承建单位进行信息系统工程建设，业主单位支付价款的合同。通常分别将他们称为承建人与发包人。信息系统工程合同是一种承诺合同，合同订立生效后双方应当严格履行；信息系统工程合同也是一种义务、有偿合同，当事人双方在合同中都有各自的权利和义务，在享有权利的同时必须履行义务。

1. 按信息系统工程范围划分

按信息系统工程范围划分，信息系统工程合同可以分为总承包合同、单项承包合同、分包合同。

1）总承包合同

总承包合同是指业主单位以总承包的方式与承建单位签订的合同。所谓信息系统工程的总承包，是指承建信息系统工程任务的总承包，即业主单位将信息系统工程的咨询、论证、分析、信息系统硬件建设、信息系统网络建设、信息系统软件建设等项目建设的全部任务一并发包给一个具备相应的总承包资质条件的承建单位，由该承建单位负责项目的全部实施工作，直至项目竣工，向业主单位交付经验收合格符合业主单位要求的信息系统工程的承包方式。

这种承包方式有利于充分发挥那些在信息系统工程建设方面具有较强的技术力量、丰富的经验和组织管理能力的大承包商的专业优势，保证项目的质量和进度，提高投资效益。采用总承包的方式进行承包，业主单位和承建单位要签订总承包合同。这种总承包合同既可以用一个总合同的形式，也可以用若干合同的形式来签订，例如业主单位分别与同一个承包人签订项目咨询、论证、硬件、网络和软件建设合同等。

2）单项承包合同

单项承包合同指合同业主单位将信息系统工程中的咨询、论证、分析、信息系统硬件建设、信息系统网络建设和信息系统软件建设等不同的工作任务，分别发包给不同的承建单位，并与其签订相应的信息系统工程咨询合同、信息系统工程论证合同、信息系统工程硬件建设合同、信息系统工程网络建设合同和信息系统工程软件建设合同等。

单项项目承包方式有利于吸引较多的承包商参与投标竞争，使业主单位有更大的选择余地，也有利于业主单位对信息系统工程的各个环节、各个阶段实施直接的监督管理。这种发包方式较适用于那些对项目建设有较强管理能力的业主单位（发包人）。

在管理直接承包合同时应注意相应的禁止性规定，包括：

- 直接承包合同签订总承包合同，还是签订单项项目承包合同，可以由业主单位根据情况自行确定。但无论采取哪种形式，都不得签订支解承包合同。
- 民法典规定：发包人不得将应当由一个承包人完成的建设工程支解成若干部分发包给数个承包人。

一些业主单位把应当由一个承包单位整体承包的项目，支解成若干部分，分别发包给几个承包单位，使得整个项目建设在管理和技术上缺乏应有的统筹协调，往往造成信息系统工程实施混乱，责任不清，从而严重影响了信息系统工程建设的质量。

怎样确定信息系统工程建设是否应当由一个承包人完成，这需要根据实际情况做出具体分析和论证。一般来讲，一种性质或一个整体的信息系统建设项目应当由一个承包人来完成，例如一个信息系统工程的信息网络系统（网络和硬件），或一个信息系统工程的信息应用系统（软件系统）。不同性质或不同整体的信息系统工程建设，业主单位就可以考虑根据情况分别发包给几个承建单位。

3）分包合同

分包合同是指信息系统工程总承建单位承包某个信息系统项目以后，将其承包的某一部分或某几部分项目，再发包给分包单位，与其签订承包合同项下的分包合同。民法典规定：总承包人或者勘察、设计、施工承包人经发包人同意，可以将自己承包的部分工作交由第三人完成。第三人就其完成的工作成果与总承包人或者勘察、设计、施工承包人向发包人承担连带责任。这里有两个合同法律关系，一个是业主单位与总承建单位的承包合同关系，另一个是总承分包合同关系。总承建单位在原承包合同范围内向业主单位负责，分包单位与总承建单位在分包合同范围内向业主单位承担连带责任。因分包的项目出现问题，业主单位既可以要求总承建单位承担责任，也可以直接要求分包单位承担责任。

签订分包合同应当同时具备两个条件：

● 总承建单位只能将自己承包的部分项目分包给具有相应资质条件的分包单位；
● 分包项目必须经过业主单位同意。

分包合同有一些禁止性规定，具体如下：

● 禁止转包。所谓转包，是指承建单位将其承包的全部信息系统工程建设倒手转让给第三人，使该第三人实际上成为该建设项目新的承建单位的行为。民法典规定：承包人不得将其承包的全部建设工程转包给第三人或者将其承包的全部建设工程支解以后以分包的名义分别转包给第三人。
● 禁止承包人将工程分包给不具备相应资质条件的单位。
● 禁止将项目分包给不具备相应资质条件的单位。所谓相应的资质条件是指：有符合国家规定的民事主体；有相应的专业技术人员；有相应的技术装备；符合法律法规规定的其他条件。
● 禁止再分包。民法典规定：禁止分包单位将其承包的工程再分包。即承建单位只能在其承包项目的范围内分包一次，分包人不得再次向他人分包。
● 禁止分包主体结构。民法典规定：建设工程主体结构的施工必须由承包人自行完成。信息系统工程主体结构的实施必须由承建单位自行完成，不得向他人分包，否则签订的合同属于无效合同。

虽然监理单位并非信息系统工程合同中的当事人，但是由于合同对信息系统工程建设项目的监理工作具有直接的影响，作为介入信息系统工程建设项目的第三方机构，监理工程师仍然应当对整个项目合同有一个全面的了解，同时还需要了解一些信息系统工程相关的合同知识。

2. 按项目付款方式划分

按付款方式划分，信息系统工程合同可以分为总价合同、单价合同和成本加酬金合同。

1）总价合同

总价合同又称固定价格合同，是指在合同中确定一个完成项目的总价，承建单位据此签订项目全部内容的合同。这种合同类型能够使业主单位在评标时易于确定报价最低的承建单位，易于进行支付计算。但这类合同仅适用于项目工作量不大且能精确计算、工期较短、技术不太复杂、风险不大的项目。因而采用这种合同类型要求业主单位必须准备详细且全面的设计方案和各项说明，使承建单位能够准确计算项目工作量。

2）单价合同

单价合同是指承建单位在投标时按照招标文件就分部、分项项目所列出的项目工作量表确定各分部、分项项目费用的合同类型。

这类合同适用范围比较广，其风险可以得到合理的分摊，并且能鼓励承建单位通过提高工效等手段从成本节约中提高利润。这类合同能够成立的关键在于双方对单价和项目工作量计算方法的确认，在合同履行中需要注意双方实际项目工作量的确认。

3）成本加酬金合同

成本加酬金合同是指业主单位向承建单位支付建设项目的实际成本，并按事先约定的某一种方式支付酬金的合同类型。在这类合同中，业主单位须承担项目实际发生的一切费用，因此也就承担了项目的全部风险。而承建单位由于没有风险，其报酬也往往较低。这类合同的缺点是业主单位对项目总价不易控制，承建单位也往往不注意降低项目成本。成本加酬金合同主要适用于需要立即开展工作的工程项目、新型的工程项目，或风险很大的工程项目。

13.1.3 信息系统工程合同的作用

市场经济的确立和完善，为信息系统工程的形成和完善提供了有利条件，信息系统工程合同的普遍实行，更加有利于市场的规范和发展，加速推进工程监理制度的完善和发展。信息系统工程合同的科学性、公平性和法律效力，规范了合同各方的行为，使信息系统工程建设活动有章可循。信息系统工程合同的具体作用如下。

1. 确定工程主要目标和活动依据

合同确定了信息系统工程实施和管理的主要目标，是合同双方在工程中各种经济活动的依据。合同在信息系统工程实施前签订，确定了该信息系统工程所要达到的目标，以及和目标相关的所有主要的细节问题。

合同确定的信息系统工程目标主要包括三个方面：

（1）信息系统工程工期。包括项目开始、项目结束的具体日期以及项目中的一些主要活动持续时间，由合同协议书、总工期计划、双方一致同意的详细进度计划等定义。

（2）信息系统工程质量、项目规模和范围。包括详细而具体的质量、技术和功能等方面的要求，例如信息系统工程要达到的生产能力、设计、实施等质量标准和技术规范等，由合同条件、图纸、规范、项目工作量表、供应清单等定义。

（3）信息系统工程价格。包括项目总价格、各分项项目的单价和总价等，由项目工作量报价单、中标函或合同协议书等定义。这是承建单位按合同要求完成项目责任所应得的报酬。

2. 规定签约双方权利和义务

合同规定了双方的经济关系。合同一经签订，合同双方便形成了一定的经济关系。合同规定了双方在合同实施过程中的经济责任、利益和权利。签订合同，则说明双方互相承担责任，双方居于一个统一体中，共同完成合同。合同中确定了各方在整个项目中的基本地位，明确了各方的权利与义务。

3. 确立监理工作依据

信息系统工程合同是监理工作的基本依据。依据合同可以对工程的进度、质量和投资等实施管理和控制。

13.1.4　信息系统工程合同的主要内容

1. 信息系统工程的特点

信息系统工程依托于信息技术的广泛应用，而信息技术本身又具备了发展速度快、更新周期短、变化频次高等特点，与传统的民用建筑工程、工业建筑工程、基础设施建设工程等传统工程相比，信息系统工程还是处在不断发展中的新兴行业，有着不同于其他工程建设的诸多特点。具体包括：

（1）通常投资额度较大、工期短；

（2）技术应用不可预见成分多，风险管控难度较大；

（3）技术含量高，属于智力、知识密集型产业；

（4）处于发展中的高科技领域，高新技术发展迅速；

（5）就技术的继承程度而言，创新成分多，新开发的工作量大；

（6）工程类型广泛，涉及国民经济的各行各业；

（7）需要多种技术领域的综合与交叉应用；

（8）用户需求易随形势发展而急速变化，甚至有许多要求超过新技术的发展。

2. 信息系统工程合同的内容

信息系统工程的特点决定了信息系统工程合同的内容较多，涉及工程设计、产品采购、实施等多个方面。信息系统工程合同主要包括如下内容：

（1）业主单位与承建单位的权利与义务是合同的基本内容。为体现公平、公正，合同双方的权利与义务应该是对等的，也是相互呼应的。绝不应该使合同成为明显偏向一方的"不平等"合同，或"霸王"合同。

（2）业主单位提交有关基础资料的期限。这是业主单位提交有关资料在时间上的要求。工程设计的基础资料是指承建单位进行设计工作所依据的基础文件和情况。

（3）项目的质量要求和验收标准。项目的质量要求十分重要，是判断项目成果是否合格的重要依据，也是确定承建单位工作责任的必要前提，更是监理工作的主要依据。因此，质量要求或验收标准条款应准确细致地描述项目的整体质量和各部分质量，必要时可以用明确的技术指标进行限定。

（4）承建单位提交各阶段项目成果的期限。各阶段项目成果指承建单位在项目过程中逐步提交的、体现项目成绩的可交付物和最后的成果，包括设计方案、实施方案、项目实体（网络、安装调试好的设备等）、软件（代码和资料等）、软件开发过程中的设计文档等。应选取里程碑式的项目成果交付期限，并在一定程度上把成果和付款计划联系起来，这样方便双方了解和控制项目的进展情况，也利于监理开展合同管理。

（5）项目费用和项目款的交付方式。项目费用，即业主单位为本项目投入的资金情况，分总体费用和分项费用。分项费用指项目费用按用途划分出来的不同部分，它在一定程度上规定了承建单位的项目花费。例如设备采购费、材料费、设计费、软件开发费等。项目款的交付方式一般采用分期交付，即以某一阶段的成果交付为标志，按一定比例交付项目款。

（6）知识产权归属。对于信息系统工程建设过程中可能产生的知识产权，特别是委托开发或者共同开发所产生的专利、软件著作权或技术秘密等，应在合同中事先约定其归属，以及相关权益处理方式，包括使用权、转让权以及收益的分配办法等。需要注意的是，民法典规定：出卖具有知识产权的标的物的，除法律另有规定或者当事人另有约定外，该标的物的知识产权不属于买受人。

（7）项目变更的约定。项目变更的范围应包括资金、需求、期限、合同等变更，对变更的范围进行约定，并明确每一种变更以何种方式何种程序处理。对范围外的变更，可注明另行协商并再补签合同或协议。

（8）双方的其他协作条件。其他协作条件是指双方当事人为了保证项目顺利完成应当履行的相互协作义务。业主单位的主要协作义务是提供必要的工作条件和生活条件，以保证承建单位正常开展工作。承建单位的主要协作义务是合理安排项目计划并严格执行，在项目中尽量满足业主单位的合理要求。

（9）违约责任。合同当事人双方应当根据国家的有关规定约定双方的违约责任。

信息系统工程建设不但对其本身的从业人员的专业性要求高，而且对承担信息系统工程监理工作的监理人员的专业技术水平也要求较高。他们不仅要具有丰富的实践经验和快速掌握先进技术的能力，还要知识面宽，通晓国家标准和行业规范。信息系统工程的合同管理有着一定的艰巨性，从事信息系统工程监理的单位也须自身不断发展，不但应该以业主单位的应用需求为根本出发点，探索不同行业信息系统工程的特点，更要结合自身情况，总结出一整套与信息系统工程相适应的合同管理方法。

（10）争议处理。合同当事人双方应当通过协商，约定一旦出现争议问题需要处理时所采取的处理方式。通常情况下，争议处理方式有如下三种：

- 协商。通过双方友好协商，达成相互理解，处理好争议事项。
- 仲裁。根据合同约定提交仲裁机关进行裁决并解决争议。
- 诉讼。在争议出现后协商未解决且未选择仲裁的情况下，当事人任何一方可选择向人民法院提起诉讼，请求人民法院对合同争议依法予以处理。

这三种方式中，应优先选择协商的方式。监理可以参与合同争议的协商处理并提出协调意见和建议，也可以根据事件过程合同双方或仲裁机关或人民法院的工作请求提供必要的工作协助。

13.1.5　信息系统工程合同签订的注意事项

信息系统工程合同是以后解决纠纷的重要依据，因此有关重要事项都应当在项目合同中明确规定。例如，信息化项目的硬件环境、软件产品的标准体系等技术性内容，都应当写在合同中。项目合同中最重要的内容，是对委托方和被委托方在信息化过程中的权利和义务的界定。从这一点来说，项目合同是确定"委托方—被委托方"双方合作关系的一份关键的商务文件。

民法典规定：施工合同的内容一般包括工程范围、建设工期、中间交工工程的开工和竣工时间、工程质量、工程造价、技术资料交付时间、材料和设备供应责任、拨款和结算、竣工验收、质量保修范围和质量保证期、相互协作等条款。

信息系统工程建设项目暂时还没有统一的合同示范文本，如果项目的业主单位与承建单位在合同订立时对合同的内容考虑不足，就会导致合同条款不详尽、内容不完整、不严谨等问题，在项目实施过程中就可能产生合同争议与纠纷。

在信息系统工程合同中，对于下面一些容易产生纠纷的事项，合作的双方都应当认真对待，这也是监理单位审查合同的重点，不但需要明文规定，而且应当特别仔细地考虑所有条款是否严密、规范。

1）质量验收标准

质量验收标准是一个关键的指标。如果双方的验收标准不一致，就会在系统验收时产生纠纷。在某种情况下，承建单位为了获得项目也可能将信息系统的功能过分夸大，使得业主单位对信息系统功能的预期过高。另外，业主单位对信息系统功能的预期可能会随着自己对系统的熟悉而提高标准。为避免此类情况的发生，清晰地规定质量验收标准对双方都是有益的。

2）验收时间

承建单位完成了开发工作，需要按期进行验收，因此验收期限也是合同必须明确规定的内容。对于承建单位交付的系统，如果业主单位难以确定是否已达到质量标准，迟迟不验收，承建单位就不能结束开发。反之，如果业主单位发现了系统中的问题，承建单位无力修正系统的内在错误，就会给业主单位带来很大的损失。因此，明确的验收时间是督促双方自觉工作的重要条款。

3）技术支持服务

对于开发完成后发生的技术性问题，如果是因为承建单位的工作质量所造成的，应当由承建单位负责无偿地解决。一般技术支持的期限是半年到一年。如果没有这个期限规定，就视为业主单位所有的维修要求都要另行收费。

4）损害赔偿

原则上委托方和被委托方都具有这一项权利，为避免双方的利益受到损害，双方都应当有自我保护意识，这是一个必要的条款。实际的赔偿方式可以由双方另行协调。

信息系统工程建设项目应提倡采用分期付款的方式，可以调动承建单位的积极性，并且有效保证了业主单位的合法权益。

由于确立了分期付款的方式，双方对项目实施范围和实施功能的界定，以及每个阶段验收标准的规定，都应该具有可操作性和可度量性，把相关条款规定得越细越好。例如，某一个阶段必须实施哪几个模块，这些模块中必须包括哪些更细节的模块；这些模块必须在业主单位的哪些部门或哪些地点实施完毕，实施完成后应该达到什么效果，如果达不到这些要求，应该实行什么样的违约处罚等。

5）保密约定

双方都不得向第三者泄露对方业务和技术上的秘密，包括业主单位业务上的机密（例如商业运作方式、客户信息等）以及承建单位的技术机密。为了实现自我保护和提高保密意识，最好由双方另行签订一个保密合同。关于保密的期限应当特别规定：在信息系统工程建设项目履行完后若干年或长期继续有效。

6）软件的合法性

软件的著作权和所属权是不同的。一般来说，业主单位支付了全部开发费用之后，软件所属权将移交给业主单位，但软件的著作权仍然属于承建单位。如果要将软件著作权也移交给业主单位，在合同中应当写明这一条款。有时候，承建单位要保留软件的著作权，或者著作权属双方共有，这些都应当在合同中说明。如果采用的是已经产品化的软件系统，则应当在合同中明确记载该软件的著作权登记版号。如果没有进行著作权登记，或者项目是由业主单位委托承建单位独立开发的，则应当明确规定软件承建单位承担软件合法性的责任。

7）技术标准及工程依据

合同中的质量条款应具体注明规格、型号，以及适用的标准等，避免合同订立后因为适用标准是采用国家、地方、行业标准还是其他标准等问题产生纠纷。

8）合同附件

如果合同有附件，对于附件的内容也应精心准备，并注意保持与主合同一致，不要相互之间产生矛盾。

对于既有投标文件，又有正式合同、附件等包含多项内容的合同，要在条款中列明适用顺序。

9）签约资格

在签订合同时还应了解签约各方的主体资格，即在合同上签字的人是否具备签署合同的资格。法人的法定代表人、其他组织的负责人均具有签约主体的资格。其他人员代表法人或其他组织签订合同时，必须持有相应签约方的法定代表人授权委托书。

10）法律公证

为避免合同纠纷，保证合同订立的合法性、有效性，当事人可以将签订的合同到公证机关进行公证。合同公证是公证机关根据当事人的申请，对于当事人之间签订合同的真实性、合法性予以证明的活动。

13.2　信息系统工程合同管理的内容与基本原则

在信息系统工程监理工作中，合同管理是监理最主要的任务之一。监理工作在合同管理中的主要内容由三部分组成，即合同的签订管理、合同的档案管理和合同的履行管理。监理工程师在合同管理工作中，应遵循合同管理的基本原则，包括事前预控原则、实时纠偏原则、充分协商原则、公正处理原则。

13.2.1　信息系统工程合同管理的概念及意义

合同管理，是指对依法签订的项目合同进行管理的一种活动与制度。信息系统工程监理工作的合同管理就是指对工程的设计、实施、开发有关的各类合同，从合同条件的拟定、协商、签署，到执行情况的检查和分析等环节进行组织管理的工作，以达到通过双方签署的合同实现信息系统工程的目标和任务，同时也维护业主单位与承建单位及其他关联方的正当权益。

信息系统工程从招标、设计、实施到竣工验收交付使用，涉及业主单位、承建单位、产品供应商、产品生产厂家、监理单位等多个单位。如何使信息系统工程各有关单位建立起有机联系，使之相互协调、密切配合，共同实现信息系统工程建设进度目标、质量目标和投资目标，一个重要的措施就是利用合同手段，运用经济与法律相结合的方法，将信息系统工程所涉及的各个单位在平等合理的基础上建立起相互的权利义务关系，以保障信息系统工程目标任务的顺利实现。

合同管理是信息系统工程监理的重要内容之一，贯穿于信息系统工程的全过程，本着客观、公正、合理的原则，监督各方履行合同的行为，目的在于确保合同正常履行，维护合同各方的正当权益，全面实现信息系统工程目标的完成。因此，业主单位、承建单位、监理单位及其他合同各方都必须树立起强烈的合同意识，严格履行合同，按合同约定做好信息系统工程的一切工作。有效的合同管理是管理而不仅仅是控制。合同管理做得好，可以避免双方责任的分歧，是约束双方遵守合同规则的武器。

13.2.2　信息系统工程合同管理的主要内容

在信息系统工程监理工作中，合同管理的工作内容包括：

（1）拟定信息系统工程的合同管理制度，其中应包括合同的拟定、会签、协商、修改、审批、签署、保管等工作制度及流程；

（2）协助业主单位拟定信息系统工程合同的各类条款，参与业主单位和承建单位的谈判活动；

（3）及时分析合同的执行情况，并进行跟踪管理；

（4）协调业主单位与承建单位有关索赔及合同纠纷的事宜。

归纳起来，监理工作在合同管理中的主要内容包括三部分，即合同的签订管理、合同的档案管理和合同的履行管理。

1. 合同的签订管理

合同的签订管理是指监理协助业主单位，对业主单位与承建单位、设备材料供应单位等各方之间的各种合同进行分析、谈判、协商、拟定、签署等。

合同分析是合同签订中最重要的内容和环节，是合同签订的前提。监理工程师应对工程承建、共同承担风险的合同条款、法律条款分别进行仔细地分析解释。同时也要对合同条款的更换、延期说明、投资变化等事件进行仔细分析。合同分析和项目检查等工作要联系起来。合同分析是解释双方合同责任的根据。

监理工程师在订立合同的过程中要按条款逐条分析，如果发现有对业主单位风险较大的条款，要增加相应的抵御条款。要详细分析哪些条款与业主单位有关、与承建单位有关、与项目检查有关、与工期有关等，分门别类地分析各自责任和相互联系的关联要素，做到一清二楚，心中有数。

信息系统工程合同是承建单位进行项目建设和业主单位支付价款的依据，其客体是信息系统工程建设项目。信息系统工程合同的签订管理就其外在形式来看，应当确保其采用书面形式。

信息系统工程合同一般可以归类于建设工程合同，根据民法典规定，建设工程合同应当采用书面形式。这是因为此类合同一般具有合同标额大、合同内容复杂、履行期较长等特点，如果采用口头合同，一旦发生纠纷则难以举证，不易分清责任。采用书面形式，一方面可以使合同双方权利义务固定化，从而减少纠纷，便于合同的履行；另一方面，如果合同双方发生纠纷，也便于人民法院分清是非，进而确定责任。此外，信息系统工程合同还可能包含技术开发合同、技术转让合同以及技术许可合同，此类合同按照民法典规定，也应当采用书面形式。

信息系统工程建设项目具有投资大、工期长、技术复杂、受时间和环境影响大、不可预见性因素多的特点。信息系统工程合同应尽量做到内容完整，条款详尽，表述明确、严密。为此，合同谈判人员要在合法、依法、平等原则的基础上，通过对信息系统工程信息的调研与反馈，制定出严密、周详、可行的谈判方案。

2. 合同的履行管理

合同的履行管理是指监理工程师对合同各方关于合同约定的工期、质量和费用、争议解决及索赔处理等工作的管理。

1）履约管理的依据——合同分析

合同分析是从执行的角度分析、补充、解释合同，将合同目标和合同规定落实到合同实施的具体问题和具体事件上。合同分析主要包括以下几方面内容：

（1）分析合同漏洞，解释争议内容。

信息系统工程实施的情况是千变万化的，标准的合同也难免会有漏洞，找出漏洞并加以补充，可以减少合同双方在合同执行过程中产生不必要的歧义、争议或其他合同履行不顺畅等情况。另外，合同双方争执的起因往往是对合同条款的理解不一致，分析条文的意思，就条文的理解达成一致，才能为索赔工作打开通道。

（2）分析合同风险，制定风险对策。

界定和确认项目所承担的风险是什么、风险影响程度的大小，才能找到对策和措施去控制风险、规避风险。

（3）分解合同并落实合同责任。

主要是加强合同的交底工作，项目监理机构对所有的合同均进行交底，以会议与书面相结合的形式向监理人员介绍各个合同的承包范围、各方的责任与义务、合同的主要经济指标、合同存在的风险、履约中应注意的问题，将合同责任进行分解，具体落实到承建单位和业主单位。同时设置专职合同管理人员，对项目各部门的履约情况进行管理、分析，协调各部门的联系，这样可加大合同管理力度，提高全员合同管理的意识。

2）履约管理的方式——合同控制

合同控制是指为保证合同所约定的各项义务的全面完成及各项权利的实现，以合同分析的成果为基准，对整个合同实施过程的全面监督、检查、对比、引导及纠正的管理活动。

合同的控制方法分为主动控制和被动控制。主动控制是预先分析目标偏离的可能性，拟订和采取预防性措施，以保证目标得以实现；被动控制是从合同的执行中发现偏差，对偏差采取措施及时纠正的控制方式。

合同控制的首要内容是对合同实施情况进行追踪，追踪的对象包括：

- 具体的合同事件。包括项目的质量、工期、成本。
- 承建单位的工作。对承建单位的项目缺陷提出整改意见，并责成改进。
- 业主单位的工作。例如，业主单位是否及时下达命令，是否及时对承建单位的问题做出答复，以及是否及时支付项目款项。
- 总体情况。例如，整体项目的秩序如何，已完工项目是否通过验收，有无大的项目事故，进度是否出现拖期，计划和实际成本有无大的偏差等。

通过追踪收集、整理能够反映出实际状况的各种资料和数据，例如进度报表、质量报告、成本和费用收支报表等，将这些信息与工程目标、合同文件进行对比分析，对偏差进行处理和调整。偏差处理和调整可以采取管理措施，例如派遣得力的管理人员；也可以采取技术措施，例如采取更有效的实施方案或新技术；还可以采取经济措施对工作人员进行经济激励。在各种补救措施都无法达到目的时，最有效的措施是合同措施，例如找出承建单位或业主单位的责任，建议通过索赔降低受损方的损失。

3）履约管理的保证——合同监督

合同监督就是要经常对合同条款与实际实施情况进行比对，以便根据合同来掌握项目的进展。保证设计、开发、实施的精确性，并符合合同要求。合同监督的另一个重要的内容是检查、解释双方来往的信函和文件，以及会议记录、业主单位指示等，因为这些内容对合同管理是非常重要的。

合同的监督管理的具体工作体现在如下几个方面：

- 建立合同及信息管理制度，各方对项目的所有指令、批复、报告均以书面形式进行，并全部归档。
- 跟踪检查合同的执行情况，督促各方严格履行合同。
- 严格按规定的程序和时限对合同工期的延误和延期进行审核确认。
- 严格按规定的程序和时限对合同变更、索赔等事宜进行审核确认。
- 根据合同约定，审核承建单位提交的支付申请，签发付款凭证。
- 对项目质量、数量、内容等任何形式的变动，均须总监理工程师审核同意，并报业主单位批准后，项目变更通知书方能生效。
- 及时、详尽记录不可抗力发生时的现场情况。
- 协调、处理合同争端，及时记录和纠正承建单位的违约行为。

4）履约管理的重点是项目索赔管理

在信息系统工程建设市场中，竞争非常激烈。由于信息系统工程的高技术特性，许多业主单位对信息技术的了解有限，合同在实施过程中的不确定性较多，对信息系统工程的合同理解很容易出现争议，这些因素都可能导致合同履行困难。

索赔管理是信息系统工程合同管理工作中的一个重要环节，包括索赔和反索赔。由于索赔和反索赔没有一个明确的标准，只能以实际情况为依据进行实事求是的评价分析，从中找出索赔的理由和条件。如果档案管理得不好，索赔工作就很难开展。

项目索赔是在合同的履行过程中，合同一方因对方不履行合同所设定的义务而遭受损失时，向对方提出的赔偿要求。索赔的内容包括：根据权利而提出的要求；索赔的款项；根据权利而提出法律上的要求。

项目索赔遵循索赔程序，在索赔证据确凿的条件下，就可以根据合同向承建单位或业主单位提出索赔并得到损失的补偿。因而，合同管理是索赔管理的依据，依据合同条款明确而清楚的说明，项目索赔才能成立。

监理工程师在信息系统工程合同管理的过程中，应弄清各类合同中的每一项内容，因为合同是项目的核心，特别是大型项目，因实施时间较长，一定要用文件记录代替口头协议。项目细节文件的记录应包括：信件、会议记录、业主单位的规定、指示、更换方案的书面记录及特定的现场情况等。

在信息系统工程实施过程中，项目监理机构合同管理人员要认真研究合同条件，关注信息系统工程建设动态，在合同履行出现困难时，积极找寻索赔依据，计算出索赔费用，及时提出合同索赔建议，做好索赔的协调工作。在分包合同履行中，监理机构也应加强合同管理，积极进行合同交底及合同履行的跟踪管理工作，在实施过程中注意正确履行监理的责任，严格控制索赔和反索赔事件的发生。

总之，随着市场经济的不断发展，信息系统工程建设的市场不断规范，信息产业不断发展，质量管理和意识的不断增强，合同管理的水平将不断提高和完善。有效的合同管理能使妨碍双方关系的事件得到很好的解决，这样才能更好地实现信息系统工程建设项目监理工作的目标。

3. 合同的档案管理

合同的档案管理，即合同文件管理，是整个合同管理的基础。所有与合同有关的文件都是重要文字依据，合同管理人员必须及时填写并妥善保存经有关方面签证的文件和单据，并建立合同档案数据库，以免在合同履行中发生纠纷时缺少有关的文字证据。

信息系统工程合同档案包含多方面的文件，概括起来主要有：

（1）业主单位负责提供的实施、开发所需的技术资料、数据及图纸等；

（2）业主单位负责供应的设备、材料及软件到位时间和规格、数量、质量情况的备忘录；

（3）综合布线或网络系统集成中隐蔽工程的检查验收记录；

（4）质量事故（如有的话）鉴定证书及其采取的处理措施记录；

（5）项目中间环节交工的验收文件；

（6）项目进度加快或工期缩短及提前竣工收益分享协议；

（7）与项目质量、结算等有关的资料和数据；

（8）业主单位、承建单位代表和总监理工程师定期会谈的记录，业主单位或总监理工程师的书面指令，业主单位、承建单位双方与监理单位的来往信函，包括与合同有关的各种实施进度报表等。

合同档案的管理对象包括两类合同，即业主单位与监理单位之间签订的监理合同管理，以及业主单位与承建单位签订的承建合同管理。

合同档案的管理方法包括以下内容：

（1）建立监理工作的合同档案管理体系。

合同档案管理体系，就是监理单位从上向下建立起一支专业管理队伍，实行系统的合同管理。作为独立法人的监理单位，其建立的合同档案专门的管理机构是内部管理机构。各项目监理机构也设立专职合同管理人员，在业务上隶属于企业合同档案管理的专门机构。

监理单位在建立合同档案专门管理机构的同时，应制定合同档案管理办法，将合同档案管理系统的职责、权利和分工用内部管理规定的形式确立下来。

合同档案的管理是一个非常细致的工作，在制定合同档案管理实施细则时，需要对合同档案的管理目的、管理范围、管理方式进行规定，进而进一步规定合同档案的管理体制、合同档案的管理机构与人员责任、文件材料的形成和归档方式、合同档案的整理、合同档案的保管、合同档案的鉴定与统计等内容。

（2）制定监理工作的合同档案管理制度。

除了有专门的合同档案管理机构外，监理单位还必须建立一套完善、可行、合理的合同档案管理制度。这些制度包括：

● 合同的审查批准制度。针对监理合同的管理，监理单位在监理合同签订前还应实行审查、批准制度，即在各业务部门会签后，送交合同专门管理机构或法律顾问审查，再报请法人代表签署意见，明确表示同意对外正式签订合同。通过严格的手续，使合同签订的基础更加牢靠。

● 印章管理制度。针对监理合同的管理，监理合同专用章是代表企业在经营活动中对外行使权力、承担义务、签订合同的凭证。因此，企业对合同专用章的使用、保管要有严格的规定，要建立合同专用章使用登记记录，合同专用章要由合同管理人员专门保管、签印，实行专章专用，尤其不准在空白合同上加盖印章。凡外出签订合同，应由合同专用章的管理人员与办理签约的人一同前往签约。如合同专用章管理人员利用合同专用章谋取个人私利，应追究其行政或法律责任。另外，需要监理工程师注意的是，在实践过程中有很多承建合同、监理合同或协议等合同文件，因为没有完全执行合同全过程有效管理，尤其是合同法定代表人或委托代理人未签章或签字、合同签署日期未明确或空白、造成合同履约困难或后续难以认定该合同的有效性等情形，间接造成了该合同被视为"无效合同"。

● 合同的统计考察制度。合同统计考察制度就是利用科学方法、利用统计数字反馈合同订立及履行情况。通过对统计数字的分析，总结经验，找出教训，为企业经营决策提供重要的依据。合同统计的内容一般包括中标率、谈判成功率、合同履行率等指标。

- 合同的信息管理制度。监理工作涉及的合同种类多，数量大，变更频繁，人为管理效率低，可能还会出错，必须借助先进的手段建立计算机信息系统来管理，才能达到档案化、信息化。计算机信息系统能保证正确分析合同管理情况，适应中国经济的发展趋势。

（3）监理工程师必须掌握合同管理的知识。

监理工程师是项目监理的实施者，信息系统工程监理的主要依据在于合同，掌握合同管理的有关知识是顺利开展信息系统工程监理工作必备的素质。

（4）合同档案管理的具体工作。包括以下几个方面：

- 收集、整理、统计、保管监理工作在各项活动中的全部档案，清点库存。
- 按有关规定做好档案留存与销毁的鉴定工作。鉴定工作由监理单位有关负责人、资产清算机构负责人、主要业务部门负责人和档案部门负责人等组成的鉴定小组主持，对档案进行直接鉴定。
- 对拟销毁的档案建立销毁清册，经监理单位负责人和企业资产清算机构负责人审核，由业主单位主管部门批准，方可销毁。销毁档案须二人以上监督销毁，并在销毁清册上签字。销毁清册永久保存。
- 按照档案的去向分别编制移交和寄存档案的目录。

13.2.3 信息系统工程合同管理的原则

合同管理的原则是指监理单位在信息系统工程监理过程中针对各类合同的管理须遵循的宗旨，贯穿合同管理的全过程，包括事前预控原则、实时纠偏原则、充分协商原则和公正处理原则。

1. 事前预控原则

事前预控的目的是进行项目风险预测，并采取相应的防范性对策，尽量减少承建单位提出索赔的可能。具体内容包括：

（1）熟悉设计图纸、设计要求、标底，分析合同构成因素，明确项目费用最容易产生投资变化的部分和环节，从而明确投资控制的重点。

（2）预测项目风险及可能发生索赔的诱因，制定防范对策，减少索赔的发生。

（3）按照合同规定的条件，监督业主单位如期提供实施现场，使承建单位能如期开工、正常实施、连续实施，不要违约造成索赔条件。

（4）按合同要求，监督业主单位如期、如质、如量地供应由业主单位负责的材料、设备到现场，不要违约造成索赔条件。

（5）按合同要求，监督业主单位及时提供设计图纸等技术资料，不要违约造成索赔条件。

2. 实时纠偏原则

实时纠偏是指监理单位在实施过程中，应及时纠正、发现承建单位的错误和不当的做法及一些违反信息系统工程合同约定的行为。例如，项目进度慢、产品有质量缺陷等问题，实时向相关方提出意见和建议，必要时可向业主单位提出。

3. 充分协商原则

在合同管理过程中，如果合同双方因合同的履行发生争议，例如项目变更、延期的提出，合同一方提出索赔要求等，监理工程师应认真研究分析报告，充分听取业主单位和承建单位的意见，主动与双方协商，力求取得一致同意的结果。这样做不仅能圆满处理好双方争端，也有利于顺利履行和完成合同。当然，在协商不成的情况下监理工程师有权做出监理决定。

4. 公正处理原则

监理工程师在进行合同管理时，应恪守职业道德，本着客观、公正的态度，以事实为依据，以合同为准绳，做出公正的决定。例如，在索赔过程中，合理的索赔应予以批准，不合理的索赔应予以驳回。

合同管理的这几项原则，贯穿合同管理的整个过程。当然，在实际监理工作中可能还会遇到更多更复杂的问题，每个监理人员都应本着实事求是的态度，遵循合同管理的几项基本原则，做好监理工作。

13.3 合同索赔的处理

索赔是指在合同履行过程中，对于并非自己的过错，而是应由对方或双方承担责任的情况造成的实际损失向对方提出经济补偿和（或）时间补偿的要求。索赔的依据关系到索赔的成败，证据不足、依据不够或没有证据，则索赔不成立，亦不会成功。索赔应通过索赔方向对方发起索赔处理程序来进行，信息系统工程建设项目中，索赔处理程序通常是指承建单位向业主单位提出索赔意向，调查干扰事件，寻找索赔理由和证据，计算索赔值，起草索赔报告，通过谈判、调解或仲裁，最终解决索赔争议。

监理工程师可以通过工程款审批、工期变更来控制投资，预防并处理好费用索赔，努力使实际发生的费用不超过计划投资，还可以从组织、经济、技术、合同等多方面采取措施来控制投资。监理工程师在处理索赔时，应根据索赔依据的基本要求，协助索赔方搜集和整理索赔依据，并发起索赔处理程序。

13.3.1 索赔概述

索赔是指在合同履行过程中，对于并非自己的过错，而是应由对方或双方承担责任的情况造成的实际损失向对方提出经济补偿和（或）时间补偿的要求。由于实施现场地质条件、气候条件等环境条件变化，实施进度、物价的变化，以及合同条款、规范、标准文件和实施图纸的变更、差异、延误等因素的影响，使得工程承包中不可避免地出现索赔，它是工程实施过程中的正常现象。在实际工作中，索赔是双向的，业主单位和承建单位都可能提出索赔要求。如果业主单位索赔数量较小，相对处理方便，可以通过冲账、扣拨项目款、扣保证金等实现对承建单位的索赔；而承建单位对业主单位的索赔则比较困难。通常情况下，索赔是指承建单位在合同实施过程中，对非自身原因造成的项目延期、费用增加而要求业主单位给予补偿损失的一种权利要求。而业主单位对于属于承建单位应承担责任的，且实际发生了的损失，向承建单位要求赔偿，称为反索赔。

索赔的性质属于经济补偿行为，而不是惩罚，索赔属于正确履行合同的正当权利要求。索赔方所受到的损害，与索赔方的行为并不一定存在法律上的因果关系。导致索赔事件的发生，可能是一定行为造成的，也可能是不可抗力事件引起的，可能是对方当事人的行为导致的，也可能是任何第三方行为所导致的。索赔在一般情况下都可以通过协商方式友好解决，若双方无法达成妥协时，争议可通过仲裁解决。

1. 索赔

虽然项目索赔并不是发生在每个信息系统工程中，但项目索赔具有以下特征。

1）索赔是合同管理的重要环节

索赔和合同管理有直接的联系，合同是索赔的依据。整个索赔处理的过程就是执行合同的过程，从项目开工后，合同人员就必须将每日的实施合同的情况与原合同分析对比，若出现索赔事件，就应当研究是否提出索赔。索赔的依据在于日常合同管理的证据，想索赔就必须加强合同管理。

2）索赔有利于业主单位、承建单位双方自身素质和管理水平的提高

项目建设索赔直接关系到业主单位和承建单位的双方利益，索赔和处理索赔的过程实质上是双方管理水平的综合体现。作为业主单位，为使项目顺利进行，如期完成，早日投产取得收益，就必须加强自身管理，做好资金、技术等各项有关工作，保证项目中各项问题及时解决；作为承建单位，要实现合同目标，取得索赔，争取自己应得的利益，就必须加强各项基础管理工作，对项目的质量、进度、变更等进行更严格、更细致的管理，进而推动行业管理的加强与提高。

3）索赔是合同双方利益的体现

从某种意义上讲，索赔是一种风险费用的转移或再分配，如果承建单位利用索赔的方法使自己的损失得到尽可能的补偿，就会降低项目报价中的风险费用，从而使业主单位得到相对较低的报价，当项目实施中发生这种费用时可以按实际支出给予补偿，也使项目造价更趋于合理。作为承建单位，要取得索赔，保证自己应得的利益，就必须做到自己不违约，全力保证项目质量和进度，实现合同目标。同样，作为业主单位，也可以通过索赔的处理和解决，来保证自己的合法权益。

4）索赔是挽回成本损失的重要手段

在合同实施过程中，由于项目的主客观条件发生了与原合同不一致的情况，使承建单位的实际项目成本增加，承建单位为了挽回损失，通过索赔加以解决。显然，索赔是以赔偿实际损失为原则的，承建单位必须准确地提供整个项目成本的分析和管理，以便确定挽回损失的数量。

2. 反索赔

反索赔是指业主单位向承建单位提出的索赔。业主单位向承建单位索赔的主要途径包括：

一是减少或防止可能产生的索赔；二是反索赔，对抗（平衡）承建单位的索赔要求。业主单位向承建单位提出索赔的情况包括以下几种。

1）工期延误反索赔

工期延误反索赔指工期延误属于承建单位的责任时，业主单位对承建单位进行索赔，即由承建单位支付延期竣工违约金。业主单位在确定违约金的费率时，一般要考虑以下因素：业主单位盈利损失；项目拖期带来的附加监理费；由于本项目拖期竣工不能使用造成的损失。违约金的计算方法在每个合同文件中均有具体规定，一般按每延误一天赔偿一定的款额计算，累计赔偿额一般不超过原合同总额的 10%。

2）实施缺陷索赔

实施缺陷索赔指承建单位的实施质量不符合实施技术规程的要求，或使用的设备和材料不符合合同规定，或在保修期未满以前未完成应该负责补修的项目时，业主单位有权向承建单位追究责任。如果承建单位未在规定的期限内完成修补工作，业主单位有权雇佣他人来完成工作，发生的费用由承建单位承担。

3）对指定分包人的付款索赔

对指定分包人的付款索赔指项目承建单位未能提供已向指定分包人付款的合理证明时，业主单位可以直接按照监理工程师的证明书，将承建单位未付给指定分包人的所有款项（扣除保留金）付给这个分包人，并从应付给承建单位的任何款项中如数扣回。

4）业主单位合理终止合同或承建单位不正当放弃项目的索赔

如果业主单位合理地终止承建单位的承建，或者承建单位不合理地放弃项目，则业主单位有权从承建单位手中收回由新的承建单位完成全部项目所需的项目款与原合同未付部分的差额。

13.3.2　索赔的依据

费用索赔的依据关系到索赔的成败，证据不足、依据不够或没有证据，索赔是不成立的。索赔依据的基本要求是：真实性，全面性，法律证明效力，及时性。

监理单位处理费用索赔应依据下列内容：

（1）国家有关的法律、法规和信息系统工程建设项目所在地的地方性法规，如民法典等。

（2）国家、部门和地方有关信息系统工程的标准、规范和文件。

（3）本项目的实施合同文件，包括招投标文件、合同文本及附件等。

（4）实施合同履行过程中与索赔事件有关的凭证，包括来往文件、签证及更改通知；各种会谈纪要；实施进度计划和实际实施进度表；实施现场项目文档；产品采购等。

（5）其他相关文件，包括市场行情记录、各种会计核算资料等。

13.3.3　索赔的处理

索赔处理程序是指承建单位向业主单位提出索赔意向，调查干扰事件，寻找索赔理由和证据，计算索赔值，起草索赔报告，通过谈判、调解或仲裁，最终解决索赔争议。业主单位未能按合同约定履行自己的各项义务，或发生错误以及应由业主单位承担的其他情况，造成工期延误和（或）承建单位不能及时得到合同价款及承建单位的其他经济损失，承建单位可按一定的程序以书面形式向业主单位索赔。无论索赔还是反索赔，均遵循下述索赔处理程序。

监理机构处理索赔的主要依据包括法律法规、勘察设计文件、承建项目合同文件、项目建设标准、索赔事件证据等。监理机构应协调业主单位和承建单位对索赔的意见达成一致。

1. 索赔处理程序

索赔处理程序具体如下：

（1）申请方应在合同规定的期限内向监理机构提交索赔申请；

（2）总监理工程师指定监理人员收集与索赔有关的资料；

（3）总监理工程师进行索赔审查，与承建单位和业主单位协商索赔费用；

（4）总监理工程师应在承建合同规定的期限内签发索赔审批意见，或在承建合同规定的期限内发出要求申请方提交详细资料的监理意见；

（5）当申请方的索赔要求与项目延期要求相关联时，总监理工程师应综合考虑费用索赔和项目延期的关系，提出费用索赔和项目延期的建议。

2. 索赔报告的编写

1）索赔报告的内容

索赔报告的具体内容随索赔事件的性质和特点的不同而有所不同。但从报告的必要内容与文字结构方面而论，一个完整的索赔报告应包括以下四个部分：

（1）总论部分。一般包括以下内容：

- 序言；
- 索赔事项概述；
- 具体索赔要求；
- 索赔报告编写及审核人员名单。

文中首先应概要地论述索赔事件的发生日期与过程，承建单位为该索赔事件所付出的努力和附加开支，承建单位的具体索赔要求。在总论部分，附上索赔报告编写组主要人员及审核人员的名单，注明有关人员的职称、职务及实施经验，以表示该索赔报告的严肃性和权威性。总论部分的阐述要简明扼要，说明问题。

（2）根据部分。主要是说明自己具有的索赔权利，这是索赔能否成立的关键。根据部分的内容主要来自该项目的合同文件，并参照有关法律规定。该部分中承建单位应引用合同中的具体条款，说明自己理应获得经济补偿或工期延长。

根据部分的篇幅可能很大，其具体内容随各个索赔事件的特点而不同。一般来说，根据部分应包括以下内容：

- 索赔事件的发生情况；
- 已递交索赔意向书的情况；
- 索赔事件的处理过程；
- 索赔要求的合同根据；

● 所附的证据资料。

在写法结构上，按照索赔事件发生、发展、处理和最终解决的过程编写，并明确全文引用有关的合同条款，使业主单位和监理单位能够历史地、逻辑地了解索赔事件的始末，并充分认识该项索赔的合理性和合法性。

（3）计算部分。索赔计算的目的，是以具体的计算方法和计算过程，说明自己应得经济补偿的款额或延长时间。如果说根据部分的任务是解决索赔能否成立，那么计算部分的任务就是决定应得到多少索赔款额和工期。前者是定性的，后者是定量的。

在款额计算部分，承建单位必须阐明下列问题：

● 索赔款的要求总额；

● 各项索赔款的计算，如额外开支的人工费、产品费、管理费和所失利润；

● 指明各项开支的计算依据及证据资料。

承建单位应注意采用合适的计价方法。至于采用哪一种计价法，应根据索赔事件的特点及自己所掌握的证据资料等因素来确定。其次，应注意每项开支款的合理性，并指出相应的证据资料的名称及编号。切忌采用笼统的计价方法和不实的开支款额。

（4）证据部分。证据部分包括该索赔事件所涉及的一切证据资料，以及对这些证据的说明，证据是索赔报告的重要组成部分，没有翔实可靠的证据，索赔是不能成功的。

索赔证据资料的范围很广，它可能包括项目实施过程中所涉及的有关政治、经济、技术、财务资料，具体可进行如下分类：

● 政治、经济资料。包括重大新闻报道记录，如地震以及其他重大灾害等；重要经济政策文件，如税收决定、海关规定、工资调整等；政府官员和项目主管部门领导视察时的讲话记录等。

● 实施现场记录报表及来往函件。包括监理工程师的指令，与业主单位或监理工程师的来往函件和电话记录，现场实施日志，每日出勤的人员和产品报表，完工验收记录，实施事故详细记录，实施会议记录，实施材料使用记录，实施质量检查记录，实施进度实况记录，实施图纸收发记录，索赔事件的详细记录，实施效率降低的记录等。

● 项目财务报表。包括实施进度月报表及收款记录，索赔款月报表及收款记录，产品、设备及配件采购单，付款收据，收款单据，项目款及索赔款迟付记录，迟付款利息报表，向分包商付款记录，会计日报表，会计总账，财务报告，会计来往信件及文件等。

在引用证据时，要注意该证据的效力或可信程度，对重要的证据资料最好附以文字证明或确认件。例如，对一个重要的电话内容，仅附上自己的记录是不够的，最好附上经过双方签字确认的电话记录；或附上发给对方要求确认该电话记录的函件，即使对方未给复函，亦可说明责任在对方，因为对方未复函确认或修改，按惯例应理解为他已默认。

2）索赔报告编写的一般要求

索赔报告是具有法律效力的正规的书面文件。对重大项目的索赔，最好在律师或索赔专家的指导下进行。编写索赔报告一般有以下要求：

（1）索赔事件应该真实。索赔报告中所提出的干扰事件，必须有可靠的证据来证明。对索赔事件的叙述必须明确、肯定，不包含任何估计的猜测。

（2）责任分析应清楚、准确、有根据。索赔报告应仔细分析事件的责任，明确指出索赔所依据的合同条款或法律条文，且说明承建单位的索赔是完全按照合同规定程序进行的。

（3）充分论证事件造成承建单位的实际损失。索赔的原则是赔偿由事件引起的承建单位所遭受的实际损失，所以索赔报告中应强调由于事件影响，使承建单位在实施过程中所受到干扰的严重程度，以致工期拖延，费用增加，并充分论证事件影响与实际损失之间的直接因果关系，报告中还应说明承建单位为了减轻事件影响和损失已尽了最大的努力，采取了所能采用的措施。

（4）索赔计算必须合理、正确。要采用合理的计算方法及数据，正确地计算出应取得的经济补偿款额或工期延长。计算中应力求避免漏项或重复，不出现计算上的错误。

（5）文字要精练、条理要清楚、语气要中肯。索赔报告必须简洁明了、条理清楚、结论明确、有逻辑性。索赔证据和索赔值的计算应详细、清晰，没有差错又不显烦琐。语气措辞应中肯，在论述事件的责任及索赔根据时，所用词语要肯定，忌用"大概""一定程度""可能"等词汇；在提出索赔要求时，语气要恳切，忌用强硬或命令式的口气。

3）索赔报告的审查

索赔报告的审查具体包括以下内容：

（1）监理工程师审核承建单位的索赔申请。接到承建单位的索赔意向通知后，监理工程师应建立自己的索赔档案，密切关注事件的影响，检查承建单位的同期记录，随时就记录内容提出自己的不同意见或希望应予以增加的记录项目。监理工程师审查与评估的关注点包括：费用索赔申请报告的程序、时限符合合同要求；费用索赔申请报告的格式和内容符合规定；费用索赔申请的资料必须真实、齐全、手续完备；申请索赔的合同依据、理由必须正确、充分；索赔金额的计算原则与方法必须合理、合法。

（2）在接到正式索赔报告后，认真研究承建单位报送的索赔资料。首先在不确定责任归属的情况下，客观分析事件发生的原因，重温合同的有关条款，研究承建单位的索赔证据，并查阅相应的同期记录。通过对事件的分析，监理工程师再依据合同条款划清责任界限，如有必要，还可以要求承建单位进一步提供补充资料。尤其是对承建单位与业主单位或监理单位都负有一定责任的事件，更应划出各方应承担合同责任的比例。最后再审查承建单位提出的索赔补偿要求，剔除其中的不合理部分，拟定自己计算的合理的索赔款额和工期延长天数。

（3）需要明确索赔成立条件，依据合同内涉及索赔原因的各条款内容，归纳出监理工程师判定承建单位索赔成立的条件。具体条件为：与合同相对照，事件已造成了承建单位成本的额外支出，或直接工期损失；造成费用增加或工期损失的原因，按合同约定不属于承建单位应承担的行为责任或风险责任；承建单位按合同规定的程序，提交了索赔意向通知和索赔报告。这三个条件没有先后主次之分，应当同时具备。只有监理工程师认定索赔成立后，才按一定程序处理。

（4）当承建单位的费用索赔要求与项目延期要求相关联时，总监理工程师在做出费用索赔的批准决定时，应与项目延期的批准联系起来，综合做出费用索赔和项目延期的决定。由于承建单位的原因造成业主单位的额外损失，业主单位向承建单位提出费用反索赔时，总监理工程师在审查索赔报告后，应公正地与业主单位和承建单位进行协商，并及时做出答复。

3. 索赔事件处理的原则

1）预防为主的原则

任何索赔事件的出现，都会造成项目拖期或成本加大，增加履行合同的困难，对于业主单位和承建单位双方来说都是不利的。因此，监理工程师应努力从预防索赔发生着手，洞察项目实施中可能导致索赔的起因，防止或减少索赔事件的出现。

2）必须以合同为依据

遇到索赔事件时，监理工程师必须以完全独立的裁判人的身份，站在客观公正的立场上审查索赔要求的正当性。必须对合同条件、协议条款等有详细了解，以合同为依据来公平处理合同双方的利益纠纷。

3）公平合理原则

监理工程师处理索赔时，应恪守职业道德，以事实为依据，以合同为准绳，做出公正的决定。合理的索赔应予以批准，不合理的索赔应予以驳回。

4）协商原则

监理工程师在处理索赔时，应认真研究索赔报告，充分听取业主单位和承建单位的意见，主动与双方协商，力求取得一致同意的结果。这样做不仅能圆满处理好索赔事件，也有利于顺利履行和完成合同。当然，在协商不成的情况下，监理工程师有权做出合理决定。

5）授权原则

监理工程师处理索赔事件，必须在合同规定、业主单位授权的权限之内，当索赔金额或延长工期时间超出授权范围时，监理工程师应向业主单位报告，在取得新的授权后才能做出决定。

6）必须注意资料的积累

积累一切可能涉及索赔论证的资料，同承建单位、业主单位进行的研究技术问题、进度问题和其他重大问题的会议应当做好文字记录，并争取会议参加者签字，作为正式文档资料。同时还应建立业务往来的文件编号档案等业务记录制度，做到处理索赔时以事实和数据为依据。

7）及时、合理地处理索赔

索赔发生后必须依据合同的准则及时对单项索赔进行处理。一般情况下，不宜采用所谓"一揽子索赔"的处理方式。

13.4　合同争议的处理

合同争议可以通过调解、向约定的仲裁委员会申请仲裁、向有管辖权的人民法院提起诉讼等方式解决。监理工程师在合同签订时，应协助审核合同条款是否清晰明确表达，避免出现语义不清的条款。在合同的履行中应注意厘清双方的分工界面，即各自的权利和义务，并监督双方落实，尽可能降低争议发生的可能性。当争议发生时，应积极配合争议双方，通过协商或合同中约定的方式来解决争议。

13.4.1　合同争议概述

1. 合同争议的概念

所谓合同争议，是指合同当事人对于自己与他人之间的权利行使、义务履行与利益分配有不同的观点、意见、请求的法律事实。具体地说，合同争议是指合同的当事人双方在签订、履行和终止合同的过程中，对所订立的合同是否成立、生效、合同成立的时间、合同内容的解释、合同的履行、合同责任的承担以及合同的变更、解除、转让等有关事项产生的纠纷。尽管合同是在双方当事人意思表示一致的基础上订立的，但由于当事人所处地位不同，从不同的立场出发，对某些问题的认识往往会得出相互冲突的结论，因此，发生合同争议在所难免。

合同关系的实质是通过设定当事人的权利义务在合同当事人之间进行资源配置。而在法律设定的权利框架中，权利与义务是互相对称的。一方的权利即是另一方的义务，反之亦然。一旦义务人怠于或拒绝履行自己应尽的义务，则其与权利人之间的法律纠纷势必在所难免。在某些情况下，合同法律关系当事人都无意违反法律或者合同的约定，但由于他们对于引发相互间法律关系的法律事实有着不同的看法和理解，也容易产生合同争议。在某些情况下，由于合同立法中法律漏洞的存在，也会导致当事人对于合同法律关系和合同法律事实的解释互不一致。

总之，有合同活动，就伴随着合同争议。丝毫不产生合同争议的市场经济社会是不存在的。

2. 合同争议的特点

合同争议发生于合同的订立、履行、变更、解释，以及合同权利的行使过程中。如果某一争议虽然与合同有关系，但不是发生于上述过程中，就不构成合同争议。

合同争议的主体双方须是合同法律关系的主体。此类主体既包括自然人，也包括法人和其他组织。

合同争议的内容主要表现在争议主体对于导致合同法律关系产生、变更与消灭的法律事实以及法律关系的内容有着不同的观点与看法。

13.4.2　合同争议的起因

1. 业主单位违约引起的合同争议

当业主单位违约导致合同最终解除时，监理单位应就承建单位按实施合同规定应得到的款项，与业主单位和承建单位进行协商，并应按合同的规定从下列应得的款项中确定承建单位应得到的全部款项，并书面通知业主单位和承建单位：

（1）承建单位已完成的项目工作量表中所列的各项工作所应得的款项；

（2）按批准的采购计划订购项目材料、设备、产品的款项；

（3）承建单位所有人员的合理费用；

（4）合理的利润补偿；

（5）合同规定的业主单位应支付的违约金。

2. 承建单位违约引起的合同争议

由于承建单位违约导致合同终止后，监理单位应按下列程序清理承建单位的应得款项或应偿还业主单位的相关款项，并书面通知业主单位和承建单位：

（1）合同终止时，清理承建单位已按合同规定实际完成的工作所应得的款项和已经得到支付的款项；

（2）统计实施现场遗留的可再利用的产品材料、设备的价值（对硬件、网络而言）；

（3）对已完成项目进行检查和验收、移交项目资料、该部分项目的清理、质量缺陷修复等所需的费用；

（4）合同规定的承建单位应支付的违约金；

（5）总监理工程师按照合同的规定，在与业主单位和承建单位协商后，书面提交承建单位应得款项或偿还业主单位款项的证明；

（6）由于不可抗力或非业主单位、承建单位原因导致合同终止时，项目监理单位应按合同规定处理合同解除后的有关事宜。

13.4.3 合同争议的调解

1. 合同争议调解程序

按照合同要求，无论是承建单位还是业主单位，都应以书面形式向监理单位提出争议事宜，并呈一份副本给对方。监理单位接到合同争议调解要求后应进行以下工作：

（1）及时了解合同争议的全部情况，包括进行调查和取证。

（2）及时与合同争议的双方进行磋商。

（3）在项目监理单位提出调解方案后，由总监理工程师进行争议调解。

（4）当调解未能达成一致时，总监理工程师应在实施合同规定的期限内提出处理该合同争议的意见，同时对争议做出监理决定，并将监理决定书面通知业主单位和承建单位。

（5）争议事宜处理完毕，只要合同未被放弃或终止，监理工程师应要求承建单位继续精心组织实施。当调解不成时，双方可以在合同专用条款内约定以下某一种方式解决争议：

● 根据合同约定向约定的仲裁委员会申请仲裁；

● 向有管辖权的人民法院起诉。

发生争议后，除非出现下列情况，双方都应继续履行合同，保证实施连接，保护好已完成的项目现状：单方违约导致合同确已无法履行，双方协议停止实施；调解要求停止实施，且为双方接受；仲裁机构要求停止实施；法院要求停止实施。

2. 合同争议的处理和解决

无论是在实施过程中还是在项目竣工之后、在否定或终止本合同之前还是之后，如果业主单位和承建单位之间存在关于合同或起因于合同，或因项目实施发生的任何争议，包括对工程师的任何意见、指令、证书或估价方面的任何争议、争议中的问题，首先应该以书面形式提交工程师，并将一份副本提交另一方，并应说明此提交件是根据相关规定做出的。监理工程师在接到该提交件后在规定的时间之内将自己的裁定通知业主单位和承建单位。此裁定也应说明是根据相关法律规定做出的。

除非本合同已否定或终止，承建单位无论在何种情况下都应继续完成项目。在根据规定以友好方式解决或以仲裁裁决方式解决争议之前，承建单位和业主单位应执行监理工程师的裁定。如果业主单位或承建单位不满意监理工程师的裁定，或监理工程师在接到提交件规定时间内没有通知自己的裁定，则业主单位或承建单位任何一方都可以在接到上述裁定的通知后，在规定时间内或在此之前，或视情况而定，在诉讼时间期满后的规定时间内或在此之前，通知另一方，给监理工程师一份副本供其参考，说明自己要根据规定对争议中的问题开始仲裁的意向。该通知确立提出仲裁的一方按规定对争议中的问题开始仲裁的意向和权利。

在总监理工程师签发合同争议处理意见后，业主单位或承建单位在合同规定的期限内未对合同争议处理决定提出异议，在符合实施合同的前提下，此意见应成为最后的决定，双方应执行。

在合同争议的仲裁或诉讼过程中，监理单位在接到仲裁机关或法院要求提供有关证据的通知后，应公正地向仲裁机关或法院提供与争议有关的证据。

无论是通过仲裁还是诉讼途径，任何一种争议解决方法都将对合同争议双方产生法律效力。当发生合同争议时，双方可以协商解决，或是通过合同中约定的方式来解决争议。

13.5　合同违约的管理

在信息系统工程监理工作中，监理单位不仅需要对承建单位违约进行管理，也需要对业主单位违约以及其他因素违约进行管理。

13.5.1　合同违约概述

合同违约是指合同一方或双方由于自身、第三方或者不可抗力等因素违反合同中约定的义务、法律直接规定的义务及法律原则和精神所要求的义务。一方合同违约往往会给对方造成损失，甚至使合同目的不能实现。因此，合同的违约方要承担违约责任。

民法典对于合同违约责任有较为详细的规定，其中包括：

第五百七十七条　当事人一方不履行合同义务或者履行合同义务不符合约定的，应当承担继续履行、采取补救措施或者赔偿损失等违约责任。

第五百七十八条　当事人一方明确表示或者以自己的行为表明不履行合同义务的，对方可以在履行期限届满前请求其承担违约责任。

第五百九十条　当事人一方因不可抗力不能履行合同的，根据不可抗力的影响，部分或者全部免除责任，但是法律另有规定的除外。因不可抗力不能履行合同的，应当及时通知对方，以减轻可能给对方造成的损失，并应当在合理期限内提供证明。当事人延迟履行后发生不可抗力的，不免除其违约责任。

信息系统工程中的合同违约通常是指信息系统工程合同当事人一方或双方不履行或不适当履行合同义务，应承担因此给对方造成经济损失的赔偿责任。在此，主要是指业主单位的违约和承建单位的违约及其他不可抗力的违约。

监理单位在处理双方违约过程中，应当本着公正、公平与合理的原则，积极协助、配合双方解决违约纠纷。具体工作思路如下：

（1）在监理过程中发现违约事件可能发生时，应及时提醒有关方面，防止或减少违约事件的发生；

（2）受损失方可向项目监理单位提出违约事件的申诉，监理工程师对违约事件进行调查、分析，提出处理方案；

（3）对已发生的违约事件，要以事实为根据，以合同约定为准绳，公平处理；

（4）在与双方协商一致的基础上，评估工期及费用损失的数量，由总监理工程师签发必要的凭证（例如监理通知）；

（5）处理违约事件应在认真听取各方意见、在与双方充分协商的基础上确定解决方案；

（6）由违约一方提出要全部或部分终止合同要求时，监理单位应慎重处理。

13.5.2　对业主单位违约的管理

业主单位违约是指业主单位不履行或不完全履行合同约定的义务，无故不按时支付项目预付款、项目款等情况，致使承建单位的实施（可能包括设计单位的设计）无法进行或给对方单位带来经济损失的行为。通常，业主单位有下列事实时，监理工程师应确认业主单位违约：业主单位不按时支付项目预付款；业主单位不按合同约定支付项目款，导致实施无法进行；业主单位无正当理由不支付项目竣工结算款；业主单位不履行合同义务或不按合同约定履行义务的其他情况。

当监理工程师收到因业主单位违约而提出的部分或全部终止合同的通知后，应尽快深入进行调查，收集有关资料，澄清事实。在调查了解的基础上，根据合同文件要求，同业主单位和承建单位协商后，办理违约金的支付。

通常，业主单位违约包括以下几种情形。

（1）违反信息系统工程合同设计部分的责任。具体包括：

①未按合同规定的时间提供有关设计的文件、资料及工作条件等，应承担由此造成承建单位设计停工的损失；

②由于改变计划或提供的资料不准确而造成设计返工或增加工作量，应按实际工作量增加设计费用。

（2）违反信息系统工程合同实施部分的责任。具体包括：

①未按合同规定的时间和要求提供实施场地、实施条件、技术资料、设备、资金等，除将项目日期顺延外，还应偿付承建单位因此造成停工、窝工的实际损失；

②项目中途停建、缓建，应采取措施弥补或减少损失；

③验收或拨付项目费超过期限，应偿付逾期违约金。

当业主单位违约导致实施合同最终解除时，监理单位应就承建单位按实施合同规定应得的款项与业主单位和承建单位进行协商，并按实施合同的规定从下列应得的款项中确定承建单位应得到的全部款项，并书面通知业主单位和承建单位，具体包括：

①承建单位已完成的各项工作所应得的款项；

②按合同规定采购并交付的设备、项目材料、软硬件产品的款项，合理的利润补偿；

③实施合同规定的业主单位应支付的违约金。

在处理业主单位的违约过程中，监理单位应积极协助承建单位，与业主单位沟通与配合，公正合理地帮助解决因业主单位违约而给承建单位造成的损失。

13.5.3　对承建单位违约的管理

承建单位的违约是指承建单位未能按照合同规定履行或不完全履行合同约定的义务，出于人为原因使项目质量达不到合同约定的质量标准，或者无视监理工程师的警告，一贯公然忽视合同规定的责任和义务，或者未经监理工程师同意，随意分包项目，或将整个项目分包出去，都视为承建单位的违约。

1. 承建单位的违约责任

承建单位的违约责任具体如下：

（1）承建单位违约导致项目质量不符合规定，业主单位有权要求承建单位限期无偿返工、完善，由此造成逾期交工的，应偿付逾期违约金，具体逾期违约金的支付标准依照该实施合同约定或相关规定执行；

（2）项目未按规定期限全部竣工的，也应偿付逾期违约金。

2. 监理工程师应采取的措施

监理工程师确认承建单位严重违约，业主单位已部分或全部终止合同后，应采取如下措施：

（1）指示承建单位将其为履行合同而签订的任何协议的利益（如软、硬件及各种配套设施的供应服务提供等）转让给业主单位；

（2）认真调查并充分考虑业主单位因此受到的直接和间接的费用影响后，办理并签发部分或全部终止合同的支付证明。

13.5.4　对其他违约的管理

其他违约是指由于不可抗力的自然因素或非业主单位原因导致实施合同终止时（例如相关政策的变化导致合同必须终止等其他因素），监理单位应按实际合同规定处理合同解除后的有关事宜。

不可抗力事件发生后，承建单位应立即通知监理单位，在力所能及的条件下迅速采取措施，尽力减少损失，业主单位应协助承建单位采取措施。例如，不可抗力事件结束后的约定时间（如 48 小时）内，承建单位向监理单位通报受害情况和损失情况，及预计清理和修复的费用。不可抗力事件持续发生，承建单位通常应每隔 7 天向监理单位报告一次受害情况。通常在不可抗力事件结束后 14 天内，承建单位须向监理单位提交清理和修复费用的正式报告及有关资料。

因不可抗力事件导致的费用及延误的工期，除合同另有约定外，通常由双方按以下方法分别承担：

（1）项目本身的损害、因项目损害导致第三方人员伤亡和财产损失以及运至实施场地用于实施的材料和待安装的设备的损害，由业主单位承担；

（2）业主单位、承建单位人员伤亡由其所在单位负责，并承担相应费用；

（3）承建单位设备损坏及停工损失，由承建单位承担；

（4）停工期间，承建单位应监理单位要求留在实施场地的必要的管理人员及保卫人员的费用，由发包人承担；

（5）项目所需清理、修复费用，由业主单位承担；

（6）延误的工期相应顺延。

监理单位应特别注意，因合同一方延迟履行合同后发生不可抗力的，不能免除延迟履行方的相应责任，应承担因此造成的损失。

13.6　知识产权保护

中国知识产权保护制度的筹备、酝酿始于 20 世纪 70 年代末期，是伴随着中国改革开放而起步的。

1982 年出台的《中华人民共和国商标法》（简称"商标法"）是中国内地的第一部知识产权法律，标志着中国的知识产权保护制度开始建立。随着 1984 年《中华人民共和国专利法》、1990 年《中华人民共和国著作权法》的推出，标志着我国知识产权保护制度的初步形成。之后，于 1997 年颁布了《植物新品种保护条例》，于 2001 年颁布了《集成电路布图设计保护条例》和《计算机软件保护条例》，并陆续修订了著作权法（2001 年、2010 年、2021 年）、专利法（1992 年、2000 年、2008 年、2020 年）和商标法（1993 年、2001 年、2013 年、2019 年），四十多年来，我国知识产权制度建设取得了举世瞩目的成绩。

在合同管理中，监理工程师要利用掌握的有关知识梳理合同中相关的知识产权约定，分清有关各方的知识产权，并在合同的执行过程中予以保护管理。在涉及知识产权纠纷时，应该实事求是地提供有关证明、证据。

13.6.1　知识产权的基本概念及分类

知识产权指的是专利权、商标权、版权（也称著作权）、商业秘密专有权等人们对自己创造性的智力劳动成果所享有的民事权利。知识产权法就是保护这类民事权利的法律。这些权利主要是财产权利。知识产权制度是智力成果所有人在一定的期限内依法对其智力成果享有独占权，并受到保护的法律制度。没有权利人的许可，任何人都不得擅自使用其智力成果。

实施知识产权制度可以起到激励创新，保护人们的智力劳动成果，并促进其转化为现实生产力的作用。它是一种推动科技进步、经济发展、文化繁荣的激励和保护机制。

我国规定的知识产权包括作品、专利（发明、实用新型、外观设计）、商标、商业秘密等。民法典第一百二十三条明确规定：民事主体依法享有知识产权。知识产权是权利人依法就下列客体享有的专有的权利：

- 作品；
- 发明、实用新型、外观设计；

- 商标；
- 地理标志；
- 商业秘密；
- 集成电路布图设计；
- 植物新品种；
- 法律规定的其他客体。

其中，作品、专利、商标、商业秘密及集成电路布图设计与信息系统建设工程经常涉及的知识产权息息相关，以下将对这部分的定义和概念分别进行介绍。

1. 作品

《中华人民共和国著作权法》第三条规定，著作权法所称的作品，是指文学、艺术和科学领域内具有独创性并能以一定形式表现的智力成果，包括：

（一）文字作品；

（二）口述作品；

（三）音乐、戏剧、曲艺、舞蹈、杂技艺术作品；

（四）美术、建筑作品；

（五）摄影作品；

（六）视听作品；

（七）工程设计图、产品设计图、地图、示意图等图形作品和模型作品；

（八）计算机软件；

（九）符合作品特征的其他智力成果。

监理人员应对信息系统工程中是否包含上述作品内容，尤其是第（七）项和第（八）项内容进行梳理，并予以保护和管理。尤其要依照信息系统工程建设合同依法行事，确保合同规定的利益方权益得到保护。若涉及工程 / 项目建设实际过程中可能有的（一）、（五）、（六）等也要施以必要的关注，例如实施方案、工作报告、项目现场实施过程记录照片、会议视频材料等。

2. 专利

《中华人民共和国专利法》第二条规定：专利法所称的发明创造是指发明、实用新型和外观设计。专利分为发明专利、实用新型专利和外观设计专利。

发明，是指对产品、方法或者其改进所提出的新的技术方案。

实用新型，是指对产品的形状、构造或者其结合所提出的适于实用的新的技术方案。

外观设计，是指对产品的整体或者局部的形状、图案或者其结合以及色彩与形状、图案的结合所作出的富有美感并适于工业应用的新设计。

3. 商标

《中华人民共和国商标法》有如下规定：

第三条　经商标局核准注册的商标为注册商标，包括商品商标、服务商标和集体商标、证明商标；商标注册人享有商标专用权，受法律保护。

商标法所称集体商标，是指以团体、协会或者其他组织名义注册，供该组织成员在商事活动中使用，以表明使用者在该组织中的成员资格的标志。

商标法所称证明商标，是指由对某种商品或者服务具有监督能力的组织所控制，而由该组织以外的单位或者个人使用于其商品或者服务，用以证明该商品或者服务的原产地、原料、制造方法、质量或者其他特定品质的标志。

集体商标、证明商标注册和管理的特殊事项，由国务院工商行政管理部门规定。

第八条　任何能够将自然人、法人或者其他组织的商品与他人的商品区别开的标志，包括文字、图形、字母、数字、三维标志、颜色组合和声音等，以及上述要素的组合，均可以作为商标申请注册。

第九条　申请注册的商标，应当有显著特征，便于识别，并不得与他人在先取得的合法权利相冲突。

4. 商业秘密

《中华人民共和国反不正当竞争法》规定：商业秘密，是指不为公众所知悉、具有商业价值并经权利人采取相应保密措施的技术信息、经营信息等商业信息。民法典第一百二十三条明确将商业秘密列为知识产权的客体。

5. 集成电路布图设计

《集成电路布图设计保护条例》第二条规定：集成电路布图设计，是指集成电路中至少有一个是有源元件的两个以上元件和部分或者全部互连线路的三维配置，或者为制造集成电路而准备的上述三维配置。

集成电路布图设计实质上是一种图形设计，但它并非工业品外观设计，不能适用专利法保护。同时，它也不是一定思想的表达形式，也不具备艺术性，因而不在作品之列，不能采用著作权法加以保护。因此，需要专门的条例对集成电路布图权利人的相关权利进行保护。2001 年3 月 28 日国务院通过了《集成电路布图设计保护条例》，于 2001 年 10 月 1 日生效。根据《集成电路布图设计保护条例》，特制定《集成电路布图设计保护条例实施细则》，自 2001 年 10 月1 日起施行。

13.6.2　知识产权的保护

知识产权管理和保护涉及各行业，贯穿在创造、利用和保护知识产权的各个环节，与知识产权有关的管理部门很多。专利（发明、实用新型和外观设计）由国家知识产权局专利局管理，商标由国家知识产权局商标局管理，作品（版权）由国家版权局管理，商业秘密由公安部门负责，地理标志由国家知识产权局管理，植物新品种由国家林业和草原局管理等。不同种类的知识产权由各分属职能部门管理。

1. 知识产权保护的范围

信息系统工程中所包含的知识产权多为专利、计算机软件著作权和商业秘密等，下面就信息系统工程中可能包含的知识产权保护范围分别予以介绍。

1）作品

信息系统工程中所涉及的作品主要为计算机软件，计算机软件作品的保护遵循国务院颁发的《计算机软件保护条例》。计算机软件，是指计算机程序及其有关文档。计算机程序，是指为了得到某种结果而可以由计算机等具有信息处理能力的装置执行的代码化指令序列，或者可以被自动转换成代码化指令序列的符号化指令序列或者符号化语句序列。同一计算机程序的源程序和目标程序为同一作品。文档，是指用来描述程序的内容、组成、设计、功能规格、开发情况、测试结果及使用方法的文字资料和图表等，如程序设计说明书、流程图、用户手册等。

2）发明、实用新型和外观设计

发明或者实用新型专利权的保护范围以其权利要求的内容为准，说明书及附图可以用于解释权利要求的内容。

外观设计专利权的保护范围以表示在图片或者照片中的该产品的外观设计为准，简要说明可以用于解释图片或者照片所表示的该产品的外观设计。

3）商标

《中华人民共和国商标法》第五十七条规定，有下列行为之一的，均属侵犯注册商标专用权：

（一）未经商标注册人的许可，在同一种商品上使用与其注册商标相同的商标的；

（二）未经商标注册人的许可，在同一种商品上使用与其注册商标近似的商标，或者在类似商品上使用与其注册商标相同或者近似的商标，容易导致混淆的；

（三）销售侵犯注册商标专用权的商品的；

（四）伪造、擅自制造他人注册商标标识或者销售伪造、擅自制造的注册商标标识的；

（五）未经商标注册人同意，更换其注册商标并将该更换商标的商品又投入市场的；

（六）故意为侵犯他人商标专用权行为提供便利条件，帮助他人实施侵犯商标专用权行为的；

（七）给他人的注册商标专用权造成其他损害的。

4）商业秘密

《中华人民共和国反不正当竞争法》第九条规定，经营者不得实施下列侵犯商业秘密的行为：

（一）以盗窃、贿赂、欺诈、胁迫、电子侵入或者其他不正当手段获取权利人的商业秘密；

（二）披露、使用或者允许他人使用以前项手段获取的权利人的商业秘密；

（三）违反保密义务或者违反权利人有关保守商业秘密的要求，披露、使用或者允许他人使用其所掌握的商业秘密；

（四）教唆、引诱、帮助他人违反保密义务或者违反权利人有关保守商业秘密的要求，获取、披露、使用或者允许他人使用权利人的商业秘密。

经营者以外的其他自然人、法人和非法人组织实施前款所列违法行为的，视为侵犯商业秘密。

第三人明知或应知的涉及商业秘密权利人的员工、前员工或者其他单位、个人，实施本条第一款所列违法行为，仍获取、披露、使用或者允许他人使用该商业秘密的，视为侵犯商业秘密。

5）集成电路布图设计

受保护的布图设计应当具有独创性，即该布图设计是创作者自己的智力劳动成果，并且在其创作时该布图设计在布图设计创作者和集成电路制造者中不是公认的常规设计。

对布图设计的保护，不延及思想、处理过程、操作方法或者数学概念等。

其他诸如地理标志、植物新品种等类型的知识产权，因信息系统工程中较少涉及，不再一一赘述。

2. 知识产权保护的意义

"知识经济"时代的来临表明人类社会的发展已经到了依靠知识和智慧、依靠技术创新产生的经济优势为主导的时代；作为知识和智力成果的科学技术成为推动人类社会发展的首要因素，知识产权制度则是对科学技术成果提供保障和规范的体系。生产力的发展，使得社会发展的源泉从过去的资源、资本占有的多少转到了以技术创新能力为核心的知识产权获得与拥有的多寡上来。当今，技术对经济发展的贡献所占的份额越来越大，技术优势成为主要的生产要素和获得竞争优势的基础。

知识产权保护的经济价值主要体现在对高新技术的占有上，这种智慧创造活动将成为最有价值的财产形式，对这种智慧创造活动的确定是知识产权制度，其价值被界定为知识产权。因此，科学技术对经济的突出贡献必然导致知识产权的凸显。

发达国家在传统生产领域中的竞争力正在逐渐削弱。在今天纷纷利用其积累的技术优势，寻求新的竞争优势。发达国家因其在高新技术的优势而强调知识产权。中国加入了"世界贸易组织"（World Trade Organization，WTO），就要遵守其规则，在 WTO 规则中，知识产权与货物、服务贸易并列，是发达国家为自身利益的考虑，也反映了一种趋势。

随着我国加入 WTO，国内企业已经切切实实参与到开放的、全球市场的竞争中，企业面临的来自各方面的竞争压力会越来越多。现代市场竞争环境的特征决定了企业在技术创新方面的竞争居于首要的地位。作为知识经济的代表，企业对技术创新和研究开发的巨大投入有目共睹，由此对知识产权的重视被提升到了空前的高度。世界知识产权组织（WIPO）1999 年的报告提出：21 世纪，知识产权将以前所未有的地位在社会发展中担任重要的角色。得出这一结论的依据之一，就是技术的创新从根本上改变了以往利用劳动力、资本等获得高额利润的方式，而是通过知识的运用推动技术创新谋求发展，知识产权制度是对这种技术创新的成果的有力保证，在知识产权方面的竞争与争夺便成为今天市场竞争的显著表现。

针对信息系统工程建设和应用本身的特点，知识产权保护的意义还在于新技术，尤其是数字技术与网络带来的新问题上。网络传输中涉及版权产品的无形销售，就必然产生版权保护的新问题。而更值得重视的是，它还必将产生（而且已经产生）在网上的商标及其他商业标识保护、商誉保护、商品化形象保护，乃至商业秘密保护等方面诸多与传统保护有所不同或根本不同的问题。

近年来，我国的知识产权事业得到长足发展。民法典的颁布，为保护知识产权提供了基础性的法律保障。2021 年 9 月，党中央、国务院印发《知识产权强国建设纲要（2021—2035 年）》，对知识产权强国建设作出全面部署。《关于新形势下加快知识产权强国建设的若干意见》《关于强化知识产权保护的意见》《"十四五"国家知识产权保护和运用规划》等一系列重要文件的出台，为知识产权保护工作确定了任务书、绘制了路线图、列出了时间表。标志着我国知识产权事业进入新的发展阶段。

总结起来，知识产权保护的意义有如下三点：

（1）激励创新与发展。知识产权保护为创作者和发明家提供了合理的利益回报，从而鼓励他们进行更多的创新和研究。这对于推动科技进步、文化繁荣和社会经济发展至关重要。

（2）维护竞争秩序。知识产权保护有助于维护市场的正常竞争秩序，防止不正当竞争行为，如侵犯专利、盗版、抄袭等。通过保护创作者和发明家的权益，可以确保在公平竞争环境下，各企业和个人能够充分发挥其潜力。

（3）推动国际交流与合作。知识产权保护是实现全球经济一体化的重要基础。加强知识产权保护有助于促进跨国合作与交流，引入国际先进技术，提高整体产业水平。同时，对外国投资者和企业来说，一个良好的知识产权保护环境也是他们在其他国家投资、开展业务的重要考虑因素。

3. 知识产权保护的方法

1）知识产权管理体制

企业通常是通过建立相应的知识产权管理体制实现对本企业知识产权的保护，知识产权管理体制随企业的管理侧重点不同而不同，有的着眼于服务创新，有的力图防范知识产权法律风险，有的争取知识产权资产的保值增值，总的来说都是为了企业知识产权利益的最大化，从而为企业赢得竞争优势，实现企业的使命。典型的企业知识产权管理体制包括如下几类：

● 集中管理体制。

全公司的知识产权管理部门按照统一的知识产权政策进行运作，最大限度地保护总公司的整体利益，使得企业在开发、制造、买卖产品的活动中能够工作顺畅，主要体现在知识产权的转移、授权、授权的管理方式上。通常是研究开发的费用由总公司预付给子公司，而专利权与授权后的所有事宜全部由总公司知识产权管理部门统筹负责。

● 分散管理体制。

分散管理体制要做到充分授权，其含义是在知识产权本部统一管理下的充分授权。分散管理是针对各研究所和委员会而言，其优点是各事业部及研究所根据产品特性限制专利申请件数，决定知识产权的预算。但取得专利后，如何运用知识产权、处理纠纷、对外谈判、提出异议等事务由知识产权本部统一管理，如日本东芝公司。东芝公司除设有国内知识产权体系外，还设有海外知识产权体系。海外知识产权体系也分两部分：一部分在华盛顿、西海岸设立专利事务所；一部分在欧美子公司内设知识产权委员会，负责制定当地企业知识产权管理规则，定期讨论知识产权问题。知识产权本部则通过各委员会、研究会协调各事业部之间的联系，同时，对各事业部负责知识产权工作的人选有决定权。

● 分门别类进行知识产权管理。

按照技术类别、产品类别管理知识产权。实行按技术类别管理专利，这样可以避免同类技术的重复开发，并通过设立法务部配合各事业部的产品策略对专利进行管理。知识产权法务部集中管理授权后的所有事宜，包括权利的运用、谈判、诉讼等。法务部通过派本部门人员参加公司内各事业部组成的产品法务会，或根据各项问题组成的作业部会议，了解技术、产品的相关情况，使法务体制贯穿产品开发、生产和销售的各个阶段，利用知识产权的法规，提高解决问题的效力。

2）知识产权管理制度

知识产权管理制度涉及范围十分广泛，主要集中在产权的归属、奖励机制、知识产权的运用、知识产权纠纷的处理以及知识产权教育等方面。由于各企业情况不同，在制定管理制度上各有侧重。

13.6.3　知识产权保护的监理

信息系统工程在需求方案、集成方案、选型采购、软件设计等方面涉及较多的知识产权，应该在有关合同中约定知识产权相关事项，并加以管理。知识产权保护的管理应该坚持全过程的管理。知识产权保护的监理工作包括以下几个方面。

1. 树立为业主单位和承建单位维权的意识

在信息系统工程建设项目的实施和应用过程中，监理单位要树立为业主单位和承建单位维权的意识。同时，业主单位、承建单位也要自觉自愿地建立知识产权保护意识，不仅要维护自身的权益，也要维护对方的权益，知识产权保护是信息系统工程建设各方的共同责任与义务。

2. 建议业主单位制定知识产权管理制度

在知识产权保护管理方面，监理要建议业主单位制定知识产权管理制度，让业主单位明白建立知识产权制度的意义所在，具体包括：

（1）适应知识经济发展的要求，对于政府可以提高服务意识，对于企业可以全面提升核心竞争力，确保企业长期竞争优势；

（2）可以防范以及应对同行竞争企业侵害自己的知识产权，避免降低甚至失去自身的竞争优势；

（3）降低潜在的侵犯他人知识产权的法律风险，以免被拖入不必要的诉讼纠纷；

（4）成为企业新的、潜在的利润增长点，通过知识产权交易等策略实现其资本扩张与市场垄断。

业主单位的知识产权管理制度，一般应该从人事管理、档案管理、权利维护、反侵权措施等多方面建立综合的防御、维护、反侵权体系。但是，由于每个业主单位所在的行业、规模等因素都存在差异性，因此，应当结合自己的特点制定一套适合自己需要的知识产权管理制度。

3. 监督承建单位实施知识产权管理制度

监理单位要通过日常的检查和教育，使那些对知识产权保护不够重视的承建单位逐步认识到知识产权保护的意义和重要性。

1）软件著作权保护

侵犯软件著作权是最常见的知识产权侵权行为之一。从法律角度讲，保护软件著作权可以通过以下办法进行：

- 及时进行软件著作权登记。
- 开展软件盗版状况调查，摸清盗版环节的要害部位。
- 请求司法部门介入，对侵权进行行政查处与处罚，也可以选择向法院提起诉讼，追究侵权人的法律责任。

2）专利权、商标和集成电路布图设计保护

对于信息系统工程建设中所研发的新产品或使用的新方法，应建议相关方及时申请专利和商标等进行保护。具体包括：

- 及时对符合条件的需要保护的产品或方法进行专利申请，包括发明、实用新型和外观设计。
- 及时对需要保护的产品的名称进行商标注册。

对于具有独创性的集成电路布图设计，即该布图设计是创作者自己的智力劳动成果，并且在其创作时该布图设计在布图设计创作者和集成电路制造者中不是公认的常规设计，应建议相关方及时进行集成电路布图设计登记，以保护相关权益。

3）商业秘密保护

商业秘密保护可以从以下几个方面入手：

- 制定知识产权保护规章制度，对员工进行相关教育宣传。
- 与员工签订知识产权保护、商业秘密保护协议，约定违约赔偿金。
- 对于公司中即将离职的高级管理人员、财务负责人、高级技术人员或容易接触到商业秘密的其他员工，如市场、销售、项目、产品经理、财税人员、采购等，建议在离职前商讨签订《竞业协议》，以要求该员工在离职后的一定期限内，不得在生产同类产品、经营同类业务或有其他竞争关系的用人单位内任职，也不得自己生产与原单位有竞争关系的同类产品或经营同类业务。
- 需要特别注意的是，为了信息系统工程建设的需要，由业主单位提供给承建单位的资料，例如招标文件、图纸、进度要求等，也可能有与承建单位相关的保密约定，需要提醒承建单位注意遵守。

4）防止侵犯他人知识产权

信息系统工程建设的监理过程中，在建议相关方加强知识产权保护的同时，也要及时提醒其不得侵犯他人的知识产权。典型的侵犯他人知识产权的案例是使用盗版软件，盗版软件从性质上看是对他人智力劳动成果的掠夺，是对知识产权制度的公然破坏。

从经济学的角度看，这种掠夺和破坏违背了市场公平竞争的原则，扰乱了市场经济秩序。要使承建单位认识到，自己不应使用盗版软件进行信息系统工程应用软件的开发，也不应在信息系统工程实施中使用盗版软件。同时也要注意避免侵犯他人专利、商标等知识产权。

4. 实施知识产权保护的监理措施

1）政策措施

2021 年 9 月，党中央、国务院印发《知识产权强国建设纲要（2021—2035 年）》，对知识产权强国建设作出全面部署。其中提到建设激励创新发展的知识产权市场运行机制，完善以企业为主体、市场为导向的高质量创造机制。以质量和价值为标准，改革完善知识产权考核评价机制。引导市场主体发挥专利、商标、版权等多种类型知识产权组合效应，培育一批知识产权竞争力强的世界一流企业。深化实施中小企业知识产权战略推进工程。优化国家科技计划项目的知识产权管理。因此，监理单位应建议业主单位和承建单位响应国家的专利战略，把知识产权管理动态地纳入科技计划实施全过程，并根据计划实施各环节的不同特点分别提出相应要求。

在计划项目指南编制和申请立项过程中，计划管理部门和申请者对国内外知识产权状况应当进行调查分析，作为确定研究开发路线和知识产权工作重点的依据，避免研究开发盲目性和低水平重复。项目申请单位应当在项目建议书中写明项目拟达到的知识产权目标，包括通过研究开发所能获取的知识产权的类型、数量及其获得的阶段。

在项目执行过程中，要做好以下几个方面的工作：

- 指定专人负责项目的知识产权工作。
- 对项目执行中形成的资料、数据的保管和使用，对专利申请、植物新品种登记、软件登记等保护手续的履行等，要做出明确规定，使项目实施各阶段所产生的各种形式的成果能够及时、准确、有效地得到保护。对可能形成专利的科研项目，要建立论文发表登记审查制度，以保证科研成果能够符合专利新颖性审查。
- 要求承建单位处理好项目执行中涉及的其他成果的关系，确保计划项目成果的知识产权权属清晰。例如，须购入技术的，与技术转让方的权利利益关系；与第三方合作或向第三方委托时，与第三方的权利利益关系等。
- 规定项目承建单位随时跟踪该领域的知识产权动态，例如，发生原拟定的技术目标已被申请知识产权保护，应当报请计划管理单位及时向科技行政管理部门报告，重新调整研究开发方案。
- 对参与项目人员应当进行知识产权知识培训，并就项目的知识产权归属、资料数据保管与使用、技术秘密的保密义务等签订协议。计划管理部门将对承建单位的知识产权工作情况进行监督检查。

2）技术措施

根据 GB/T 19668.1《信息技术服务　监理　第 1 部分：总则》的要求，在监理运行周期的各部分，应根据信息系统工程特点，对知识产权进行管理。因此，在项目监理的整个过程中，监理单位应当对业主单位和承建单位有关技术方案、软件源代码及有关技术秘密等涉及知识产权的内容进行检查、监督和保护。具体监理措施包括：

- 保护业主单位的知识产权权益。

监理单位应根据信息系统工程建设项目的性质审查承建单位的资质，要求承建单位遵守知识产权保护的相关法律法规，确保在项目实施过程中采用正版软件，坚决不使用盗版软件。

在工程终验前，监理单位应检查所完成的信息系统中，承建单位是否提供了非正版软件。如提供了非正版软件，监理单位可出具监理意见并跟踪整改。

● 项目文档的知识产权保护控制。

监理单位协助业主单位在承建合同中明确知识产权及其相关资源如何所有或共享，建立严格的项目资料管理制度，从制度上保护项目各方的知识产权。对工程中各方提出保密要求的信息实施保密，加强知识产权的保护。

● 外购软件的知识产权保护控制。

监理单位要在外购软件订单之前，对采购软件的用户数、许可证书数和软件升级年限做好事前检查，维护项目各方的权利。与此同时，监理单位要检查非自主产权软件的使用权合法文件和证明。

● 待开发软件的知识产权保护控制。

监理单位要及时提醒业主单位在承建合同中明确规定知识产权归属，避免产生不必要的知识产权纠纷。

第 14 章　信息管理

　　监理工程师在开展监理工作时要不断地预测或发现问题，不断地进行规划、决策、执行和检查，而做好这些工作离不开相应的信息支持。

　　信息管理是信息系统工程监理工作中的重要监理内容，监理单位通过信息管理，为监理单位在信息系统工程中进行质量控制、进度控制、投资控制、合同管理、文档资料管理和组织协调提供信息支持。

　　监理工程师应熟知信息系统工程中信息管理的概念、信息的分类，参与监理文档的管理，熟练掌握监理文件（日志、周报、月报、专题报告、总结报告等）的内容、作用和填写方法。

14.1　信息系统工程的信息与信息管理

　　在信息系统工程建设过程中，能及时、准确、完善地掌握与信息系统工程有关的大量信息，处理和管理好各类工程建设信息，是信息系统工程建设项目管理的重要工作内容，也是监理单位的重要监理内容。

14.1.1　信息系统工程中的信息

　　信息系统工程中的信息是对各相关方（例如业主单位、承建单位、监理单位和供货厂商、招标公司、分包公司等）参与项目建设、项目管理、项目监理提供决策支持的可靠依据，包括项目建议书、可行性研究报告、设计说明书、运维服务协议，以及实施标准等。

　　信息系统工程中的信息与工程项目的数据及资料等，既相互关联，又有一定的区别。数据是反映客观事物特征的描述，例如文字、数值、语言、图表等，是人们用统计方法经收集而获得的；信息是人们所收集的数据、资料经加工处理后，对特定事物具有一定的现实或潜在的价值，且对人们的决策具有一定支持的载体。表 14-1 展示了数据与信息的区别。

表 14-1　数据与信息的区别

数据	信息
数据是无组织和未经提炼的事实	信息是在有意义的上下文中呈现的经过处理的、有组织的数据
数据是一个单独的单位，其中包含不具有任何特定含义的原材料	信息是一组共同具有逻辑意义的数据
数据不依赖于信息	信息取决于数据
仅靠原始数据不足以做出决策	信息足以做出决策

　　因此，数据与信息的关系是：数据是信息的载体，信息是数据的内涵；只有当数据经加工

处理后，具有确定价值而对决策产生支持时，数据才有可能成为信息。图 14-1 呈现了数据与信息的关系。

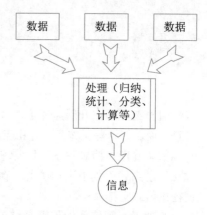

图 14-1　数据与信息的关系

由于信息系统工程建设项目及其技术经济的特点，信息系统工程信息具有如下的特点：

（1）现实性。现实性是信息系统工程信息的最基本性质。如果信息失真，不仅没有任何可利用的价值，反而会造成建设决策失误。

（2）适时性。适时性反映了信息系统工程信息具有突出的时间性的特点。某一信息对某一目标是适用的，但随着项目进程，该信息的价值将逐步降低或完全丧失。因此，信息的适时性是反映信息现实性的关键，对决策的有效性起着重大的影响。

（3）复杂性。现代信息系统工程信息量大，形式多样，相互关系复杂。不同的工程主体在不同的建设阶段所需的信息量和信息的类型也不尽相同。

（4）共用性。某些信息系统工程信息能为多种项目主体所共有、所共用，但对各项目主体的实施行为支持来说，其价值有所不同。

（5）增值性。信息如果经过分析和处理，往往会产生新的信息，使信息得到增值。

14.1.2　信息系统工程信息管理

信息系统工程信息管理是及时向决策者提供相关信息的过程，涵盖了用于创建和使用信息系统工程信息的所有系统和流程。信息管理的目标是在正确的地点和正确的时间将正确的信息传递给正确的主体。

信息系统工程建设项目在实施过程中，参建各方必须了解开发进度、存在的问题和预期目标。每一阶段计划安排的定期报告提供了项目的可见性。定期报告还提醒各参建单位注意对该项目承担的责任以及该单位效率的重要性。开发文档规定若干个检查点和进度表，使参建单位可以评定项目的进度，如果开发文档有遗漏，不完善，或内容陈旧，则管理者将失去跟踪和控制项目的重要依据。

信息系统工程通常被划分成若干个任务，并由不同的单位去完成，信息管理是各任务之间联系的凭证。例如，在软件工程项目中，业主单位组织专家进行项目评估、建立和制定项目目标和要求。承建单位的分析人员阐述系统需求，设计人员为程序员制定总体设计，程序员编制详细的程序代码，测试人员测试系统的功能和性能，质量保证专家和审核人员对整个系统性能和功能的完整性进行评价，负责维护的系统运维人员对各种操作或某些功能进行改进。监理单位对项目各层面的实施情况、质量、进度、成本等进行控制。

这些单位间的信息沟通是通过文档资料的复制、分发和引用等方式而实现的，因而任务之间的联系是文档的一个重要功能。大多数系统开发方法为任务的联系规定了一些正式文档。分析人员向设计人员提供正式需求规格说明文档，设计人员向程序员提供正式设计规格说明文档等。

14.1.3　监理信息管理工作的作用及重要性

1. 监理信息管理工作的作用

监理单位进行信息管理的目的是促使承建单位通过有效的工程建设信息规划及其组织管理活动，使项目相关方能及时、准确地获得有关的工程建设信息，以便为项目建设全过程或各阶段提供决策所需要的可靠信息。另外，通过对信息系统工程建设项目监理过程信息的采集、加工和处理，为监理工程师的决策提供依据，以便对工程的投资、进度、质量进行控制，同时也为确定索赔的内容、金额和反索赔提供确凿的事实依据。因此，信息管理是监理工作的一项重要内容。

承建单位对信息系统工程信息的收集和管理很重要，但在实际工作中，该项工作通常没有引起承建单位乃至业主单位的足够重视。承建单位移交的资料不齐全、内容不翔实是信息系统工程中普遍存在的现象。

2. 监理信息管理工作的重要性

监理信息管理工作的重要性主要体现在以下几个方面。

（1）信息是项目监理不可缺少的资源。

信息系统工程建设项目的建设过程，实际上是人、财、物、技术、设备等资源投入的过程，想要高效、优质、低耗地完成工程建设任务，必须通过信息的收集、加工、处理和应用实现对上述资源的规划和控制。项目监理的主要作用就是通过对信息的掌握来规划及调节上述资源的数量、方向、速度和目标，使上述资源按照一定的规划运动，实现工程建设的投资、进度和质量目标。

（2）信息是监理工程师实施控制的基础。

监督控制是信息系统工程建设项目管理的主要手段。监督控制的主要任务是将计划目标与实际目标进行分析比较，找出差异和产生问题的原因，采取措施排除和预防偏差，保证项目建设目标的实现。

为了有效地控制项目的质量、进度、投资三大目标，监理工程师应当掌握项目建设的质量、进度、投资目标的计划值和实际值。只有掌握了这两方面的信息，监理工程师才能实施控制工作。因此，从控制角度讲，如果没有信息，监理工程师就无法实施正确的监督。

（3）信息是进行项目决策的依据。

信息系统工程建设项目监理决策的正确与否，将直接影响建设总目标的实现，而影响决策正确与否的主要因素之一就是信息。如果没有可靠、正确的信息做依据，监理工程师就不能做出正确的决策。例如，实施阶段支付工程进度款时，监理工程师只有在掌握有关合同规定及实际实施状况等信息后，才能决定是否支付或支付多少等。因此，信息是项目正确决策的依据。

（4）信息是监理工程师协调项目相关方之间关系的纽带。

信息系统工程建设项目涉及众多单位，例如上级主管政府部门、业主单位、监理单位、设计单位、实施单位和设备供应单位等，这些单位都会对项目目标的实现带来一定影响。要使这些单位协调一致，就必须通过信息将他们组织起来，处理好各方面的关系，协调好他们之间的活动，实现建设目标。

总之，信息渗透了信息系统工程监理工作的各个方面，是工程监理活动不可缺少的要素。同其他资源一样，信息是十分重要和宝贵的资源，必须充分地开发和利用。

14.2 信息资料管理方法

本节从信息系统工程信息资料的划分、监理信息资料管理方法和制定文档编制策略三个方面介绍监理在信息管理过程中的通用方法。

14.2.1 信息系统工程信息资料的划分

为了便于管理信息系统工程建设项目的信息，可以将其按照工程建设信息的性质、用途、载体和工程阶段进行分类，便于充分、合理、有效地利用各种工程建设信息，为信息系统工程建设项目管理或工程监理提供可靠的决策支持。

1. 按工程建设信息的性质划分

按照工程建设信息的性质，可将信息资料分为以下两种：

（1）引导信息。

引导信息用于指导人们的正确行为，以便有效地从事工程项目建设中的各种技术经济活动。引导信息包括实施方案、实施组织设计、各种技术经济措施，以及设计变更通知、技术标准和规程等。

（2）辨识信息。

辨识信息可以用于指导人们正确认识工程项目建设中各类事物的性能、特征和效果，例如软件环境、硬件环境、设备等的出厂证明书，技术合格证书，试验检验报告，中间产品和最终产品的检查验收签证等。

对工程项目建设中的某些信息，例如需求分析、技术方案等，既属于引导信息，也属于辨识信息。

2. 按工程建设信息的用途划分

按照工程建设信息的用途，可将信息资料分为以下几种：

（1）投资控制信息。

投资控制信息包括：费用规划信息，例如投资计划、投资估算、工程预算等；实际费用信息，例如各类费用支出凭证、工程变更情况、工程结算签证，以及物价指数、人工、软件环境、硬件设备等的市场价格等；投资控制的分析比较信息，例如费用的历史经验数据、现行数据、预测数据及经济与财务分析的评价数据等。

（2）进度控制信息。

进度控制信息包括：项目进度规划，例如总进度计划、分目标进度计划、各实施阶段的进度计划、单项工程及单位工程实施进度计划、资金及物资供应计划、劳动力及设备的配置计划等；工程实际进度的统计信息，例如项目日志、实际完成工程量、实际完成工作量等；进度控制比较信息，例如工期定额、项目进展等。

（3）质量控制信息。

质量控制信息包括：项目实体质量信息，例如质量检查、测试数据、隐蔽验收记录、质量事故处理报告，以及材料、设备质量证明及技术验证单等；信息系统工程建设项目的功能及使用价值信息，例如有关标准和规范，质量目标指标，设计文件、资料、说明等；信息系统工程建设项目的工作质量信息，例如质量体系文件，质量管理工作制度，质量管理的考核制度，质量管理工作的组织制度等。

（4）合同管理信息。

合同管理信息包括：合同管理法规，例如招标投标法、民法典等；信息系统工程合同文本，例如设计合同、实施合同、采购合同等；合同实施信息，例如合同执行情况、合同变更、签证记录、工程索赔等。

（5）组织协调信息。

组织协调信息包括：工程质量调整及信息系统工程建设项目调整的指令；工程建设合同变更及其协议书；政府及主管部门对工程项目建设过程中的指令、审批文件；与信息系统工程有关的法规及技术标准。

（6）其他用途的信息。

其他用途的信息是除上述五类用途的信息外，对信息系统工程建设项目决策提供辅助支持的某些其他信息，例如工程中的往来函件等。

3. 按工程建设信息的载体划分

按照工程建设信息的载体，可将信息资料分为以下几种：

（1）文字信息；

（2）语言信息；

（3）符号及图表信息；

（4）视频信息等。

4. 按工程阶段划分

按照工程阶段，可将信息资料分为以下几种：

（1）招标及准备阶段的信息，例如投资前期的决策信息、招标投标信息等；

（2）设计阶段的信息；

（3）实施阶段的信息；

（4）验收阶段的信息；

（5）运行维护阶段的信息等。

14.2.2　监理信息资料管理方法

监理信息资料包含文件、档案、往来信息等原始的纸质或电子的材料。监理文档是监理工作信息的重要载体，也是监理单位的工作成果之一，对监理单位和业主单位都有重要作用。

1. 文档管理的作用

项目的文档管理既是业主单位的需要，也是监理单位自身的需要。

首先，对文档进行有效管理是业主单位的要求。业主单位在将工程监理的任务委托给监理单位以后，并不是不管不问了，他还需要时时关注工程的实施情况，而能够使其对工程进展情况了解得比较清楚的媒介之一就是监理文档。

其次，高效的文档管理也是监理单位自身的需要。原因主要包括：一是为了成功对工程进行监理，必须有一套严谨的文档分类管理办法，这样工程的详细情况才可能被监理机构准确掌握，从而为业主单位所准确掌握；二是监理单位需要对监理人员的工作情况进行考核，以决定人员的报酬和对职位进行奖惩升降，而这些最主要的依据就是监理文档；三是监理文档是监理工作经验最好的总结，是监理工作最好的培训资料，从培养人员的角度上来说，一套完善的文档管理制度非常必要。

项目文档管理工作应由监理单位承担，应选配素质高、责任心强的监理人员进行文档管理，负责做好以下各方面文档的收集、整理、立卷、保管工作。文档管理由监理单位负责，承建单位也必须保存与之相关的文档副本。送档的资料应做到格式规范、内容完备、条理清楚，手写的应用碳素墨水工整书写；所有资料必须分期、分区、分类（同行业信息、素材、样盘、合同、协议等）管理，时刻保证资料与实际情况的统一；负责文档管理人员必须遵守保密原则，确保各方信息不流失；做好监理日记及工程大事记；做好合同批复等各类往来文件的批复与存档；做好项目协调会、技术专题会的会议记录；管理好项目期间的各类技术文档；提交竣工文档清单，并且检查文档的合格性。

2. 文档管理的注意事项

文档管理的注意事项具体包括：

（1）文档的格式应该统一。最好能够结合监理单位自身的管理信息系统和监理工程项目管理系统或规定，统一定义文档格式，这样做的好处是便于进行管理。

（2）文档版本的管理。新的版本出来后，旧的版本应该进行相应改变，同时彻底从在行的管理库中清除，以保持文档版本的统一。

（3）关于文档的存档标准。文档的存档标准是指某一类型的文档究竟应该保存多长时间，这个问题应该由监理单位根据国家档案管理相关的要求统一进行规定。

3. 归集监理信息资料时的注意事项

归集监理信息资料时应注意以下事项：

（1）监理信息资料应及时整理、真实完整、分类有序；

（2）监理信息资料的管理应由总监理工程师负责，并指定专人具体实施；

（3）监理信息资料应在各阶段监理工作结束后及时整理归档；

（4）监理档案的编制及保存应按有关规定执行。

4. 建立监理档案的原则

监理信息资料归集后，应该建立工程监理档案进行管理，监理单位建立监理档案的原则如下：

（1）为了进一步提高建设监理工作水平，促进工程建设监理工作的程序化、规范化、科学化，监理单位应要求各部门认真做好监理信息资料的管理工作；

（2）工程监理档案应与工程形象进度同步建立，按类别及时整理归档，要求真实齐全、纸张统一，编有检索目录，便于查询；

（3）全面推广计算机辅助管理，实现监理信息处理的规范化，提高监理工作效率和管理水平。

5. 监理单位对文档工作的责任

监理单位要认识到正式或非正式文档都是重要的，还要认识到文档工作必须包括文档计划、编写、修改、形成、分发和维护等各个方面。

监理单位应严格要求信息系统工程人员和编制组完成文档编制，并且在策略、标准、规程、资源分配和编制计划方面给予支持，还应为编写文档的人员提供指导和实际鼓励，并使各种资源有效地用于文档开发。

监理单位的主要职责包括：

（1）建立编制、登记、出版、分发系统文档和软件文档的各种策略；

（2）把文档计划作为整个开发工作的一个组成部分；

（3）建立确定文档质量、测试质量和评审质量的各种方法的规程；

（4）为文档的各个方面确定和准备各种标准和指南；

（5）积极支持文档工作以形成在开发工作中自觉编制文档的团队风气；

（6）不断检查已建立起来的过程，以保证符合策略和各种规程，并遵守有关标准和指南。

6. 监理单位在项目实施前应决定的事项

监理单位在项目实施前应对以下事项做出决定：

（1）要求哪些类型的文档；

（2）提供多少种文档；

（3）文档包含的内容；

（4）达到何种级别的质量水平；

（5）何时产生何种文档；

（6）如何保存、维护文档以及如何进行通信；

（7）如果一个项目合同是有效的，应要求文档满足所接受的标准，并规定所提供的文档类型、每种文档的质量水平以及评审和通过的规程。

14.2.3　制定文档编制策略

信息系统工程建设项目的文档编制策略由监理单位主持制定，对其他单位或项目实施人员提供指导。

一般来说，文档编制策略陈述要明确，并通告到每个人，以便理解它，进而使每个人贯彻实施该策略。支持有效文档编制策略的基本条件是：

（1）文档需要覆盖整个项目生存期。

在项目早期阶段就要求有文档，而且在整个项目生存期中必须是可用的和可维护的。在项目完成后，文档应满足系统的使用、维护、增强、转换或传输要求。

（2）文档应是可管理的。

指导和控制文档的获得与维护，监理单位应准备文档产品、进度、可靠性、资源、质量保证和评审规程的详细计划大纲。

（3）文档应适合于其读者。

读者可能是监理单位人员、业主单位人员、无计算机经验的专业人员、维护人员、文书人员等。根据任务的执行，他们要求不同的文档表示和不同的详细程度。针对不同的读者，监理单位应负责设计不同类型的文档。

（4）文档效应应贯穿项目的整个实施过程。

在信息系统工程的整个过程中，应充分体现文档的作用和限制，即文档应指导全部项目实施过程。

（5）文档标准应被标识和使用。

应尽可能地采纳现行标准，若没有合适的现行标准，必要时应研制适用的标准或指南。

（6）应规定支持工具。

工具有助于开发和维护项目文档，尽可能要求所使用的工具是经济的、可行的。

14.3 监理相关信息分类

1. 按项目参与单位分类

信息系统工程监理相关信息按照项目参与单位可以划分为业主单位信息、承建单位信息、监理单位信息，如图 14-2 所示。

（1）业主单位信息：是指业主单位在项目中发送给有关单位的指令、通知、函件等与项目有关的所有信息总称。

（2）承建单位信息：是指承建单位在项目中发送给有关单位的计划、方案、通知、报告、请示等与项目有关的所有信息总称。

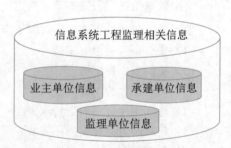

图 14-2 信息系统工程监理相关信息的分类

（3）监理单位信息：是指监理单位在监理工作中收集、产生、记录、整理的与监理工作有关的所有信息总称。

2. 按工程建设阶段分类

信息系统工程监理相关信息按照工程建设阶段可以划分为招标阶段信息、设计阶段信息、实施阶段信息、验收阶段信息，如表 14-2 所示。

表 14-2　项目各建设阶段及信息分类

项目建设阶段		信息分类
项目准备期	招标阶段 / 准备阶段	招标文件 投标文件 中标通知书 承建合同及附件 项目计划 其他
项目实施期	设计阶段	需求规格说明书 / 功能界定书 概要设计说明书 详细设计说明书 数据库设计说明书 测试计划 验收计划 其他
	实施阶段	各单位质量作业记录 设备到货验收记录 设备安装记录 软件开发记录 软件测试记录 系统错误记录 其他
项目竣工期	验收阶段	测试报告 验收报告 工程竣工总结报告 其他

3. 按监理角度分类

信息系统工程监理相关信息按照监理角度可以划分为以下几种：

（1）总控类文档；

（2）监理实施类文档；

（3）监理回复（批复）类文档；

（4）监理日志及内部文档。

14.4　监理信息管理工作

　　监理单位的信息管理工作是指收集并整理本工程的监理信息，作为信息系统工程监理信息的一部分；督促承建单位建立管理信息系统，在工程项目建设的各个阶段，对所产生的、面向信息系统工程建设项目管理业务的信息进行收集、加工、储存、传输、使用、整理和维护；协助业主单位建立信息管理制度，接收信息系统工程信息资料，对这些资料进行归整、保管和使用。

14.4.1 总控类文档

总控类文档是指项目相关方的承建合同、设计方案、技术方案、项目组织实施方案、项目进度计划、质量保证计划、采购计划、监理大纲、监理规划及监理实施细则等文档。其他文档逻辑上都是从总控类文档派生出来的。

14.4.2 监理实施类文档

监理实施类文档（工程作业记录）主要包括：工程变更监理文档、工程进度监理文档、工程质量监理文档、监理报告（监理日报、监理周报、监理月报、专题报告、工程验收监理报告、监理总结报告）等。

1. 工程变更监理文档

所有已评审通过的文件，包括评审项目开发计划、需求分析说明书、数据需求说明书、概要设计说明书、详细设计说明书、数据库设计说明书、用户手册、操作手册、模块开发卷宗、测试方案、测试计划、测试分析报告、开发进度月报、项目开发总结报告等，如果在实际开发过程中承建单位需要变更某项内容，须经监理对其提出的变更内容和变更方案进行评审，并提出监理意见，经三方确认后实施。

2. 工程进度监理文档

工程项目的进度控制是工程监理的重要内容。监理单位对工程项目的进度控制主要是通过进度监督、检查、协调、纠偏等一系列控制工作，使工程进度趋于正常。工程进度监理文档主要包含进度监理和进度纠偏两部分，如果监理意见认为存在进度偏差，则必须包含进度纠偏。

在进度监理过程中，监理工程师对某一工程阶段的进度情况进行客观描述，由总监理工程师组织对进度情况进行评审和分析，并提出进度监理意见。

如有进度纠偏的意见，须经三方确认后实施，监理单位应同时把纠偏过程纳入进度监理和质量监理范围之内。工程进度纠偏监理主要对纠偏效果和纠偏过程进行审核，如仍未达到计划目标，则还应继续提出纠偏措施。

3. 工程质量监理文档

过程控制和检测技术是进行工程质量控制的主要手段。过程控制依靠检测、分析、评审、回归修改、再测试的循环来实现。检测技术是进行过程控制的基础。工程质量监理文档主要包含两部分：质量监理和回归情况监理。如果监理意见认为存在质量缺陷，则必须包含回归情况监理。

在质量监理过程中，总监理工程师组织对检测情况进行评审和分析，并提出质量监理意见。

在监理过程中发现质量问题，经三方确认监理意见后由承建单位进行修改，监理单位应同时把修改过程纳入进度监理和质量监理范围之内。工程质量回归监理主要对修改结果和修改过程进行审核，如仍未达到计划目标，则还应继续提出修改措施。

4. 工程监理日报 / 周报

工程监理日报 / 周报由监理工程师根据实际需要每日 / 每周编写，主要针对每日 / 每周工程进度、工程质量、合同管理及其他事项进行综合分析，并提出必要的意见。

5. 工程监理月报

工程监理月报由总监理工程师组织编写，由各相关专业监理工程师参加，对本月的工程进度、工程质量、合同管理及其他事项进行综合分析，总结本月监理结论，并提出下月的监理计划。一般来说，监理月报应包含以下要素：

（1）工程概况：包括本月进行的工程情况，如有工程外包，则包括相应的承包单位情况；

（2）监理工作统计：统计本月的监理情况，包括监理会议、监理实施等情况；

（3）工程质量控制：综合本月的质量控制情况，包括测试结论、质量事故、模块修改过程等；

（4）工程进度控制：综合本月的工程进度情况，包含完成情况及分析、实际进度与计划进度的比较、纠偏实施情况、工程变更等；

（5）管理协调：综合本月的合同管理、综合协调情况，包含有无新签合同、合同履行情况、合同纠纷、双方工作关系情况等；

（6）监理总评价：对本月工程质量、进度、协调的各方面情况进行综合性评价，并提出存在的问题和建议；

（7）下月监理计划：对下月监理工作提出计划，指导各监理工程师工作。

6. 工程验收监理报告

工程验收监理报告是信息系统工程建设项目验收阶段产生的主要监理文件，此阶段的主要监理工作是监督合同各方做好竣工准备工作，组织三方对工程系统进行验收测试，以检验系统及软硬件设备等是否达到设计要求。验收采用定量或定性分析方法，针对问题进行分析和研究，最后提出监理报告，因此工程验收监理报告包含验收测试结论与分析。工程验收监理报告必须包含以下要素：

（1）工程竣工准备。评估承建单位准备的技术资料、文档、基础数据等是否准确、齐全，其他竣工准备工作是否完备。

（2）验收测试方案与规范。组织三方确定验收测试方案、测试案例、测试工具的使用等。

（3）测试结果与分析（测试记录）。依照验收测试方案实施测试工作得到的测试结果，报告内容包括业务测试和性能测试，并对原始测试结果进行必要的技术分析，内容包括各种分析图表、文字说明等。

（4）验收测试报告。根据测试结果对各项指标是否达到工程设计要求做综合性说明，对工程中存在或可能存在的问题进行分析和归纳，确定需要返工修改的部分，以及对返工修改部分回归测试的情况。

7. 监理总结报告

监理总结报告由总监理工程师组织编写，由各相关专业监理工程师参加，综合各工程月报和所有的监理资料，对工程进度、工程质量、合同管理及其他事项进行综合分析，总结出整体监理结论。工程监理总结报告应重点包含以下内容：

（1）工程概况。对工程的整体情况进行概要介绍，包括相应的承包单位、开发背景等情况。

（2）监理工作统计。统计所有的监理情况，包括监理会议、监理实施等情况。

（3）工程质量综述。综合分析质量控制情况，包括测试结论、质量事故、模块修改过程等。

（4）工程进度综述。综合分析工程进度情况，包含完成情况及分析、实际进度与计划进度的比较、纠偏实施情况、工程变更等。

（5）管理协调综述。综合分析合同管理、综合协调情况，包含有无新签分包合同、合同履行情况、合同纠纷、双方工作关系情况等。

（6）监理总体评价。对整体的工程质量、进度、协调的各方面情况进行综合性评价，并提出存在的问题和建议。

14.4.3　监理回复（批复）类文档

监理回复类文档是指监理单位在收到承建单位或者业主单位的工程文档时，由监理单位负责回复或批复意见的文件。

监理的主要回复文档可分为：总体监理意见、工程监理意见、培训监理意见、专题监理意见、其他监理意见、提交资料回复单等。

14.4.4　监理日志及内部文档

监理工作日志主要记录现场监理工作情况，例如当天的大事、要事、活动以及监理资源投入情况。监理日志由现场监理工程师编写。

内部文档是监理单位为开展工作在监理单位内部发行的各种文件。

14.4.5　监理信息管理示例

以某信息系统工程建设项目（含信息网络系统及信息应用系统）为例，监理单位在信息管理过程中，对以下文档进行了重点管理。

1. 监理单位产出文档

监理单位产出文档如表 14-3 所示。

表 14-3　监理单位产出文档列表

序号	分类	文件名称	文件编号
1		监理大纲	JL-101-****-###
2		监理合同	JL-102-****-###
3	总控类文档	监理规划	JL-103-****-###
4		监理实施细则	JL-104-****-###
5		监理总结报告	JL-105-****-###

（续表）

序号	分类	文件名称	文件编号
6	回应类文档	提交资料回复单	JL-106-****-###
7	内部文档	监理日志	JL-107-****-###
8	综合性文档	监理月报	JL-001-****-###
9		监理周报	JL-002-****-###
10		专题监理报告	JL-003-****-###
11		监理工作会议纪要	JL-004-****-###
12		评审会议纪要	JL-005-****-###
13		监理工程师通知单	JL-006-****-###
14		工程暂停令	JL-007-****-###
15	招标阶段监理文档	招标文件评价记录	JL-011-****-###
16		投标文件评价记录	JL-012-****-###
17		开标过程确认表	JL-013-****-###
18		工程合同评审表	JL-014-****-###
19		质量保证资料检查记录	JL-015-****-###
20	设计阶段监理文档	软件开发文档审核表	JL-021-****-###
21		软件开发进度计划检查表	JL-022-****-###
22		工程设计方案审核表	JL-023-****-###
23	实施阶段监理文档	设备开箱检验报告	JL-031-****-###
24		设备安装调试记录	JL-032-****-###
25		软件安装调试记录	JL-033-****-###
26		工程进度计划检查表	JL-034-****-###
27		项目付款阶段验收报告	JL-035-****-###
28		合同阶段性支付申请表	JL-036-****-###
29	验收阶段监理文档	工程验收方案审核表	JL-041-****-###
30		初验报告	JL-042-****-###
31		验收报告	JL-043-****-###
32	缺陷责任期监理文档	项目各阶段培训检查记录	JL-051-****-###
33		缺陷责任期服务检查表	JL-052-****-###

2. 监理工作控制文档

工作表格是监理单位内部质量体系运行过程中的记录，序号带♣者为涉及具体项目的文件，如表 14-4 所示。

表 14-4　监理工作控制文档列表

序号	工作表格名（含编号）	文件类别
1	发放／回收登记表（ZD-001）	文件控制程序
2	文件补领单（ZD-002）	文件控制程序
3	受控文件清单（ZD-003）	文件控制程序
4	文件更改申请单（ZD-004）	文件控制程序
5	文件更改通知单（ZD-005）	文件控制程序
6	作废文件登记表（ZD-006）	文件控制程序
7	文件更改清单（ZD-007）	文件控制程序
8	文件批阅单（ZD-008）	文件控制程序
9	文件借阅申请表（ZD-009）	文件控制程序
10	在用质量记录清单（ZD-010）	纪录控制程序
11	质量记录归档统计表（ZD-011）	纪录控制程序
12	质量记录销毁审批表（ZD-012）	纪录控制程序
13	管理评审计划（ZD-013）	管理评审控制程序
14	管理评审通知单（ZD-014）	管理评审控制程序
15	管理评审会议纪要（ZD-015）	管理评审控制程序
16	管理评审报告（ZD-016）	管理评审控制程序
17	年度培训计划（ZD-017）	人力资源控制程序
18	培训需求表（ZD-018）	人力资源控制程序
19	员工培训档案（ZD-019）	人力资源控制程序
20	培训成绩汇总表（ZD-020）	人力资源控制程序
21	培训效果评估表（ZD-021）	人力资源控制程序
22	采购申请单（ZD-022）	工作环境控制程序 信息系统工程监理服务设计和开发控制程序 采购控制程序 信息系统工程监理服务提供控制程序
23	设施管理卡（ZD-023）	工作环境控制程序
24	生产设施一览表（ZD-024）	工作环境控制程序
25	设施检修单（ZD-025）	工作环境控制程序
26	设施报废单（ZD-026）	工作环境控制程序
27	合格供方名单（ZD-027）	工作环境控制程序 采购控制程序
28♣	合同评审表（ZD-028）	信息系统工程监理服务策划控制程序 需求分析和合同评审控制程序

（续表）

序号	工作表格名（含编号）	文件类别
29 ♠	监理方案评审表（ZD-029）	信息系统工程监理服务策划控制程序
30 ♠	监理实施细则评审表（ZD-030）	信息系统工程监理服务策划控制程序
31 ♠	监理总结报告评审表（ZD-031）	信息系统工程监理服务策划控制程序
32	立项申请表（ZD-032）	需求分析和合同评审控制程序
33	设计评审表（ZD-033）	信息系统工程监理服务设计和开发控制程序
34	设备验收单（ZD-034）	工作环境控制程序 采购控制程序
35 ♠	监理服务质量评价表（ZD-035）	信息系统工程监理服务提供控制程序 监视和测量控制程序
36 ♠	顾客满意度调查表（ZD-036）	信息系统工程监理服务提供控制程序 顾客满意度测量控制程序
37 ♠	监理项目人员分配表（ZD-037）	信息系统工程监理服务提供控制程序
38	设备检定记录（ZD-038）	监视和测量装置控制程序
39	纠正措施处理单（ZD-039）	管理评审控制程序 顾客满意度测量控制程序
40	预防措施处理单（ZD-040）	管理评审控制程序 顾客满意度测量控制程序
41	内部质量审核计划（ZD-041）	内部审核控制程序
42	内审不符合项报告（ZD-042）	内部审核控制程序
43	内部质量审核报告（ZD-043）	内部审核控制程序
44	内部质量审核检查表（ZD-044）	内部审核控制程序
45	不合格项目评审记录（ZD-045）	不合格品控制程序
46	不合格项目报告单（ZD-046）	不合格品控制程序
47	不合格项目复检记录（ZD-047）	不合格品控制程序
48	质量数据收集表（ZD-048）	数据分析控制程序
49	质量数据统计和分析表（ZD-049）	数据分析控制程序
50	纠正措施要求表（ZD-050）	纠正措施控制程序
51	预防措施要求表（ZD-051）	预防措施控制程序
52 ♠	监理项目总监理工程师授权书（ZD-052）	信息系统工程监理服务提供控制程序

3. 承建单位待审文档

监理单位在不同的监理阶段需要审核承建单位提供的待审文档，项目不同，待审的文档种类也不同，表 14-5 展示了本项目的承建单位待审文档。

表 14-5　某项目承建单位待审文档

序号	分类	文件名称	文件编号
1	招标阶段待审文档	投标申请	CJ-001-****-###
2		投标单位投标文件资质	CJ-002-****-###
3		投标文件	CJ-003-****-###
4	设计阶段待审文档	工程设计技术方案	CJ-004-****-###
5		工程施工技术方案	CJ-005-****-###
6		工程进度计划	CJ-006-****-###
7		工程实施组织结构	CJ-007-****-###
8		工程任务分解计划	CJ-008-****-###
9		工程资金分解计划	CJ-009-****-###
10	实施阶段待审文档	设备开箱检验清单	CJ-010-****-###
11		设备安装调试记录	CJ-011-****-###
12		软件安装调试记录	CJ-012-****-###
13		工程进度报表	CJ-013-****-###
14		工程阶段性测试结果	CJ-014-****-###
15		项目付款阶段验收申请	CJ-015-****-###
16		合同阶段性支付申请表	CJ-016-****-###
17	验收阶段待审文档	工程验收方案	CJ-017-****-###
18		工程技术文档（说明书）	CJ-018-****-###
19		初验申请报告	CJ-019-****-###
20		验收申请报告	CJ-020-****-###
21	缺陷责任期监理文档	项目各阶段培训计划	CJ-021-****-###
22		缺陷责任期服务检查表	CJ-022-****-###

　　承建单位应及时提供完善的工程文档，包括网络设备连接物理、逻辑结构图，网络设备配置、服务器、终端、网管设备的配置，综合布线方案，传输介质的选型、综合布线系统品牌选择、价格表等，以及所有计算机和网络设备的中文简明安装、使用、日常维护、管理、出错处理手册。监理工程师有权对这些文档内容的完整性、正确性进行检查。

　　承建单位应按照工程承包合同提供的图纸，在实施过程中，根据实际情况的变化，对设计方案做出修改，并及时向监理单位、业主单位等进行信息传递。承建单位应对整个工程的实施过程予以记录，形成工程实施日志。监理工程师有权对日志的真实性和内容的完整性予以检查，对内容不符部分，承建单位应予以及时改正。

　　按照国家档案管理相关规定及业主单位的要求，信息系统工程竣工验收时要提供齐全的竣工资料，经过分析整理、编制归档。监理工程师在对信息系统工程实体和应用软件系统进行全面验收之前，首先要对全套完整的工程资料和文档进行全面验收。督促承建单位及时整理必须报送的信息系统的设计方案、设计图纸、设备 / 软件 / 材料等的验收文档、施工记录、检测报告、竣工图纸、软件文档和源代码，经监理单位检查、审核后，签字并加盖公章，移交业主单位。

4. 承建单位信息网络系统文档

信息网络系统工程技术文档是信息网络系统在其生命周期（即方案、设计、实施、调试、验收和维护等）全过程的记录和依据，其中部分文件具有法律效力，是工程管理最重要的内容之一。为保证各阶段技术文件的质量和完整性，监理单位应协助业主单位和承建单位规范计算机网络工程技术文档的编制。本项目中各阶段应输出的信息网络系统工程技术文档如表 14-6 所示。

表 14-6　信息网络系统工程技术文档

工程阶段	文件名称	业主单位			承建单位		
		提交	会签	审定	提交	会签	审定
一、系统方案设计阶段	系统需求书	√					
	系统方案设计书			√	√	√	
二、系统初步设计阶段	系统设计任务书	√					
	系统初步设计书			√	√	√	
三、系统深化设计阶段	系统图			√	√	√	
	系统接线图			√	√	√	
	系统验收细则			√	√	√	
	网络地址分配图			√	√	√	
	子网规划图			√	√	√	
	设备配置表			√	√	√	
	安全策略及配置			√	√	√	
四、系统施工阶段	施工管理文件			√	√	√	
	设计变更文件			√	√	√	
五、系统测试阶段	系统测试分析报告			√	√	√	
	设计变更文件			√	√	√	
	系统培训文件			√	√	√	
六、系统初验及试运行阶段	系统初步验收报告			√	√	√	
	系统移交清单及文件			√	√	√	
七、系统验收阶段	系统验收报告			√	√	√	
八、系统维护阶段	系统管理制度	√				√	
	系统运行记录	√					√
	系统维护保修记录			√	√	√	

为了便于监督和控制承建单位对项目建设过程中技术和管理文档的编制和管理，监理单位应该对承建单位有明确的要求。下面以信息网络系统工程建设过程中技术文档的编制和管理为

例，介绍监理单位应对工程技术文档提出的编制及内容要求。

1）系统需求书

（1）说明。

需求书是业主单位根据计算机网络系统用途、功能要求和有关文件，委托进行计算机网络方案设计的任务书。

（2）内容要求。具体包括：

- 工程概况：使用条件和环境概况，现有设备概况。
- 技术要求：系统功能和应用。

（3）其他可具备的内容。具体包括：

- 建筑及已有网络的设计图纸。
- 其他有关技术文件和资料。

2）系统方案设计书

（1）说明。

系统方案设计书是承建单位根据系统需求书，提供系统规划的可行性方案。

（2）内容要求。具体包括：

- 规划设计：系统总体功能，系统总体框图，系统设计标准，主要设备技术指标。
- 系统概算：系统主要设备、辅料、安装和服务等概算。

3）系统设计任务书

（1）说明。

系统设计任务书是业主单位要求承建单位根据计算机网络系统用途和有关文件，对计算机网络系统的初步设计和实施组织设计提出的具体要求。

（2）内容要求。具体包括：

- 工程概况：系统概况，实施概况，设备概况。
- 计算机网络系统技术要求：系统功能，系统构成，主要设备技术指标。
- 工程实施要求：承建单位的组织机构和人员，工程设计图，有关文件和资料，工程进度，用户培训，系统验收，系统保修和维护。

（3）其他可具备的内容。具体包括：

- 建筑工程设计图纸。
- 其他有关技术文件和资料。

4）系统初步设计书

（1）说明。

系统初步设计书是承建单位根据系统设计任务书所提供的系统初步设计和工程实施方案。

（2）内容要求。具体包括：

- 设计总述：系统总体功能，系统总体框图，系统设计依据和技术标准。
- 系统设计：系统功能，系统设计及配置，系统图，平面布置图，系统配置，机房、接地等有关设计，主要设备技术指标。

- 工程实施规划：人员组织结构，工程进度计划，各工程工作内容和工作界面，工程质量保证措施，系统验收标准，系统保修和维护措施。
- 系统概算：系统设备及辅料概算，安装、服务和培训概算。

5）系统图（网络拓扑图）

（1）说明。

系统图是用简单的文字和图形描述系统之间的相互关系，以达到形象和易于理解的目的。

（2）内容要求。具体包括：

- 描述系统工作各个组成部分。
- 描述系统工作各个组成部分之间的关系。
- 其他必要的描述。

6）系统接线图

（1）说明。

系统接线图是以图元的方式来描述系统信号端子的接线关系。

（2）内容要求。具体包括：

- 端子的编号和说明。
- 接线与端子编号的对应关系。
- 其他必要的描述。

7）系统验收细则

（1）说明。

系统验收细则是对系统各项配置、功能和性能等指标进行测试的详细内容。

（2）内容要求。具体包括：

- 配置测试：硬件配置测试、硬件外观检查、软件配置测试。
- 功能测试。
- 性能测试。
- 其他必要的测试。

8）实施管理文件

（1）说明。

实施管理文件是在系统实施阶段所产生的各类管理文件，它是实施管理流程和管理记录的文档。

（2）内容要求。具体包括：

- 现场管理机构和人员；
- 系统总体和各子系统实施形象进度表；
- 工程进度控制文件；
- 工程质量管理文件；
- 实施流程和方法文件；

- 实施质量记录文件；
- 技术文档管理文件；
- 现场设备检验和保护记录；
- 现场管理和控制的各类表格；
- 其他有关管理文件。

9）设计变更文件

（1）说明。

设计变更文件是在工程实施中根据业主单位要求或有关情况对设计变更的说明和记录。

（2）内容要求。具体包括：

- 变更原因；
- 变更详细设计和说明；
- 变更偏差表，用以说明变更后系统的功能和性能；
- 其他必要的设计变更说明。

10）系统调试分析报告

（1）说明。

系统调试文件是系统进行调试的内容方法和结果的文件。

（2）内容要求。具体包括：

- 系统调试说明；
- 系统调试依据和标准；
- 系统调试内容、调试方法和结果记录；
- 系统之间联调内容、联调方法和结果记录；
- 调试结论；
- 调试组签字；
- 其他必要的系统调试说明。

11）系统培训文件

（1）说明。

系统培训文件是对系统操作和管理人员进行培训的文字资料。

（2）内容要求。具体包括：

- 系统培训大纲；
- 系统设备、设计文件和图纸等资料；
- 系统日常操作；
- 系统例行维护；
- 系统故障处理。

12）系统初步验收报告

（1）说明。

系统初步验收报告是系统实施结束后，试运行前的系统初步验收的内容、方法和结果的记录文件。

（2）内容要求。具体包括：

- 系统初步验收大纲；
- 系统初步验收依据和标准；
- 系统初步验收内容、方法和记录；
- 系统配置验收、系统功能验收；
- 验收结论；
- 验收组签字；
- 其他必要的验收说明。

13）系统移交清单和文件

（1）说明。

系统移交清单和文件是系统移交时，必须提供的移交清单和清单中所列的所有文件和资料。

（2）内容要求。具体包括：

- 全套工程图纸和有关文件资料；
- 系统用户手册；
- 系统操作手册；
- 产品说明书；
- 系统保修和维护文件；
- 其他必要移交的有关文件。

14）系统验收报告

（1）说明。

系统验收报告是系统在初验和试运行的基础上，进行系统投入正式运行前的最终验收的内容、方法和结果的记录文件。

（2）内容要求。具体包括：

- 系统验收大纲和说明；
- 系统试运行记录（包括系统变更和修改记录）；
- 系统验收依据和标准；
- 系统验收内容、验收方法和验收记录：配置验收、功能验收、性能验收；
- 验收结论；
- 验收组签字；
- 其他必要的验收说明。

15）系统管理制度

（1）说明。

系统管理制度是系统日常维护和管理的规章制度。

（2）内容要求。具体包括：
- 系统设备文件和资料的管理规定；
- 系统日常操作规定；
- 系统日常维护规定；
- 系统事故紧急处理程序；
- 内部机房出入、环境和设备使用等管理规定；
- 其他有关系统和机房管理规定。

16）系统运行记录

（1）说明。

系统运行记录是对系统运行所做的定制记录，以作为维护和保修的依据。

（2）内容要求。具体包括：
- 系统各类重要运行参数日常记录；
- 系统运行环境参数记录；
- 系统异常记录；
- 其他必要的系统运行记录。

17）系统维护保修记录

（1）说明。

系统维护保修记录是系统进行保修和维护时所做的记录，以作为系统保修和维护的依据。

（2）内容要求。具体包括：
- 系统保修和维护计划；
- 系统定期维护保修记录；
- 系统故障原因分析；
- 系统部件修理或更换记录；
- 系统设置更改记录；
- 系统软件、硬件升级记录；
- 其他系统保修维护记录。

5. 承建单位信息应用系统文档

根据 GB/T 8567《计算机软件文档编制规范》，软件从构思之日起，经过开发成功投入使用，直到最后决定停止使用并被另一项软件代替之时止，被认为是该软件的一个生存周期。一般来说，软件生存周期可以分成以下六个阶段：

（1）可行性与计划研究阶段；

（2）需求分析阶段；

（3）设计阶段；

（4）实现阶段；

（5）测试阶段；

（6）运行与维护阶段。

在信息应用系统建设工程中，监理应督促承建单位注意文档的编写工作，以确保每一阶段的结果都能得到清楚的描述和审查。一般来说，在软件的生存周期中应产生 18 种基本文档，可以根据项目的规模、特点、复杂性等将其中某些文档合并成一个文档或扩展为多个文档，其主要输出阶段通常如表 14-7 所示。

表 14-7 承建单位信息应用系统文档

文档	计划	需求分析	设计	实现	测试	运行与维护
可行性分析（研究）报告	■					
软件开发计划	■					
软件配置管理计划	■					
软件质量保证计划	■					
软件需求规格说明		■				
接口需求规格说明		■				
系统 / 子系统设计说明			■			
软件（结构）设计说明			■			
接口设计说明			■			
数据库（顶层）设计说明			■			
用户手册		■	■	■		
操作手册			■	■		
测试计划			■	■		
测试报告					■	
开发进度月报	■	■	■	■	■	
项目开发总结报告					■	
软件产品规格说明				■		
软件版本说明						■

需要注意的是，软件文档编制后往往不是一成不变的，需要根据项目的推进情况进行调整、细化和完善。例如，软件开发计划应在计划阶段输出，明确项目目标、范围、预算和工期；在需求阶段确认并细化需求，进一步调整计划；设计阶段根据系统架构和模块设计对计划进行完善；编码阶段基于代码实现情况持续更新计划；测试阶段按照测试进度调整计划。总之，应在每个阶段不断修订和完善软件开发计划，以保证项目顺利推进。

鉴于软件开发是具有创造性的脑力劳动，也鉴于不同软件在规模上和复杂程度上差别极大，在文档编制工作中允许一定的灵活性。一般来说，当项目的规模、复杂性和失败风险增大时，文档编制的范围、管理手续和详细程度将随之增加；反之，则可适当减少。

一个信息应用系统的承建单位应根据本单位经营的应用软件的专业领域和本单位的管理能力，制定对文档编制要求的实施规定，主要包括：在不同的条件下应该形成哪些文档，以及这些文档的详细程度。

对于一个具体的信息应用系统工程建设项目，项目负责人应根据上述实施规定，确定文档编制计划（可以包含在软件开发计划中），并将每项工作落实到人。文档编制计划的主要内容包括：

（1）应该编制哪几种文档，详细程度如何；

（2）各文档的编制负责人和进度要求；

（3）审查、批准的负责人和时间进度安排；

（4）在开发周期内，各文档的维护修改和管理的负责人，以及批准手续。

表 14-8 展示了本项目信息应用系统文档在项目各阶段质量控制的具体案例。

表 14-8　信息应用系统文档的质量控制

阶段	质量控制要点	质量控制手段	验收方式
需求分析	（1）调研提纲，包括调研的对象、内容、程序和时间 （2）需求分析报告，包括业务流程图、数据流程图、软件规格说明书和初步用户手册 （3）软件规格说明书，包括系统目标、软件功能描述、软件性能和软件安全需求说明、软件规则描述和关键数据项的编码标准	业主单位确认、技术评审	业主单位签字、评审意见
系统设计	系统详细设计报告，包括数据字典、功能模块划分、功能模块说明、模块接口说明、与现行系统接口说明、界面设计、编程规范、测试标准	技术评审	评审意见
程序编写	（1）编程的时间控制 （2）编程计划	进度报告、技术评审	监理意见、评审意见
系统测试	（1）培训安排、培训教材、培训考核 （2）测试模型 （3）测试用例	技术评审	评审意见
系统试运行	出现问题的修改	汇总问题清单	程序修改确认
系统验收	（1）竣工文件 （2）验收报告	参加验收工作	监理意见

第 15 章　组织协调

组织协调是成功实现项目目标、顺利开展项目工作不可缺少的方法和手段，是重要的监理措施之一。协调就是联结、联合、调和所有的活动及力量，使工程各方配合得当，其目的是促使工程各方协同一致，实现预定的工程目标。信息系统是由各类人员、物质、信息等构成的人为组织系统。信息系统工程建设项目的协调一般包括三类协调工作：人员与人员间的协调、系统与系统之间的协调、系统与环境的协调。

组织协调涉及业主单位、承建单位等多方关系，它贯穿信息系统工程建设的全过程，贯穿监理活动的全过程。作为监理工程师，应该熟悉组织协调的基本内容和要求，掌握组织协调监理工作的基本技能。

15.1　组织协调的概念与内容

所谓协调，就是指联结、联合、调和所有的活动及力量。在项目管理中，将协调或协调管理称为"界面管理"，即主动协调相互作用的若干系统间能量、物质和信息的交换，以实现系统目标的活动。

15.1.1　组织协调的概念

把信息系统工程建设项目作为一个系统来看，组织协调的对象可分为系统内部的协调和系统外部的协调两大部分。系统外部的协调又可分为具有合同因素的协调和非合同因素的协调。

1. 组织协调包括多方的协调问题

例如，当设计方案的概算结果超过投资估算结果时，监理单位要与业主单位沟通，也要与承建单位进行协调，达到满足业主单位对项目功能和使用的要求，力求费用不超过限定的投资额度；当工程建设进度延迟，监理单位就要与承建单位进行协调，或增加人员投入，或修改实施计划，或调整进度目标，确保项目的如期完成；当发现承建单位的管理人员不称职，给信息系统工程控制目标造成影响时，监理单位要与承建单位进行协调，调整力量。

2. 组织协调包括监理单位内部的协调

例如，总监理工程师与各专业监理工程师之间、各专业监理工程师之间、监理单位与监理人员之间的协调。

15.1.2　系统内部的协调

所谓系统内部的协调，是指一个信息系统工程建设项目内部各种关系的协调，如内部的人际关系、内部的组织关系、内部的需求关系以及其他的关系等。系统内部关系协调主要包括以下几个方面。

1. 系统内部人际关系的协调

如何提高每个人的工作效率，这在很大程度上取决于人际关系的协调程度，所以监理工程师首先应注意做好人际关系的协调工作，充分调动系统内部各个组成部分的积极性，这样才能保证工程项目顺利地开发与实施。

任何协调工作最终都表现为人与人之间的沟通，而良好的人际关系可以使双方相互信赖，相互支持，容易沟通，同时人际关系的渗透和扩散性反过来能更加提高监理工作的效率。和谐的人际关系是做好监理工作的基础。

2. 系统内部组织关系的协调

这里说的组织，是指工程项目中若干个项目组（对应完成各个子系统）。组织关系的协调，则是指要使这些项目组都能从整个项目的质量、进度和投资控制的目标出发，并积极主动地完成本组的工作，使整个项目处于有序的良性状态。组织关系的协调，可以通过经常开一些工作例会、业务碰头会来实现。会议后应输出会议纪要，以及采用信息传递卡等有效方式来沟通信息，这样可使局部的单位了解全局，消除误会，服从并适应全局的需要。

通过及时有效地进行组织关系的协调，可避免资源浪费，节省人力、物力和财力。

3. 系统内部需求关系的协调

系统内部需求关系的协调是指在项目实施中，对人员需求、材料需求、硬件设备和软件需求、其他资源需求进行的协调，以达到内部需求的平衡，实现内部资源的合理配置。

15.1.3　系统外部的协调

所谓系统外部的协调，是指信息系统工程建设项目整个活动过程以外的关系的协调，其中又以是否具有合同关系为界限，划分为具有合同因素的协调和不具有合同因素（即非合同因素）的协调，如图 15-1 所示。

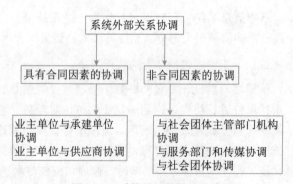

图 15-1　系统外部的协调分类

1. 具有合同因素的协调

组织协调应该是全面的。具有合同因素的协调主要是业主单位与承建单位（即实施、开发方）、业主单位与设计单位（某些项目可能存在的必要设计过程需求），以及业主单位与相关产品的供货商等关系的协调。他们之间的关系可能均具有合同性质，也可能是间接合同性质。

对于系统外部关系中具有合同因素的协调，主要是协调业主单位与承建单位的关系。由于双方签订合同后，在整个实施与开发过程中必然会产生各种矛盾，监理工程师作为信息系统工程建设的第三方，应该本着公正原则进行协商，正确协调好各种矛盾。在不同的阶段，需要协调的内容也不尽相同，如实施和设计阶段的协调、实施和开发阶段的协调、交工验收阶段的协调、总包与分包商之间关系的协调等。

此外，还有业主单位与供应商关系的协调，以及业主单位与设计单位关系的协调。在此讨论广义的沟通与协调，将具有合同因素的协调分为监理所涉及的合同事务方面的协调和信息流向沟通。

2. 非合同因素的协调

在信息系统工程建设过程中，业主单位与承建单位签订合同或修改合同期间，所进行的大量磋商只是组织协调工作的一部分。但是，要做好全面的项目建设组织协调工作，除了合同方面的组织协调外，还有许多被称为非合同因素或非合同活动的组织协调工作。

非合同因素的协调与具有合同因素的协调相比，涉及的范围更广，可能遇到的问题更多，监理单位的协调工作量更大、更复杂，而这些往往不是事先签好合同就可以进行约束的。

非合同因素的协调工作涉及社会团体、新闻媒体、服务单位、金融机构等。它们虽然在信息系统工程建设项目中与业主单位和承建单位无合同关系，但它们对项目建设的某些方面、某些场合却起着一定的控制、监督和支持的作用，甚至起着很大的决定性作用，因此其作用不可低估。例如，项目建设的资金运转离不开银行，业主单位和承建单位均须通过它们的开户银行结算各种款项，正常的手续是将项目的合同副本报送开户银行备案，经开户行审查同意后作为拨付工程款的依据。若遇到开户银行不配合，就将耽误工程款的拨付。

因此，如果这方面的关系协调得不好，就会影响信息系统工程建设项目的进度。而这方面的协调工作仅靠监理单位是难以有效进行的，需要各有关管理部门和业主单位的大力配合。

15.1.4　社团关系的协调

1. 社会团体内部关系

社会团体是一个人际关系系统，它包括上下级之间、同级之间、同一部门内部职员之间以及不同部门的职员之间的关系。

1）上下级关系系统

上级是同一组织系统中等级较高的组织或人员，下级是同一组织系统中等级较低的组织或人员。这里的上下级关系系统是领导者与被领导者之间的关系系统，包括上级部门与下级部门、同一部门内领导者与被领导者之间的关系。这种关系是一种双重结构的纵向关系。从角色角度看，它既是上下有序、层次分明的等级关系，又是相互尊重、人格平等的非等级关系。从工作角度看，它既是下级服从上级的关系，又是鼓励下级自主自强、开拓创新的关系。上下级关系在社会团体中起着传递信息、监督控制、协调关系等功能。这些功能与社会团体行政机关的工作效率密切相关。在现代社会，纵向的上下级关系仍是一种不可忽视的人际关系。

2）领导者之间的关系系统

这是同一组织中担任领导职务的人之间的关系系统，其中包括该组织中不同部门的领导者之间的关系。如果把领导者视为一个权力群体，那么他们之间的关系具有影响社会团体目标的能力；而如果把他们视为一个地位阶层，那么他们之间的关系可以影响社会团体内部其他各方面的关系。

3）同事之间的关系系统

同事关系有广义和狭义之分。广义的同事关系是指一个工作单位里所有成员之间的关系，包括上下级关系和同级关系。狭义的同事关系是指担负非领导职务的人员之间的关系。这里所说的同事关系是指社会团体中担负非领导职务的人员间的关系，包括不同部门和本部门非领导者之间的关系。任何单位或部门，领导者总是占少数，被领导者占多数，被领导者之间的交往更普遍。因此，社会团体中的同事关系也应予以重视并处理好，良好的素质有助于交往双方建立良好的人际关系。另一方面，在交往中形成的人际关系，通过相互影响和各自的情感体验，直接在思想道德和科学文化方面作用于参加交往的每一个人。

2. 主要特征

社会团体人际关系与其他单位人际关系相比，其特征既有共性方面又有个性方面。总体而言，社会团体人际关系的主要特征有如下几个方面。

1）权力交往关系

社会团体担负着实施一定目的的职能。要有效地行使这些职能，就必须在社会团体行政机关内部进行合理的事权划分。因此，社会团体行政机关的人员尽管所处的职位各不相同，但都拥有一定的权力。当人们在社会机构中占据权势地位和支配地位时，他们就有了权力，而一旦他们占据这种地位，不管他们有所作为还是无所作为，都会使人感到权力的存在。从这个意义上说，社会团体内部是一个权力系统。由于工作的需要，居于这个系统中的人必然发生权力交往关系，这种以权力交往为内容的人际关系体现着社会团体人员之间那种特定的支配与被支配、管理与被管理、领导与被领导的纵向社会关系以及分工与合作的横向平行关系。

2）多重交往关系

从组织角度看，社会团体存在着多种多样的人际关系，除了上下级关系、领导者之间的关系、同事关系外，还有同学关系、同乡关系、战友关系、朋友关系、亲属关系等。这些关系概括起来可分为两类：一是正式组织意义上的关系，包括等级关系和职业关系；二是非正式组织意义上的关系，包括平等关系和情感关系。前类是工作关系，是非情感性的；后类是私人关系。在社会团体行政机关中，这两类关系常常交织在一起，使得社会团体行政机关人际关系呈现纷繁复杂的特性。从个人方面看，由于一个人往往同时具有多种角色，如政治角色、职务角色、男女角色等，这些角色便构成了一个人的角色集。所以，社会团体人际关系就不是一种单一的关系，而是角色集间的多重关系。例如，在两个具有上下级关系的人员之间，可能同时还存在着同乡关系、亲属关系、代际关系等其他关系。

3）隐秘交往关系

这是就社会团体中人际关系的透明度而言的。人际关系透明度是人际关系的性质特点和交往特性为人们所清楚认识的程度，它分为内在和外在两个方面。内在透明度是人际关系交往双方对其关系的性质特点和交往特性，以及对对方的个人特点和个人行为方式的认识程度。外在透明度是人际交往双方的关系和交往特点为他人所了解的程度。人际关系透明度不足或缺乏透明度，就构成了人际交往的隐秘性。

15.2　组织协调的基本原则

1. 公平、公正、独立原则

在监理活动中体现公平、公正、独立的原则，就是在解决业主单位与承建单位可能发生的意见不统一或纠纷时，绝不能因为监理单位是受业主单位的委托而故意偏袒业主单位，一定要坚持"一碗水端平"，该是谁的责任就由谁来承担，该维护哪方的权益就维护哪方的权益。这样做既会得到业主单位的理解和支持，也会得到承建单位的拥护和欢迎。

公平、公正、独立原则体现在：

（1）监理单位应是独立的第三方，不能同时既做信息系统工程的监理，又做系统集成业务。否则，在做监理工作时，可以很方便地获得其他承建单位的关键技术或思路，若在其他的项目集成中得到应用，显然是不公平的，甚至可能是违法的；如果是做系统集成未果，转而做监理，用自己的集成思路和技术水平要求承建单位修改技术方案或指导实施开发过程，显然不合理，也是不公平的。

（2）监理单位在处理事务时，敢于坚持正确观点，实事求是，不唯上级领导和业主单位的意见是从。同时也要坚持对问题的分析，敢于亮明观点，对承建单位的不合理或不科学的要求坚决提出改进意见。

（3）监理单位在处理实际监理事务中，要有大局观，要全面地分析和思考，保持对问题的综合分析能力，不要被表面现象或局部问题所干扰。

（4）信息系统工程涉及的技术一日千里、变化快，监理工程师在不断提高个人的专业技能并在实践中不断丰富个人的从业经验的同时，也要不断提高对相关知识的综合应用能力，对事务熟练的判断能力和处理能力，更要学会把专业知识和相关的技术规范、法规、法律等运用到监理实践活动中。

从事信息系统工程监理活动，应当遵循守法、公平、公正、独立的原则。监理单位在信息系统工程建设中处理任何监理事务都应遵照这个原则。监理人员在个人行为规范上，更要有"守法、诚信、公正、科学"的意识，并将其作为个人行为准则，因为监理人员是代表监理单位这个集体来行使监理责任的，而不仅仅是个人的行为。

2. 守法原则

对于任何一个具有民事行为能力的单位或个人，起码的行为准则就是遵纪守法，依法经营，依法办事。在信息系统工程监理活动中，守法的具体体现是：

（1）监理只在核定的业务范围内开展相应的监理工作；

（2）与业主单位的监理合同具备法律效力，一旦生效就要严格地遵照执行和践约，不得无故或故意违背承诺，否则可能将是违法行为，要承担相应的责任；

（3）自觉遵守业主单位所在地政府颁布的有关信息系统工程建设的法律、法规要求，并主动接受当地有关部门的指导和监督管理；

（4）遵守业主单位的有关行政管理、经济管理、技术管理等方面的规章制度要求。

3. 诚信原则

诚信就是忠诚老实，为人做事守信用，诚信是做人的基本品德，也是考核任何一个单位信誉的核心内容。诚信原则要求一切市场参加者在不损害他人利益和社会公益的前提下追求自己的利益，目的是在当事人之间的利益关系和当事人与社会之间的利益关系中实现平衡，并维持市场道德秩序。法律绝不允许靠损害他人利益和社会利益获得利益。诚信原则并没有固定的意义，但作为民法最重要的原则，其含义不能从语义的角度来理解，它属于一般条款，外延和内涵都不确定。

诚信是市场经济活动中的道德准则。市场经济条件下，每一个有劳动能力的人，都应当通过市场交换获取利益和生活资料。

4. 科学原则

所谓科学原则，就是在监理实践中，要依据科学的方案（例如监理规划），运用科学的手段（例如测试设备或测试工具软件），采取科学的办法（例如收集数据），并在项目结束后，进行科学的总结（例如信息归纳整理）。监理要用科学的思维、科学的方法，对核心问题有预先控制措施上的认识，凡事要有证据，处理业务一定要有可靠的依据和凭证，判断问题时尽量用数据说服业主单位或承建单位，必要时，一定以书面材料（例如专题监理报告）说明立场和观点。

15.3　监理组织协调工作

监理组织协调工作的目标是使项目各方充分协作，有效地执行承建合同。组织协调的监理方法主要有监理会议、监理报告和沟通协调。

只有进行有效的组织协调，项目组内各子系统、各专业、各项资源以及时间、空间等方面才能实现有机的配合，确保项目成为一体化运行的整体。

15.3.1　监理会议

1. 一般组织原则

会议是把项目有关各方的负责人或联系人团结在一起的重要机制。会议不仅可以使项目建设有关信息全方位地畅通与流转，而且提供了某种程度上的社会联系，它有助于提醒出席会议的人认识到"每一个人都是项目团队的一员"。

1）会议成功的原则

举行会议成功的关键原则是：确保每个人到场、议程恰当和领导与会。为了保证每个人都出席，要把会议作为每个人日程的固定项目。如果没有讨论的议题就取消会议。开好会议要把议程的项目保持在所需的最低数量，以确保每一个人都掌握最重要的事件、议题和问题的最新动向。会议的组织者要确保在符合会议议程、达到会议效果的前提下，尽可能让会议简短精练。没有必要的长会，其会议效果将适得其反。领导的与会作用是会议的结果得到落实的重要保证。

2）确保会议成功的措施

召集或主持会议可以采取多种措施以确保会议有效，包括以下具体的措施：

（1）会前的准备措施。具体包括：

● 确定会议目的。该会议是为了交流信息、计划、收集情况或意见、制定决策、说服或宣扬、解决问题，还是为了评估项目进展情况。

● 确定谁需要参加会议，说明会议目的。参加会议的人数应是能达到会议目的的最少人数。

● 事先将会议议程表分发给参加会议者。议程表包括会议目的、包含的主题（应按重要性大小列出）。

（2）会议过程把握的原则。具体如下：

● 准时开始会议。

● 指定记录员详细记录，方便以后查阅。

● 准确把控会议的目的，执行会议和议程。

● 确保会议效率。应保证会议在计划时间内顺利进行。

● 会议要达成预期结果或形成会议决议。会议结束时总结会议成果，并确保所有参加者对所有决策和行动项目有一个清楚的了解。

● 尽量不要超过会议原定的计划时间。与会者可能有其他约会或者其他系列会议。如果没有讲完所有议程，最好让涉及这些细目的人另开一个会议。

● 评价会议进程。会议结束时，应评价会议进程，公开讨论发生了什么，并决定是否做些调整，以提高以后会议的有效性。

（3）会议结果的落实原则。具体如下：

● 在会后 24 小时之内形成会议纪要，适时公布会议成果。

● 会议决议或总结文件应该简洁，应明确所做出的决定性意见，并列出行动细目，包括谁负责、预计完工时间和预期的交付物等。

2. 项目监理例会

项目监理例会是履约各方沟通情况、交流信息、协调处理、研究解决合同履行中存在的各方面问题，由工程监理单位总监理工程师组织与主持的例行工作会议。

项目监理例会的参加单位及人员通常包括：总监理工程师、总监理工程师代表、相关监理工程师；承建单位项目经理、技术负责人及有关专业技术人员；业主单位驻现场代表人员等。根据会议议题的需要，还可邀请设计单位、分包单位及其他有关单位的人员参加。

1）项目监理例会的主要议题

项目监理例会的主要议题包括：

（1）检查和通报项目进度计划完成情况，确定下一阶段进度目标，研究承建单位人力、设备投入情况和实现目标的措施；

（2）通报项目实施质量的检查情况和技术规范实施情况等，针对存在的质量问题提出改进措施要求；

（3）检查上次会议议定事项的落实情况，检查未完成事项并分析原因；

（4）分包单位的管理和协调问题；

（5）项目款支付的核定及财务支付中的有关问题；

（6）接收和审查承建单位提交的相关项目文档；

（7）监理提交相关监理文档；

（8）解决项目变更的相关事宜；

（9）违约、工期、费用索赔的意向及处理情况；

（10）解决需要协调的其他有关事项。

2）会议准备

项目监理单位应及时收集汇总有关情况，为召开会议做好准备。具体包括：

（1）了解上次会议的落实情况和存在的问题；

（2）准备会议资料、确定有关事项的处理原则；

（3）与有关方面通报情况、交换意见，督促相关方做好准备。

3）会议纪要的记录、签认和分发

项目监理例会的内容通常由指定的监理人员记录，除笔记以外，会根据实际情况使用数码相机、摄像设备、录音笔和笔记本电脑等设备进行辅助记录和演示。

会议纪要由监理工程师根据会议记录整理，主要内容包括：

（1）会议地点和时间；

（2）会议主持人；

（3）出席者姓名、隶属单位、职务；

（4）会议内容和决议事项（包括负责落实单位、负责人和时限要求）；

（5）其他事项。

会议纪要的内容应真实，简明扼要。纪要经总监理工程师签认，发放到项目有关各方，并应有签收手续。会议纪要中的议定事项，有关方面应在规定的时限内落实。

3. 监理专题会议

专题会议是为解决专门问题而召开的会议，由总监理工程师或授权监理工程师主持。专题会议应认真做好会前准备。监理工程师要认真做好会议记录，并整理会议纪要，由总监理工程师签认，发给项目有关方面。专题会议通常包括技术讨论会、现场（项目组织）协调会、紧急事件协调会和技术（或方案）评审会等。

监理单位通常会依据现场工程进度情况，定期或不定期召开不同层级的现场协调会，解决工作过程中的相互配合问题。在协调会上通报重大变更事项，解决业主单位与承建单位之间的重大协调配合问题，通报进度状况，处理工作中的交接、场地与公用设施使用的矛盾。

对于因突发性变更事件引起的进度问题，监理单位会召开紧急事件协调会，督促各方采取应急措施赶上进度要求，以便项目的开发能以预期的进度完成。

根据项目的实际情况，在承建单位完成关键阶段的工作时，监理将及时组织专家，会同业主单位对阶段成果进行评审，以便在评审通过后能使承建单位及时转入下一阶段的工作实施中。

15.3.2　监理报告

建立项目的监理汇报制度是保证工程顺利进行的有效方法，可以使工程实施处于透明的可监控状态。作为信息系统工程建设的承建单位，有责任定期或不定期向业主单位及监理单位提交工程进展情况报告，同时提交下一阶段的工程实施计划，监理单位协同业主单位审核该工程的进度与质量，向业主单位提交监理意见并反馈给承建单位，以此建立项目各方密切的联络，保证项目有计划、有步骤、稳妥地向前推进实施。

监理单位据此将定期或不定期地向业主单位提供监理周报、月报、书面通知回复等监理文件，这些文件包含了监理过程中对项目实施的控制和管理的有关信息。

1. 定期的监理日报、周报、月报

监理单位通常按时向业主单位提交监理日报、周报和月报。周报的提交时间一般是每周的周一上午，周报是对上一周监理工作的总结。月报的提交时间一般为每个月开始的第一个星期内。

2. 不定期监理工作报告

监理单位会向业主单位不定期提交以下监理工作报告：

（1）关于项目优化设计、项目变更的建议；

（2）投资情况分析预测及资金、资源的合理配置和投入的建议；

（3）各阶段的测试报告和评价说明；

（4）项目进度预测分析报告；

（5）监理业务范围内的专题报告。

3. 监理通知与回复

在监理实施过程中，监理单位与业主单位的联系均以书面函件为准。在不做出紧急监理时可能导致人身、设备或项目事故的情况下，可以先口头或电话通知，事后在约定时间内补做书面通知。以监理联系单、监理通知单、监理回复或批复的形式让信息在业主单位、监理单位与承建单位之间，在各单位内部人员之间流动，协调大家的思想与行动，以保证项目的总目标得以实现。要使这一形式有效地发挥作用，监理通知与回复应做到：

（1）简洁，即只包含受众需要了解的观点；

（2）完整，即要包含受众需要了解的全部观点；

（3）结构化，即必须以一定的结构形式，把要传递的观点清晰地传递给受众。

4. 日常监理文件

监理单位会及时向业主单位提交以下日常监理文件：

（1）监理日志及实施大事记，监理单位会认真做好监理日志，保持其及时性、完整性和连续性；

（2）实施计划批复文件；

（3）实施措施批复文件；

（4）实施进度调整批复文件；

（5）进度款支付确认文件；

（6）索赔受理、调查及处理文件；

（7）监理协调会议纪要文件；

（8）其他监理业务往来文件。

5. 监理实施类文档

监理实施类文档（工程作业记录）主要包括：项目变更控制文档、进度控制文档、质量控制文档、监理报告（监理日报、监理月报、专题报告、监理总结报告）、项目验收报告等。

15.3.3 沟通协调

面对我国现阶段政府、企业人际关系的现状，作为协调方的监理单位，在进行信息系统工程监理的过程中，必须建立有效的沟通机制。沟通对人际关系的和谐和建立是十分必要的，可以鼓励项目建设过程涉及的各方相互间和内部进行有效的沟通，利用人际沟通影响行为的杠杆，努力克服影响人际沟通的障碍，实施双向沟通。

监理工程师在与信息系统工程建设的相关单位和相关人员进行沟通和协调时，应该对下列内容有一定的把握。

1. 排除第一印象的干扰

通常情况下，人们容易根据初次见面时对对方仪表、风度形成的第一印象将其加以归类，然后再以这一类别系统中人的总体特点，对这个人加以推论并做出判断，因而往往会产生"以偏概全""爱屋及乌"的偏差。监理工程师要把握认知偏差的规律，防止处理事情时被假象所迷惑。

监理工程师还要注意情绪效应的产生。在第一印象形成过程中，沟通主体当时的情绪状态可以影响对方对其今后的评价。第一次接触时，沟通主体的喜怒哀乐对于对方关系的建立或对于对方的评价可能产生不可思议的差异。与此同时，还可能产生"情绪传染"的心理效果。沟通主体情绪异常，也可能引起对方不良态度的反应，因而影响良好人际关系的建立。所以，创造良好的交往环境、时机，以维护彼此的良好心境，也是维持人际关系正常的重要一环。

2. 把握人际关系认知的规律

监理工程师要认识人与人之间吸引的重要性。影响人与人之间吸引的因素很多。人的相互感知与理解，人与人之间的喜爱（吸引力与好感）、相互影响与行为（包括角色行为）是人际交往的重要影响因素。人与人之间的喜爱是人际关系稳定性、深度、亲密性的主要调节器。

监理工程师要把握人际知觉的规律。人际知觉是指对人与人相互关系的认知。判断人际关系时不但要了解对方的动机、性格以及人际关系特性，同时也需要了解对方与其他人之间的关系。这是由于在一个社会群体中，甲乙双方的相互关系绝不是仅仅受甲乙双方特点的影响，往往还受到第三者乃至更多人的影响。

监理工程师也要把握角色知觉的客观规律。角色知觉不但包括对某人在社会上所扮演的角色的认知与判断，同时也包括对角色的行为的社会标准的认识。每一个人在社会上都扮演着各种角色，而每一种角色都有其一定的行为标准。个人对此行为标准的认知决定了他在社会上的行为。例如，上下级间的关系，在一般人的心目中自有其固定的方式。而这些交往方式已被社会历史地形成，并被一般人所认可。这样，在人际关系建立上，一旦情境的因素和角色的因素被确定之后，两者之间的交往形态与人际关系也随之大体决定。所以当事人也就必须依照社会已经确定的关系来进行彼此交往。

监理工程师还要认识因果关系认知的规律。人们对外界简单的认知，并非对所认知的对象做各种互不相关的个别反应，而是系统的、有组织意义的反应。同样地，人们对社会上所发生的事件以及人际事件也存在着同样的现象，即将他们组成因果系统的倾向。

3. 创造良好的人际交往条件

监理工程师在从事监理工作，同业主单位和承建单位建立良好的人际关系时，还需要创造人际交往的条件。人际交往条件的形成往往受到以下因素的影响。

1）外表问题

从一般意义上来讲，一个人的外表是由先人遗传素质形成和发展起来的，它不以个人的主观愿望为转移。但一般人在判断别人时，从心理上无法消除由于别人外表产生的影响作用。在社会交往的过程中，外表因素往往有形或无形地影响着人与人之间相互关系的建立和发展。研究表明，外表越吸引人的人，也越容易为人所喜爱。但是，外表招人喜欢并不完全取决于外表的美，在人与人相互交往的过程中还存在着另外一种心理现象，即人们容易与那些与自己外表、风度相类似的人建立起良好的人际关系。

2）态度的类似性

人与人如果具有共同的态度与价值观，则不但容易获得对方的支持和共鸣，同时也容易预测对方的感情和反应倾向，因此在交互作用的过程中，彼此容易适应而建立起人际关系。对于与自身态度、价值观念相类似的人，与之争辩的机会较少。而且由于获得他们的支持，往往容易增强自信心。态度与价值观念的相类似也使人们得以维持一致和长久的友谊。因而，与自己具有态度类似性的人，就变得更加具有吸引力。另一方面，与自己态度及价值观念比较类似的人，也比较能够正确地反映自己的能力、感情和信仰，因而也比较具有吸引力。为此，大家都愿意找情趣相投的朋友。

3）需求的互补性

需求的互补性是指双方在交往过程中获得互相满足的心理状态。它包括两个部分，即彼此的社会增强作用的满足和彼此心理特性相反者的互补作用。人与人一开始交往，其所建立的人际关系是否得以持续或中途停断，有赖于彼此的社会增强作用，即个体能否透过交互作用而获得动机的满足。两人相处对双方都有助益，或彼此有友好的意愿，或彼此发现具有类似的态度时，两人的交互关系便有继续维持的可能。反之，若一方增加了另一方的不安，或对另一方表示不友善，则难以持续。两个人透过彼此交互作用所获得的报偿超过由此而来的损失时，两人之间的人际关系才得以维持。亲密的友谊关系，乃是彼此间以极少的损失可换取很多的报偿，亦即相互满足的状态。人与人不仅是具有共同特征者愿意相聚在一起，彼此特性相反者亦有互相吸引的现象。这种相互间的赞同与接纳，也是彼此间建立良好人际关系的心理条件。

4）时空上的接近

时空上的接近往往是使人与人之间彼此熟悉、加深了解的一个客观外在条件。时空上的接近往往表现在居住距离的远近和人与人之间相互交往频率这两个方面。首先，距离的远近。人与人凡是地理位置接近者，更容易自然地发生人际交互关系。例如，在单位里办公位置邻近的同事们，住宅接近的邻居们，彼此见面的机会多，自然而然就容易建立人际关系。而距离较远的人，其形成或继续友谊的机会就比较少。其次，相互交往的频率。人与人或由于地理位置的接近，或由于工作上的需要，相互交往的次数愈多，则愈容易具有共同的经验，共同的话题。而建立密切的人际关系，尤其是陌生人相处的初期，地理距离的远近与交往的频繁程度，对于建立人际关系具有决定性的作用。因此，与人为友必须主动拉近空间上的距离，并采取积极的态度加强交往，增加交往频率。否则，日久天长友情就会淡薄。

监理工作中的人际交往与协调并不是一件困难的事情，但是，良好的人际关系需要精心呵护，需要运用科学的规律和艺术的方法去维系。充分认识和掌握这种客观规律，可以使监理工作事半功倍。

第 16 章　项目管理

项目管理是指在项目活动中运用专门的知识、技能、工具和方法，使项目能够在资源限定条件下，实现或超过设定的需求和期望。在信息系统工程建设项目中，项目管理作为一个关键环节，对于顺利推进项目、保证质量和进度、实现资源合理配置和成本控制具有至关重要的作用。通过对项目计划、组织、协调、控制等方面的有效管理，还可以预防和解决项目实施中出现的问题，从而降低风险并提高项目的成功率。因此，在信息系统工程建设项目中，监理工程师了解通用的项目管理知识和技能有助于提高工程建设效率，在实际工作中更好地应对各种挑战，最终取得丰硕的监理成果。

16.1　项目及项目管理的重要性

项目管理是成功达成一系列目标相关活动的整体，包括策划、进度计划和维护组成项目的活动进展。项目管理是信息系统工程建设项目顺利实施的重要保障，不仅以结果为导向，而且关注过程执行，是确保组织执行力的重要保证。

16.1.1　项目基础

项目是人们通过努力，运用各种方法，将人力、材料和财务等资源组织起来，根据商业模式的相关策划安排，进行一项独立一次性或长期无限期的工作任务，以期达到由数量和质量指标所限定的目标。

1. 独特的产品、服务或成果

开展项目是为了通过可交付成果达成目标。目标是指工作所指向的结果、要取得的战略地位、要达到的目的、要获得的成果、要生产的产品，或者要提供的服务。可交付成果是指在某一过程、阶段或项目完成时，形成的独特并可验证的产品、成果或服务。可交付成果可能是有形的，也可能是无形的。实现项目目标可能会产生一个或多个可交付成果。

某些项目可交付成果和活动中可能存在相同的元素，但这并不会改变项目本质上的独特性。例如，即便采用相同或相似的语言或工具，由相同的团队来开发，但每个信息系统项目仍具备独特性（例如需求、设计、运行环境、项目干系人都是独特的）。

项目可以在组织的任何层级上开展。一个项目可能只涉及一个人，也可能涉及一组人；可能只涉及一个组织单元，也可能涉及多个组织的多个单元。

2. 临时性工作

项目的临时性是指项目有明确的起点和终点。临时性并不一定意味着项目的持续时间短。项目可宣告结束的情况主要包括：

（1）达成项目目标；

（2）不会或不能达到目标；

（3）项目资金耗尽或不再获得资金支持；

（4）对项目的需求不复存在（例如，客户不再要求完成项目，战略或优先级的变更致使项目终止，组织管理层下达终止项目的指示）；

（5）无法获得所需的人力或物力资源；

（6）出于法律或其他原因终止项目等。

虽然项目是临时性工作，但其可交付成果可能会在项目终止后依然存在。

3. 项目驱动变更

项目驱动组织进行变更。从业务价值角度看，项目旨在推动组织从一个状态转到另一个状态，从而达成特定目标，获得更高的业务价值，如图16-1所示。在项目开始之前，组织处于"当前状态"，项目驱动变更是为了获得期望的结果，即"将来状态"。通过成功完成一个或一系列项目，组织可以实现将来状态并达成特定的目标。

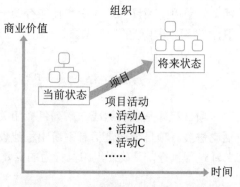

图 16-1　组织通过项目进行状态转换

4. 项目创造业务价值

业务价值是从组织运营中获得的可量化的净效益。在价值分析中，业务价值被视为回报，即以某种投入换取时间、资金、货物或无形的回报。项目的业务价值指特定项目的成果能够为干系人带来的效益。

项目带来的效益可以是有形的、无形的或两者兼而有之。有形效益的例子包括：货币资产、股东权益、公共事业、固定资产、工具、市场份额等。无形效益的例子包括：商誉、声誉、商标、公共利益、战略联盟、品牌认知度、工作效率等。

5. 项目启动背景

促进项目创建的因素多种多样。组织领导者启动项目是为了应对影响该组织持续运营和业务战略的因素。这些因素说明了项目的启动背景，它们最终应与组织的战略目标以及各个项目的业务价值相关联。促进项目创建的因素大致可以归为以下四个基本类别，具体如表16-1所示：

（1）符合法律法规或社会需求；

（2）满足干系人的要求或需求；

（3）创造、改进或修复产品、过程或服务；

（4）执行、变更业务或技术战略。

表 16-1　促成项目创建的因素

特定因素	特定因素示例	符合法律法规或社会需求	满足干系人要求或需求	创造、改进或修复产品、过程或服务	执行、变更业务或技术战略
新技术	某电子公司批准一个新项目，在计算机内存和电子技术发展的基础上，开发一种高速、廉价的小型笔记本电脑			√	√
竞争力	为保持竞争力，产品价格要低于竞争对手的产品价格，需要降低生产成本				√
材料问题	某市政桥梁的一些支撑构件出现裂缝，因此需要实施一个项目来解决问题	√			
政策变革	在某新政策影响下，当前某项目经费发生变更				√
市场需求	为应对汽油紧缺，某汽车公司批准一个低油耗车型的研发项目		√	√	√
经济变革	经济滑坡导致某项目优先级发生变更				√
客户要求	为了给新工业园区供电，某电力公司批准一个新变电站建设项目		√		
干系人需求	某干系人要求组织进行新的输出		√		
法律要求	某化工制造商批准一个项目，为妥善处理一种新的有毒材料制定指南	√			
业务过程改进	某组织实施一个运用精益六西格玛价值流图的项目			√	
战略机会或业务需求	为增加收入，某培训公司批准一个项目，开发一门新课程			√	√
社会需要	为应对传染病频发，某发展中国家的非政府组织批准一个项目，为社区建设饮用水系统和公共厕所，并开展卫生教育		√		
环境需要	为减少污染，某上市公司批准一个项目，开创电动汽车共享服务			√	√

16.1.2　项目成功的标准

确定项目是否成功是项目管理中最常见的挑战之一。时间、成本、范围和质量等项目管理测量指标，历来被视为确定项目是否成功的最重要的因素。确定项目是否成功还应考虑项目目标的实现情况。

明确记录项目目标并选择可测量的目标是项目成功的关键。主要干系人和项目经理应思考三个问题：

（1）怎样才算项目成功；

（2）如何评估项目成功；

（3）哪些因素会影响项目成功。

主要干系人和项目经理应就这些问题达成共识并予以记录。

项目成功可能涉及与组织战略和业务成果交付相关的标准与目标，这些项目目标可能包括：

（1）完成项目效益管理计划。

（2）达到可行性研究与论证中记录的已商定的财务测量指标。这些财务测量指标可能包括：净现值（NPV）、投资回报率（ROI）、内部报酬率（IRR）、投资回收期（PBP）和效益成本比率（BCR）。

（3）达到可行性研究与论证的非财务目标。

（4）组织从"当前状态"成功转移到"将来状态"。

（5）履行合同条款和条件。

（6）达到组织战略、目的和目标。

（7）使干系人满意。

（8）可接受的客户 / 最终用户的采纳度。

（9）将可交付成果整合到组织的运营环境中。

（10）满足商定的交付质量。

（11）遵循治理规则。

（12）满足商定的其他成功标准或准则（例如过程产出率）等。

为了取得项目成功，项目团队必须能够正确评估项目状况，平衡项目要求，并与干系人保持积极沟通。如果项目能够与组织的战略方向持续保持一致，项目成功的概率就会显著提高。有可能一个项目从范围 / 进度 / 预算来看是成功的，但从业务角度来看并不成功，这是因为业务需求或市场环境在项目完成之前发生了变化。

16.2　项目环境

项目运行时会受到项目所在的组织结构和治理框架的影响与制约。为有效且高效地开展项目，项目经理需要了解组织内的组织机构及职责分配情况，帮助自己有效地利用其权力、影响力、能力、领导力等，以便成功完成项目。

组织内多种因素的交互影响创造出一个独特的组织系统，该组织系统会影响项目的运行，并决定了组织系统内部人员的权力、影响力、利益、能力等，包括：治理框架、管理要素和组织结构类型。

1. 治理框架

治理是在组织各层级上的组织性或结构性安排，旨在确定和影响组织成员的行为。治理是一个多维度概念，需要考虑人员、角色、结构和政策，同时需要通过数据和反馈提供指导和监督。治理框架是在组织内行使职权的框架，包括：规则、政策、程序、规范、关系、系统和过程，该治理框架会影响以下内容：

（1）组织目标的设定和实现方式；

（2）风险监控和评估方式；

（3）绩效优化方式。

2. 管理要素

管理要素是组织内部关键职能部门或一般管理原则的组成部分。组织根据其选择的治理框架和组织结构类型确定一般的管理要素。组织的管理要素包括：

（1）部门，基于专业技能及其可用性开展工作；

（2）组织授予的工作职权；

（3）工作职责，用于开展组织根据技能和经验等属性合理分派的工作任务；

（4）行动纪律（例如尊重职权、人员和规定）；

（5）统一指挥原则（例如对于一项行动或活动，仅由一个人发布指示）；

（6）统一领导原则（例如对服务于同一目标的一组活动，只能有一份计划或一个领导）；

（7）组织的总体目标优先于个人目标；

（8）支付合理的薪酬；

（9）资源的优化使用；

（10）畅通的沟通渠道；

（11）在正确的时间让正确的人使用正确的材料做正确的事情；

（12）公正、平等地对待所有员工；

（13）明确的工作职位；

（14）确保员工安全；

（15）允许任何员工参与计划和实施；

（16）保持员工士气。

组织会将这些管理要素分配给相应的员工负责这些管理要素的落实。员工可以在不同的组织结构中落实这些管理要素。例如，在层级式组织结构中，员工之间存在横向关系和纵向关系。纵向关系从一线管理层一直向上延伸到高级管理层。在特定的组织结构中，需要赋予员工所在层级的职责和职权，才能保证员工在特定的组织结构之内落实相应的管理要素。

3. 组织结构类型

组织结构的形式或类型多种多样，组织在确定本组织选取并采用哪一种组织结构类型时，需要考虑各种可变因素，不存在适用于所有组织的通用的结构类型，特定组织最终选取和采用的组织结构具有各自的独特性。几种常见的组织结构类型及其对项目的影响如表 16-2 所示。

表 16-2　组织结构对项目的影响

组织结构类型	项目特征					
	工作安排人	项目经理批准	项目经理的角色	资源可用性	项目预算管理人	项目管理人员
系统型或简单型	灵活；人员并肩工作	极少或无	兼职；工作角色（如协调员）指定与否不限	极少或无	负责人或操作员	极少或无
职能（集中式）	正在进行的工作（如设计、制造）	极少或无	兼职；工作角色（如协调员）指定与否不限	极少或无	职能经理	兼职

（续表）

组织结构类型	项目特征					
	工作安排人	项目经理批准	项目经理的角色	资源可用性	项目预算管理人	项目管理人员
多部门（职能可复制，各部门几乎不会集中）	其中之一：产品；生产过程；项目组合；项目集；地理区域；客户类型	极少或无	兼职；工作角色（如协调员）指定与否不限	极少或无	职能经理	兼职
矩阵—强	按工作职能，项目经理作为一个职能	中到高	全职；指定工作角色	中到高	项目经理	全职
矩阵—弱	工作职能	低	兼职；作为另一项工作的组成部分，并非指定工作角色（如协调员）	低	职能经理	兼职
矩阵—均衡	工作职能	低到中	兼职；作为一种技能的嵌入职能，不可以是指定工作角色（如协调员）	低到中	混合	兼职
项目导向（复合、混合）	项目	高到几乎全部	全职；指定工作角色	高到几乎全部	项目经理	全职
虚拟	网络架构，带有与他人联系的节点	低到中	全职或兼职	低到中	混合	全职或兼职
混合型	其他类型的混合	混合	混合	混合	混合	混合
PMO	其他类型的混合	高到几乎全部	全职；指定工作角色	高到几乎全部	项目经理	全职

在确定组织结构时，每个组织都需要考虑大量的因素。在最终分析中，每个因素的重要性也各不相同。综合考虑各种因素及其价值，能够帮助组织决策者选择合适的组织结构。选择组织结构时应考虑的因素主要包括：

（1）与组织目标的一致性；

（2）专业能力；

（3）控制、效率与效果的程度；

（4）明确的决策升级渠道；

（5）明确的职权线和范围；

（6）授权方面的能力；

（7）终责分配；

（8）职责分配；

（9）设计的灵活性；

（10）设计的简单性；

（11）实施效率；

（12）成本考虑；

（13）物理位置（例如集中办公、区域办公、虚拟远程办公）；

（14）清晰地沟通（例如政策、工作状态、组织愿景）等。

4. 项目管理办公室

项目管理办公室（Project Management Office，PMO）是项目管理中常见的一种组织结构，PMO 对与项目相关的治理过程进行标准化，并促进资源、方法论、工具和技术共享。PMO 的职责范围可大可小，小到提供项目管理支持服务，大到直接管理一个或多个项目。PMO 的具体形式、职能和结构取决于所在组织的需要。

PMO 有几种不同类型，他们对项目的控制和影响程度各不相同：

（1）支持型。支持型 PMO 担当顾问的角色，向项目提供模板、最佳实践、培训，以及来自其他项目的信息和经验教训。这种类型的 PMO 其实就是一个项目资源库，对项目的控制程度很低。

（2）控制型。控制型 PMO 不仅给项目提供支持，而且通过各种手段要求项目服从，这种类型的 PMO 对项目的控制程度中等。其可能要求项目：一是采用项目管理框架或方法论；二是使用特定的模板、格式和工具；三是遵从治理框架。

（3）指令型。指令型 PMO 直接管理和控制项目。项目经理由 PMO 指定并向其报告。这种类型的 PMO 对项目的控制程度很高。

PMO 还有可能承担整个组织范围的职责，在支持战略调整和创造组织价值方面发挥重要的作用。PMO 从组织战略型项目中获取数据和信息，进行综合分析，评估高层战略目标的实现情况。PMO 在组织的项目组合、项目集、项目与组织考评体系（如平衡计分卡）之间建立联系。

PMO 只是把项目进行了集中管理，他所支持和管理的项目之间不一定彼此关联。

为了保证项目符合组织的业务目标，PMO 有权在每个项目的生命周期中充当重要干系人和关键决策者。PMO 可以提出建议、支持知识传递、终止项目，并根据需要采取其他行动。

PMO 的一个主要职能是通过各种方式向项目经理提供支持，这些方式包括：

（1）对 PMO 所辖全部项目的共享资源进行管理；

（2）识别和制定项目管理方法、最佳实践和标准；

（3）指导、辅导、培训和监督；

（4）通过项目审计，监督项目对项目管理标准、政策、程序和模板的合规性；

（5）制定和管理项目政策、程序、模板及其他共享的文件（组织过程资产）；

（6）对跨项目的沟通进行协调等。

16.3　PMBOK 项目管理知识体系

PMBOK 项目管理知识体系（Project Management Body Of Knowledge，PMBOK）是由美国项目管理协会（Project Management Institute，PMI）开发的一套描述项目管理专业范围的知识体系，包含了对项目管理所需的知识、技能和工具的描述，是当前较为普遍的项目管理方法。本节以 PMBOK 为核心，介绍项目管理基本过程和管理知识领域，供监理工程师了解。

16.3.1　项目生命周期和项目阶段

1. 项目生命周期和项目阶段

项目生命周期指项目从启动到完成所经历的一系列阶段，这些阶段之间的关系可以顺序、迭代或交叠进行。它为项目管理提供了一个基本框架。项目生命周期适用于任何类型的项目。项目的规模和复杂性各不相同，但不论其大小繁简，所有项目都呈现出包含四个项目阶段的通用的生命周期结构，即启动项目、组织与准备、执行项目工作、结束项目。

通用的生命周期结构具有以下特征：

（1）成本与人力投入在开始时较低，在工作执行期间达到最高，并在项目快要结束时迅速回落。这种典型的走势如图 16-2 所示。

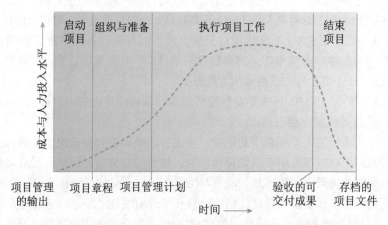

图 16-2　通用项目生命周期结构中典型的成本与人力投入水平

（2）风险与不确定性在项目开始时最大，并在项目的整个生命周期中随着决策的制定与可交付成果的验收而逐步降低，做出变更和纠正错误的成本随着项目越来越接近完成而显著增高，如图 16-3 所示。

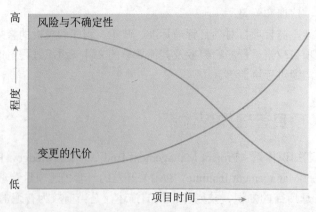

图 16-3　风险与不确定性以及变更的代价随项目时间的变化

上述特征在几乎所有项目生命周期中都存在，但是程度有所不同。

在通用生命周期结构的指导下，项目经理可以确定需要对哪些可交付成果施加更为有力的控制，或者哪些可交付成果完成之后才能完全确定项目范围。大型复杂项目尤其需要这种特别的控制。在这种情况下，项目经理需要将项目工作正式分解为若干阶段，并根据项目特点采取合适的方法进行控制。

2. 项目生命周期类型

项目生命周期通常与一个或多个阶段的产品、服务或成果的开发相关，开发生命周期可分为预测型（计划驱动型）、迭代型、增量型、适应型（敏捷型）和混合型多种类型，采用不同的开发生命周期的项目会呈现出不同的项目生命周期的特点。

1）预测型生命周期

采用预测型开发方法的生命周期适用于已经充分了解并明确确定需求的项目，又称为瀑布型生命周期。在生命周期的早期阶段确定项目范围、时间和成本，对任何范围的变更都要进行严格管理，每个阶段只进行一次，每个阶段都侧重于某一特定类型的工作，如图 16-4 所示。高度预测型项目范围变更很少、干系人之间有高度共识。这类项目会受益于前期的详细规划，但有些情况（例如增加范围、需求变化或市场变化）则会导致某些阶段重复进行。

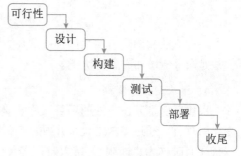

图 16-4　预测型生命周期

2）迭代型生命周期

采用迭代型生命周期的项目范围通常在项目生命周期的早期确定，但时间及成本会随着项目团队对产品理解的不断深入而定期修改，如图 16-5 所示。

图 16-5　迭代型生命周期

3）增量型生命周期

采用增量型生命周期的项目通过在预定的时间区间内渐进增加产品功能的一系列迭代来产出可交付成果。只有在最后一次迭代之后，可交付成果具有了必要和足够的能力，才能被视为完整的，如图 16-6 所示。

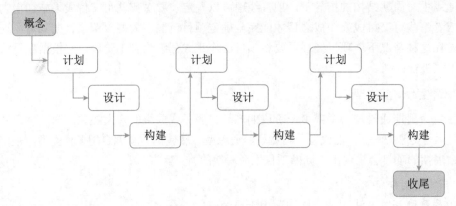

图 16-6   增量型生命周期

迭代方法和增量方法的区别：迭代方法是通过一系列重复的循环活动来开发产品，而增量方法是渐进地增加产品的功能。

4）适应型生命周期

采用适应型开发方法的项目又称敏捷型或变更驱动型项目，适合于需求不确定，不断发展变化的项目。通过多次迭代来开发可交付成果，并在迭代开始之前就得到了定义和批准，每次迭代（有时称为"冲刺"）结束时，客户会对具有功能性的可交付物进行审查。在审查时，关键干系人会提供反馈，项目团队会更新项目待办事项列表，以确定下一次迭代中特性和功能的优先级，如图 16-7 所示。适应型项目生命周期的特点是，先基于初始需求制订一套高层级的计划，再逐渐把需求细化到适合特定的规划周期所需的详细程度。

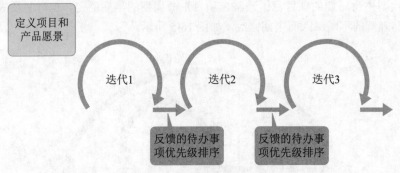

图 16-7   适应型生命周期

5）混合型生命周期

混合型生命周期是预测型生命周期和适应型生命周期的组合。项目生命周期具有复杂性和多维性。特定项目的不同阶段往往采用不同的生命周期，项目管理团队需要确定项目及其不同阶段最适合的生命周期。各生命周期的联系与区别如表 16-3 所示。开发生命周期需要足够灵活，才能够应对项目包含的各种因素。

表 16-3　各生命周期之间的联系与区别

预测型	迭代型	增量型	适应型
需求在开发前预先确定	需求在交付期间定期细化		需求在交付期间频繁细化
针对最终可交付成果制定交付计划，然后在项目结束时一次交付最终产品	分次交付整体项目或产品的各个子集		频繁交付对客户有价值的各个子集
尽量限制变更	定期把变更融入项目		在交付期间实时把变更融入项目
关键干系人在特定里程碑点参与	关键干系人定期参与		关键干系人持续参与
通过对基本已知的情况编制详细计划来控制风险和成本	通过用新信息逐渐细化计划来控制风险和成本		随着需求和制约因素的显现而控制风险和成本

16.3.2　项目管理过程组

　　项目管理过程组是为了达成项目的特定目标，对项目管理过程进行的逻辑上的分组。注意，项目管理过程组不同于项目阶段，项目管理过程组是为了管理项目，针对项目管理过程进行的逻辑上的划分；项目阶段是项目从开始到结束所经历的一系列阶段，是一组具有逻辑关系的项目活动的集合，通常以一个或多个可交付成果的完成为结束的标志。

　　项目管理过程可分为以下五个项目管理过程组：

　　（1）启动过程组：定义了新项目或现有项目的新阶段，启动过程组授权一个项目或阶段的开始。

　　（2）规划过程组：明确项目范围、优化目标，并为实现目标制订行动计划。

　　（3）执行过程组：完成项目管理计划中确定的工作，以满足项目要求。

　　（4）监控过程组：跟踪、审查和调整项目进展与绩效，识别并启动相应变更。

　　（5）收尾过程组：正式完成或结束项目、阶段或合同。

　　一个过程组的输出通常成为另一个过程组的输入，或者成为项目或项目阶段的可交付成果。例如，需要把规划过程组编制的项目管理计划和项目文档（如风险登记册、责任分配矩阵等）及其更新，提供给执行过程组作为输入。各过程组在项目或阶段期间的重叠关系如图 16-8 所示。

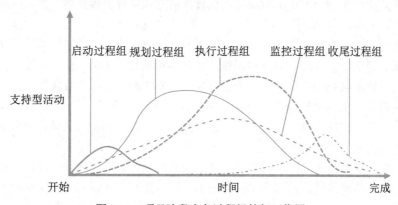

图 16-8　项目阶段中各过程组的相互作用

过程组中的各个过程会在每个阶段按需要重复开展，直到达到该阶段的完工标准。在适应型和高度适应型生命周期中，过程组之间相互作用的方式会有所不同。

1. 适应型项目中的过程组

适应型项目中，各过程组的情况具体如下：

（1）启动过程组：在采用适应型生命周期的项目上，启动过程通常要在每个迭代期开展。适应型项目非常依赖知识丰富的干系人代表，他们要能够持续地表达需要和意愿，并不断针对新形成的可交付成果提出反馈意见。因此应该在项目开始时识别出这些关键干系人，以便在开展执行和监控过程组时与他们频繁互动，获得的反馈意见能够确保项目交付出正确的成果。同时，随着项目进展，优先级和情况的动态变化，项目制约因素和项目成功的标准也会变化。因此，需要定期开展启动过程，频繁回顾和重新确认项目章程，以确保项目在最新的制约因素内向最新的目标推进。

（2）规划过程组：在高度复杂和不确定的项目中，在采用适应型生命周期的项目上，应该让尽可能多的团队成员和干系人参与到规划过程，以便依据广泛的信息开展规划，降低不确定性。高度预测型项目范围变更很少、干系人之间有高度共识，这类项目会受益于前期的详细规划。适应型项目生命周期的特点是先基于初始需求制订一套高层级的计划，再逐渐把需求细化到适合特定规划周期所需的详细程度。预测型和适应型生命周期在规划阶段的主要区别在于做多少规划工作，以及什么时间做。

（3）执行过程组：在敏捷型或适应型项目生命周期中，执行过程通过迭代对工作进行指导和管理。每次迭代都是在一个很短的固定时间段内开展工作，然后演示所完成的工作成果，有关的干系人和团队基于演示来进行回顾性审查。这种演示和审查有助于对照计划检查进展情况，确定是否有必要对项目范围、进度或执行过程做变更。进行回顾性审查，有利于及时发现和讨论与执行方法有关的问题，以及提出改进建议。

虽然工作是通过短期迭代进行的，但是也需要对照长期的项目交付时间框架对其进行跟踪和管理。先在迭代期层面上追踪开发速度、成本支出、缺陷率和团队能力的走势，再汇总并推算到项目层面，来跟踪整体项目的完工绩效。高度适应型项目中，项目经理聚焦于高层级的目标，并授权团队成员作为一个小组用最能实现目标的方式自行安排具体工作，有助于团队成员高度投入，制订出切合实际的计划。

（4）监控过程组：在敏捷型或适应型项目生命周期中，监控过程通过维护未完成工作项的清单，对进展和绩效进行跟踪、审查和调整。针对未完成的工作项，在项目团队的协助（分析并提供有关技术依赖关系的信息）下，业务代表对未完成的工作项进行优先级排序，基于业务优先级和团队能力，提取未完成工作项清单最前面的任务，供下一个迭代期完成。针对变更，业务代表在听取项目团队的技术意见之后，评审变更请求和缺陷报告，排列所需变更或补救的优先级，列入未完成工作项清单。

这种把工作和变更列入同一张清单的做法，多应用于充满变更的项目环境。在这种项目环境中，无法把变更从原先计划的工作中分离出来，所以把变更和原先的工作整合到一张未完成工作项清单中，便于对全部工作进行重新排序，能够为干系人管理和控制项目工作、实施变更控制和确认范围提供统一的平台。

随着排定了优先级的任务和变更从未完成工作项清单中提取出来，并通过迭代加以完成，就可以测算已完成工作的趋势和指标、变更工作量和缺陷率。通过在短期迭代中频繁抽样，计算变更影响的数量和缺陷补救工作量，就可以对照原来的范围来考察团队能力和工作进展，进而能够基于实际的进展速度和变更影响来估算项目成本、进度和范围。

应该借助趋势图表与项目干系人分享这些指标和预测，以便沟通进展情况、共同面对问题、推动持续改进，以及管理干系人期望。

（5）收尾过程组：在敏捷型或适应型项目生命周期中，收尾过程对工作进行优先级排序，以便首先完成最具业务价值的工作。这样即便不得不提前关闭项目或阶段，也很可能已经创造出一些有用的业务价值。这就使得提前关闭不是一种归因于沉没成本的失败，而是一种提前实现收益、快速取得成功或验证某种业务的概念。

2. 适应型项目中过程组之间的关系

适应型项目中，各过程组之间的关系具体如下：

（1）以迭代方式顺序开展的项目：适应型项目往往可分解为一系列按先后顺序进行的、被称为"迭代期"的阶段。在每个迭代期都要利用相关的项目管理过程，为了有效管理高度复杂且充满不确定性和变更的项目，重复开展项目管理过程组会产生管理费用，在迭代的各个阶段，所需的投入水平如图 16-9 所示。

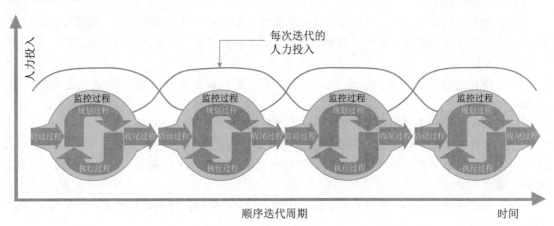

图 16-9　以迭代方式顺序开展的项目的人力投入水平

（2）持续反复开展的项目：高度适应型项目往往在整个项目生命周期内持续实施所有的项目管理过程组。采用这种方法，工作一旦开始计划就需根据新情况而改变，需要不断调整和改进项目管理计划的所有要素。这种方法中的过程组的相互作用如图 16-10 所示。

16.3.3　项目管理原则

项目管理原则用于指导项目参与者的行为，这些原则

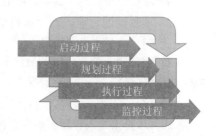

图 16-10　持续反复开展的项目过程组之间的关系

可以帮助参与项目的组织和个人在项目执行过程中保持一致性。原则包括：

（1）勤勉、尊重和关心他人；

（2）营造协作的项目团队环境；

（3）促进干系人有效参与；

（4）聚焦于价值；

（5）识别、评估和响应系统交互；

（6）展现领导力行为；

（7）根据环境进行裁剪；

（8）将质量融入到过程和成果中；

（9）驾驭复杂性；

（10）优化风险应对；

（11）拥抱适应性和韧性；

（12）为实现目标而驱动变革。

16.3.4　项目管理知识领域

知识领域指按所需知识内容来定义的项目管理领域，并用其所含过程、实践、输入、输出、工具和技术进行描述。

虽然知识领域相互联系，但从项目管理的角度来看，它们是分别定义的。根据美国项目管理协会出版的《项目管理知识体系指南》第六版，大多数情况下，大部分项目通常使用的十大知识领域包括：

（1）项目整合管理。识别、定义、组合、统一和协调各项目管理过程组的各个过程和活动。

（2）项目范围管理。确保项目做且只做所需的全部工作，以成功完成项目。

（3）项目进度管理。管理项目按时完成所需的各个过程。

（4）项目成本管理。使项目在批准的预算内完成而对成本进行规划、估算、预算、融资、筹资、管理和控制。

（5）项目质量管理。把组织的质量政策应用于规划、管理、控制项目和产品的质量，以满足干系人的期望。

（6）项目资源管理。识别、获取和管理所需资源以成功完成项目。

（7）项目沟通管理。确保项目信息及时且恰当地规划、收集、生成、发布、存储、检索、管理、控制、监督和最终处置。

（8）项目风险管理。规划风险管理、识别风险、开展风险分析、规划风险应对、实施风险应对和监督风险。

（9）项目采购管理。从项目团队外部采购或获取所需产品、服务或成果。

（10）项目干系人管理。识别影响或受项目影响的人员、团队或组织，分析干系人对项目的期望和影响，制定合适的管理策略来有效调动干系人参与项目决策和执行。

某些项目可能需要一个或多个其他的知识领域，例如，建造项目可能需要财务管理或安全与健康管理。表 16-4 列出了项目管理五个过程组和十大知识领域。

表 16-4　项目管理五个过程组和十大知识领域

知识领域	项目管理过程组				
	启动过程组	规划过程组	执行过程组	监控过程组	收尾过程组
项目整合管理	● 制定项目章程	● 制订项目管理计划	● 指导与管理项目工作 ● 管理项目知识	● 监控项目工作 ● 实施整体变更控制	● 结束项目或阶段
项目范围管理		● 规划范围管理 ● 收集需求 ● 定义范围 ● 创建WBS		● 确定范围 ● 控制范围	
项目进度管理		● 规划进度管理 ● 定义活动 ● 排列活动顺序 ● 估算活动持续时间 ● 制订进度计划		● 控制进度	
项目成本管理		● 规划成本管理 ● 估算成本 ● 制定预算		● 控制成本	
项目质量管理		● 规划质量管理	● 管理质量	● 控制质量	
项目资源管理		● 规划资源管理 ● 估算活动资源	● 获取资源 ● 建设团队 ● 管理团队	● 控制资源	
项目沟通管理		● 规划沟通管理	● 管理沟通	● 监督沟通	
项目风险管理		● 规划风险管理 ● 识别风险 ● 实施定性风险分析 ● 实施定量风险分析 ● 规划风险应对	● 实施风险应对	● 监督风险	
项目采购管理		● 规划采购管理	● 实施采购	● 控制采购	
项目干系人管理	● 识别干系人	● 规划干系人参与	● 管理干系人参与	● 监督干系人参与	

16.4　项目管理与监理工作的关系

信息系统工程建设项目的实施涉及业主单位、承建单位、监理单位，三方都需要采用项目管理的方法（简称"三方一法"）以完成其在项目实施中所肩负的责任。

图 16-11 是描述这"三方一法"关系的框架。

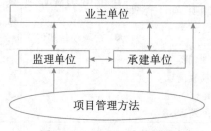

图 16-11　三方一法关系图

1. 业主单位与项目管理

业主单位与项目管理的关系为：

（1）业主单位重点参与实施项目的立项管理与验收管理工作；

（2）业主单位应密切关注整个项目管理过程，并给出相关反馈意见。

2. 承建单位与项目管理

除立项阶段的立项准备、立项申请、立项审批之外，项目管理过程的其他要素都是承建单位要重点实施的。

3. 监理单位与项目管理

监理单位在信息系统工程建设项目中重点涉及的项目管理工作包括：

（1）进度控制、成本控制、质量控制（"三控"）；

（2）合同管理、文档管理（"两管"）；

（3）沟通与协调（"一协调"）；

（4）评估与验收（可融入"三控、两管、一协调"中）。

监理单位还直接或间接涉及"项目组织与人员管理""计划与执行管理""执行与知识产权管理"等工作。

如果业主单位与监理单位更早地合作，监理单位也可能与立项管理有关。这时监理单位可能是以咨询单位的身份介入信息系统工程建设项目的招投标等立项活动的。

第 17 章　变更控制

在信息系统工程建设项目中，变更可能贯穿项目的整个生命周期，能够发生在项目的任何阶段。不受控制的变更将带来巨大风险，甚至导致项目失败，因此变更控制也应在整个项目生命周期中持续开展。变更控制是确保项目顺利进行并按照预定目标实现的重要环节。监理工程师需要对变更控制过程进行严格把关，在信息系统工程建设项目中实施高效的变更控制，确保项目质量、进度和成本得到有效管理。

在变更控制过程中，监理工程师需要了解项目需求与目标，以便在变更控制过程中能够做出正确的决策。变更请求需要经过严格的评估，包括对其影响范围、可行性、风险和紧急程度的评估。在收到变更请求后，监理工程师应组织项目各方进行详细的沟通与协调，确保所有相关方都明确了解变更的背景、原因和目标。在变更实施阶段，监理工程师要密切关注项目质量、进度和成本的实时状况，以确保变更措施得到有效执行。监理工程师还需要注重变更控制过程中的文档管理，确保所有变更请求、批准、拒绝和实施的记录完整、准确。这有助于项目各方了解项目的整体情况，同时也为后期的项目总结和经验教训提供了宝贵资料。

17.1　工程变更概述

工程变更是指在工程项目实施过程中，按照承建合同或其他约定程序对工程的设计和实施做出的变更。变更是对任何正式受控的项目基准的修改。项目基准包括经批准的可交付成果、项目文档、项目计划等工作产品，只有通过正式的变更控制程序才能进行变更。在工程的项目基准确定之前，无须通过变更控制程序管理变更，一旦确定了项目基准，就必须通过变更控制程序处理变更请求。工程变更关系到工程的成败，思想上要高度重视，行动上要严格控制。

在信息系统工程的建设过程中，由于项目环境或者其他各种原因，项目的部分或全部需求、设计、工期、投资、合同、技术指标、集成方法等内容都可能发生变更。应在承建合同中对工程变更的范围进行约定，并明确每一种变更应以哪种方式、哪种程序进行处理。对合同范围外的变更，可以注明另行协商并补签合同。

17.1.1　工程变更的原因

引起工程变更的原因可能来自工程项目的内部，也可能来自外部环境。变更的诱发一般分为主动和被动两种。主动变更是主动发起的变更，常用于提高项目收益，包括减少投资、改进方案以及提高项目的便捷性和有效性等；被动变更常见于项目范围变化、异常、错误和适应不断变化的环境等。实施变更的原因归根结底只有两个：引入新的收益或保护现有收益。

项目具有渐进明细的特点，很难在项目策划时就万事俱备或考虑周全。信息系统工程技术更新快、需求变化频繁等特点也决定了其在实施过程中难免会遇到各种预料之外的变化，从而需要对项目进行调整和变更。

一般情况下，造成信息系统工程变更的原因包括：

（1）项目外部环境发生变化，例如法律法规、行业标准及政策变化；

（2）发生风险事件，为应对风险采取必要的调整措施；

（3）业主单位由于机构重组等自身原因造成业务流程变化，或产生需求变化；

（4）承建单位根据业主单位的要求，适当地调整设计方案或实施方案；

（5）项目范围的定义存在错误或遗漏；

（6）项目需求分析、总体设计不够充分详细，存在错误或遗漏；

（7）项目执行过程与项目基准不一致带来的被动调整；

（8）使项目增值，例如出现新技术，设计人员提出了新的设计方案或实现手段。

17.1.2　工程变更的影响

工程变更主要带来以下影响：

（1）影响项目范围。

变更可能导致项目范围出现变化，从而带来一系列诸如设计、实施、测试、验收等方案甚至合同的变化，项目计划的大部分要素都需要围绕范围变化进行调整。

（2）影响工程进度、成本和质量。

变更会导致进度的延迟或加快、成本的增加或减少，以及质量的降低或提高。进度、成本、质量是工程项目管理最重要的三个基本要素，也是业主单位最关心的要素。

（3）影响工程需要的生产要素的需求和配置。

变更可能会导致工程所需要的原材料、工具或设备等生产要素发生种类、数量、功效上的变化。

（4）影响工程的组织和人员。

变更可能会使工程的组织机构和人员发生变化。如果工程采用了新技术，则需要增加掌握相应新技术的人员。

（5）影响项目干系人。

工程的变更会直接或间接地影响项目干系人的利益。例如，在某政府热线建设项目实施过程中，主管部门增加了投诉回访功能，从而提高了项目最终用户（项目干系人之一）的满意度，但也相应增加了项目业主单位在项目上线后投入的回访人员数量。

17.1.3　工程变更的分类

变更分类的方式有很多，需要根据项目的类型、项目管理的模式与方法等确定，例如应用开发、系统集成、IT 咨询、IT 运维等项目，业务形态各异，管理成熟度也有差距，可以细化分类，并对不同内容的变更采取不同的控制方法，通过不同的变更控制程序、不同的审批权限进行控制。例如，弱电工程行业的常见分类方法为：范围变更、环境变更、设计变更、实施变更和技术标准变更。

通常来说，根据变更的性质划分，可以分为重大变更、重要变更和一般变更。根据变更的迫切性划分，可以分为紧急变更、非紧急变更。

17.2 变更控制原则

有些变更是积极的，有些变更是消极的。有些变更是必须做的，有些变更是无可奈何的，还有些变更是不必要的。监理工程师要对可能发生的变更保持预控能力，要有防患于未然的应对措施，要拒绝不必要的、随心所欲的变更，要减少乃至控制变更带来的风险和负面影响。

监理工程师既要对业主单位提出具体的建议，也要对承建单位提出明确的要求，还要在变更控制方面加强管理，对可能出现的变更实行及时有效的控制，保障项目达到既定的目标。

通常监理在处理变更时应遵循以下原则：

（1）快速响应变更申请。

在项目实施过程中，变更处理越早，损失越小；变更处理越迟，难度越大，损失也越大。因此监理单位在接到变更申请之后，应快速按照变更控制程序进行处理，并迅速协商确定是否可以变更。

（2）任何变更都要得到三方确认。

任何变更都要得到三方的书面确认，严禁擅自变更。仅获得任何一方或者两方同意就做出变更而造成的损失，应由变更方承担。在变更文件得到三方签认的批准前，不得实施工程变更。

（3）明确界定变更目标。

如果变更后的项目目标模糊不清，在实施过程中就难以确定努力的方向，即使完成了项目，也难以确定是否达到了变更的预期效果。

（4）防止变更范围蔓延。

变更范围要有明确的界定，而且三方对变更范围的理解不能存在任何差异。

（5）三方都有权提出变更。

一般来说，承建单位和业主单位是变更的主要申请方，但监理单位也可以根据项目实施的情况提出变更。例如，在监理过程中发现设计方案存在缺陷，就应主动提出变更申请。

（6）加强变更评估。

变更可能影响项目范围、进度、成本、质量、项目文档和项目计划的任何部分。如果不考虑变更对项目整体的影响就开展变更，往往会带来或加剧项目风险。应该通过实施整体变更控制对变更请求进行审查和处理，多方面评估变更的风险，制定相应的风险预防措施和处理措施，并记录。

（7）及时公布变更信息。

只有项目的关键人员才清楚工程变更的全过程，其他人员并不了解变更的全面信息，因此在做出变更决定时，应及时公布变更信息，以确保在部署变更之前，所有人员都能做好充分准备，及时调整工作，朝着新的方向努力。

（8）选择冲击最小的方案。

项目的范围、投资、工期是项目计划的主要因素，做出项目变更时，力求在尽可能小的变动幅度内对这些主要因素进行微调。如果它们发生较大的变动，就意味着项目计划被彻底颠覆或失效，可能使项目陷入瘫痪状态。

17.3   变更控制方法

信息系统工程建设项目的环境是变化的，项目自身也在不断变化。采用适当的变更控制方法有效地控制变更，项目才能适应变化，在变化的环境中成功完成。

变更控制方法用于识别、评估和控制任何潜在的及已经批准的变更。规模越大的项目，调整项目基准的边际成本越高，随意调整项目可能带来诸多不良后果，包括基准失效、范围蔓延、干系人冲突、资源浪费、项目执行情况混乱等。因此，即使在项目整体压力较大时，也需要确保变更的识别、评估和控制过程规范化。

17.3.1   变更控制程序

变更控制要保证工程变更按照既定的程序进行处理，变更控制程序通常在承建合同中进行约定，所有工程变更都必须遵循变更控制程序。监理工程师在变更控制过程中，要对工程变更的必要性、合理性、可行性、经济性进行分析，要保障变更申请、审批及实施符合变更控制程序，要对该变更所引发的一系列变化无一遗漏地确认，对变更所产生的负面影响进行预测并提出必要的应对措施，以使风险降至最小。

一般来说，变更控制程序包括以下步骤。

1. 及时了解变化

在项目实施过程中，监理工程师要经常关注与项目有关的主客观因素，及时发现和把握变化，认真分析变化的性质，确定变化的影响，适时地通报变化，要对整个项目的执行情况做到心中有数。

2. 接受变更申请

变更申请单位提出变更申请，向总监理工程师提交书面工程变更单，由总监理工程师组织审核。工程变更单主要包括：变更原因，变更内容，并附工程变更情况说明。工程变更情况说明中可以包括变更情况描述、变更依据、变更前后的差别、变更方案、变更影响和风险、证明材料等内容。

工程变更单应在预计可能变更的时间之前尽早提出。在特殊情况下，工程变更可以不受时间的限制。

3. 变更初审

监理机构进行变更初审的目的主要包括：
（1）确认变更申请在承建合同约定的期限内提交；
（2）了解变更的实际情况，收集相关资料或信息，证明资料真实、齐全；
（3）检查工程变更单的格式与完整性，包括申请文件填写齐全，签字、印章手续完备等，确保下一步变更评估所需的信息准备充分；
（4）明确界定变更的目标；
（5）根据收集的变更信息，对变更申请单位施加影响，确认变更的必要性，对于完全没有必要的变更，可以驳回变更申请并给出监理意见，对于有必要的变更，可以进一步进行变更分析与评估。

4. 变更分析与评估

总监理工程师应根据实际情况，参考变更文件及其他有关资料，按照承建合同的有关条款，对变更进行分析与评估，在工程变更单中签署监理意见。

变更分析与评估的内容主要包括：

（1）分析变更对工程项目的整体影响；

（2）评估变更的合理性；

（3）评估变更方案的可行性、合理性；

（4）评估变更工作量；

（5）评估变更费用和工期。

总监理工程师应根据实际情况，参考变更文件及其他有关资料，按照项目合同的有关条款，指定监理工程师完成下列工作后，对工程变更的费用和工期做出评估：确定工程变更范围及其实施难度，确定工程变更内容的工作量，确定工程变更的单价或总价。

5. 确定变更方案

总监理工程师组织三方进行协商和讨论，根据变更分析与评估的结果，确定最优变更方案。监理单位应协调业主单位、承建单位就变更的内容和方案达成一致，并在工程变更单中予以签认。

对于一些较大或较关键的变更，可以召开变更方案论证会议，业主单位虽有最终的决策权，但可能技术上并不专业，可以由变更顾问委员会（由相关技术和经济方面的专家组成）提供论证意见。

在确定变更方案的过程中，三方仍有可能做出驳回变更的决定。

6. 签发工程变更单并公布变更

三方协商一致后，应把对变更申请批准或驳回的决定通知受此决定影响的每个干系人。如果变更申请得到批准，意味着项目基准将被调整，变更方案中的资源需求应及时到位。因此，需要签发工程变更单，并把变更方案告知有关实施部门和实施人员，为变更实施做好准备。如果变更申请被驳回，应通知有关人员放弃该变更申请。

监理工程师要格外关注沟通，以帮助变更涉及的相关人员履行职责，以及向相关方传达决定。

7. 监控变更实施

监理单位应要求承建单位在工程变更单签发前不得实施工程变更。

监理单位应根据工程变更单监督承建单位实施变更，如果发现异常情况，要及时中止并重新评估变更。项目基准按工程变更单调整后，需要确认资源配置是否及时到位，若涉及人员的调整，则需要更加关注。变更实施完成并经监理工程师验收合格后，应按正常的支付程序办理变更费用的支付手续。

监理单位应对工程变更过程及结果做工程备忘录，应妥善保存变更产生的相关文档，确保其完整、及时、准确、清晰。

8. 变更效果评估

在变更实施结束后，要对变更效果进行分析和评估，判断变更后的项目是否已纳入正常轨道。

变更效果评估的首要依据是项目的基准，评估内容主要包括：

（1）结合变更的初衷，评估变更所要达到的目的是否已达成；

（2）评估变更方案中的技术论证、经济论证内容与实施过程的差距，并推动解决；

（3）评估变更的可能影响，变更的影响是多面的，既需要对业主单位可视的成果、交付期等的变更进行评估，也需要对业主单位不可视的项目内部工作的变更进行评估，如承建单位的人员分工、管理工作、资源配置等；

（4）基准管理，项目基准是变更的依据，每次变更通过评审后，都需要更新项目基准。

17.3.2 变更控制系统

变更控制包括识别、记录、批准或驳回变更。变更控制的实施程度取决于项目所在应用领域、项目复杂程度、合同要求，以及项目所处的背景与环境。要想控制好变更，必须有一个完备的变更控制系统，用系统化的方法识别、评估和控制变更。

变更控制系统是一个正式的文档化的过程，用来描述项目应当怎样发生变更。这个系统还反映了被授权做出变更的相应人员、要求的文件，以及项目会用到的自动或人工监控系统。监理工程师应建议业主单位在承建合同中写明变更控制系统的内容。

变更控制系统包括：

（1）变更控制委员会：负责审查、评价、批准或驳回变更，并记录和传达变更处理决定。变更控制委员会应为准备提交的变更申请提供指导，对变更申请进行评估和审批，并管理经批准的变更的实施过程，三方都应参与其中。

（2）变更控制程序：包括变更需遵循的步骤，以及如何批准和确认变更，对变更从申请、评估、批准到实施、完成的整个过程进行约定。

（3）变更信息的沟通过程：运用书面的和口头的执行绩效报告进行变更的确认和管理。应当有一个良好的信息机制或信息系统，用于及时通知受变更影响的每一个人，同时监控变更的实施。

17.3.3 变更控制方法与技术

1. 专家判断

在变更分析与评估、变更论证、确定变更方案等环节，应考虑征求具备以下相关专业知识或接受过相关培训的个人或小组的意见：

（1）关于项目所在行业以及项目涉及领域的业务、技术、商务知识；

（2）法律法规；

（3）行业与标准；

（4）风险管理。

2. 变更控制工具

为了便于控制变更，可以使用一些手动或自动化的工具。工具应支持以下活动：

（1）识别变更；

（2）记录变更；

（3）做出变更决定；

（4）管理变更申请和后续的决策；

（5）监控变更实施。

3. 数据分析

可用于变更控制的数据分析技术包括（但不限于）：

（1）备选方案分析：用于评估变更申请，并决定哪些可接受、应否决或需修改；

（2）成本效益分析：有助于确定变更申请是否值得投入相关成本。

4. 决策

可用于变更控制的决策技术包括（但不限于）：

（1）投票：投票可以采取一致同意、大多数同意或相对多数同意原则，以决定是否批准或驳回变更申请；

（2）独断型决策制定：由一个人负责为整个集体制定决策；

（3）多标准决策分析：借助决策矩阵，根据一系列预定义的准则，用系统分析方法评估变更申请。

5. 会议

监理工程师可以召集变更控制委员会参加变更控制会。变更控制委员会负责审查变更申请，评估变更的影响，讨论并提议变更实施的备选方案，最终做出批准或驳回的决定。最后，将会议决定传达给提出变更申请的单位。

17.4　变更控制内容

在变更控制过程中，监理工程师需要重点关注需求变更控制、进度变更控制、投资变更控制和合同变更控制。除了变更处理过程、处理时限需要符合承建合同及变更控制程序的要求外，还应根据其特点控制变更。

17.4.1　需求变更控制

1. 需求变更控制的重要性

需求变更对项目成败有关键影响，通常会带来方案变更、技术变更、人员变更等多方面变更。在信息系统工程建设项目中，最常见的变更往往源于业主单位本身的需求或意愿。需求变更并不可怕，可怕的是需求变更得不到控制，未经控制的需求变更很容易带来范围蔓延，范围蔓延则会造成不合理的工期延误及投资超预算。

监理工程师应对需求变更进行充分的识别、评审和控制，提醒承建单位采取可控的方式做好需求管理，确保需求变更及其带来的关联变化得到有效控制。

2. 需求变更的控制措施

需求变更的控制措施主要包括：

（1）在项目招标阶段，监理工程师应做好需求确认和合同签订工作。需求基准文件定义的范围应详细、清晰、经过业主单位确认。在签订承建合同时，可以建议增加相关条款，例如，限定提出需求变更的时间，规定哪种情况的变更可以被接受或拒绝，需求变更的控制程序和审批权限等。

（2）在项目实施阶段，监理工程师应确保按照约定的变更控制程序处理需求变更，需求变更应合规、可控，尤其需要注意对需求变更的确认，需求变更的内容也应及时反映在设计和实施方案中。

（3）在项目验收阶段，监理工程师应确保需求变更的内容反映在验收方案中。

17.4.2　进度变更控制

监理工程师应能够基于项目之前的执行情况预测进度，确定项目是否仍处于进度的公差区间，并识别任何必要的变更，尽量减少进度变更。

监理工程师对进度变更的控制措施主要包括：

（1）判断项目进度的当前状态，识别变更的可能性和必要性；

（2）对可能造成进度变更的因素施加影响；

（3）查明进度是否已经改变，及时报告业主单位并做工程备忘录；

（4）确保按照约定的变更控制程序和时限要求处理进度变更。

项目延期、暂停、复工都可能造成进度变更，对这三种情形的处理方式如下。

1. 项目延期

监理单位应按以下要点及时处理项目延期：

（1）根据项目情况确认其合理性，并与业主单位、承建单位协商后，由总监理工程师对工程延期申请予以确认；

（2）项目延期影响项目总体进度计划时，应要求承建单位修改项目总体进度计划，经三方签认后，做工程备忘录。

对项目延期的监理要点及评估原则如下：

（1）受理。

监理单位应对承建合同规定的由下列原因造成的项目延期事件给予受理：

- 非承建单位的责任使项目不能按原定工期开工；
- 经批准的工程量变化和设计变更；
- 国家和地区有关部门正式发布的不可抗力事件；
- 业主单位同意工期相应顺延的其他情况。

（2）处理。

对项目延期事件的处理过程如下：

- 项目延期事件发生后，承建单位应在合同约定期限内提交工程延期意向报告；
- 承建单位应按合同约定提交有关项目延期的详细资料和证明材料；
- 项目延期事件发生后，总监理工程师应对该事件进行分析、研究，对减少损失提出建议；
- 项目延期事件终止后，承建单位应在合同约定的期限内，提交工程延期申请；
- 在处理项目延期的过程中，监理工程师还应书面通知承建单位采取必要的措施，降低对项目的影响程度；
- 最终评估出的延期天数，在与业主单位协商一致后，由总监理工程师签发工程延期审批表。

（3）监理评估原则。

对项目延期事件的监理评估原则具体如下：

- 确认项目延期事件属实；
- 工程延期申请依据的合同条款准确；
- 项目延期事件必须发生在被批准的进度计划的关键路径上。

2. 项目暂停与复工

（1）项目暂停。

在下列情况发生时，总监理工程师可以签发暂停令：

- 应承建单位的要求，项目需要暂停实施时；
- 由于项目质量问题，必须进行停工处理时；
- 发生必须暂停实施的紧急事件时。

在监理合同有约定或必要时，签发暂停令前，应征求业主单位意见；签发暂停令后，监理工程师应协同有关单位按合同约定，处理好因项目暂停所诱发的各类问题。

（2）项目复工。

在项目暂停后，经处理达到可以继续实施的条件时，复工办法如下：

- 如项目暂停是由于业主单位原因，或非承建单位原因时，监理工程师应在暂停原因消失，具备复工条件时，及时签发复工令，指令承建单位复工；
- 如项目暂停是由于承建单位原因，承建单位在具备复工条件时，应填写复工申请表报监理单位审批，由总监理工程师签发审批意见；
- 承建单位在接到同意复工的指令后，才能继续实施项目。

17.4.3　投资变更控制

监理工程师审查工程变更时，如果因为成本变更引起了投资的变化，应按照承建合同的相关条款执行。在合同中没有规定的，应在变更实施前与业主单位、承建单位协商确定，并做工程备忘录。

对成本变更的控制措施主要包括：

（1）对可能导致成本变更的因素施加影响；

（2）确保按照约定的变更控制程序处理成本变更；

（3）保证潜在的成本超支不超过授权的项目阶段投资和总体投资；

（4）监督成本绩效，找出并准确记录所有的与成本基准的偏差；

（5）成本产生超出合理范围的正、负偏差时，应查明原因，大量的成本节余未必是好事，可能潜藏计划无效、功能遗漏、质量下降等隐患；

（6）防止错误的、不恰当的或未批准的变更被纳入费用或资源使用报告中。

17.4.4　合同变更控制

合同变更是指由于一定的法律事实而改变合同内容和标的的法律行为。它的一般特征有如下几点：

（1）合同的双方当事人必须协商一致；

（2）对合同变更的内容约定不明确的，推定为未变更；

（3）合同变更的法律后果是将产生新的债权和债务关系。

合同变更需要遵循已定义的合同变更控制程序。合同变更控制是规定合同修改的过程，包括文书工作、跟踪系统、争议解决程序以及批准变更所需的审批层次。合同变更控制应当与整体变更控制结合起来。

监理单位应按照合同及法规的要求，及时协助业主单位或承建单位处理合同变更的申请，协助保持合同、协议及其附件内容的时效性、一致性。由于监理工作涉及的合同种类多，数量大，变更频繁，人为管理效率低，可能还会出错，应当建立信息系统进行管理，才能达到档案化、信息化，确保正确分析合同管理情况。

1. 合同变更的条件

一般必须具有下列条件才能变更合同：

（1）双方当事人确实自愿协商同意，并且不因此而损害国家利益和社会公共利益的；

（2）由于不可抗力致使合同的全部义务不能履行；

（3）由于另一方在合同约定的期限内没有履行合同，且在被允许的推迟履行期限内仍未履行；

（4）合同的变更给另一方当事人造成损失的，除依法可以免责的以外，应由责任方负责赔偿。

2. 合同变更的一般程序

合同变更的一般程序具体如下：

（1）当事人一方要求变更合同时，应当首先向另一方用书面的形式提出；

（2）另一方当事人在接到有关变更项目合同的建议后，应及时做出书面答复，如同意，即表明承建合同的变更发生法律效力；

（3）变更合同的建议与答复，必须在双方协议的期限之内，或者在法律或法令规定的期限之内；

（4）合同变更如涉及国家指令性项目时，必须在变更合同之前报请有关部门批准；

（5）因合同变更发生的纠纷，依双方约定的解决方式或法定的解决方式处理。

3. 合同变更控制程序

监理按变更控制程序处理合同变更时，还应注意：

（1）监理工程师应就变更费用及工期的评估情况与业主单位、承建单位进行沟通协调；

（2）监理工程师应及时协调合同纠纷，公平地调查分析，提出解决建议。

17.5 监理变更控制要点

1. 变更受理的控制要点

变更受理的控制要点主要包括：

（1）招标阶段，监理单位应协助业主单位检查承建合同中的工程变更处理程序；

（2）业主单位或承建单位提出的工程变更，应编制变更文件提交总监理工程师；

（3）所有变更请求都必须以书面形式进行记录；

（4）监理单位应及时对变更进行响应；

（5）应由总监理工程师主持审查和处理工程变更，总监理工程师代表获得总监理工程师授权后，也可以主持审查和处理工程变更，但不包括对项目延期的审批。

2. 变更处理的控制要点

变更处理的控制要点主要包括：

（1）监理单位应了解工程变更的实际情况，收集相关资料或信息；

（2）监理单位应根据实际情况，参考变更文件及其他有关资料，按照承建合同的有关条款，组织业主单位和承建单位对变更进行评估；

（3）对变更的评估除了包括对工程变更自身的评估外，还应包括对项目计划、质量、进度和投资等产生的影响的评估；

（4）变更处理过程应符合承建合同中约定的工程变更处理程序；

（5）变更处理过程应满足承建合同中规定的时限要求；

（6）监理单位应对工程变更过程及结果（包括变更有关的评估、计划、实施、验证等）做工程备忘录；

（7）应严格控制变更，承建单位未得到业主单位和监理单位的同意，不允许对工程随意变更。

3. 变更实施的控制要点

变更实施的控制要点主要包括：

（1）监理单位应要求承建单位在变更文件签署前不得实施工程变更。

（2）监理单位应根据三方签认的工程变更文件监督承建单位实施变更。

（3）涉及合同变更的，监理单位应按照合同及法规的要求协助业主单位处理。

（4）监理单位处理合同变更申请时，应协助保持合同、协议及其附件内容的时效性、一致性。

（5）工程发生变更后，承建单位可以提出变更工程价款的申请，监理单位根据实际情况就工程变更费用与承建单位和业主单位进行协商。

（6）如果产生变更费用，不能使用成本容许偏差或风险预留资金支付，可以采用以下办法解决资金的问题：

- 使用变更预算（如果准备了该预算且额度够用）；
- 请求业主单位增加投资预算；
- 适当削减该项目其他部分的范围或预算。

（7）监理单位的工程总结报告中应包括工程变更情况，例如变更的次数、对项目的影响、应该吸取的经验教训等。

4. 特定项目变更的控制要点

对于特定项目变更的控制要点主要包括：

（1）信息安全项目在招标阶段，应检查承建合同中对工程变更引发安全问题的处理方法。

（2）信息安全项目如果在工程实施中存在重大变更，监理单位应督促承建单位对系统安全性进行再评估。

（3）数据中心建设项目在实施阶段应协助业主单位严格控制工程变更，对于确因客观原因发生以下变更的，报业主单位审批才能组织洽商：

- 变更建设地点的；
- 变更建设性质的；
- 变更业主单位的；
- 变更招标方案的；
- 变更建设内容、建设规模、建设标准、建设方案等，导致项目主要使用服务或功能发生变化的；
- 项目实施过程中投资变动超过批准初步设计概算总投资 10% 的。

第 18 章　风险管理

信息系统工程日益复杂，增加了其建设过程中的不确定性，对项目目标产生了影响，甚至可能导致项目失败。对风险进行管理，有助于项目目标达成。风险管理是指如何在一个肯定有风险的环境里把风险可能造成的不良影响减至最低的管理过程。良好的风险管理有助于降低决策错误概率、避免可能的损失、相对提高监理质量。信息系统规模越大，越需要进行风险管理，监理工程师必须建立风险思维、掌握风险管理技能、密切关注并协助控制项目风险。

18.1　风险管理概述

项目生命周期中有很多不确定性（例如，由于各种内外部因素导致项目无法按照计划实施、达到预期目标或满足相关质量要求），一旦发生会对项目目标产生某种正面或负面的影响，这些不确定性就是风险。概率与影响是风险的两个核心属性。概率又称可能性，指某一事件发生的可能程度。影响，即风险产生的后果，影响可能是消极的（即威胁，妨碍目标的达成），也可能是积极的（即机会，促进目标的达成）。

信息系统工程建设项目中常见的风险类型包括：

（1）技术风险：是指在项目开发过程中使用的技术和工具可能导致的问题。例如技术不成熟、兼容性问题、技术选型错误等。

（2）需求变更风险：是指客户在项目执行过程中提出修改需求，导致项目进度延期、成本增加和质量下降的风险。

（3）人力资源风险：是指项目团队成员的离职、招聘、培训以及合作问题等可能对项目产生影响的风险。

（4）管理风险：是指项目过程中实施的管理措施和决策可能导致的问题。例如项目沟通不畅、组织结构不合理、领导决策失误等。

（5）合同风险：是指由于合同内容不清晰、条款不明确或未履行合同约定等原因导致项目风险的增加。

（6）质量风险：是指质量不满足预期目标，可能导致客户不满意、返工等问题。

（7）成本风险：是指成本超出预算或资源浪费，导致项目经济效益受损的风险。

（8）进度风险：是指建设过程中，可能出现交付延误、未按计划完成等问题。

（9）法律和政策风险：是指建设过程中，法律法规和政策变更等因素可能给项目带来的风险。

（10）外部环境风险：是指自然灾害、市场竞争、宏观经济环境等因素可能对项目产生影响的风险。

风险管理就是指通过风险识别、风险分析等认识项目的风险，并以此为基础，合理地采取各种风险应对措施、管理方法和技术，对风险实行有效的管控，利用或强化正面风险，规避或减轻负面风险，从而达到项目的最大收益。

18.2   风险管理过程

项目风险管理流程一般包括风险规划、风险识别、风险分析、风险应对、风险监控等活动。风险管理应贯穿整个项目生命周期，与项目管理其他过程相结合，并应使所有的利益相关者都能积极参与其中。

（1）风险规划：定义如何实施项目风险管理活动。

（2）风险识别：识别单个项目风险及整体项目风险的来源，并记录风险特征。

（3）风险分析：包含定性分析和定量分析。定性分析指通过评估单个项目风险发生的概率和影响以及特征对风险进行优先级排序；定量分析指对已识别的项目风险统计可量化数据并建立数学模型进行分析。

（4）风险应对：对已识别的单个或整体项目风险选择应对策略并商定应对措施。

（5）风险监控：在整个项目期间，监督风险应对计划的实施、跟踪已识别风险、识别和分析新风险、评估风险管理的有效性。

以上各个过程会相互交叠和相互作用，如图 18-1 所示概括了项目风险管理的各个过程。

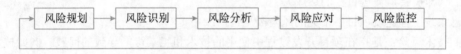

图 18-1   项目风险管理流程

18.2.1   风险规划

风险规划的目的在于建立一个风险管理过程，为项目制定整体风险管理策略，决定风险管理过程将被如何执行，并将风险管理和其他所有项目管理活动整合起来。风险管理规划需确定执行风险管理的人员、分配所需资源，并定义沟通和协调机制。

开展项目风险规划是进行项目风险管理的首要步骤，也是项目风险管理目标能否实现的关键要素，应在项目启动前或项目初期就开始。如果项目后期发生重大变更时，需要重新进行风险管理规划。

项目风险规划应遵循以下原则：

● 全面性原则：项目各阶段的主要风险以及风险事件的后果是不同的，应从各阶段的典型风险出发，全面考虑各类风险；

● 灵活性原则：项目风险规划难以充分地预料到所有风险，故在规划时就应保证一定的灵活性，能够随时根据实际变化进行调整；

● 职责的明确性原则：项目风险规划应明确从事项目风险管理的人员与职责。

风险规划过程的主要内容如图 18-2 所示。

图 18-2　风险规划

1. 风险规划的依据

风险规划的依据主要包括以下内容：

（1）项目管理计划。项目管理计划提供了风险管理需要明确的项目范围、进度、沟通以及成本等内容。通过项目范围说明了解项目及交付物相关的各种可能性，以确定风险管理的范围。项目成本计划定义了应该如何核定和报告风险预算。进度计划则定义了应该如何核定和报告进度应急储备。沟通计划定义了项目中的各种互动关系，并明确如何收集、发布各种风险及其应对措施的信息。

（2）组织过程资产。组织过程资产提供的信息对风险规划也很重要，主要包含组织对风险的态度和承受力信息、组织在风险理论及实践方面拥有的知识和经验储备。其中，过往项目的风险管理经验及相关资料可以提供丰富的历史数据以及最终风险管理成果，为风险规划的制定提供重要参考。

（3）项目干系人。除以上内容外，还应该考虑干系人登记册提供的相关信息。了解干系人的风险偏好、风险容忍度以及敏感度。此外，需注意区别不同层级的利益相关者，分析其利益层次及对项目的影响程度，从而更有效地指导风险管理规划的编制。

2. 风险规划的技术与方法

进行风险规划的常用形式是会议，参会者应包括项目经理、相关项目团队成员、关键干系人、组织中对风险承担责任的成员、其他相关人员。在进行风险规划时，还应考虑具备专业知识或接受过相关培训的个人或小组作出的意见，例如熟悉组织所采取的管理风险方法、有相同领域的项目风险管理经验的人员。为了从经验和现有最佳实践中获得帮助，应考虑在工作中使用现有模板，如风险状态报告、风险分解结构（RBS）或风险登记表。

3. 风险规划的成果

通过项目风险规划活动获得的成果便是风险管理计划。这个计划描述了风险管理过程将如何进行，以及风险管理过程将如何与其他项目管理过程整合，是项目计划的子计划。和项目管理是一个渐进明晰的过程一样，风险管理活动需要贯穿项目始终，并可能重复开展。

一份完整的项目风险管理计划至少包括以下内容：

（1）方法论。明确项目风险管理的数据来源，规定各阶段风险管理建议采用的方法与技术，并留出一定的调整空间以应对项目可能出现的复杂情况。

（2）角色与职责。确定风险管理的组织架构，明确定义风险管理相关方的职责以及对风险管理人员的能力要求、角色定位和任务分工。

（3）预算。估算风险管理所需的资金，包括一般程序的费用以及风险储备金。

（4）沟通计划。建立沟通机制，确定汇报沟通的内容、渠道及方式，对各类风险管理报告、文档的格式和内容进行描述。

（5）风险分类。通过风险分类，确保全面、系统地识别各风险，并提高风险识别的效果和质量。组织可使用预先准备好的分类框架，其可能是一个简易分类清单或风险分解结构（RBS）。

（6）风险概率和影响。需要对风险的概率和影响划分层次，来确保风险定性分析过程的质量和可信度。通用的风险概率和影响应该根据项目的需要来"剪裁"，以便在风险定性分析过程中使用。

（7）干系人风险承受度。应在风险管理计划中记录对项目关键干系人的风险偏好。应该针对每个项目目标，把干系人的风险偏好表述成可测量的风险临界值。这些风险临界值也可以用于风险概率和影响的定义。

（8）跟踪。应该规定将如何记录风险活动，这些记录可用于总结经验教训，还要规定是否需要以及应该如何对风险管理过程进行审计。

18.2.2　风险识别

风险识别是通过识别风险源、影响范围、事件及其原因和潜在的后果等，形成一个全面的风险列表。识别风险不仅要考虑有关事件可能带来的损失，也要考虑其中蕴含的机会。风险识别是一个系统性、层次性地识别项目风险的过程，应尽可能全面、准确地识别风险。风险识别也是一个反复进行的过程，因为在项目生命周期中，随着项目的进展，可能产生新的风险。

项目风险识别的主要内容如图 18-3 所示。

图 18-3　风险识别

1. 风险识别的依据

风险识别需要项目经理、项目团队成员、项目干系人及风险管理相关领域专家等人员参与。在风险识别过程中应当有一定的依据，常见的风险识别依据有以下几种：

（1）项目管理计划。项目管理计划中的假设和约束条件将为风险识别提供依据。相关项目管理过程也可能列出了受不确定性或模糊性影响的一些领域，也可能指出了有风险的项目目标或里程碑等。

（2）项目风险管理计划。项目风险管理计划是指导项目风险管理活动的纲领性文件，也为风险识别提供了一些关键输入。

（3）项目文档。项目文档包括假设条件日志、成本估算、持续时间估算、问题登记表及其他对识别风险有价值的项目信息。

（4）组织过程资产。可用于风险识别的组织过程资产包括：相关项目历史资料、组织和项目的相关流程或规定、风险描述的模板、相关经验教训（例如事故处理文件及索赔等资料）。也可参考公开发布的信息，包括商业风险数据库、学术研究资料、公开发布的核对表、行业研究资料等。此外，相关人员的历史经验也是进行风险识别工作的重要依据。

2. 风险识别的技术与方法

在风险识别过程中，为了高效、全面、准确，不仅需要依靠专家的经验判断及集体智慧（例如头脑风暴、德尔菲、情景分析等），还要借助图表分析（例如风险核对表、SWOT 分析、风险分解结构等）等方法和技术。

3. 风险识别的成果

风险识别的成果主要是确定风险登记册的最初内容，记录已识别项目风险的详细信息，以供后续开展风险分析。随着其他风险管理过程的实施，风险登记册会逐步丰富完善。最初的风险登记册中包括但不限于如下内容：

（1）风险事件。定义即将发生或可能发生的风险事件。

（2）风险源。记录引起风险事件发生的因素，也是风险监控的关键要素。

（3）风险影响。风险的发生可能会对项目造成损害，也可能为项目带来机会，都需要记录。

（4）风险措施。风险可能或潜在的应对措施。

（5）风险状态。记录风险管理过程中风险目前所处的状态。

（6）责任人。记录每个风险的潜在风险负责人。

18.2.3　风险分析

风险分析是对识别出的风险进行定性和定量的分析，为风险应对提供支持。

实施风险定性分析是通过评估单个项目风险发生的概率和影响以及其他特征，对风险进行优先级排序，从而为后续分析或行动提供基础的过程。本过程的主要作用是重点关注高优先级的风险。在整个项目生命周期中要定期开展风险定性分析过程。风险定性分析的主要内容如图 18-4 所示。

图 18-4　风险定性分析

1. 风险定性分析的依据

风险定性分析基于风险管理相关人员对风险的感知程度。风险感知是指个体对存在于外界的各种客观风险的感受和认识，受直观判断和主观感受获得的经验影响，具有一定的主观性。为在一定程度上克服主观因素的影响，通常采用如下主要依据：

（1）风险管理计划。依据风险管理计划，明确风险管理的角色和职责、风险管理的预算和进度、概率和影响定义、概率影响矩阵以及干系人风险承受度等信息。如果在风险管理规划过程中未涉及这些内容，则可以在风险定性分析过程中加以开发。

（2）项目范围说明书。对于有丰富历史经验的建设内容，容易估算风险发生的概率及其影响。而对于那些采用最新技术的项目或者复杂项目，需要通过项目范围说明书提供评估项目情况的信息，以便尽量减少不确定性。

（3）风险登记册。依据风险登记册，针对已识别风险开展定性分析。

（4）组织过程资产。组织过程资产中的部分因素也可能影响风险定性分析，例如以往类似项目的信息、风险专家对类似项目的研究、从行业或专有渠道获得的风险数据库等。

2. 风险定性分析的技术与方法

风险定性分析采用的主要方式是：首先是专家判断，在此基础上利用风险概率影响矩阵对各项风险进行定性评估；其次是对风险紧迫性、风险数据质量进一步分析和评估（可利用如故障树分析、层次分析等方法或技术）。

3. 风险定性分析的成果

综合考虑每个风险的发生概率及其影响，排定相对的优先级关系；也可根据组织对不同目标的重视程度，选择维度（例如进度、成本、目标、质量等）排列风险优先级。根据风险定性分析的结果，风险登记册应更新项目风险相对排序，并把更新后的风险登记册纳入项目文档。

风险定量分析是对已识别的项目风险通过数学或统计方法进行量化分析的过程，通常在风险定性分析之后进行。与风险定性分析相比，定量分析过程能通过概率分布描述风险发生的可能性，并预测风险对项目目标的影响程度，并能评估实现目标的可能性和风险储备需求等。定量分析并非每个项目必需，但如果采用，应在整个项目期间持续开展。

风险定量分析的主要内容如图 18-5 所示。

图 18-5　风险定量分析

4. 风险定量分析的依据

风险定量分析需要一定的数据输入。可作为风险定量分析的重要依据的有：

（1）项目管理计划。项目管理计划中的成本、进度、范围等相关过程中的制定基准都是风险定量分析的重要依据，风险管理计划中也有用于分析的资源。

（2）风险登记册。风险登记册记录风险识别和定性分析的结果，其有关已识别风险优先级排序的结果是定量分析的重要依据。

（3）组织过程资产。类似项目所积累的风险定量分析经验及历史项目数据可为定量分析提供参考，从行业或专有渠道获得的风险数据库等也可用于定量分析。

5. 风险定量分析的技术与方法

随着风险量化管理受到国内外组织的广泛关注，诸多风险定量分析方法和技术应运而生。目前，常用的风险定量分析方法有决策树法、蒙特卡罗模拟、敏感性分析等。

6. 风险定量分析的成果

定量风险分析的成果是进一步更新风险登记册，更新内容主要包括：

（1）概率分析。对项目可能的进度与成本进行估算，分析结果包括进度/成本概率分布、进度/成本累积概率分布。可以综合考虑分析结果与干系人的风险承受度，来量化成本和进度的应急储备。当遇到风险时，可以将相关风险的定量分析的结果作为应对依据。

（2）量化风险优先级清单。风险的成本估算完成后，可以针对风险表中的每个风险计算其风险严重程度，或依据敏感性分析确定各敏感因素的重要程度，并列出风险优先级清单。

（3）风险应对建议。风险报告可能根据定量风险分析的结果，针对整体项目风险的最大可能性或关键单个项目风险提出应对建议。这些建议将成为规划风险应对过程的输入。

18.2.4　风险应对

风险应对是选择并执行一种或多种改变风险的措施，包括改变风险事件发生的可能性或后果的措施。制定风险应对策略的过程在风险分析过程之后进行。有效和适当的风险应对可以最小化单个威胁，最大化单个机会，并降低整体项目风险发生的可能性，不恰当的风险应对则会适得其反。

在风险应对的过程中，需要根据风险的优先级来制定应对措施，并把风险应对所需的资源和活动加进项目的预算、进度计划和项目管理计划中。风险应对的主要内容如图 18-6 所示。

图 18-6　风险应对

1. 风险应对策略

通常有以下七种风险应对策略可供使用：回避、转移、减轻、接受、开拓、分享、增强。可用前三种策略来应对可能给项目目标带来消极影响的风险；利用后三种策略来应对可能给项目带来积极影响的风险；第四种策略（接受）既可用来应对消极风险或威胁，也可用来应对积极风险或机会。

（1）回避。风险回避是指在风险还未发生时，主动放弃或改变计划，不再实施可能导致风险的活动，以完全消除威胁。选择此策略要充分考虑并权衡风险回避的成本和效益。

（2）转移。风险转移是指把某项风险的部分或全部消极影响连同应对责任转移给第三方。转移风险是把风险管理责任简单地推给另一方，而并非消除风险。选择此策略要充分考虑风险转移成本与所避免的风险损失。

（3）减轻。风险减轻是指通过采取一定的行动，把不利风险事件的概率或影响降低到可接受的范围内。这是一种积极主动的策略。选择此策略时要考虑风险减轻实施成本与风险应对回报相匹配。

（4）接受。因为几乎不可能消除项目的全部威胁，所以就需要采用风险接受策略。该策略可以是被动或主动的。例如，当出现未识别的风险时，只能被动地接受风险。最常见的主动接受策略是建立应急储备，安排一定的时间、资金或资源来应对风险。

（5）开拓。如果项目希望机会得以实现，就可对具有积极影响的风险采取本策略。本策略旨在消除与某个特定积极风险相关的不确定性，确保机会肯定出现。

（6）分享。风险分享是指把应对机会的部分或者全部责任分配给第三方。当与第三方共享机会能够获得更大的价值时，可选择本策略。

（7）增强。风险增强是指通过增加机会的发生概率和积极影响，促使机会的发生。

2. 风险应对的依据

有效的风险应对也需要一定的依据，主要包括：

（1）项目管理计划。项目管理计划可为风险应对过程提供参考。例如，风险管理计划中有关风险管理责任分配、风险临界值等内容；资源管理计划中的用于风险应对的资源安排等内容。

（2）风险登记册。风险登记册随着风险管理流程的实施逐步完善，基于风险识别、风险分析的成果，风险登记册中有关已识别项目风险、风险优先级排序等内容是风险应对策略制定的重要基础。

（3）组织过程资产。类似已完成项目的经验总结可为该过程提供参考。可基于历史经验，针对相似项目风险选择相同的应对措施，或根据项目实际情况对应对策略进行改进。

3. 风险应对的技术与方法

风险应对过程的关键是基于项目风险相关信息，从风险应对策略中选择合适的应对措施。为实现有效的风险应对，需要考虑风险应对成本、时间、质量等诸多因素，运用科学的方法（例如概率影响矩阵等）选择风险应对策略。

4. 风险应对的输出

在制定各项风险的具体应对策略后，应对项目管理计划及其他项目文档进行更新，主要包括：

（1）更新风险登记册。在针对不同的项目风险制定出相应的应对策略后，将其列入风险登记册。风险详细程度应与风险的优先级和拟采取的应对措施相适应。一般应该详细说明高风险和中风险，而把低优先级的风险列入观察清单，并定期监测。

（2）项目管理计划可能会更新。针对已识别风险确定合适的应对策略后，项目团队需要采取具体应对措施，可能需要调整进度、成本、质量以及资源等管理计划。

18.2.5　风险监控

风险监控是指通过对风险识别、分析及应对等过程进行跟踪检查，监控已识别风险的应对与处理，识别和分析新风险，保证风险管理目标实现的过程。风险监控的目的是检查各种风险应对措施产生的实际效果，监视剩余风险的变化情况，进而评估调整风险管理计划或启动相应的应急措施的必要性。风险监控贯穿项目全生命周期，对风险管理的有效执行起到关键作用。风险监控的过程如图 18-7 所示。

图 18-7　风险监控

1. 风险监控的依据

风险监控过程涉及风险的审查与结果的反馈。主要依据以下内容：

（1）项目管理计划。项目管理计划包含（但不限于）风险管理计划等，在风险监控阶段都应被包括在监控内容之中。项目风险管理计划作为项目管理计划的一部分，不仅是风险识别的重要依据，还是风险监控的首要对象。风险管理计划规定了审查风险的时间和方法、应遵守的政策和程序、与本过程相关的角色和职责安排等内容。

（2）风险登记册。该文件记录已识别风险、风险发生概率及影响、风险责任人、风险应对等信息。

（3）项目绩效信息。包含进度、成本、资源、质量等方面的项目状态信息（包括绩效数据、绩效报告等）是风险监控的重要内容，也是动态监控的重要体现。

（4）其他项目文档。项目文档包括多种类型，风险监控关注的包括问题日志、风险报告等。

2. 风险监控的技术与方法

风险监控过程中应及时反馈风险监控成果，以采取措施应对已发生风险或潜在风险。为此，可使用下面的方法和技术：

（1）审计。风险审计是一种审计类型，可以用于评估风险管理的有效性。应确保按项目风险管理计划所规定的频率开展风险审计。在实施审计前，应明确风险审计的程序和目标。监控风险事件时，可利用绩效信息对项目执行的趋势进行分析（例如挣值分析法等），对项目总体绩效进行监控。

（2）审查。应该定期安排风险审查，来检查和记录风险应对在处理整体项目风险和已识别单个项目风险方面的有效性。通过风险审查，识别出新的项目风险（例如已商定应对措施所引发的次生风险），重新评估当前风险，关闭已过时风险，讨论风险发生所引发的问题，以及总结可用于当前项目后续阶段或未来类似项目的经验教训。

3. 风险监控的成果

风险监控的成果包括以下内容：

（1）更新项目管理计划。在风险管理过程中产生的变更请求，经批准后可能对项目管理计划有影响，需要对项目管理计划做相应的调整并重新发布，来反映这些经批准的变更。

（2）更新风险登记册。记录在监督风险过程中产生的项目风险信息，包括添加新风险、更新已过时风险或已发生风险，以及更新风险的应对措施等。

（3）更新项目绩效信息。风险监控过程中需要监控风险应对策略的执行情况，其最直观的观察指标是项目成本、进度、质量相关的绩效指标。随着项目的实施，绩效信息不断发生变化，风险监控过程中应及时更新项目绩效信息。

（4）更新项目文档。风险监控是一个动态的过程，需及时更新项目跟踪文件，包括问题日志、经验教训登记表、风险报告等。

18.3 风险评估技术与方法

风险评估活动适用于组织的各个层级，评估范围可以涵盖项目、单个活动或具体事项，但在不同场景中，所使用的评估技术和方法可能存在差异。选择合适的风险评估技术和方法，有助于组织及时、高效地获取准确的风险评估结果。

18.3.1 技术的选择

技术的选择需要考虑相关性及适用性。合适的技术需适应组织的相关情况，得出的结果应加深对风险性质和风险应对的认识，应可追溯、可复用、可验证。

当决定进行风险评估并确定了风险评估的目标和范围后，在选择评估技术时可以依据如下因素：风险评估的目标、决策者的需要、所分析风险的类型及范围、后果的潜在严重程度、对专业知识和人员的要求、信息和数据的可获得性、更新风险评估的必要性、法律法规及合同要求等。

18.3.2 技术的类型

项目生命周期的各个阶段对风险评估有不同的需求，需要不同的评估技术或方法。下面简单介绍常用的风险评估技术和方法的概述和用途。

1）头脑风暴法

头脑风暴法是指激励一群知识渊博或经验丰富的人员畅所欲言，以发现潜在的项目风险、决策准则、应对办法等。在此类技术中，有效的引导非常重要，其中包括：在开始阶段创造自由讨论的氛围；会议期间对讨论进程进行有效控制和调节，使讨论不断进入新的阶段；筛选和捕捉讨论中产生的新设想和新议题。

头脑风暴法可以与其他风险评估方法一起使用，也可以单独使用来激发风险管理过程任何阶段的想象力。头脑风暴法可以用作旨在发现问题的高层次讨论，也可以用作更细致的评审或是对特殊问题的细节讨论。

2）结构化/半结构化访谈

在结构化访谈中，访谈者会依据事先准备好的提纲向访谈对象提问，从而获取访谈对象对某个问题的看法。半结构化访谈与结构化访谈类似，但是可以进行更自由的对话，以探讨可能出现的问题。如果相关人员很难聚在一起参加头脑风暴讨论会或难以进行自由的讨论活动时，结构化和半结构化访谈就是一种有用的方法。

该方法主要用于识别风险或评估现有风险应对措施的效果，是为相关方提供数据来进行风险评估的有效方式，适用于某个过程或项目生命周期的任何阶段。

3）德尔菲法

德尔菲法是依据一套系统的程序在一组专家中取得可靠共识的技术。其根本特征是专家单独、匿名表达各自的观点。在讨论过程中，团队成员之间不得互相讨论，只能与调查人员沟通。通过让团队成员填写问卷，集结意见，整理并共享，周而复始，最终获取共识。

德尔菲法可以用于风险管理过程或项目生命周期的任何阶段。

4）情景分析

情景分析是指通过假设、预测、模拟等手段，对未来可能发生的各种情景及其可能产生的影响进行分析的方法。换句话说，情景分析法是类似"如果……怎样……"的分析方法。未来总是不确定的，而情景分析使人们能够"预见"将来，对未来的不确定性有一个直观的认识。尽管情景分析法无法预测未来各类情景发生的可能性，但可以促使组织考虑哪些情景可能发生，并有助于组织提前对未来可能出现的情景进行准备。

情景分析可用来帮助决策并规划未来战略，也可以用来分析现有的活动，在风险识别、风险分析中都可以发挥作用。

5）检查表

检查表是一个风险或故障的控制清单，而这些清单通常是凭经验（以前的风险评估结果，或过去的故障）进行编制的。按此表进行检查，以"是/否"进行回答。

检查表法可用来识别潜在危险、风险或者评估控制效果，适用于项目生命周期的任何阶段，也可以作为其他风险评估技术的组成部分进行使用。

6）风险概率影响矩阵

风险概率影响（P-I）矩阵是用于识别风险和对其进行优先级排序的有效工具。P-I 矩阵可以直观地显现项目风险的分布情况，有助于管理者确定风险管理的关键控制点和风险应对方案。一旦项目的风险被识别以后，就可以依据其对项目目标的影响程度和发生的可能性等维度来绘制 P-I 矩阵。

P-I 矩阵通常作为一种筛查工具用来对风险进行排序，根据其在矩阵中所处的区域，确定哪些风险需要更细致的分析或需要优先处理。P-I 矩阵可用于风险分析和风险应对过程。

7）故障树分析

故障树分析是一种逻辑演绎的分析工具，也是一种复杂系统的可靠性分析方法。故障树分析用描绘事故发生的有向逻辑树分析事故的现象、原因及结果，从而找出预防事故的措施。位于故障树最上部的事件叫作顶事件，一般为造成严重后果的故障事件或事故，是故障树分析、研究的对象。位于故障树各分支末端的事件叫作基本事件，它们是造成顶事件发生的最初始的原因。故障树的基本事件主要是硬件问题、人为错误或其他引起故障的相关因素。

故障树可以用来对故障的潜在原因及途径进行定性分析，也可以在掌握基本事项概率的相关数据之后，定量计算重大事件的发生概率。

8）SWOT 分析

将项目的优势（Strength）、劣势（Weakness）、机会（Opportunity）、威胁（Threat）通过调查列举出来，并依照矩阵形式排列，然后用系统分析的思想，把各种因素相互匹配起来加以分析，从中得出一系列相应的结论，从而更全面地考虑风险。

SWOT 分析除了用来识别风险，也可以用来考察项目的优势可以抵消威胁的程度，以及机会可以克服劣势的程度。

9）决策树分析

决策树分析法是一种运用概率与（图论中的）树对决策中的不同方案进行比较，从而获得最优方案的风险型决策方法。决策树以序列方式表示决策的选择和结果，并用树形图的形式进行表示。决策树开始于初因事项或是最初决策，考虑随后可能发生的事项及可能做出的决策，它需要对不同路径和结果进行分析。

决策树可用于项目风险管理，以便在不确定的情况下选择最佳的行动步骤。图形显示也有助于决策依据的快速沟通。

10）蒙特卡罗模拟

蒙特卡罗模拟法又称随机模拟法，该方法的主要思路是（按照概率定义）某事件发生的概率可以用大量试验中该事件发生的频率估算。因此，可以先对影响其失事概率的随机变量进行大量随机抽样，获得各变量的随机数，然后将这些抽样值一组一组地代入功能函数式，确定系统失效与否，统计失效次数，并计算出失效次数与总抽样次数的比值，此值即为所求的失事概率。该方法的处理手段是计算机模拟与仿真。

蒙特卡罗模拟通常用来评估各种可能结果的分布及值的频率，例如成本、周期、需求及类似的定量指标，其应用范围包括财务预测、投资效益、项目成本及进度预测、业务过程中断、人员需求等领域的风险评估。

11）敏感性分析

敏感性分析也被称为灵敏度分析，广泛用于分析各领域模型的变量对模型输出的影响程度，帮助确定重要及不重要的变量。敏感性分析用以考察工程项目要素的不确定性对目标的影响程度，并确认项目对各种风险的承受能力，从而实现风险影响后果的量化。进行敏感性分析主要依据数理统计方法。

敏感性分析能够帮助风险管理人员精准地确定风险的影响程度，确定敏感性因素和不敏感因素。

第 19 章　监理支撑要素

监理支撑要素包括监理法规及管理文件、监理及相关服务合同、监理及相关服务能力。监理法规及管理文件是监理单位必须满足和实现的基本项。监理及相关服务应遵守监理有关法规文件的规定，包括合同、法律、法规、标准、管理文件等的要求。信息化标准规范为信息系统建设和运行等提供参考依据、规范要求。监理合同是监理单位进行监理及相关服务的法律性依据。监理单位应根据监理及相关服务范围，在人员、技术、资源、流程等四个方面，建立和完善服务能力体系。

19.1　法律法规

本节介绍法律的基本概念、我国现行法律体系、诉讼时效以及信息系统工程常用的法律法规。

19.1.1　法律的基本概念

狭义的法律是指拥有立法权的国家机关，依照一定的立法程序，制定和颁布的规范性文件。广义的法律是指法的整体，包括法律、有法律效力的解释及其行政机关为执行法律而制定的规范性文件。

法律通常规定社会政治、经济和其他社会生活中最基本的社会关系或行为准则。一般来说，法律的效力仅低于宪法，其他一切行政法规和地方性法规都不得与法律相抵触，凡有抵触，均属无效。

19.1.2　我国现行法律体系

我国现行的法律体系是以宪法为核心，以法律为主干，包括行政法规、地方性法规等规范性文件在内的，由七个法律部门、三个层次的法律规范构成的中国特色社会主义法律体系。我国现行法律体系包括宪法及宪法相关法、民商法、行政法、经济法、社会法、刑法、诉讼与非诉讼程序法。在我国现行的法律体系中，国家制定了一系列关于信息系统工程建设项目相关的法律法规及管理条例，用于规范项目中各要素的管理及活动之间的关系的协调等。

在我国现行法律体系框架下，在信息系统工程建设项目过程中，监理可以参考的法律法规包括：民法典（合同编）、招标投标法及实施条例、政府采购法、软件著作权法、专利法、商标法、标准化法，及安全相关的法律法规等。

19.1.3　诉讼时效

民事诉讼中称为诉讼时效。刑事诉讼中所称的"追诉时效"，是指法律规定的对犯罪分子追究刑事责任的有效期限。超过追诉期限的，就不再追究刑事责任；已经追究的，应当撤销案件，或者不起诉，或者终止审理。

1. 民事诉讼时效

诉讼时效，是指民事诉讼中权利人请求人民法院保护自己的合法民事权益的法定期限。超过了诉讼时效，虽然可以提起诉讼，但所主张的权利不受法律保护。

民法典第一编第188条规定：向人民法院请求保护民事权利的诉讼时效期间为三年。法律另有规定的，依照其规定。诉讼时效期间自权利人知道或者应当知道权利受到损害以及义务人之日起计算。法律另有规定的，依照其规定。但是，自权利受到损害之日起超过二十年的，人民法院不予保护，有特殊情况的，人民法院可以根据权利人的申请决定延长。

2. 刑事追诉时效

《中华人民共和国刑法》第87条规定，犯罪经过下列期限不再追究：

（1）法定最高刑不满5年有期徒刑的，经过5年。

（2）法定最高刑为5年以上不满10年有期徒刑的，经过10年。

（3）法定最高刑为10年以上有期徒刑的，经过15年。

（4）法定最高刑为无期徒刑、死刑的，经过20年。如果20年以后认为必须追诉的，要报请最高人民检察院核准。

行政诉讼起诉期限是指公民、法人或其他组织（统称行政相对人）认为自己的合法权益受到具有国家行政职权的机关、机构、组织及其工作人员具体行政行为的侵害，依法向人民法院提起行政诉讼请求保护其合法权益的法定期限。《中华人民共和国行政诉讼法》第39条规定：公民、法人或者其他组织直接向人民法院提起诉讼的，应当在知道做出具体行政行为之日起3个月内提出。法律另有规定的除外。

19.1.4　信息系统工程常用的法律法规

1. 民法典（合同编）

2020年5月，中华人民共和国第十三届全国人民代表大会通过的《中华人民共和国民法典》"第三编合同"（简称"合同编"）是信息化法律法规领域的重要法律基础。

根据合同编的规定，合同是民事主体之间设立、变更、终止民事法律关系的协议。依法成立的合同，受法律保护。依法成立的合同，仅对当事人具有法律约束力，但是法律另有规定的除外。当事人对合同条款的理解有争议的，应当依法确定争议条款的含义。

合同文本采用两种以上文字订立并约定具有同等效力的，对各文本使用的词句推定具有相同含义。各文本使用的词句不一致的，应当根据合同的相关条款、性质、目的以及诚信原则等予以解释。

2. 招标投标法及实施条例

《中华人民共和国招标投标法》（简称"招标投标法"）于1999年8月30日在中华人民共和国第九届全国人民代表大会常务委员会第十一次会议上通过，自2000年1月1日起施行。根据

2017 年 12 月 27 日第十二届全国人民代表大会常务委员会第三十一次会议《关于修改〈中华人民共和国招标投标法〉、〈中华人民共和国计量法〉的决定》进行修订。

国家为规范招标投标活动，根据招标投标法制定了《中华人民共和国招标投标法实施条例》（简称"招标投标法实施条例"），经 2011 年 11 月 30 日国务院第 183 次常务会议通过，自 2012 年 2 月 1 日起施行。根据 2019 年 3 月 2 日《国务院关于修改部分行政法规的决定》进行第三次修订。

招标投标法是国家用来规范招标投标活动、调整在招标投标过程中产生的各种关系的法律。招标投标法实施条例对使用财政性资金的、采用招标方式的政府采购工程的执行人、采购程序、采购合同、质疑与投诉、监督检查及其相关职权进行了规定。这两部法律法规对招标投标及其具体措施作出了明确的规定。

3. 政府采购法及实施条例

《中华人民共和国政府采购法》（简称"政府采购法"）于 2002 年 6 月 29 日，在第九届全国人民代表大会常务委员会第二十八次会议上通过，自 2003 年 1 月 1 日起施行。根据 2014 年 8 月 31 日第十二届全国人民代表大会常务委员会第十次会议《关于修改〈中华人民共和国保险法〉等五部法律的决定》修正。2022 年 7 月 15 日，《中华人民共和国政府采购法（修订草案征求意见稿）》再次向社会公开征求意见。

为完善政府采购制度，进一步促进政府采购的规范化、法治化，构建规范透明、公平竞争、监督到位、严格问责的政府采购工作机制。2014 年 12 月 31 日，时任国务院总理李克强主持召开国务院常务会议，审议通过《中华人民共和国政府采购法实施条例（草案）》（简称"政府采购法实施条例"），自 2015 年 3 月 1 日起施行。

为了规范政府采购当事人的采购行为，加强对政府采购货物和服务招标投标活动的监督管理，维护国家利益、社会公共利益和政府采购招标投标活动当事人的合法权益，依据政府采购法、政府采购法实施条例和其他有关法律法规规定，对《政府采购货物和服务招标投标管理办法》进行了修订，并于 2017 年 10 月 1 日起施行。

政府采购是指各级国家机关、事业单位和团体组织，使用财政性资金采购依法制定的集中采购目录以内的或者采购限额标准以上的货物、工程和服务的行为。政府集中采购目录和采购限额依照政府采购法规定的权限制定。

4. 产品质量法

《中华人民共和国产品质量法》（简称"产品质量法"）从 1993 年 9 月 1 日起施行，根据 2018 年 12 月 29 日第十三届全国人民代表大会常务委员会第七次会议《关于修改〈中华人民共和国产品质量法〉等五部法律的决定》进行第三次修正。

为加强对产品质量的监督管理，提高产品质量水平，明确产品质量责任，保护消费者的合法权益，维护社会经济秩序，国家制定了产品质量法。产品质量法明确规定：在中华人民共和国境内从事产品生产、销售活动的，必须遵守本法。建设工程不适用本法规定；但是，建设工程使用的建筑材料、建筑构配件和设备，属于前款规定的产品范围的，适用本法规定。同时，产品质量法详细规定了对产品质量的监督、生产者与销售者的产品质量责任和义务、损害赔偿、处罚罚则等内容。

5. 商标法

《中华人民共和国商标法》（简称"商标法"）根据 2019 年 4 月 23 日第十三届全国人民代表大会常务委员会第十次会议《关于修改〈中华人民共和国建筑法〉等八部法律的决定》进行第四次修正并发布，于 2019 年 11 月 1 日起施行。

国家为加强商标管理，保护商标专用权，促使生产、经营者保证商品和服务质量，维护商标信誉，以保障消费者和生产、经营者的利益，促进社会主义市场经济的发展，特制定商标法。国务院工商行政管理部门商标局主管全国商标注册和管理的工作。国务院工商行政管理部门设立商标评审委员会，负责处理商标争议事宜。经商标局核准注册的商标为注册商标，包括商品商标、服务商标和集体商标、证明商标；商标注册人享有商标专用权，受法律保护。集体商标，是指以团体、协会或者其他组织名义注册，供该组织成员在商事活动中使用，以表明使用者在该组织中的成员资格的标志。证明商标，是指由对某种商品或者服务具有监督能力的组织所控制，而由该组织以外的单位或者个人使用于其商品或者服务，用以证明该商品或者服务的原产地、原料、制造方法、质量或者其他特定品质的标志。集体商标、证明商标注册和管理的特殊事项，由国务院工商行政管理部门规定。

6. 专利法

《中华人民共和国专利法》（简称"专利法"）根据 2020 年 10 月 17 日第十三届全国人民代表大会常务委员会第二十二次会议《关于修改〈中华人民共和国专利法〉的决定》进行第四次修正，并于 2021 年 6 月 1 日起施行。

专利法规定，发明创造是指发明、实用新型和外观设计。发明，是指对产品、方法或者其改进所提出的新的技术方案。实用新型，是指对产品的形状、构造或者其结合所提出的适于实用的新的技术方案。外观设计，是指对产品的整体或者局部的形状、图案或者其结合以及色彩与形状、图案的结合所作出的富有美感并适于工业应用的新设计。

7. 著作权法

《中华人民共和国著作权法》（简称"著作权法"）根据 2020 年 11 月 11 日第十三届全国人民代表大会常务委员会第二十三次会议《关于修改〈中华人民共和国著作权法〉的决定》进行第三次修正，并于 2021 年 6 月 1 日起施行。这部法律对著作权保护及其具体实施做出了明确的规定。

为保护文学、艺术和科学作品作者的著作权，以及与著作权有关的权益，鼓励有益于社会主义精神文明、物质文明建设的作品的创作和传播，促进社会主义文化和科学事业的发展与繁荣，根据宪法制定著作权法。

著作权法所称的作品，是指文学、艺术和科学领域内具有独创性并能以一定形式表现的智力成果，具体包括九类：文字作品；口述作品；音乐、戏剧、曲艺、舞蹈、杂技艺术作品；美术、建筑作品；摄影作品；视听作品；工程设计图、产品设计图、地图、示意图等图形作品和模型作品；计算机软件；符合作品特征的其他智力成果。

8. 网络安全法

《中华人民共和国网络安全法》（简称"网络安全法"）于 2016 年 11 月 7 日在第十二届全国

人民代表大会常务委员会第二十四次会议上通过，自 2017 年 6 月 1 日起施行。

网络安全法是我国为保障网络安全，维护网络空间主权和国家安全、社会公共利益，保护公民、法人和其他组织的合法权益，促进经济社会信息化健康发展而制定的第一部全面规范网络空间安全管理方面问题的基础性法律。

网络安全法给出了网络、网络安全、网络数据等术语定义，明确了部门、企业、社会组织和个人的权利、义务和责任，规定了国家网络安全工作的基本原则、主要任务和重大指导思想、理念，适用于在中华人民共和国境内建设、运营、维护和使用的网络，以及网络安全的监督管理。

9. 密码法

《中华人民共和国密码法》（简称"密码法"）于 2019 年 10 月 26 日在第十三届全国人民代表大会常务委员会第十四次会议上表决通过，自 2020 年 1 月 1 日起施行。

全国人大常委会在主持第十三届全国人大常委会第十四次会议闭幕会时指出："密码法，是我国密码领域的综合性、基础性法律。"国家为规范密码的应用和管理，促进密码事业发展，保障网络与信息安全，维护国家安全和社会公共利益，保护公民、法人和其他组织的合法权益，制定了密码法，规定了密码是采用特定变换的方法对信息等进行加密保护、安全认证的技术、产品和服务。

通过对网络安全法、数据安全法、密码法、反间谍法、反外国制裁法等重要法律的制定或修改完善，已基本形成国家安全法律制度体系框架，为维护国家安全、核心利益和重大利益提供了有力的法律依据和法治保障，更全面地提供了国家安全在各行业、各领域保障的法律依据。

10. 数据安全法

《中华人民共和国数据安全法》（简称"数据安全法"）于 2021 年 9 月 1 日起施行。数据安全法作为数据安全领域最高位阶的专门法，从数据安全与发展、数据安全制度、数据安全保护义务、政务数据安全与开放的角度对数据安全保护的义务和相应法律责任进行规定。同时，数据安全法延续了网络安全法生效以来的"一轴两翼多级"的监管体系，通过多方共同参与实现各地方、各部门对工作集中收集和产生数据的安全管理。

11. 关键信息基础设施安全保护条例

《关键信息基础设施安全保护条例》于 2021 年 9 月 1 日起施行。为了保障关键信息基础设施安全，维护网络安全，根据网络安全法，制定本条例。本条例所称关键信息基础设施，是指公共通信和信息服务、能源、交通、水利、金融、公共服务、电子政务、国防科技工业等重要行业和领域的，以及其他一旦遭到破坏、丧失功能或者数据泄露，可能严重危害国家安全、国计民生、公共利益的重要网络设施、信息系统等。

国家对关键信息基础设施实行重点保护，采取措施，监测、防御、处置来源于中华人民共和国境内外的网络安全风险和威胁，保护关键信息基础设施免受攻击、侵入、干扰和破坏，依法惩治危害关键信息基础设施安全的违法犯罪活动。任何个人和组织不得实施非法侵入、干扰、破坏关键信息基础设施的活动，不得危害关键信息基础设施安全。

19.2　标准规范

本节介绍了与监理工作密切相关的标准的概念及分类、信息化标准体系、系统与软件工程标准、信息技术标准和信息技术服务标准等标准规范，为监理工作提供参考依据和规范要求。

19.2.1　标准的概念及分类

1. 基本概念

标准是通过标准化活动，按照规定的程序经协商一致制定，为各种活动或其结果提供规则、指南或特性，供共同使用和重复使用的文件，是标准化活动的核心产物。标准是研究制定法律、技术法规、政策和规划的依据，是企业从事生产经营活动、消费者选择产品和服务的主要依据。自 1906 年世界上最早的标准化组织——国际电工委员会（IEC）成立以来，经过 100 多年的发展，标准化已成为全球政治和经济活动的主要组成部分，甚至是技术发达国家和跨国企业的发展战略。

标准化是指"为了在一定范围内获得最佳秩序，对现实问题或潜在问题制定共同使用和重复使用的条款的活动"。标准化是一项活动，这种活动的结果是制定条款，制定条款的目的是在一定范围内获得最佳秩序，所制定的条款的特点是共同使用和重复使用，针对的对象是现实问题或潜在问题。再结合标准的定义可以得出：多项条款的组合构成了规范性文件，如果这些规范性文件符合了相应的程序，经过了公认机构的批准，就成为标准或特定文件（例如国家标准化指导性技术文件）。所以标准是标准化活动的主要成果之一。

标准化活动是人类社会中每天都在进行的诸多活动中的一种，它涉及上述文件（主要是标准）的编写过程、征求意见过程、审查发布过程和使用过程等。标准化活动的主要作用是：为了预期目的改进产品、过程或服务的适用性，防止贸易壁垒并促进技术合作。

标准体系是一种由标准组成的系统，为了实现系统的目标而必须具备一整套具有内在联系的、科学的有机整体。标准体系内部各标准按照一定的结构进行逻辑组合，而不是杂乱无序的堆积，它是一个概念系统，是由人为组织制定的标准形成的人工系统。

1）标准体系结构

标准体系结构是指标准系统内各标准内在有机联系的表现方式。形成标准体系的主要方式有层次和并列两种，层次是指一种方向性的等级顺序，彼此存在着制约关系和隶属关系；并列是指同一层次内各类或各标准之间存在的方式和秩序，ITSS 标准体系通过并列方式列出各类和各项标准。

2）标准体系表

标准体系要用一定的形式表现出来，即标准体系表。信息技术服务标准体系表是将信息技术服务范围内的标准，按照一定结构形式排列起来的图表，反映了信息技术服务标准体系的全貌，表明了标准之间的层次和并列关系。

2. 标准的分类

标准的种类繁多，根据不同的目的或原则可以划分出不同的类别，可以按照适用范围划分、按照标准涉及的对象类型划分、按照标准的要求程度划分。

3. 按照适用范围划分

制定标准的重要基础是在一定的范围内充分反映各相关方的利益，并对不同意见进行协调与协商，从而取得一致。其中"一定的范围"和"各相关方"的范围可大可小，可以是全球的，也可以是某个区域或某个国家层次的，还可以是某个国家内行业部门（或协会）、地方或企业层次的。显而易见，不同层次的标准化活动的协商一致程度是不同的，所制定标准的适用范围也是不同的。依据制定标准的参与者所涉及的范围，也就是标准的适用范围，可将标准分为：国际标准、国家标准、行业标准、团体标准、地方标准、企业标准等。

（1）国际标准。国际标准是指国际标准化组织（ISO）、国际电工委员会（IEC）和国际电信联盟（ITU）以及 ISO 确认并公布的其他组织制定的标准。

ISO 确认并公布的其他国际组织主要包括：国际计量局（BIPM）、国际原子能机构（IAEA）、国际海事组织（IMO）、联合国教科文组织（UNESCO）、世界卫生组织（WHO）等49 个国际标准化机构。

（2）国家标准。国家标准是指由国家标准机构通过并公开发布的标准。对我国而言，国家标准是指由国务院标准化行政主管部门组织制定，并对全国国民经济和技术发展有重大意义，需要在全国范围内统一的标准。

国家标准由全国专业标准化技术委员会负责起草、审查，并由国务院标准化行政主管部门统一审批、编号和发布。

（3）行业标准。行业标准是指在国家的某个行业通过并公开发布的标准。对我国而言，行业标准是对没有国家标准而又需要在全国某个行业范围内统一技术要求所制定的标准。

行业标准的发布部门须由国务院标准化行政主管部门审查确定。凡批准可以发布行业标准的行业，由国务院标准化行政主管部门公布行业标准代号、行业标准的归口部门及其所管理的行业标准范围。

（4）团体标准。团体标准是由社会团体按照一定的标准制定程序制定并发布，由会员企业自愿采用的标准。

社会团体指在民政机构合法注册的各类协会、学会、商会、联合会、产业联盟。

（5）地方标准。地方标准是指在国家的某个地区通过并公开发布的标准。对我国而言，地方标准是针对没有国家标准和行业标准，而又需要在省、自治区、直辖市范围内统一的技术要求所制定的标准。

地方标准由省、自治区、直辖市标准化行政主管部门统一编制计划、组织制定、审批、编号和发布。

地方标准发布后，省、自治区、直辖市标准化行政主管部门应分别向国务院标准化行政主管部门和有关行政主管部门备案。

（6）企业标准。企业标准是指针对企业范围内需要协调、统一的技术要求、管理要求和工作要求所制定的标准。企业标准是企业组织生产、经营活动的依据。企业标准虽然只在某企业适用，但在地域上可能会影响多个国家。

4. 按照标准涉及的对象类型划分

标准涉及的对象类型不同，反映到标准的文本上体现为其技术内容及表现形式的不同。按照标准涉及的对象类型划分，可将标准分为以下几种。

（1）术语标准。术语标准是指与术语有关的标准，通常带有定义，有时还附有注、图、示例等。术语标准是按照专业范围划分的，包含了某领域内某个专业的许多术语。术语标准的主要技术要素为术语条目，通常由条目编号、术语和定义几个部分的内容组成。包含术语和相应定义的术语标准，其名称为《XXX 词汇》；如果仅有术语没有定义，则名称为《XXX 术语集》。

（2）符号标准。符号标准是指与符号相关的标准。符号是表达一定事物或概念，具有简化特征的视觉形象。符号通常分为文字符号和图形符号。文字符号又可分为字母符号、数字符号、汉字符号或它们组合而成的符号；图形符号又可分为产品技术文件用、设备用、标志用图形符号。

（3）试验标准。试验标准是指与试验方法有关的标准，有时附有与测试有关的其他条款，例如抽样、统计方法的应用、试验步骤。试验标准是规定试验过程的标准。试验标准规定了标准化的试验方法。

（4）产品标准。产品标准是指规定产品应满足的要求以确保其适用性的标准。按照 ISO 对标准化对象的划分，产品标准是相对于过程标准和服务标准而言的一大类标准，与产品有关的标准都可以划入这一类别。产品标准可分为不同类别的标准，例如尺寸标准、材料标准等。

（5）过程标准。过程标准是指规定过程应满足的要求以确保其适用性的标准。按照 ISO 对标准对象的划分，过程标准是相对于产品标准和服务标准而言的一大类标准，与过程有关的标准都可以划入这一类别。

（6）服务标准。服务标准是指规定服务应满足的要求以确保其适用性的标准。按照 ISO 对标准化对象的划分，服务标准是相对于产品标准和过程标准而言的一大类标准，与服务相关的标准都可以划入这一类别。

（7）接口标准。接口标准是指规定产品或系统在其互连部位与兼容性有关的要求的标准。从上述定义可以看出，接口标准针对的是一个产品与其他产品连接使用时，其相互连接的界面的标准化问题。

5. 按照标准的要求程度划分

按照标准的要求程度划分，可将标准分为以下几种。

（1）规范。规范是指规定产品、过程或服务需要满足的要求的文件。几乎所有的标准化对象都可以成为规范的对象，无论是产品、过程还是服务，或者是其他更加具体的标准化对象。

（2）规程。规程是指为设备、构件或产品的设计、制造、安装、维护或使用而推荐惯例或程序的文件。规程所针对的标准化对象是设备、构件或产品。

（3）指南。指南是指给出某主题的一般性、原则性、方向性的信息、指导或建议的文件。指南的标准化对象较广泛，但具体到每一个特定的指南，其标准化对象则集中到某一主题的特定方面，这些特定方面是有共性的，即一般性、原则性或方向性的内容。

19.2.2 信息化标准体系

国内外发布了一系列系统与软件工程、信息技术以及信息技术服务等相关领域的标准规范，有关标准为信息系统相关活动提供了最佳实践、规范要求等内容，相关信息系统活动需要根据活动的内容、预计达成的目标和技术使用情况等，遵循有关标准的规定和要求，从而确保有关活动的有效性和规范性等。

1. 系统与软件工程标准

系统与软件工程标准包含基础标准、生存周期管理标准以及质量与测试标准。

2. 信息技术标准

信息技术标准包含传统信息技术标准和创新信息技术标准。传统信息技术标准包括信息技术、信息安全等相关标准。创新信息技术标准主要包括物联网、云计算、大数据、区块链、人工智能、虚拟现实、移动互联网、业务融合等新一代信息技术的相关标准。

3. 信息技术服务标准

信息技术服务标准包含咨询设计、软件开发服务、集成实施、运行维护、云服务、数据中心等相关标准。

各领域标准关注的方向和侧重点不同，因此在信息系统工程中，需要根据项目所处的具体阶段进行系统化融合应用。在信息系统工程建设项目、运行维护项目中，常用的标准涉及物联网、云计算、大数据、系统建设、集成实施、运行维护中的某一个或某几个领域的标准。

19.2.3 系统与软件工程标准

1. 基础标准

基础标准方面，主要包含 GB/T 11457《信息技术 软件工程术语》、GB/Z 31102《软件工程 软件工程知识体系指南》等标准。

（1）GB/T 11457《信息技术 软件工程术语》。该标准给出了 1859 个软件工程领域的中文术语，以及每个中文术语对应的英文词汇，并对每个术语给出相应的定义。

（2）GB/Z 31102《软件工程 软件工程知识体系指南》。其作为指导性技术文件，描述了软件工程学科的边界范围，按主题提供了访问支持该学科的文献的途径。制定软件工程知识体系（SWEBOK）指南有五个目标：

- 促进业界对软件工程看法趋于一致；
- 阐明软件工程的地位，并设定软件工程与计算机科学、项目管理、计算机工程和数学等其他学科之间的界线；
- 描述软件工程学科的内容；
- 提供使用软件工程知识体系的主题；
- 为课程制定、个人认证及特许资料提供依据。

2. 生存周期管理标准

生存周期管理标准方面，主要包含 GB/T 8566《系统与软件工程 软件生存周期过程》、GB/T 22032《系统与软件工程 系统生存周期过程》等标准。

（1）GB/T 8566《系统与软件工程 软件生存周期过程》。

《系统与软件工程 软件生存周期过程》为软件生存周期过程建立了一个公共框架，可供软件工业界使用。包括了在含有软件的系统、独立软件产品和软件服务的获取期间以及在软件产品的供应、开发、运行和维护期间需应用的过程、活动和任务。该标准还规定了用来定义、控制和改进软件生存周期的过程。

《系统与软件工程 软件生存周期过程》适用于系统和软件产品以及服务的获取，还适用于软件产品和固件的软件部分的供应、开发、操作和维护，可在一个组织的内部或外部实施；适用于供需双方，如供需双方来自同一组织，也同样适用；适用于从一项非正式协定直到法律约束的合同的各种情况；适用于系统和软件产品及服务的需方、软件产品的供方、开发方、操作方、维护方、管理方、质量保证管理者和用户。该标准可由单方作为自我改进工作使用，同时不阻止现货软件的供方或者开发方使用该标准。

（2）GB/T 22032《系统与软件工程 系统生存周期过程》。

《系统与软件工程 系统生存周期过程》为描述人工系统的生存周期建立了一个通用框架，从工程的角度定义了一组过程及相关的术语。该标准中定义了软件生存周期过程，这些过程可以应用于系统结构的各个层次。在整个生存周期中，被选定的过程集合可应用于管理、运行系统生存周期的各个阶段。这是通过所有与系统有关的各方参与，以实现顾客满意为最终目标来完成的。该标准还提供了一些过程，支持用于组织或项目中生存周期过程的定义、控制和改进。当获取和供应系统时，组织和项目可使用这些生存周期过程。

《系统与软件工程 系统生存周期过程》涉及一个或多个可由以下元素配置的人工系统：硬件、软件、数据、人员、过程（例如给用户提供服务的过程）、规程（例如操作指南）、设施、物资和自然存在的实体。当系统元素是软件时，ISO/IEC/IEEE 12207:2015 可以用于实现此系统元素。两个标准互相协调，可以在单个项目或单个组织中同时使用。

3. 质量与测试标准

质量与测试标准方面，主要参考 GB/T 25000《系统与软件工程 系统与软件质量要求和评价（SQuaRE）》等标准，该标准分为多个部分，各部分内容及相应的适用范围如表 19-1 所示。

表 19-1   GB/T 25000 标准各部分内容

标准号	各部分名称	主要内容	适用范围
GB/T 25000.1	第 1 部分：SQuaRE 指南	该部分为 GB/T 25000 整体标准提供使用指南。该部分旨在为 GB/T 25000 标准的内容、公共参考模型和定义以及各部分间的关系提供一个全面说明，允许用户根据其使用目的应用该部分	标准适用但不限于系统和软件产品的开发方、需方和独立的评价方，特别是那些负责定义系统和软件质量需求，以及系统和软件产品评价的人员

标准号	各部分名称	主要内容	适用范围
GB/T 25000.2	第 2 部分：计划与管理	该部分通过提供技术、工具、经验和管理技能，为负责执行和管理系统与软件产品质量需求规约和评价活动的组织提供要求和建议	该部分适用于预期用户执行：①管理用于需求规约和评价执行的技术；②明确系统与软件产品质量要求；③支持系统与软件产品质量要求；④管理系统与软件开发组织；⑤与质量保证职能相关的事项
GB/T 25000.10	第 10 部分：系统与软件质量模型	该部分定义了：①使用质量模型，该模型由五个特性组成，每个特性又可进一步细分为一些子特性，这些特性关系到产品在特定的使用环境中使用时的交互结果；②产品质量模型，该模型由八个特性组成，每个特性又可进一步细分为一些子特性，这些特性关系到软件的静态性质和计算机系统的动态性质	使用质量模型可以应用于整个人机系统，既包括使用中的计算机系统，也包括使用中的软件产品；产品质量模型既可以应用于计算机系统，也可以应用于软件产品
GB/T 25000.12	第 12 部分：数据质量模型	该部分针对计算机系统中以某种结构化形式保存的数据，定义了通用的数据质量模型。关注作为计算机系统一个组成部分的数据的质量，并定义由人和系统使用的目标数据的质量特性	数据与数据设计之间的复合型包含在该部分的范围内
GB/T 25000.20	第 20 部分：质量测量框架	该部分规定了开展质量测量工作的框架	该部分可用于设计、识别、评价和执行系统与软件产品质量、使用质量和数据质量的测量模型。该参考模型可被开发方、需方、质量保证人员以及独立评价方，尤其是负责规定和评价信息通信技术系统质量的人员所使用
GB/T 25000.21	第 21 部分：质量测度元素	该部分旨在定义和 / 或设计质量测度元素（QME）的初始集，可将其应用在软件产品的整个生存周期，以实现系统与软件质量要求和评价（SQuaRE）标准的目的，还给出了设计 QME 或对已有 QME 设计进行验证的规划集	该部分旨在供（但不限于）开发方、需方、产品的独立评价方使用，特别是面向负责定义产品质量需求和产品评价的责任人。当定义拟用来获取质量测度（例如 GB/T 25000.22、GB/T 25000.23、GB/T 25000.24 中所规定的质量测度）相关的 QME 时，该部分是适用的

（续表）

标准号	各部分名称	主要内容	适用范围
GB/T 25000.22	第22部分：使用质量测量	该部分提出的使用质量测度主要在基于真实使用效果的系统与软件产品的质量保证和管理中使用。测量结果的主要用户是软件与系统开发、获取、评价或维护的管理人员	该部分针对 GB/T 25000.10 所定义之特性的使用质量测度进行了定义，旨在与 GB/T 25000.10 搭配使用。该部分能与 GB/T 25000.30、GB/T 25000.40 和 GB/T 25000.41 等标准结合使用，并能在产品或系统质量方面更普遍地满足用户需要
GB/T 25000.23	第23部分：系统与软件产品质量测量	该部分基于 GB/T 25000.10 定义的特性和子特性，规定了用于量化评价系统与软件产品质量的测度	该部分定义的质量测度需要与 GB/T 25000.10 协同使用，并可以联合系统与软件质量要求和评价（SQuaRE）系列国际标准的质量需求分部（ISO/IEC 2503n）及评价分部（ISO/IEC 2504n），以便更广泛地满足用户对于软件产品和系统质量需求的定义与评价
GB/T 25000.24	第24部分：数据质量测量	该部分包含：①每一个特性的数据质量测度的基本集合；②在数据生存周期中应用了质量测度的目标实体的基本集合；③对如何应用数据质量测度的解释；④指导组织定义自己的针对数据质量需求和评价的测度	该部分可以应用到用于任何种类应用的计算机系统中的、保持结构化格式的任何种类的数据
GB/T 25000.30	第30部分：质量需求框架	该部分为系统、软件产品及数据提供了质量需求的框架，包括质量需求的概念及抽取、定义和管控它们的过程和方法	GB/T 25000 标准中部分引用的文件，其最新版本（包括所有的修改单）适用于该文件
GB/T 25000.40	第40部分：评价过程	该部分包含了软件产品质量评价的要求和建议，并阐明了一般概念。它为评价软件产品质量提供了一个过程描述，并为该过程的应用明确了要求。该部分建立了评价参考模型与 SQuaRE 文档之间的关系，也说明了评价过程的每个活动应如何对应使用 SQuaRE 文档	该部分主要适合于软件产品的开发方、需方以及独立评价方。评价过程可用于不同的目的和方法。该过程用于预开发软件、商业现货软件或定制软件的质量评价，也可用于开发过程期间或开发之后。该部分不用于软件产品其他方面（如功能性需求、过程需求、业务需求等）的评价

（续表）

标准号	各部分名称	主要内容	适用范围
GB/T 25000.41	第 41 部分：开发方、需方和独立评价方评价指南	该部分提供了软件产品质量评价的要求、建议和指南。该部分提供了对软件产品质量评价的过程描述，并从开发方、需方和独立评价方的视角陈述了应用评价过程的具体要求	该部分不限于任何特定的应用领域，可用于任何类型软件产品的质量评价方。评价过程可用于不同的目的和方法，也可用于预开发软件、商业现货软件或定制软件的软件产品质量评价，并可用于开发过程期间或开发之后。该部分旨在供负责软件产品质量评价的人员使用，并适用于产品的开发方、需方和独立评价方。该部分不适用于软件产品其他方面（如功能性需求、过程需求、业务需求等）的评价
GB/T 25000.45	第 45 部分：易恢复性的评价模块	该部分提供了软件产品易恢复性质量评价的评价方法、过程、测度和结果说明。采用干扰注入方法和基于常见类别的操作故障和事件的干扰列表来评价承受力的质量测度。应用基于对每种干扰定义一组问题集，通过评估系统在没有人为干预的情况下检测、分析和解决干扰的程度，来评价自主恢复指数的质量的测度	适用于软件产品（包括中间工作产品和最终产品）、支持单个或多个并发用户的交易系统的易恢复性质量评价。该部分旨在供负责软件产品质量评价的人员使用，并适用于产品的开发方、需方（用户）和独立评价方
GB/T 25000.51	第 51 部分：就绪可用软件产品（RUSP）的质量要求和测试细则	该部分确立了就绪可用软件产品（RUSP）的质量要求	用于测试 RUSP 的包含测试计划、测试说明和测试结果等的测试文档集要求
GB/T 25000.62	易用性测试报告行业通用格式（CIF）	该部分规范用户测试过程中获取的信息类型。主要的可变因素包括任务描述、测试环境以及为规范研究发现而选择的特别变量	该部分适用于：①供方组织易用性专业人员编写供顾客组织使用的报告时；②顾客组织验证一个特定报告是否符合该文件时；③顾客组织内的人类工效学专家或其他易用性专业人员评价易用性测试的技术价值和产品易用性时；④顾客组织内的其他专业人员和管理者在利用测试结果对产品适宜性和购买进行商业决策时

19.2.4　信息技术标准

传统信息技术标准主要包括信息技术、信息安全等相关领域标准。

新一代创新信息技术标准主要包括物联网、云计算、大数据、区块链、人工智能、虚拟现实、移动互联网等。下面针对物联网、云计算、大数据三个领域的重点标准进行介绍。

1. 物联网相关标准

物联网相关标准主要有 GB/T 33745《物联网 术语》、GB/Z 33750《物联网 标准化工作指南》、GB/T 33474《物联网 参考体系结构》等标准。相关标准的标准号、标准名称、主要内容及适用范围等如表 19-2 所示。

表 19-2　物联网现行相关标准

标准号	标准名称	主要内容	适用范围	类别
GB/T 33745	物联网 术语	该标准界定了物联网中一些共性的、基础性的术语和定义	该标准适用于物联网概念的理解和信息的交流	国家标准
GB/Z 33750	物联网 标准化工作指南	该指南制定了物联网标准化工作原则、工作程序、标准名称的结构和命名以及物联网标准分类	该指导性技术文件适用于：①以物联网作为名称要素的国家标准的管理工作；②物联网基础共性标准的研制工作	国家标准
GB/T 33474	物联网 参考体系结构	该标准给出了物联网概念模型，并从系统、通信、信息三个不同的角度给出了物联网参考体系结构	该标准适用于各应用领域物联网系统的设计，为物联网系统设计提供参考	国家标准
GB/T 35319	物联网 系统接口要求	该标准规定了物联网系统实体间接口的具体功能要求	该标准适用于物联网系统实体间接口的设计、开发和应用	国家标准
GB/T 36478.1	物联网 信息交换和共享 第 1 部分：总体架构	该部分规定了物联网系统之间进行信息交换和共享包含的过程活动、功能实体和共享交换模式	该部分适用于物联网系统之间信息交换和共享的规划、设计、系统开发以及运行维护管理	国家标准
GB/T 36478.2	物联网 信息交换和共享 第 2 部分：通用技术要求	该部分规定了物联网系统间进行信息交换和共享的通用技术要求，包括数据服务、数据标准化处理、数据存储与管理、数据传递接口、目录管理、认证与授权、交换和共享监控及安全策略要求等内容	该部分适用于物联网系统之间信息交换和共享的规划、设计、系统开发以及运行维护管理	国家标准
GB/T 36468	物联网 系统评价指标体系编制通则	该标准规定了物联网系统评价指标体系的编制原则、体系结构以及指标描述和设计原则	该标准适用于具体行业物联网应用系统评价指标体系的编制	国家标准
GB/T 36478.3	物联网 信息交换和共享 第 3 部分：元数据	该部分规定了物联网系统间信息交换和共享的元数据，包括元数据概念模型、核心元数据和扩展元数据	该部分适用于物联网系统之间信息交换和共享系统的规划、设计以及维护管理	国家标准

标准号	标准名称	主要内容	适用范围	类别
GB/T 36478.4	物联网　信息交换和共享　第4部分：数据接口	该部分规定了物联网系统与外部物联网系统进行信息交换和共享时数据接口的数据推送请求、推送数据、数据获取请求、获取数据、目录获取请求、获取目录数据、目录数据推送请求和推送目录数据等接口参数	该部分适用于物联网系统之间信息交换和共享的设计、系统开发以及运行维护管理	国家标准
GB/T 37684	物联网　协同信息处理参考模型	该标准提出了物联网系统中对任务或服务的协同信息处理的参考模型，规定了实体功能和协同信息处理过程	该标准适用于物联网系统中协同信息处理的设计和开发	国家标准
GB/T 37685	物联网　应用信息服务分类	该标准规定了物联网应用信息服务分类的规则与类别	该标准适用于物联网应用系统规划、设计、研发与应用	国家标准
GB/T 37686	物联网　感知对象信息融合模型	该标准提出了物联网感知对象信息融合的概念模型，描述了感知对象信息融合在物联网参考体系结构中的位置	该标准适用于物联网系统感知对象信息融合的设计和开发	国家标准
GB/T 38637.1	物联网　感知控制设备接入　第1部分：总体要求	该部分规定了物联网系统中感知控制设备接入的接入要求、应用层接入协议和协议适配	该部分适用于物联网感知控制设备的规划和研发	国家标准
GB/T 38624.1	物联网　网关　第1部分：面向感知设备接入的网关技术要求	该部分规定了面向感知设备接入的物联网网关功能要求和通用数据配置要求	该部分适用于面向感知设备接入物联网网关的设计、开发和测试	国家标准
GB/T 38637.2	物联网　感知控制设备接入　第2部分：数据管理要求	该部分规定了物联网感知控制设备接入网关或平台时的数据采集、数据处理、数据交换和数据安全等数据管理要求	该部分适用于物联网感知控制设备接入网关或平台时数据管理功能的设计与实现	国家标准
GB/T 40684	物联网　信息共享和交换平台通用要求	该文件规定了物联网信息共享与交换平台的概念和功能要求，功能要求包括数据管理、目录管理、服务支撑、平台管理和安全机制	该文件适用于物联网信息共享和交换平台的设计、开发和实现	国家标准
GB/T 40688	物联网　生命体征感知设备数据接口	该文件规定了面向物联网应用的生命体征感知设备到生命体征监测系统的数据接口的总则、接口消息格式以及通用接口和业务接口的基本功能和参数的要求	该文件适用于面向物联网应用的生命体征感知设备的设计、生产和使用	国家标准

（续表）

标准号	标准名称	主要内容	适用范围	类别
GB/T 40687	物联网 生命体征感知设备通用规范	该文件规定了面向物联网应用的生命体征感知设备的要求和试验方法	该文件适用于面向物联网应用的生命体征感知设备的设计、生产和使用	国家标准
GB/T 40778.1	物联网 面向 Web 开放服务的系统实现 第 1 部分：参考架构	该文件规定了面向 Web 开放服务的物联网系统的参考架构和功能组件，并对协议适配、物体描述、物体发现、物体共享和安全保障等功能组件进行了描述	该文件适用于面向 Web 开放服务的物联网系统的顶层设计，为面向 Web 的开放服务与物体交互实现提供指导	国家标准
GB/T 40778.2	物联网 面向 Web 开放服务的系统实现 第 2 部分：物体描述方法	该文件规定了面向 Web 开放服务的物联网系统的物体描述模型和物体描述元数据的要求	该文件适用于面向 Web 开放服务的物联网系统设计和开发，为物联网应用服务提供技术支撑	国家标准
YD/T 2437	物联网总体框架与技术要求	该标准规定了物联网通用分层模型、物联网总体框架、主要部件及能力要求、参考点要求以及物联网共性能力要求	该标准适用于整个物联网	行业标准

2. 云计算相关标准

云计算相关标准主要有 GB/T 32400《信息技术 云计算 概览与词汇》、GB/T 32399《信息技术 云计算 参考架构》等标准。相关标准的标准号、标准名称、主要内容及适用范围等如表 19-3 所示。

表 19-3　云计算现行相关标准

标准号	标准名称	主要内容	适用范围	类别
GB/T 32400	信息技术 云计算 概览与词汇	该标准给出了云计算概览、云计算相关术语及定义。该标准为云计算标准提供了术语基础	该标准适用于各类组织（例如企业、政府机关和非营利性组织）	国家标准
GB/T 32399	信息技术 云计算 参考架构	该标准规定了云计算参考架构（CCRA），包括云计算角色、云计算活动、云计算功能组件以及它们之间的关系	该标准适用于云计算架构参考使用	国家标准
GB/T 35301	信息技术 云计算 平台即服务（PaaS）参考架构	该标准规定了平台即服务（PaaS）参考架构的术语定义和缩略语、图例说明、PaaS 参考架构的概念、PaaS 用户视图和功能视图	该标准适用于 PaaS 云计算系统的设计、实现、部署和使用	国家标准

（续表）

标准号	标准名称	主要内容	适用范围	类别
GB/T 35293	信息技术 云计算 虚拟机管理通用要求	该标准规定了虚拟机的基本管理、虚拟机的生命周期、配置与调度、监控与告警、可用性和可靠性、安全性等管理通用技术要求	该标准适用于虚拟机相关产品的设计、开发、测评、使用等	国家标准
GB/T 36327	信息技术 云计算 平台即服务（PaaS）应用程序管理要求	该标准提出了平台即服务（PaaS）应用程序的管理流程，并规定了 PaaS 应用程序的一般要求与管理要求	该标准适用于与平台即服务（PaaS）应用程序管理相关的 PaaS 提供者的服务供应，平台即服务（PaaS）客户使用云平台服务部署运行应用程序以及平台即服务（PaaS）协作者基于平台即服务（PaaS）应用程序管理的功能提供第三方服务的场景	国家标准
GB/T 36326	信息技术 云计算 云服务运营通用要求	该标准给出了云服务总体描述，规定了云服务提供者在人员、流程、技术及资源方面应具备的条件和能力	该标准适用于：①云服务提供者向云服务开发者提出需求的依据；②云服务提供者评估自身的条件和能力；③云服务客户选择和评价云服务提供者；④第三方评估云服务提供者的能力	国家标准
GB/T 36325	信息技术 云计算 云服务级别协议基本要求	该标准给出了云服务级别协议的构成要素，明确了云服务级别协议的管理要求，并提供了云服务级别协议中的常用指标	该标准适用于：①为云服务提供者和云服务客户（简称"双方"）建立云服务级别协议提供指导；②为客户对提供者交付的云服务进行考评提供参考依据；③为第三方进行云服务级别协议评估提供参考依据	国家标准
GB/T 36623	信息技术 云计算 文件服务应用接口	该标准规定了文件服务应用接口的基本接口和扩展接口，并针对 HTTP1.1 协议给出了实现例子	该标准适用于基于文件的云服务应用的开发、测试和使用	国家标准
GB/T 37741	信息技术 云计算 云服务交付要求	该标准规定了云服务交付的方式、内容、过程、质量及管理要求	该标准适用于：① CSP 评估和改进自身的交付能力；② CSC 及第三方机构评价和认定 CSP 的交付能力	国家标准
GB/T 37740	信息技术 云计算 云平台间应用和数据迁移指南	该标准规定了不同云平台间应用和数据迁移过程中迁移准备、迁移设计、迁移实施和迁移交付的具体内容	该标准适用于指导迁移实施方和迁移发起方开展应用和数据迁移活动	国家标准

标准号	标准名称	主要内容	适用范围	类别
GB/T 37737	信息技术 云计算 分布式块存储系统总体技术要求	该标准规定了分布式块存储系统的资源管理功能要求、系统管理功能要求、可扩展要求、兼容性要求和安全性要求	该标准适用于分布式块存储系统的研发和应用	国家标准
GB/T 37739	信息技术 云计算 平台即服务部署要求	该标准规定了云计算平台即服务（PaaS）部署过程中的活动及任务	该标准适用于平台即服务提供方进行平台即服务的部署规划、实施和评估	国家标准
GB/T 37736	信息技术 云计算 云资源监控通用要求	该标准规定了对云资源进行监控的技术要求和管理要求	该标准适用于云服务提供者建立云资源监控能力和云服务客户评价云资源的运行情况	国家标准
GB/T 37734	信息技术 云计算 云服务采购指南	该标准规定了云服务采购流程、云服务采购需求分析、云服务提供商选择、协议/合同签订和服务交付与验收的基本要求	该标准适用于云服务客户和云服务提供者，用于指导云服务客户采购云服务	国家标准
GB/T 37738	信息技术 云计算 云服务质量评价指标	该标准规定了云服务质量的评价指标	该标准适用于为云服务提供商评价自身云服务质量提供方法、为云服务客户选择云服务提供商提供依据和为第三方实施云服务质量评价提供参考	国家标准
GB/T 37735	信息技术 云计算 云服务计量指标	该标准规定了不同类型云服务的计量指标和计量单位	该标准适用于各类云服务的提供、采购、审计和监管	国家标准
GB/T 37732	信息技术 云计算 云存储系统服务接口功能	该标准规定了云存储系统提供的块存储、文件存储、对象存储等存储服务和运维服务接口的功能	该标准适用于指导云存储系统的研发、评估和应用	国家标准
GB/T 40690	信息技术 云计算 云际计算参考架构	该标准规定了云际计算参考架构的功能、角色与活动	该标准适用于云际计算架构的设计、实现、部署和使用，也适用于具有云际资源协作需求的各类云服务参与者	国家标准
YD/T 3148	云计算安全框架	该标准分析了云计算环境中云服务客户、云服务提供商、云服务伙伴面临的安全威胁和挑战，阐明了可减缓这些风险和应对安全挑战的安全能力	该标准提供的框架方法，用于确定在减缓云计算安全威胁和应对安全挑战方面，需要对其中哪些安全能力做出具体规范。该标准适用于云计算	行业标准

（续表）

标准号	标准名称	主要内容	适用范围	类别
YD/T 2806	云计算基础设施即服务（IaaS）功能要求与架构	该标准规定了云计算基础设施即服务（IaaS）的服务种类与服务模式，功能架构及功能需求，接口及安全要求以及关键业务流程	该标准适用于云计算基础设施即服务（IaaS）	行业标准

3. 大数据相关标准

大数据相关标准主要有 GB/T 35295《信息技术　大数据　术语》、GB/T 35589《信息技术　大数据　技术参考模型》等标准。相关标准的标准号、标准名称、主要内容及适用范围等如表 19-4 所示。

表 19-4　大数据现行相关标准

标准号	标准名称	主要内容	适用范围	类别
GB/T 35295	信息技术　大数据　术语	该标准界定了信息技术大数据领域的常用术语和定义	适用于大数据领域的科研、教学和应用	国家标准
GB/T 35589	信息技术　大数据　技术参考模型	该标准描述了大数据的参考架构，包括角色、活动和功能组件以及它们之间的关系	适用于对大数据复杂操作的理解，可为大数据系列标准的制定提供基础	国家标准
GB/T 37721	信息技术　大数据分析系统功能要求	该标准界定了信息技术大数据领域的常用术语和定义	适用于大数据领域的科研、教学和应用	国家标准
GB/T 37722	信息技术　大数据存储与处理系统功能要求	该标准规定了大数据存储与处理系统的分布式文件存储、分布式结构化数据存储、分布式列式数据存储、分布式图数据存储、批处理框架、流处理框架、图计算框架、内存计算框架和批流融合计算框架等的功能要求	适用于大数据存储与处理系统的设计、开发和应用部署	国家标准
GB/T 38633	信息技术　大数据　系统运维和管理功能要求	该标准规定了大数据系统的运维和管理功能要求	适用于大数据系统运维和管理功能的设计、开发和测试	国家标准
GB/T 38643	信息技术　大数据　分析系统功能测试要求	该标准规定了大数据分析系统的数据准备模块、分析支撑模块、数据分析模块、流程编排模块的功能测试要求	适用于指导大数据分析系统的设计、开发和交付	国家标准

标准号	标准名称	主要内容	适用范围	类别
GB/T 38664.1	信息技术 大数据 政务数据开放共享 第 1 部分：总则	第 1 部分是 GB/T 38664 其他各部分的引导，该部分从总体结构和管理角度规定了政务数据开放共享的相关术语和定义、概述、系统参考架构和总体要求	本部分适用于参与或实施政务数据开放共享的机构从事开放共享工程规划、建设、验收和运营等活动，为政府机构制定政务数据开放共享策略的实施提供支持	国家标准
GB/T 38664.2	信息技术 大数据 政务数据开放共享 第 2 部分：基本要求	本部分规定了政务数据开放共享的网络设施、数据资源、平台设施和安全保障的基本要求。第 2 部分是对第 1 部分中的政务数据开放共享的网络、数据、平台、安全要求进行细化	本部分适用于政务部门实施政务数据开放共享工程，为企事业单位、其他组织参与公共数据开放共享工程建设、验收和运营提供参考，规范引导政务数据开放共享和开发利用	国家标准
GB/T 38664.3	信息技术 大数据 政务数据开放共享 第 3 部分：开放程度评价	本部分规定了政务数据开放程度评价原则、评价指标体系和评价方法等，是对第 1 部分中的管理评价体系提供支撑	适用于对政务数据开放程度进行评价	国家标准
GB/T 38667	信息技术 大数据 数据分类指南	该标准提供了大数据分类过程及其分类视角、分类维度和分类方法等方面的建议和指导	适用于指导大数据分类	国家标准
GB/T 38672	信息技术 大数据 接口基本要求	该标准给出基于大数据参考架构的接口框架，规定了接口的基本要求	适用于指导大数据系统的设计、开发和应用部署	国家标准
GB/T 38673	信息技术 大数据 大数据系统基本要求	该标准规定了大数据系统的功能要求和非功能要求	适用于各类大数据系统的设计、选型、验收和检测	国家标准
GB/T 38675	信息技术 大数据 计算系统通用要求	该标准规定了大数据计算系统的硬件、软件、网络及安全要求	适用于大数据计算系统的开发、设计和运维	国家标准
GB/T 38676	信息技术 大数据 存储与处理系统功能测试要求	规定了大数据存储与处理系统的基本功能、分布式文件存储、分布式结构化数据存储、分布式列式数据存储、分布式图数据存储、批处理框架、流处理框架、图计算框架、内存计算框架和批流融合计算框架的测试要求	适用于大数据存储与处理系统的测试	国家标准

19.2.5　信息技术服务标准

信息技术服务标准体系可分为基础标准、通用标准、保障类标准、技术创新标准、数字化转型服务标准、业务融合标准等类别。通用标准相关的标准号、标准名称、主要内容及适用范围等如表 19-5 所示。

表 19-5　信息技术服务现行通用标准

标准号	标准名称	主要内容	适用范围	类别
GB/T 29264	信息技术服务分类与代码	该标准规定了信息技术服务的分类与代码，是信息技术服务分类、管理和编目的准则，为信息技术服务体系的建立提供了基线	该标准适用于信息技术服务的信息管理及信息交换，供科研、规划等工作使用	国家标准
GB/T 33850	信息技术服务质量评价指标体系	该标准建立了信息技术服务质量模型，规定了信息技术服务质量评价指标、测量方法以及质量评价过程等	该标准适用于对信息技术服务质量进行评价	国家标准
GB/T 37696	信息技术服务从业人员能力评价要求	该标准规定了信息技术服务从业人员的职业种类、能力要素等级和评价方法	该标准适用于信息技术服务从业人员的能力评价与培养	国家标准
GB/T 37961	信息技术服务服务基本要求	该标准规定了信息技术服务中的服务过程基本要求、信息技术咨询、设计与开发、信息系统集成实施、运行维护、数据处理和存储、运营等服务的活动内容和成果要求	该标准适用于服务供方和需方确立服务内容及签署合同	国家标准
GB/T 39770	信息技术服务服务安全要求	该标准提出了信息技术服务安全模型，规定了安全总则、生存周期和能力要素的安全要求	该标准适用于信息技术服务提供方、服务需求方和第三方	国家标准
SJ/T 11691	信息技术服务服务级别协议指南	该标准给出了信息技术服务级别协议的各项要素，并提出了针对服务级别协议的管理流程	该标准适用于为建立、管理并评价一致的、全面的、可量化的服务级别协议提供指南	行业标准
T/CESA 1154	信息技术服务从业人员能力评价指南 设计与开发服务	该标准规定了信息技术服务设计与开发专业从业人员的职责要求、职业序列以及等级、各职责等级的准入条件和职业能力要求	该标准适用于提供相关专业信息技术服务的企业及有关组织进行从业人员能力管理、能力评价和技能培训等	团体标准
T/CESA 1155	信息技术服务从业人员能力评价指南 集成实施服务	该标准规定了信息技术服务集成实施专业从业人员的职责要求、职责序列以及等级、各职责等级的准入条件和职业能力要求	该标准适用于提供相关专业信息技术服务的企业及有关组织进行从业人员能力管理、能力评价和技能培训等	团体标准

标准号	标准名称	主要内容	适用范围	类别
T/CESA 1156	信息技术服务从业人员能力评价指南 运行维护服务	该标准规定了信息技术服务运行维护专业从业人员的职责要求、职责序列以及等级、各职责等级的准入条件和职业能力要求	该标准适用于提供相关专业信息技术服务的企业及有关组织进行从业人员能力管理、能力评价和技能培训等	团体标准
T/CESA 1157	信息技术服务从业人员能力评价指南 云计算服务	该标准规定了信息技术服务云计算专业从业人员的职责要求、职责序列以及等级、各职责等级的准入条件和职业能力要求	该标准适用于提供相关专业信息技术服务的企业及有关组织进行从业人员能力管理、能力评价和技能培训等	团体标准
T/CESA 1158	信息技术服务从业人员能力评价指南 信息安全服务	该标准规定了信息技术服务信息安全专业从业人员的职责要求、职责序列以及等级、各职责等级的准入条件和职业能力要求	该标准适用于提供相关专业信息技术服务的企业及有关组织进行从业人员能力管理、能力评价和技能培训等	团体标准

19.3 监理合同

监理单位应参与承建合同和运维服务合同的签订过程，在承建合同和运维服务合同中明确要求承建单位和运维服务提供方接受监理单位的监理，并签订监理合同。

监理合同是监理单位进行监理及相关服务的法律性依据。监理及相关服务合同可以从监理运行周期（规划、部署实施、运行维护）各阶段中选择部分监理工作单独或合并签订，并在合同中明确各监理工作服务范围及费用。依据监理合同及其补充协议，总监理工程师签署监理费申请表，报业主单位。

监理服务宜采用全过程监理，也可以采用里程碑监理或阶段监理。监理工作起始和结束的具体时间由监理单位与业主单位根据监理合同中有关条款和实际情况执行。

1. 监理合同的内容

监理合同的内容主要包括监理及相关服务内容、服务周期、双方权利和义务、监理及相关服务费用的计取和支付、违约责任及争议的解决办法和双方约定的其他事项。

1）监理及相关服务内容

监理及相关服务内容主要描述实施监理的地点、目标及其提供咨询专项服务等内容。具体服务内容包括在监理运行周期的各部分、各阶段应控制信息系统工程的质量、进度和投资，进行项目合同和文档资料管理，协调有关各方面的工作关系，还应根据信息系统工程特点，注意各方知识产权的保护。

2）监理服务周期

服务周期是指监理单位为业主单位提供监理及相关信息技术服务的时间周期，在监理合同中需明确监理及相关服务的开始时间和结束时间，从而切实保障业主单位和监理单位双方利益，减少因服务期限不明确而产生的法律纠纷。

3）双方的权利和义务

业主单位、监理单位应按照合同的约定全面履行自己的义务，双方享有的权利是指合同所约定的权利。监理单位应履行办理委托事务、遵守业主单位指示、向业主单位报告等义务，业务单位应履行支付费用和付酬等义务。双方具体的权利和义务可以根据项目特点在监理合同中进一步确认。

4）监理服务费用的计取

监理项目的取费应考虑所监理项目的大小、投资规模、难度、区域位置、市场竞争等多种因素，一般为工程建设费用的 1% 到 5%。

5）违约责任及争议的解决办法

违约责任及争议的解决办法主要阐述当事人一方不履行合同义务或者履行合同义务不符合约定时，应当承担的继续履行、采取补救措施或者赔偿损失等违约责任。争议解决的方式包括协商、仲裁、诉讼。

6）双方约定的其他事项

双方约定的其他事项可以包括业主单位的工作人员、业主单位应提供的监理人员、现场工作场地及辅助办公设施等内容。

2. 监理合同的特征

监理合同的特征包括：

（1）监理合同的当事人双方应当是具有民事权利能力和民事行为能力、取得法人资格的企事业单位、其他社会组织，个人在法律允许范围内也可以成为合同当事人。委托人必须是有国家批准的信息系统建设和运行项目，落实投资计划的企事业单位、其他社会组织及个人。监理人必须是依法成立、具有法人资格的监理单位，并且具有所承担项目的监理业务能力。

（2）监理合同的订立必须符合工程项目建设和运行程序。

（3）监理合同的目的是服务，即监理工程师凭借自己的知识、经验、技能，受业主委托，为其签订的合同的履行实施提供监督、管理以及咨询等相关技术服务。

3. 监理合同的条款结构

监理合同是监理任务履行过程中当事人双方的行为准则，因此内容应全面、用词应严谨。合同条款的组成结构应至少包括以下几个方面：

（1）合同内所涉及的词语定义和遵循的法规；

（2）监理服务内容和范围；

（3）监理服务周期；

（4）监理单位的权利和义务；

（5）委托人的权利和义务；

（6）监理及相关服务费用计取方式；

（7）监理及相关服务费用支付方式；

（8）监理单位违约责任；

（9）委托人违约责任；

（10）合同生效、变更与终止；

（11）争议的解决办法；

（12）双方约定的其他事项等。

19.4　监理服务能力

人员、技术、资源和流程体现了监理单位的监理服务能力。监理单位应根据监理及相关服务范围，在人员、技术、资源、流程四个方面，建立和完善服务能力体系。

1. 人员

人员主要包括监理人员、外部技术协作体系、人力资源管理体系等。

（1）监理人员。包括总监理工程师、总监理工程师代表、监理工程师、监理员。

（2）外部技术协作体系。监理单位应根据监理及相关服务项目的需要，从外部聘请主要业务领域的技术专家对监理及相关服务项目提供专业技术的支持，体系应包括专家管理制度、专家聘用和工作流程、专家库建设等方面。信息技术更新快，各行业都在开展信息化建设，监理单位在信息技术领域和行业领域培养内部人才队伍难度很大。高效、专业的外部技术协作体系能够有效地弥补监理单位技术力量的不足。

（3）人力资源管理体系。监理单位应涵盖招聘与配置、培训与开发、绩效管理、薪酬管理等主要方面，并具备人力资源管理制度和流程。监理单位人力资源管理制度应在实际工作中得到贯彻执行，且有记录、可核查。信息技术服务人才是组织的核心竞争力之一，完善的人力资源管理体系能够帮助组织长期保持核心竞争力。

2. 技术

技术主要包括监理工作体系、业务流程研究能力、监理技术规范、质量管理体系、监理大纲、监理规划、监理实施细则等。

（1）监理工作体系。监理单位应建立完善的监理工作体系，包括为实施信息系统工程监理业务所建立的组织体系（含组织机构及职责、专业人员及岗位分工）、管理体系（含工作制度、工作程序）和文档体系（含标准化文档的编制、使用和保存）等。

（2）业务流程研究能力。监理单位应通过对主要客户的业务流程、业务特点以及客户所属领域信息技术发展的长期积累和研究，较好地把握客户的信息化需求，充分掌握监理服务工作的重点和要点，能够为客户的信息化建设提供有针对性的监理及相关服务工作方案和有价值的报告。

（3）监理技术规范。监理单位制定的本单位的信息系统工程监理技术规范（或监理操作规程）应符合相关标准对监理工作的要求。监理单位应具备以下基本监理技术：

- 监理的主要技术与管理手段包括检查、旁站、抽查、测试、软件特性分析等，使用这些手段对监理要点实施现场验证与确认，加强风险防范；
- 利用监理知识库、监理案例库，对将要实施的项目进行风险分析与管理，并依据相关技术、管理及服务标准，审核或编制项目文档资料；
- 监理技术人员应加强新的信息技术、产品发展趋势及行业知识的学习，在实践中不断更新和完善监理知识库及监理案例库，并借助现代通信和交流手段提高沟通效率。

（4）质量管理体系。监理单位应建立质量管理体系。监理单位质量管理体系证书的覆盖范围应包括与监理及相关服务业务有关的所有活动和过程，从事监理及相关服务的所有部门和人员应在体系覆盖的范围内。

监理单位开展监理活动时，应按照质量管理的标准规范监理行为，根据 ISO 9000 管理的八项质量管理原则，帮助组织改进组织业绩框架，达到持续成功。八项质量管理原则如下：

- 以顾客为中心。组织依存于其顾客，因此组织应理解顾客当前和未来的需求，满足顾客要求并争取超越顾客期望。
- 领导作用。领导者确立本组织统一的宗旨和方向。他们应该创造并保持员工能充分参与实现组织目标的内部环境。
- 全员参与。各级人员是组织之本，只有他们的充分参与，才能使他们为组织获益。
- 过程方法。将相关活动和资源作为过程进行管理，可以更有效地得到期望的结果。
- 管理的系统方法。识别、理解和管理作为体系的相互关联的过程，有助于组织实现其目标的效率和有效性。
- 持续改进。组织总体业绩的持续改进应是组织的一个永恒的目标。
- 基于事实的决策方法。有效决策是建立在数据和信息分析基础上的。
- 与供方互利的关系。组织与供方是相互依存的，互利的关系可增强双方创造价值的能力。

（5）监理大纲。监理大纲是监理单位承担信息系统工程建设项目的监理及相关服务的法律承诺。监理大纲的编制应针对业主单位对监理工作的要求，明确监理单位所提供的监理及相关服务目标和定位，确定具体的工作范围、服务特点、组织机构与人员职责、服务保障和服务承诺。

（6）监理规划。监理规划是实施监理及相关服务工作的纲领性文件。监理规划的编制应针对项目的实际情况，明确监理机构的工作目标，确定具体的监理工作制度、方法和措施。

（7）监理实施细则。监理机构按照监理规划中规定的工作范围、内容、制度和方法等编制监理实施细则，开展具体的监理及相关服务工作。监理实施细则应符合监理规划的要求，结合工程及相关服务项目的专业特点，具有可操作性。

3. 资源

资源包括监理机构、监理设施、监理知识库及监理案例库、检测分析工具及仪器设备、企业管理信息系统等。

（1）监理机构。监理单位履行监理合同时，应建立监理机构，监理机构在完成监理合同规定的监理及相关服务内容后方可撤销。监理机构的组建，监理机构的组织形式和规模，应根据监理及相关服务招标文件或委托文件约定的工程类别、规模、服务内容、技术复杂程度、实施工期和实施环境等因素确定。监理单位应在监理大纲中明确符合条件的监理机构，并在监理合同签订后将监理机构的组织形式、人员构成及对总监理工程师的任命书面报送业主单位。监理机构应根据监理工程类别、规模、技术复杂程度及相关服务内容，按监理合同的约定，配备满足监理及相关服务需要的设备和工具等。

（2）监理设施。业主单位应按照监理合同的约定，为监理及相关服务工作顺利开展所需的办公、交通、通信等设施提供便利；监理机构应妥善保管和使用业主单位提供的设施，在完成监理工作后交还业主单位。

（3）监理知识库及监理案例库。监理单位应具备监理及相关服务知识库及监理案例库，以保证单位内各监理机构共享所积累的技术知识和信息。该库应具备知识的添加、更新和查询功能，并确保其知识是可用的和可共享的。监理单位应针对知识管理要求制定相关管理制度，做好知识生命周期管理工作。

进行知识管理工作时，应开展以下工作：

①知识体系构建。需具备提供监理服务所需的知识体系和能力。知识体系包括但不限于：

- 基础知识：与信息技术相关的基本知识。
- 业务知识：与需方行业相关的业务知识。
- 专业知识：从事咨询服务必备的专业知识，如业务分析、战略规划、体系结构设计及风险评估等。
- 管理知识：与咨询相关的项目管理、服务管理和 IT 治理知识等。

②知识采集。需具备知识采集渠道和机制，根据知识体系的结构，建立对各类知识进行分类采编的渠道。

③知识检查。需具备知识检查和更新机制，确保知识的适用性、准确性和时效性。

④知识应用。需提供知识查询、分析、管理及应用方法和工具，并进行必要的培训，发挥知识价值。

⑤知识评价。应从知识的使用频度、适用性和价值等方面进行综合评价，建立知识评价体系。

⑥知识维护。需具备相应方法和工具提供知识生命周期管理，具备知识采集、知识审核、知识归类、知识存档、知识检索、知识使用、知识评价、知识统计分析、知识使用者权限管理和知识备份等功能。

监理单位的案例库包括信息系统工程建设项目的背景、建设内容、监理工作任务、监理要点、监理经验等内容，对将来类似项目的实施起到指导作用。但应注意，案例公开的信息需征得业主单位的同意，并符合有关的保密规定，不得私自泄露客户的重要涉密信息。

（4）检测分析工具及仪器设备。监理单位在监理项目实施过程中应能运用信息系统检测分析工具及仪器设备对信息系统工程进行检测。监理单位应根据工程及相关服务情况、业务范围配备满足监理工作需要的监理工具，包括软硬件工具和监理设备。

（5）企业管理信息系统。监理单位应建有内部基础网络环境，通过管理软件实现内部办公、财务和合同的信息化管理。监理单位的管理信息系统应在实际工作中得到应用。监理单位宜利用管理信息系统对监理人员的现场工作进行管理，实现项目的质量、进度和投资控制。

4. 流程

流程包括项目管理体系、客户服务体系、监理及相关服务的制度和流程等。

（1）项目管理体系。监理单位应有负责项目管理的部门，有项目管理制度和流程，有项目管理评价方法、项目管理知识库和项目管理工具。项目管理工具包括企业购置或自主开发的具有项目管理功能的工具。监理单位的项目管理制度和流程应在实际工作中得到贯彻执行，且有记录、可核查。

（2）客户服务体系。监理单位应配置专门的机构和人员，有客户服务制度和流程，有满意度调查和投诉处理机制。监理单位的客户服务制度、流程应在实际工作中得到贯彻执行，且有记录、可核查。

（3）监理及相关服务的制度和流程。监理单位应依据国家法律法规、标准、行业管理要求和企业质量保证体系实施情况，制定规范的监理及相关服务各项管理制度和工作流程，并按照这些管理制度和工作流程开展监理及相关服务工作。

为提供优质的服务，监理人员在服务过程中应当具备以下服务意识：

- 提供个性化的服务；
- 对客户表示热情、尊重和关注；
- 帮助客户解决问题；
- 迅速响应客户的需求；
- 始终以客户为中心；
- 持续提供优质服务；
- 设身处地为客户着想。

第二篇练习

1. 选择题

（1）信息系统工程监理的技术参考模型中不包括_____。

    A. 监理支撑要素   B. 监理对象   C. 监理安全   D. 监理内容

参考答案：C

（2）监理人员由于主观上的无意行为未能严格履行职责并造成了损失，这属于监理工作的_____风险。

    A. 技术资源   B. 工作技能   C. 业务管理   D. 行为责任

参考答案：D

（3）_____是监理单位承担信息系统工程建设项目监理及相关服务的法律承诺。

    A. 监理规划   B. 监理细则   C. 监理计划   D. 监理大纲

参考答案：D

（4）监理工程师的职责不包括：_____。

    A. 负责编制监理规划中本专业部分以及本专业监理实施细则

    B. 负责本专业的测试审核、单元工程验收

    C. 根据工程项目的进展情况调换不称职的监理人员

    D. 负责本专业工程量的核定，审核工程量的数据和原始凭证

参考答案：C

（5）开展信息系统工程监理工作，应当遵守_____的原则。

    ①公平   ②服从   ③守法   ④公正

    A. ①②③   B. ①③④   C. ①②④   D. ②③④

参考答案：B

（6）关于监理工作文件的描述，不正确的是：_____。

    A. 监理规划是整个项目开展监理工作的依据和基础

    B. 监理规划是监理合同签订后编制的纲领性文件

    C. 监理实施细则规定了专业监理程序和方法

    D. 监理实施细则是由监理单位总经理组织编制的文件

参考答案：D

（7）业主单位选择监理单位时，用于取得项目委托监理及相关服务合同、宏观指导监理及相关服务过程的方案性文件是_____。

    A. 资格预审文件   B. 监理大纲

    C. 监理规划   D. 监理实施细则

参考答案：B

（8）信息系统工程监理规划的必要内容不包括_____。

　　A. 工程及相关服务对象概况　　　　　B. 根据实施难度设置的质量控制点

　　C. 监理依据、制度、方法及措施　　　D. 监理机构的组织及监理人员的职责

参考答案：B

（9）_____是监理实施细则的必要内容。

　　A. 监理机构的组织形式　　　　　　　B. 工程专业的特点

　　C. 工程质量等级　　　　　　　　　　D. 项目预计总投资额

参考答案：B

（10）经总监理工程师授权，总监理工程师代表可以_____。

　　A. 组织编制并签发监理月报、监理工作阶段报告

　　B. 主持编制监理规划，审批监理实施细则

　　C. 审核签认承建单位的付款申请、付款证书

　　D. 调解业主单位和承建单位的合同争议

参考答案：A

2. 案例题

阅读下列说明，回答问题 1 至问题 3。

【说明】业主单位甲通过公开招标方式选定承建单位乙承担业务信息系统建设任务，选定监理单位丙对项目实施全过程监理。该系统的建设内容主要包括服务窗口受理子系统、档案管理子系统、网上申报子系统、统计分析子系统、数据中心、门户网站等应用开发和服务器、存储系统及系统软件的采购。建设合同约定，乙单位可以将档案管理子系统和网上申报子系统建设任务分包给分包单位丁，甲单位自行采购所需的设备和系统软件。在项目执行过程中发生了以下几个事件：

【事件1】监理合同签订后，总监理工程师明确了项目监理规划编制的要求，包括：

（1）为了使监理规划具有针对性，计划编制两份监理规划；

（2）监理规划要掌握项目运行规律；

（3）监理规划的表达应标准化、格式化、规范化；

（4）监理规划应根据项目实际情况进行编写，编写完成后由总监理工程师认可，便不再允许修改。

【事件2】在起草的项目监理规划中规定了项目监理机构的人员岗位职责：

（1）总监理工程师代表的职责：

①审查批准监理实施细则；

②处理索赔事件，协调各方关系；

③调换不称职的监理人员。

（2）专业监理工程师的职责：

①签发工程款支付证书；

②主持审查和处理工程变更。

【事件3】档案管理子系统开发结束，根据实施合同的约定及测试标准进行验收。监理工程师对档案管理子系统涉及的档案数据质量产生质疑，要求采取抽测的方式进行验证。丁单位说："我们已完成自测，抽测验证应由乙单位负责。"监理工程师要求乙单位派人抽测验证，乙单位说："档案管理子系统已经全部分包给了丁单位，应该由他们进行抽测验证，谁执行谁负责，出现问题与我方无关。"

【问题1】针对事件1，请指出总监理工程师提出的关于监理规划编制的各项要求是否正确，如果不正确，请说明理由。

【问题2】针对事件2，请指出项目监理机构的人员岗位职责的各项内容是否正确，并分别说明理由。

【问题3】针对事件3，请指出乙单位的说法是否正确，并说明理由。

参考答案：

【问题1】

总监理工程师提出的监理规划编制要求中：

（1）不正确，一份监理合同对应的项目，只应编制一份监理规划；

（2）正确；

（3）正确；

（4）不正确，监理规划可以根据项目进展情况不断地修改和完善，但应按照审批程序重新进行审批。

【问题2】

（1）总监理工程师代表的职责中：

①不正确，"审查批准监理实施细则"是总监理工程师的工作职责，且不能委托给总监理工程师代表完成；

②不正确，"处理索赔事件，协调各方关系"是总监理工程师的工作职责，且不能委托给总监理工程师代表完成；

③不正确，"调换不称职的监理人员"是总监理工程师的工作职责，且不能委托给总监理工程师代表完成。

（2）专业监理工程师的职责中：

①不正确，"签发工程款支付证书"是总监理工程师的职责；

②不正确，"主持审查和处理工程变更"是总监理工程师或其授权代表的职责。

【问题3】

不正确。因为承建单位应对分包单位的工程质量问题承担连带责任。

第三篇　信息系统工程监理实务

第 20 章　信息系统工程监理基础工作

监理是一项注重程序化的工作。监理机构根据一系列程序文件指导日常监理工作，规范监理工作行为，以满足监理任务的要求并实现监理工作目标。

本教程第三篇主要依据监理规范，介绍信息系统工程建设项目中监理机构应执行的监理任务，包括监理要求、监理活动（做什么）、监理内容（怎么做）以及监理流程等。其中，监理内容是对关键监理活动进行的更细化、更深入的阐述。

本章重点介绍信息系统工程各阶段的基础监理工作，并提出相应的监理策略，引导监理成果的编制。然而，监理工作不是千篇一律的，需要根据具体监理对象的特点进行调整。第21～25章在本章的基础上，针对不同监理对象介绍了更有针对性的监理方法。

20.1　规划阶段监理基础工作

信息系统的规划，是指工程/项目完成项目立项报告、可行性研究报告（简称"可研报告"）和初步设计报告（简称"初设报告"）的过程，为工程建设取得立项报告的审批、可研报告及项目概算的批复、初设报告及投资预算的批复开展必要的工作过程。监理单位根据工程建设的实际需要可能参与其中，提出监理咨询意见，发挥监理必要的作用。

20.1.1　监理活动

规划阶段的监理活动具体包括以下几个方面。

（1）协助业主单位构建信息系统架构，具体思路为：

①可以协助业主单位从业务入手，基于行业理解开展需求调研工作；

②可以协助业主单位根据业务现状和信息化现状制定业务目标和信息化目标；

③可以协助业主单位根据需求调研的结果、业务目标和信息化目标，梳理业务架构和信息系统建设需求，引导业主单位通过信息系统的建设与应用，提升整体的业务水平；

④可以协助业主单位采用成熟的规划方法形成信息资源架构、应用系统架构和技术体系架构。

构建信息系统架构的总体思路如图 20-1 所示。

（2）可以为业主单位提供项目的规划的

图 20-1　构建信息系统架构的总体思路

相关服务，为业主单位决策提供依据。具体包括：

①提出总体规划咨询意见；

②提出可行性研究编制要求和具体内容的分析意见；

③提出初步设计编制要求和具体建设内容的分析意见，确定分项建设任务的技术要求；

④提出分项建设任务的深化设计方案的编制要求、建设实施的管理约束等咨询意见或建议；

⑤协助组织技术方案专家论证、技术评审等活动；

⑥系统性监督整体及分项技术方案的优化、调整和完善，为建设实施阶段奠定基础。

（3）对项目需求、项目计划和初步设计方案进行审查。具体包括：

①审查项目需求和初步设计方案是否按照要求进行了规范化的技术描述，能够为项目实施提供优化的设计方案；

②审查项目计划、初步设计方案是否满足项目需求，符合相关的法律法规和标准，与合同相符，具有可验证性；

③协助业主单位消除初步设计文档在进入实施阶段前可预见的缺陷。

（4）协助业主单位策划招标方法，适时提出咨询意见。具体包括：

①提出招投标拆包、分包的咨询意见；

②提出分项建设任务的技术约束要求的咨询意见；

③提出分项建设任务的评标评分约定的咨询意见等。

20.1.2　典型监理工作

典型监理工作具体包括以下几个方面。

（1）参与编制可行性研究报告，协助编制投资概算。

可行性研究是建设项目前期工作的重要内容，是建设项目投资决策的重要依据。可行性研究的成果是可行性研究报告。按照国家有关部门的工程建设管理规定，政府投资项目必须进行可行性研究，按照程序要求编制和报批可行性研究报告，其内容和深度参照国家发改委制定的《政府投资项目可行性研究报告编制通用大纲》和相关说明及规定。企业投资项目的可行性研究，其内容和深度可参照国家发改委制定的《企业投资项目可行性研究报告编制通用大纲》及相关说明。其他投资项目应参照行业、地区、国家或国际组织有关规定或规范，根据项目性质及建设地点等具体情况编制。相对于企业投资项目，政府投资项目的可行性研究更关注社会、经济发展需要和财政可负担性，企业投资项目的可行性研究则聚焦于企业战略、投资收益、市场风险规避等内容。

在编写具体项目的可行性研究报告时，应结合项目实际情况，对编制提纲所要求的内容予以适当调整。信息系统工程建设项目可行性研究报告编制提纲及说明如表 20-1 所示，可以作为实践参考。

表 20-1　可行性研究报告编制提纲及说明

序号	章节名称	内容概述
1	项目概况	项目全称及其简称；项目申报单位和编制单位；概述项目建设地点、建设内容和规模、主要产出、主要技术经济指标等

（续表）

序号	章节名称	内容概述
2	业主单位	项目法人的基本信息；业主单位与职能；项目实施机构与职责等；对于政府资本金注入项目，还应简述项目公司基本信息、投资人或股东构成及政府出资人代表等
3	编制依据	概述项目建议书及其批复文件；国家和地方有关支持性规划；专题研究成果；委托合同以及其他依据、资料等
4	项目建设背景和必要性	项目建设背景；项目前期工作进展情况；规划政策符合性；项目建设的必要性等
5	需求分析与项目任务	项目需求分析；建设内容和规模；项目实施模式及理由；与组织业务职能相关的社会问题和组织业务目标分析；业务功能、业务流程和业务量分析；信息量分析与预测；系统功能和性能需求分析；信息系统装备和应用现状与差距等
6	建设条件与要素保障	项目建设条件；要素保障情况；项目选址等
7	总体建设方案	建设原则和策略；总体目标与分期目标；总体建设任务与分期建设内容；建设方案相对项目建议书批复变更调整情况的详细说明；总体设计方案；项目技术方案（对于关键核心技术，需要分析其知识产权和自主可控性，如果关键技术源于国外进口，需要关注可能存在的"卡脖子"技术风险，保障项目的产业链供应链安全稳定）；项目设备方案（包括关键设备推荐方案及进口设备国产化替代状况）；项目工程方案；建设管理方案等
8	信息系统建设常见方案	标准规范建设内容；信息资源规划和数据库建设方案；应用支撑平台和应用系统建设方案；数据处理和存储系统建设方案；终端系统建设方案；网络系统建设方案；安全系统建设方案；备份系统建设方案；运行维护系统建设方案；其他系统建设方案；主要软硬件选型原则和详细软硬件配置清单；机房及配套工程建设方案
9	建设管理方案	项目组织实施的关键岗位职责和人员配备标准；项目总工期；对项目建设主要里程碑做出时序性安排；招标范围、招标组织形式和招标方式等在内的拟建项目招标方案等
10	项目运营方案	运营模式选择；运营组织方案；安全管理和应急方案；绩效管理方案等
11	项目融资与财务方案	项目投资估算及说明；项目盈利能力分析；项目融资方案；项目运维经费估算；资金使用计划；债务清偿能力评价；财务可持续性评价等
12	项目影响效果专题分析	资源利用效率分析；节能效果分析；环境和生态影响分析；碳排放与"双碳"目标影响分析；经济影响评价；社会影响评价；环保措施及方案；消防措施；职业安全和卫生措施等
13	项目风险管控方案	风险识别和管控方案；重大项目社会稳定风险管控方案；重大风险管控应急预案等
14	效益与评价指标分析	经济效益分析；社会效益分析；项目评价指标分析等
15	研究结论及建议	主要研究结论；问题与建议等

（续表）

序号	章节名称	内容概述
16	附表	项目软硬件配置清单；应用系统定制开发工作量核算表；项目招投标范围和方式表；项目总投资估算表；项目资金来源和运用表；项目运行维护费估算表等
17	附图	项目场址区域位置图；总平面图；建筑方案图；辅助工程及配套设施图等
18	附件	可研报告编制依据；有关的政策、技术、经济资料等

（2）根据业主单位的委托，可以参与编写初步设计方案，协助编制投资预算。

在某些工程建设实践过程中，监理单位可能会接受业主单位的委托，适当地参与工程的立项报告、可行性研究报告、初步设计报告的编制工作，或从事其中的部分工作，为业主单位提供必要的文档编制、投资概预算编制等咨询工作。在此，以初步设计为例提出监理工作策略。

项目初步设计工作的任务是在可行性研究的基础上，进一步明确并细化项目需求、建设原则、建设目标、建设内容、实施方案、投资概算、风险及效益分析等内容。

初步设计方案的编制要点如下：
- 参照充分的设计依据；
- 进行翔实的现场勘察；
- 突出项目的设计亮点；
- 重点介绍初步设计方案相对可行性研究报告批复内容有重大变更的内容；
- 合理制定项目建设的标准规范。

信息系统工程建设的项目初步设计方案的编制提纲及说明如表 20-2 所示，供实践参考。

表 20-2　初步设计方案编制提纲及说明

序号	章节名称	内容概述
1	项目概述	项目名称；项目业主单位及负责人、项目责任人；初步设计方案和投资概算编制单位；初步设计方案和投资概算编制依据；项目建设目标、规模、内容、建设期；总投资及资金来源；效益及风险；相对可行性研究报告批复的调整情况；主要结论与建议等
2	项目业主单位概况	项目业主单位与职能；项目实施机构与职责等
3	项目必要性和可行性分析	政策可行性；技术可行性；资金可行性；环境可行性等
4	现状及需求分析	现状分析；问题分析；组织业务目标需求分析；系统功能指标；信息量指标；系统性能指标等
5	总体建设方案	总体设计原则；总体目标与分期目标；总体建设任务与分期建设内容；系统总体结构和逻辑结构等

（续表）

序号	章节名称	内容概述
6	项目建设方案	建设目标、规模与内容；标准规范建设内容；信息资源规划和数据库设计；应用支撑系统设计；应用系统设计；数据处理和存储系统设计；终端系统及接口设计；网络系统设计；安全系统设计；备份系统设计；运行维护系统设计；系统配置及软硬件选型原则；系统软硬件配置清单；系统软硬件物理部署方案；机房及配套工程设计；环保、消防、职业安全卫生和节能措施的设计；初步设计方案相对可研报告批复变更调整情况的详细说明等
7	系统安全设计	信息系统安全等级定级；安全技术体系；安全管理体系等
8	项目管理方案	领导和管理机构；项目实施机构；运行维护机构；核准的项目招标方案；项目进度；质量、资金管理方案；相关管理制度等
9	项目实施进度	项目建设期；实施进度计划等
10	人员配置与培训方案	技术力量；人员配置；培训方案等
11	运行维护方案	运行维护体系；运行维护要求；运行维护内容等
12	初步设计概算	初步设计方案和投资概算编制说明；初步设计投资概算书；资金筹措及投资计划等
13	风险及效益分析	风险分析及对策；效益分析等

（3）协助组织有关评审活动，验证项目需求。

需求评审的主要内容包括：

- 系统定义的目标是否与用户的需求一致；
- 需求分析阶段提供的文档、资料是否齐全；
- 需求分析文档中的所有描述是否完整、清晰、准确地反映了用户要求；
- 与所有其他系统的重要接口是否都已得到描述；
- 主要功能是否已包括在规定的需求范围之内，是否都已充分说明；
- 系统的行为和其必须处理的信息、必须完成的功能是否一致；
- 设计的约束条件或限制条件是否符合实际；
- 对开发过程中可能存在的技术风险是否采取了必要的规避措施；
- 是否详细制定了检验标准，其能否对系统定义成功进行确认。

需求验证的基本方法包括：

- 自查法：需求分析人员对自己完成的工作内容进行审查和验证，纠正存在的问题；
- 用户审查法：将需求分析文档交给用户，由用户对需求分析进行审查；
- 专家审查法：将需求分析文档交给专家，由专家对需求分析进行审查；
- 原型法：通过建立原型系统对存在争议或不确定的需求进行验证，以此来确定需求是否正确。

（4）协助做好招投标准备工作，提出适当的招标方法。

招标工作按照组织方式可以划分为自行招标和委托招标。自行招标，即业主单位自己组织招标和评标，要求业主单位自身具备组织招标和评标的能力；委托招标，即委托有招标能力和招标资质的招标代理机构对项目进行招标，发布招标文件，接收投标文件，组织专家评审，确定招标入围推荐名次，发布招标公告等。

招标投标法规定：招标分为公开招标和邀请招标。公开招标，是指招标人以招标公告的方式邀请不特定的法人或者其他组织投标；邀请招标，是指招标人以投标邀请书的方式邀请特定的法人或者其他组织投标。分述如下：

①公开招标。

公开招标，即招标人按照法定程序，在指定的发布平台发布招标公告，邀请所有潜在的供应商参加投标，采购人事先确定标准，以招标文件的形式体现，再从应标的供应商中按照综合评分法择优评选出中标供应商。

公开招标的优点：

- 最大限度地保证项目的公开、公平、公正、透明；
- 促使供应商保质保量按时完成项目目标，并获得最具竞争力的价格；
- 有效避免弄虚作假舞弊等行为。

公开招标的缺点：

- 程序较为复杂，招投标耗时较久，费用支出也较多；
- 采购风险较大，例如，投标者之间可能出现串通投标，任意提高或压低报价，给其他投标者造成困扰和损失；或者投标者以不合理的低价恶意抢标，可能导致项目偷工减料、交付延期等风险。

②邀请招标。

邀请招标，也称选择性招标，是由采购人根据供应商或承包商的资信和业绩，选择一定数目的法人或其他组织（不能少于 3 家），向其发出投标邀请书，邀请他们参加投标竞争，从中选定中标供应商的一种招标方法。

邀请招标的优点：

- 邀请招标能够按照项目需求特点和市场供应状态，有针对性地从已知了解的潜在投标人中，选择具有与招标项目需求匹配的资格能力、价值目标以及对项目重视程度均相近的投标人参与投标竞争，有利于投标人之间均衡竞争。
- 通过科学的评标标准和方法实现招标目标，招标工作量和招标费用相对较小，既可以省去招标公告和资格预审程序（招投标资格审查）时间，又可以获得基本或者较好的竞争效果。

邀请招标的缺点：

- 邀请招标与公开招标相比，投标人数量相对较少，竞争开放度相对较弱；招标人在选择邀请对象前对已知投标人信息了解有限，有可能会损失应有的竞争效果，得不到最合适的投标人，难以获得最佳竞争效益。
- 有些招标人甚至利用邀请招标之名，行虚假招标之实。

③招投标注意事项。

为避免招投标出现违规事项，国家有关部门对有关招标工作严格执行有关规定。依法应当公开招标的项目存在下列情形之一时，经招标项目有关监督管理部门审批、核准或认定后，方可采用邀请招标方式：

- 涉及国家安全、国家秘密或者抢险救灾，适宜招标但不宜公开招标的；
- 项目技术复杂或有特殊要求，或者受自然地域环境限制，只有少量潜在投标人可供选择的；
- 采用公开招标方式的费用占项目合同金额的比例过大的。

需要注意的是，国家重点建设项目的邀请招标，应当经国务院发展计划部门批准；地方重点建设项目的邀请招标，应当经各省、自治区、直辖市人民政府批准。

20.2　招标阶段监理基础工作

监理机构在招标阶段的主要工作是了解项目实际情况，协助开展项目招标工作，协助商务谈判和审核合同，推动招标工作的顺利进行，同时促使业主单位与中标单位在其签署的合同中明确项目的各项要求，做好质量、进度与投资的事前控制。

20.2.1　监理要求

招标阶段的监理要求具体如下：

（1）协助业主单位明确项目需求，确定项目建设目标和招标要求；

（2）促使招标文件与用户需求、项目建设目标和范围相符合；

（3）宜见证招标过程合法、合规；

（4）协助业主单位选择适合的承建单位；

（5）促使业主单位、承建单位所签订的承建合同在技术、经济上合理有效，满足法律法规和相关标准的要求；

（6）在签订的承建合同中明确要求承建单位接受监理机构的监理。

20.2.2　监理活动

招标阶段的监理活动具体如下：

（1）在业主单位授权下，参与业主单位招标前的准备工作，协助业主单位编制项目的工作计划；

（2）在业主单位授权下，参与招标文件的编制，并对招标文件内容提出监理意见；

（3）在业主单位授权下，协助业主单位进行招标工作，如委托招标，审核招标代理机构资质是否符合行业管理要求；

（4）在向业主单位提供招投标咨询服务；

（5）在业主单位授权下，参与承建合同的签订过程，并对承建合同的内容提出监理意见。

20.2.3 监理内容

1. 编制工作计划

根据招标工作的特点，监理机构协助业主单位制订的项目工作计划应包括以下几个方面的内容。

1）项目建设内容

明确项目建设内容是招标阶段的核心工作，监理机构应协助业主单位明确项目建设的内容及范围，界定本次招标要完成哪些具体工作；避免业主单位在投资有限的情况下不断扩大项目范围，导致项目的质量及进度无法实现。

2）组织管理

根据项目建设内容及业主单位的组织架构，确认相关管理人员及其职权范围，做到责任明晰。

3）项目建设准备工作

根据项目现有基础条件，对开工前的准备工作逐一梳理，影响项目开工条件的内容应及时汇报至业主单位。

4）总包、分包方式

根据项目建设的规模、内容和阶段，协助业主单位选择合适的总包、分包方式，并明确是否允许承包人将项目分包或转包。

5）项目建设的阶段划分及验收

根据项目建设总体目标、阶段目标、资金落实情况及计划工期等条件，协助业主单位划分建设阶段，明确各阶段要完成的具体工作及质量、进度标准，确定各阶段的验收标准。

6）质量管理计划

根据项目质量标准，协助业主单位拟定概要的质量管理计划，作为后续承建单位质量管理计划报审的审核依据。

2. 参与招标文件的编制

招标文件是招标阶段的重要文档，对项目后续的建设具有重要作用。为了提高招标文件的质量，监理机构有必要参与招标文件的编制，尤其是技术部分的内容。监理机构可以根据自身对业务需求的了解，在与业主单位充分讨论的基础上，协助编写招标文件的技术部分，力求准确、科学地表达业主单位的实际需求。监理机构还应协助业主单位根据项目预算，在招标文件中对项目目标、范围、内容和产品及服务的技术要求做出明确说明。

监理机构在参与招标文件编制的过程中，应主要从以下几个方面提出监理意见。

1）技术和质量的要求

协助业主单位在招标文件中真实反映项目建设的技术和质量需求，重点审核：

● 指标描述是否具体和准确。详尽的指标要求可以避免投标方错误地理解业主单位的要求，有助于双方对项目验收指标的理解保持一致。

- 是否满足业主单位的业务需求。业务需求是系统设计的基本出发点，应通过技术和质量要求来具体约束系统未来的规模和特性。
- 质量目标和质量评定标准是否明确。应对工程的验收准则、投标单位资格等可能对工程质量有影响的因素明确提出要求。
- 技术和质量要求的可实现性。不可实现的技术和质量要求将会影响招标工作的正常进行。
- 技术和质量要求的经济性。监理机构应综合考虑业主单位的现有设施、实际需求和资金现状，审核技术和质量的要求，提前做好项目的投资控制。

2）项目涉及的主要产品和服务的要求

协助业主单位通过招标采购项目所需的产品及服务。采购需求应满足规划及批复文件要求，并符合法律法规、政策文件和规范标准要求。

3）投标单位资质的要求

根据项目的规模及复杂程度选择适宜的承建单位，避免"大马拉小车"及"小马拉大车"的现象出现。招标文件中应根据项目的实际情况，明确投标单位的资质要求。投标单位资质要求一般可以从两个方面考虑：

- 投标单位的能力、资质认证要求；
- 投标单位的项目经验要求。

4）验收方法

协助业主单位在招标文件中明确项目验收方法，为后续项目实施及验收过程提供依据。信息系统的验收通常采用测试的方法来验证系统预先设计的技术指标，这些技术指标可能包括系统的功能指标、性能指标、可靠性指标、系统兼容性指标和系统互操作性指标等内容，具体的测试指标应根据待建系统的特点来确定。测试指标确定的同时，也应明确测试指标的测试结果及其可以接受的准则，以作为未来系统是否能够通过验收的衡量指标。

5）时间进度的要求

对招标文件中项目时间进度的要求进行审核并提出监理意见，协助业主单位根据项目具体情况选择适宜的工期要求。项目的时间进度要求不仅应明确总体进度，也应明确项目各阶段的时间安排，以便后续项目实施过程中进行阶段性进度检查和监督。项目进度目标的合理确定和科学分解对于整个项目进度控制至关重要，监理机构应独立地对整个项目进度进行科学评估，给出合理的监理意见，应尤其关注项目任务的分解与项目进度目标分解是否一致。

监理机构除了从上述几个方面提出监理意见外，还应提出其他必要的对招标工作和工程建设有影响的商务、技术要求。

3. 参与招标工作

参与招标工作的具体内容包括：

（1）应业主单位的请求，监理机构可以参与招标答疑工作。协助业主单位对项目所涉及的功能、技术指标向投标单位进行解释，并保存会议纪要和相关文件。

（2）应业主单位的请求，监理机构可以对评标标准提出监理意见。业主单位可以在此基础上最终确定评标标准和评标方法。

（3）在业主单位和招标代理机构邀请的情况下，可以有限度地协助评标，针对投标文件与招标文件的符合性、一致性和合理性，提出监理意见。监理意见仅供参考，招标方可以综合考虑其他专家的意见、商务标的评选结果，最终确定中标单位。

（4）对投标单位标书中的质量控制计划进行审查，提出监理意见。

（5）必要的情况下，可以协助业主单位审查投标单位的工程能力，即是否可以承担得起招标内容的建设任务。包括：

● 资质文件的充分性和有效性；

● 投标单位的技术能力与本工程所需工程技术和特定要求的符合性；

● 投标单位项目人员的资格与本项目所需工程技术和特定要求的符合性。

（6）如果工程涉及分包，宜协助业主单位对分包单位进行审查。

（7）监理机构在整个招标阶段的协调工作内容均应被记录，可以通过会议纪要的形式进行记录，协调结果应做工程备忘录。

（8）妥善管理招标阶段所产生的与监理相关的文档资料，包括需求说明、招投标文件和监理文档等。

（9）对招标阶段的工作进度提出监理意见，确保招标工作进度不拖延。招标工作进度是否合理，应比对招标投标法相关时间要求，避免时间安排的随意性。监理机构在招标参与过程中，还应注意投标人的进度承诺。

依据招标投标法的有关规定，招标工作需要关注的时间节点约定的主要条款有：

第二十三条　招标人对已发出的招标文件进行必要的澄清或者修改的，应当在招标文件要求提交投标文件截止时间至少十五日前，以书面形式通知所有招标文件收受人。该澄清或者修改的内容为招标文件的组成部分。

第二十四条　招标人应当确定投标人编制投标文件所需要的合理时间；但是，依法必须进行招标的项目，自招标文件开始发出之日起至投标人提交投标文件截止之日止，最短不得少于二十日。

第四十六条　招标人和中标人应当自中标通知书发出之日起三十日内，按照招标文件和中标人的投标文件订立书面合同。招标人和中标人不得再行订立背离合同实质性内容的其他协议。

第四十七条　依法必须进行招标的项目，招标人应当自确定中标人之日起十五日内，向有关行政监督部门提交招标投标情况的书面报告。

（10）与业主单位及相关单位建立信息沟通机制，保持各方项目目标、范围和业务需求等理解的一致性。信息沟通机制可以根据工程项目特点、各单位的项目管理要求等来确定，沟通的形式可以是不定期的、非正式的电话、邮件沟通，也可以是正式的书面意见或者会议。

（11）可按照业主单位的要求，安排人员见证开标过程，见证流程合规性、开标情况、专家评议情况、是否存在不公正现象等，开标结束后，监理单位根据见证情况出具专题监理报告。

4. 招标咨询工作

招标咨询工作的具体内容包括：

（1）向业主单位提供与项目有关的法律法规和标准等信息。这些信息是监理工作的基础，监理机构应及时识别相关法律、法规和标准，并提供给业主单位，确保监理工作有理有据。

（2）进行市场调查和询价，起草合同条款，为业主单位进行商务谈判提供咨询服务，协助业主单位与承建单位签订合理、有效的承建合同，并为业主单位在合同签订过程中遇到的问题提供咨询服务。

（3）协助业主单位根据项目预算，在招标文件中对项目的目标、范围、内容和产品及服务的技术要求、提供时间等做出明确说明。

（4）根据业主单位已确认的预算情况及建设需求，对采购的产品、服务的级别及质量标准向业主单位提供咨询意见。

（5）对业主单位项目资金使用情况提供咨询意见，尽量做到"好钢用在刀刃上"。

5. 承建合同签订的监理

承建合同签订的监理工作具体包括：

（1）参与承建合同的签订过程，在承建合同中应明确要求承建单位接受监理机构的监理。

（2）如果软件工程项目涉及分包，应协助业主单位要求承建单位负责对分包单位进行管理。

（3）建议业主单位组织与合同执行或管理相关的部门参与合同评审工作。

（4）协助业主单位对承建合同进行评审，根据下列准则，对合同的相关内容提出监理意见，合同审核要点及关键条款关注点如下：

- 招标文件与投标文件的一致性，例如，建设任务、关键技术指标、工期约定、人员投入等要求和投标文件是否一致，若有差异，合同应再次明确约定；
- 符合法律法规和标准的要求；
- 明确了建设范围和建设内容；
- 明确了质量要求，包括功能要求和性能要求、文档要求；
- 明确了质量责任和改进机制；
- 明确了总体进度和阶段进度要求；
- 划分和界定了工程的里程碑，并作为工程阶段性付款的依据；
- 规定了处理变更的必要规程；
- 规定了相关各方接口与合作的规程、范围和费用支付方式；
- 明确了系统测试标准和测试通过要求；
- 明确了验收约定和验收要求；
- 明确了安全性和保密性要求；
- 明确了知识产权要求；
- 明确了监理机构在质量控制、协调处理、工程款支付等重要工作中的作用；
- 明确关于合同争议的处理方式；
- 检查合同中测试标准、验收要求和质量责任条款的合规性。

（5）建议业主单位在承建合同中明确项目阶段划分及其质量和进度要求，并以此作为项目阶段性付款依据。阶段性付款制度是控制项目进度和投资的有效手段，监理机构应向业主单位建议一个合理的项目阶段划分，以便确定工程款的支付进度。

（6）承建合同签订条款不得违背招投标文件约定的采购标的、数量、质量、价款或者报酬及付款方式、履约期限、违约责任、解决争议办法及有关影响采购标的使用效果的重要技术指标等实质性条款。

6. 审核承建单位及其人员的能力

监理工程师应协助业主单位审查承建单位及其人员的能力，这是质量控制的关键。对于小型信息系统工程来说，可能只有一个承建单位；而对于较大的工程来说，可能会有总承建单位和分项系统承建单位。总承建单位一般由业主单位招标产生，而分项系统承建单位可能由业主单位或者总承建单位通过招标或者直接委托的方式产生。无论哪种方式产生的承建单位，监理单位都要对其单位能力及其参与项目的人员的专业技术能力进行审核，从而确定其是否具有完成本项目的水平。

审核承建单位及其人员能力时的质量控制要点包括：

（1）证明技术和管理能力的文件是否真实、齐全；

（2）承建单位的能力等级是否与本工程的规模相适应；

（3）承建单位的主要技术领域是否与本工程需要的技术相符合；

（4）拟派往本工程的项目管理人员是否具有相应的项目管理能力；

（5）其他技术人员的技术经历是否与本工程的技术要求相符合；

（6）承建单位是否建立了完善的质量管理体系。

7. 招标阶段其他监理内容

招标阶段其他监理内容包括：

（1）协助业主单位组织召开业主单位、承建单位、监理单位三方参加的首次会议，明确项目沟通协调机制。如有必要，应邀请其他工程相关方参加会议。

（2）组织工程各方以顺利推进项目为目标，围绕质量控制、进度控制、投资控制、合同管理、文档管理、沟通协调等方面建立完整的项目管理制度和保障体系。

（3）协调业主单位和承建单位建立变更管理机制，并在承建合同中明确工程变更处理程序。

【案例1】某单位信息化改造项目通过公开招标选定一家承建单位，在承建合同签订过程中，业主单位要求监理机构审查承建合同。为了确保合同约定描述的一致性、可执行性，保证签约各方对合同无分歧理解，监理单位提出对应工作建议和意见，对合同签订提出具体指导意见。意见具体如下：

（1）应使用国家或行业标准的合同格式。

（2）为避免因条款的不完备或歧义而引起合同纠纷，除了法律的强制性规定外，其他合同条款都应在甲乙双方充分协商并达成一致的基础上进行约定。

谈判取得一定成果未必意味着双方理解一致，名词术语不同，语言、文化等方面的差异，都可能引起某些误会。因此，在达成交易和签订合同前，有必要使双方进一步对他们所同意的条款有一致的认识。

（3）对合同标的描述务必要达到准确、简练、清晰的标准要求，切忌含混不清。对容易出现歧义的术语等合同相关内容，需在合同的名词术语解释部分解释清楚，应采用相关方都理解的语言解释清楚。具体建议有：

- 对合同标的为设备买卖的，应写明设备的名称、品牌、技术指标、计量单位和价格，切忌只写"购买计算机一台"之类的描述；
- 对合同标的为提供服务的，应写明服务的质量、标准或效果要求等，切忌只写"按照行业的通常标准提供服务或达到行业通常的服务标准要求等"之类的描述。

（4）合同中的质量条款应写清具体规格、型号、适用的标准等，可以避免合同订立后因为适用标准采用国际、国家、地方、行业还是其他标准等问题产生纠纷。

（5）合同中涉及变更、转让、解除等内容应详细说明。

（6）如果合同有附件，对于附件的内容应精心准备，并注意保持与主合同一致，不应相互矛盾。

（7）对于既有投标文件，又有正式合同书、附件等包含多项内容的合同，应在合同条款中列明适用顺序。

（8）尽量避免方案变更导致项目变更，从而引发新的误解。

（9）注意合同内容的前后一致性等。

20.3　设计阶段监理基础工作

设计阶段的主要建设工作是在初步设计方案的基础上，根据工程 / 项目的招标要求、合同要求和具体业务需求，进行有针对性的进一步具体规划或总体设计。承建单位应综合考虑技术实现要求、项目实施要求、进度要求、质量要求、合同预算约定等多项因素，完善并提出针对具体建设任务的可实施、可执行、可落地的设计方案，也可以理解为建设任务的深化设计或施工图设计。

设计阶段的工作直接影响后续的项目实施，监理机构应努力协助业主单位和承建单位提高设计质量，使设计方案能够保障项目的可靠性，满足适用性、安全性和经济性，同时保障设计阶段的各项工作能在预定的投资、进度和质量目标内得以完成。

20.3.1　监理要求

设计阶段的监理要求具体如下：

（1）应推动业主单位、承建单位对项目需求和设计进行规范化的技术描述，为项目实施提供优化的设计方案。

（2）应促使项目计划、设计方案满足项目需求，符合相关的法律法规和标准，并与承建合同相符，具有可验证性。

（3）应协助业主单位、承建单位消除设计文档在进入实施阶段前可预见的缺陷。

（4）应协助业主单位组织专业人员评审设计方案。

20.3.2　监理活动

设计阶段的监理活动具体如下。

1）设计方案、测试验收方案、计划方案的审查

依据承建合同，审查承建单位提交的设计方案、测试验收方案、计划方案，审查时应充分考虑业主单位的项目需求，并参考相关的技术标准。不应只审查文档规范性，还应审查设计内容的完整性、正确性和合理性。同时协助承建单位完善上述方案，促使其满足工程需求，符合相关的法律法规和标准规范，并与承建合同相符。

2）变更方案和文档资料的管理

在设计阶段，文档资料的管理显得尤为重要，尤其是文档资料的版本控制和变更控制等。设计变更应得到有效的控制，否则将影响项目实施的进度、投资和质量。

20.3.3　监理内容

1. 对设计方案的审查

设计方案审查的主要目的是确定用户的要求是否得到充分满足，但对用户提出的要求也应全面分析，不能无原则地全盘接受，要分析这些要求与总体目标及用户的要求是否矛盾。

对于项目设计方案，监理机构应审查：

（1）设计方案的完整性。例如，网络设计方案是否缺少必要的 IP 地址规划，软件详细设计文档是否缺少必要的业务数据字典说明等。

（2）与项目需求的符合性。例如，与功能需求、性能需求、兼容性需求、互操作性需求、系统接口需求以及用户界面需求等的符合性。

（3）与承建合同、法律法规、标准的符合性。

（4）设计合理性。例如，系统结构是否合理，数据库设计和数据项定义是否合理，用户界面布局设计是否合理，产品选型是否合理等。

（5）设计正确性。例如，关键算法设计是否正确，变量分析是否符合数学逻辑等。

（6）设计可验证性。

（7）关键技术的实现方法、流程及技术保障措施的合理性。

（8）项目实施的质量保证措施的可行性、合理性及其文档的完整性。

（9）项目实施所需的各项资源是否已有效识别和配备。

（10）是否实现了对软硬件资源的最佳利用。

（11）对整个系统的体系结构、开发平台和开发工具的选择、网络安全方案等要进行充分论证。当前信息技术发展迅速，许多技术还没有达到成熟阶段，就被更先进的技术所替代，而且所花费的成本可能还更低。但需要注意的是，在信息系统工程中采用最新的、最先进的技术，会给质量控制带来技术风险。

（12）其他必要的内容。

监理单位还可以从实际需求出发，对系统结构、数据结构、开发环境、运行环境、各种接

口类型、系统维护方式、软硬件设备型号和有关配置要求等提出建议。

2. 对测试验收方案的审查

对测试验收方案的审查重点是与设计方案的符合性。测试验收方案应包括测试用例设计、测试方法与流程设计、测试结果的判别方法等内容，监理机构主要对这三项内容与设计方案的符合性和可验证性等进行评审并提出评审意见。重点审查对关键部位的测试方案，例如，主机网络系统软硬件测试方案、应用软件开发的模块功能测试方法等。

3. 对计划方案的审查

计划方案应包括项目实施的组织设计、人员要求、实施过程和进度安排等内容。监理机构应从方案要素的完整性、计划与合同的符合性、计划的合理性和可行性、计划的可检查性等方面进行审查。监理机构应根据计划方案，合理安排项目的质量监督计划和控制的措施及方法等。监理机构还应与业主单位、承建单位确定项目设计阶段的协调形式和方法（例如监理例会和专题会议等），并在项目过程中执行。

4. 对设计变更的管理

设计变更在信息系统工程建设项目中经常出现，必须得到有效的控制，否则将影响项目实施的成本、进度和质量。

（1）控制设计变更，变更应由三方达成共识，并做工程备忘录。设计变更评审的主要工作是检查变更原因是否合理，变更后项目质量及工期是否满足合同要求，项目投资预算应合理控制，不能超出项目总预算。

（2）及时对合同的变更结果做工程备忘录。例如，对于硬件设备的变更，监理机构应及时核对合同原设备和变更设备的配置参数，保证正偏离，保证项目质量符合合同要求，并且收集变更申请材料，及时与厂家联系，确认变更材料的真实性及符合性，确认无误后，组织三方对变更内容签署工程备忘录。

（3）设计阶段协调的结果也应做工程备忘录。监理机构应组织三方对设计阶段协调的结果进行最终确认，保证项目质量和进度符合合同要求及业主单位需求，确认无误后，组织三方签署工程备忘录。

5. 对设计文档的管理

对设计文档的管理工作包括：

（1）要求业主单位和承建单位妥善保管有关资料，包括招投标文件、承建合同等；

（2）妥善保管设计阶段的监理文档；

（3）监督检查项目文档的时效性和可用性；

（4）对项目中各方提出保密要求的信息实施保密，加强知识产权的保护；

（5）对设计阶段三方共同参与的过程和活动做工程备忘录，并由三方签认。

6. 设计阶段其他监理内容

设计阶段的其他监理内容包括：

（1）对设计方案、测试验收方案、计划方案进行审查时，如果方案没有问题，监理机构应予以签认，否则应要求承建单位对问题进行整改，并跟踪落实；必要时，监理机构应协助业主单位组织专业人员评审相关方案。

（2）对业主单位和承建单位有关技术方案、软件源代码及有关技术秘密等涉及知识产权的内容制定保护措施，作为监理实施细则的内容。

（3）根据业主单位设计方案，确定对项目进行阶段性质量监督、控制的措施及方法，作为监理实施细则的内容。

（4）根据承建单位项目进度计划，确定对项目进行阶段性进度监督、控制的措施及方法，作为监理实施细则的内容。

（5）及时处理业主单位或承建单位合同变更的申请，协助保持合同、协议及其附件内容的时效性、一致性。

（6）与业主单位、承建单位建立沟通协调机制（例如周期性例会、不定期的专题会等会议机制，以及电话、邮件、书面等交流机制等），并发出监理联系单要求各方在项目工作中贯彻执行。

（7）对设计阶段出现的变更提出监理意见，协调业主单位、承建单位达成一致。

（8）及时组织设计文件及设计方案交底会。

（9）方案经监理工程师审定后，由总监理工程师审定签发；上述方案未经批准，业主单位的工程不得部署实施。

20.3.4　监理流程

1. 设计方案的报审流程

设计方案的报审流程具体如下：

（1）承建单位完成项目设计方案后，应及时向监理机构提交设计方案评审申请。评审的输入文档主要包括设计文件本身、标准规范、项目需求书、承建合同等。

（2）监理机构收到承建单位提交的设计评审申请后，协助业主单位组织人员进行设计文档完整性审查。如果发现设计文档存在不完整的问题，应及时要求承建单位进行必要的整改；承建单位整改完毕后，应重新提请审查。

（3）设计文档完整性审查完毕后，监理机构应组织人员（必要时请业主单位派人参与）进行设计方案的详细审查。

（4）设计文档审查完毕后，三方应对评审完毕的设计方案进行签认。

由于信息系统工程自身的复杂性，设计方案评审的实施过程可能多种多样，既可以分阶段评审（例如软件开发项目的设计评审可以分为概要设计评审、详细设计评审两大阶段），也可以分部分评审（例如网络集成项目可以分为系统设计方案评审和系统测试方案评审两大部分），成熟一部分评审一部分。

2. 设计变更的控制流程

设计变更控制主要通过两个手段来实现：变更流程的控制和变更内容的控制。首先通过规范的变更流程来防止变更的随意性，其次变更的具体内容应得到有效的约束。变更是否实施、如何实施应充分协商，三方都可以提出变更申请。变更实施完毕后，承建单位应就变更后的设计文档提出评审申请。

设计阶段监理工作流程如图 20-2 所示。

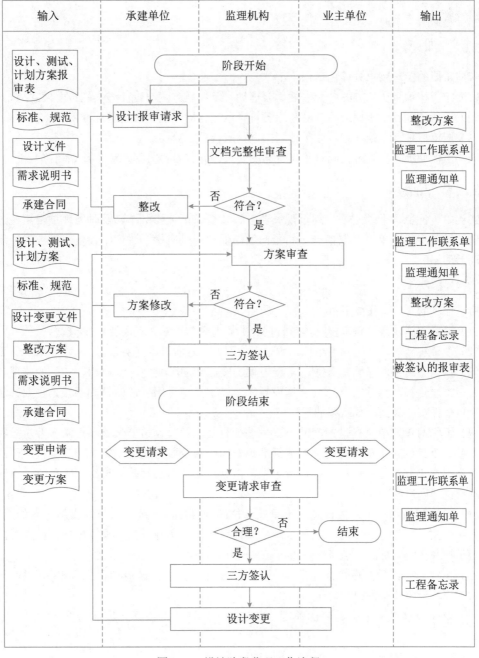

图 20-2　设计阶段监理工作流程

20.4　实施阶段监理基础工作

实施阶段就是信息系统实现的过程，一般来说，也是监理单位工作量最大的工作阶段。实施阶段的监理内容是对信息系统工程建设项目的质量、进度和投资进行控制，对承建合同和文档资料进行管理，协调有关各方面的工作关系。此外，还应根据信息系统工程的特点，对知识产权进行管理。

20.4.1　监理要求

实施阶段的监理要求具体包括：

（1）应审核项目实施方案的合法性、合理性，及实施方案与设计方案的符合性；

（2）应促使项目中所使用的产品和服务符合承建合同、法律法规和标准；

（3）应审核项目实施计划，对于计划的调整应合理、受控；

（4）应促使项目实施过程满足承建合同的要求，并与设计方案、项目计划相符。

20.4.2　监理活动

实施阶段的监理活动主要是通过现场监督、核查、记录和协调，及时发现项目实施过程中的问题，并督促承建单位采取措施、纠正问题，促使项目质量、进度、投资等按要求实现。具体监理活动如下。

1. 质量控制

质量控制的具体工作如下：

（1）项目实施前，组织审核承建单位提交的质量管理计划，签署监理审核意见。

（2）项目实施前，组织业主单位、承建单位召开工程实施准备会议。

（3）依据签认的质量管理计划、实施方案、实施计划等文件，制定切合实际的监理实施细则，并根据质量控制点的设置原则合理设置质量控制点和选用合适的控制手段，主要的质量控制手段包括评审、测试、旁站和抽查。

（4）组织对承建单位提供的产品及服务进行验收，对验收结果做验收记录，并对验收记录做三方签认手续；对不符合合同或相关标准规定的产品及服务应拒绝签认，没有被签认的产品及服务不得在工程实施中应用；具体检查项可依据相关标准及规范，组织业主单位、承建单位和监理单位共同协商确定。

（5）项目实施过程中，按计划检查承建单位的项目实施状况、人员与实施方案的一致性。发现人员与实施方案不一致时，应要求承建单位严格按照实施方案更换或申请更换人员，尤其注意对于特种作业人员的现场资质审查，必须做到人证合一。

（6）执行已确定的阶段性质量监督、控制措施及方法，并做监理日志，出现质量问题时，可要求承建单位整改，并跟踪落实。

（7）及时处理承建单位提交的关键环节的施工申请，审核其合理性后签认，报业主单位批准。

（8）必要时，检查承建单位重要工程步骤的衔接工作，做监理日志。未经监理机构检查认可，承建单位不能进行与之相关的下一步骤的实施。

（9）及时处理工程变更申请，审核变更的合理性，按变更控制程序处理，保证项目总体质量不受影响。

（10）有分包单位时，应组织审核分包单位的工程实施资质。

（11）出现质量事故时，及时按照质量事故处理程序进行处置。

（12）若发现工程实施过程存在重大质量隐患，应及时向承建单位签发停工令，并报业主单位，监督承建单位进行整改。整改完毕后，及时处理承建单位的复工申请。

2. 进度控制

进度控制的具体工作如下：

（1）项目实施前，组织审核承建单位提交的项目实施计划、实施方案，签署监理审核意见。

（2）承建单位提交开工申请后，监理机构应审核开工申请，检查工程准备情况。工程实施条件具备时，总监理工程师应签发开工令，并报业主单位签认，通知承建单位开始工程实施。

（3）定期检查、记录工程的实际情况，确定实际进度与计划相一致；若出现偏离，及时要求承建单位采取有效的纠偏措施。

（4）组织审查进度纠偏措施的合理性、可行性，如果发现问题，要求承建单位及时整改并跟踪落实。

（5）及时按项目延期处理程序处理工程延期申请。

3. 投资控制

投资控制的具体工作如下：

（1）总监理工程师应依据承建合同及其补充协议，对资金使用实施监督，并审核承建单位提交的工程阶段性报告和付款申请，总监理工程师签发工程款支付意见，报业主单位签认。

（2）及时按相关程序处理费用索赔申请。

4. 合同管理

合同管理的具体工作如下：

（1）监督合同执行情况，定期向业主单位提交监理报告，可以抄送承建单位。

（2）及时协调合同纠纷，公正地调查分析，提出监理意见。

5. 文档资料管理

文档资料管理的具体工作如下：

（1）妥善管理工程实施阶段所产生的开工令、停工令、复工令、监理工作联系单、监理通知单、监理日志和工程备忘录等资料。

（2）对项目实施阶段三方共同参与的过程和活动做工程备忘录，并由三方确认。

（3）监督业主单位、承建单位按照既定要求编制和管理项目文档资料，包括实施计划和方案、产品及服务验收报告、费用索赔申请、工程延期申请、工程变更单等。

6. 沟通协调

沟通协调的具体工作如下：

（1）与业主单位、承建单位共同建立必要的工作协调机制，运用监理会议、监理报告和沟通协调等组织协调的方法，做好监理机构内部协调、三方之间的协调、工程中各监理机构之间的协调工作，使项目各方能够充分协作。

（2）定期召开工作协调会，对工作中出现的问题提出监理意见；定期向业主单位汇报工作进度情况。

（3）根据需要及时组织专题会议，解决工程实施过程中的各种专项问题，并做会议纪要，提交业主单位和承建单位。

（4）协调业主单位配合承建单位的工程实施。

（5）协调项目实施过程中进度、质量与投资等目标之间的矛盾，包括：

● 在确保项目质量的条件下，促进项目实施进度符合进度计划；
● 在寻求业主单位更大投资效益的基础上，正确处理合同目标之间的矛盾；
● 在维护业主单位合同权益的同时，实事求是地维护承建单位的合法权益。

20.4.3 监理内容

实施阶段的监理内容包括对信息系统工程的质量、进度和投资进行控制，对承建合同和文档资料进行管理，协调有关各方面的工作关系。此外，还应根据信息系统工程特点，对知识产权进行管理。

1. 对质量管理计划的审查

质量管理计划可以是正式的，也可以是非正式的，可以是非常详细的，也可以是高度概括的。其风格与详细程度取决于项目的具体需要。

监理机构在审查质量管理计划时，应着重审核以下内容：

（1）项目的质量政策。可以直接引用组织的质量政策，也可以对组织的质量政策略加修改。

（2）项目的质量目标。包括项目的总体质量要求和高层级质量标准，例如项目必须符合某个行业标准中的规定。

（3）质量角色的职责。谁应该对项目质量承担什么责任。

（4）质量管理程序、活动和工具。

（5）对工作过程和成果进行质量评审。确定哪些工作过程和成果必须接受质量评审、如何进行质量评审、如何利用评审结果等。

2. 对实施方案的审查

任何目标都必须借助于一定的实施方案，才能最终变为现实；没有明确的目标，会使行动盲目；没有具体的实施方案，任何目标都只是空中楼阁。实施方案的审查是实施准备阶段监理的主要工作。

（1）监理机构应审核的内容如下：

- 实施方案与法律法规和标准的符合性；
- 实施方案的合理性和可行性；
- 实施方案与合同、设计方案和实施计划的符合性；
- 工程实施的组织机构。

（2）实施方案的审核要点如下：

- 承建单位的项目组织机构、管理制度和技术措施是否能满足项目实施需要；
- 承建单位是否有完善的质量保证体系并能正常运行，项目组织机构的人员是否到位且能保证项目实施的需要；
- 所引用的法律法规、标准规范是否是有效的、最新的；
- 进度计划中的进度节点是否满足合同要求；
- 施工安全技术措施是否得当。

3. 组织实施准备会议

实施准备会议主要是要求承建单位落实实施计划、实施方案和必要的准备工作。会议内容应做会议纪要，并经三方签认。

实施准备会议的会议议程主要有：

（1）三方分别介绍各自的组织机构、人员安排及其分工；

（2）业主单位根据委托监理合同宣布对监理单位的授权；

（3）业主单位介绍项目开工准备情况；

（4）承建单位介绍项目准备情况；

（5）业主单位和总监理工程师对实施准备情况提出意见和要求；

（6）总监理工程师介绍监理的主要工作内容；

（7）研究确定各方在实施过程中参加项目例会的主要人员、召开例会的周期、地点及主要议题等。

4. 对质量问题的处理

监理人员在实施阶段处理质量问题时应遵循一般性原则，主要有：

（1）当质量缺陷在萌芽状态时，分析质量缺陷产生的原因，采取果断措施，制止质量缺陷蔓延，例如，责令承建单位更换不合格的材料、设备或不称职的实施人员，或要求立刻改变不正确的实施方法。

（2）当质量缺陷出现明显症状时，监理机构应立刻发出暂停施工的指令，直到承建单位采取了补救措施，并对质量缺陷进行了正确的补救后，才书面通知恢复施工。

（3）当质量缺陷已对下个阶段或分项工程产生质量影响时，应拒绝签认工程计量，并要求承建单位进行返工或处理，直到质量缺陷解决为止。

监理人员在处理质量缺陷时，还需要注意以下几个方面的处理原则：

（1）由于承建单位原因造成项目存在质量缺陷、无法按照合同约定完工，应由承建单位承担全部责任。

（2）由于承建单位的实施方案不合理导致质量缺陷，承建单位应向业主单位承担合同责任。

（3）若因承建单位的操作人员违反操作规程造成质量事故，应按照质量事故处理程序完成事故全过程处理，并由承建单位承担责任，同时挽回事故造成的损失。

（4）监理机构因未检查出实施方案的不合理之处，也要根据监理合同向业主单位承担责任。

（5）监理机构应及时将检查结果报告给业主单位。

5. 审核分包单位的工程实施资质

有分包单位时，应组织审核分包单位的工程实施资质。不具备工程实施资质的分包单位不得参与工程实施。监理机构在审查承建单位提交的分包单位资质审查表时，应着重审查以下几点：

（1）审查承建合同是否允许分包，分包的范围和工程部位是否可以进行分包。

（2）审查分包单位的资质材料是否包括营业执照、企业资质等级证书、有关技术与管理人员的资格证书等。其中，分包单位的名称应按企业法人营业执照全称填写。

（3）审查分包单位业绩，业绩是指分包单位近三年完成的与分包工程内容类似的工程及质量情况。

分包单位资质审查流程如下：

（1）监理机构根据本项目对分包单位的管理要求，对分包单位资质材料和业绩材料进行审查，提出审查意见。

（2）分包单位通过监理人员的审查后，交由总监理工程师/代表进行审核。

（3）总监理工程师/代表根据监理人员的审查意见，以及分包单位的材料出具审核意见。

6. 实施阶段产品及服务的验收

实施阶段产品及服务的验收应注意以下几点：

（1）产品和服务应与承建合同要求以及产品文档中的说明保持一致。

（2）产品及服务的有效性和真实性。

（3）必要时，监理机构可依据承建合同、技术标准或事先约定的方法检测产品及服务的质量。对于数量较大的同类型产品及服务，监理机构可采取抽样方法。

（4）必要时，监理机构应要求承建单位提交第三方测评机构出具的测评报告，并核验产品认证证书、检测报告的真实性、有效性；第三方测评机构应经业主单位和监理机构同意。

7. 硬件设备的验收

硬件设备的验收，应在三方完成设备开箱检查、设备加电测试等工作后进行。可参考以下设备验收流程：

（1）承建单位按照要求提供拟到货设备的清单、序列号及相关质量证明文件后，提前三天通知业主单位和监理机构具体的到货时间和地点。

（2）业主单位、监理机构、承建单位安排人员对到货设备进行现场开箱检查，主要检查到货设备的外包装和外观是否有破损或缺陷，设备品牌和型号是否与投标文件及合同要求的一致，设备的序列号是否与提供的序列号清单一致；若出现外包装、外观破损或缺失零部件的，应要求承建单位更换破损的设备和补齐零部件；对于品牌和型号与投标文件及合同要求不一致的，应要求承建单位严格按照投标文件及合同要求供货，若无法按投标文件及合同要求到货的，应及时报告业主单位、监理机构，协商处理。

（3）设备经开箱检查合格后，应组织业主单位、监理机构、承建单位对设备进行加电测试，主要测试设备是否可以正常开机，运行的稳定性，配置参数是否与合同要求一致，加电后系统展示的品牌、型号是否与投标文件及合同要求一致等。

（4）设备经加电测试合格后，并满足合同设备验收条款后，承建单位可以申请设备验收。

8. 质量事故处理程序

质量事故处理程序具体如下：

（1）要求承建单位在事故发生后立即采取措施，尽可能控制其影响范围，及时签发停工令，上报业主单位。

（2）在接到事故报告后立即组织相关人员调查事故状况、分析原因，与业主单位、承建单位共同确定初步处理意见。

（3）督促承建单位采取相应措施，查清事故原因，审核承建单位提交的事故解决方案及预防、补救措施，提出监理意见，提交业主单位签认。

（4）审查承建单位提交的事故报告及复工申请，条件具备时，总监理工程师可以签发复工令，恢复施工。

（5）发现存在重大质量隐患时向承建单位签发停工令，并上报业主单位。审核承建单位提交的整改方案并监督承建单位进行整改。整改完毕后，处理承建单位提交的复工申请。

9. 项目延期处理程序

项目延期处理程序具体如下：

（1）监理机构根据项目情况，分析延期原因、影响程度等，研究整改措施，确认其延期申请的合理性，与业主单位、承建单位协商确认后，由总监理工程师对项目延期申请予以确认。

（2）项目延期影响项目总体进度计划时，要求承建单位修改项目总体进度计划，经三方签认后，做工程备忘录。

（3）组织审查进度纠偏措施的合理性、可行性，监理机构可出具监理意见并跟踪整改。

（4）当发生由于延期造成的索赔时，总监理工程师应综合考虑项目延期和费用索赔的关系，做出费用索赔和项目延期的建议。

10. 索赔处理程序

索赔处理程序具体如下：

（1）申请方应在合同规定的期限内向监理机构提交索赔申请。

（2）总监理工程师指定监理人员收集与索赔有关的资料。

（3）总监理工程师进行索赔审查，与承建单位和业主单位协商索赔费用。

（4）总监理工程师应在承建合同规定的期限内签发索赔审批意见，或在承建合同规定的期限内发出要求申请方提交详细资料的监理意见。

（5）当申请方的索赔要求与项目延期要求相关联时，总监理工程师应综合考虑费用索赔和项目延期的关系，提出费用索赔和项目延期的建议。

20.4.4　监理流程

1. 实施阶段监理工作流程

监理机构在实施阶段的主要任务是受理项目实施申请，并对项目实施过程进行监理，对于其中发现的项目问题及时出具监理意见并跟踪整改。具体的处理流程如下：

（1）承建单位做好项目实施前的各项准备工作后，向监理机构提出项目实施申请。监理机构收到项目实施申请后，及时检查和落实各项准备工作的完成情况。一般情况下，准许开工的条件至少应包括：完成了项目实施质量管理计划、系统设计方案和项目实施方案；合格的项目实施人员已经到位（以上内容监理机构已通过审核并进行了签认）；项目实施所需的软硬件设施具备。条件具备时，监理机构应及时签发开工令；监理机构如认为不具备开工条件，应出具监理意见并跟踪整改。

（2）项目实施启动后，监理机构依据签认的项目质量管理计划、实施方案、实施计划和监理实施细则的要求对现场实施监理。对于监理实施过程中发现的问题及时出具监理意见并跟踪整改。项目实施过程的阶段性成果应进行三方签认。

（3）项目实施过程结束后，承建单位及时提交项目实施报告，监理机构及时提交监理报告。

2. 合同管理监理工作流程

合同管理过程的处理流程主要受理项目实施过程中出现的各种合同管理问题，例如延期问题、变更问题和索赔问题等。具体的处理流程如下：

（1）业主单位或承建单位就合同管理相关问题（例如变更问题、延期问题、索赔问题等）提出申请，申请中应对相关问题产生的原因、责任归属、处理方式做出说明。其后，监理机构根据项目实际情况，收集相关信息，并进行相应的审查。

（2）如果合同管理问题申请的理由充分、合理，监理机构应予以批准；三方就申请处理结果达成一致后，及时签署工程备忘录并落实合同变更，否则及时签发监理通知单，告知申请方不同意申请的意见并说明原因。

（3）合同变更处理完毕后，项目实施过程根据变更予以一定的修正，监理机构须相应调整监理实施细则，落实合同变更内容。

实施阶段监理工作流程如图 20-3 所示。

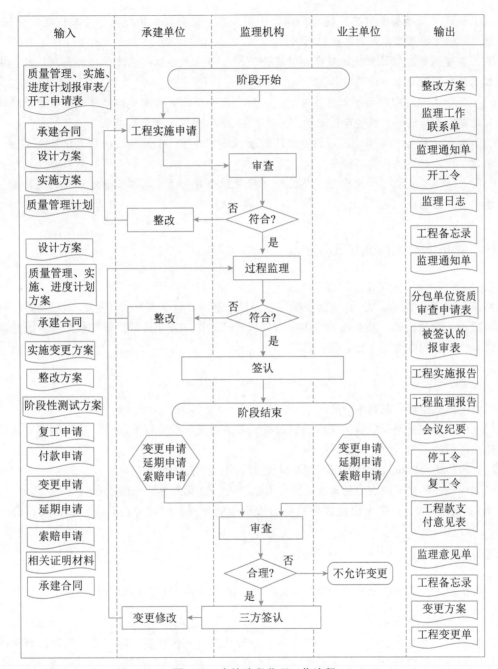

图 20-3　实施阶段监理工作流程

【案例2】某单位信息化改造项目的合同工期为"自合同签订之日起180个日历日完成设备到货、设备安装调试工作,并通过初验",由于客观原因导致项目无法如期完成初验工作。监理机构提出对该事项的处理流程意见。处理流程具体如下:

（1）承建单位根据项目实际情况，结合合同条款，向监理机构提交了《工程延期申请表》和工程延期的依据及工期计算等佐证材料。

（2）监理机构根据工程情况确认其具有合理性，与业主单位、承建单位协商确认后，由总监理工程师对工程延期申请予以签认。

（3）由于工程延期影响了工程总体进度计划，监理机构要求承建单位修改《项目总进度计划》与延期所影响的《实施进度计划》。经三方签认后，编写了工程备忘录。

（4）监理机构组织审查进度纠偏措施的合理性及可行性，签发监理通知单报业主单位，并要求承建单位按计划执行纠偏措施。

（5）承建单位提出了费用索赔，总监理工程师综合考虑项目延期和费用索赔的关系后，提出了费用索赔的建议。

20.5　验收阶段监理基础工作

项目验收阶段是全面验证和认可项目实施成果的阶段，由于信息系统工程的特殊性，进行信息系统工程建设项目验收时，有必要坚持以测试为基础、以事实为依据开展项目的验收工作。一般情况下，监理机构需要参加验收阶段的各项管理工作，并非只进行监督和检查，因此本节将阐述验收阶段的监理要求及监理内容。

20.5.1　监理要求

验收阶段的监理要求具体包括：

（1）应审核项目测试验收方案（验收目标、双方责任、验收提交清单、验收标准、验收方式、验收环境等）的符合性及可行性；

（2）应协调承建单位配合第三方测试机构进行项目系统测评；

（3）应促使项目的最终功能和性能符合承建合同、法律法规和标准的要求；

（4）应促使承建单位所提供的项目各阶段形成的技术、管理文档的内容和种类符合相关标准。

20.5.2　监理内容

一般情况下，项目验收中的管理工作包括项目初验、系统试运行和项目终验。

1. 项目初验的监理

项目初验，即初步验收，是指项目完成合同要求的全部内容后，对该项目是否符合设计要求、施工和设备安装是否符合质量要求等进行全面检测的过程。项目初验的监理基础内容包括：

（1）初验条件的检查。工程初验前，监理机构应协助业主单位确认工程达到初验条件，包括：

- 招投标文件及合同文件（包括合同附件、补充协议、后期出现的变更等）要求的系统功能已实现，未完善工作已通过三方会议达成备忘录；

- 承建单位提交了自测报告及初验申请；
- 工程建设文档齐备，且经监理机构审核确认；
- 验收方案经审核确认；
- 监理机构抽检测试或第三方测试已完成，承建单位对于不合格项进行了整改并复测通过。

（2）初验前的监理准备工作。具体包括：

- 协助业主单位审核承建单位提交的初验方案，明确验收目标、各方责任、验收内容、验收标准、验收方式和验收结果等内容，并签署审核意见。
- 及时处理承建单位提交的初验申请，审核初验的必备条件，包括所有外购的软硬件设备是否按照计划到位、项目设计方案是否得到全面实施、相关变更和项目问题是否得到落实等。
- 检查各系统功能状态是否满足合同、招投标等文件的要求。
- 核实未完善的工作及备忘录的有关内容。若存在未完善的工作，必须在召开初验会议前，由三方共同讨论并确定未完善的工作如何解决、解决的时间、质保服务如何保障等事项，一般以工程备忘录的形式处理（若承建单位能在验收前解决，则督促解决，否则就达成一致的处理办法形成书面材料）。
- 检查初验要求的各类文档，应是承建单位的最新版本且经监理审核通过。
- 准备监理文档，同时准备好验收会议上的监理总结材料。
- 准备初验报告（适合三方签字使用）。

（3）初验中的监理工作。具体包括：

- 协调三方人员进行验收测试；
- 听取业主单位对验收的意见；
- 协调三方人员讨论具体验收事宜（如验收形式、参会人员、文档准备等）；
- 协助业主单位准备验收会议（例如验收议程等）；
- 监理文档整理、装订，参考业主单位意见或相关标准，并对承建单位的文档装订提出监理意见；
- 协助业主单位对初验中发现的质量问题进行评估，根据质量问题的性质和影响范围，确定整改要求和整改后的验收方式，以监理通知单的形式告知承建单位，必要时组织重新验收；
- 敦促承建单位根据整改要求提出整改方案，并监督整改过程；
- 与业主单位和承建单位一起对初验结果进行确认，共同签署初验合格报告。

（4）初验验收会议的监理工作：协助业主单位安排会场（例如签到表、会签等）；按会议议程执行；做好记录；会议纪要和验收报告落实签字。

2. 系统试运行的监理

系统试运行的目的是发现系统潜在的问题，试运行周期可以根据实际情况在合同中予以明确。业主单位应建立完整的系统试运行记录，并及时向项目各方报告试运行期间出现的各种问题。

系统试运行的监理基础内容包括：

（1）要求业主单位、承建单位以初验合格报告作为启动试运行的依据。

（2）审核承建单位的试运行申请，若符合条件，协调三方允许系统进入试运行阶段。

（3）有计划地监督系统的试运行，督促承建单位解决试运行中出现的问题。着重检查以下内容：

- 检查试运行期间的工作日志或故障排错记录，检查故障问题是否如实记录；
- 检查试运行期间出现的问题的整改情况，对于问题的整改可能超过约定的试运行周期的，应及时召开协调会，明确处理方案；
- 试运行完成前，检查是否符合试运行通过条件，是否具备正式运行条件。

（4）跟踪承建单位现场人员是否到位并正常工作。

（5）定时或不定时了解用户对现场人员是否满意，若有问题，核实后可对承建单位提出要求。

（6）抽查承建单位现场人员的工作记录（解决用户问题），对问题比较集中、有未解决的问题、有部分工作量调整的情况做好记录，根据实际情况可召开三方会议讨论解决方法、时间等。

（7）督促承建单位及时解决出现的问题。

（8）根据初验前备忘录的内容，核实承建单位落实情况。

（9）试运行结束后，建议用户出具用户使用意见，要求承建单位出具试运行报告和试运行期间的问题总结报告（若有问题未解决，可作为试运行时间延长的依据）。

3. 项目终验的监理

项目终验也称竣工验收，是指在通过初验并试运行合格后，对项目的总体进行检测和认证、综合评价和鉴定的活动。项目终验的监理基础内容包括：

（1）协助业主单位审核承建单位提交的终验计划及其方案，明确验收目标、各方责任、验收内容、验收标准、验收方式和验收结果等内容，并签署审核意见。

（2）及时处理承建单位提交的终验申请，根据承建合同有关条款，核实实际情况是否满足终验要求。

（3）如果符合如下终验条件，在终验申请中予以签认，并报业主单位签认：

- 项目建设内容按照合同要求全部完成；
- 各种技术文档和验收资料完备；
- 系统的功能和性能满足设计要求；
- 系统已通过初验、试运行，用户出具了初验和试运行意见；
- 初验和试运行中出现的问题已经得到解决；
- 试运行时间符合承建合同的要求；
- 完成了约定的培训工作，培训效果符合要求；
- 承建单位提交了符合要求的终验方案和计划，并且已通过审核；
- 业主单位同意进行终验。

（4）如果不符合上述终验条件，向承建单位提出整改意见（若此时由于某些客观原因还有未完成的事项，需协调三方事先做好沟通，承建单位签好承诺书）。

（5）协调项目相关方确定终验方案（含承建单位总结报告）及终验形式（三方会议或专家会议）、参与人员、议程等。

（6）协助业主单位做好终验准备、组织项目终验；对于大型或重要信息系统工程建设项目，应业主单位要求，可以聘请有关专家参与终验评审，以评估项目完成情况。

（7）准备好监理的发言材料（监理总结报告）。

（8）根据已定的验收议程召开会议，做好记录，会议纪要和验收报告落实签字。

（9）三方签订终验合格报告，要求业主单位和承建单位以终验合格报告作为项目验收结束的依据。

（10）项目终验后，审核承建单位的项目结算，可协助业主单位进行项目决算。

（11）整理与项目有关的全部监理文档，并提交业主单位。

（12）协助业主单位和承建单位完成项目移交工作。

4. 验收阶段其他监理内容

验收阶段的其他监理内容包括：

（1）对验收各阶段进度安排提出监理意见。

（2）审核承建单位初验、终验和项目整改计划的可行性。

（3）由总监理工程师审核承建单位提交的付款申请，根据承建合同规定的付款条件，签发工程款支付意见。

（4）及时向业主单位、承建单位通报承建合同、协议及相关变更所规定项目内容的执行情况，提出监理意见。

（5）宜协助业主单位与承建单位签署其他补充协议。

（6）对于项目中的关键性技术指标，应要求承建单位出具第三方测试机构的测试报告。第三方测试机构应经业主单位和监理机构同意。

（7）协助业主单位和承建单位做好对知识产权的管理工作。在项目终验前，监理机构应检查所完成的信息系统中，承建单位是否提供了非正版软件。如果提供了非正版软件，监理机构应要求承建单位进行整改并跟踪落实。

（8）管理项目验收阶段的文档，例如验收方案、验收申请、验收报告等。

（9）敦促业主单位、承建单位，按照约定编制、签署和保存验收阶段项目文档。

（10）督促业主单位、承建单位及时整理项目文档。

（11）督促承建单位完成承建合同及项目实施方案中确定的培训，包括；

● 依据承建合同，要求承建单位提交培训计划和培训材料；

● 监督承建单位开展培训活动，并提交培训记录。培训记录应包括：培训时间、培训地点、培训讲师、参加人员、培训讲义、培训效果；

● 检查培训记录与培训计划的一致性，并对培训效果进行核实与评价。

20.5.3　监理流程

验收阶段监理工作流程如图 20-4 所示。

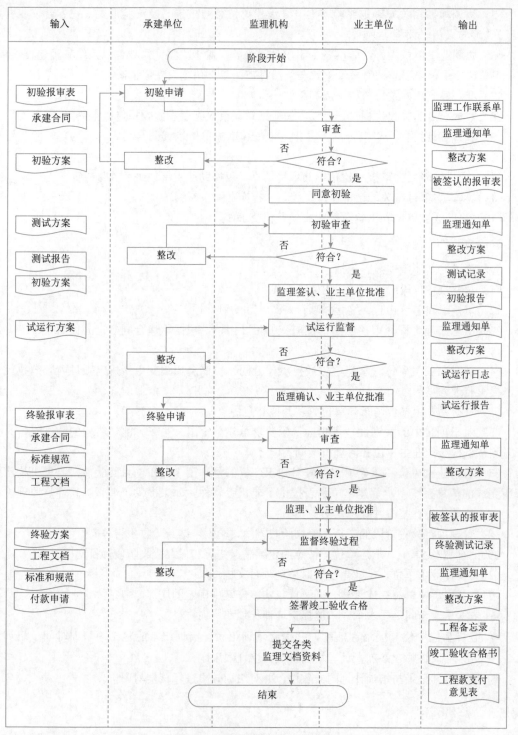

图 20-4 验收阶段监理工作流程

【**案例3**】在本章案例 1 的项目中，项目在完成初验并通过 1 个月系统试运行后，提出终验申请。监理机构审核承建单位提交的验收文档，主要审查文档的规范性、时效性和可用性。终验申请经审核通过，监理机构与业主单位商议后，决定组织项目终验专家评审会。

终验专家评审会的会议议程如下：

（1）业主单位介绍参会单位及与会人员；

（2）专家组进行商议，推选专家组长；

（3）业主单位介绍项目建设情况；

（4）承建单位汇报项目建设内容完成情况；

（5）监理单位汇报项目监理情况；

（6）第三方检测单位汇报项目检测情况；

（7）专家组审核项目验收文档；

（8）专家组提出质询和讨论；

（9）承建单位、监理单位对提出的问题进行答疑；

（10）专家根据审核情况形成专家意见。

第 21 章　基础设施工程监理

信息系统工程基础设施包括通用布缆系统、计算机网络系统和电子设备机房系统等，其中电子设备机房系统包含安全防范系统工程、环境系统工程、动力环境监控系统工程等重点建设内容。本章详细阐述了监理人员在信息系统工程建设过程中各阶段的监理活动和监理内容，介绍了基础设施工程中各分项工程的监理方法。监理工程师充分掌握信息系统工程建设项目中基础设施监理的核心技能和方法，可以为确保工程质量、提高工程效益提供有力支持。

21.1　概述

基础设施工程招标阶段、设计阶段、实施阶段和验收阶段的监理工作，应符合基础设施工程建设要求和监理合同所约束的监理服务要求，严格执行强制性国家标准、行业标准和地方标准，并按照监理规范、有关建设内容的技术标准及规范开展必要的监理活动，落实监理内容，提出监理意见或建议，做好监理工作记录。

21.1.1　基本概念

1. 隐蔽工程

基础设施工程施工过程中，施工后形成的不可见的部分。

2. 抽检测试

按照约定的抽样原则，对工程所用材料或需要检测的部分进行检查或测试的监理活动。

3. 通用布缆系统

能支持广泛应用范围的结构化信息布缆系统，一般由双绞线、光缆、同轴电缆、无线等传输媒体组成。

21.1.2　基础设施工程建设任务

基础设施工程主要包含通用布缆系统工程、计算机网络系统工程和电子设备机房系统工程，涉及系统的新建、升级和改造。

1. 通用布缆系统工程

通用布缆系统工程包括但不限于如下内容：
（1）保护设施的安装和检查；
（2）机柜、机架的安装和检查；
（3）信息插座的安装和检查；

（4）连接硬件的安装和检查；

（5）线缆敷设和检查；

（6）设备和线缆的标识、记录的检测等。

2. 计算机网络系统工程

计算机网络系统工程包括但不限于如下内容：

（1）网络系统的体系结构和网络拓扑的设计；

（2）网络地址、路由规划和子网划分；

（3）网络系统的接口和整体连通性设计；

（4）网络安全性、可靠性设计；

（5）设备安装环境和条件的检查，应检查主要网络设备的安放环境是否符合设备的运行要求；

（6）设备安装、调试和网络系统集成的检查；

（7）工程实施的安全性检查等。

3. 电子设备机房系统工程

在信息系统工程中，电子设备机房系统工程是为了保证计算机、电信等所有电子设备的安全有效运行而提供的配套工程，包括但不限于如下内容：

（1）供配电系统工程；

（2）空调系统工程；

（3）消防系统工程；

（4）安全防范系统工程；

（5）环境系统工程；

（6）动力环境监控系统工程。

21.2　招标阶段监理工作

本节重点介绍监理单位在基础设施工程招标阶段需要执行的监理活动和主要监理内容。

21.2.1　监理活动

基础设施工程招标阶段的主要监理活动如下：

（1）协助业主单位明确工程需求；

（2）宜参与招标前的准备工作，协助业主单位编制基础设施工程的工作计划；

（3）宜了解业主单位估算的工程总投资，了解招投标分包策略；

（4）协助业主单位参与招标文件的编制或对招标文件提出监理意见；

（5）可协助评标，对投标文件与招标文件的符合性及投标文件的合理性提出监理意见；

（6）对本阶段的工作进度提出监理意见；

（7）参与承建合同的签订过程，促使合同相关条款符合业主单位招标文件的要求；

（8）与业主单位、承建单位以及相关单位建立信息沟通和协调机制，明确本阶段需要各方提交的文档；

（9）妥善保管招标阶段所产生的与监理相关的文档资料，包括需求说明、招投标文件和监理文档等。

21.2.2　监理内容

基础设施工程招标阶段，监理机构应协助业主单位，根据项目概算批复文件的建设内容、建设规模、投资额等要求，按照必要的采购程序（例如政府投资项目集中采购），以及公开招标等采购流程规定，完成项目的招标工作，并根据招标结果完成合同签订。基础设施工程招标阶段的主要监理内容如下。

1. 梳理工程需求

监理机构应依据项目概算批复文件及初步设计方案，从如下几个方面梳理业主单位对基础设施工程的需求：

（1）工程建设目标；

（2）工程建设范围；

（3）基础设施工程中的功能、性能和安全需求；

（4）工程投资规模；

（5）工程进度计划；

（6）工程建设应遵循的法律、法规、技术标准和管理标准；

（7）若存在现有基础设施，应考虑目标系统与现有系统的兼容性，以保护业主单位的原有投资。

2. 招标文件的监理

监理机构应协助业主单位，根据初步设计方案概算清单编制采购工程量清单，分项设计设备、系统的技术指标，作为基础设施工程项目招标的技术要求。

通常情况下，招标文件技术需求部分的要点内容如下：

（1）工程 / 项目总的需求；

（2）投标单位的资质要求；

（3）工程 / 项目的技术和质量要求；

（4）工程 / 项目的时间和进度要求；

（5）主要设备、产品及服务的要求；

（6）验收方法、移交规程；

（7）投标文件的要求；

（8）分包合同的要求；

（9）合同主要条款约定要求；

（10）可以向所有投标单位公布的有关评分规则等。

3. 承建合同的监理

监理机构参与承建合同的签订，协助业主单位对承建合同的如下内容进行检查：

（1）工程建设目标、范围；

（2）业主单位和承建单位的责任、权利和义务；

（3）工程使用的主要技术标准；

（4）基础设施工程中各系统的功能和性能要求、测试和验收要求；

（5）要求承建单位按照项目管理计划实施项目；

（6）明确监理机构在工程款支付中的作用和操作手续；

（7）工程阶段划分及其质量和进度要求，以及和工程付款相关的约束关系；

（8）主要设备的保修条款以及系统的运行维护等相关服务的要求；

（9）各阶段需要承建单位提交的工程文档，及需要完成的培训等相关服务内容；

（10）协助确定合同付款约定；

（11）协助确定合同违约或合同纠纷处理约定；

（12）协助确定合同其他必要约定，或合同附件有关约定，或合同谈判备忘录等。

对于第（10）项工作，可参考《建设工程价款结算管理暂行办法》的规定，包工包料工程的预付款原则上预付比例宜不低于合同金额的 10%，不高于合同金额的 30%；进度款按不低于工程价款的 60%，不高于工程价款的 90% 向承包人支付工程进度款。

【案例 1】某监理单位承担某市 ×× 工程的监理工作。在该工程招投标阶段，业主单位要求监理机构协助开展招标工作，包括编制项目的工作计划，开展合同谈判并提出合同评审意见等。监理机构为此提出阶段性工作方案，明确项目工作计划的编制提纲及要求，同时对合同谈判及合同审查工作提出监理工作要点，交予业主单位审查确认，便于顺利开展具体工作。

（1）在工作方案中，提出涉及工作计划编制要求的有关内容，具体如下：

● 工程建设内容的认识和理解；

● 工程建设的准备工作及相关约束；

● 总包、分包方式，必要的技术集成思路；

● 总体技术建设思路和技术管理规划；

● 组织管理措施；

● 质量管理计划；

● 进度计划及图表（WBS、关键节点、对应成果物、责任人、关联任务等）；

● 工程建设的阶段划分；

● 验收形式、验收要求等。

（2）合同谈判的工作要点主要有：

● 核查合同谈判涉及的建设内容的符合性；

● 记录合同谈判双方议定的事项及有关约束；

● 形成合同谈判备忘录。

（3）合同审查的工作要点主要有：

- 工程/项目的建设目标、范围是否与招投标文件一致；
- 是否明确了业主单位和承建单位的责任、权利和义务；
- 项目拟采用的主要技术标准是否满足要求；
- 是否明确了基础设施工程各系统的功能和性能要求、测试和验收要求；
- 是否有对承建单位未按照项目管理计划实施工程的违约条款；
- 是否明确了监理机构在工程款支付中的作用和操作手续；
- 对工程/项目的阶段划分、质量和进度要求，以及与工程款支付的约束关系；
- 有关需要完成的培训等相关服务的约束条款；
- 是否有对主要设备的保修条款，以及系统运行维护相关的服务要求；
- 是否明确了承建单位各阶段需要提交的项目文档；
- 是否明确了工程变更的处理程序等。

21.3　设计阶段监理工作

本节重点介绍监理单位在基础设施工程设计阶段需要执行的监理活动和主要监理内容。

21.3.1　监理活动

基础设施工程设计阶段的主要监理活动如下：

（1）协助业主单位和承建单位明确工程/项目建设具体需求，规范工程设计过程；

（2）确定工程/项目各方往来文档的种类、格式、签批人等事宜；

（3）协助业主单位组织、评审承建单位制订的计划、设计方案；

（4）监督承建单位系统需求分析过程，促使需求具备正确性、完备性、可测试性和一致性；

（5）审核设计需求说明书，对其是否可作为工程设计的依据提出监理意见；

（6）协助业主单位组织设计交底工作，记录交底结果；

（7）审核设计变更的合理性，并对变更引起的质量、进度和投资变化提出监理意见，协调业主单位和承建单位就设计变更内容达成一致；

（8）审核工程设计方案，并提出监理意见等。

21.3.2　监理内容

基础设施工程设计阶段的主要监理内容如下。

1. 质量控制

在质量控制方面的主要监理内容包括：

（1）审查设计人员的执业资格是否能够满足设计工作要求。

（2）检查勘察、测量设备是否满足勘察、测量要求。

（3）审核工作计划内容是否具体详细、合理、可行，是否符合合同要求，质量保证措施是否有效。

（4）检查设计过程是否严格按照工作计划实施，工作记录是否详细、准确。

（5）审查工程设计方案的如下内容：

- 审查设计文件：是否符合合同要求和设计规范，勘查成果是否能够作为初步设计和施工图设计的依据，施工图设计文件能否指导施工；
- 审查设计说明：工程概况、设计依据、技术方案措施及总体要求是否合理，内容是否详尽；
- 审查设计图纸：是否符合机房、网络、管线路由的实际情况，是否详细具体，设计审核责任人签字是否齐全；
- 审查概预算编制是否符合相关规定，能否满足工程项目的投资需求。

（6）组织承建单位确认工程建设目标、关键部位、工艺工序质量要求、进度要求，督促承建单位制订项目计划，适时开展深化设计活动。

（7）协助业主单位组织设计交底工作，具体包括：

- 设计会审交底前应让相关参建方到现场考察，核对设计图纸，审查设计文件，并征求参建各方意见；
- 召开设计技术交底会，澄清设计技术细节，并做会议纪要；
- 审查设计人员是否对会审交底的意见做出说明，并形成会议纪要，按照要求由设计人员修改设计文件，并对修改文件进行核查。

2. 投资控制

在投资控制方面的主要监理的内容包括：

（1）协助业主制定建设工程造价目标；

（2）审核概要预算，确定投资合理性，提出改进和优化意见，力求使设计投资合理化；

（3）宜协助业主单位组织设计方案比选，在能够满足业主需求的前提下，选择投资少、技术先进的设计方案；

（4）协助业主单位制订资金使用计划。

3. 文档资料管理

做好设计阶段文档收集、分类、分析、存储、传递和应用等工作，保证设计文档收集及时、准确、完整。

4. 协调

在协调方面要做到以下几点：

（1）配合业主单位做好设计方案、设备配置、选型和工程选址等事项确认工作；

（2）监控设计资料和设计文件的交付进度；

（3）审查设计文件中所列设备、材料价格、用量的合理性。

【案例 2】在本章案例 1 的项目进入实施前的准备阶段，为了保障建设实施关键网络系统关键点位、监控信息布设点位和数据回传效果，对布设点位等关键部位进行必要的深化设计。为了检查设计方案是否能满足合同要求和业主需求，监理机构提出深化设计审查要点，具体如下：

（1）审查设计单位的企业营业执照、年检情况、质量管理体系认证情况、设计资质等级、业绩、财务情况等。

（2）制订设计阶段的质量控制计划，对于大项目要求设计单位提交阶段性设计成果。

（3）审核设计单位提交的质量管理保证体系文件。

（4）协助业主单位组织审核设计方案，工作要点如下：

- 设计方案必须满足国家相关标准、规范要求；
- 设计方案的可行性、先进性、易维护性、可靠性、可扩展性、安全性；
- 目标系统与现有系统的兼容性和互操作性；
- 设计方案的设备、材料选型情况；
- 方案是否满足项目的自然条件和环境；
- 各专业设计的特点及其互相配合的要求是否明确；
- 设计方案与工程需求是否相符；
- 主要的质量标准和工艺质量要求是否清楚明确等。

21.4　实施阶段监理工作

本节重点介绍监理单位在基础设施工程实施阶段需要执行的监理活动、主要监理内容和监理要点。

在基础设施工程的实施阶段，监理机构应通过监理工作实现以下监理目标：

（1）工程质量满足设计要求和工程需求；

（2）工程在预定工期内完成；

（3）工程投资受控且合理；

（4）保证施工安全，避免安全事故发生。

21.4.1　监理活动

基础设施工程实施阶段的主要监理活动如下：

（1）审查施工图设计文件，参加设计会审交底；

（2）审核承建单位提交的工程实施组织设计方案，并提出监理意见；

（3）根据工程实施组织设计方案及相关标准制定监理实施细则；

（4）根据工程设计方案、工程实施组织设计方案、标准及规范，对工程实施的质量进行监理，核实施工人员，并按照既定程序处理工程实施中的质量事故；

（5）根据工程实施组织设计方案，对承建单位的实施计划进行审核并监督执行；

（6）审核承建单位的资质；

（7）审核工程分包单位的资质，确认其具备完成所分包部分的能力；

（8）审核开工申请，满足开工条件的签发开工令；

（9）审查承建单位提交的施工计划；

（10）检查现场施工条件及施工准备情况；

（11）检查进场的施工工具、仪器和设备；

（12）检查验收进场的线材和连接硬件，并出具验收报告；

（13）响应承建单位提出的隐蔽工程报验，并对隐蔽工程进行旁站、检查和签认；

（14）响应工程变更申请，审核工程变更的可行性、合理性、经济性；

（15）审核承建单位提交的付款申请，并根据合同和工程实施的进度和质量，签认付款证书；

（16）按照既定程序处理工程索赔申请；

（17）根据监理规划和监理实施细则，做好实施阶段的信息管理和协调工作。

21.4.2　监理内容

1. 质量控制

在质量控制方面的主要监理内容包括：

（1）施工图设计文件的审查。具体包括：

- 设计深度应能指导施工，图纸齐全、表达准确；
- 若工程有两个及以上设计单位或不同专业的施工单位时，设计图纸应衔接，技术标准应统一；
- 设计预算套用定额、计算应准确，工程量没有遗漏或重复计算；
- 设计预算所列主要器材、设备数量应与设计说明和施工图纸相符。

（2）实施组织设计方案的审查。具体包括：

- 工程质量、工期应与设计文件、承建合同一致；
- 进度计划要保证施工的连续性，施工方案和工艺应符合设计要求；
- 施工人员和物资安排应满足进度计划；
- 施工器具、仪表应满足施工任务的需要；
- 质量、技术管理体系应健全，措施切实可行；
- 安全、环保、消防、文明施工等措施应完善并符合规定。

（3）隐蔽工程的检查。具体包括：

- 应在隐蔽部位隐蔽前进行检查验收；
- 对需要进行中间验收的单项工程和部位及时进行检查，不应影响后续施工；
- 承建单位应为检验和验收提供便利条件。

（4）其他质量控制内容。具体包括：

- 质量控制应与业主单位对工程质量的监督紧密结合；
- 以质量验收标准及验收规范为依据；
- 实施全面、系统的质量控制，以质量预控为重点；
- 严格要求承建单位执行相关设备、施工试验制度和设备检验制度；
- 坚持不合格的文档和设备不准在项目中使用；
- 本阶段质量不合格或未进行验收则不予签认，下一阶段不得开始。

2. 合同管理

在合同管理方面的主要监理内容包括：

（1）在承建合同中明确承建单位应接受监理机构的管理和控制，以便于监理开展必要的工作；

（2）开展合同相应规定内容的核查、检查、审核及确认；

（3）开展合同规定的阶段性成果物审核及确认；

（4）开展合同规定的阶段性支付审核，开具监理支付证书。

3. 安全监督管理

在安全监督管理方面要做到以下几点：

（1）施工准备阶段，审查承建单位提交的实施组织设计方案中的安全技术措施；

（2）审查承建单位安全生产许可证的有效性；

（3）查验承建单位生产管理人员的安全考核合格证书；

（4）查验特殊工种作业人员的特种作业操作资格证书；

（5）检查承建单位的安全生产规章制度；

（6）检查安全防范用具、施工工具、装备配备情况，不允许带不合格器具到施工现场作业。

21.4.3 监理要点

基础设施工程实施阶段的监理要点主要包括以下内容。

（1）严把进场原材料、设备质量关。具体包括：

①对项目进场的原材料、半成品、构配件及设备应进行报验认定，合格后方可使用、安装。

②各种产品必须有出厂证明、检测报告、技术合格证或质量证明文件，对需使用的材料配件，在使用前抽检或试验，按规定进行，规格、数量、材质应合格。

③对新材料、新型制品要有技术鉴定文件，必要时可征得厂家提供支撑材料，或亲赴厂家考察、查证和确认。

④所有设备应有合格证，在安装前按说明书要求进行质量检查。国家有特殊要求的材料、配件、设备要有相应的批准证书。严格禁止未经检验或检验不合格的原材料、半成品、构配件、设备在项目上使用。

（2）严把工序关。

对未经监理机构验收或经验收不合格的工序不予签认，且不得进入下一道工序施工，特别是重点部位工序。

（3）严格现场旁站。

监理机构应根据项目特点确定各主要分部、分项工程的关键部位和关键工序。

对关键部位和关键工序，应从施工材料检验到施工质量验收进行全过程现场跟班旁站监理，监督相关施工方案及工程建设强制性标准的情况。

（4）做好隐蔽工程检查签认工作。

隐蔽工程完成后，应先由承建单位进行自检，由专职质量人员检查。自检合格后，承建单位通知监理机构到场检验，并提交自检资料。

监理机构应按照如下程序对隐蔽工程施工进行监理：

①承建单位在隐蔽工程开工前必须进行报验。

②审核承建单位提交的隐蔽工程报验申请和隐蔽工程自检记录。

③在隐蔽工程施工过程中，按照监理实施细则确定的程序，依据设计要求和相关标准、规范的要求，现场检查隐蔽工程，对验收合格的隐蔽工程进行签认。

④如检查发现不合格，发监理通知单要求承建单位整改，整改完毕后应重新进行验收；对特殊设计或者与原设计变更较大的隐蔽工程，应通知设计单位到场共同检查签认。

⑤未经验收或验收不合格的隐蔽工程，监理机构应拒绝签认，并要求承建单位不得进行下一道工序的实施。对未经检查签认的隐蔽工程，承建单位不得擅自隐蔽。

当监理机构对已验收的隐蔽工程的质量有怀疑时，可以要求承建单位对已验收的隐蔽工程进行重新检查。承建单位应按照要求进行配合，并在检查后进行恢复。

（5）做好检验批、分项、分部工程验收工作。

当检验批、分项、分部工程完成后，承建单位先进行自检，确认其符合相关标准、规范后，向监理机构提交验收申请，由监理机构检查、验证。

可按照合同的要求，依据施工图及相关文件、标准、规范等进行检查、检验。若其质量符合要求，则通过验收。

如果在检查中发现其存在质量问题，发监理通知单要求承建单位限期整改，待质量达到要求后，再予以验收。

（6）监督承建单位严格按进度计划组织实施。

承建单位应严格按照合同规定的或经批准的进度计划组织实施，须及时向监理机构递交周、月度、季度的项目进展报告，监理机构定期向业主单位报告各项工程实际进度、与计划进度的对比以及形象进度情况。

实施阶段项目进展报告主要包括以下内容：

①单位、分部、分项工程或应用模块的当期完成工程量和累计完成工程量；

②主要设备、材料的实际采购情况；

③主要设备进场，以及现有设备维护和使用情况；

④实施现场各类人员的数量；

⑤已完成工程的进展进度；

⑥记录已经延误或可能延误实施进度的影响因素，以及克服这些因素以重新达到预定计划进度所采取的措施；

⑦在实施过程中，从项目使用用户处获得的反馈资料；

⑧技术以外的事项，例如质量问题、停工及复工等情况；

⑨其他需要申报或说明的事项。

【案例3】同样在案例1的项目中，项目涉及前端摄像机、杆件和后端存储交换设备及相关辅材的购置，梳理在设备到货验收过程中检查的重点和要求，作为实践参考。

（1）对设备材料的主要检查点如下：

①检查工程中所使用的设备材料是否与设计文件完全相符，如与设计文件规定不符，不得在工程中使用。

②要严格按照施工物资材料进场报验流程对进场设备、材料逐项检查、清点，包括：合格证、本年批次产品出厂检测报告、外观、数量、规格、型号、产品序列号等；有些设备还应现场加电和抽样测试；如有进口产品应检验本批次产品商检证明、原产地证明，开箱时还应检查随机文件是否符合要求。经清点、检验和抽样测试的设备、材料应做好开箱查验记录，对不符合标准要求的应单独存放，以备检查和处理，并不允许在项目中使用。

（2）线缆检验内容如下：

①项目中使用的双绞线的型号、规格和格式及数量应与设计文件中一致。

②根据材料运单对照检查线缆的包装标志，要求内容应齐全，字迹清晰。外包装应注明线缆的型号、规格、线径或芯数、端别、盘号和盘长等情况，并与出厂产品质量合格证一致。

③线缆外包装应无破损，对缆身应检查外护套是否完整无损，有无压扁或裂纹等现象。

④对线缆有端别要求时，应剥开缆头，分清A、B端别，并在线缆两端做标识。

⑤根据光缆出厂产品质量检验合格证和测试记录，审核光纤的几何、光学和传输特性及机械物理性能是否符合要求。

⑥对于电缆的电气性能测试，应从本批量电缆的任意3盘中（目前电缆一般以305m、500m、1000m配盘）截出100m进行抽样测试，测试结果应符合工程验收基本连接要求。

⑦一般使用5类以上电缆测试仪，对电缆的衰减和近端串扰的技术性能进行测试。其电气性能指标应符合设计要求及有关标准。

（3）光纤测试内容如下：

①衰减测试。一般采用光时域反射仪（DTDR）进行测试。如测试结果超出标准，与出厂测试数值相差较大时，应查找分析原因，可用光功率计测试，并加以比较，以便断定是测试误差还是光纤本身衰减过大。

②长度测试。要求对每根光纤进行测试比较，如在同一盘光缆中，发现光纤的长度相差较大时，应从另一端进行复测或做通光检查，看是否有断纤情况。光缆检查后，两端头应密封固定。

③光纤跳线检查。查看外面是否做防火处理，以增强其保护性能，两端的活动连接器的端面是否配有保护盖帽。

（4）器材检查内容如下：

①采用钢管和硬聚氯乙烯塑料管的，应检验其管身是否光滑、均匀，无伤损和变形，管内壁光滑，孔径和壁厚均应符合设计要求。

②各种铁件的材质和规格均应符合相关标准中规定的质量要求，满足项目安装施工要求，不得有歪斜、扭曲、断裂等破损。

③铁件的表面处理和镀锌层应均匀。

21.5　验收阶段监理工作

本节重点介绍监理单位在基础设施工程验收阶段需要执行的监理活动和主要监理内容。

在基础设施工程的验收阶段，监理机构应通过监理工作实现以下监理目标：

（1）确认工程达到验收条件；

（2）明确测试验收方案的可行性、与承建合同的符合性；

（3）确认按照验收方案所规定的验收程序实施初验、试运行和终验；

（4）促使基础设施工程的最终功能和性能符合承建合同、法律法规和相关技术标准的要求；

（5）促使承建单位所提供的工程各阶段形成的技术、管理文档的内容和种类符合相关标准。

21.5.1　监理活动

基础设施工程验收阶段的主要监理活动如下：

（1）协调业主单位和承建单位就验收方案内容（验收目标、双方责任、验收提交清单、验收标准、验收方式、验收环境等）达成一致，填报工程备忘录，经三方签认；

（2）处理承建单位提交的工程验收申请，审核其中的验收计划、验收方案等；

（3）检查确认项目达到验收条件，并签署监理意见；

（4）协助业主单位按照项目验收方案所规定的验收内容和方式组织初验、试运行和终验，对其结果进行确认，对验收过程中发现的问题提出监理意见，并要求承建单位进行整改；

（5）敦促业主单位、承建单位按照事先约定，编制、签署并妥善保存验收阶段的各类项目文档，敦促业主单位和承建单位及时整理并妥善保管整个项目的相关文档；

（6）编制项目监理总结报告，整理并向业主单位提交项目有关的全部监理文档；

（7）协助业主单位完成验收工作，协助业主单位和承建单位完成项目移交工作；

（8）督促承建单位完成项目实施方案中确定的培训工作。

21.5.2　监理内容

1. 检查竣工验收条件

在检查竣工验收条件时，监理单位要做到：

（1）检查承建单位是否完成工程设计和合同约定的各项内容；

（2）确认工程质量是否符合有关工程建设强制性标准；

（3）确认工程质量是否符合合同及设计文件的要求；

（4）检查有无完整的技术档案和施工管理资料；

（5）检查有无公安消防、环保、气象等部门出具的认可文件或准许使用文件。

2. 审查项目验收资料

在审查项目验收资料时，应注意以下几点：

（1）材料齐全。具体包括：

● 检查项目验收文档符合项目合同验收要求；

- 对照项目文档自查表，检查项目验收文档齐全情况；
- 项目验收文档须提供电子验收文档（扫描版文件），按自查表的顺序进行编号、命名，文件排列顺序与自查表排列顺序一致；
- 格式规范和整洁。

（2）要素齐全。具体包括：

- 检查承建单位、监理单位、业主单位或经办人签字、盖章；
- 涉及日期填写的文件，其日期应正确、完整、无逻辑错误。

3. 质量控制措施

基础设施工程验收阶段的质量控制措施主要包括：

（1）审查验收计划、验收方案、验收条件等。承建单位应在满足验收条件的情况下提出验收申请，得到业主单位和监理机构的审批后，由业主单位或监理机构组织验收。

（2）初验阶段质量控制。具体包括：

- 审核初验计划、初验方案；
- 收集初验证据；
- 组织初验会议；
- 监督遗留问题处理和质量整改情况。

（3）试运行阶段质量控制。具体包括：

- 审核试运行阶段工作计划；
- 定期组织检查承建单位的服务质量；
- 不定期到现场检查承建单位的服务质量；
- 审核试运行记录、试运行报告、试运行总结和故障处理报告。

（4）终验阶段质量控制。具体包括：

- 审查承建单位提交的竣工总结报告；
- 检查竣工验收条件；
- 协助业主单位做好工程移交工作；
- 做好监理工作总结。

（5）审查竣工文件是否包括了竣工技术文件中的每张表格。

（6）竣工图纸应重点审查以下内容：

- 拓扑图；
- 走线架（线槽）安装图；
- 设备平面布置图；
- 设备端子接线图；
- 配线架接线和跳线图。

（7）检查质量验收是否符合规定。具体包括：

- 检查分项工程质量验收的各检验批的验收资料文件是否完整，是否验收合格；

- 检查分部（子分部）工程质量是否验收合格，质量控制资料是否完整，观感质量验收是否符合要求。

4. 审核承建单位的工程竣工结算

在审核承建单位的工程竣工结算时应注意以下几点：

（1）核对合同款；

（2）检查隐蔽工程验收记录；

（3）落实设计变更签认；

（4）按图核实工程量；

（5）认真核实单价；

（6）注意各项费用计取；

（7）防止各种计算误差。

5. 协助做好文档验收和移交工作

监理单位应协助做好文档验收和移交工作，要注意以下几点：

（1）承建单位在竣工验收阶段要移交的文档至少应包括：

- 启动阶段文档；
- 网络系统设计文件；
- 网络系统实施文件；
- 网络系统验收文件；
- 所附电子文件的软件环境说明。

（2）文档验收和移交的要求具体包括：

- 协助业主单位按照业主单位档案管理要求或国家、地方和行业颁布的文档管理要求进行竣工文档归档工作；
- 文档要按照保存期限做好分类，不满足短期保存期限要求的，可不列入文档验收范围之内；
- 做好业主单位、文档管理部门、承建单位之间的协调工作，为文档的整理提供准确的信息；
- 保密项目或有保密协议的项目，依照保密条款的约定进行文档的移交工作；
- 文档要装订成册，并做好编号；
- 移交的纸质文档要有利益相关方的签字。

【案例 4】在案例 1 的项目验收阶段，监理机构需开展验收文档审核工作，并提出监理总结报告。

（1）监理机构对关键文档开展审核工作时，提出如下要求：

①试运行方案的审核要点：

- 试运行环境；
- 试运行内容；
- 网络环境试运行；

- 安全环境试运行；
- 支撑环境试运行；
- 软件系统试运行；
- 试运行记录；
- 试运行人员安排；
- 日常运行维护；
- 试运行期间故障响应。

②试运行报告的审核要点：

- 概述；
- 试运行环境；
- 试运行时间；
- 试运行的使用人员；
- 试运行总体情况；
- 网络环境试运行情况；
- 安全环境试运行情况；
- 支撑环境试运行情况；
- 软件系统试运行情况；
- 试运行响应和保障服务情况；
- 试运行主要问题及解决情况分析；
- 试运行结论。

③开展对合同规定的各阶段成果物的核查工作。具体包括：

- 如有缺失、遗漏或文档名称与合同规定不一致，提醒并敦促承建单位做必要的补充、完善或说明。
- 关注各阶段文档内容与工程/项目建设实际情况表述内容的一致性。若存在问题，提醒承建单位强化文档控制管理，指明问题，敦促其务必加以改之。

（2）结合信息系统工程建设的基础设施工程技术特点和建设实践，编制监理总结报告需要注重以下要点：

①项目实施及完成情况概况：对项目实施的质量、进度、投资、变更和项目成果等内容进行综合性的总结概述，阐述对承建合同规定的各项建设任务完成情况及必要的说明。

②监理合同履行情况：阐述按合同要求，监理人员投入情况及监理工作完成情况，明确监理工作效果或成效。

③质量控制：总结质量控制情况，说明项目重点、难点和出现问题的质量控制管理活动，明确说明监理对工程/项目质量的评价意见。

④进度控制：总结进度控制情况，说明项目进度控制管理活动，明确说明监理对工程/项目进度的意见。

⑤投资控制：总结投资控制情况，总结项目资金使用情况，说明投资控制过程中的监理活

动，明确说明监理对工程/项目投资管理的意见。

⑥变更控制：总结变更管理情况，简要说明变更的必要性、合规性和合理性，控制管理变更审批程序，监控变更执行过程，明确监理对变更控制管理的效果。

⑦文档管理：总结文档管理情况，分述对承建单位文档、监理文档的管理情况，必要时说明形成工程/项目档案的情况。

⑧安全管理：总结项目实施过程中所涉及的数据和资料的安全保密情况，项目成果的知识产权和涉及的第三方知识产权的产品保护情况，信息安全措施落实、安全文明施工等情况。

⑨监理工作成效：总结监理工作开展效果，对项目目标达成的促进情况进行阐述，列出监理工作成果。最好能够以量化的形式表述具体内容，并辅以必要的表单做细节说明。

⑩总结评价：归纳性地评价项目实施质量、进度、投资、安全、合同管理、信息管理、组织协调等完成情况。

⑪问题和建议：描述项目的关键事件或问题的监理应对措施及处理意见，提出后续工作建议等。

21.6　各子系统工程监理内容

基础设施工程中常见的子系统工程包括通用布缆系统工程、计算机网络系统工程、安全防范系统工程、环境系统工程和动力环境监控系统工程。本节详细阐述以上各子系统工程的监理内容。

21.6.1　通用布缆系统工程

1. 设计阶段监理内容

通用布缆系统工程设计阶段的监理内容具体如下：

（1）设计需求说明书的审核。具体包括：

①通用布缆系统结构；

②线缆的要求；

③室内外管线路由；

④配线间的布局及位置；

⑤信息插座的位置；

⑥电源的要求；

⑦无线接入用户数、接入速率、信号强度、无线设备位置等。

（2）工程设计方案的审核。具体包括：

①承建单位应提交经技术负责人审核签认的工程设计方案。

②工程设计方案至少应包括以下内容：

● 工程名称、范围、内容、目标；

● 设计依据；

● 线缆材料选择说明；

- 施工工艺要求；
- 测试验收方案；
- 设计图纸（例如系统结构图、平面布置图等）。

③根据招标文件、投标文件、设计需求说明书等，审核工程设计方案的如下方面：

- 工程设计所依据的标准及文件应为现行可用，且符合业主单位需求；
- 工程设计应满足工程应用需求，并符合相关设计规范要求；
- 通用布缆系统设计一般包括园区主干、楼宇主干、水平布缆三个布缆子系统的设计；
- 通用布缆系统的结构应能支持总线、星形、环形等不同的拓扑结构；
- 线缆材料类别和型号选择符合工程应用需求；
- 设备间内的环境要求明确且符合设计规范；
- 屏蔽系统的接地措施符合设计规范或要求；
- 关键施工点的工艺流程符合施工规范或要求；
- 隐蔽工程实施方案应明确；
- 图纸与实际环境的相符性。

④审查工程设计方案中无线局域网部署技术关键点，包括：

- 设备与天线的选型符合标准规范；
- 每个无线点的天线增益、高度、方位及信道的选择符合设计规范；
- 天线架设位置应合适，接收发射信号方向上应无遮挡物，所有天线位置应在避雷针的保护范围内；
- 架设天线的支架或铁塔应与接地系统良好连接，天线接地电阻满足标准要求；
- 室内设计方案应包括无线点部署位置图，考虑无线电信号覆盖区域接入信号强度、接入容量和接入速率的要求。如有可能，应提供无线信号覆盖场强模拟示意图，应避免同频无线点之间的干扰。

2. 实施阶段监理内容

通用布缆系统工程实施阶段的监理内容具体如下：

（1）工程实施组织设计方案的审核。具体包括：

①施工组织结构配置的合理性，配备的项目经理、安全员和质量检查员等应符合工程建设要求；

②施工进度计划应合理，应和其他系统建设的进度计划协调一致；

③施工进度计划应包括人力配备计划、设备配备计划、材料供应计划、实施进度计划等；

④施工工艺应符合技术规范，工序合理，符合设计方案要求；

⑤隐蔽工程工序应合理，有质量检验保证措施；

⑥测试仪器设备精度应满足设计方案中规定的测试规范要求；

⑦系统维护计划及培训计划合理。

（2）工程分包的审核。包括工程分包范围、质量要求、工期要求、检测验收标准或要求、分包单位的能力、分包单位的施工组织方案等。

（3）施工准备的审核。

监理机构应及时检查承建单位工程施工准备情况，如满足要求，签认承建单位的开工申请。监理机构检查承建单位的施工准备情况，内容如下：

①施工方案签批情况；

②关键施工工具、施工人员到位情况；

③关键质量检测设备到位情况；

④关键线材和连接硬件到货情况；

⑤施工安全措施准备情况等。

（4）承建单位质量保证措施的审核。具体包括：

①布缆产品入场质量检查措施；

②关键施工点的质量检查措施；

③隐蔽工程的工序及报验措施；

④通用布缆链路测试标准和方案等。

（5）线材、连接硬件验收。监理机构应对承建单位进场使用的线材、连接硬件进行检查验收，内容如下：

①监理机构在通用布缆系统工程主要材料到场后，应及时组织业主单位、承建单位进行验收，检查相关证明材料，验收合格后出具验收报告。

②进场线材和连接硬件的检查要点如下：

● 线材和连接硬件数量、规格、质量与合同、设计方案的符合性；

● 线材和连接硬件的合格证、检验报告等资料的真实性、有效性。

③必要时，监理机构对进场的线材进行抽检测试，并出具抽检测试报告。

④检查验收不合格或抽检测试不合格的线缆和连接硬件不得进场使用。

（6）施工过程的监理。具体包括：

①根据监理实施细则确定的检查控制点，对承建单位的施工进行现场检查，并做检查记录。

②对承建单位的施工进行阶段性的监理抽检测试，并形成报告。

③保护设施安装的检查工作：

● 安装位置、路由和设计方案的符合性；

● 桥架与线槽连接的紧密性；

● 金属桥架接地连接的可靠性；

● 桥架及线槽的密闭性；

● 室外立杆或管道施工与相关标准的符合性；

● 对于屏蔽布缆系统，屏蔽和等电位联结应完整、可靠且连续；

● 屏蔽系统接地应符合设计规范。

④机柜、机架安装的检查工作：

● 安装符合技术规范要求；

● 安装应牢固；

● 接地极进行可靠连接；

- 配线架标识规范。

⑤信息插座安装的检查工作：

- 安装位置和设计方案的相符性；
- 安装应牢固；
- 施工符合施工规范；
- 信息插座标识规范。

⑥连接硬件安装的检查工作：

- 园区主干子系统、楼宇主干子系统和水平布缆子系统设备间内的连接硬件安装应符合规范要求；
- 连接硬件应使用压接跳线或快接跳线；
- 连接硬件应有标识和管理手段。

⑦线缆敷设的检查工作：

- 路由与设计方案的符合性；
- 线缆标识应满足技术标准的要求；
- 线缆在管、槽中的填充量应符合规范要求；
- 线缆敷设转弯处弯曲半径应符合设计规范；
- 敷设时应有消除拉伸、急剧弯折和紧捆线缆引起的线缆张力的保护措施；
- 铜缆与其他系统线缆之间的距离应满足相关技术标准要求。

⑧标识、记录的检查工作：

- 所有线材和连接硬件应标识并记录；
- 变更的线缆或连接硬件应做记录。

⑨无线施工的检查工作：

- 设备放置位置的温湿度应符合设备工作要求，馈线长度符合要求；
- 天线、馈线安装时不能有碰撞，防止受力变形，影响技术性能；
- 天线安装的高度和方位应符合设计要求，各安装部件要紧固良好；
- 馈线弯曲和扭转时，弯曲半径和扭转角度要符合馈线安装要求；
- 天线接地应可靠，馈线固定应牢固；
- 馈线衰耗值应符合设计要求；
- 所需线缆的类型应合适，敷设应规范；
- 无线设备所需电源安装位置、工艺应规范。

⑩实施过程监理关注点：

- 机架、配线箱等设备的规格、容量、位置应符合设计文件要求，垂直偏差度不应大于3mm。
- 机架和设备上各种零件不应缺少或碰坏，设备内部不应留有线头等杂物，表面漆面如有损坏或脱落，应进行补漆，其颜色应与原来漆色协调一致，各种标识应统一、完整、清晰、醒目。

- 机架、配线箱及桥架等设备必须安装牢固可靠。当有抗震要求时，应根据设计规定或施工图中防震措施要求进行抗震加固。各种螺丝必须拧紧，无松动、缺少、损坏或锈蚀等缺陷，机架更不应有摇晃现象。
- 为便于施工和维护人员操作，机柜单排安装时，前面净空不应小于 1000mm，后面及侧面净空不应小于 800mm；多排安装时，列间距不应小于 1200mm。以便人员施工、维护和通行。相邻机架设备应靠近，同列机架和设备的机面应排列平齐。
- 在数据中心的主机房内通道与设备间的距离还应符合下列规定：
  a）用于搬运设备的通道净宽不应小于 1.5m。
  b）面对面布置的机柜（架）正面之间的距离不宜小于 1.2m。
  c）背对背布置的机柜（架）背面之间的距离不宜小于 0.8m。
  d）当需要在机柜（架）侧面和后面维修测试时，机柜（架）与机柜（架）、机柜（架）与墙之间的距离不宜小于 1.0m。
  e）成行排列的机柜（架），其长度超过 6m 时，两端应设有通道；当两个通道之间的距离超过 15m 时，在两个通道之间还应增加通道。通道的宽度不宜小于 1m，局部可为 0.8m。
- 在公共场所安装配线箱时，壁嵌式箱体底面距地不宜小于 1.5m，墙挂式箱体底面距地不宜小于 1.8m。
- 各类配线部件的安装应符合以下规定要求：
  a）各部件应完整，安装就位，标志齐全、清晰；
  b）安装螺丝应拧紧，面板应保持在一个平面上。
- 信息插座模块安装应符合下列规定：
  a）信息插座底盒、多用户信息插座及集合点配线箱、用户单元信息配线箱安装位置和高度应符合设计文件要求。
  b）安装在活动地板内或地面上时，应固定在接线盒内，插座面板采用直立和水平等形式；接线盒盖可开启，并应具有防水、防尘、抗压功能。接线盒盖面应与地面齐平。
  c）信息插座底盒同时安装信息插座模块和电源插座时，间距及采取的防护措施应符合设计文件要求。
  d）信息插座底盒明装的固定方法应根据施工现场条件而定。
  e）固定螺丝应拧紧，不应产生松动现象。
  f）各种插座面板应有标识，以颜色、图形、文字表示所接终端设备业务类型。
  g）工作区内终接光缆的光纤连接器件及适配器安装底盒应具有空间，并应符合设计文件要求。
- 缆线桥架的安装应符合下列规定：
  a）安装位置应符合施工图要求，左右偏差不应超过 50mm；
  b）安装水平度每米偏差不应超过 2mm；
  c）垂直安装应与地面保持垂直，垂直度偏差不应超过 3mm；
  d）桥架截断处及拼接处应平滑、无毛刺；

e）吊架和支架安装应保持垂直，整齐牢固，无歪斜现象；

f）金属桥架及金属导管各段之间应保持连接良好，安装牢固；

g）采用垂直槽盒布放缆线时，支撑点宜避开地面沟槽和槽盒位置，支撑应牢固。

- 安装机柜、配线箱、配线设备屏蔽层及金属导管、桥架使用的接地体应保持良好的电气连接。所有与地线连接处应使用接地垫圈，垫圈尖应对向铁件，刺破其涂层。只允许一次装好，不得将已装过的垫圈取下重复使用，以保证接地回路畅通。

3. 验收阶段监理内容

通用布缆系统工程验收阶段的监理内容具体如下：

（1）工程自测。

承建单位应对完成的工程进行自测，监理机构对承建单位的自测进行检查，具体如下：

- 检查承建单位的测试仪器的有效性和可用性；
- 要求承建单位对通用布缆系统工程包括的所有链路进行测试，并提交自测报告；
- 审核承建单位提交的测试报告，测试应符合设计方案依据的验收标准；
- 对于测试不合格的链路，监理机构应要求承建单位在测试报告中记录，采取整改措施，直至复测合格；
- 监理机构应对布缆系统、无线信号进行抽检测试，验证承建单位施工及测试记录，采取整改措施，并向业主单位提交抽检测试报告。

（2）竣工文档的审查。

通用布缆系统工程中，承建单位的竣工文档主要包括以下内容：承建合同，招标文件，投标文件，设计方案，工程实施组织设计方案，工程施工报告，隐蔽工程记录，变更记录，自测报告，信息点分布图（表），园区、楼宇、水平配线表，楼层平面图及无线设备点位图，无线设备信息表，竣工图纸等。

21.6.2 计算机网络系统工程

1. 设计阶段监理内容

计算机网络系统工程设计阶段的监理内容具体如下：

（1）系统需求分析的审核。具体包括：

①网络服务和应用的需求，可列出网络服务以及网络系统建成后在其上运行的应用系统的类型、特性、对网络系统的要求等；

②网络用户的类型、特征和数量；

③网络地址和子网划分的要求；

④网络流量分配及数据流向的要求；

⑤网络路由协议的要求；

⑥网络性能要求，例如带宽、响应时间等；

⑦网络服务质量的要求，例如服务质量模型、服务质量参数等；

⑧网络可靠性要求，例如单点失效、故障恢复能力等；

⑨网络可扩展性要求；

⑩如适用，互联网的接入方式、带宽需求；

⑪网络安全性需求；

⑫网络管理的需求；

⑬若存在现有网络系统，应对现有网络系统及其业务进行分析，考虑目标系统与现有网络系统的兼容性和互操作性要求；

⑭网络系统的其他需求。

（2）工程设计方案的审核。具体包括：

①设计方案的可行性及其与需求的符合性；

②如适用，是否考虑目标系统与现有网络系统的兼容性和互操作性要求；

③网络系统的体系结构和网络拓扑的设计；

④网络地址、路由规划和子网划分；

⑤网络系统的接口和整体连通性设计；

⑥网络基础设施，包括通用布缆的设计，以及主要网络设备的选择和配置等；

⑦网络应用层协议及网络服务的选择和配置；

⑧网络管理系统的选择和配置；

⑨网络安全性设计；

⑩网络可靠性设计；

⑪工程关键技术的实现方法、流程及技术保障措施；

⑫工程实施的质量保证措施和进度计划的可行性、合理性及文档的完整性。

（3）工程设计方案中网络基础设施的审核。具体包括：

①网络协议（指物理层、数据链路层、网络层协议，包括路由协议和策略）的选择和配置；

②网络集成的设计，包括接入方式、带宽等；

③服务质量实现方式；

④故障恢复能力和措施；

⑤网络安全机制；

⑥网络设备的交换架构、关键部件的冗余能力；

⑦网络端口的可扩容性；

⑧固件的维护、升级和可管理能力；

⑨虚拟专用网的支持能力；

⑩网络接入的认证计费实现方式。

（4）工程设计方案中网络服务的审核。具体包括：

①对应用系统的支持能力；

②与操作系统的兼容性；

③应用层协议的选择和配置；

④网络服务软件的配置；

⑤网络服务的可靠性；

⑥网络服务的可扩展性；

⑦网络服务的可维护性；

⑧网络服务的安全性。

（5）工程设计方案中网络管理系统的审核。具体包括：

①网络管理系统的功能，包括：

● 故障管理：对网络系统中的故障进行检测、隔离，对异常操作进行处理；

● 记账管理：根据网络系统中资源的使用状况确定开销收费管理；

● 配置管理：对网络系统进行识别、实施控制、搜集数据、提供数据、互连配置等；

● 性能管理：评估网络系统的资源行为和通信活动；

● 安全管理：通过安全管理功能支持安全策略的应用，服务机制管理及事件、信息的处理等。

②网络管理系统的性能，包括：统计信息搜索的准确性，故障处理的响应时间，网络管理数据的存储能力，日志存储能力，时间精度。

③其他需要考虑的因素，包括：系统的开放性，系统遵循的网络管理协议和标准，系统的安全性，网络管理信息对网络吞吐量的影响，网络管理的可视、便捷性，故障的预报警机制。

（6）网络安全性设计的审核。承建单位针对业主单位网络安全方面的风险和需求，涉及网络各部分的安全性解决方案，监理机构应从如下方面提出监理意见：

①对业主单位的网络安全目标和安全需求理解的准确性；

②与国家相关法律法规、标准规范的符合性；

③网络安全风险分析；

④所选网络安全技术的开放性、兼容性、可扩展性；

⑤网络安全所遵循的标准和达到的相应等级；

⑥网络安全管理，包括安全策略、组织的安全、资产分类和控制、人员安全、物理与环境安全、通信安全和操作管理等。

2. 实施阶段监理内容

计算机网络系统工程实施阶段的监理内容具体如下：

（1）工程实施方案的审核。具体包括：

①设备的安装调试，包括各类设备的采购、进场、配置、调试和管理等；

②网络系统集成，包括软硬件系统集成、系统连通性验证等；

③网络系统拓扑图、网络设备布局图、配线图等；

④网络基础设施、网络服务、网络安全和网络管理系统各部分实施方案合理性和可行性，与承建合同、工程设计方案的符合性；

⑤工程实施组织，包括实施人员、实施顺序、实施测量、安全措施、特殊处理措施等；

⑥工程实施计划，包括实施步骤、实施方法、实施进度等；

⑦如适用，项目分包工程实施方案，包括实施组织、实施方法、实施进度，以及有关质量、安全等主要技术和组织措施等。

（2）工程实施过程的监理。具体包括：

①工程现场实施人员与实施方案中规定的实施人员的一致性检查；

②检查设备的互连线缆是否经过测试并符合要求；

③设备安装环境和条件的检查，应检查主要网络设备的安放环境是否符合设备的运行要求；

④设备安装、调试和网络系统集成的检查；

⑤工程实施的安全性检查；

⑥定期检查、记录工程的进度情况；

⑦如适用，检查设备到货和工程实施的变更请求的合理性和必要性，评估变更对工程质量、进度和投资的影响，并提出监理意见。

（3）主要设备到货验收的监理。具体包括：

①监理机构应组织对承建单位提供的主要网络设备、产品及服务进行验收。对于重要网络设备可依据承建合同、网络技术标准或事先约定的方法检测其功能和性能。

②对于数量较大的同类产品，监理机构可进行抽验检查。必要时，监理机构应要求承建单位提交第三方测试机构出具的测试报告，并核验产品认证证书、检测报告、入网许可证的真实性和有效性。

③监理机构应从如下方面对主要网络设备进行到货验收，并提出监理意见：

● 外包装检查；

● 开箱检查，包括设备型号、类别、数量、附件及文档等；

● 记录各个产品的唯一性标识，例如产品序列号等；

● 必要时，可确认主要设备的合法性；

● 对设备的配置信息等进行加电自检测试；

● 三方共同填写设备到货验收单。

（4）系统安装调试的监理。监理机构应从如下方面对网络系统的安装调试进行监理，确认其达到工程设计方案和实施方案的要求：

①网络设备和主机的安装、配置及调试；

②操作系统、网络管理系统、网络服务及其他软件的安装和配置；

③网络系统集成的调试。

（5）验收测试的监理。具体包括：

①监理机构应参加由业主单位主持的系统验收测试方案编制过程，协助业主单位在初验和试运行的基础上，进一步依照承建合同提出终验测试内容及相关指标（包括网络系统的功能测试、性能测试等），并同承建单位协商，最终形成工程终验测试方案，同时确定承建单位应提供的测试文档清单；

②工程终验的测试机构可以是第三方共同成立的测试小组，或是业主单位聘请的专家测试小组，必要时可委托专业的第三方测试机构；

③监理机构应对测试机构提交的测试报告进行审查，测试结果应经三方确认。

【案例5】某监理单位受业主单位委托，负责监理某区网络机房建设项目，随着该区直属单位和驻区单位办公人员的逐渐增多，原有网络机房已经满足不了行政办公的要求。经前期勘察与调研，业主单位决定再新建一个汇聚机房，并部署安装无线网络设备，敷设一条裸光纤连接至原有网络机房。

（1）监理机构对方案设计及施工图设计的审查重点如下：

①网络安全性建设。安全是无线网络运行的基础，网络系统本身要有较高的安全性，关键设备和模块应有冗余备份，在技术上提供先进、可靠、全面的安全认证方案和应急措施，确保系统能够耐受一定程度的大数据量冲击和安全问题干扰（例如蠕虫，黑客扫描、DoS 攻击等）。

②无线网络可扩展性建设。由于网络信息技术的飞速发展，变化日新月异，网络设计不但要保证目前网络传输容量的要求，也要考虑今后网络的发展，满足当前以及今后相当一段时间内的网络需求，便于向新技术的升级和衔接，同时又需要保护原有的投资。系统应留有足够的扩容能力，例如端口数量以及带宽等。

③网络的可靠性建设。系统结构设计、设备选型、系统建设、网络管理需要充分考虑网络整体可靠性、可用性以及可维护性，确保网络不间断运行。

④高性能建设。网络设计应确保系统具有足够的数据传输带宽，并为可预计的业务提供足够的系统容量和 QoS、CoS 等服务质量保证。

⑤可管理性。在网络不断扩展的同时，随着网络中的设备越来越多，网络的复杂性和管理的难度相应增加。在设计时，尽量采用简单、清晰的网络拓扑结构，以方便在发生网络故障时对故障进行定位和排查，同时需尽量减少故障点。为了方便地对网络上不同厂商的设备进行集中管理，应采用统一的网管系统进行管理，实时监测网络运行状况，网管系统应具有分析和统计网络流量以及故障报警的功能。

（2）监理机构对工程实施的审查要点如下：

①开工前提交设备验收计划，检查、审核承建单位的设备验收计划，在计划中是否有缺漏，实时跟进设备到货进度；

②要求承建单位制订详细的监理工作计划和质量检查制度，明确岗位职责，以现场控制为重点，以治理和消灭质量通病为突破口，做好监理工作；

③切实履行监理合同，按合同要求配足合格的监理人员和监理设施，并按业主单位的要求及时组织进场，加强对监理人员的技术业务素质和职业道德的教育和培养，使监理人员具有独立、公正、有效开展监理业务的能力和责任感；

④现场严格监督和检查承建单位的设备、材料的进场报验工作，按照信息系统建设规范和技术要求进行抽样检验和加电检测，严格遵循实事求是的原则，用数据说话，确保检测的权威性和公正性；

⑤设备安装前，重点检查施工现场是否具备或满足承建单位提出的设备的安装环境；

⑥设备安装完成后，对安装情况进行检查，同时检查部署集成情况是否满足原设计方案要求。

21.6.3　安全防范系统工程

安全防范系统工程是指以设备安全为目的，运用安全防范产品和其他相关措施以维护电子设备机房产品安全所构成的系统建设，包括出入口控制系统、视频安全防范监控系统、入侵报警系统、巡更管理系统和防鼠害等，或由这些系统为子系统组合或集成的电子系统或网络。

1. 设计阶段监理内容

安全防范系统工程设计阶段的监理内容具体如下：

（1）安全防范系统工程设计的防护级别必须符合被保护对象的风险等级，配置先进、可靠、合理、适用；

（2）审核设计文件与业主单位需求的符合性，重点审查门禁控制的房间以及通道、摄像机、监视范围、入侵报警探测范围和巡更路线是否满足业主单位的需求。

2. 实施阶段监理内容

安全防范系统工程实施阶段的监理内容具体如下：

（1）安全防范施工质量检查和观感质量验收，应根据合同技术文件、设计施工图纸，从以下几个方面进行监理：

①电（光）缆敷设与布线应检验管线的防水、防潮，电缆排列位置，布放、绑扎质量，桥架的架设质量，缆线在桥架内的安装质量，焊接及插接头安装质量和接线盒接线质量等；

②对接地线应检验接地材料、接地线焊接质量、接地电阻等；

③对系统的各类探测器、摄像机、云台、防护罩、控制器、辅助电源、电锁、对讲设备等的安装部位、安装质量和观感质量等进行检验，应符合 GB/T 2887《计算机场地通用规范》的有关规定；

④同轴电缆的敷设，摄像机、机架、监视器等的安装质量检验，应符合 GB/T 2887《计算机场地通用规范》的有关规定；

⑤控制柜 / 箱与控制台的安装质量检验，应符合 GB/T 2887《计算机场地通用规范》的有关规定。

（2）督促承建单位对各类探测器、控制器、执行器等部件的电气性能和功能进行自检，自检采用逐点测试的形式进行。

（3）检查承建单位用于工程的材料、构配件应符合国家相应的法律法规和标准规范的要求，并与正式设计文件、合同的内容相符合，设备及器材的进场验收按照 GB 50339《智能建筑工程质量验收规范》的相关规定执行。

（4）督促承建单位完善质量保证体系，把影响工序质量的因素都纳入受控状态。

（5）安全防范系统线缆敷设、设备安装前，现场应具备下列条件：预埋管、预留件、桥架等的安装符合设计要求，机房、弱电竖井的施工已结束。

（6）安全防范系统的电缆桥架、电缆沟、电缆竖井、电线导管的施工及线缆敷设应符合 GB/T 2887《计算机场地通用规范》的有关规定，如有特殊要求应以设计施工图为准。

（7）检查现场的设备安装必须符合 GB/T 2887《计算机场地通用规范》的有关规定和设计文件要求。

（8）系统功能与主要性能检验应由具有检测资质的机构检测，并出具检测报告，检测内容、合格判据应执行 GB/T 9361《计算机场地安全要求》的有关规定。

（9）检查设备和系统的防雷接地应符合 GB/T 2887《计算机场地通用规范》和 GB/T 9361《计算机场地安全要求》的有关规定和设计文件的要求。

3. 出入口控制（门禁）系统监理要点

安全防范系统工程出入口控制（门禁）系统的监理要点具体如下：

（1）出入口控制（门禁）系统的功能检测。具体包括：

①系统主机在离线的情况下，出入口（门禁）控制器独立工作的准确性、实时性和储存信息的功能；

②系统主机对出入口（门禁）控制器在线控制时，出入口（门禁）控制器工作的准确性、实时性和储存信息的功能，以及出入口（门禁）控制器和系统主机之间的信息传输功能；

③检测掉电后系统启用备用电源应急工作的准确性、实时性、信息的存储和恢复能力；

④通过系统主机、出入口（门禁）控制器及其他控制终端，实时监控出入控制点的人员状况；

⑤系统对非法强行入侵及时报警的能力；

⑥检测本系统与消防系统报警时的联动功能，保证火灾情况下的紧急逃生；

⑦出入口管理系统的数据存储记录保存时间应满足管理要求。

（2）系统的软件检测。具体包括：

①演示软件的所有功能，以证明软件功能与任务书或合同要求一致。

②根据需求说明书中规定的性能要求，包括时间、适应性、稳定性等，以及图形化界面友好程度，对软件逐项进行测试。

③对软件系统操作的安全性进行测试，如系统操作人员的分级授权，系统操作人员操作信息的存储记录等。

④在软件测试的基础上，对被验收软件进行综合评审，给出综合评审结论，包括：

● 软件设计与需求的一致性；

● 程序与软件设计的一致性；

● 文档描述与程序的一致性、完整性、准确性和标准化程度等。

4. 视频监控系统监理要点

安全防范系统工程视频监控系统的监理要点具体如下：

（1）系统功能检测：云台转动，镜头、光圈的调节，调焦变倍，图像切换，防护罩功能的检测。

（2）图像质量检测：在摄像机标准照度下进行图像清晰度及抗干扰能力的检测。

（3）系统整体功能检测：

● 功能检测应包括视频安全防范监控系统的监控范围，矩阵监控主机的切换、控制、编程、巡检、记录等功能；

● 对数字视频录像式监控系统，还应检查主机死机记录，图像显示和记录速度，图像质量，对前端设备的控制功能，通信接口功能，远端联网功能等；

● 对数字硬盘录像监控系统，除检测其记录速度外，还应检测记录的检索、回放等功能。

（4）系统联动功能检测应包括与出入口控制（门禁）系统、入侵报警系统、巡更管理系统等的联动控制功能。

（5）视频安全防范监控系统的图像记录保存时间应满足管理要求。

5. 入侵报警系统监理要点

安全防范系统工程入侵报警系统的监理要点具体如下：

（1）探测器的盲区检测，防动物侵入功能检测；

（2）探测器的防破坏功能检测应包括报警器的防拆报警功能，信号线开路、短路报警功能，电源线被剪的报警功能；

（3）探测器的灵敏度检测；

（4）系统功能检测应包括系统的布设、撤出功能，关机报警功能，系统后备电源自动切换功能等；

（5）系统通信功能检测应包括报警信息传输，报警响应功能；

（6）系统的联动功能检测应包括报警信号对相关报警现场照明系统的自动触发，对监控摄像机的自动启动，视频安全防范监视画面的自动调入，相关的出入口自动启闭，录像设备的自动启动等；

（7）报警系统管理软件（含电子地图）功能检测；

（8）报警信号联网上传功能的检测；

（9）报警系统报警事件存储记录的保存时间应满足管理要求。

6. 巡更管理系统监理要点

安全防范系统工程巡更管理系统的监理要点具体如下：

（1）按照巡更路线图检查系统的巡更终端、读卡机的响应功能；

（2）检查巡更管理系统的编程、修改功能，撤防、布防功能；

（3）检查系统的运行状态、信息传输、故障报警和指示故障位置的功能；

（4）检查巡更管理系统对巡更人员的监督和记录情况，安全保障措施，对意外情况及时报警的处理手段；

（5）对在线联网式巡更管理系统，还需要检查电子地图上的显示信息，遇有故障时的报警信号，与视频安全防范监控系统的联动功能；

（6）巡更系统的数据存储记录保存时间应满足管理要求。

7. 防鼠害监理要点

安全防范系统工程防鼠害的监理要点具体如下：

（1）机房内所有的孔洞在施工完成后都应及时封堵；

（2）所有的线槽都应盖好、密封；

（3）所有电缆竖井都应用防火泥封堵。

21.6.4 环境系统工程

环境系统工程是指电子设备机房的室内空间环境、室内电磁环境、室内空气环境、视觉照明环境和室内噪声环境等系统工程。

1. 设计阶段监理内容

环境系统工程设计阶段的监理内容具体如下：

（1）审核室内空间、照明设计是否满足材料、电气设备的安装及使用要求；

（2）审核设计方案中通信设备、电气设备等产生的电磁干扰是否符合国家电磁辐射防护规定；

（3）审核设计方案中室内空气指标是否符合 GB/T 18883《室内空气质量标准》的规定；

（4）审核环境噪声指标是否满足国家噪声标准的规定要求。

2. 实施阶段监理内容

环境系统工程实施阶段的监理内容具体如下：

（1）室内空间环境的监理要点。具体包括：

● 结构工程外加剂的用量控制，不宜使用早强剂、膨胀剂，严格控制掺加剂用量；

● 如围护结构使用透明玻璃，宜在表面增加装饰，以便识别；

● 装饰材料进场和使用控制应符合 GB 18582《建筑用墙面涂料中有害物质限量》的有关规定；

● 装饰材料放射性抽样检验报告的检查；

● 装饰工程结束后有害气体的检验报告的检查，检测值应符合设计要求；

● 室内净空高度应符合要求；

● 门窗设置应满足窗台高度和外墙面积比要求。

（2）电磁环境的监理要点。具体包括：

● 材料、设备质量控制检查，应符合国家有关电磁辐射防护标准和设计文件技术要求，宜进行相应的检验；

● 传输线缆应检查布置位置、防干扰接地质量；

● 进线管道的布置位置和施工质量的检查；

● 强弱电线管的走线方式和接地装置质量的检查；

● 通信设备、电气设备是否满足防电磁干扰或抗电磁干扰性能指标，对达不到防干扰标准的设备应采取屏蔽措施；

● 通信设备、电气设备的安装位置是否符合设计文件的要求；

● 相关设备的无线电干扰测试应符合设计规范要求；

● 相关设备的无线电抗扰度测试应符合设计规范要求；

● 各类主机房及监控室室内电磁场强的检测；

● ITE 分级检测指标中准峰值、平均峰值、准峰极限值、测量距离的检测。

（3）室内空气环境的监理要点。具体包括：

- 室内空气洁净度和有害气体的检验检测，其检验检测结果应符合 GB/T 2887《计算机场地通用规范》的规定；
- 室内通风条件和换气条件检查验收；
- 室内温、湿度条件的检查验收；
- 室内风速的检查验收；
- 相应检查验收、检验测量的书面报告的检查复核。

（4）室内照明的监理要点。照度质量验收应包括以下内容：照度水平、亮度分布、照度均匀度、阴影、眩光控制、颜色和照度稳定性。

（5）室内噪声环境的监理要点。具体包括：

- 降低噪声，防止噪声扩散的措施检查验收；
- 建筑布局和设备安装位置对噪声控制的影响以及处理措施的检查验收；
- 高噪声环境中的特殊措施的检查验收；
- 隔绝材料和隔绝措施的质量验收；
- 室内噪声控制测试控制值应满足相应规范和设计技术要求。

【案例 6】某监理单位受业主单位委托，负责对网络机房建设项目进行监理，该项目建设内容中包含环境系统工程。结合项目经验，总监理工程师要求监理人员在项目实施过程中注意以下事项：

（1）装修工程施工完成后，可委托空气质量测试机构开展空气质量监测，若空气质量不达标可开展空气污染物处理；

（2）墙面刷漆需掌握刷漆间隔时间，每次刷漆需漆干后才可继续刷漆。

21.6.5　动力环境监控系统工程

动力环境监控系统工程是指以保障设备正常运行为目的，通过运用相关数据监测手段，对电子设备机房内的各高低压供电设备、通信电源、空调系统运行状态，以及电子设备机房环境的温度、湿度和漏水等情况进行监控的综合系统工程。

动力环境监控系统是采用数据采集技术、计算机技术和网络技术，以有效提高通信电源系统、机房空调系统及环境维护质量的先进手段。对分布的各个独立的动力设备和机房环境监控对象进行遥测、遥信等采集，实时监视系统和设备的运行状态，记录和处理相关数据，及时侦测故障，并做必要的遥控操作，适时通知人员处理。实现机房的少人 / 无人值守，以及电源、空调的集中监控维护管理，提高供电系统的可靠性和通信设备的安全性。

动力环境监控系统的监测对象分为以下几类：

（1）动力系统：交流供电系统，包括高低压配电、列头柜、UPS、ATS、柴油发电机、稳压器、逆变器等；直流供电系统，包括整流电源、逆变器、蓄电池组、DC/DC 变换电源等；

（2）环境系统：温湿度、水浸、液位、消防等；

（3）空调及节能系统：普通空调、精密空调、大型冷水机组、新风系统、照明控制等；

（4）安保系统：门禁管理、视频监控、入侵防盗、IP对讲等；

（5）IT系统：服务器、路由器、交换机、防火墙、操作系统等。

1. 设计阶段监理内容

动力环境监控系统工程设计阶段的监理内容具体如下：

（1）审核系统架构及集成管理平台是否满足业主的使用需求；

（2）审核对电气、通信电源、通风空调等相关设备的监测参数，以及对温度、湿度及漏水探测等环境监测是否满足环境要求；

（3）审核各类传感设备布置方案是否满足技术规范要求；

（4）协助业主根据需求确定动环组网的IP地址规划；

（5）审核弱电机柜、设备安装是否满足使用技术要求；

（6）审核集成管理平台提供的远程访问接口类型、网络安全设计是否满足业主的使用要求；

（7）审核集成管理平台客户端界面的功能模块是否满足业主的使用要求；

（8）审核设备平面布置是否满足业主的使用要求；

（9）审核存储设备空间是否满足使用技术要求。

2. 实施阶段监理内容

动力环境监控系统工程实施阶段的监理内容具体如下：

（1）进场的设备、材料的检验。检验工程所用安装材料、监测设备是否符合设计规范要求，对检验不合格的设备、材料不应在工程中使用。

（2）电线管、线槽施工的检查。具体包括：

- 检验安装位置、高度及路由走向应符合设计要求；
- 安装工艺满足GB 50303《建筑电气工程施工质量验收规范》的规范要求；
- 在隐蔽工程中，检验敷设的电线管、线槽在隐蔽前是否符合设计及规范要求，检验不合格不应进行下一道工序。

（3）对线、电缆穿管和线槽敷设施工的检查。具体包括：

- 在电线管、线槽中敷设线缆前，检查对管、槽内清洁处理结果是否符合规范要求。
- 电线管、线槽内部不应有线缆接头，网络不应中间接头。电缆敷设时应根据设计图上各段线路的长度来选配电缆。避免电缆接续，当必须中途接续时应采用接插件。
- 强、弱电线缆不应同管或同槽敷设。
- 线缆在走线架和垂直线槽敷设时需要绑扎整齐、牢固。
- 线缆两端的标识清晰，缆线在布放前两端应贴有标签，以表明起始和终端位置，标签书写应清晰、端正和正确。

（4）设备安装情况的检查。具体包括：

- 检查各类传感设备、控制设备、系统主机、传输设备的安装位置、安装工艺是否符合设计要求；
- 检查设备机柜、控制箱等的接地是否符合设计规范。

动力环境监控系统一般由前端探头、信号采集转换设备、控制主机、监控软件平台、报警系统等部分组成。设备安装过程中，应注意以下事项：

（1）温湿度传感器安装在机房发热设备比较密集的房顶位置，安装应牢固，接好温湿度电源线及信号线，用万用表查网线是否完好及通断。

（2）安装漏水感应线探头前要将地面打扫干净，安装漏水感应线要紧贴地面，在可能出现漏水的地方（例如空调排水管等）密布感应线探头，安装漏水控制器及引出线，接漏水系统电源线及信号线，用万用表查网线是否完好及通断。

（3）数字电表安装牢固，美观，接线标准无误。电线的颜色采用国标点线。分清互感器正负、倍率，确定互感器一端接地良好。不能带电作业，施工完成后注意清扫，清除工作中留下的杂物。

（4）信号防雷器串接在设备中，电源防雷器并接入电路中，信号防雷器的接地线 $\geqslant 2.5mm^2$，电源防雷器的接地线 $\geqslant 10mm^2$。接地线连接应牢固美观。

3. 验收阶段监理内容

动力环境监控系统工程验收段的监理内容具体如下：

（1）核实 IP 地址的分配情况是否满足前期 IP 地址规划要求；

（2）检查各类参数的数值、刷新时间等是否符合技术规范和使用要求；

（3）检查集成管理平台的各项功能是否符合技术规范和设计要求；

（4）检查数据传输是否可靠，传输时间是否符合设计和使用要求；

（5）审查测试遗留问题的整改结果是否符合设计要求；

（6）审查竣工文档和竣工图纸是否符合要求。

【案例 7】某监理单位受业主单位委托，负责对网络机房建设项目进行监理，该项目建设内容中包含动力环境监控系统工程。在项目实施过程中，除了对进场设备及材料的检验和实施过程的检查外，还应对出现故障时的应急响应方案进行检查。以下是对故障的应急措施的监理建议：

（1）环境监控系统能够监测到故障，单故障处理需要一定的时间，因此在环境监控系统建设时，要考虑故障发生时的临时应急措施。例如，空调下方需做漏水围堰及排水系统，在发生空调漏水时可及时排水、控制漫水面积，为故障处理争取时间。

（2）环境监控系统的模型比例、位置与现实环境保持一致，能够形象地体现监测情况。

第 22 章　软件工程监理

在当今数字时代，软件工程在各类信息系统建设中发挥着至关重要的作用。为确保项目的顺利进行和高质量完成，软件工程监理成为不可或缺的环节。软件工程在招标、设计、实施和验收过程中，从需求分析、设计、编码、测试到部署等多个方面如何进行有效监管，需要监理人员掌握监理服务的关键活动、主要内容和要求，以及软件监理服务的监理要点、监理主要输出文档等。本章对监理人员开展软件工程监理工作，对监理机构编制监理大纲、监理规划和监理实施细则，以及项目作业指导书或监理文档等起到必要的指导作用。

22.1　概述

软件工程各阶段和支持过程的监理工作，应符合软件工程建设要求和监理合同所约束的监理服务要求，严格执行强制性国家标准、行业标准和地方标准，并按照监理规范、有关建设内容的技术标准及规范开展必要的监理活动，落实监理内容，提出监理意见或建议，做好监理工作记录。

22.1.1　基本概念

1. 软件工程

应用计算机科学理论和技术以及工程管理原则和方法，按预算和进度，实现满足用户要求的软件产品的定义、开发、发布和维护的工程或进行研究的科学。

2. 就绪可用软件产品

可供任何用户使用，不需要经过实施开发活动的软件产品。

3. 单元测试

对软件中的最小可测试单元进行检查和验证。对于单元测试中单元的含义，一般来说，要根据实际情况去判定其具体含义，如 C 语言中单元指一个函数，Java 中单元指一个类，图形化软件中单元可以指一个窗口或一个菜单等。总的来说，单元就是人为规定的最小的被测功能模块。单元测试是在软件开发过程中要进行的最低级别的测试活动，软件的独立单元将在与程序的其他部分相隔离的情况下进行测试。

4. 集成测试

集成测试，也叫组装测试或联合测试。在单元测试的基础上，将所有模块按照设计要求（如根据结构图）组装成为子系统或系统，进行集成测试。

5. 系统测试

对整套系统的测试，将硬件、软件、操作人员看作一个整体，检验它是否有不符合系统说明书的地方。

6. 验收测试

部署软件之前的最后一个测试操作，是在软件产品完成了单元测试、集成测试和系统测试之后，在产品发布之前所进行的软件测试活动。它是技术测试的最后一个阶段，也称为交付测试。

22.1.2　软件工程建设阶段划分及监理任务

1. 软件工程规划阶段的监理任务

软件工程规划的主要监理任务是为业主单位提供咨询服务，在业主单位的要求下，可以包含如下内容：

（1）协助业主单位梳理业务目标，制定软件系统建设目标；

（2）协助业主单位开展软件系统需求分析工作；

（3）协助业主单位对软件系统建设方案进行可行性分析、必要性分析，确定软件系统的技术架构和建设方案；

（4）协助业主单位确定软件系统的工程造价。

2. 软件工程实施阶段的监理任务

软件工程建设过程中，结合软件开发的一般要求，将软件工程监理过程分布于 4 个阶段，可划分为 13 个活动，如表 22-1 所示。

表 22-1　软件工程监理过程说明

阶段	监理活动
招标阶段	招标准备的监理；招标的监理；合同签订的监理
设计阶段	计划制订的监理；需求分析的监理；概要（结构）设计的监理；详细设计的监理
实施阶段	编码及测试的监理；系统部署的监理
验收阶段	项目初验的监理；项目试运行的监理；项目终验的监理；培训的监理

3. 软件工程支持过程的监理任务

在软件工程招标、设计、实施和验收阶段，对软件生存周期支持过程也应进行监理，包括对文档编制过程的监理、对配置管理过程的监理和对质量保证过程的监理。

22.2　招标阶段监理工作

本节重点介绍监理单位在软件工程招标阶段需要执行的监理活动和主要监理内容。

22.2.1　监理活动

软件工程招标阶段的主要监理活动如下：

（1）招标前收集相关资料，了解软件工程项目建设相关的业务目标、软件系统建设目标、现行和预期的业务模式、信息化基础和发展规划、软件系统建设需求等信息，协助业主单位开展招标准备工作，参与编制招标文件，或审核招标文件技术需求、招标实施合规性等；

（2）接受业主单位委托参加招标活动，协助业主单位开展招标工作、选定软件工程的承建单位；

（3）参与业主单位与承建单位合同谈判，协助业主单位签订承建合同，提出必要的监理意见。

22.2.2　监理内容

1. 招标准备的监理

招标准备的监理内容具体如下：

（1）收集软件工程的相关资料，了解和掌握软件需求。

监理机构应取得必要的资料，了解并与业主单位沟通软件工程项目的相关信息，将其作为监理工作的依据之一。这些资料包括：

- 软件工程项目建设方案；
- 软件工程项目相关的业务现状和业务流程；
- 软件系统的功能和性能指标；
- 实现软件系统建设目标所必需的资源；
- 如适用，还应包括信息资源规划、业务流程再造的策略、业务持续改进计划、业务指标评价体系、业主单位信息化人力资源规划等。

（2）梳理软件工程建设需求，明确监理质量、进度等控制目标。

协助业主单位初步定义软件系统的建设范围、系统需求和约束条件，应包括：

- 业务、组织和用户需求；
- 系统规模、投资和进度要求；
- 安全保密性要求；
- 应遵循的标准、规程；
- 与测试有关的要求和验收准则；
- 知识产权要求；
- 数据所有权要求。

（3）参与招标文件的编制，或审核招标文件技术需求、招标实施合规性等。

明确招标文件应包括：

- 建设内容的完整性；
- 适用的法律法规及标准的要求；
- 软件主要功能和性能指标要求；
- 合同执行的里程碑节点；
- 关键节点文档提交、审核及确认的要求；
- 验收方式和验收标准；
- 安全保密性要求；
- 知识产权要求等。

（4）协助审查已有可利用产品的再用价值、可用性等。

当要获取就绪可用软件产品时，宜协助业主单位审查对其的要求，包括：

- 满足系统建设目标和系统需求；
- 对文档的要求；
- 对知识产权的要求；
- 对安全的要求；
- 对此软件产品的服务和支持的要求；
- 对供货单位提供此软件产品能力的要求。

2. 招标的监理

具体参见第 20 章有关章节的内容。

3. 合同签订的监理

具体参见第 20 章有关章节的内容。

【案例 1】某省级社保系统应用软件升级改造项目选择监理服务，要求监理机构代表业主单位参与该项目招标阶段全过程工作。遵照业主单位工作要求，监理机构在项目招标阶段开展了采购需求审核、软件合同审核等工作。在具体工作中，监理工程师针对审核对象，采取了如下审核要点：

（1）采购需求的审核要点具体如下：

- 项目概况（基本信息、项目背景等）的完整性；
- 项目预算的使用；
- 服务期限的设定；
- 服务内容的全面性；
- 服务要求的准确性；
- 技术要求（总体技术、技术路线、系统功能、技术指标要求）的可执行性；
- 进度要求（实施进度、验收期限、成果交付期限）的明确性；
- 管理要求（服务人员、组织实施要求、成果要求）的可落实性；
- 验收标准与方式的可操作性；
- 其他要求（如商务要求、培训要求、服务响应要求、资产权属、保密要求、廉政要求、监理要求等）阐述的关联性、协调性；
- 付款方式与要求的合理性等。

（2）承建合同的审核要点具体如下：

- 总则（相关术语的定义与解释、声明与保证等）；
- 合同主体的权利与义务；
- 服务内容及服务期限；
- 服务实施和验收约束；
- 项目进度保障；
- 项目质量保证；
- 项目安全防护；

- 项目管理要求；
- 项目变更；
- 服务验收；
- 合同金额与结算方式；
- 不可抗力和法律变更；
- 合同解除；
- 违约处理等。

22.3　设计阶段监理工作

本节重点介绍监理单位在软件工程设计阶段需要执行的监理活动和主要监理内容。

22.3.1　监理活动

软件工程设计阶段的主要监理活动如下：

（1）审查承建单位提交的软件工程项目计划，促使项目计划合理、可行，并符合承建合同的要求；

（2）参与调研工作，督促承建单位形成调研记录，监督承建单位系统需求分析过程，促使系统需求具有正确性、完备性、可测试性和一致性；

（3）组织和参与对承建单位在设计阶段形成的文档的评审，促使设计阶段文档符合承建合同的要求，满足软件工程项目的系统需求，符合有关法规、标准的要求；

（4）及时对变更进行响应，并做好变更控制工作。

22.3.2　监理内容

1. 项目计划的监理

监理机构应审查承建单位的项目计划，签署监理审查意见，经业主单位同意后执行。监理内容和要点如下：

（1）应要求承建单位提交项目计划，并要求其包含以下内容：

- 确定范围，明确与其他关联任务及计划的关系、边界；
- 遵循的标准；
- 项目的组织结构（包括外部组织）、人员职责及其能力要求；
- 项目环境，包括生产环境、测试环境、程序库、设备、设施、标准、规程和工具；
- 任务分解安排，包括人员、资源和相关的任务进度安排；
- 进度跟踪和报告方法；
- 软件产品或服务的质量特性的管理，必要时制订独立的质量保证计划；
- 软件配置管理，包括活动、技术及方法、工具、对供货单位的控制、记录的收集维护和保存；

- 软件产品或服务的安全、保密和其他关键需求的管理，必要时制订独立的安全、保密计划；
- 如适用，应包括对分包单位的管理；
- 验证和确认的方式和条件；
- 风险管理；
- 用户培训计划。

（2）应根据下列准则审核项目计划，并提出监理意见：

- 与承建合同的一致性、可追溯性；
- 系统范围及工作任务分解的完整性；
- 项目过程及主要里程碑划分的合理性，包括适宜的软件生存周期模型；
- 项目规模估算方法的正确性，包括项目任务和工作产品规模、时间安排、资源使用等；
- 项目进度的合理性，包括项目质量保证计划、配置管理计划等；
- 项目计划中部署全部可用产品（软件和硬件）的可行性；
- 对项目风险有必要的识别、分析、处理和跟踪。

（3）应组织业主单位和承建单位对项目计划和相关文档进行评审，并及时取得各方对项目计划的书面批准和承诺。

2. 需求分析的监理

监理机构应审查承建单位提交的需求分析计划，监督承建单位开展需求分析活动，组织对系统需求进行评审。监理内容和要点如下：

（1）要求承建单位提交需求分析过程的详细计划，审查后报业主单位。

（2）监督承建单位按照计划开展需求分析的各项活动，并协调业主单位予以相应的配合。

（3）宜组织业主单位及承建单位，定义并分析系统建设目标；如适用，宜定义和分析业务流程再造、业务持续改进、信息资源规划及业务指标评价体系。

（4）要求承建单位提交系统需求文档，需求文档应符合相关标准要求。

（5）审查系统需求文档，组织业主单位和承建单位对需求规格说明书进行检查及对需求进行评审，形成需求规格说明书检查表（如表 22-2 所示）、需求评审意见。

表 22-2　需求规格说明书检查表

检查类目	检查内容
清晰性	系统的目标是否已定义
	是否对关键术语和缩略语进行了定义和描述
	所使用的术语是否和用户使用的一致
	需求的描述是否清晰，不含糊
	是否对整个系统进行了功能概述
	是否已详细说明了软件环境（共存的软件）和硬件环境（特定的配置）
	如果有可能影响实施的假设情况，是否已经声明
	是否已经对每个业务逻辑进行输入、输出以及过程的详细说明
	图表是否清楚，在不补充说明时易于理解

（续表）

检查类目	检查内容
完整性	是否规定了用户要求的功能
	是否完整、清晰、准确地反映用户的要求
	是否列出了系统所必需的依赖、假设以及约束
	是否对每个提交物或阶段实施都进行了需求说明
	需求说明书是否已经包括了主要的质量属性，例如有效性、高效性、灵活性、完整性、互操作性、可靠性、健壮性、可用性、可维护性、可移植性、可重用性和可测试性等
	是否有业务流程图和数据流程图
	是否包含接口需求
依从性	是否遵从了该项目的文档编写标准
一致性	需求说明是否存在直接相互矛盾的条目
	需求说明书是否与相关需求素材一致
可行性	所描述的功能是否必要，并充分满足用户 / 系统目标
	需求说明书的描述是否满足下一阶段设计所需
	是否已经详细说明已知的限制（局限）
	是否已确定每个需求的优先级别
可管理性	是否将需求分别陈述，确保每个需求都是独立的，并且是可检查的
	是否所有需求都可以回溯到相应的需求素材，反之亦然
	是否已详细说明需求变更的过程

（6）参与系统需求的联合评审，形成需求确认表。评审时需要考虑的准则包括：
- 与承建合同的可追溯性、一致性；
- 与业务目标和系统建设目标的可追溯性、一致性；
- 软件设计的可行性；
- 运行和维护的可行性。

（7）在需求调研阶段，监理机构应要求承建单位开始编制系统验收初步方案。

（8）督促承建单位解决系统需求分析中发现的问题和不合格项，提出监理意见。

3. 概要（结构）设计的监理

监理机构应督促承建单位开展概要（结构）设计活动，审查承建单位的概要（结构）设计文档。监理内容和要点如下：

（1）督促承建单位按照计划的要求开展系统概要（结构）设计活动。

（2）宜配合业主单位制定相应的业务指标评价体系，监督承建单位对系统结构开展合理的方案设计。如适用，监理机构宜组织业主单位和承建单位按照计划的要求开展业务流程再造、业务持续改进、信息资源利用的设计活动。

（3）要求承建单位提交系统概要（结构）设计文档，概要（结构）设计文档应符合相关标准要求。

（4）组织业主单位和承建单位对系统概要（结构）设计文档进行检查，形成概要（结构）

设计检查表（如表 22-3 所示，供参考）。

表 22-3　概要（结构）设计检查表

检查类目	检查内容
清晰性	是否所设计的架构都被清楚地表达了，包括数据流、控制流和接口
	是否所有的假设、约束、策略及依赖都被记录了
	是否定义了总体设计目标
完整性	是否所有以前的软件需求都已经被解决了
	是否设计已经可以支持本文档中遗留的软件需求有可能带来的变更
	是否所有软件需求的影响都已经被评估了
	是否仍存在可能不可行的设计部分
	是否已记录设计时的权衡考虑，该文档是否包括了权衡选择的标准和不选择其他方案的原因
依从性	是否遵守了该项目的文档编写标准
一致性	数据元素、流程和对象的命名及使用，在整套系统和外部接口之间是否一致
	该设计是否反映了实际操作环境（硬件、软件、支持软件）
可行性	从功能、成果、进度、预算和技术角度上看，该设计是否可行
	是否存在错误的、缺少的或不完整的逻辑
数据使用	所有复合数据元素、参数以及对象的概念，是否都已文档化
	是否还有任何需要的但还没有定义的数据结构，反之亦然
	是否已描述最低级别数据元素，是否已详细说明其取值范围
功能性	是否对每一下级模块进行了概要算法说明
	所选择的设计和算法能否描述所有的需求
接口	操作界面的设计是否有为用户考虑
	是否已描述界面的功能特性
	界面是否有利于问题解决
	是否所有界面都互相一致，与其他模块一致，以及和更高级别文档中的需求一致
	是否所有的界面都提供了所要求的信息
	是否已说明内部各界面之间的关系
	界面的数量和复杂程度是否已减少到最小
可维护性	该设计是否是模块化的
	这些模块是否具有高内聚度和低耦合度
	是否已经对继承设计、代码或先前选择工具的使用进行了详细说明
性能	主要性能参数是否已被详细说明
可靠性	该设计是否能够提供错误检测和恢复
	是否已考虑非正常情况
	是否考虑了网络安全、数据安全
	是否满足该系统进行集成时所遵守的约定
易测性	是否能够对该系统进行测试、演示、分析或检查来说明它是满足需求的
	该系统是否能用增量型的方法来集成和测试

（续表）

检查类目	检查内容
可追溯性	是否各部分的设计都能追溯到需求说明书的需求
	是否所有的设计决策都能追溯到原来确定的权衡因素
	所继承设计的已知风险是否已确定和分析

（5）协助业主单位以审核、确认、联合评审等方式对系统概要（结构）设计进行评价。监理在概要（结构）设计评价时应遵守如下准则：

- 与承建合同的可追溯性、一致性；
- 与业务目标的符合性；
- 系统需求的可追溯性、一致性；
- 所使用的设计标准和方法的适宜性；
- 软件项满足指定需求的可行性；
- 基于信息资源规划和业务指标评价体系的可测试性；
- 业务流程再造、业务持续改进、信息资源开发的可行性；
- 运行和维护的可行性。

（6）监督承建单位及时解决系统概要（结构）设计中发现的问题和不合格项，并提出监理意见。

4. 详细设计的监理

监理机构应督促承建单位开展详细设计活动。监理内容和要点如下：

（1）督促承建单位按照计划的要求开展软件详细设计活动；

（2）如适用，应要求承建单位提交详细设计文档；

（3）如适用，应检查承建单位编制的接口的详细设计和数据库的详细设计；

（4）宜评价软件详细设计和测试需求，评价结果应形成监理意见。监理在详细设计和测试需求评价时应遵守如下准则：

- 软件各项需求的可追溯性；
- 与概要（结构）设计的一致性；
- 所采用的设计方法和标准的适宜性；
- 测试的可行性、完备性；
- 软件运行和维护的可行性；
- 压力测试对主要指标的验证；
- 回归测试的验证、管控等管理事项。

（5）督促承建单位解决软件详细设计中发现的问题和不合格项，并提出监理意见。

5. 设计阶段的需求管理

设计阶段的需求管理主要包括四个过程，即需求获取、需求分析、需求规格编写和需求验证。其中，验证需求可采用以下方式进行：

（1）审查需求文档：对需求文档进行正式审查是保证软件质量的很有效的方法。组织一个由不同代表（如分析人员、客户、设计人员、测试人员）组成的小组，对需求规格说明书及相关模型进行仔细检查。另外，在需求开发期间所做的非正式评审也是有所裨益的。

（2）依据需求编写监理验证用的测试用例：根据用户需求所要求的产品特性，编制监理开展验证测试可能应用的黑盒功能测试用例，确认是否达到了期望的要求。还可以通过测试用例追溯回功能需求以确保没有需求被疏忽，并且确保所有测试结果与测试用例相一致。同时，也可使用测试用例验证需求模型的正确性，如对话框图和原型等。

（3）敦促编写用户手册：在需求开发早期即可起草一份用户手册，用它作为需求规格说明的参考并辅助需求分析。优秀的用户手册要用浅显易懂的语言描述出所有对用户可见的功能。而辅助需求（如质量属性、性能需求及对用户不可见的功能）则在需求规格说明书中予以说明。

（4）确定合格的标准：让用户描述什么样的产品才算满足他们的要求和适合他们使用。将合格的测试建立在使用情景描述或使用实例的基础之上。

【案例 2】在案例 1 的基础上，监理机构需进行必要的软件需求管理等工作，把控需求调研、需求确认和需求成果文档。其中，需求调研的用户主要包含参保个人、参保单位、业务经办人员、市区人社局管理人员、上级领导和系统运维人员等六类人员，各类人员的需求调研内容不一致，需求确认的环节涉及的用户多。监理机构通过实践，总结出需求确认的监理要点。提供的参考如下：

- 需求确认活动应明确要确认的内容、确认方式、责任人、进度安排等；
- 积极协调业主单位和承建单位的确认过程；
- 确认过程和结果要形成文档，避免后续引起争执。

在此基础上输出软件需求规格说明书，据此进行下一步的软件设计工作，因此监理单位应组织承建单位对需求规格说明书进行全面检查。具体按照表 22-2 需求规格说明书检查表中的清晰性、完整性、依从性、一致性、可行性和可管理性进行审查。

22.4　实施阶段监理工作

本节重点介绍监理单位在软件工程实施阶段需要执行的监理活动和主要监理内容。

22.4.1　监理活动

软件工程实施阶段的主要监理活动如下：

（1）督促承建单位开展编码、测试、系统部署活动，提交详细的、符合承建合同及项目计划的阶段计划，并按计划开展工作；

（2）对软件编码、测试的过程和成果进行检查，促使软件编码及测试符合相关技术标准的要求，保证软件产品的质量；

（3）监督承建单位的单元测试、集成测试和系统测试情况，验证软件符合系统需求和系统设计的要求；

（4）及时对变更进行响应，并做好变更控制工作。

22.4.2　监理内容

1. 编码及测试的监理

编码及测试的监理内容具体如下：

（1）要求承建单位为软件编码过程和单元测试过程的实施提交详细的计划，并督促承建单位按照计划的要求开展工作。

（2）要求承建单位制定软件编码规范，并督促承建单位实施。软件编码规范应满足以下要求：

- 遵循开发流程，在设计的指导下进行代码编写；
- 代码编写以实现设计的功能和性能为目标；
- 程序具有良好的结构，能够提高程序的封装性、降低程序的耦合程度；
- 程序可读性强，易于理解；
- 软件易于使用和维护；
- 软件具有良好的可扩展性。

（3）如适用，可要求承建单位开放系统源代码，抽查其是否符合软件编码规范。

（4）督促承建单位是否依据系统需求和设计文档进行开发，保证程序实现和需求相一致。

（5）宜督促承建单位按照规范要求开展单元测试、集成测试和系统测试工作，保证程序提交质量。

（6）宜检查承建单位测试过程中的问题记录，督促承建单位解决软件测试中发现的问题，并检查其改正的记录。

（7）在系统测试阶段应督促承建单位跟进业主单位或第三方测评机构的测评情况，并应取得系统测试报告以及回归测试的测试记录。

（8）对于就绪可用软件产品，应验证其是否满足承建合同要求、知识产权要求、服务要求等，并要求承建单位提供有效的证明文档。

（9）如适用，要求承建单位编制数据迁移方案，分析历史数据结构、编制数据迁移脚本、验证数据迁移效果。

2. 系统部署的监理

系统部署的监理内容具体如下：

（1）要求承建单位提交系统部署计划。该计划应包括应用环境和基础设施需求、职责和进度安排。

（2）应在系统部署之前，审查软件产品是否具备系统集成实施的条件和环境。

（3）督促承建单位按照部署计划的要求开展系统集成活动并提交系统部署文档。部署文档应包含以下内容：

- 系统安装；
- 安装后的软件检验；
- 数据初始化；
- 新老系统并行运行；

- 对操作手册和用户手册中的过程进行演练性运行。

（4）宜根据前期工作成果（招投标文件、承建合同、需求规格说明书），审核已部署系统，对功能需求、性能需求、安全需求、保密需求等内容提出监理意见，包括：

- 与承建合同的一致性；
- 与系统需求的一致性；
- 业务目标的符合性；
- 所采用的测试方法和标准的适宜性；
- 与预期结果的符合程度，包括但不限于与信息资源规划、业务流程再造需求、业务持续改进需求、业务指标评价体系的符合程度；
- 系统合格性测试的可行性；
- 运行和维护的可行性。

（5）监督承建单位解决系统部署中发现的问题和不合格项，形成系统问题跟踪的记录。

（6）如适用，应组织对就绪可用软件产品进行查验，并做好记录。

（7）如适用，应督促承建单位验证数据迁移结果，保证数据迁移的完整性和准确性，并做好记录，形成数据迁移验证和确认检查表。

【案例 3】在案例 1 的项目中，监理机构制定了软件测试阶段的质量控制流程，如图 22-1 所示。如流程所示，监理机构结合前述各节内容，适时开展了必要的监理工作。

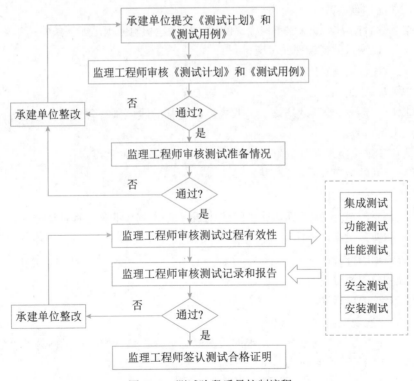

图 22-1　测试阶段质量控制流程

22.5　验收阶段监理工作

本节重点介绍监理单位在软件工程验收阶段需要执行的监理活动和主要监理内容。

22.5.1　监理活动

软件工程验收阶段的主要监理活动如下：

（1）监督培训过程，促使培训达到承建合同要求；

（2）协助业主单位进行初验、试运行和终验的工作，促使软件工程项目最终的功能和性能等指标符合承建合同、法律法规和标准的要求；

（3）如适用，协调承建单位配合第三方测评机构进行系统测试；

（4）协助业主单位、承建单位进行软件工程项目的移交工作，促使软件工程项目顺利完成。

22.5.2　监理内容

1. 项目初验的监理

项目初验的监理内容具体如下：

（1）依据承建合同，与业主单位和承建单位一起，对软件系统功能的完成情况进行检查，形成软件系统功能检查表。

（2）依据承建合同，审核承建单位提交的初验申请。初验应满足如下条件：

● 软件产品已纳入配置管理并可交付；

● 已提交承建合同规定的项目文档；

● 软件系统已通过测试。

（3）要求承建单位提交验收方案。验收方案应包括验收范围、各方责任、验收标准、验收方式和验收成果等内容。

（4）协助业主单位组织项目初验，评价系统满足以下要求的程度：

● 与承建合同的一致性；

● 与系统需求的一致性；

● 与预期结果的符合性，包括但不限于与信息资源规划、业务流程再造需求、业务持续改进需求和业务指标评价体系的符合性；

● 与业务需求的符合性；

● 与运行环境的适应性；

● 运行和维护的可行性。

（5）对验收中发现的问题予以记录。

（6）协助业主单位组织对初验中发现的质量问题进行评估，根据质量问题的性质和影响范围，确定整改要求和整改后的确认方式，必要时，应组织重新验收。

（7）参与对初验结果的确认，签署初验报告。

2. 系统试运行的监理

系统试运行的监理内容具体如下：

（1）要求承建单位提交系统试运行计划，报业主单位审核确认后，督促其实施；

（2）如需要进行新旧系统切换，在系统切换前要求承建单位提交系统切换及数据迁移申请，审核后报业主单位确认；

（3）督促承建单位做好试运行记录，及时解决试运行过程中发现的问题和不合格项，形成系统问题跟踪记录；

（4）系统试运行发生项目变更的，宜组织业主单位和承建单位对变更风险进行评估，包括对新旧系统的影响，对费用、效益、质量和进度等的影响，做好与变更有关的申请、评估、计划、实施、验证等活动的记录和文档资料的保管；

（5）要求承建单位提交系统试运行报告；

（6）协调业主单位和 / 或使用单位提交系统使用意见。

3. 项目终验的监理

系统终验的监理内容具体如下：

（1）协助业主单位确认是否满足终验条件；

（2）审核承建单位提交的终验方案；

（3）参与终验，签署终验报告，验收活动和结果应形成文档；

（4）督促承建单位解决终验中发现的问题和不合格项；

（5）要求承建单位提交项目移交申请，宜包括软件交付清单、相关工程文档和必要的联系信息，并做好交接记录，形成软件工程项目移交清单；

（6）审核承建单位所提供的工程各阶段形成的技术、管理文档的内容和种类，确保验收文档符合相关标准；

（7）依据承建合同审核承建单位提交的工程结算；

（8）完成工程监理总结报告，整理工程有关的全部监理文档，并移交业主单位。

【案例 4】同样在案例 1 的项目中，根据项目招标文件和合同要求，监理机构开展了软件试运行全过程监理，并参与了软件培训的监理工作，对所开展工作所取得的相应效果进行评估。监理机构还根据招标文件、合同和规范的要求，制定了具体试运行阶段和培训阶段的质量控制流程，如图 22-2 和图 22-3 所示，可作为实践参考。

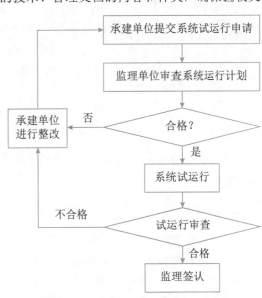

图 22-2　试运行阶段质量控制流程

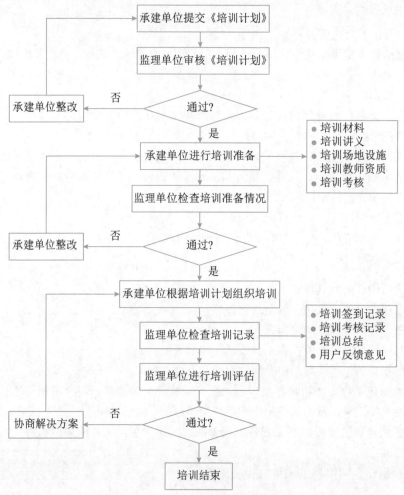

图 22-3　培训阶段质量控制流程

22.6　软件支持过程的监理工作

软件支持过程的监理工作包括文档编制过程的监理、配置管理过程的监理和质量保证过程的监理。

22.6.1　文档编制过程的监理

软件工程文档编制过程中，监理机构宜与业主单位、承建单位共同制订软件工程所需文档的编制、审核及确认计划，并共同对工程所需文档的内容、设计和开发、编制过程、维护提出明确要求。

在工作过程中，监理机构的工作内容和要点如下：

（1）对文档内容的要求。每种文档应包括如下内容：

- 标题或名称；
- 编制目的；
- 文档的使用单位及人员；
- 有关输入、开发、评审、修改、批准、生产、贮存、发行、维护和配置管理的规程和职责；
- 中间和最终版本的日程安排。

（2）对文档设计、开发的要求。具体如下：

- 每一种指明的文档应根据适合的文档编写标准进行设计，这些标准包括格式、内容叙述、页码编写、插图、表格安排、专利标志、保密安全标志、封装以及其他叙述项目；
- 文档输入数据的来源和适应性应加以确认，可以使用自动化的文档编制工具；
- 编制的文档应按照其文档编制标准加以评审和编辑，以便符合格式、技术内容和表述方式要求；
- 文档在发布前应由授权人批准。

（3）对文档编制过程的要求。具体如下：

- 文档应按照计划编制和提供。文档的编制和发行可以使用纸张、电子或其他媒体。主要资料应按照有关记录保存、保密安全、维护和备份的要求妥善贮存。
- 应按照配置管理过程进行控制。

（4）对文档维护的要求。具体如下：

- 对文档的修改应按照业主单位、监理机构、承建单位共同确定的流程执行；
- 对于配置管理下的文档，修改工作应按照配置管理过程进行管控。

22.6.2　配置管理过程的监理

软件配置管理是保证软件质量和软件研制进度的重要手段，软件配置管理包括标识给定时间点的软件配置，系统地控制这些配置的更改，并在软件生命周期中保持这些配置的完整性和可跟踪性。

软件工程配置管理过程的监理内容和要点如下：

（1）敦促承建单位建立有效的配置管理过程，确定实施管理和技术规程的策略，以及标识、定义系统中的软件项并制定基线。

（2）监督承建单位配置管理的执行情况，包括控制软件项的修改和发行，记录和报告软件项的状态和修改申请。

（3）与业主单位、承建单位共同对配置管理做出要求，应包含如下内容：

- 配置项的完整性、协调性和正确性；
- 对配置项的储存、处理和交付的控制。

22.6.3　质量保证过程的监理

软件质量是指反映软件系统或者软件产品满足规定或隐含需求的能力的特征和特征全体。

从管理的角度列出影响软件质量的主要因素，如表 22-4 所示。

表 22-4　影响软件质量的主要因素

管理角度	质量因素	定义
产品运行	正确性	系统满足规格说明和用户目标的程度，即在预定环境下能正确地完成预期功能的程度
	健壮性	在硬件发生故障、输入的数据无效或操作错误等意外环境下，系统能做出适当响应的程度
	效率	为了完成预定的功能，系统需要的计算资源的多少
	完整性（安全性）	对未经授权的人使用软件或数据的企图，系统能够控制（禁止）的程度
	可用性	系统在完成预定应该完成的功能时令人满意的程度
	风险	按预定的成本和进度将系统开发处理，并且为用户满意的概率
产品修改	可理解性	理解和使用该系统的容易程度
	可维修性	诊断和改正在运行现场发现的错误所需的工作量的多少
	灵活性（适应性）	修改或改进正在运行的系统需要的工作量的多少
	可测试性	软件容易测试的程度
产品转移	可移植性	把程序从一种硬件配置和（或）软件系统环境转移到另一种配置和环境时，需要的工作量的多少
	可再用性	在其他应用中该程序可以被再次使用的程度（或范围）
	互运行性	把系统和另一个系统结合起来需要的工作量的多少

软件工程质量保证过程的监理内容和要点如下：

（1）要求承建单位制订执行质量保证过程活动和任务的计划文档。计划应包含如下内容：

● 开展质量保证活动的质量标准、方法、规程和工具；

● 质量记录的标识、收集、归档、维护和处理的规程；

● 开展质量保证活动的资源、日程和职责；

● 活动和任务。

（2）要求承建单位实施计划中的以及持续的质量保证活动和任务。

（3）要求承建单位编制并保存质量活动和任务及其实施情况、发现的问题以及解决办法的过程记录。

（4）存在分包工程时，协助业主单位要求承建单位对分包单位进行必要的质量管理、过程控制并承担各自角色的责任，落实到位。

22.7　软件工程项目文档清单

软件工程项目中，业主单位、承建单位和监理单位文档一般如表 22-5 所示。监理机构制订工程所需文档计划时，可参考使用。

表 22-5　软件工程项目三方文档清单

业主单位文档	承建单位文档	监理单位文档
● 项目立项文档（项目建议书、可行性研究报告、项目建设方案） ● 批复文件 ● 工程招标文件 ● 承建合同 ● 工程投标文件 ● 评标文件、评分标准及打分表、评标报告、中标通知书 ● 用户报告	● 项目计划书 ● 需求规格说明书 ● 概要设计说明书 ● 详细设计说明书 ● 数据库设计说明书 ● 编码计划、代码编写规范 ● 二次开发支持文件、接口设计说明书、程序员开发手册（如有） ● 系统维护手册、软件安装盘 ● 系统上线保障方案、应急预案、事故及问题处理文件 ● 测试计划 ● 测试记录 ● 测试报告 ● 用户手册 ● 用户培训计划 ● 培训文档 ● 开发进度月报 ● 试运行报告 ● 开发总结报告 ● 授权书、软件许可协议 ● 交接清单 ● 工程延期审批表 ● 支付申请 ● 验收申请 ● 项目例会、协调会纪要、备忘录 ● 竣工验收报告、验收委员会签字表	● 监理合同 ● 监理规划 ● 监理实施细则 ● 开工令、停工令、复工令 ● 监理意见 ● 监理评审报告 ● 监理月报 ● 支付意见书 ● 监理通知单 ● 监理联系单 ● 会议纪要 ● 备忘录 ● 监理费申请表 ● 监理工作总结报告

第 23 章 数据中心监理

在现代企业和社会发展中，数据中心作为信息技术基础设施的核心部分，其安全、高效和稳定的运行至关重要。因此，在数据中心的建设过程中，由专业的监理单位进行全过程监督与指导显得尤为关键。本章对数据中心的监理工作进行介绍，并结合实际场景及案例，分小节、分重点地提出分析和指导意见，重点讲述数据中心监理服务过程中的关键监理活动、监理内容、监理要点、标志性成果等内容，帮助监理人员开展数据中心监理工作，同时对监理机构编制监理大纲、监理规划和监理实施细则等文件，以及项目作业指导书或监理文档等起到必要的指导作用。

23.1 概述

围绕数据中心电子设备机房、基础设备、信息系统软硬件等建设内容，数据中心在招标阶段、设计阶段、实施阶段和验收阶段的监理工作，应符合数据中心建设要求和监理合同所约束的监理服务要求，严格执行强制性国家标准、行业标准和地方标准，并按照监理规范、有关建设内容的技术标准及规范开展必要的监理活动，落实监理内容，提出监理意见或建议，做好监理工作记录。

23.1.1 基本概念

1. 数据中心

以信息技术为支撑，由电子设备机房、其他基础设施、信息系统软硬件、信息资源（数据）和人员以及相应的规章制度组成的，以实现应用集中处理和数据集中存放，提供数据的构建、交换、集成、共享等信息服务的基础环境。

2. 设计交底

一种由业主单位组织，数据中心设计单位将已通过评审的施工图向承建单位、监理单位进行详细说明的技术活动，帮助承建单位和监理单位正确贯彻设计意图，掌握关键工程部位的质量要求，确保工程质量。

3. 深化设计

承建单位在原设计方案和图纸基础上，结合现场实际情况，对图纸进行细化、补充、完善后形成施工设计文件的过程。

4. 上电自检

计算机设备按照正常电压接通电源后执行自我检查例行程序，在固件控制的输出设备上显示结果的过程。

5. 信息资源规划

对企事业单位或政府部门业务管理信息的采集、处理、传输和利用进行全面规划，侧重数据流分析，为实现信息资源整合与应用系统集成的总体规划。

6. 服务级别指标

用于评估、衡量供方信息技术服务能力的参数。

7. 服务级别协议（SLA）

信息技术服务供方与需方之间签署的，描述服务和约定服务级别的协议。

23.1.2　数据中心工程主要建设任务

1. 电子设备机房

数据中心电子设备机房的主要建设任务包括：

（1）供配电系统工程：为电子设备机房中所有有源设备和设施提供符合要求的电源的系统工程。包括但不限于以下内容：

- 配电柜（箱）安装、测试；
- 不间断电源（UPS）设备安装和测试；
- 蓄电池安装、测试；
- 电缆桥架安装和桥架内电缆敷设；
- 电线电缆穿管和线槽敷线；
- 电缆头制作、接线和绝缘测试；
- 照明、开关、插座安装和检查；
- 防雷、接地装置安装。

（2）空调系统工程：为满足电子设备机房内所有电子设备对运行环境的温度、湿度要求而进行的系统工程。包括但不限于以下内容：

- 空调机组设备安装；
- 风管制作；
- 风管及部件安装；
- 管道安装；
- 风管、管道保温；
- 空调系统调试及综合效能试验。

（3）消防系统工程：为满足电子设备机房及设施防火监测、火灾自动报警、自动气体灭火启动、防烟和排烟、安全疏散与引导、消防联动控制、建筑消防设施使用管理与维护等要求而进行的系统工程。包括但不限于以下内容：

- 火灾早期报警；

- 火灾自动报警、广播；
- 气体消防；
- 干粉灭火及消防联动；
- 必要的管理制度、管理岗位设定及上墙明示；
- 必要的疏散引导标识。

（4）安全防范系统工程（具体参见第 21 章）。

（5）环境系统工程（具体参见第 21 章）。

（6）动力环境监控系统工程（具体参见第 21 章）。

说明：根据数据中心的实际建设情况，可能还有其他必要的、可以纳入数据中心计算机机房建设范围内的分项工程，监理人员参阅本书前述有关章节开展监理工作，也可以参阅有关技术文献、标准规范等适当扩展必要的监理内容。

2. 其他基础设施

信息系统工程中涉及的通用布缆工程、计算机网络工程和电子设备机房系统建设的工程，不包括上述电子设备机房已经阐述的建设内容。

3. 信息系统软硬件

为了支撑数据中心正常运行的信息存储设备、信息交换设备、信息处理设备和信息安全保障设备，以及必要的支持服务设备等。

4. 信息资源（数据）规划

信息资源规划需要对数据中心所要收纳、管理和提供服务的信息资源进行全面的规划，并将信息资源的集成、共享发挥到最符合业务协同的理想状态。

信息资源规划的重点是分析数据流、建立数据模型，形成数据信息资源应用与管理标准体系，整合所有业务信息数据资源，提出数据集成、信息共享和应用协同的方法，实现信息资源从效率到效能、从分散到集约、从封闭到开放的转变。

1）信息资源规划的基本思路

应广泛重视信息资源系统应用过程中各类用户和信息系统设计人员、信息资源设计人员等开发人员的协同参与，对系统的所有应用进行全面的梳理与优化，运用信息系统工程的方法建立数据应用模型。包括以下内容：

（1）通过对所涉及的业务所有数据应用与展现的规范化和结构化分析，进行数据流的定性和定量分析，从中抽取信息资源规划的基本数据元素和基本表单；

（2）通过分析信息资源应用全范围的数据库，以概念数据库及逻辑数据库等方式构筑典型专业化数据模型，并通过体系结构模型指导物理实体库表的设计与建造。

2）信息资源规划的步骤

信息资源规划的步骤具体如下：

（1）应用数据资源规划。主要包括：

- 体现业务行业职能的整体需求，构建既符合信息化要求又符合业务职能履职要求的数据系统；
- 满足服务对象的需求，从划分行政职能功能和应用服务的角度提取和整合行政管理逻辑相关的信息数据。

具体的规划方法，可从当前业务组织机构相应的职能部门抽调既熟悉业务情况又了解和掌握一定信息化技术的人员入手，共同分析确定应用类别，按照各个业务功能的逻辑性形成资源应用链，归整成不同信息资源应用域。

（2）数据信息资源规划。主要包括：

- 做好数据信息资源共享的底层规划，例如网络、运行环境、软件平台、物联网、分析工具等方面的数据信息；
- 做好各类应用系统和功能模块产生、控制和使用的数据实体分析，按照数据信息的相关逻辑，对数据进行分析、筛选、整合、归并等技术论证，确定数据库之间的关系以及主要数据表等。

（3）保障数据资源规划。主要包括：

- 从物理层、网络层、系统层、应用层、管理层等层次的安全措施及管理制度等方面进行规划，满足各阶层业务用户对远程访问和可视展示的智能化展示、安全管理等要求；
- 以应用架构为基础的标准化的评估体系，规划可以量化的考核指标，同时提出绩效评估方法，能根据不同的分类标准，进行内评估、外评估、事前评估和事后评估等；
- 依照明确的政策法规、规范标准和组织机构等方面的规划需求、规划范围和相关内容进行规划。

【案例 1】某部委牵头组织，提出项目立项报告及可行性研究报告，经国家发改委等有关部门审核、批复，决定建设"智慧政务工程"，该工程建设任务中的数据中心是核心建设内容之一。

该案例较为典型地反映了信息资源规划如何响应业务实际的需要，以及在数据中心工程建设的立项、设计、实施与应用的过程中，必须做好信息资源规划的设计、审核、实现及应用的全过程典型作用。

该案例中，数据中心整体建设可概括为"124"，具体如下：

- "1"，建立国家级的某智慧政务运行服务中心；
- "2"，建设统一的信息管理平台和国家级指挥调度平台；
- "4"，建立 4 个数据中心的支撑体系，即数据采集、网络传输、应用支撑和公共服务。

其中涉及数据中心的建设项目预期的建设成果又被定义为"666"，具体如下：

（1）六个构建。包括：

- 构建全面准确的业务监测体系；
- 构建先进兼容的网络传输体系；
- 构建云计算数据处理中心；
- 构建面向行业的管理支持体系；

- 构建面向公众的服务支持体系；
- 构建智慧业务的示范基地。

（2）六个形成。包括：

- 形成一个智慧业务运行服务中心；
- 形成一个智慧业务研究机构；
- 形成一支装备现代的基层服务队伍；
- 形成一支基层智慧业务管理服务队伍；
- 形成一套协同管理工作机制；
- 形成一套建设管理标准。

（3）六个实现。包括：

实现采集站网的全覆盖；

实现资源共享协作；

实现应用综合管理；

实现信息统一综合展示；

实现监测全能服务；

实现应急联动响应。

案例说明： 通过该案例允许公开的信息，可以比较详细、完整地理解该工程在数据中心建设的过程中，如何做好与业务系统建设相关联的信息资源规划基本思路、规划范围和规划重点等要点，了解和掌握在数据中心建设过程中如何把握信息资源规划的监理工作要点，检查、核实及评价信息资源规划是否符合工程/项目建设需求，也可以帮助监理单位在制定监理大纲、监理规划和监理实施细则时深入理解工程建设的重要意义，并进一步为细化编制监理文件提供必要的指导。

实践效果： 在本工程建设的监理服务过程中，监理机构围绕"124""666"的中心任务，开展了有针对性、有步骤的信息资源规划的全过程技术管控。在业主单位统一指导下，监理机构敦促有关承建单位完成了信息资源规划的原始数据产生与结构设计、信息资源整合、信息资源利用和系统应用绩效评估评价相关联等过程，保证了数据资源采集、传输、分项集成、资源整合及数据应用的综合效果，为"智慧政务工程"的数据资源建设提供了必要的设计、评审、应用和评价全过程监理咨询服务，也为最终的工程竣工验收提供了必要的保障。最终，"智慧政务工程"在国家有关部委牵头组织下，经历5年的建设历程后投入使用，不仅形成了一批创新转型、改进效能的业务，也扩展了服务范围，更为国家建设、经济发展和民生福利带来诸多益处。

5. 主要人员的角色、职能

数据中心人员主要分为两大类：研发实施类的技术岗位、服务类的管理岗位。

1）研发实施类技术岗位人员及主要职能

研发实施类技术岗位人员及主要职能具体如下：

- 大数据分析工程师。基于各种分析手段，利用大数据技术对信息资源进行科学分析、挖掘、展现，并用于决策支持的规划管理。

- 数据研发工程师。通常分为三种角色，即数据挖掘工程师、数据算法工程师和数据安全研究工程师。数据挖掘工程师也可以叫作数据挖掘专家，他们通过分析数据，从大量数据中寻找其有业务规律、数据规律和应用规律的可应用技术，将数据集成化处理并提供共享应用。数据算法工程师通过数据挖掘、互联网搜索算法等技术，展示并应用数据。目前，体现大数据发展方向的算法及应用越来越流行，数据算法工程师也逐渐向人工智能（AI）的方向发展，未来可期。数据安全研究工程师主要负责数据中心大型服务器、存储、数据安全的管理工作，并对网络安全、信息安全等项目进行规划、设计和实施，对数据中心安全运行状态进行监控和分析，采取必要的措施适时规避安全风险、及时处理事故。
- 应用开发工程师。基于业务需求，在数据分析基础上，将信息资源通过必要的应用系统以再集成、可视化图表等形式展示给业务用户，提供决策支持。

2）服务类管理岗位人员及主要职能

数据中心管理岗以数据中心管理员为主，根据需要可适当配备其他必要的人员。其主要职责包括但不限于：

- 参与数据中心网络的架构设计、建设，负责其日常维护、优化等工作；
- 负责数据中心网络安全策略的评估、制定和实施；
- 负责数据中心网络线路、网络设备及域名等的日常运维、监控和管理；
- 负责相关业务上线的网络方案的测试、实施及保障；
- 负责对数据中心管理制度的监督执行、检查和考核。

6. 数据中心的主要规章制度

监理人员可结合数据中心建设与应用的实际情况，协助数据中心业主单位开展必要的建章立制工作，开展必要的咨询工作，促进业主单位不断完善有关制度、管理规程和办法，适时开展必要的敦促、检查，及时处理相关问题，并做好工作记录备查。

数据中心涉及的管理制度包括但不限于：

- 出入口门禁管理办法；
- 各角色人员职责明示；
- 设备故障报告流程；
- 安全事故报告流程；
- 故障、事故处理确认流程。

23.2　招标阶段监理工作

本节重点介绍监理单位在数据中心工程招标阶段需要执行的监理活动、主要监理内容和监理流程。

23.2.1　监理活动

数据中心工程招标阶段的主要监理活动如下：

（1）在业主单位的授权下，参加招标文件的编制过程，提供咨询服务，针对业主单位的质询，提供监理意见；

（2）在业主单位的授权下，参加业主单位与承建单位合同或服务级别协议（SLA）谈判过程，提供咨询服务，针对业主单位的质询，提供监理意见。

23.2.2　监理要点

1. 数据中心招标文件的审核要点

监理机构可根据数据中心建设需求，依据招标投标法和政府采购法等法律法规、项目立项报告、可行性研究报告及批复、初步设计报告及批复等文件，为业主单位在招标文件编制过程中提供必要的服务，并提出咨询意见。

监理机构应对招标文件重点审核以下内容：

（1）审核招标方式与立项批复招标方式的符合性；

（2）结合工程建设需求和现状，审核招标内容与工程初步设计及概算批复的符合性；

（3）审核投标单位资质要求的合规性，注意规避可能存在的歧视和违规性表述；

（4）审核招标文件获取及递交时间的合规性；

（5）审核资格审查程序和条件的合规性；

（6）审核投标保证金、履约保证金约定的合理性；

（7）审核评标办法、评分标准的合理性；

（8）审核废标条件的合规性；

（9）根据工程初步设计报告、招标技术需求等，审核工程质量要求和进度要求的合规性；

（10）根据工程 / 项目的初步设计报告、概预算批复意见和当前市场行情等，审核安全生产和文明施工等措施费用与计价合规性；

（11）审核变更、计量、材料及人工费调整、违约、结算审计等约定的合规性；

（12）响应业主单位提出的其他咨询要求，提出监理意见和建议。

2. 承建单位合同或服务级别协议（SLA）的审核重点

监理机构可以根据数据中心建设需求及招标文件，对承建合同或服务级别协议（SLA）的如下方面进行重点审核，并提出咨询意见：

（1）审核合同范围、双方职责、权利和义务的描述与招标文件的一致性，比对合同或协议与招标文件、投标文件可能存在的差异；

（2）审核采购货物参数和服务级别指标的明确性；

（3）审核实施工艺、工序及验收指标的合规性；

（4）审核交付过程与交付成果的可操作性与合规性。

3. 监理单位的响应措施

监理机构在提出上述监理意见，或根据实际咨询要求提出可行的建议后，可以依照具体情况提出专题监理报告，或适时的口头监理意见辅以必要的监理文档，予以记录或补充报备相关信息。

23.2.3　监理流程

数据中心工程招标阶段监理流程如图 23-1 所示。

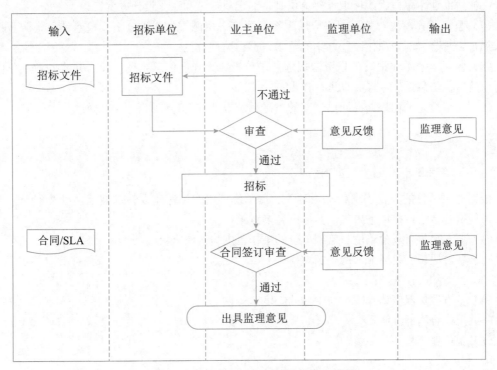

图 23-1　数据中心工程招标阶段监理流程

23.3　设计阶段监理工作

本节重点介绍监理单位在数据中心工程设计阶段需要执行的监理活动、主要监理内容、监理要点和监理流程。

23.3.1　监理活动

数据中心工程设计阶段的主要监理活动如下：

（1）根据数据中心工程建设实际需要，可向业主单位提供咨询服务，协助建立起符合项目建设需求的规章管理制度体系；

（2）根据合同要求，对承建单位报送的开工手续进行审查，对开工条件进行核验，出具监理意见，签发开工令；

（3）开展工程协调服务，协助业主单位组织设计交底，记录交底结果，组织承建单位确认工程建设目标、关键部位、工艺工序质量要求和进度要求；

（4）督促承建单位制订工程计划，按照计划对工程建设现场进行实地勘查；

（5）依据承建合同，审查承建单位提交的工程计划和深化设计方案，提出监理意见，协助承建单位进行完善，直至满足业主单位工程要求；

（6）协助业主单位组织评审承建单位制订的工程计划和深化设计方案；

（7）监督承建单位对数据中心应用系统开展信息资源规划需求分析，检查信息资源规划需求成果是否符合合同与深化设计方案的要求，提出监理意见；

（8）监督承建单位根据信息资源规划需求分析成果开展信息系统设计，并协助业主单位组织对承建单位信息系统设计成果进行评审；

（9）监督承建单位根据已通过评审的信息系统设计方案开展信息系统开发。

23.3.2　监理内容

1. 规章管理制度体系的咨询和监理

根据业主单位的项目需求状况，对于业主单位制定的工程建设管理规范，以及配套管理制度，监理机构重点审核以下内容，并提出咨询意见：

（1）业主单位、承建单位与监理单位的工作范围与协作交接的流程；

（2）各方服务交付环节与产出物规格；

（3）工作的责任人与职责；

（4）各方质量保证体系落实与生效的制度；

（5）工作合格标准；

（6）工程变更程序与手续。

2. 开工申请的审核

监理机构对承建单位报送的开工申请进行审核，重点审核以下内容，并监督承建单位完成整改：

（1）承建单位项目组织机构核心人员岗位职责与合同约定的交付要求的一致性；

（2）承建单位进场作业人员的资格和资质的合规性；

（3）承建单位进场手续的完备性和可操作性；

（4）承建单位进场人员的安全承诺和保密承诺与开工条件的符合性。

3. 深化设计方案和图纸的审核

监理机构应协助业主单位组织对承建单位数据中心深化设计方案和图纸的以下内容进行评审：

（1）施工方案和施工组织设计范围与合同要求的一致性；

（2）工程质量技术保障措施的完备性、合规性；

（3）施工图施工部位技术指标参数与工程量的明确性；

（4）统计资料或管理图表和工序要求与施工动态的符合性；

（5）设计变更与技术核定的一致性、合规性。

4. 施工计划的监理

监理机构应协助业主单位，根据建设内容和建设工期的要求，督促承建单位按照数据中心的工作内容、工作程序、持续时间和衔接关系编制施工计划。经监理机构审核及业主单位审批通过后，督促承建单位按计划实施。

监理机构对施工计划审核的内容如下：

（1）施工计划中建设前期的各项工作应衔接紧密、前后一致、时间可控；

（2）施工计划中的项目确定投资额、工程量、建设条件均能落实；

（3）施工计划中的施工准备工作、施工总进度、各子项任务的进度计划具备合理性、可行性。

23.3.3 监理要点

1. 数据中心设计的需求分析审核要点

通常情况下，监理在介入数据中心设计方案评审前，要理解数据中心规划需求、建设目的、应用要点，为此，监理机构有必要重点识别数据中心规划的需求：

（1）最大化地适应业务需求的高可用性；

（2）准确的数据挖掘、整理、再计算的高可靠性；

（3）高效节约、绿色低排放的建设方案；

（4）最适宜的运营维护策略等。

2. 数据中心设计方案的评审要点

监理机构对数据中心设计方案的评审要点包括：

（1）设计方案整体架构要做到层次明了、架构清晰、主次分明、易读易懂；

（2）每一项设计内容要做到有分析、有结论，结论要明确，描述要精练；

（3）设计思路和设计展示要基于科学、严谨、有依据的数据推导过程和分析，切忌猜测；

（4）设计方案应充分展示高度的逻辑思维、判断和推导，语言表述能够被读懂；

（5）设计方案一定要基于广泛收集的、可靠的数据，论据完整、可信；

（6）设计方案应适当以图表展示，结合必要的文字表述，既简练又达意；

（7）设计方案应具备完整性，宜以"发现问题→分析问题→解决问题→关闭问题"的闭环思路进行表述；

（8）设计方案既要提出解决方案，也要提出必要的辅助性、支撑性的建议。

3. 监理响应措施

监理机构在做出上述分析、论证和评审意见，或根据实际咨询要求提出可行的解决办法后，可依照具体情况提出专题监理报告等形式的书面意见，或适时的口头监理意见辅以必要的监理文档（监理日志、监理日报、监理周报等）予以记录并补报。

必要时，监理机构可以专题工作报告、工作专报等形式予以重点说明，向业主单位专题性地提出监理意见或建议。

23.3.4　监理流程

数据中心工程设计阶段监理流程如图 23-2 所示。

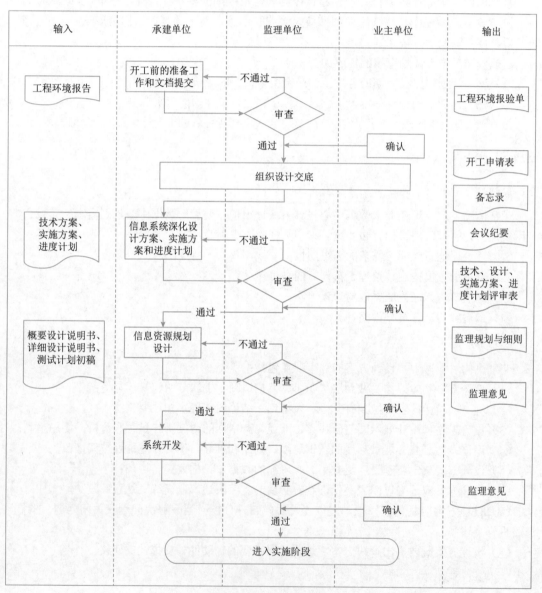

图 23-2　数据中心工程设计阶段监理流程

23.4　实施阶段监理工作

本节重点介绍监理单位在数据中心工程实施阶段需要执行的监理活动、主要监理内容、监理记录要求和监理流程。

23.4.1　监理活动

数据中心工程实施阶段的监理对象包括数据中心信息系统软硬件建设过程、信息资源（数据）实现过程、数据中心人员及相关规章制度建立过程。因此数据中心工程实施阶段的监理活动一般应包括：

（1）监督承建单位严格按照设计图纸、施工标准和规范进行施工。

（2）督促承建单位建立健全工程质量保证体系，落实现场工程质量自检制度、重要结构部位和隐蔽工程质量预检复检制度、设备材料质量检查制度。

（3）加强对施工各阶段的质量、投资、进度、安全控制管理，确保工程质量。

（4）协助业主单位严格控制工程变更，及时做好工程结算。对于确因以下客观原因发生变更的，报业主单位审批方能组织洽商：

- 变更建设地点的；
- 变更建设性质的；
- 变更业主单位的；
- 变更招标方案的；
- 变更建设内容、建设规模、建设标准、技术方案等，导致项目主要使用（服务）功能发生变化的；
- 项目实施过程中投资变动超过批准初步设计概算总投资的约定比例的（如10%）。

（5）协调业主单位、承建单位、材料设备供应商等各方工作，有效推进施工进度。

（6）协助业主单位、承建单位认真落实安全管理制度，保障施工安全。

（7）对数据中心工程的信息系统软硬件实施过程进行旁站和检查，实施随工检测，做好监理记录。

（8）对数据中心工程的信息资源（数据）实施过程进行审查和组织评审，做好监理记录。

（9）对数据中心工程的人员及相关规章制度实施过程进行咨询和协调，做好监理记录。

23.4.2　监理内容

1. 实施方案的审核

严格按照承建合同、业主单位明确指令和相关技术标准、规范，监督承建单位准备信息系统软硬件设备到货验收、安装配置、上电自检、系统调试等环节所需的环境条件，监督承建单位编制详细的实施方案，并开展审核，出具监理意见。

监理机构对实施方案的审核要求如下：

（1）到货日程安排是否符合工程实际要求；

（2）软硬件到货清单是否符合合同要求，到货批次安排是否合理；

（3）到货验收的清点方式、工具、技术要求和指南性文件是否符合设备的技术说明；

（4）到货验收环境及必要的资源是否齐备，例如备件、知识库等；

（5）到货验收过程中的安全要求及保障措施是否合理；

（6）到货验收手续清单及预定结论是否妥当；

（7）出现异议及遗留问题的处理原则是否得当、可行等。

2. 实施阶段的随工检测

监督承建单位按照设计方案、数据中心要求和技术标准实施，根据实际情况督促承建单位做好随工检测，并记录阶段性结果。

（1）随工检测包括以下内容：

- 功能检测：根据设计要求和承建合同，对数据中心系统的硬件和软件功能是否符合或达到合同要求的标准进行检测；
- 性能检测：采用专业的检测设备、测试工具对数据中心应用系统的性能进行测试；
- 安全检测：采用专业检测设备，对数据中心应用系统进行漏洞扫描及必要的安全测试，及时发现安全漏洞并采取补救措施。

（2）信息网络系统的随工检测包括以下内容：

- 检测部位：数据中心信息网络系统软硬件部署位置，例如数据中心机房核心交换机机柜。
- 主体项目检测内容：计算机网络设备安装、计算机网络软件安装、网络安全设备安装、网络安全软件安装。检测时应记录设备型号、软件版本、主要配置参数、当前运行状态等。
- 一般项目检测内容：系统调试、试运行情况。例如，检测的频次数目、当前主要问题、前次问题处理状态等。

（3）信息应用系统的随工检测包括以下内容：

- 检测部位：信息应用系统中展示数据中心处理的关键工作流程的子系统、功能模块、核心节点等；
- 主体项目检测内容：被检查设备的性能指标（建议以技术规范或设计方案、技术方案中预定的指标与实际检测指标两项数值为记录项）、业务功能和业务流程、应用软件功能和性能测试、应用软件修改后的回归测试；
- 一般项目检测内容：应用软件功能和性能测试情况、运行软件产品的设备中与应用软件无关的软件检查。

3. 软硬件设备资产的审核

根据数据中心业务系统的范围和特点，应对承建单位编制的计算机软硬件设备资产清单和参数配置档案进行审核，重点审核以下内容：

（1）资产清单台账和配置参数与实际状况的一致性；

（2）设备资产入库手续的合规性、完备性；

（3）资产标识的规范性、可追溯性。

4. 其他监理控制措施

数据中心工程实施阶段的其他监理控制措施包括：

（1）监督承建单位按照数据中心设计的拓扑结构，对验货合格的软硬件设备进行合理摆放、安装、集成、配置和上电自检，并根据应用需求进行性能调优，做好监理工作记录；

（2）检查承建单位对数据中心计算机软硬件设备的施工质量保证措施落实情况，防止出现工程质量事故与质量缺陷；

（3）提醒并指导业主单位、敦促承建单位整理竣工图纸、安装措施、施工记录、检测材料等资料，做好工程档案管理；

（4）协助业主单位做好工程协调工作，包括数据中心工程设计与实施、设备及材料供应等单位的计划协调。

5. 信息资源（数据）监理

数据中心工程实施阶段的信息资源（数据）监理内容包括：

（1）监督承建单位根据需求方案进行信息资源规划，提高数据中心应用系统数据管理质量，实现信息资源整合与应用系统集成，检查承建单位建设方案是否满足业主单位需求以及标准要求，提出监理意见。

（2）检查承建单位的数据交换和共享技术实施过程是否符合信息资源规划，所采用的信息共享服务内容是否满足业主单位应用需求，提出监理意见。

（3）做好对数据中心信息资源（数据）的监理检查并记录。具体包括：

- 检测部位：应是能体现数据中心的信息资源接收、处理、交换、展示等核心功能的节点部位。
- 主体项目检测内容：用户视图与数据流、数据结构与建模、数据接口规范等。应以技术规范或设计方案、技术方案中预定的指标与实际检测指标为记录内容。
- 一般项目检测内容：系统调试、试运行情况。

6. 人员及相关规章制度监理

数据中心工程实施阶段的人员及相关规章制度监理的内容包括：

（1）协助业主单位明确数据中心人员岗位职责，依照实际情况可分为技术实施岗及管理岗，定岗定责，保证数据中心的稳定运行。

（2）协助业主单位制定数据中心相关规章制度，制度的拟定要体现其全面性、完整性和实时性。

（3）对承建单位现场作业人员的实施能力和设备进行检查。检查重点包括：

- 关键施工工艺、新技术、新工艺是否顺利应用并实施；
- 施工规范和施工技术操作规程是否得到贯彻；
- 安全施工、文明施工的管理要求是否完善、到位。

（4）协助业主单位制定应急预案，建立灾难预警和预告机制，明确灾难恢复环境必需的资源和配置，并预制定期进行测试演练的计划，以保证灾难恢复所需资源和配置的有效性。

（5）定期检查和核对数据中心应急预案的变更情况（例如成员及联络方式的变更、信息系统的日常变更等），协助业主单位对应急预案进行及时的文档更新及分发，确保应急预案切实有效。

（6）做好对数据中心人员以及相关规章制度的监理检查并记录。检查内容包括：

- 主体项目检查内容：人员的岗位职责、人员的培训记录、规章制度的全面性、规章制度的完整性、规章制度的实时性；
- 一般项目检查内容：系统调试、试运行情况。

检查结果记录：无论是主体项目还是一般项目，对人员及相关制度的检查，通过"预案应急响应"方式实施核查比较切实可行。例如，人员的岗位职责，不应仅仅查看是否在数据中心机房、工作间等处张贴了岗位职责告示，还应用设定预案捡取某种事故，实际查看被考察人员对事故"应急处理"的响应程度，对工作流程的熟悉程度，对贯彻落实制度的严肃程度等。

同样，对于规章制度的全面性、完整性和实时性等，也都可以利用"预案"模式实施检验、检查并完成记录。对于一般项目的系统调试、试运行，也建议在这两个过程中，对有关人员或制度发挥作用的显效程度予以检查。

【案例2】某工程数据中心建设项目，对涉及计算机机房等信息系统软硬件的购买、到货验收等采购工作提出技术规格需求要求，摘要如下：

（1）按招标文件中的采购要求，对全部设备、材料的型号、规格、数量、外形、外观、包装及资料、文件等进行验收，必须满足招标文件要求。

其中，对中标人所提供货物应包含的资料提出明确要求，具体如下：

- 国际品牌的产品需要提供设备在中国设厂的产地证明资料；
- 生产商对每台设备的标定证明材料；
- 设备到货及装箱清单；
- 产品出厂检验合格证、产品质量保证书及设备调试报告；
- 设备保修证明；
- 中文版的设备安装、操作和维修保养手册。

（2）中标人提供的各种文件载明的内容必须真实、有效。

（3）拆箱后，中标人应对其全部产品、零件、配件、用户许可证书、资料、介质造册登记，并与装箱单对比。如有出入应立即书面记录，由本中标人解决；如影响安装则按合同有关条款处理。

（4）设备通电测试应单台进行，所有设备通电自检正常后，才能相互连接。

（5）硬件全部安装完成且连接完毕进行系统测试，应严格按测试计划、内容和方法进行，并做好各项测试记录。

（6）系统测试中如发现设备性能指标或功能不符合招标文件要求时，将被视为不合格，招标人有权拒收并要求赔偿。

（7）货物经招标人验收合格签字后，并不能免除中标人对货物应承担的责任。

（8）监理单位全程跟踪、参与设备到货、加电测试和集成联调过程，做好记录，中标人必须接受监理单位的监督、管理，并配合完成相应工作。

本案例对数据中心基础设施采购提出明确要求，在一定程度上帮助了监理机构的监理工程师充分理解采购需求方面的细节，对数据中心建设所涉及的信息系统软硬件的监理服务更加清晰、明确，对于监理机构如何把控关键设备技术指标、把握监理工作要点，如何对应地采取必要的监理措施并做好监理记录等起到了非常有价值的指导意义，可在实践中参考应用。

23.4.3　监理记录要求

监理人员开展必要的监理活动时，应做好对应活动的监理记录。实施阶段做好监理记录的基本要求如下：

（1）视项目管理和监理工作的具体情况，监理人员所做的监理记录一般应包括如下内容：

- 项目当前情况。记录项目有关监理工作，例如，当前所处里程碑，项目质量、进度、投资的控制情况，合同、信息、安全的管理，事务协调等的推进情况，存在的问题，相应的对策措施、工作安排等。
- 项目巡查情况。据实记录现场巡查情况，针对发现的质量、安全、文明施工等问题提出改进措施，并记录其落实情况。
- 业主单位交办事宜的落实情况。记录业主单位交办工作的进展、结果等。
- 会议情况。据实记录各种与所记录事件有关的会议的重点内容、决议等。
- 其他必要的情况。监理人员认为应该记录的与项目管理有关的其他情况。

（2）监理人员应及时记录，或在事件发生的当日记录。应做到记录内容完整准确、表述条理清晰、语言简练达意、表单清楚整齐，手工记录应字迹工整，为档案管理做好准备。

（3）监理记录应定期归档。监理人员如有变动，监理机构应及时办理内部或阶段性移交，并做好移交手续。

23.4.4　监理流程

数据中心工程实施阶段监理流程如图 23-3 所示。

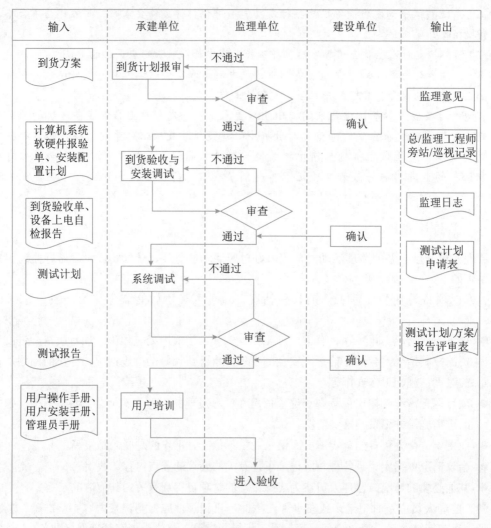

图 23-3　数据中心工程实施阶段监理流程

23.5　验收阶段监理工作

本节重点介绍监理单位在数据中心工程验收阶段需要执行的监理活动、主要监理内容和监理流程。

23.5.1　监理活动

数据中心工程验收阶段的主要监理活动如下：

（1）依照承建合同对承建单位是否达到验收条件进行检查，提出监理意见；

（2）承建单位完成承建合同约定的任务并经监理机构确认后，向监理机构报送验收申请手续，监理机构对验收申请进行审查，提出监理意见；

（3）业主单位批准监理机构提交的可以进行验收的确认意见后，监理机构宜组织对承建单位进行验收。

23.5.2　监理内容

数据中心工程验收阶段的主要监理内容如下：

（1）审查承建单位提出的验收方案，会同业主单位按照有关技术规程和验收规范，认真做好工程验收。

（2）按照承建合同的要求和施工的实际情况，参照质量评定标准，协助业主单位组织验收。

（3）验收前应满足以下条件：

- 经过业主单位批准的工程技术文件完成各项施工；
- 完成调试及自检，并出具系统自检记录；
- 工程质量检验合格，并出具工程质量检测记录；
- 完成系统试运行，并出具系统试运行报告；
- 系统检测合格，并出具系统检测记录；
- 完成技术培训，并出具培训记录。

（4）协助业主单位组织第三方评测机构，根据深化设计方案和承建合同要求，对数据中心进行能效等验证性评测。监理机构对数据中心应用系统功能、性能和设备的能效比等指标进行记录。

（5）监督和检查承建单位落实评测及验收遗留问题的整改。

（6）协助业主单位监督承建单位按照试运行计划做好试运行服务。

（7）工程各项建设内容完成，并履行相应的验收及审查、备案手续后，监理机构应协助业主单位对项目建设情况和建设成效进行全面总结回顾，进行竣工财务决算和审计，收集整理工程档案，撰写监理单位工作总结报告，开展竣工验收。

（8）监理单位的工作总结报告一般应包括以下内容：

- 项目建设总体完成情况；
- 项目资金到位及使用情况；
- 项目变更情况；
- 工程质量情况；
- 法律法规和标准规范的落实执行情况；
- 档案资料情况；
- 竣工决算情况；
- 运行管理情况；
- 项目建设成效；
- 有关问题及建议等。

（9）督促承建单位系统整理工程竣工验收技术资料、图纸和管理资料。

（10）按照数据中心承建单位服务合同交付完成情况、工程资料达标情况，协助业主单位组织竣工验收，做好记录，对发现的问题提出监理意见。

（11）监督承建单位总结分析交付过程，可提出监理工作建议，以提高后续服务效率。监理机构工作建议报告一般包括以下内容：

- 分析服务交付过程，提出改善建议；
- 分析未达成服务级别协议的情况，提出改善建议；
- 分析用户不满意的情况，提出改善建议；
- 分析服务过程，改善服务交付，挖掘服务价值；
- 建立内部主动服务改进机制，跟踪服务改善情况。

（12）其他必要、典型的验收准备工作。为了确保数据中心整体验收顺利进行，监理机构应在上述工作的基础上，适时做好以下必要、典型的准备工作。结合监理实践活动，提出如下操作指导：

- 协助业主单位、指导承建单位做好数据中心建设投资的决算，适时开展必要的财务审计工作，备妥第三方机构的决算报告或审计报告。
- 协助业主单位梳理数据中心建设产生的固定资产目录，必要时协助资产管理部门完成固定资产登记造册工作。此项工作可与决算、审计同步进行。
- 协助业主单位、指导承建单位做好数据中心建设过程资料梳理、初步归档，直至完成项目 / 工程的档案管理，形成符合规范要求的数据中心建设的工程档案。
- 协助业主单位邀请数据中心验收专家组成员，成立数据中心验收整体协调组织或临时机构，对验收筹备工作提出咨询意见和建议。通常情况下，编制一个可以指导数据中心验收工作实施的工作方案为宜。
- 敦促承建单位完成数据中心建设的总结报告，包括技术要点、管理特点、适应效果或应用效能、综合管理及运维设想等。
- 配合业主单位、指导承建单位共同做好数据中心验收的工作汇报、典型演示、问题答疑预案和有关验收会议的备审材料、会议手册（代拟稿，包括会议议程、参会人员、专家组成、注意事项等）等必要的验收会议准备工作。
- 在监理总结报告的基础上，拟定在数据中心验收会议上准备宣读的监理意见。

【案例 3】在案例 2 的工程建设的招投标过程中，招标文件技术规格说明书明确要求在实施阶段要对系统调试、配合第三方测评或验证，以及工程验收等三个环节进行验收。监理工程师可参考本案例提出有针对性的验收阶段监理措施，制定监理规划、监理实施细则，并对承建单位提出项目建设实施方案及验收实施过程的工作要求。

对本案例中具体的验收要求，摘要可供参考的具体内容如下。

1）系统调试验收要求

在数据中心项目收尾阶段，需进行单系统调试和系统联调。

（1）中标人必须在投标文件中对系统测试给出具体调试计划、调试内容和方法；

（2）系统安装完成后，中标人应首先就投标文件中给出的具体调试计划、内容和方法与招标人讨论并通过后，方可按计划进行调试；

（3）调试过程必须在业主单位和监理单位的参与下进行，调试的过程和结果必须详细记录，经各方签字后作为验收的文件之一。

2）配合第三方测评或验证要求

本项目第三方验证工作由其他专业团队完成。承建单位须在第三方验证过程中全程配合。提供第三方验证所需基础物理设施相关的系统和设备相关的资料，并提供第三方验证过程的技术支持等。

3）工程验收要求

上述系统联调、第三方验证合格后，进入工程验收阶段。本工程验收工作分为项目初验、试运行和项目终验（竣工验收）三个典型节点予以实施。

（1）初验应具备的条件：

● 完成建设工程设计和合同约定的各项内容；

● 有完整齐全的技术档案和施工管理资料；

● 有工程使用的主要设备、材料、构配件的进场测试和检测报告；

● 本中标人完成自身质量检查、调试工作；

● 完成初验其他准备工作。

（2）试运行应具备的条件：

● 完成初验，并有验收结论意见；

● 承建单位提出试运行工作方案，明确说明试运行工作任务、故障响应机制、人员配备、试运行记录和问题处理应急预案等；

● 明确对初验可能存在的问题逐一逐项解决的措施或方法；

● 对试运行故障或问题形成"闭环"（发现问题、分析问题并提出解决措施、处理问题、验证处理后结果是否达到预期目标）管理；

● 监理提出对试运行方案的审核意见，业主单位批准实施。

（3）终验（竣工验收）应具备的条件：

● 完成系统试运行，并有完备的试运行记录材料，或试运行阶段总结报告；

● 要求在单项产品测试和系统联机测试均达到合同要求，并实现系统正常运行；

● 中标人负责按照国家工程竣工验收有关标准和规定，提供完整的竣工资料、竣工图纸，提供 3 份精装竣工资料和图纸（包括电子文档）；

● 在项目验收时，中标人将系统设计施工相关产品说明书、原厂家安装手册、资料，以及测试报告等全部技术文件、图纸汇集整理成册，按招标人要求的数量交付招标人；

● 提供设计、施工、监理等单位分别签署的质量合格文件；

● 提供中标人签署的工程保修书；

● 完成终验的其他准备工作。

中标人未达到以上条件而提交的竣工验收申请和竣工验收报告均被视作无效文件，并不予受理，也不作为实际竣工日期的评判依据。

该案例包含了数据中心招标文件主要服务需求，可为监理单位开展招标阶段监理服务提供必要的理解和帮助；同时，有关验收条件、验收手续等为监理单位和监理人员开展必要的工作记录予以提醒和指导。

以上案例的相关内容供监理实践适当借鉴应用。

23.5.3　监理流程

数据中心工程验收阶段监理流程如图 23-4 所示。

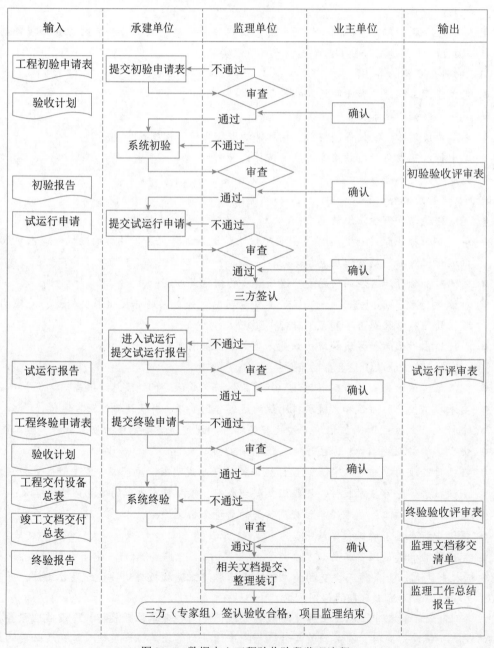

图 23-4　数据中心工程验收阶段监理流程

第 24 章　信息安全监理

在当前数字化时代，信息安全已成为各类信息系统工程建设项目不可忽视的一个重要环节，信息安全问题关系到系统稳定、数据保密和用户信任等关键因素。信息安全监理人员需要关注信息安全政策与法规、风险评估与防范措施、安全技术及工具、应急响应能力等，帮助业主单位及承建单位提高信息安全意识，采取有效措施确保信息系统的安全性与可靠性。

本章主要介绍信息安全监理服务过程中的关键监理活动、内容、要点和标志性成果等。在监理活动方面，重点关注安全及密码设备的到货验收、安全检查指导、安全风险评估、安全整改和加固过程的监督以及网络安全等级保护测评和商用密码应用安全评估过程的跟踪，同时参与审查信息安全相关技术方案和相关文档。监理内容主要聚焦于信息安全监理的检查、审核、跟踪、测试、监督、评估和培训等实践活动。而监理要点则更多地描述了每项具体工作是否达到初步设计预定的信息安全目标，以及具体指标是否通过了等级保护测评和商用密码应用安全评估。此外，还需关注测评和评估中发现的不符合项是否完成了必要的信息安全整改。至于标志性成果，则对应于信息安全管理和实施的管理程序、审查安全方案和相关文件的监理专题报告、网络安全等级保护测评报告以及商用密码应用安全评估报告。

24.1　概述

为规范网络安全等级保护管理，提高信息安全保障能力和水平，维护国家安全、社会稳定和公共利益，保障和促进党政机关、企事业单位信息系统规范建设，信息安全监理依据当前网络安全等级保护、涉密信息系统分级保护、商用密码安全应用、关键信息基础设施保护相关要求，参照监理规范，遵循监理合同，协助业主单位识别风险、分析差距、审核承建单位的安全技术方案、配合专业第三方机构开展专业测评工作，根据测评结果组织承建单位对系统进行加固，确保信息安全强制性国家标准和行业标准在项目实施过程中得到严格落实。

24.1.1　基本概念

1. 信息系统

应用、服务、信息技术资产或其他信息处理组件。

2. 网络安全

通过采取必要的措施，防范对网络的攻击、侵入、干扰、破坏和非法使用以及意外事故，使网络处于稳定可靠运行的状态，以及保障网络数据的完整性、保密性、可用性的能力。

3. 信息安全工程

为确保信息系统的保密性、完整性、可用性等目标而进行的系统实施过程，包括信息系统工程（含云服务类的信息系统）建设和运维阶段的安全集成。

4. 信息安全监理

依据信息安全方面的标准和要求，在工程建设各阶段向业主单位提供相关咨询，并协助业主单位对承建单位在工程建设中的信息安全实施服务实施控制和管理的一种专业化服务活动，信息安全监理还可以包括对信息系统运维阶段的其他信息安全实施服务进行监理。

5. 网络安全等级保护

国家通过制定统一的网络安全等级保护管理规范和技术标准，组织公民、法人和其他组织对信息系统分等级实行安全保护，对等级保护工作的实施进行监督、管理。

公安机关负责网络安全等级保护工作的监督、检查、指导。

6. 等级保护基本原则

自主保护原则、重点保护原则、同步建设原则、动态调整原则。

7. 等级保护实施基本流程

等级保护实施基本流程包括等级保护对象定级与备案阶段，总体安全规划阶段，安全设计与实施阶段，安全运行与维护阶段和定级对象终止阶段。

8. 涉密信息系统分级保护

依据国家网络安全等级保护的基本要求，对存储、处理国家秘密的计算机信息系统按照涉密程度实行分级保护。按照国家保密工作部门有关涉密信息系统分级保护的管理规定和技术标准，结合系统实际情况进行保护。

国家保密工作部门负责等级保护工作中有关保密工作的监督、检查、指导。

涉密信息系统分级保护有特定程序要求，本教材不涉及涉密信息系统建设及监理内容。

9. 密码

密码是指按特定法则编成，用以对通信双方的信息进行明密变换的符号，是一种用来混淆的技术，使用者希望将正常的（可识别的）信息转变为无法识别的信息，但这部分信息是可以再加工并恢复的，也是可以破解的。

国家密码管理部门负责等级保护工作中有关密码工作的监督、检查、指导。

10. 商用密码

商用密码是指采用特定变换的方法对不属于国家秘密的信息进行加密保护、安全认证的技术、产品和服务。

国家密码管理部门负责管理全国的商用密码工作。县级以上各级密码管理部门负责管理本行政区域的商用密码工作。国家网信、商务、海关、市场监督管理等有关部门在各自职责范围内，负责商用密码有关管理工作。

11. 商用密码应用系统

采用商用密码产品或者含有密码技术的产品集成建设的，实现相关信息的机密性、完整性、真实性、抗抵赖性等功能的应用系统。

12. 商用密码应用安全性评估

由国家密码管理部门认定的密码测评机构在采用商用密码技术、产品和服务集成建设的网络和信息系统中，对其密码应用的合规性、正确性和有效性等进行评估。

13. 关键信息基础设施

关键信息基础设施，是指公共通信和信息服务、能源、交通、水利、金融、公共服务、电子政务、国防科技工业等重要行业和领域的，以及其他一旦遭到破坏、丧失功能或者数据泄露，可能严重危害国家安全、国计民生、公共利益的重要网络设施、信息系统等。

在国家网信办统筹协调下，国务院公安部门负责指导、监督关键信息基础设施的安全保护工作。

14. 关键信息基础设施安全保护

关键信息基础设施安全保护包括分析识别、安全保护、检测评估、监测预警、主动防御、事件处置六个方面。

24.1.2　信息安全建设阶段划分及监理任务

按照信息安全系统的建设过程，信息安全监理划分为规划设计阶段监理、招标阶段监理、深化设计阶段监理、实施阶段监理、测试评估阶段监理、验收阶段监理。监理机构在各阶段都有明确的监理任务，如表 24-1 所示。

表 24-1　信息安全监理各阶段主要任务

序号	阶段	信息安全监理主要任务
1	规划设计阶段	● 配合业主单位和相关供应商进行充分沟通，分析原有系统的脆弱性及面临的安全威胁，形成安全需求 ● 配合业主单位完成网络安全等级保护方案、商用密码应用系统建设方案编制及审核工作，并及时出具监理意见 ● 协助业主单位开展方案评估工作，并配合完成规划设计资料报审 ● 配合业主单位开展关键信息基础设施分析识别工作、安全防护方案编制工作，并及时出具监理意见
2	招标阶段	● 对招标文件编制、招投标过程、合同签订过程进行合规性审核，并出具监理意见
3	深化设计阶段	● 协助业主单位梳理并制定工程建设管理规范以及配套管理制度 ● 督促承建单位进场完成现场踏勘，进行差距分析，并对网络安全等级保护、商用密码安全应用等安全方案进行深化设计 ● 审核深化设计方案及相关方提出的变更申请，必要时配合业主单位组织专家评审
4	实施阶段	● 核查专用安全设备、商用密码产品的准予销售证明材料及专业测评机构出具的测评报告 ● 督促承建单位在等级保护对象定级、规划设计、实施过程中，对工程的质量、进度、文档和变更等方面的工作进行内部控制和科学管理 ● 监理机构对承建单位的管理成果进行监督

序号	阶段	信息安全监理主要任务
5	测试评估阶段	● 建议业主单位委托主管单位授权的专业检测机构开展测试评估工作且应当将测评结果报相应的主管部门备案 ● 跟踪测评过程，督促相关方按计划完成测评工作 ● 根据检测评估发现的高风险项及测试评估单位给出的整改建议，督促相关方落实整改措施
6	验收阶段	● 核查安全测评报告结论 ● 整理监理档案，配合整理业主单位档案，指导承建单位完成档案组卷工作 ● 协助编制或审核验收方案 ● 配合完成其他各项验收准备工作

24.2　规划设计阶段监理工作

本节重点介绍监理单位在信息安全系统的规划设计阶段需要执行的监理活动和主要监理内容。

业主单位在规划设计项目时，应遵循相关法律法规要求，满足等级保护、商用密码应用、关键信息基础设施保护等方面的要求。监理机构可以通过向业主单位提供规划设计咨询监理服务，协助业主单位完成相关信息安全方案，实现如下监理目标：

（1）建议并协助业主单位在规划设计阶段开展风险评估；

（2）协助业主单位明确信息系统工程的安全目标；

（3）协助业主单位确定信息系统工程的安全需求；

（4）协助业主单位申报信息系统工程安全保护等级手续。

24.2.1　监理活动

信息安全系统规划设计阶段的主要监理活动如下：

（1）促使业主单位充分考虑信息系统工程的信息安全规划和设计；

（2）建议业主单位基于业务开展风险评估工作；

（3）协助业主单位根据系统的安全风险、法律法规和政策的约束，确定信息系统工程的安全目标和安全需求；

（4）检查业主单位提出的安全需求与安全目标是否一致，与国家和地方的信息安全法律、法规、政策、标准是否符合；

（5）审核信息安全设计方案中涉及网络安全等级保护、商用密码应用系统建设、关键信息基础设施保护的内容；

（6）协助业主单位制定信息安全管理制度，开展或完善安全体系建设；

（7）如适用，宜协助业主单位依据国家等级保护相关标准，确定信息安全保护等级，协助业主单位完成信息系统定级及备案工作；

（8）如适用，宜协助业主单位按照相关规定完成信息安全方案评估工作，评估结果作为项目规划立项的重要依据和申报资金的必备材料；

（9）配合业主单位按相关规定完成立项文件编制及送审工作，并及时获得相关管理部门的批复意见。

24.2.2　监理内容

监理机构应组织业主单位和相关供应商进行充分沟通，分析原有系统的脆弱性及面临的安全威胁，形成完整安全需求，为网络安全等级保护方案编制、商用密码应用系统建设方案编制、关键信息基础设施保护打下坚实基础。监理机构应对各安全建设方案的完整性、合规性、针对性进行审核。

1. 安全风险评估

监理机构应从如下方面对业主单位的风险评估工作提出建议：

（1）对预期的信息系统展开全方位的风险评估，应包括：

● 信息系统基本情况分析；

● 信息系统基本安全状况调查；

● 信息系统安全组织；

● 信息系统弱点漏洞分析；

● 政策情况分析等。

（2）确定预期信息系统的资产，并明确资产的价值。资产包括：信息资产、纸质文件、软件资产、物理资产、人员、公司形象和声誉、服务等。资产的评估应当从关键业务开始，最终覆盖所有的关键资产。

（3）对预期信息系统进行细致周密的脆弱性和威胁分析，发现它的脆弱点及所引发的威胁被利用后所造成的损失等。

（4）对风险进行优先级排序，并形成安全措施需求清单。

（5）如适用，建立与业务战略一致的安全规划，制定总体的安全方针，并得到最高管理者的认可。

2. 安全需求确定

监理机构应从如下方面协助业主单位确定需求：

（1）协助业主单位通过风险评估，明确信息系统工程建设的安全目标，从安全目标导出安全需求；

（2）应检查业主单位提出的安全需求与安全目标的一致性，与国家和地方信息安全法律法规、标准和政策的符合性；

（3）如适用，监理机构宜检查信息系统工程的项目建议书、可行性研究报告、初步设计方案是否包含明确的安全需求。

3. 网络安全等级保护方案的审核

监理机构应配合业主单位、安全供应商完成定级备案程序。定级备案具体工作内容包括：

等级保护对象分析，定级对象确定，确定安全保护等级，对定级结果进行评审、审核和核查，形成定级报告，完成定级结果备案。

监理机构应协助业主单位、安全供应商完成总体安全规划工作。总体安全规划的目标是根据等级保护对象的划分情况、等级保护对象的定级情况、等级保护对象承载业务情况，通过分析明确等级保护对象安全需求，设计合理的、满足等级保护要求的总体安全方案，并制订出安全实施计划，以指导后续的等级保护对象安全建设工程实施。总体安全规划阶段的工作流程包括安全需求分析、总体安全设计、安全建设项目规划。

（1）进行安全需求分析，形成需求分析报告。需求分析包括基本安全需求分析、特殊安全需求分析。

①基本安全需求分析。

全面了解等级保护对象的业务应用、业务流程情况，明确不同等级的等级保护对象的范围和边界。根据各个等级保护对象的安全保护等级，从 GB/T 22239《信息安全技术 网络安全等级保护基本要求》、行业基本要求中选择相应等级的要求，形成基本安全需求。对于已建等级保护对象，应根据原等级测评结果分析整改需求，形成基本安全需求。

②特殊安全需求分析。

通过分析重要资产的特殊保护要求，采用需求分析或风险分析的方法，确定可能的安全风险，判断实施特殊安全措施的必要性，提出等级保护对象的特殊安全保护需求，包括：

- 重要资产分析：明确等级保护对象中的重要部件，如边界设备、网关设备、核心网络设备、重要服务器、重要应用系统等。
- 重要资产安全弱点评估：检查或判断上述重要部件可能存在的弱点（包括技术和管理两方面），分析安全弱点被利用的可能性。
- 重要资产面临威胁评估：分析和判断上述重要部件可能面临的威胁，包括外部、内部的威胁、威胁发生的可能性或概率。
- 综合风险分析：分析威胁利用弱点可能产生的结果，结果产生的可能性或概率，结果造成的损害或影响的大小，以及避免上述结果产生的可能性、必要性和经济性。按照重要资产的排序和风险的排序确定安全保护的要求。
- 总结基本安全需求和特殊安全需求，形成安全需求报告。

（2）开展总体安全设计，形成总体安全设计方案。

①总体安全策略设计。

根据等级保护对象详细描述文件、安全保护等级定级报告、安全需求分析报告，形成机构纲领性的安全策略文件。包括确定安全方针，制定安全策略，形成总体安全策略文件，以便结合等级保护基本要求系列标准、行业基准要求和安全保护特殊要求，构建机构等级保护对象的安全技术体系结构和安全管理体系结构。

②安全技术体系结构设计。

根据总体安全策略文件、等级保护对象详细描述文件、安全保护等级定级报告、安全需求分析报告，结合 GB/T 22239《信息安全技术 网络安全等级保护基本要求》以及行业基本要求，完成安全技术体系结构设计。包括：安全技术体系架构设计，规定不同级别定级对象物理环境的安全保护技术措施，规定通信网络的安全保护技术措施，规定不同级别定级对象的边界保护技术措施，规定定级对象之间互连的安全技术措施，规定不同级别定级对象内部的安全保护技术措施，规定云计算、移动互联等新技术的安全保护技术措施，形成等级保护对象安全技术体系结构。

③整体安全管理体系结构设计。

等级保护对象安全管理体系框架分为四层，如图 24-1 所示。第一层为总体方针、安全策略，通过网络安全总体方针、安全策略明确机构网络安全工作的总体目标、范围、原则等。第二层为网络安全管理制度，通过对网络安全活动中的各类内容建立管理制度，约束网络安全相关行为。第三层为安全技术标准、操作规程，通过对管理人员或操作人员执行的日常管理行为建立操作规程，规范网络安全管理制度的具体技术实现细节。第四层为记录、表单，包括网络安全管理制度、操作规程实施时需填写和需保留的表单、操作记录。

图 24-1　等级保护对象的安全管理体系框架

④ 形成等级保护对象总体安全设计方案。具体包括：

● 等级保护对象概述；

● 总体安全策略；

● 等级保护对象安全技术体系结构；

● 等级保护对象安全管理体系结构。

（3）开展安全建设项目规划，形成安全建设项目规划方案。

①安全建设目标确定。

依据等级保护对象安全总体方案（一个或多个文件构成）、单位信息化建设的中长期发展规划和安全建设资金状况，确定各个时期的安全建设目标。

②安全建设内容规划。

根据安全建设目标和等级保护对象总体安全设计方案的要求，设计分期分批的主要建设内容，并将建设内容组合成不同项目，阐明项目间的依赖或促进关系等。具体包括：

● 安全基础设施建设；

● 网络安全建设；

● 系统平台和应用平台安全建设；

● 数据系统安全建设；

● 安全标准体系建设；

● 人才培养体系建设；

● 安全管理体系建设；

● 确定主要安全建设项目。

③形成安全建设项目规划方案。

根据建设目标和建设内容，在时间和经费上对安全建设项目列表进行总体考虑，分解到不同的时期和阶段，设计建设顺序，进行投资估算，形成安全建设项目规划。具体包括：

- 规划建设的依据和原则；
- 规划建设的目标和范围；
- 等级保护对象安全现状；
- 信息化的中长期发展规划；
- 等级保护对象安全建设的总体框架；
- 安全技术体系建设规划；
- 安全管理与安全保障体系建设规划；
- 等级保护对象安全建设的实施保障。

④形成安全建设详细设计方案。

监理机构协助业主单位、安全供应商完成安全方案详细设计工作。具体包括：

- 技术措施实施方案的设计。

完成结构构架设计、安全功能要求设计、性能要求设计、部署方案设计、制订安全策略的实现计划等。

- 管理措施实施内容的设计。

根据总体安全设计方案、安全建设项目规划，结合等级保护对象运营、使用单位当前安全管理需要和安全技术保障需要，提出与等级保护对象总体安全设计方案中管理部分相适应的本期安全实施内容，以保证在安全技术建设的同时，安全管理得以同步建设。

- 形成安全建设详细设计方案。

对技术措施实施方案中的技术实施内容和管理措施实施方案中的管理实施内容进行整理，形成等级保护对象安全建设详细设计方案。

4. 商用密码应用系统建设方案的审核

商用密码应用系统建设方案的具体内容包括：项目建设背景、信息系统概述、密码应用需求分析、设计目标及设计原则、商用密码应用方案、实施保障方案（包括实施内容、实施计划、保障措施）、经费概算、商用密码产品清单、商用密码应用系统的安全管理与维护策略等。

商用密码应用方案包含技术方案、管理方案。其中，技术方案应包括物理和环境安全、网络和通信安全、设备和计算安全、应用和数据安全四个层面；管理方案应包括信息系统的管理制度、人员管理、建设运行和应急处置四个方面。

监理机构应根据下述要点对方案进行完整性、合规性审核，确保安全设计方案满足安全需求且具有可验证性，符合相关的法律法规、政策和标准，并与信息系统工程整体建设相符。

（1）商用密码应用技术方案。商用密码应用技术方案应体现机密性、完整性、真实性、不可否认性等四个密码安全功能维度。具体保护对象或应用场景包括：

①机密性技术要求保护对象。

使用密码技术的加解密功能实现机密性，信息系统中保护的对象为：

- 身份鉴别信息；
- 密钥数据；
- 传输的重要数据；
- 信息系统应用中所有存储的重要数据。

②完整性技术要求保护对象。

使用基于对称密码算法或密码杂凑算法的消息鉴别码机制、基于公钥密码算法的数字签名机制等密码技术实现完整性，信息系统中保护的对象为：

- 身份鉴别信息；
- 密钥数据；
- 日志记录；
- 访问控制信息；
- 重要信息资源安全标记；
- 重要可执行程序；
- 视频监控音像记录；
- 电子门禁系统进出记录；
- 传输的重要数据；
- 信息系统应用中所有存储的重要数据。

③真实性技术要求应用场景。

使用动态口令机制、基于对称密码算法或密码杂凑算法的信息鉴别机制、基于公钥密码算法的数字签名机制等密码技术实现真实性，信息系统中应用的场景为：

- 进入重要物理区域人员的身份鉴别；
- 通信双方的身份鉴别；
- 网络设备接入时的身份鉴别；
- 重要可执行程序的来源真实性保证；
- 登录操作系统和数据库系统的用户身份鉴别；
- 应用系统的用户身份鉴别。

④不可否认性技术要求保护对象。

使用基于公钥密码算法的数字签名机制等密码技术来保证数据原发行为的不可否认性和数据接收行为的不可否认性。

（2）商用密码应用管理方案。商用密码应用管理方案应体现管理制度、人员管理、建设运行、应急处置等四个密码应用管理维度，具体如下：

①密码应用安全管理相关流程制度的制定、发布、修订的规范性要求；

②密码相关安全人员的密码安全意识以及关键密码安全岗位员工的密码安全能力的培养，人员工作流程要求等；

③建设运行过程中密码应用安全要求及方案落地执行的一致性和有效性要求；

④处理密码应用安全相关的应急突发事件的能力要求。

（3）信息系统密码应用等级保护能力要求。信息系统密码应用自低向高划分为五个等级，参照等级保护对象应具备的基本安全保护能力要求，密码保障能力逐级增加，用一、二、三、四、五级表示。密码应用方案应按照业务实际情况选择相应级别的密码保障技术能力及管理能力。

第一级到第五级的信息系统应符合以下通用要求：

①信息系统中使用的密码算法应符合法律法规的规定和密码相关国家标准、行业标准的有关要求；

②信息系统中使用的密码技术应遵循密码相关国家标准和行业标准；

③信息系统中使用的密码产品、密码服务应符合法律法规的相关要求。

在现阶段信息系统工程实践中，信息系统以三级安全防护能力要求最为常见，为此对第三级密码应用基本要求进行详细描述：

- 物理和环境安全。具体要求如下：
  a）宜采用密码技术进行物理访问身份鉴别，保证重要区域进入人员身份的真实性；
  b）宜采用密码技术保证电子门禁系统进出记录数据的存储完整性；
  c）宜采用密码技术保证视频监控音像记录数据的存储完整性；
  d）以上如采用密码服务，该密码服务应符合法律法规的相关要求，需依法接受检测认证的，应经商用密码认证机构认证合格；
  e）以上采用的密码产品应达到 GB/T 37092《信息安全技术　密码模块安全要求》二级及以上安全要求。

- 网络和通信安全。具体要求如下：
  a）应采用密码技术对通信实体进行身份鉴别，保证通信实体身份的真实性；
  b）宜采用密码技术保证通信过程中数据的完整性；
  c）应采用密码技术保证通信过程中重要数据的机密性；
  d）宜采用密码技术保证网络边界访问控制信息的完整性；
  e）可采用密码技术对从外部连接到内部网络的设备进行接入认证，确保接入的设备身份真实性；
  f）以上如采用密码服务，该密码服务应符合法律法规的相关要求，需依法接受检测认证的，应经商用密码认证机构认证合格；
  g）以上采用的密码产品应达到 GB/T 37092 二级及以上安全要求。

- 设备和计算安全。具体要求如下：
  a）应采用密码技术对登录的用户进行身份鉴别，保证用户身份的真实性；
  b）远程管理设备时，应采用密码技术建立安全的信息传输通道；
  c）宜采用密码技术保证系统资源访问控制信息的完整性；
  d）宜采用密码技术保证设备中的重要信息资源安全标记的完整性；
  e）宜采用密码技术保证日志记录的完整性；
  f）宜采用密码技术对重要可执行程序进行完整性保护，并对其来源进行真实性验证；
  g）以上如采用密码服务，该密码服务应符合法律法规的相关要求，需依法接受检测认

证的, 应经商用密码认证机构认证合格;

    h) 以上采用的密码产品应达到 GB/T 37092 二级及以上安全要求。

- 应用和数据安全。具体要求如下:

    a) 应采用密码技术对登录用户进行身份鉴别, 保证应用系统用户身份的真实性;

    b) 宜采用密码技术保证信息系统应用的访问控制信息的完整性;

    c) 宜采用密码技术保证信息系统应用的重要信息资源安全标记的完整性;

    d) 宜采用密码技术保证信息系统应用的重要数据在传输过程中的机密性;

    e) 宜采用密码技术保证信息系统应用的重要数据在存储过程中的机密性;

    f) 宜采用密码技术保证信息系统应用的重要数据在传输过程中的完整性;

    g) 宜采用密码技术保证信息系统应用的重要数据在存储过程中的完整性;

    h) 在可能涉及法律责任认定的应用中, 宜采用密码技术提供数据原发证据和数据接收证据, 实现数据原发行为的不可否认性和数据接收行为的不可否认性;

    i) 以上如采用密码服务, 该密码服务应符合法律法规的相关要求, 需依法接受检测认证的, 应经商用密码认证机构认证合格;

    j) 以上采用的密码产品应达到 GB/T 37092 二级及以上安全要求。

- 管理制度。具体要求如下:

    a) 应具备密码应用安全管理制度, 包括密码人员管理、密钥管理、建设运行、应急处置、密码软硬件及介质管理制度;

    b) 应根据密码应用方案建立相应密钥管理规则;

    c) 应对管理人员或操作人员执行的日常管理操作建立操作规程;

    d) 应定期对密码应用安全管理制度和操作规程的合理性和适用性进行论证和审定, 对存在不足或需要改进之处进行修订;

    e) 应明确相关密码应用安全管理制度和操作规程的发布流程并进行版本控制;

    f) 应具有密码应用操作规程的相关执行记录并妥善保存。

- 人员管理要求。具体如下:

    a) 相关人员应了解并遵守密码相关法律法规、密码应用安全管理制度;

    b) 应建立密码应用岗位责任制度, 明确各岗位在安全系统中的职责和权限;

    c) 根据密码应用的实际情况, 设置密钥管理员、密码安全审计员、密码操作员等关键安全岗位;

    d) 对关键岗位建立多人共管机制;

    e) 密钥管理、密码安全审计、密码操作人员职责互相制约、互相监管, 其中密码安全审计员岗位不可与密钥管理员、密码操作员兼任;

    f) 相关设备与系统的管理和使用账号不得多人共用;

    g) 应建立上岗人员培训制度, 对于涉及密码的操作和管理的人员进行专门培训, 确保其具备岗位所需专业技能;

    h) 应定期对密码应用安全岗位人员进行考核;

    i) 应建立关键人员保密制度和调离制度, 签订保密合同, 承担保密义务。

- 建设运行要求。具体如下：
  - a）应依据密码相关标准和密码应用需求，制定密码应用方案；
  - b）应根据密码应用方案，确定系统涉及的密钥种类、体系及其生存周期环节；
  - c）应按照应用方案实施建设；
  - d）投入运行前应进行密码应用安全性评估，评估通过后系统方可正式运行；
  - e）在运行过程中，应严格执行既定的密码应用安全管理制度，应定期开展密码应用安全性评估及攻防对抗演习，并根据评估结果进行整改。
- 应急处置要求。具体如下：
  - a）应制定密码应用应急策略，做好应急资源准备，当密码应用安全事件发生时，应立即启动应急处置措施，结合实际情况及时处置；
  - b）事件发生后，应及时向信息系统主管部门进行报告；
  - c）事件处置完成后，应及时向信息系统主管部门及归属的密码管理部门报告事件发生情况及处置情况。

第三级以上（含第三级，下同）信息系统的商用密码应用系统建设方案应当通过密码管理部门组织的评审后方可实施。监理机构应协助业主单位完成方案报审工作。

5. 关键信息基础设施安全防护方案的审核

1）关键信息基础设施识别

协助业主单位分析识别关键信息基础设施承载的关键业务，开展业务依赖性识别、关键资产识别、风险识别等活动。

2）落实关键信息基础设施安全防护要求

协助业主单位落实关键信息基础设施安全防护要求：根据已识别的关键业务、资产、安全风险，在安全管理制度、安全管理机构、安全管理人员、安全通信网络、安全计算环境、安全建设管理、安全运维管理等方面实施安全管理和技术保护措施，确保关键信息基础设施的运行安全。

3）关键信息基础设施检测评估

配合检测单位开展检测评估工作。业主单位应建立相应的检测评估制度，确定检测评估的流程及内容等，开展安全检测及风险隐患评估，分析潜在安全风险可能引发的安全事件，为监测预警、主动防御、事件处置打下坚实基础。

4）关键信息基础设施保护制度建设

业主单位应当建立健全关键信息基础设施网络安全保护制度和责任制，设置专门安全管理机构，并对专门安全管理机构负责人和关键岗位人员进行安全背景审查。业主单位应当按照关键信息基础设施认定规则认定项目涉及的关键信息基础设施，监理机构可以协助业主单位编制关键信息基础设施安全保护方案、应急预案，建立健全个人信息和数据安全保护制度。

5）关键信息基础设施采购要求

关键信息基础设施建设应当优先采购安全可信的网络产品和服务。采购网络产品和服务可能影响国家安全的，应当按照国家网络安全规定通过安全审查。

24.3　招标阶段监理工作

本节重点介绍监理单位在信息安全系统的招标阶段需要执行的监理活动和主要监理内容。

24.3.1　监理活动

除通用招标监理活动外，信息安全系统招标时还应开展以下工作：

（1）确保招标文件中涉及安全的条款满足安全需求，并符合法律法规、政策文件和标准规范要求；

（2）确保承建合同中所提供的安全产品和服务满足招标文件要求；

（3）确保承建合同中与安全相关的条款在技术、经济上合理有效。

24.3.2　监理内容

1. 协助招标准备工作

监理机构应协助业务单位进行招标准备工作，具体如下：

（1）协助业主单位完成招标方案及招标方式的制定，拟定承建单位遴选标准，支撑有关信息安全招标目标；

（2）协助业主单位明确信息安全招标采购需求；

（3）检查招标文件中工程的安全目标、安全需求、工作范围，以及相关的产品及服务等技术要求是否明确，是否合法合规。

2. 协助编写或审核招标文件

监理机构应从如下方面对招标文件提出监理意见：

（1）信息安全技术要求应能满足既定的安全目标与安全需求，包括功能、性能、技术指标、信息安全规划目标、国产化等。

（2）对投标单位综合履约能力的要求，应与信息安全项目相匹配，包括：

- 投标单位的资质要求，例如信息安全服务相关资质、类似项目成功案例等；
- 投标单位和项目组人员的资格要求，例如信息安全领域的相关资格、工作年限和项目经验等；
- 投标单位的服务过程管理、质量保障体系、应急响应能力等要求。

（3）新建工程项目对原有信息系统安全性的可能影响及处理措施。

（4）如适用，审核是否明确了信息系统安全建设等级及相关测评要求，并协助采购相关测评服务。具体包括：

- 根据公安部门发布的测评机构目录，协助业主单位采购信息安全等级测评服务；
- 根据国家密码管理部门发布的测评机构目录，协助业主单位采购密码测评服务。

3. 根据业主单位委托参与评标工作

监理机构应根据业主单位委托参与评标工作，具体如下：

（1）协助审查投标单位的资质能力，例如信息安全服务和信息系统集成等资质及类似成功案例；

（2）协助审查投标单位项目组人员的资格能力，例如信息安全领域的相关资格、工作年限和项目经验等；

（3）协助审查投标单位的服务过程管理、质量保障体系、应急响应能力，投标单位对原有信息系统安全性的可能影响及处理措施等；

（4）协助确定满足需求的投标方案和投标单位。

4. 承建合同的监理

监理机构应参与承建合同的签订，协助业主单位对承建合同的如下内容进行检查，并提出监理意见：

（1）信息安全相关建设内容和技术要求应与投标文件一致；

（2）应包括适用的保密条款、安全风险控制和安全责任条款；

（3）应包括项目验收和安全测评的标准、方法及交付文档；

（4）应包括工程变更和扩展引发安全问题的处理方法；

（5）检查承建合同中安全功能、技术要求、测试标准、验收要求和质量责任条款的合理性；

（6）若发现安全需求缺失或不当，应及时告知业主单位；

（7）若项目中涉及内部敏感信息，监理机构应促使各方（业主单位、承建单位、监理机构、测评机构等）签署保密协议。

24.4　设计阶段监理工作

本节重点介绍监理单位在信息安全系统的设计阶段需要执行的监理活动和主要监理内容。结合监理实践，将信息安全设计监理工作分为设计阶段和深化设计阶段两个部分进行阐述。

24.4.1　设计阶段监理活动

信息安全系统设计阶段的主要监理活动如下：

（1）促使业主单位和承建单位就信息安全需求进行充分沟通，并形成一致的理解；

（2）建议承建单位根据信息安全风险评估报告和信息安全需求进行安全设计，在此期间若发现新的风险或安全需求，应及时通知业主单位和承建单位；

（3）督促承建单位对信息系统工程的安全技术要求进行规范化描述，形成安全设计方案（包括体系结构设计和详细设计）；

（4）如适用，对已确定将要实行等级保护的系统，应审核设计方案是否符合相应等级保护对应的安全技术要求；

（5）审核承建单位的体系结构设计和详细设计，确保设计依据合规、安全控制措施能满足安全技术要求；

（6）协助业主单位和监理单位与信息安全相关主管部门进行充分的沟通和协调，确保安全设计方案的合规性要求；

（7）建议承建单位在进行安全设计时，充分考虑新建项目对现有系统和目标系统安全性可能造成的影响，并在设计方案中有所体现；

（8）确保安全设计方案满足信息安全需求且具有可验证性，符合相关的法律法规、政策和标准，并与信息系统工程整体建设相符；

（9）要求承建单位提交工程设计方案和工程实施组织设计方案，监理机构对其中的安全涉及内容进行审核；

（10）协助业主单位配合承建单位完成工程设计前的安全需求调查和分析工作，就设计阶段的各种变更对工程安全性的可能影响提出监理意见；

（11）督促承建单位提供与安全设计方案配套的其他安全输入。

24.4.2　设计阶段监理内容

信息系统工程信息安全建设的依据包括相应的法律法规与标准规范，监理机构应协助业主单位确定适用的设计依据（宜采用最新发布的法律法规、标准规范），如 GB/T 9361《计算机场地安全要求》、GB/T 30283《信息安全技术　信息安全服务　分类与代码》等。

1. 体系结构设计的审核

监理机构应从如下方面对系统体系结构设计进行审核，并提出监理意见：

（1）安全设计与安全目标和安全需求的一致性。

（2）根据安全技术要求，选择安全模型时应考虑以下内容：

- 安全体系结构设计的合理性；
- 安全解决方案的针对性；
- 安全控制措施的有效性；
- 残余风险。

（3）安全控制措施应覆盖物理、主机、网络、应用、数据和信息安全管理等方面。

（4）项目各阶段的安全风险分析和控制措施的全面性、合理性。

（5）安全性检验手段应具有可操作性、有效性。

（6）如适用，应督促承建单位组织相关部门和有关安全技术专家对体系结构设计的合理性、确定性进行论证和审定。

2. 详细设计的审核

监理机构应从如下方面对系统详细设计进行审核，并提出监理意见：

（1）详细设计应遵循体系结构设计，确定并明晰系统安全设计要素，如安全功能和性能、系统接口、安全控制措施、安全规范等；

（2）安全控制措施应考虑计算机设备、设施（包括机房建筑、供电、空调等）、通信与网络设备、存储设备、身份鉴别、访问控制、安全审计、系统和信息集成、产品和服务获取、配置管理、应急计划、事件响应、安全评估与认证、安全意识和培训等方面，以及针对特定需求的安全控制措施；

（3）选择具体的安全产品和服务，设计安全产品和服务中应具备的安全机制（例如配置策略等）；

（4）安全产品采购和使用应符合国家有关规定；

（5）可预先对产品进行选型测试；

（6）工程实施组织设计，相关的操作指南或手册；

（7）为系统用户和管理员提供安全运行指南；

（8）应督促承建单位组织相关部门和有关安全技术专家对详细设计的合理性、正确性进行论证和审定。

24.4.3　深化设计阶段监理活动

在此阶段，监理机构主要开展以下活动：

（1）复核承建单位资质、拟派人员资格；

（2）审核工程实施方案，检查实施方案与承建合同、设计方案的一致性；

（3）审核承建单位提交的工程进度计划，保证信息系统工程中的各项安全控制措施实施符合总体时间安排；

（4）审核承建单位提交的开工报审材料，具备开工条件且经业主单位批准后，及时签发开工令；

（5）督促承建单位实地了解建设环境及现状，熟悉规划设计文件，并在此基础上开展深化设计工作；

（6）协调相关方，落实物理环境、电力供应、网络通信等相关资源配置；

（7）审核深化设计阶段各方提出的变更文件；

（8）及时出具书面审核意见，并监督相关方按照要求在规定时间内落实；

（9）根据项目实际需求，配合业主单位组织深化设计评审工作。

24.4.4　深化设计阶段监理内容

1. 深化设计方案的审核

承建单位进场后，为确保安全物理环境满足等级保护要求，应开展现场检查工作，根据检查结果，在详细设计方案的基础上开展深化设计工作，如涉及工程变更事项，应及时履行变更程序。监理机构应及时审核并出具监理审核意见。

（1）承建单位应踏勘机房场地，了解安全设备部署的物理位置；

（2）承建单位应检查机房出入口门禁系统，确认物理访问控制措施是否满足等级保护要求；

（3）承建单位应检查机房防盗报警系统、机柜接地系统及其他防护设施，确认安全物理环境是否满足等级保护要求；

（4）承建单位应了解安全设备部署环境的线缆敷设要求及网络架构，确保安全设备接入的网络链路顺畅。

2. 项目实施方案的审核

监理机构应督促承建单位编制项目实施方案。实施方案一般包括技术措施实现方案、管理措施实现方案。

1）技术措施实现方案

技术措施实现方案具体包括以下几个方面：

（1）网络安全产品或服务采购。

承建单位应按照安全详细设计方案、深化设计方案、招标文件、合同文件要求进行采购，根据产品、产品组合或服务实现的功能、性能和安全性满足安全设计要求的情况来选购所需的网络安全产品或服务。

● 制订产品或服务采购计划。

网络安全产品或服务选型过程要依据安全详细设计方案、深化设计方案的设计要求，制订产品或服务采购计划，对产品或服务的采购原则、采购范围、技术指标要求、采购方式等方面进行说明。对于产品的功能、性能和安全性指标，可以依据第三方测试机构所出具的产品测试报告，也可以依据用户自行组织的网络安全产品功能、性能和安全性选型测试结果。

● 采购产品或服务。

在依据产品或服务采购计划对现有产品或服务进行选择时，不仅要考虑产品或服务的使用环境、安全功能、成本（包括采购和维护成本）、易用性、可扩展性、与其他产品或服务的互动和兼容性等因素，还要考虑产品或服务的质量和可信性。产品或服务的可信性是保证系统安全的基础，在选择网络安全产品时应确保符合国家关于网络安全产品使用的有关规定。对于网络安全产品及密码产品的使用，应按照公安部门、国家密码管理的相关规定进行选择和使用。对于网络安全服务，应选取有相关领域资质的网络安全服务机构。

（2）安全控制的定制开发。

对于一些不能通过采购现有网络安全产品来实现的安全措施和安全功能，通过专门进行的设计、开发来实现。由于应用系统一旦开发完成后，再增加安全措施会造成很大的成本投入，安全控制的定制开发应与系统的应用开发同步设计、同步实施，保证系统应用与安全控制同步建设。

● 安全措施需求分析。以规范的形式准确表达安全方案中的指标要求，在采用云计算、移动互联等新技术情况下分析特有的安全威胁，确定对应的安全措施及其同其他系统相关的接口细节。

● 概要设计。概要设计要考虑安全方案中关于身份鉴别、访问控制、安全审计、软件容错、资源控制、数据完整性、数据保密性、数据备份恢复、剩余信息保护和个人信息保护等方面的指标要求，设计安全措施模块的体系结构，定义开发安全措施的模块组成，定义每个模块的主要功能和模块之间的接口。

● 详细设计。依据概要设计说明书，将安全控制的开发进一步细化，对每个安全功能模块的接口、函数要求、各接口之间的关系、各部分的内在实现机理都要进行详细的分析和细化设计。按照功能的需求和模块划分进行各个部分的详细设计，包含接口设计和管理方式设计等。详细设计是设计人员根据概要设计进行的模块设计，将总体设计所获得的模块按照单元、程序、过程的顺序逐步细化，详细定义各个单元的数据结构、程序的实现算法以及程序、单元、模块之间的接口等，作为以后编码工作的依据。

- 编码实现。按照设计进行硬件调试和软件的编码，在编码和开发过程中，要关注硬件组合的安全性和编码的安全性，开展论证和测试，并保留论证和测试记录。
- 测试。开发基本完成后要进行功能和安全性测试，保证功能和安全性的实现。安全性测试需要涵盖基线安全配置扫描和渗透测试，第三级以上系统应进行源代码安全审核。如有行业内或新技术专项要求，应开展专项测试，如国家政务信息化领域的网络安全等级保护三级测评、云计算环境安全控制措施测评、移动终端应用软件安全测试等。
- 安全控制的开发过程文档化。安全控制的开发过程需要将概要设计说明书、详细设计说明书、开发测试报告以及开发说明书等整理归档，形成安全控制的开发过程相关文档与记录。

（3）安全控制集成。

将不同的软硬件产品进行集成，依据安全详细设计方案，将网络安全产品、系统软件平台和开发的安全控制模块与各种应用系统整合成为一个系统。安全控制集成的过程可以由运营、使用单位与网络安全服务机构共同参与、相互配合，把安全实施、风险控制、质量控制等有机结合起来，实现安全态势感知、监测通报预警、应急处置追踪溯源等安全措施，构建统一安全管理平台。

- 集成准备。主要工作内容是对实施环境进行准备，包括硬件设备准备、软件系统准备、环境准备。为了保证系统实施质量，承建单位应依据系统设计方案，制定一套可行的系统质量控制方案，以便有效指导系统实施过程。该质量控制方案应确定系统实施各阶段的质量控制目标、控制措施、工程质量问题的处理流程、系统实施人员的职责要求等，并提供详细的安全控制集成进度表。
- 集成实施。主要工作内容是将配置好策略的网络安全产品和开发控制模块部署到实际应用环境中并调试相关策略。集成实施应严格按照集成进度安排进行，出现问题时各方应及时沟通。系统实施的各个环节应遵照质量控制方案要求，分别进行系统集成测试，逐步实现质量控制目标。例如，综合布线系统施工过程中，应及时利用网络测试仪测定线路质量，及早发现并解决质量问题。
- 培训。信息安全系统建设完成后，承建单位应向业主单位、监理机构提供建设过程文档，同时需要对系统维护人员进行必要的培训，培训效果的好坏将直接影响今后系统能否安全稳定运行。
- 形成安全控制集成联调测试报告。应将安全控制集成过程相关内容文档化，并形成安全控制集成联调测试报告，一般包括集成实施方案、质量控制方案、集成实施报告以及培训考核记录等内容。

2）管理措施实现方案

管理措施实现方案具体包括以下几个方面：

（1）安全管理制度的建设和修订。

依据国家网络安全相关政策、标准、规范，制定、修订并落实与等级保护对象安全管理相配套的安全管理制度，包括等级保护对象的建设、开发、运行、维护、升级和改造等各个阶段和环节所应遵循的行为规范和操作规程，包括安全策略、各项管理制度和操作规范、管理制度评审修订记录。

- 明确应用范围。管理制度的建立首先要明确制度的应用范围，如机房管理、账号管理、远程访问管理、特殊权限管理、设备管理、变更管理、资源管理等方面。
- 规定行为规范。管理制度是通过制度化、规范化的流程和行为约束，来保证各项管理工作的规范性。
- 评估与完善。制度在发布、执行过程中，要定期进行评估，保留评估或评审记录。根据实际环境和情况的变化，对制度进行修改和完善，规范总体安全方针、安全管理制度、安全操作规程、安全运维记录和表单四层体系文件的一致性，必要时考虑管理制度的重新制定，并保留版本修订记录。

（2）安全管理机构和人员的设置。

建立配套的安全管理职能部门，通过管理机构的岗位设置、人员的分工和岗位培训以及各种资源的配备，保证人员具有与其岗位职责相适应的技术能力和管理能力，为等级保护对象的安全管理提供组织上的保障。文档包括机构、角色与职责说明书、培训记录及上岗资格证书等。

- 安全组织确定。识别与网络安全管理有关的组织成员及其角色，例如操作人员、文档管理员、系统管理员、安全管理员等，形成安全组织结构表。
- 角色说明。以书面的形式详细描述每个角色与职责，明确相关岗位人员的责任和权限范围，并征求相关人员的意见，要保证责任明确，确保所有的风险都有人负责处理。
- 人员安全管理。针对普通员工、管理员、开发人员、主管人员及安全人员开展特定技能和安全意识培训，培训后进行考核，合格者颁发上岗资格证书。

24.5　实施阶段监理工作

本节重点介绍监理单位在信息安全系统的实施阶段需要执行的监理活动和主要监理内容。

24.5.1　监理活动

信息安全系统实施阶段的主要监理活动如下：

（1）在工程实施前，督促承建单位提供工程实施方案，确定项目组织结构；

（2）确保工程实施方案合规、合理、可操作、可核查，满足承建合同提出的建设内容和技术要求，并与安全设计方案相符；

（3）检查工程实施过程与工程实施方案的一致性；

（4）监督承建单位落实安全控制措施，确保其有效实施，且达到设计要求；

（5）确保工程中所使用的产品和服务符合安全设计方案，符合相关法律法规；

（6）监督对安全设备的到货验收，督促承建单位规范进行设备安装及系统调试；

（7）对安全子系统或安全设备进行功能与性能符合性检查；

（8）督促承建单位做好工程实施中的安全管理工作；

（9）如工程实施中存在重大变更，督促承建单位履行变更程序，并协调业主单位对系统安全性进行再评估。第三级以上信息系统发生重大变更时，信息系统的责任单位应将变更情况及时上报相应的主管部门，并按照主管部门的要求办理相关事项。

24.5.2　监理内容

1. 工程实施方案的审核

监理机构应对工程实施方案进行审核，审核内容具体如下：

（1）实施方案与设计方案的符合性；

（2）详细的工程实施计划、工程控制过程；

（3）安全设备安装调试计划，包括各类安全设备的采购、进场、配置、调试和管理的计划等；

（4）工程实施组织中的安全，例如工程实施人员安全管理措施、工程实施步骤安全管理措施等；

（5）如存在项目分包，审核分包工程实施的安全管理措施；

（6）依据体系结构设计和详细设计所采用的安全技术框架、安全管理策略，形成工程实施方案的配套文件；

（7）如适用，督促承建单位组织相关部门和有关安全技术专家对工程实施方案的合理性、正确性进行论证和审定。

2. 安全控制措施的审核

监理机构应对安全控制措施进行审核，审核内容具体如下：

（1）确认集成到信息系统工程中的安全控制措施及其配置；

（2）确认安全控制措施达到设计要求，有效降低风险；

（3）工程实施部署后，督促承建单位对系统的运行情况进行监控，及时发现安全控制措施状态变化及安全事件，并进行适当的处置；

（4）如适用，应督促承建单位建立安全态势监控机制，监控安全防护措施功能、性能的有效性；

（5）督促承建单位对系统用户和管理员进行相关的安全意识教育和技能培训；

（6）如适用，督促承建单位建立安全控制措施的定期维护机制。

3. 安全设备的验收

监理机构在安全设备验收时要重点关注以下几点：

（1）设备及其配件、模块的类型和数量与到货清单一致；

（2）安全设备具有公安部颁发的销售许可证，且在有效期内；

（3）安全设备及型号与销售许可证一致，产品销售所需的证书齐全；

（4）符合安全设计方案所规定的功能、性能；

（5）如适用，提供由第三方安全测试机构出具的测试报告；

（6）设备部署后运转正常，功能、性能达到合同要求和设计指标。

4. 工程实施中的安全管理

监理机构在进行工程实施中的安全管理时要重点关注以下几点：

（1）督促承建单位指定或授权专门的部门和人员负责工程实施过程的安全管理；

（2）督促承建单位严格按照审批通过的实施方案进行施工，确保实施过程与实施方案的一致性；

（3）如适用，督促承建单位按其能力成熟度级别执行安全工程过程；

（4）审查工程实施方面的管理制度（实施过程的控制方法、人员行为准则等）；

（5）审查承建单位施工人员的身份与资格；

（6）督促承建单位在施工中严格遵守业主单位的相关安全管理规定。

24.6　测试评估阶段监理工作

应通过网络安全等级测评机构、密码应用安全评估机构对已经完成信息安全系统建设的等级保护对象、关键信息基础设施进行等级测评、密码应用安全评估，确保等级保护对象、关键信息基础设施的安全保护措施符合相应等级的安全要求。监理机构应跟踪测试过程，督促承建单位根据测评结果对风险项及存在的问题进行整改。

24.6.1　监理活动

信息安全系统测试评估阶段的主要监理活动如下：

（1）依据相关规定，第三级以上信息系统的安全系统、商用密码应用系统建设完成后，业主单位应当委托公安部门、国家密码管理部门推荐或指定的测评机构进行等级保护、商用密码应用安全性评估，评估通过后系统方可投入运行，评估结果作为项目建设验收的必备材料。监理机构应配合测评机构完成等级保护测评、密码应用安全性评估工作，并协助业主单位完成评估结果备案。

（2）提醒业主单位与测评机构签署委托测评协议，根据业主单位委托审核协议文本，出具监理意见。

（3）提醒业主单位与测评机构及时签署保密协议，以约束测评相关方现在及将来的行为。保密协议应规定测评相关方保密方面的权利与义务。测评过程中获取的相关系统数据信息及测评工作的成果属被测评单位所有，测评方如需引用或公开，应得到相关单位的授权，否则相关单位将按照保密协议的要求追究测评单位的法律责任。

（4）提醒测试评估单位，如无业主单位授权，不得对关键信息基础设施实施漏洞探测、渗透性测试等可能影响或者危害关键信息基础设施安全的活动。对基础电信网络实施漏洞探测、渗透性测试等活动，应当事先向国务院电信主管部门报告。

（5）提醒相关单位在现场测评开始前对系统及数据进行备份，并对可能出现的事件制定应急处理方案。

（6）督促测试单位及时编制测试方案、测试报告等测试相关文件，并组卷归档。

24.6.2 监理内容

信息系统安全测试评估主要包括网络安全等级保护测评、关键信息基础设施保护、商用密码应用安全性评估。鉴于关键信息基础设施保护及商用密码应用安全性评估测试内容基于网络安全等级保护测评，本节仅对网络安全等级保护测评进行详细介绍，关键信息基础设施保护和商用密码应用安全性评估过程的工作内容、监理要点与此类似，不再进行描述。

1. 等级测评过程

等级测评过程包括四个基本测评活动：测评准备活动、方案编制活动、现场测评活动、报告编制活动。每一项测评活动都有一组确定的工作任务，如表 24-2 所示。

表 24-2　等级测评过程

测评活动	主要工作任务
测评准备活动	工作启动，信息收集和分析，工具和表单准备
方案编制活动	测评对象确定，测评指标确定，测评内容确定，工具测试方法确定，测评指导书开发，测评方案编制
现场测评活动	现场测评准备，现场测评和结果记录，结果确认和资料归还
报告编制活动	单项测评结果判定

2. 常见高风险及整改建议

依据 T/ISEAA 001《网络安全等级保护测评高风险判定指引》，提出一般系统场景下的高风险及整改建议，如表 24-3 所示。

表 24-3　高风险判例及对应整改建议

序号	高风险判例	整改建议
1	机房出入口访问控制措施缺失	建议机房出入口配备电子门禁系统或安排专人值守，对进出机房的人员进行控制、鉴别，并记录相关人员信息
2	机房防盗措施缺失	建议机房部署防盗报警系统或设置有专人值守的视频监控系统，如发生盗窃事件可及时告警或进行追溯，为机房环境的安全可控提供保障
3	机房防火措施缺失	建议机房设置火灾自动消防系统，能够自动检测火情、报警及灭火，相关消防设备（如灭火器）等应定期检查，确保防火措施持续有效
4	机房短期备用电力供应措施缺失	建议机房配备容量合理的后备电源，并对相关设施进行定期巡检，确保在外部电力供应中断的情况下，备用供电设备能满足系统短期正常运行
5	机房应急供电措施缺失	建议配备柴油发电机、应急供电车等备用发电设备
6	云计算基础设施物理位置不当	云计算服务器、存储设备、网络设备、云管理平台、信息系统等运行业务和承载数据的软、硬件等云计算基础设施应部署在中国境内

（续表）

序号	高风险判例	整改建议
7	网络设备业务处理能力不足	建议更换性能满足业务高峰期需要的网络设备，并合理预估业务增长情况，制订合适的扩容计划
8	网络区域划分不当	建议对网络环境进行合理规划，根据工作职能、重要性和所涉及信息的重要程度等因素划分不同网络区域，便于各网络区域之间落实访问控制策略
9	网络边界访问控制设备不可控	建议部署或租用自主控制的边界访问控制设备，且对相关设备进行合理配置，确保网络边界访问控制措施有效、可控
10	重要网络区域边界访问控制措施缺失	建议合理规划网络架构，避免重要网络区域部署在边界处；重要网络区域与其他网络边界处，尤其是外部非安全可控网络、内部非重要网络区域之间边界处应部署访问控制设备，并合理配置相关控制策略，确保控制措施有效
11	关键线路和设备冗余措施缺失	建议关键网络链路、关键网络设备、关键计算设备采用冗余设计和部署，例如采用热备、负载均衡等部署方式，保证系统的高可用性
12	云计算平台等级低于承载业务系统等级	建议云服务客户选择已通过等级保护测评（测评报告在有效期之内，测评结论为中级以上），且不低于其安全保护等级的云计算平台；云计算平台只承载不高于其安全保护等级的业务应用系统
13	重要数据传输完整性保护措施缺失	建议采用校验技术或密码技术保证通信过程中数据的完整性，相关密码技术应符合国家密码管理部门的规定
14	重要数据明文传输	建议采用密码技术为重要敏感数据在传输过程中的保密性提供保障，相关密码技术应符合国家密码管理部门的规定
15	无线网络管控措施缺失	无特殊需要，建议内部重要网络不应与无线网络互连；若因业务需要，则建议加强对无线网络设备接入的管控，并通过边界设备对无线网络的接入设备对内部重要网络的访问进行限制，降低攻击者利用无线网络入侵内部重要网络的可能性
16	重要网络区域边界访问控制配置不当	建议对重要网络区域与其他网络区域之间的边界进行梳理，明确访问地址、端口、协议等信息，并通过访问控制设备，合理配置相关控制策略，确保控制措施有效
17	外部网络攻击防御措施缺失	建议在关键网络节点（如互联网边界处）合理部署具备攻击行为检测、防止或限制功能的安全防护设备（如入侵防御设备、Web 应用防火墙、抗 DDoS 攻击设备等），或采用流量清洗等外部抗攻击服务；相关安全防护设备应及时升级策略库、规则库
18	内部网络攻击防御措施缺失	建议在关键网络节点处采取严格的访问控制措施，并部署相关的防护设备，检测、防止或限制从内部发起的网络攻击行为（包括其他内部网络区域对核心服务器区的攻击行为、服务器之间的攻击行为、内部网络向互联网目标发起的攻击行为等）；对于服务器之间的内部攻击行为，建议合理划分网络区域，加强不同服务器之间的访问控制，部署主机入侵防护产品，或通过部署流量探针的方式，检测异常攻击流量
19	恶意代码防范措施缺失	建议在关键网络节点及主机操作系统上均部署恶意代码检测和清除产品，并及时更新恶意代码库，网络层与主机层恶意代码防范产品形成异构模式，有效检测及清除可能出现的恶意代码攻击

（续表）

序号	高风险判例	整改建议
20	网络安全审计措施缺失	建议在网络边界、关键网络节点处部署具备网络行为审计以及网络安全审计功能的设备（例如网络安全审计系统、网络流量分析设备、入侵防御设备、态势感知设备等），并保留相关审计数据，同时设备审计范围覆盖每个用户，能够对重要的用户行为和重要安全事件进行日志审计，便于对相关事件或行为进行追溯
21	设备存在弱口令或相同口令	建议删除或修改账户口令，重命名默认账户，制定相关管理制度，规范口令的最小长度、复杂度与生命周期，并根据管理制度要求，合理配置账户口令复杂度和定期更换策略；此外，建议为不同设备配备不同的口令，避免一台设备口令被破解影响所有设备安全
22	设备鉴别信息防窃听措施缺失	建议尽可能避免通过不可控网络环境对网络设备、安全设备、操作系统、数据库等进行远程管理。如确有需要，则建议采取措施或使用加密机制（如 VPN 加密通道，开启 SSH、HTTPS 协议等），防止鉴别信息在网络传输过程中被窃听
23	设备未采用多种身份鉴别技术	建议核心设备、操作系统等增加除用户名、口令以外的身份鉴别技术，如基于密码技术的动态口令或令牌等鉴别方式，使用多种鉴别技术进行身份鉴别，增强身份鉴别的安全力度；对于使用堡垒机或统一身份认证机制实现双因素认证的场景，建议通过地址绑定等技术，确保设备只能通过该机制进行身份认证，无旁路现象存在
24	设备默认口令未修改	建议网络设备、安全设备、主机设备（包括操作系统、数据库等）重命名或删除默认管理员账户，修改默认密码，使其具备一定的安全强度，增强账户安全性
25	设备安全审计措施缺失	建议在关键网络设备、关键安全设备、关键主机设备（包括操作系统、数据库等）、运维终端性能允许的前提下，开启用户操作类和安全事件类审计策略；若性能不允许，建议使用第三方日志审计工具，实现对相关设备操作与安全行为的全面审计记录，保证发生安全问题时能够及时溯源
26	设备审计记录不满足保护要求	建议对设备的重要操作、安全事件日志进行妥善保存，避免受到非预期的删除、修改或覆盖等，留存时间不少于 6 个月，符合法律法规的相关要求
27	设备开启多余的服务、高危端口	建议网络设备、安全设备、主机设备等关闭不必要的服务和端口，减少安全隐患
28	设备管理终端限制措施缺失	建议通过地址限制、准入控制等技术手段，对管理终端进行管控和限制
29	互联网设备存在已知高危漏洞	建议订阅安全厂商漏洞推送或本地安装安全软件，及时了解漏洞动态，在充分测试评估的基础上，弥补高危安全漏洞
30	内网设备存在可被利用的高危漏洞	建议在充分测试的情况下，及时对设备进行补丁更新，修补已知的高风险安全漏洞；此外，还应定期对设备进行漏洞扫描，及时处理发现的风险漏洞，提高设备稳定性与安全性

（续表）

序号	高风险判例	整改建议
31	应用系统口令策略缺失	建议应用系统对用户口令长度、复杂度进行校验，如要求用户口令长度至少为 8 位，由数字、字母或特殊字符中的两种组成；对于 PIN 码等特殊用途的口令，应设置弱口令库，通过对比方式，提高用户口令质量
32	应用系统存在弱口令	建议应用系统通过口令长度、复杂度校验、常用／弱口令库比对等方式，提高应用系统口令质量
33	应用系统口令暴力破解防范机制缺失	建议应用系统提供登录失败处理功能（如账户或登录地址锁定等），防止攻击者进行口令暴力破解
34	应用系统鉴别信息明文传输	互联网可访问的应用系统，建议用户身份鉴别信息采用加密方式传输，防止鉴别信息在网络传输过程中被窃听
35	应用系统未采用多种身份鉴别技术	建议应用系统增加除用户名、口令以外的身份鉴别技术，如基于密码技术的动态口令或令牌、生物鉴别方式等，使用多种鉴别技术进行身份鉴别，增强身份鉴别的安全力度
36	应用系统默认口令未修改	建议应用系统重命名或删除默认管理员账户，修改默认密码，使其具备一定的强度，增强账户安全性
37	应用系统访问控制机制存在缺陷	建议完善访问控制措施，对系统重要页面、功能模块重新进行身份鉴别、权限校验，确保应用系统不存在访问控制失效情况
38	应用系统安全审计措施缺失	建议应用系统完善审计模块，对重要用户操作、行为进行日志审计，审计范围不仅针对前端用户的操作、行为，也包括后台管理员的重要操作
39	应用系统审计记录不满足保护要求	建议对应用系统重要操作类、安全类等日志进行妥善保存，避免受到非预期的删除、修改或覆盖等，留存时间不少于 6 个月，应符合法律法规的相关要求
40	应用系统数据有效性检验功能缺失	建议修改应用系统代码，对输入数据的格式、长度、特殊字符进行校验和必要的过滤，提高应用系统的安全性，防止相关漏洞的出现
41	应用系统存在可被利用的高危漏洞	建议运用漏洞扫描、渗透测试等技术，定期对应用系统进行检测，对可能存在的已知漏洞、逻辑漏洞，在充分测试评估后及时进行修补，减少安全隐患
42	重要数据存储保密性保护措施缺失	建议采用密码技术保证重要数据在存储过程中的保密性，且相关密码技术符合国家密码管理部门的规定
43	数据备份措施缺失	建议建立备份恢复机制，定期对重要数据进行备份以及恢复测试，确保在出现数据破坏时，可利用备份数据进行恢复；此外，应对备份文件妥善保存，不要放在互联网网盘、开源代码平台等不可控环境中，避免重要信息泄露
44	异地备份措施缺失	建议设置异地灾备机房，并利用通信网络将重要数据实时备份至备份场地；灾备机房的距离应满足行业主管部门的相关要求，例如金融行业应符合 JR/T 0071 的相关要求
45	数据处理系统冗余措施缺失	建议对重要数据处理系统采用热冗余技术，提高系统的可用性

序号	高风险判例	整改建议
46	未建立异地灾难备份中心	建议建立异地应用级灾备中心，通过技术手段实现业务应用的实时切换，提高系统的可用性
47	鉴别信息释放措施失效	建议完善鉴别信息释放或清除机制，确保在执行释放或清除相关操作后，鉴别信息得到完全释放或清除
48	敏感数据释放措施失效	建议完善敏感数据释放或清除机制，确保在执行释放或清除相关操作后，敏感数据得到完全释放或清除
49	违规采集和存储个人信息	建议根据国家、行业主管部门以及标准的相关规定（例如 GB/T 35273），明确向用户表明采集信息的内容、用途以及相关的安全责任，并在用户同意、授权的情况下采集、保存业务必需的用户个人信息
50	违规访问和使用个人信息	建议根据国家、行业主管部门以及标准的相关规定（例如 GB/T 35273），通过技术和管理手段，防止未授权访问和非法使用用户个人信息
51	云服务客户数据和用户个人信息违规出境	建议云服务客户数据、用户个人信息等存储于中国境内，如需出境应遵循国家相关规定
52	运行监控措施缺失	建议部署统一监控平台或运维监控软件对网络链路、安全设备、网络设备和服务器等的运行状况进行集中监测
53	审计记录存储时间不满足要求	建议部署日志服务器，统一收集各设备的审计数据，进行集中分析，并根据法律法规的要求留存日志
54	安全事件发现处置措施缺失	建议根据系统场景需要，部署 IPS、应用防火墙、防毒墙（杀毒软件）、垃圾邮件网关、新型网络攻击防护等防护设备，对网络中发生的各类安全事件进行识别、报警和分析，确保相关安全事件得到及时发现和及时处置
55	管理制度缺失	建议按照等级保护的相关要求，建立包括总体方针、安全策略在内的各类与安全管理活动相关的管理制度
56	未建立网络安全领导小组	建议成立指导和管理网络安全工作的委员会或领导小组，其最高领导由单位主管领导担任或授权
57	未开展安全意识和安全技能培训	建议制定与安全意识、安全技能相关的教育培训计划，并按计划开展相关培训，增强员工整体安全意识及安全技能，有效支撑业务系统的安全稳定运行
58	外部人员接入网络管理措施缺失	建议在外部人员管理制度中明确接入受控网络访问系统的申请、审批流程，并对外部人员接入设备、可访问资源范围、账号回收、保密责任等内容做出明确规定，避免因管理缺失导致外部人员为受控网络、系统带来安全隐患
59	违规采购和使用网络安全产品	建议依据国家有关规定，采购和使用网络安全产品，例如，采购或使用获得销售许可证或通过相关机构的检测认证的网络安全产品
60	外包开发代码审计措施缺失	建议对开放单位开发的核心系统进行源代码审查，检查是否存在后门和隐蔽信道。如没有技术手段进行源代码审查的，可聘请第三方专业机构对相关代码进行安全检测

（续表）

序号	高风险判例	整改建议
61	上线前未开展安全测试	建议在新系统上线前，对系统进行安全性评估，及时修补评估过程中发现的问题，确保系统安全上线
62	运维工具管控措施缺失	建议在管理制度及实际运维过程中加强运维工具的管控，明确运维工具经过审批及必要的安全检查后才能接入使用，使用完成后应对工具中的数据进行检查，删除敏感数据，避免敏感数据泄露；尽可能使用商业化的运维工具，严禁运维人员私自下载第三方未商业化的运维工具
63	设备外联管控措施缺失	建议在制度上明确所有与外部连接的授权和批准，并定期对外联行为进行检查，及时关闭不再使用的外部连接；在技术上采用终端管理系统等具有相关功能的安全产品，实现违规外联和违规接入的有效控制措施，并合理设置安全策略，在出现违规外联和违规接入时能第一时间进行检测和阻断
64	外来接入设备恶意代码检查措施缺失	建议制定外来接入设备检查制度，任何外来计算机或存储设备接入系统前必须经过恶意代码检查，在通过检查并经过审批后，外来设备方可接入系统
65	变更管理制度缺失	建议系统的任何变更均需要管理流程，必须组织相关人员（业务部门人员与系统运维人员等）进行分析与论证，在确定必须变更后，制定详细的变更方案，在经过审批后，先对系统进行备份，再实施变更
66	数据备份策略缺失	建议制定备份与恢复的相关制度，明确数据备份策略和数据恢复策略，以及备份程序和恢复程序，实现重要数据的定期备份与恢复测试，保证备份数据的高可用性与可恢复性
67	重要事件应急预案缺失	建议根据系统实际情况，对重要事件制定有针对性的应急预案，明确重要事件的应急处理流程、系统恢复流程等内容，并对应急预案进行演练
68	未对应急预案进行培训演练	建议每年定期对相关人员进行应急预案培训与演练，并保留应急预案培训和演练记录，使参与应急的人员熟练掌握应急的整个过程
69	云计算平台运维方式不当	建议云计算平台在中国境内设置运维场所，如需从境外对境内云计算平台实施运维操作，则应遵循国家相关规定

24.7　验收阶段监理工作

信息系统的安全体系建设是信息系统工程的重要组成部分，信息安全验收能够检验信息系统安全体系设计的科学性，能够检验信息系统能否有效防范日益严峻的外部网络攻击，能够评价安全防范效果。监理机构应重视信息安全验收工作，协调配合业主单位合理规划验收流程和事项，达成验收工作目标。

24.7.1　监理活动

信息安全系统验收阶段的主要监理活动如下：

（1）依据承建合同、安全设计方案、工程实施方案和实施记录、国家或地方相关标准和技术指导文件，督促承建单位进行系统测试和试运行，对信息系统工程进行安全符合性检查，以验证是否实现了工程安全设计目标和系统安全等级基本要求；

（2）监督系统测试过程，复核测试评估结论，确保建设成果满足规划设计要求；

（3）复核项目范围内的软硬件数量、部署位置、运行状态，确保符合招投标文件、承建合同的要求；

（4）协助业主单位建立验收工作机构，做好验收筹备工作，组织项目终验会议；

（5）协助验收工作机构审核承建单位提供的工程验收方案，并提出监理意见；

（6）协助业主单位对承建单位提供的验收申请资料进行评审，并提出监理意见；

（7）组织业主单位、承建单位分析相关专家评审意见，并对整改结果进行复核；

（8）适用时，可建议业主单位委托第三方机构进行安全测评和风险评估；

（9）督促承建单位及时整改发现的问题；

（10）协助业主单位收集工程设计和实施中的各种关键文档，做好监理文档的组卷归档工作。

24.7.2　监理内容

1. 系统测试的监理

在进行系统测试的监理时要重点关注以下几点：

（1）督促承建单位按照网络、主机、应用、数据等不同层面的安全功能和性能，采用不同的技术检测方法，设计详细的测试技术方案和控制流程，并对测试技术方案和控制流程进行审查。

（2）督促承建单位对工程实施中安装的设备或产品进行单元测试，以评估是否符合业主单位或工程的安全要求。

（3）督促承建单位在系统建设完成后、业主单位验收前，进行总体安全性测试。

（4）督促承建单位对安全测试的内容做详细的工作记录，包括安全工程测试方法、测试过程、测试指标结果等。

（5）督促承建单位及时整改测试中发现的安全问题。

（6）从以下方面对测试结果进行审查，并提出监理意见：

● 系统安全功能，如用户身份鉴别、访问控制、安全审计、数据存储和传输加密等；

● 系统安全性能，如系统可用性、密码算法强度、备份恢复策略等。

2. 工程验收方案的审核

在进行工程验收方案的审核时要重点关注以下几点：

（1）与安全需求、设计方案和实施方案的一致性；

（2）能够从技术、管理和工程方面保障信息安全，实现安全目标与安全需求；

（3）安全设计要求和指标、实现方法及其检测、验证手段；

（4）工程交付物清单（安全体系架构图、安全配置策略、工程设计和实施文档等）齐全、完整，且与实际相符；

（5）如适用，验收步骤和验收程序可考虑信息安全测评和风险评估环节。

3. 工程验收过程的监理

在进行工程验收过程的监理时要重点关注以下几点：

（1）督促承建单位在系统验收前先进行系统的测试和试运行，并进行详细的记录，对发现的问题及时整改；

（2）监理机构应建议业主单位和承建单位根据体系结构设计文件、详细设计文件及相关部门颁发的有关文件、相关信息技术和信息安全标准、设计规范、建设规范和验收规范进行项目验收；

（3）如适用，对介入工程的第三方的工作（例如风险评估、等级测评、软件评测等）过程进行监理。

24.8 信息安全合规性要求

为了提醒监理单位、监理机构和监理人员在实施信息安全监理活动时，更多地关注信息安全国家法律法规要求及相关注意事项，结合监理实践，本节给出了信息安全合规性要求，为实践提供参考和指导。

24.8.1 风险评估

风险评估方面的合规性要求如下：

（1）应以保障组织业务使命为导向，开展信息安全风险评估工作，以风险评估作为安全需求的输入；

（2）信息安全风险评估应贯穿信息系统的规划、设计、实施、运行维护以及废弃各个阶段；

（3）应参照 GB/T 20984《信息安全技术 信息安全风险评估方法》，制定风险评估流程，覆盖风险评估准备、资产识别、威胁识别、脆弱性识别、已有安全措施确认、风险分析、风险处置等环节；

（4）应确保并持续改进风险评估模型、方法和工具的合理性和适用性。

24.8.2 等级保护

等级保护方面的合规性要求如下：

（1）应按照"谁主管谁负责、谁运营谁负责、谁使用谁负责"的要求，落实信息安全责任主体；

（2）应按照"自主定级、自主保护"的原则，参照 GB/T 25058《信息安全技术 网络安全等级保护实施指南》，开展等级保护的定级、备案、建设、测评、整改等工作；

（3）应参照 GB/T 22239《信息安全技术 网络安全等级保护基本要求》中相应等级的技术和管理要求，选择并落实安全控制措施；

（4）应定期对信息系统安全状况、安全控制措施的符合情况进行自查，并按要求开展等级保护测评。

24.8.3　信息安全技术体系

信息安全技术体系方面的合规性要求如下：

（1）应建立有效的信息安全技术体系，部署安全产品，选取安全服务和安全机制，保障信息安全；

（2）安全技术体系应符合"深度防御"和"动态保障"等基本原则；

（3）应制定信息系统不同层面、不同产品和系统的安全配置基线和标准作业流程（SOP）；

（4）应建立持续的安全审计和安全监控机制，定期开展配置检查、漏洞扫描、渗透测试等技术检测。

24.8.4　信息安全管理体系

信息安全管理体系方面的合规性要求如下：

（1）应参照 GB/T 22080《信息技术　安全技术　信息安全管理体系　要求》和 GB/T 22081《信息技术　安全技术　信息安全控制实践指南》进行信息安全管理体系的建立、实现、维护和持续改进；

（2）应确定信息安全管理体系范围，制定信息安全方针，明确信息安全管理职责；

（3）应以风险评估为基础，选择控制目标和控制措施来建立信息安全管理体系；

（4）应通过信息安全方针、程序文件或制度、操作规程、记录和表单等文件的建立和实施，持续改进信息安全管理体系；

（5）对信息系统工程的业主单位和承建单位，均应要求建立信息安全管理体系。

24.8.5　信息系统安全测评

信息系统安全测评方面的合规性要求如下：

（1）应做好与安全测评机构的沟通，在工程验收阶段和系统运行阶段按需开展安全测评；

（2）应协调信息系统各相关方配合测评机构开展测评工作；

（3）应做好安全测评过程中相关的技术准备、文档准备和人员准备；

（4）应对安全测评中发现的问题及时进行安全加固、安全优化等整改工作。

24.8.6　应急管理

应急管理方面的合规性要求如下：

（1）应参照 GB/T 20986《信息安全技术　网络安全事件分类分级指南》对信息安全事件进行分类、分级；

（2）应参照 GB/T 20985《信息技术　安全技术　信息安全事件管理》建立应急响应小组，制定应急响应流程，实施信息安全事件管理各过程的主要活动；

（3）应确保信息安全应急管理的人员、预案、操作、工具、资源可用性；

（4）应制定信息系统总体应急预案和各类子预案，定期进行应急预案的培训、演练和修订。

24.8.7　业务连续性

业务连续性方面的合规性要求如下：

（1）应以保护组织的核心业务、核心价值，保障组织的业务持续开展为出发点，进行业务影响分析（BIA）；

（2）应基于风险评估和业务影响分析结论，制订业务连续性计划和灾难恢复计划；

（3）应基于信息系统的不同层面、不同应用、不同资产，分别制定恢复时间目标（RTO）、恢复点目标（RPO）指标；

（4）应根据业务连续性计划和指标，建立业务连续性保障能力。

24.8.8　网络安全审查

网络安全审查方面的合规性要求如下：

（1）关系国家安全和公共利益的系统所使用的重要技术产品和服务，应遵从国家网络安全审查制度；

（2）应依据产品和服务的安全性与可控性的审查结论，从技术和背景两方面评估使用信息技术产品和服务的安全风险；

（3）应评估信息技术产品和服务的提供商及其供应链的安全风险；

（4）应按需要求信息技术产品和服务的提供商做出安全性承诺。

24.9　信息安全关键技术要求

为了提醒监理单位、监理机构和监理人员在实施信息安全监理活动时，更多地关注信息安全技术要求、实现约束等注意事项，结合监理实践，本节给出了信息安全关键技术要求，为信息安全监理实践提供参考和指导。

24.9.1　物理安全

物理安全方面的关键技术要求如下：

（1）电子设备机房的安全设计应符合 GB/T 9361《计算机场地安全要求》的规定。

（2）机房物理位置选择在遵照相关技术规范的前提下，以等级保护第三级为例（下同）还必须考虑以下因素：等级保护第三级以上系统，机房场地应避免设在建筑物的高层或地下室，以及用水设备的下层或隔壁。

（3）物理访问控制。具体包括：

● 等级保护第三级以上系统，应对机房进行区域划分，区域和区域之间设置物理隔离装置，在重要区域前设置交付或安装等过渡区域；

● 等级保护第三级以上系统，重要区域应配置电子门禁系统，控制、鉴别和记录进入的人员。

（4）防盗窃防破坏。具体包括：

- 等级保护第三级以上系统，机房应安装采用光、电等技术的机房防盗报警系统；
- 等级保护第三级以上系统，机房应设置监控报警系统。

（5）防雷击。等级保护第三级以上系统，应在供配电系统上设置防浪涌保护装置，防止感应雷，同时建议在使用电缆的重要弱电设备端口安装防浪涌保护装置。

（6）防火。具体包括：

- 等级保护第三级以上系统，机房应设置火灾自动消防系统，能够自动检测火情、自动报警，并自动灭火；
- 等级保护第三级以上系统，机房及相关的工作房间和辅助房间应采用具有耐火等级的建筑材料和装饰材料；
- 等级保护第三级以上系统，机房应采取区域隔离防火措施，将重要设备与其他设备隔离开，物理隔断在吊顶之上和防静电地板以下应安装防火板与建筑结构闭合。

（7）防水和防潮。等级保护第三级以上系统，在存在水管穿越的区域，以及安装精密空调的区域，应安装对水敏感的检测仪表或元件，对机房进行防水检测和报警。

（8）防静电。等级保护第三级以上系统，机房的地面应采用防静电地板。

（9）温湿度控制。等级保护第三级以上系统，机房应设置温、湿度自动调节设施，使机房温、湿度的变化在设备运行所允许的范围之内。

（10）电力供应。等级保护第三级以上系统，应设置冗余或并行的电力电缆线路为计算机系统供电，有条件的建议机房所在建筑部署备用供电系统（如柴油 / 汽油发电机）。

（11）电磁防护。具体包括：

- 等级保护第三级以上系统，应保证机房采用接地方式防止外界电磁干扰和设备寄生耦合干扰；
- 等级保护第三级以上系统，应对关键设备和磁介质进行电磁屏蔽（使用屏蔽机柜安装关键设备，使用电磁屏蔽防潮柜存放磁介质）。

（12）机房环境监控。适时关注机房环境监控的关键部位和技术实现符合相关要求。

（13）对于涉及敏感数据或关键的系统链路，还应考虑其他必要措施。

24.9.2　网络安全

网络安全方面的关键技术要求如下：

（1）各种服务器及网络核心设备宜放置在专门的电子设备机房。

（2）信息网络平台中涉及的防火墙、防病毒系统等网络安全软硬件设备应通过国家相关安全测评认证机构的认证。

（3）结构安全。具体包括：

- 网络全局和结构设计应保证关键网络设备的业务处理能力具备冗余空间，满足网络各个部分业务高峰期需要，等级保护第三级以上系统，应保证主要网络设备的以上能力；
- 应绘制与实际部署情况相符的网络拓扑结构图，需标识出所有服务器、网络设备和安全设备，及相应的设备型号、IP 地址和连接端口等，标识出安全区域划分情况；

- 等级保护第三级以上系统，应在业务终端与业务服务器之间进行路由控制建立安全的访问路径，如使用静态路由或启用加密认证的相关技术手段；
- 等级保护第三级以上系统，应避免将重要网段（如服务器区、数据存储区）部署在网络边界处且直接连接外部信息系统，重要网段与其他网段之间采取可靠的技术隔离手段（如防火墙、网闸等）；
- 等级保护第三级以上系统，应按照对业务服务的重要次序来指定带宽分配优先级别，保证在网络发生拥堵的时候优先保护重要主机，在核心交换机或边界设备上配置并启用 QoS 策略；
- 应根据各部门的工作职能、重要性和所涉及信息的重要程度等因素，划分不同的子网或网段，并按照方便管理和控制的原则为各子网、网段分配地址段。

（4）访问控制。具体包括：

- 应在网络边界处部署访问控制设备（如防火墙等），启用访问控制功能，并配置合理的访问控制策略；
- 应能根据会话状态信息为数据流提供明确的允许 / 拒绝访问的能力，控制粒度为网段级，等级保护第三级以上系统要求控制粒度为端口级；
- 等级保护第三级以上系统，应对进出网络（Internet 边界）的信息内容进行过滤，实现对应用层 HTTP、FTP、Telnet、SMTP、POP3 等协议命令级的控制；
- 网络应具备会话超时中断、最大并发数限制功能；
- 重要网段应采取 IP/MAC 地址绑定，或其他防地址欺骗手段；
- 应按用户和系统之间的允许访问规则，决定允许或拒绝用户对受控系统进行资源访问，控制粒度为单个用户；
- 如网络提供了拨号接入功能，需要对拨号用户数量进行限制。

（5）网络设备防护。具体包括：

- 应对登录网络设备的用户进行身份鉴别，网络设备的管理用户标识应具有唯一性；
- 应对网络设备的管理员登录地址进行限制；
- 管理用户的身份鉴别信息应具有不易被冒用的特点，口令应有复杂度要求并定期更换，设备具备口令复杂度限制和口令生存周期限制功能的，应启用；
- 等级保护第三级以上系统的网络中，网络设备与安全设备应对同一用户选择两种或两种以上组合的鉴别技术来进行身份鉴别；
- 应具有登录失败处理功能，可采取结束会话、限制非法登录次数和当网络登录连接超时自动退出等措施；
- 当对网络设备进行远程管理时，应采取必要措施防止鉴别信息在网络传输过程中被窃听，如启用 SSH、HTTPS 等安全协议进行远程管理登录。

（6）安全审计。具体包括：

- 应对网络系统中的网络设备运行状况、网络流量、用户行为等进行日志记录，审计记录应包括事件的日期和时间、用户、事件类型、事件是否成功及其他与审计相关的信息；

- 等级保护第三级以上系统，应对审计记录进行保护，避免受到未预期的删除、修改或覆盖等，应能够根据记录数据进行分析，并生成审计报表。

（7）边界完整性。具体包括：

- 应部署终端管理类系统对内部网络用户私自联到外部网络（如越权访问、授权的无线网络和私自安装 4G 或 5G 上网卡连接 Internet）的行为进行检查，并对其进行有效阻断；
- 等级保护第三级以上系统，应部署基于 802.1X 等认证的网络准入控制系统，对非授权设备私自联到内部网络（如非授权的终端、服务器及网络设备）的行为进行检查，并对其进行有效阻断。

（8）入侵防范。具体包括：

- 应在网络边界处部署 IPS、UTM 等设备，或在网络核心部署 IDS 设备，监视以下攻击行为：端口扫描、强力攻击、木马后门攻击、拒绝服务攻击、缓冲区溢出攻击、IP 碎片攻击和网络蠕虫攻击等；
- 等级保护第三级以上系统，应在检测到攻击行为时，记录攻击源 IP、攻击类型、攻击目的、攻击时间，在发生严重入侵事件时应提供报警。

（9）恶意代码防范。具体包括：

- 等级保护第三级以上系统，应在网络边界处部署网络反病毒设备（如防毒墙、UTM 等），对恶意代码进行检测和清除；
- 等级保护第三级以上系统，网络反病毒设备应具备恶意代码库自动升级和检测系统更新功能。

24.9.3 主机安全

主机安全方面的关键技术要求如下：

（1）身份鉴别。具体包括：

- 应对登录操作系统和数据库系统的用户进行身份标识和鉴别；
- 管理用户的身份鉴别信息应具有不易被冒用的特点，口令应有复杂度要求并定期更换，设备具备口令复杂度限制和口令生存周期限制功能的，应启用；
- 当对服务器进行远程管理时，应采取必要措施，防止鉴别信息在网络传输过程中被窃听，如启用 SSL、SSH 等安全协议进行远程登录；
- 应为操作系统和数据库系统的不同用户分配不同的用户名，确保用户名具有唯一性，避免操作系统与数据库系统共享同一账号进行认证；
- 等级保护第三级以上系统，重要服务器应采用两种或两种以上组合的鉴别技术对管理用户进行身份鉴别。

（2）访问控制。具体包括：

- 应启用访问控制功能，依据安全策略控制用户对资源的访问；
- 应实现操作系统和数据库系统特权用户的权限分离；
- 应限制默认账户的访问权限，重命名系统默认账户，修改这些账户的默认口令，并及时删除多余的、过期的账户，避免共享账户的存在；

- 等级保护第三级以上系统，应根据管理用户的角色分配权限，实现管理用户的权限分离，仅授予管理用户所需的最小权限；
- 等级保护第三级以上系统，应对重要信息资源设置敏感标记，并依据安全策略严格控制用户对有敏感标记的重要信息资源的操作。

（3）安全审计。具体包括：

- 审计范围应覆盖服务器和重要客户端上的每个操作系统用户和数据库用户；
- 审计内容应包括重要用户行为、系统资源的异常使用和重要系统命令的使用等系统内重要的安全相关事件，审计记录应包括事件的日期、时间、类型、主体标识、客体标识和结果等；
- 等级保护第三级以上系统，应保护审计进程，避免受到未预期的中断，并保护审计记录，避免受到未预期的删除、修改或覆盖等；
- 等级保护第三级以上系统，应能够根据记录数据进行分析，并生成审计报表。

（4）剩余信息保护。具体包括：

- 等级保护第三级以上系统，应保证操作系统和数据库系统用户的鉴别信息所在的存储空间，被释放或再分配给其他用户前得到完全清除，无论这些信息是存放在硬盘上还是在内存中；
- 等级保护第三级以上系统，应确保系统内的文件、目录和数据库记录等资源所在的存储空间，被释放或重新分配给其他用户前得到完全清除。

（5）入侵防范。具体包括：

- 操作系统应遵循最小安装的原则，仅安装需要的组件和应用程序，并通过设置升级服务器等方式保持系统补丁及时得到更新；
- 等级保护第三级以上系统，应部署 HIDS 类系统，当检测到对重要服务器进行入侵的行为时，能够记录入侵的源 IP、攻击的类型、攻击的目的、攻击的时间，并在发生严重入侵事件时提供报警；
- 等级保护第三级以上系统，所属服务器应能够对重要程序的完整性进行检测，并在检测到完整性受到破坏后具有恢复的措施。

（6）恶意代码防范。应安装杀毒软件，建议使用企业版杀毒软件，等级保护第三级以上系统，应使用与网络防恶意代码产品不同的恶意代码库，能够进行病毒库升级。

（7）资源控制。具体包括：

- 应通过设定终端接入方式、网络地址范围等条件限制终端登录，并根据安全策略设置登录终端的操作超时锁定；
- 应部署 ITMN 监控系统，对服务器和网络设备的运行状况进行监测，包括监视服务器的 CPU、硬盘、内存、网络等资源，以及网络设备的 CPU、内存、端口状态和带宽的使用情况等。

24.9.4　应用系统安全

应用系统安全方面的关键技术要求如下：

（1）身份鉴别。具体包括：

- 应提供专用的登录控制模块对登录用户进行身份标识和鉴别，启用身份鉴别、用户身份标识唯一性检查功能，并根据安全策略配置相关参数；
- 应提供用户身份标识唯一和鉴别信息复杂度检查功能，保证应用系统中不存在重复用户身份标识，身份鉴别信息不易被冒用；
- 应提供登录失败处理功能，可采取结束会话、限制非法登录次数和自动退出等措施，并根据安全策略配置相关参数；
- 等级保护第三级以上系统，重要应用系统应对同一用户采用两种或两种以上组合的鉴别技术实现用户身份鉴别。

（2）访问控制。具体包括：

- 应提供访问控制功能，依据安全策略控制用户对文件、数据库表等客体的访问；
- 访问控制覆盖范围应包括与资源访问相关的主体、客体及它们之间的操作；
- 应由授权主体配置访问控制策略，并严格限制默认用户访问权限，授予不同账户为完成各自承担任务所需的最小权限，并在它们之间形成相互制约关系；
- 等级保护第三级以上系统，应具有对重要信息资源设置敏感标记的功能，并依据安全策略严格控制用户对有敏感标记的重要信息资源的操作。

（3）安全审计。具体包括：

- 应提供覆盖每个用户的安全审计功能，对应用系统重要安全事件进行审计，审计记录的内容至少应包括事件日期、时间、发起者信息、类型、描述和结果等；
- 等级保护第三级以上系统，应保证无法单独中断审计进程，无法删除、修改或覆盖审计记录；
- 等级保护第三级以上系统，应提供对审计记录数据进行统计、查询、分析及生成审计报表的功能。

（4）通信完整性和保密性。具体包括：

- 应采用校验码技术，等级保护第三级以上系统，需要采用密码技术或其他等效手段保证通信过程中数据的完整性；
- 在通信双方建立连接之前，应用系统应利用密码技术进行会话初始化验证，等级保护第三级以上系统，应对通信过程中的整个报文或会话过程进行加密，保证通信过程中数据的保密性。

（5）剩余信息保护。具体包括：

- 等级保护第三级以上系统，应保证用户鉴别信息所在存储空间被释放或再分配给其他用户前得到完全清除，无论这些信息是存放在硬盘上还是在内存中；
- 等级保护第三级以上系统，应保证系统内的文件、目录和数据库记录等资源所在的存储空间被释放或重新分配给其他用户前得到完全清除。

（6）抗抵赖。等级保护第三级以上系统，应采用数字签名或其他等效手段，为数据原发者或接收者提供数据原发证据和数据接收证据。

（7）软件容错。具体包括：

- 应提供数据有效性检验功能，保证通过人机接口或通信接口输入的数据格式或长度符合系统设定要求；
- 等级保护第三级以上系统，应提供自动保护功能，当故障发生时自动保护当前所有状态，保证系统能够进行恢复。

（8）资源控制。具体包括：

- 应用系统应具备会话超时断开、最大并发连接数限制和单点登录控制功能；
- 应提供服务优先级设定功能，并在安装后根据安全策略设定访问账户或请求进程的优先级，根据优先级分配系统资源。

24.9.5　数据备份与灾难恢复

数据备份与灾难恢复方面的关键技术要求如下：

（1）数据完整性。具体包括：

- 应检测出系统管理数据、鉴别信息在传输过程中完整性是否受到破坏，等级保护第三级以上系统，还应对重要业务数据进行检测，并在检测到完整性错误时采取必要的恢复措施；
- 应检测出系统管理数据、鉴别信息在存储过程中完整性是否受到破坏，等级保护第三级以上系统，还应对重要业务数据进行检测，并在检测到完整性错误时采取必要的恢复措施。

（2）数据保密性。具体包括：

- 应采用加密或其他保护措施实现鉴别信息的存储保密性，等级保护第三级以上系统，还应采用加密或其他保护措施实现系统管理数据、鉴别信息和重要业务数据存储保密性；
- 应采用加密或其他保护措施实现鉴别信息的传输保密性，等级保护第三级以上系统，还应采用加密或其他保护措施实现系统管理数据、鉴别信息和重要业务数据传输保密性。

（3）备份和恢复。具体包括：

- 应能够对重要信息进行备份和恢复，等级保护第三级以上系统，应提供本地数据备份与恢复功能，完全数据备份至少每天一次，备份介质场外存放；
- 等级保护第三级以上系统，应提供异地数据备份功能，利用通信网络将关键数据定时批量传送至备用场地；
- 应提供关键网络设备、通信线路和数据处理系统的硬件冗余，保证系统的可用性，等级保护第三级以上系统，应提供主要网络设备、通信线路和数据处理系统的硬件冗余，保证系统的高可用性；
- 等级保护第三级以上系统，应采用冗余技术设计网络拓扑结构，避免关键节点存在单点故障。

第 25 章　运行维护监理

随着数字技术日益普及以及企业对于信息化的需求不断提高，保持信息系统的稳定运行、安全和高效显得尤为重要。本章对运行维护监理服务过程的具体内容予以解读，分小节、分重点地提出分析、指导建议，重点讲述监理服务过程中的关键监理活动、监理内容、重点运行维护服务的监理要点，以及监理主要输出文档等，帮助监理人员开展运行维护监理工作。同时对监理机构在实践过程中编制监理大纲、监理规划和监理实施细则，以及项目的作业指导书或监理文档起到必要的指导作用。

由于运行维护监理相较工程建设监理具有一定的独立性和特殊性，本章将对运行维护监理的控制活动、管理要点和必要的工作约束等进行重点说明。

25.1　概述

我国信息化经过长期的规划、建设，取得了丰硕的成果，大量信息系统进入全面应用及维护阶段，各级、各部门信息系统大多处在信息化更新建设、升级改造和运行维护同步进行的新时期。

信息系统运行维护，特指新建或升级改造类信息化项目实施完成后的系统，在结束其试运行周期后，完成必要的项目验收手续、正式进入生产环境交付使用阶段的维护和保养工作。

信息系统运行维护服务对象通常分为基础设施、应用软件、数据、信息安全四类，具体包括如下内容：

（1）基础设施。具体包括：
- 为软件运行提供基础运行环境的设施，例如综合布线系统、电子设备机房等；
- 为软件提供安全网络环境的设备设施，例如路由器、交换机、防火墙、入侵检测器、负载均衡器、电信线路等；
- 计算机设备，例如服务器、存储设备等；
- 安装运行在计算机硬件中、支撑应用软件运行的系统软件，例如操作系统软件、数据库软件、中间件等。

（2）应用软件。具体包括：
- 通用软件，例如企业管理软件、辅助设计与辅助制造软件等；
- 行业应用软件，例如通信软件、金融财税软件、工业控制软件等。

（3）数据。具体包括：
- 在数据库管理系统中存储和操作，与业务、配置和日志相关的结构化数据；
- 以计算机文件形式存储和操作，与业务、配置和日志相关的非结构化数据。

（4）信息安全。具体包括：

- 信息安全咨询，例如信息安全规划、信息安全管理体系优化、信息安全风险评估；
- 信息安全实施，例如信息安全加固和优化、信息安全检查和测试、信息安全监控；
- 信息安全管理及培训。

25.1.1　基本概念

1. 运行维护监理

监理单位受业主单位委托，依据国家有关法律法规、标准规范和监理合同，对信息系统完成建设并投入使用后的运行维护工作实施的监督管理。

2. 例行操作监理

对于运行维护中的日常预定工作，监理机构实施的监理。

3. 响应支持监理

对于运行维护服务请求或故障申报的即时处理工作，监理机构实施的监理。

4. 优化改善监理

对于运行维护对象的功能和性能调优工作，监理机构实施的监理。

5. 调研评估监理

对于运行维护对象的调查研究或分析评价工作，监理机构实施的监理。

25.1.2　运行维护监理与建设监理的对比

信息系统运行维护监理作为一种新型的信息化监理服务，越来越受到大型信息系统工程建设项目业主单位的重视，尤其是"政务信息化""智慧城市"等建设取得的阶段性成果正逐步进入应用及维护阶段，其管理者希望引入运行维护监理。

对信息系统运行维护服务的需求主要有以下几方面原因：

（1）在实施过程中，管理细节上尚不清楚运行维护绩效考核该如何实施，或者没有足够的人力资源（符合能力要求的人员）从事运行维护绩效考核工作。

（2）在年度运维工作结束或某项目运维结束时，尚不清楚运行维护服务该如何验收。信息系统建设工程验收多是针对实物的验收，方法较多，包括测试、评审、专家论证等。但是运行维护服务的验收大多是非实物验收，上述方法效果有限。

（3）运行维护过程中，当出现合同纠纷、任务落实是否到位等"扯皮"事件时，大多数用户没有经验和能力判断，分不清事件的原因和责任，难以有效促进问题的解决。

（4）需要有一个第三方服务机构，为业主单位提供必要的观察、检验、验证、监督和审定等管理服务。

针对以上问题，信息系统工程运行维护的监理服务应运而生，可以为用户解决运行维护过程中因人力不足、能力不足、经验不足带来的问题。

通过研究和实践，在信息化建设监理规范约定的"三控、两管、一协调"的基础上，结合运行维护监理服务的实际工作，总结出了"四控、五管、一协调"的运行维护监理方法论，具体包括：质量控制、进度控制、投资控制、安全控制、合同管理、文档资料管理、配置管理、应急管理、效能管理和组织协调。信息系统工程的运行维护监理与建设监理既有一致性，也有差异性，如表25-1所示。

表 25-1　信息系统工程运维监理与建设监理的对比

服务内容	信息系统工程运行维护监理	信息系统工程建设监理
质量控制	保障运行维护事件的响应、快速处置、深层技术问题解决等服务质量，以及日常服务支持的用户体验质量	保障产品及项目成果物的建设过程质量和最终交付质量
进度控制	保障运行维护工作任务按时保质完成，包括常规既定任务、时间约束范围内的处置任务等	控制并调整项目整体工期、里程碑执行进度
投资控制	控制IT资产运行维护资源、运行维护单位服务过程费用，突出预算执行，指导预算编制与决算，强调IT全面预算管理	评估工程造价，控制预算决算审核，强调"一头一尾"
安全控制	对基础环境、信息系统、数据资源等物理、逻辑、人员的安全控制，以及可用性、连续性控制	对建设过程中的安全性、保密性以及人员的安全管理
合同管理	管理运行维护周期内服务提供的响应能力、处理能力等，支撑信息系统运行的连续可用性，衡量标准具有多样性	管理承建合同中的内容、进度、合同额，以及其他约定，衡量标准明确
文档资料管理	以服务过程中产生的工单为主、配套技术文档为辅，强调服务过程的可溯源性及整体关联性	以工程技术和管理文档为主，强调文档与建设成果的一致性及同步性
配置管理	从IT整体软硬件环境及安全环境出发进行资产配置管理，控制配置项变更对全局整体环境及业务的影响	在建设范围、进度、成本、质量、风险、技术可行性等方面控制变更
应急管理	对IT整体运行环境应急预案、应急演练、突发事件处理过程的管理与优化，突出对重点业务的应急支持	对建设过程中的突发事件及潜在风险进行预案、预警及处置，突出对潜在风险的预警及突发事件的处置
效能管理	综合服务过程，评价并管理运维服务提供方对其所辖服务对象的服务能力，以及IT资产对业务发展的支撑能力	因为在建设监理实践中，系统处于在建或未完全建成状态，其效能是不完整的，即便管理也是局部的，故视为无
组织协调	与全部参与业主单位信息系统运行维护工作的服务单位进行协调沟通，突出作为服务单位职责的裁判作用	与项目特定的业主单位及承建单位各方进行协调沟通，解决争议

25.1.3　运行维护监理的阶段及要求

运行维护监理工作按照服务阶段划分，分为招标阶段监理、实施阶段监理、评估阶段监理，每个阶段都有相应的监理要求。如表25-2所示。

表 25-2　运行维护监理工作各阶段的监理要求

阶段	监理要求
招标阶段监理	● 监理机构应协助业主单位明确信息系统运行维护阶段的主要任务和服务标准 ● 监理机构应协助业主单位在信息系统运行维护阶段选择适合的提供运行维护服务的单位，包括招标的工作 ● 监理机构应协助业主单位与运维服务提供方签署运行维护服务级别协议（SLA），在技术、经济上合理有效。在签订的运行维护服务合同中应明确要求运维服务提供方接受监理单位的监理
实施阶段监理	● 监理机构应依据服务级别协议及服务目录，协助业主单位对运行维护服务商的工作进行监督和考核，包括建立考核制度、指标和办法，通过有效监督保证运行维护服务的质量 ● 监理机构应配合业主单位及运维服务提供方共同制订可操作的业务连续性运行维护方案和计划，并按照运行维护方案和计划监督运行维护服务商的运行维护工作 ● 监理机构应配合业主单位及运维服务提供方共同制订灾难恢复方案与计划，按照灾难恢复方案与计划，协助业主单位组织灾难恢复演练，并监督演练
评估阶段监理	● 监理机构应协助业主单位对运行维护后的系统进行效果评估 ● 监理机构应协助业主单位对运行维护服务结果、服务交付过程以及相关管理的工作进行评估、认定和验收

下面将结合案例重点介绍信息系统运行维护招标、实施、评估三个阶段的重点监理活动及监理内容，并对基础设施、软件、数据、信息安全四类重点运行维护服务的监理要点进行分析和阐述。

25.2　招标阶段监理工作

通常情况下，引入信息系统运行维护监理的项目，会由信息系统的业主单位、运行维护服务的提供单位（简称"运维服务提供方"）、监理单位等多方组织，执行招标、实施、评估等多个工作环节。

选择运行维护服务的服务提供商是一个严谨和复杂的过程。选择合适的运维服务提供方是高质量运行维护服务的必要条件。运用体系化方法执行筛选活动，能够有效筛选出优质、合适的运维服务提供方。

选择适宜的运维服务提供方的关键点在于将业主单位的管理要求和服务要求整合到一起，作为招标、评标以及合同中的重要内容，包括服务内容、服务级别、绩效考核、奖惩制度、服务成本等。

【案例 1】以国家某行政管理部门的业务系统运维需求分析为例，其业务系统是全国大集中系统，业务系统在全国范围上线前，业务实时数据主要分别在各地方机构的信息部门，国家级的信息中心主要负责数据汇总和部分联网数据的传输工作。随着大集中式业务系统的上线，使全国系统从分布式运行维护转变为集中式运行维护，实时数据都汇总到国家级信息中心，信息中心必须要保证应用、系统、网络各个层面的资产能够正常运转，才能保障业务的畅通无阻，否则将会产生重大影响。一旦出现问题，影响将波及全国范围。这就对国家级信息中心的集中式运行维护全过程管理及供应商的选择提出了更高的要求，监理机构应在招标阶段提供高质量的服务，以确保运维服务提供方的质量及运行维护服务的效果。在此案例中，运维服务内容的需求基本一致，即系统运行维护。但在地方机构与国家级机构的服务对象、服务级别、服务要求、服务响应和服务成本方面，以及对应服务的绩效考核、服务奖惩等方面可能都有差异，需要结合实践认真分析、确定。

25.2.1　监理活动

运行维护招标阶段的主要监理活动如下：

（1）明确运行维护需求：协助业主单位明确运行维护的主要任务和服务标准；

（2）招标：协助业主单位编制招标文件，满足运行维护需求；

（3）签署合同及SLA：协助业主单位与运维服务提供方签署运行维护服务合同和运行维护服务级别协议（SLA）。

25.2.2　监理内容

1. 明确运行维护需求

监理单位应明确运行维护需求，具体如下：

（1）根据运维招标特点编制监理规划，经业主单位签认后，作为监理工作的指导文件；

（2）协助业主单位进行招标策划工作，根据业主单位需求及相关法律法规、政策和标准，确定运行维护任务和服务标准，作为后续监理工作的依据之一；

（3）明确运行维护需求，包括运行维护对象、运行维护流程、运行维护组织及管理模式等，形成合法合规的、有针对性的、符合实际运行维护需要的招标要求。

2. 协助业主单位招标

监理机构应协助业主单位进行招标工作，具体如下：

（1）在业主单位许可及授意下，可参与招标文件的编制工作，对招标文件中的技术和质量要求、服务级别、投标单位资质要求、应急响应、交付、评估方法等提出监理意见。重点审核招标文件以下内容：

- 投标单位能力证明文件的要求是否合理，与业主单位需求是否一致，招标文件中所附运行维护服务合同模板的通用条款和专项条款是否合理；
- 运行维护服务要求是否满足业主单位需求、关键技术标准和服务标准；
- 评标标准是否合理。

（2）在业主单位的授权下，可参与招标答疑工作，协助业主单位对运行维护服务所涉及的服务要求、技术指标向投标单位解释，并保存会议纪要和相关文件。

（3）在业主单位的授权下，可协助业主单位参与评标活动，对于投标文件与招标文件的符合性及投标文件的合理性提出监理意见。

表25-3展示了服务级别目标和测量的示例，服务目标应尽量量化。

表 25-3　服务级别目标和测量示例

服务活动	描述	测量标准	目标
电话支持响应	服务商接到事件报告后做出回复的确认时间	必须在 30 分钟内确认	95% 以上响应率
远程支持响应	服务商接到事件报告后做出回复的时间	必须在 60 分钟内确认	95% 以上响应率
现场响应	服务商接到事件报告后到达事件现场的时间	要求小于 48 小时	事件中 95% 以上在指定时间到达
运维事件解决	从接到事件报告开始，进行事件的分析解决，到事件解决完毕所经历的时间	每种故障级别预期解决时间： 平均故障解决时间 ≤ 48 小时 故障级别 1 ≤ 24 小时 故障级别 2 ≤ 72 小时 故障级别 3 ≤ 一周 故障级别 4 ≤ 两周	事件中 95% 以上在指定时间内得到分配和修复

3. 合同及 SLA 监理

完成招标工作后，监理机构需要协助业主单位推进合同谈判及签订工作。运行维护合同的主要附件是运维服务级别协议（SLA）。

合同及 SLA 相关的监理内容如下：

（1）协助业主单位审核合同条款和 SLA 内容，重点审核：

● 合同条款中运行维护服务期限、服务范围、服务内容、服务级别（SLA）、人员投入、运行维护评估、付款节点、服务变更控制及奖惩条款等内容；

● SLA 中服务目录定义完整性、文件规范性、考核评估机制有效性和完整性；

● SLA 是否明确了服务项目、服务内容、服务时间、服务频度、交付方式及交付结果等。

可参考下面的运维服务级别协议（SLA）的示例，定义有关 SLA 的约束要求，如表 25-4 所示。

表 25-4　运维服务级别协议（SLA）示例

代码	服务项目	服务内容	服务频度	交付方式	交付成果
001	机房温湿度监控和管理	机房温度和湿度巡检监控	巡检：2 次 / 天	现场	《巡检报告》
		异常情况应急处理	发生异常情况时		《服务事件记录》《故障报告》
002	机房强电线路监控和管理	机房强电线路巡检监控	巡检：2 次 / 天	现场	《巡检报告》
		异常情况应急处理	发生异常情况时		《服务事件记录》《故障报告》
		强电线路定期维护，包括线路检查、线路梳理等	定期维护：2 次 / 年		《强电线路定期维护报告》

（续表）

代码	服务项目	服务内容	服务频度	交付方式	交付成果
003	机房空调运行监控和管理	空调运行情况巡检监控	巡检：2 次 / 天	现场	《巡检报告》
		空调定期维护，包括健康检查、主机除尘、更换清洗过滤网加湿罐等	定期维护：1 次 / 月		《空调定期维护报告》
		故障应急处理	发生故障时		《服务事件记录》《故障报告》

（2）管理运行维护招标阶段所产生的与监理相关的文档资料，包括需求说明、招标文件、运行维护合同、运行维护 SLA 等。

（3）可从运行维护人员、资源、技术和过程，以及运行维护预算的分析论证等方面向业主单位提供咨询服务。

（4）签订的运维服务合同中，应明确要求运维服务提供方接受监理单位的监理。

25.2.3　主要输出文档

运行维护招标阶段的主要输出文档如下：

（1）监理规划；

（2）服务需求研讨会会议纪要；

（3）招标需求文件评审的监理意见；

（4）招标答疑纪要或备忘录；

（5）合同评审的监理意见；

（6）SLA 评审的监理意见。

25.3　实施阶段监理工作

在运行维护实施阶段，监理机构结合信息系统运行维护监理"四控、五管、一协调"的工作方法论，依据服务目录及 SLA，协助业主单位对运维服务提供方的运行维护活动进行质量、进度、投资和安全控制，协助业主单位对运维服务提供方的运行维护活动涉的合同、文档资料、配置、应急和效能进行管理，同时在服务过程中，开展必要的业主单位、运维服务提供方等各方面工作关系的协调与处理。

运行维护实施阶段的监理活动如图 25-1 所示。

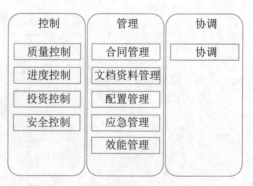

图 25-1　运行维护实施阶段的监理活动

25.3.1　质量控制

1. 质量控制的特点

信息系统运行维护的质量是运行维护监理工作的核心，是决定整个信息系统运行维护成败的关键，也是一个运行维护项目是否成功的最根本标志。质量控制贯穿运行维护监理工作的始终，也是运行维护服务实践活动的出发点、核心点。

信息系统运行维护的质量控制与信息系统工程建设的质量控制思路基本相似，但在质量控制点、控制措施等方面又有区别，主要体现在以下两点：

（1）质量目标有区别。信息系统工程建设的质量目标聚焦在最终成果上，在项目进度和成本范围内，成果物的质量达成就意味着工程质量目标的达成。而运行维护工作的质量目标除了有成果性的（如升级、改造等），还有过程性的，它要求在执行过程中都要保证某种要求的实现或不可突破。

（2）质量控制方法有区别。除常规的监理质量控制方法外，运行维护监理工作还有另一项重要的质量控制方法，即绩效考核。通过客观、量化的绩效考核，评价运维服务提供方的工作质量，实时发现问题，督促运维服务提供方持续不断地改进、完善，直至问题得到彻底解决。

同时，信息系统运行维护的质量控制和其他运行维护的质量控制相比有其特殊性，只有对信息系统运行维护的特点以及质量影响要素有比较清楚的认识，对其质量的控制才能有针对性。

2. 质量影响要素

质量影响要素具体如下：

（1）要控制质量，首先要控制运维服务人员的工作能力、水平和效果。信息系统运行维护的实施过程是人的智力劳动过程，个人能力影响较大，人员跳槽现象也比较普遍。监理机构对运维服务提供方的人员控制并不是人事权的控制，而主要是通过审查运行维护项目的主要人员是否满足投标文件中的人员要求（例如人员资格证书、运行维护经验等），以保证其运维服务能力和水平；通过审查运维服务提供方的过程质量控制体系，以保证运行维护工作能够在有序的状态下进行，最大可能减少个人的随意性；通过督促运维服务提供方建立有效的版本控制体系和文档管理体系，最大程度减少人员流动带来的损失。

（2）定位故障比较困难。例如，信息系统的性能问题可能是由网络性能、主机性能、数据库性能、中间件性能和应用软件性能共同决定的，其中一项出现故障，就会影响整体性能，因此在进行质量控制时既要切实控制单体的质量，又要有全局的观念。

（3）改正错误的代价往往较大，并且可能引发其他质量问题。例如，在应用系统运行维护过程中，即使发现了软件的错误，也不能随时随意修改。在质量控制时要做好质量改进评估，否则修改一个问题可能会引起更多、更大的问题。

（4）质量认定的范围较大。在信息系统运行维护过程的质量认定中，除了类似系统建设过程的质量要求，运维服务提供方的服务态度和服务效率也可以成为质量认定的内容。

3. 质量控制活动及内容

质量控制活动及内容具体如下：

（1）督促运维服务提供方建立运行维护质量保证体系，主要包括：

● 运行维护质量保证计划；

● 运行维护质量控制活动及相关规范流程；

● 运行维护质量控制机构及人员的职责权限、工作衔接关系、协调措施等；

● 满足运行维护质量要求的资源条件，如运行维护实施工具及设备等；

● 满足运行维护质量要求的人员条件，如人员数量、人员资质、技能经验要求、所需的培训等；

● 运行维护质量信息的反馈机制。

（2）以运行维护合同、SLA 为依据，监督运行维护质量保证体系的落实及其日常运行情况，主要包括：

● 运行维护服务流程执行情况；

● 运行维护服务过程与运行维护质量保证计划的相符性；

● 运行维护服务成果和相关运行维护文档资料；

● 重大运行维护事件的处置过程；

● 运行维护项目的交付过程。

（3）针对运行维护过程中的关键事件进行重点控制，主要包括：

● 由总监理工程师审核，并协助业主单位组织相关专家进行论证；

● 跟踪关键操作和事件解决过程，发现质量问题并及时纠正，消除质量隐患。

（4）督促运维服务提供方开展巡检，并抽查巡检相关记录，检查内容主要包括：

● 日常巡检安排及落实情况；

● 业务高峰期和特殊业务保障时期人员安排、巡检安排及落实情况；

● 巡检内容与业务系统匹配的完整性，以及阈值设定的合理性；

● 运维服务提供方提交的故障报告、巡检报告、运维日志等信息；

● 对故障发生过程、原因、处理等方面进行讨论和分析，评定巡检工作成效及是否存在疏漏。

（5）检查备品、备件的准备情况，主要包括：

● 检查需要预先采购的备品备件型号、数量等是否符合合同要求；

● 重要设备的备品备件是否为正品；

● 合同中明确的替代设备、应急设备是否准备齐全；

● 不定期抽查备品备件库。

（6）宜定期对运行维护服务质量进行考核、评估。

（7）可对运行维护过程中的测试实施质量进行审查，主要包括：

● 评审运维服务提供方提交的测试计划、测试方案、测试报告等；

● 执行重要环节的监理抽测，或对测试过程进行旁站。

（8）对运行维护文档质量进行评审，主要包括：

● 运行维护需求分析报告、运行维护实施方案；

● 运维服务提供方提供的质量保证体系；

● 运维服务提供方提交的运行维护过程文档；

● 运行维护验收方案。

25.3.2　进度控制

运行维护实施阶段的进度控制也有别于信息系统工程建设的进度控制，其核心目标是控制运行维护工作任务按时保质完成，包括常规既定任务、时间约束范围内的处置任务等。运行维护实施阶段的进度控制更多关注整体工作计划性、各项安排的合理性、计划或者任务达成的时效性等。

进度控制相关的监理工作包括如下内容：

（1）对运维服务提供方的整体运行维护计划进行审核，内容包括：

● 进度计划的科学性和可执行性；

● 进度计划的合理性，包括时间计划合理性，任务安排合理性，工具、人员投入合理性。

（2）根据进度计划设置关键进度检查点。

（3）针对进度检查点进行审核，发现偏差时可以组织多方会议会商，修正进度计划。

25.3.3　投资控制

1. 投资控制概述

信息系统运行维护的投资控制是对运行维护费用预算的实际执行情况进行监督、控制和评价的过程。投资控制的目的就是根据运行维护服务进展的实际情况，结合运维服务提供方的绩效考核结果，对运行维护费用的支付进行调整和控制，从而节省用户费用、控制服务效果。

运行维护投资控制要在保证服务质量的前提下不断降低运行维护费用，从而实现目标费用最优化的要求。基于运行维护工作的特点，在实施过程中需要进行全过程、动态的投资控制。随着运行维护各项工作的连续进行，应该开展全覆盖式的投资控制，覆盖所有运维服务提供方及人员，覆盖所有服务对象，覆盖所有服务类型（包括运行支撑、日常巡检、故障处理、应急演练等）。信息系统运行维护的实际费用理论上是不可预控的，尤其是基础设施的运行维护工作，突发性、偶然性比较大，所以要在实施过程中进行动态控制。投资控制与质量控制是同时进行的，在实现投资控制的同时需要兼顾质量目标。

2. 投资控制的要点

投资控制的要点具体如下：

（1）投资控制与绩效考核的结果是息息相关的，通过对绩效考核结果的分析，可以找到运维服务中的不足，通过控制费用促进运维服务提供方完善改进；

（2）在没有突发意外的情况下，项目实际费用不应超过项目计划费用；

（3）应重视预算阶段的工作，考虑周全，尽量把有限的预算合理化分配；

（4）以动态控制原则为指导进行费用计划值与实际值的比较；

（5）有必要使用信息化手段辅助控制费用，尤其是对绩效考核的奖惩，功过不能相抵。

3. 投资控制的方法

投资控制的主要方法是要求运维服务提供方定期上报费用报告或阶段支付申请，由监理机构对其进行费用审核，以保证各种支出的合法性，同时将已经发生的费用与预算进行比对，分析是否超支，并采取相应的措施加以弥补。

对固定运行维护费和不固定运行维护费一般采用不同的控制方法。

1）固定运行维护费的控制方法

如果运行维护合同签订的是固定运行维护费，监理机构应跟踪合同执行全部过程，分块评价运行维护服务商对每部分合同内容的执行情况。根据合同条款判断是否应该支付运维服务提供方的阶段费用。如果出现不建议支付的情况，应向业主单位提交专题监理报告，说明原因。同时约请用户与运维服务提供方面谈，指出问题，要求整改，整改完成后再评价该阶段运行维护费可否支付。

2）不固定运行维护费的控制方法

不固定运行维护费是指在运行维护合同中约定发生某种运行维护事件或工作时，运维服务提供方应按什么标准进行服务、服务单价是多少、用户按什么标准计算工时、如何支付该项费用。在合同签订过程中，监理机构应公平、合理、合规地提出核算过程与建议。

不固定运行维护费的计算方法一般是服务单价乘以数量（或工作量）。监理应掌握运维服务提供方为此运行维护事件或工作实际付出的工作量，可以通过全过程的质量控制、效能管理等方式，记录运维服务提供方的实际有效工时，为不固定运行维护费的计算提供依据。同时，监理机构还应该严格进行绩效考核工作，如果发现运维服务提供方未能整改或绩效考核结果较差，应该根据绩效考核相关规定进行惩罚。因此，运行维护费的总值应该是不固定运行维护费计算值与绩效考核奖惩结果的和。

4. 投资控制活动及内容

投资控制活动及内容具体如下：

（1）协助业主单位对运维服务提供方的技术方案、实施方法、管理方案、所采用的运维设施及设备等方面做出必要的经济可行性评审，并提出有效建议。

（2）在运行维护实施过程中，按阶段提交运行维护费用支付情况的监理报告，协助业主单位掌握运行维护预算执行情况。重点关注：

- 以年、季度等为周期，审核运维服务提供方的预算执行情况和支付申请，结合绩效考核签发支付意见；
- 针对非固定运行维护费，依据服务标准、工时、付费方式和计费标准等内容进行审核，对运维服务提供方的实际有效工时进行记录，并提出核算过程与结论，结合绩效考核提出监理意见。

（3）针对运行维护过程中的索赔事项，审核各项索赔金额。

（4）审核运行维护各阶段付款申请，核算运维过程的实际工作量，出具支付意见。重点关注：

- 由总监理工程师依据运行维护合同、SLA 及相关补充协议，审核运维服务提供方提交的阶段性运行维护总结报告和付款申请，满足付款条件时，总监理工程师签发支付意见，报送业主单位；
- 如果不具备支付条件，或总监理工程师不建议支付，应提出监理意见，对问题进行说明，并要求整改，整改完成后再进行审核。

25.3.4　安全控制

1. 安全控制概述

信息系统运行维护安全的定义，是确保在信息网络系统进行通信、处理和使用的信息内容，在各个物理位置、逻辑区域、存储和传输介质传输过程中处于动态和静态过程中的保密性、完整性和可用性，以及与人、网络、环境有关的技术安全、结构安全和管理安全的总和。

在定义中，人是指信息系统应用的主体，包括各类用户、支持人员、技术管理人员、行政管理人员等。网络是指由计算机、网络互连设备、传输介质以及操作系统、通信协议和应用程序所构成的物理的和逻辑的完整体系。环境是指系统稳定和可靠运行所需要的保障体系，包括建筑物、机房、电力、保障与备份、应急与恢复体系等。

信息系统运行维护安全涵盖了人工和自动信息处理的安全、网络化和非网络化的信息系统运行维护安全，泛指一切以声、光、电信号、磁信号、语音以及约定形式为载体的信息的安全。总体来说，信息系统运行维护安全就是要保证信息系统的用户在允许的时间内，从允许的地点通过允许的方法对允许范围内的信息进行所允许的处理。

信息系统运行维护安全的具体含义和侧重点会随着观察者的角度而不断变化。

（1）从用户的角度看，个人用户最关心的是如何保证个人隐私，企业用户最关心的是如何保证涉及商业利益的数据安全。个人数据或企业信息在传输过程中要保证其受到保密性、完整性和可用性的保护，避免其他人利用窃听、冒充、篡改、抵赖等手段，对其利益和隐私造成损害和侵犯。同时用户也希望自己保存在某个网络信息系统中的数据不会被其他非授权用户访问和破坏。

（2）从网络运行和管理者的角度看，最关心的是如何保护和控制其他人对本地网络信息的访问、读写等操作。例如，避免出现漏洞陷阱、病毒、非法存取、拒绝服务和网络资源非法占用和非法控制等现象，制止和防御网络"黑客"的攻击。

（3）从安全保密部门和国家行政部门的角度看，最关心的是如何对非法的、有害的或涉及国家机密的信息进行有效过滤和防堵，避免非法泄露。机密敏感的信息被泄露将会对社会的安定产生危害，对国家造成巨大的经济损失和政治损失。

（4）从社会教育和意识形态角度看，最关心的是如何杜绝和控制网络上不健康的内容，避免其对社会的稳定和人类的发展造成不良影响。

目前，信息系统运行维护在企业和政府组织中得到了真正的广泛应用。许多组织对其信息系统不断增长的依赖性，加上在信息系统上运作业务的风险、收益和机会，使得信息和信息系统运行维护安全成为各个组织管理中越来越关键的部分。同时也要注意，对于信息化的不同应用，安全的策略和安全管理的目的也有所不同。

2. 安全控制活动及内容

安全控制活动及内容具体如下：

（1）协助业主单位根据系统的可用性、保密性、完整性及可维护性等方面，评审安全运行保障方案，避免引起技术及管理方面的冲突。

（2）协助业主单位进行运行维护安全规划。主要包括：

- 人员安全管理；
- 物理与环境保护；
- 输入输出控制；
- 突发事件应急计划；
- 数据完整性与有效性；
- 文档安全管理；
- 安全教育与培训。

（3）督促运维服务提供方提高安全意识，建立安全操作规范，严格执行安全操作规范，检查运维服务提供方是否存在安全隐患行为，并进行安全绩效考核。安全操作规范主要包括：

- 运行维护操作环境出入管理制度；
- 运行维护工作操作规程；
- 运行维护升级、维护制度；
- 运行维护工作人员人事管理制度；
- 运行维护安全检查制度；
- 运行维护应急制度；
- 运行维护信息资料管理制度；
- 运行维护工作人员安全教育、培训制度；
- 运行维护工作人员任职、休假制度。

（4）督促运行维护服务商进行信息系统运维安全管理教育。主要包括：

- 运行维护相关法律法规教育；
- 运行维护安全基础知识教育；
- 运行维护职业道德教育。

25.3.5　合同管理

合同管理的主要监理内容具体如下：

（1）监督运行维护合同执行情况，主要包括：

- 促使项目各方对运行维护合同条款达成一致认识和意见；

- 对运行维护成果质量和文档进行检查和验收；
- 对运行维护费用支付申请进行审核，并签发支付意见。

（2）在发生合同变更或索赔事件时，促使项目各方提交变更或索赔材料，审查变更或索赔材料，做好协调工作并提出监理意见，主要包括：

- 积极控制合同变更或索赔事件的发生，审查其必要性、合法性、有效性；
- 积极做好合同变更或索赔协调，协助收集变更或索赔依据，计算相关费用，提出监理意见。

（3）协调项目各方共同建立运行维护合同档案的归档、保存、借阅等合同管理制度，并监督其落实。

25.3.6　文档资料管理

文档资料管理的主要监理内容如下：

（1）协助业主单位、运维服务提供方建立运行维护过程的文档管理体系和管理计划，主要包括：

- 明确监理机构对运行维护文档的管理范围；
- 设置监理机构文档管理组织机构及专员；
- 协助运维服务提供方制定运行维护文档管理相关的制度、规范、流程；
- 协助运维服务提供方制定文档分类归档保存管理机制；
- 监督运维服务提供方进行文档管理体系培训。

（2）按照运行维护服务过程中统一的表格模板要求，督促各方编制运维文档。

（3）检查和评审运维服务提供方在运行维护服务过程提交的各类文档和单据。主要包括：

- 运行维护总控类文档，例如运维合同、运维实施方案、运维技术方案、运维质量保证计划等；
- 运行维护过程文档，例如方案/计划报审表、运行维护日志、巡检日志等；
- 总结类文档，例如项目周报、项目月报、项目总结报告等；
- 验收文档，如验收方案、验收材料等；
- 监理机构编制运行维护服务评估报告等。

（4）督促项目各方落实运行维护文档资料的归档、保存、借阅等的管理要求。

25.3.7　配置管理

1. 配置管理概述

配置管理是运行维护实施阶段重要的管理内容，监理单位通过配置管理过程，监督并核实 IT 配置项记录的准确性，并维护准确的信息，使其能够为其他的服务管理过程提供支持（如事件管理、问题管理、变更管理和发布管理）。

配置管理流程一般包括配置管理规划、配置识别、配置状态记录、配置控制和维护、配置审计和验证，如图 25-2 所示。

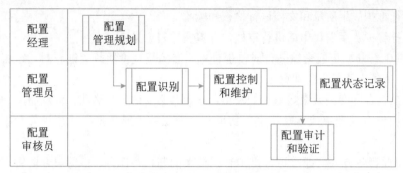

图 25-2　运维监理配置管理流程

2. 配置管理活动及内容

配置管理活动及内容具体如下：

（1）协助运维服务提供方建立配置管理岗位体系，明确配置经理、配置管理员、配置审核员、变更经理、变更控制委员会等的岗位职责。

部分岗位职责可参考以下内容开展具体工作：

① 配置经理。具体职责包括：

● 确定配置管理过程的计划；

● 对配置项进行识别和控制；

● 判断配置项的修改与更换，并与变更管理委员会保持紧密沟通；

● 确保配置管理过程在整个组织内得到良好的传达和沟通；

● 组织配置审计工作。

② 配置管理员。具体职责包括：

● 收集和记录配置信息；

● 维护配置项信息，确保配置项信息是最新的。

③ 配置审核员。具体职责为：定期对配置项的一致性和准确性进行核查。

（2）审核运维服务提供方提交的运行维护配置管理计划、配置方法、技术方案、使用工具等，并提出监理意见。

（3）跟踪和检查运维服务提供方对于配置项的规划、识别、实施和管理工作，主要包括：

● 配置项规划和管理数据库；

● 对配置项的识别、收集、分析等过程；

● 配置项基线管理机制；

● 配置项校验、审计机制。

（4）检查运行维护过程中配置项的变更及发布管理过程，重点包括：

● 审核运维服务提供方建立的配置项变更及发布相关管理制度、流程；

● 检查运维服务提供方变更和发布流程的执行情况；

● 审核变更发起人提交的变更申请及相关技术方案和实施方案，分析变更影响和风险，提出监理意见；

- 跟踪变更和发布的实施过程和实施结果。

（5）对配置管理进行抽检。主要包括：

- 定期对配置项的一致性和准确性进行抽检和核查；
- 定期对配置基线关联情况进行监督，并对配置项属性和状态进行审查。

25.3.8　应急管理

1. 应急管理概述

信息系统运行维护应急管理是指运维服务提供方为预防、监控、处置和管理运行维护服务应急事件所采取的措施和行为。监理单位应协助运维服务提供方建立应急预案，督促做好监测预警以及跟踪应急事件处置过程。

信息系统运行维护应急事件是指导致或即将导致信息系统设施运行中断、运行质量降低、应用系统或数据库系统发生重大破坏或需要实施重点时段保障的事件。

应急事件主要包括以下情况：

- 大范围系统中断；
- 区域性系统崩溃；
- 关键业务中断；
- 大范围病毒暴发；
- 系统严重破坏；
- 数据严重破坏等。

应急响应是指针对应急事件采取的解决行动，是信息系统运行维护的重要组成部分，也是典型的活动之一。当出现超出预定的应急响应阈值的重大事件，或由于政府部门发出行政指令对运行维护对象提出要求时，应当启动应急处理程序。针对突发公共事件，国家和地方政府出台了各项总体预案和专项预案，从整体或专业的角度，对预防与应急准备、监测与预警、应急处置与救援、事后恢复与重建等方面进行了规定。但在信息系统运行维护领域，相应的应急响应规范刚刚建立起来。

2. 应急事件的处理流程

当运维服务提供方收到应急事件信息，并判断该问题属于应急范围时，应启动应急处理流程。运行维护应急事件的处理流程如图 25-3 所示。

应急事件处理流程主要包括以下步骤。

1）应急事件分析

当应急事件发生时，监理机构与运维服务提供方首先要进行事件分析，确定故障的范围和影响程度，分析判定风险级别。确认为紧急故障或高级别应急事件时，在查找、分析原因和解决问题的同时，应在 SLA 约定的范围内第一时间及时将信息通报到业主单位信息系统运维管理部门的主管领导，并向具体承担信息系统运行维护管理责任的总控中心或总服务台等关键岗位报告、说明事件状况。如需其他部门或其他服务商提供协助的，请求相关部门共同解决故障。

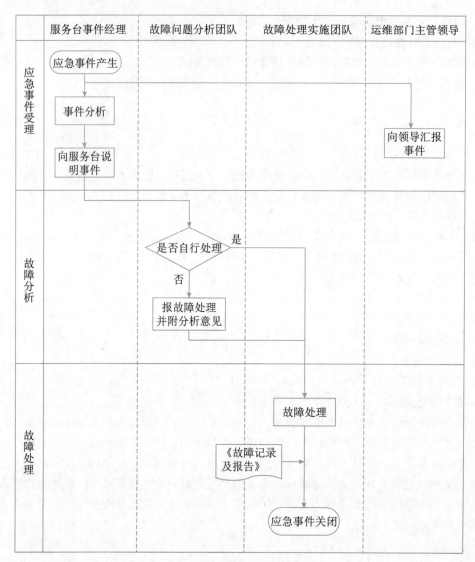

图 25-3　应急事件处理流程

2）成立应急工作组

启动应急流程的申请获批后（包括口头批准），由业主单位的信息系统主管部门负责组建应急工作组。应急工作组可能由多方人员组成，包括业主单位代表、监理机构人员、相关运维服务提供方及总服务台负责人等。应急工作组对发生的重大事故进行讨论分析，并制定应急处理方案。必要的应急方案应开展应急演练，检验应急处理方案的可行性。

3）应急处理过程

监理机构根据应急工作组制定的应急处理方案监督具体实施，涉及客户现场服务的应取得客户的签字确认。所有应急处理活动均应予以全面、完整、真实的记录。

4）应急处理结果评估

应急事件处理过程完成后，各相关单位向应急小组提交应急处理过程相关记录，包括启动应急流程申请、应急处理过程记录、资源申请、变更请求、变更日志等。应急工作组对应急处理结果进行评估和确认。如果应急工作组评估意见为达到要求（即问题得到解决并恢复服务），则应急流程结束。

5）统计和报告

监理机构定期（每月或每季度）对应急事件及处理情况进行统计，编制应急事件管理报告，提交给业主单位。应急事件管理报告的内容包括：启动应急流程次数（不同类别的次数）、原因分析、影响分析、完成情况、所需时间、各项资源利用情况、费用情况、意见和建议等。

3. 应急管理活动及内容

应急管理活动及内容具体如下：

（1）督促运维服务提供方建立应急预案，主要包括：

- 应急组织结构；
- 应急管理制度；
- 风险识别评估；
- 应急响应预案；
- 应急培训；
- 应急演练；
- 检验分析；
- 完善和改进。

（2）评审应急管理方案，重点包括：

- 风险识别和分析；
- 应急资源；
- 组织结构和人员；
- 检测和预警机制；
- 应急响应流程、操作规范；
- 保障措施等。

（3）督促运维服务提供方做好针对各类运行维护对象的日常监测预警，主要包括：

- 检查运维服务提供方制定的日常监测和预警机制和制度；
- 检查运维服务提供方提交的日常监测和预警记录和报告；
- 协助运维服务提供方优化日常监测和预警方案和制度。

（4）检查运维服务提供方对应急管理方案的培训和演练工作。

（5）在应急事件发生时，督促项目各方做好应急调度和应急处置工作，主要包括：

- 跟踪应急事件的诊断、排查、处置、恢复等过程；
- 跟踪因应急事件发展程度超出原定事件级别后，升级的诊断、排查、处置、恢复等过程。

（6）在应急事件关闭后，督促各方完成应急事件的索赔、总结、评价和改进工作，主要包括：

- 协助优化和改进应急方案；
- 做好因应急事件带来的索赔等相关工作；
- 评估和总结应急事件处置结果。

25.3.9　效能管理

1. 效能管理概述

运行维护的效能管理是指对运维服务提供方进行绩效考核与能力管理。绩效考核是对运维服务提供方服务态度、服务质量、服务效率的综合性客观评价，能够促进运维服务提供方提升服务能力，同时可以作为运行维护服务验收、运行维护费用支付的重要参考依据。能力管理是对运维服务提供方整体能力和其运维服务人员个人能力的管理手段，通过能力管理促使运维服务提供方及其人员能够始终保持足够的能力来开展运行维护服务工作。落实效能管理的具体措施包括如下内容：

（1）制定绩效考核管理办法。

绩效考核管理办法是运行维护管理体系的重要部分，用于规范考核工作，保证考核质量。绩效考核管理办法的执行应参考各运维服务提供方的招投标文件、合同、承诺书、补充协议等文件，并遵从运行维护管理体系的其他规定，全面科学地对被考核对象的各项工作表现进行综合考评。

（2）明确绩效考核内容。具体包括：

- 日常管理：考核各运维服务提供方是否按合同要求执行运行维护工作；考核其驻场维护人员的资质和能力；考察人员出勤情况，保证现场有足够的技术支持，保证各种特殊情况的发生都能配备充足合理的人员。考核重点在于合同审查、人员资质审查和考勤管理。
- 巡检情况：考核巡检计划和内容，评估巡检计划完成情况；检查巡检文档编制情况、巡检过程中发现的问题记录情况，确保巡检工作按计划执行、结果信息正确。
- 故障/问题处理：考核每月发生故障次数和解决故障次数；发生故障/问题后是否按合同规定时间响应和解决；故障处理过程中投入人员情况和文档管理情况。
- 派工服务：考核派工完成情况，投入工作量等。考核重点在于派工工作完成时间、完成率和用户评价。
- 电话服务考核：分为话务部分考察、业务部分考察、总服务商考察。话务部分考察服务次数、服务及时率、问题解答率等；业务部分考察需要对座席员处理的问题进行分类，分析原因，更新知识库；总服务商考察的是总服务台座席员的工作质量。
- 文档考核：考核运行维护过程中产生的技术文档。考核内容包括：运行维护管理制度、规范、流程和表单的完整性；过程文档的准确性、详细程度、格式和构成等。
- 合同执行情况考核：运维服务提供方是否完全满足了合同条款中明确的服务要求，所提

供服务的团队及人员的资质水平、所采用的运行维护服务辅助工具的功能、所引入的第
三方服务的能力等，是否与运维合同中的要求相一致。

- 用户满意度与特殊事件考核：用户满意度考核是指最终用户对运维服务提供方的工作效
率、能力、沟通、培训、解决方式等的评价。特殊事件考核是指在运行维护过程中，运
维服务提供方的行为或表现使最终用户在业务进行中或事件解决中感到满意或不满意，
据此对该运维服务提供方的考核结果进行调整，以资鼓励或警示。

（3）明确考核执行的组织结构。

绩效考核组织结构由考核管理机构、考核执行机构、被考核对象组成。一般情况下，绩效
考核管理机构是业主单位，负责监督、指导考核执行机构的日常绩效考核工作。考核执行机构
为用户聘请的第三方服务商，即监理单位，监理单位本着公正、公开、公平的原则，定期（周、
月、半年、年度）将考核结果向考核管理机构汇报。被考核对象包括所有参与信息系统运行维
护工作的安全、基础设施、应用系统、代码运维服务分包商、总服务商及进入准运行维护期的
服务商。被考核对象应配合监理单位，及时提供考核需要的真实信息。

（4）明确考核方法。

绩效考核可以采用日常考核、过程考核和事后考核三种考核方法。

- 日常考核：是指各运维服务提供方在日常运行维护工作中的表现，包括人员资质、行为
规范、考勤管理等。
- 过程考核：重点是派工考核和故障/问题处理考核，对于一级以上的系统故障/问题处
理过程进行全程跟踪考核，包括响应时间是否及时、处理方式是否得当等。
- 事后考核：是指单项运行维护工作结束后，考核执行机构对该运行维护工作总体完成情
况进行统计，并根据考核指标进行绩效考核。在必要的情况下考核执行机构可对工作服
务对象进行回访，采集其对运维过程和成果的评价信息。回访是考核执行机构的独立行
为，不受任何外界因素的影响，其结果将以参考信息的形式汇报给用户。

（5）绩效考核指标。

绩效考核指标是考核的基本点，所有绩效考核指标均应量化，建议根据历年统计信息制定
量化的参考值。考核指标如有特殊情况应予以说明，例如，绩效考核指标中有部分指标仅针对
特定运行维护服务商，巡检考核仅针对基础环境运行维护服务商和安全运行维护服务商。绩效
考核的指标和权重可以根据不同运行维护时期用户需求的变化而调整。被调整的指标或权重应
在经过讨论并公布后应用。

（6）考核结果的利用。

监理机构定期向业主单位提供被考核对象的绩效考核结果。对业主单位来说，绩效考核结
果提供了运维服务提供方服务质量、服务水平和合同履行情况的客观信息，为评价运维服务提
供方工作提供了可靠依据，为下一年运维合同签订提供了有效参考，为运维工作量统计及运维
服务费支付提供了有力支撑。对于考核结果不合格的运维服务提供方，业主单位可以依据签订
的运维合同进行处罚甚至索赔；对于考核结果优秀的运维服务提供方，业主单位可以给予相应
的奖励。

2. 效能管理活动及内容

效能管理活动及内容具体如下：

（1）协助业主单位建立运维绩效考核管理体系，主要包括：

- 绩效考核原则；
- 考核范围；
- 绩效考核指标；
- 绩效考核内容；
- 绩效考核流程；
- 绩效考核制度；
- 绩效考核办法；
- 绩效考核组织结构，包括考核管理部门、考核执行部门、考核对象等；
- 绩效考核指标项，包括考核周期、考核指标项内容和量化依据、考核指标项权重、奖惩措施等。

（2）协助业主单位做好运维项目绩效考核管理体系的执行工作，重点关注：

- 收集绩效考核指标项量化数值、数据或记录等，进行绩效考核打分；
- 提交绩效考核报告和监理意见。

（3）结合阶段绩效考核结果和实际运维情况，协助业主单位优化和完善运维绩效考核管理体系。

25.3.10　沟通协调

运行维护实施阶段涉及的主要沟通协调工作如下：

（1）建立运行维护管理组织架构、工作协调组织结构；

（2）建立三方的信息传递机制，包括信息沟通、汇报、审批等流程；

（3）建立三方的协调机制，定期召开运行维护工作监理例会，并形成会议纪要；

（4）协调业主单位与运维服务提供方之间的关系，并通过运行维护管理制度约束各方；

（5）如需要，召开运行维护工作监理专题会议，并形成会议纪要。

25.3.11　主要输出文档

运行维护实施阶段的主要输出文档如下：

（1）监理实施细则；

（2）监理会议纪要；

（3）监理专题会议纪要；

（4）监理周报、监理月报；

（5）文档评审意见；

（6）针对各种事项提出的监理意见；

（7）监理联系单和监理通知单；

（8）绩效考核记录和报告等。

25.4　评估阶段监理工作

在信息系统运行维护过程中，为了持续提高服务质量，保证系统平稳运行，加强对日常运行维护工作的管理，进而优化系统运行维护成本与服务效果，需要进行运行维护绩效评估，包括运行维护对象效果评估和运行维护服务评估，并根据绩效评估结果开展运行维护服务验收工作。评估阶段的监理目标如图 25-4 所示。

在运行维护评估阶段，监理机构应协助业主单位做好相关评估和验收工作。

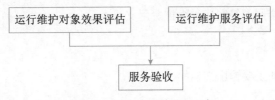

图 25-4　评估阶段的监理目标

25.4.1　监理活动

运行维护评估阶段的主要监理活动如下：

（1）协助业主单位对运行维护对象的实际运行效果进行评估，主要包括对基础设施、软件、数据和信息安全等各类运行维护对象的性能状况进行调查和评价；

（2）对运维服务提供方提交的服务验收申请、计划及其方案等进行审核；

（3）协助业主单位制定绩效考核办法、方案和指标体系；

（4）根据绩效考核办法和方案进行绩效考核，对运行维护服务进行评估，形成运行维护服务评估报告；

（5）协助业主单位完成服务验收。

25.4.2　监理内容

1. 运行维护服务评估报告的监理

监理机构在进行运行维护服务评估报告的监理时要重点关注以下几点：

（1）根据绩效考核办法和方案对运维服务提供方进行综合评估，评估内容包括：日常管理、总服务台、派工服务、巡检服务、故障 / 问题处理、运行维护文档、合同执行情况、用户满意度、应急处置等方面；

（2）根据考核结果完成书面的评估报告，并提出改进意见。

2. 服务验收方案的监理

监理机构在进行服务验收方案的监理时要重点关注以下几点：

（1）明确验收目标、各方责任、验收内容、验收标准、验收方式和验收结果等内容；

（2）确认验收标准是否与运行维护合同一致；

（3）审查运行维护服务成果、文档等是否与合同、SLA、运行维护方案一致；

（4）确认验收方式、结论是否可行。

3. 服务验收过程的监理

监理机构在进行服务验收过程的监理时要重点关注以下几点：

（1）审查服务商提交的验收申请；

（2）检查服务商提交的验收文档，并输出监理意见；

（3）协助业主单位组织验收会议，并签订验收报告；

（4）协助业主单位做好服务移交工作；

（5）根据运行维护合同，签发运行维护费用支付意见。

25.4.3 主要输出文档

运行维护评估阶段的主要输出文档如下：

（1）监理意见；

（2）运行维护服务验收记录；

（3）监理会议纪要；

（4）运行维护服务评估报告；

（5）运行维护费用支付意见；

（6）监理工作总结报告、监理费申请等。

25.5 运行维护服务的监理要点

本节对基础设施、软件、数据、信息安全四类运行维护服务，分别从例行操作、响应支持、优化改善、调研评估四个方面对其监理要点进行分析和阐述。

25.5.1 基础设施类运行维护服务的监理要点

基础设施类运行维护服务的监理要点具体如下：

（1）例行操作监理要点。主要包括：

①监督检查例行操作的计划性和完整性；

②对设施监控的不间断性、问题汇报和分析的及时性进行监督；

③监督检查定期保养、配置备份等常规操作的计划性、准确性、记录的完整性及可追溯性；

④宜要求运维服务提供方利用运行维护系统和工具，对基础设施开展运行维护活动，系统和工具应包括资源管理、监测与分析、阈值预警、监控管理和过程管理等功能。

（2）响应支持监理要点。主要包括：

①检查运维服务提供方的响应支持服务与运行维护 SLA 的符合性；

②依据运行维护 SLA、维护手册或维护规程，监督、检查运维服务提供方的响应支持服务，包括处理的及时性、处理过程的严谨性及准确性、文档提交的准确性等；

③宜要求运维服务提供方建立故障诊断知识库，应包括常见故障的原因与现象、故障排除

步骤、故障诊断方法、故障诊断与修复原则等；

④对服务商响应支持服务中存在的问题及时提出纠正和改进建议。

（3）优化改善监理要点。主要包括：

①对优化改善方案进行审核，方案应明确优化改善的目标、内容、步骤、人员、预算、进度、衡量指标、风险预案和回退方案等内容；

②宜对优化改善建议报告进行审核，报告应区分不同的优化改善类型（适应性改进、纠正性改进、改善性改进、预防性改进），评估报告内容的合理性并向用户提出合理建议。

（4）调研评估监理要点。主要包括：

①对评估计划进行审核，应明确调研评估的目标、内容、步骤、人员、进度、交付成果和沟通计划等内容；

②持续跟踪调研评估的执行和评估结果的改进情况；

③对调研报告进行审核，应包括现状评估、访谈调研、需求分析和评估建议等内容。

25.5.2　软件类运行维护服务的监理要点

软件类运行维护服务的监理要点具体如下：

（1）例行操作监理要点。主要包括：

①督促运维服务提供方根据软件运行维护对象的特点，确定例行操作的周期、范围、人员、内容、目标，并编制运行维护指导手册；

②对软件例行巡检、缺陷管理、变更管理、补丁程序管理、发布管理、版本管理、文档管理等运行维护活动实施监督管理；

③对系统恢复过程进行跟踪和监督，重点审核系统恢复申请信息、数据备份情况、故障原因分析结果、恢复方案等文档；

④依据维护计划、维护手册或维护规程，监督运维服务提供方的例行维护活动，审核运维服务提供方提供的例行维护实施方案、维护记录、维护报告等文档；

⑤跟踪系统变更过程，监督变更过程的规范性；

⑥督促运维服务提供方在运行维护过程中记录运行状态、异常处理记录，提供趋势分析及可能的风险消除建议，以及例行操作交付过程中的其他报告；

⑦督促运维服务提供方对软件缺陷实施统一管理，形成缺陷管理表，并定期对缺陷状态进行确认；

⑧可要求运维服务提供方利用运行维护管理平台自动实现对软件各类资源的数据采集、状态监控和性能分析、更新软件分发。

（2）响应支持监理要点。主要包括：

①检查运维服务提供方的响应支持服务与运行维护 SLA 的符合性；

②依据运行维护 SLA、维护手册或维护规程，监督、检查运维服务提供方的响应支持服务，包括处理的及时性、处理过程的严谨性及准确性、文档提交的准确性等；

③对运维服务提供方响应支持服务中存在的问题及时提出纠正和改进建议；

④宜要求运维服务提供方建立故障诊断知识库，应包括常见故障的原因与现象、故障排除

步骤、故障诊断方法、故障诊断与修复原则等。

（3）优化改善监理要点。主要包括：

①跟踪系统缺陷诊断分析和修复过程，督促运维服务提供方及时进行缺陷修复；

②跟踪软件优化过程，评估优化效果；

③对软件优化方案的合理性、可行性进行审核；

④监督运维服务提供方将例行操作、响应支持服务过程中发现的问题和解决过程进行分类汇总，形成运行维护常见问题集与知识库。

（4）调研评估监理要点。同基础设施类调研评估监理要点类似，实践中可参考应用。

25.5.3　数据类运行维护服务的监理要点

数据类运行维护服务的监理要点具体如下：

（1）例行操作监理要点。主要包括：

①督促运维服务提供方建立数据运行维护各项管理制度；

②督促运维服务提供方根据监控记录、运行条件和状况进行预防性检查及趋势分析；

③监督运维服务提供方的数据类日常运行维护操作行为，包括数据采集、存储、变更、迁移、转移、备份、分发和销毁等；

④针对运维服务提供方提交的数据备份计划，审核其在备份方式、备份技术及安全方面的合理性，并监督其实施过程；

⑤要求运维服务提供方采用工具化管理模块或第三方的各类数据监测工具，对数据的存储与传输状态进行记录和监控。

（2）响应支持监理要点。主要包括：

①要求运维服务提供方基于用户对应用系统可持续性运行的基本需求和目标，配置各类数据资源保障措施；

②依据响应支持服务的服务计划和指导手册，监督运维服务提供方在数据变更、数据恢复、故障排查、疑难解答等方面的响应支持服务，审核确认各类响应支持服务的工作记录；

③督促运维服务提供方对数据问题实施统一管理，形成问题管理表，并定期对问题状态进行确认；

④对运维服务提供方响应支持服务中存在的问题及时提出纠正和改进建议；

⑤跟踪并确认运维服务提供方响应支持服务结果和改进措施的执行结果。

（3）优化改善监理要点。主要包括：

①应协调业主单位和运维服务提供方确定优化改善服务的原则与方向，对数据资源优化方案的合理性、可行性进行评审；

②跟踪数据资源优化活动，督促运维服务提供方及时对数据资源问题进行修复；

③督促运维服务提供方将例行操作服务、响应支持服务过程中发现的问题和解决过程进行分类汇总，形成运行维护常见问题集与知识库，提高服务能力和服务效率；

④跟踪数据资源优化结果，评估优化效果。

（4）调研评估监理要点。同基础设施类调研评估监理要点类似，实践中可参考应用。

25.5.4　信息安全类运行维护服务的监理要点

信息安全类运行维护服务的监理要点具体如下：

（1）例行操作监理要点。主要包括：

①督促运维服务提供方按照基础设施、应用系统和数据等对象安全属性的不同，采用不同的运行维护方法，设计详细的安全运行维护方案，并对方案进行审核；

②依据安全运行维护相关管理制度和系统安全定级情况，督促服务商对基础设施、应用系统和数据定期开展安全巡检、安全加固、脆弱性检查、渗透性测试、安全风险评估等服务，以评估其是否能符合业主单位的安全要求。

（2）响应支持监理要点。主要包括：

①督促运维服务提供方提交安全事件应急响应支持方案，并对方案进行审核；

②对影响核心应用系统和数据安全的事件进行全程跟踪检查，审核事件处理过程的合规性、技术处理手段的正确性，并记录处理过程；

③督促运维服务提供方及时纠正响应支持过程中的问题，如安全功能、安全性能等，监理单位对问题进行审核；

④督促运维服务提供方在安全事件处理后提交分析报告，对报告中的风险判定、分析、解决方案、预防或整改措施等内容进行审核。

（3）优化改善监理要点。主要包括：

①依据安全运行维护相关管理制度和系统安全定级情况，督促运维服务提供方对安全运行维护方案进行调整和适应性改进，包括但不限于安全巡检、安全加固、脆弱性检查、渗透性测试、安全风险评估、应急保障等方案和措施；

②建议运维服务提供方在安全运行维护过程中，优化完善安全运行维护方案，并对优化完善后的方案进行评审；

③可根据对安全运行维护记录、趋势的分析，结合安全运行的需求，发现安全运行过程的脆弱点，督促服务商有针对性地进行改进性作业和预防性改进。

（4）调研评估监理要点。同基础设施类调研评估监理要点类似，实践中可参考应用。

第三篇练习

1. 选择题

（1）有分包单位时，监理单位应组织审核分包单位的工程实施资质。分包单位应提供的资质材料不包括_____。

    A. 分包单位的营业执照

    B. 分包单位的企业资质等级证书

    C. 分包单位拟派的技术与管理人员的资格证书

    D. 分包单位负责人的职业资格证书

参考答案：D

（2）_____不符合《中华人民共和国招标投标法》有关规定。

    A. 招标人对已发出的招标文件进行必要的澄清或者修改的，应当在招标文件要求提交投标文件截止时间至少十五日前

    B. 招标人应当确定投标人编制投标文件所需要的合理时间；但是，依法必须进行招标的项目，自招标文件开始发出之日起至投标人提交投标文件截止之日止，最短不得少于二十日

    C. 招标人和中标人应当自中标通知书发出之日起五十日内，按照招标文件和中标人的投标文件订立书面合同

    D. 依法必须进行招标的项目，招标人应当自确定中标人之日起十五日内，向有关行政监督部门提交招标投标情况的书面报告

参考答案：C

（3）通用布缆系统工程设计阶段对设计需求说明书的审核内容不包括_____。

    A. 设计图纸   B. 线缆的要求

    C. 配线间的布局及位置   D. 通用布缆系统结构

参考答案：A

（4）通用布缆系统工程不包括_____。

    A. 机柜、机架的安装和检查   B. 网络地址、路由规划和子网划分

    C. 连接硬件的安装和检查   D. 线缆敷设和检查

参考答案：B

（5）关于信息安全关键技术要求的描述，不正确的是：_____。

    A. 等级保护第三级系统，机房应设置监控报警系统

    B. 等级保护第三级系统，所有区域应配置电子门禁系统

    C. 等级保护第四级系统，应在供配电系统上设置防浪涌保护装置

    D. 等级保护第四级系统，机房应设置火灾自动消防系统

参考答案：B

（6）_____不属于电子设备机房供配电系统工程的内容。

A. 电线电缆穿管 　　　　　　　　B. 风管、管道保温

C. 防雷、接地装置安装 　　　　　　D. 蓄电池安装、测试

参考答案：B

（7）项目验收报告的必要内容不包括_____。

A. 系统付款记录

B. 系统验收依据和标准

C. 系统验收内容、验收方法和验收记录

D. 验收结论和验收组签字

参考答案：A

（8）信息安全监理中，规划设计的监理内容不包括_____。

A. 安全风险评估

B. 网络安全等级保护方案的审核

C. 商用密码应用建设方案的审核

D. 体系结构设计的审核

参考答案：D

（9）等级测评的过程依次为_____。

A. 测评准备、方案编制、现场测评、报告编制

B. 测评准备、方案编制、报告编制、现场测评

C. 方案编制、测评准备、现场测评、报告编制

D. 方案编制、测评准备、报告编制、现场测评

参考答案：A

（10）关于等级保护的描述，不正确的是：_____。

A. 依据国家网络安全等级保护的基本要求，对存储、处理国家秘密的计算机信息系统按照规模实行等级保护

B. 等级保护应该遵循自主保护原则、重点保护原则、同步建设原则、动态调整原则

C. 公安机关负责网络安全等级保护工作的监督、检查、指导

D. 等级保护基本流程包括等级保护对象定级与备案阶段、总体安全规划阶段、安全设计与实施阶段、安全运行与维护阶段和定级对象终止阶段

参考答案：A

2. 案例题

阅读下列说明，回答问题 1 至问题 3。

【说明】某地方政府拟对其门户网站进行改造，该工程涉及网站首页改版、二级页面改造、数据迁移、系统集成等建设内容，保护等级定为三级，初步设计和实施分别立项。建设单位通过招标方式选择乙单位为承建单位。在建设过程中，发生如下事件：

【事件1】为了保证初步设计工作顺利开展，业主单位以邀标方式选定丙单位承担初步设计阶段的监理工作，丙单位对初步设计方案的编制工作提出了建议。

【事件2】 由于乙单位项目团队专业技术能力不足，数据迁移工作进展缓慢，对工程整体进度产生了不利影响。

【事件3】 为保证系统的安全性符合国家相关规定，同时能顺利通过项目验收，正式上线运行前，丙单位建议业主单位进行系统安全方面的测评工作。

【问题1】 针对事件1，请指出初步设计方案的编制要点应包括哪些内容。

【问题2】 针对事件2，丙单位应采取哪些措施以推进项目的实施？

【问题3】 针对事件3，丙单位应建议业主单位进行哪些系统安全测评工作？

参考答案：

【问题1】

（1）参照充分的设计依据；

（2）进行翔实的现场勘察；

（3）突出项目的设计亮点；

（4）重点介绍初步设计方案相对可行性研究报告批复内容有重大变更的内容；

（5）合理制定项目建设的标准规范。

【问题2】

（1）组织召开专题会议，协商解决方案；

（2）发出监理通知单，要求乙单位整改；

（3）要求乙单位加强团队技术实力；

（4）要求乙单位提出进度控制措施并跟踪实施情况，如更新实施计划，将其纳入配置基线进行监管；

（5）建议业主单位对乙单位进行延期索赔。

【问题3】

建议业主单位开展安全等级保护测评与安全风险评估工作。

参考文献

[1] 王守茂 . 管理信息系统的分析与设计 [M]. 天津：天津科技翻译出版公司，1993

[2] 罗伯特·斯库塞斯，玛丽·萨姆纳 . 管理信息系统 [M]. 李一军，卢涛，祁巍，等译 . 大连：东北财经大学出版社，2000

[3] Behrouz A.Forouzan，Sophia Chung Fegan.TCP/IP 协议族 [M]. 谢希仁，译 . 北京：清华大学出版社，2001

[4] 马费成，李纲，查先进 . 信息资源管理 [M]. 武汉：武汉大学出版社，2001

[5] 柳纯录，杨娟，陈兵 . 信息系统监理师教程 [M]. 北京：清华大学出版社，2005

[6]《运筹学》教材编写组 . 运筹学 [M]. 3 版 . 北京：清华大学出版社，2005

[7] 葛道康，贾卓生，吴志刚 . 信息化工程监理规范总则理解与实施 [M]. 北京：中国标准出版，2008

[8] 黄子河，管东升，朱卫东 . 弱电工程监理教程 [M]. 北京：清华大学出版社，2011

[9] 罗文，管东升，吕小刚 . 信息应用系统监理教程 [M]. 北京：清华大学出版社，2011

[10] 张凯，宋克振，周朴雄 . 信息资源管理 [M]. 3 版 . 北京：清华大学出版，2013

[11] 国家信息技术服务标准工作组 .ITSS® 系列培训 IT 服务工程师 [M]. 北京：电子工业出版社，2012

[12] 罗文 . 信息系统运维管理咨询与监理服务 [M]. 北京：人民邮电出版社，2014

[13] 李梅，范东琦，任新成，等 . 物联网科技导论 [M]. 北京：北京邮电大学出版社，2015

[14] 卢军 . 云计算关键技术研究 [M]. 成都：电子科技大学出版社，2015

[15] 丘靖 .VR 虚拟现实：技术革命＋商业应用＋经典案例 [M]. 北京：人民邮电出版社，2016

[16] 工业和信息化部电子工业标准化研究院 .ITSS® 系列培训 IT 服务经理 [M]. 北京：电子工业出版社，2016

[17] 刘宏志，胡静宜，卓兰，等 . 信息技术服务——监理总则理解与实施 [M]. 北京：电子工业出版社，2016

[18] 霍雨佳，周若平，钱晖中 . 大数据科学 [M]. 成都：电子科技大学出版社，2017

[19] 李辉 . 物联网发展与应用研究 [M]. 北京：北京理工大学出版社，2017

[20] 胡昌平，邓胜利 . 信息资源管理研究进展 [M]. 武汉，武汉大学出版社，2017

[21] 张鸿涛，徐连明，刘臻 . 物联网关键技术及系统应用 [M].2 版 . 北京：机械工业出版社，2017

[22] James Michael Stewart，Mike Chapple，Darril Gibson.CISSP 官方学习指南 [M]. 唐俊飞，译 . 7 版 . 北京：清华大学出版社，2017

[23] 夏志杰 . 工业互联网：体系与技术 [M]. 北京：机械工业出版社，2017

[24] 易高峰 . 数字经济与创新管理实务 [M]. 北京：中国经济出版社，2018

[25] 胡沛，韩璞 . 大数据技术及应用探究 [M]. 成都：电子科技大学出版社，2018

[26] Project Management Institute. 项目管理知识体系指南（PMBOK® 指南）[M]. 6 版 . 北京：电子工业出版社，2018

[27] 王印成 . 我国智慧城市建设和人工智能的发展 [M]. 北京：经济日报出版社，2018

[28] 何宗耀 . 新型智慧城市建设现状、技术与研究 [M]. 北京：北京邮电大学出版社，2018

[29] 陈晓华，刘彬，王向军，等 . 揭秘区块链 [M]. 北京：北京邮电大学出版社，2019

[30] 郑树泉，王倩，武智霞，等 . 工业智能技术与应用 [M]. 上海：上海科学技术出版社，2019

[31] 周楚生 . 信息系统工程造价指导（2019 版）[M]. 深圳：海天出版社，2019

[32] 普里马韦拉·德·菲利皮，亚伦·赖特 . 监管区块链：代码之治 [M]. 北京：中信出版社，2019

[33] 中国电子技术标准化研究院，全国信息技术标准化技术委员会 . 信息技术标准化指南（2019）[M]. 北京：电子工业出版社，2020

[34] 凌力 . 区块链导读 [M]. 上海：同济大学出版社，2020

[35] 王琦，张静 . 数字政府 [M]. 北京：北京邮电大学出版社，2020

[36] 朱晓明 . 走向数字经济 [M]. 上海：上海交通大学出版社，2018

[37] 赵学军，武岳，刘振晗 . 计算机技术与人工智能基础 [M]. 北京：北京邮电大学出版社，2020

[38] 王万良 . 人工智能通识教程 [M]. 北京：清华大学出版社，2020

[39] 王薇薇，康楠，张雪松 . 开源云计算：部署、应用、运维 [M]. 北京：机械工业出版社，2021

[40] 中国建设监理协会 . 建设工程进度控制（土木建筑工程）[M]. 北京：中国建筑工业出版社，2021

[41] 中国建设监理协会 . 建设工程投资控制（土木建筑工程）[M]. 北京：中国建筑工业出版社，2020

[42] 韩仲祥，石磊，楚兴春，等 . 通信网络原理与技术 [M]. 北京：电子工业出版社，2022

[43] 刘玲，王信敏，安贵鑫 . IT 项目管理 [M]. 杭州：浙江大学出版社，2022

[44] 拉尔夫·M. 斯泰尔，乔治·W. 雷诺兹 . 信息系统基础 [M]. 李焱，马亚丽，张瑞，等译 . 8 版 . 北京：中国人民大学出版社，2022

[45] 苗春雨，杜廷龙，孙伟峰，等 . 云计算安全：关键技术、原理及应用 [M]. 北京：机械工业出版社，2022

[46] 叶宏，鲍亮，宋胜利，等 . 系统架构设计师教程 [M]. 2 版 . 北京：清华大学出版社，2022

[47] 刘明亮，宋跃武，张树玲，等 . 信息系统项目管理师教程 [M]. 4 版 . 北京：清华大学出版社，2023

[48] GB/T 8567，计算机软件文档编制规范 [S]

[49] GB/T 24353，风险管理　指南 [S]

[50] GB/T 27921，风险管理　风险评估技术 [S]

[51] GB/T 29264，信息技术服务　分类与代码 [S]

[52] GB/T 28827.1，信息技术服务　运行维护　第 1 部分：通用要求 [S]

[53] GB/T 28827.2，信息技术服务　运行维护　第 2 部分：交付规范 [S]

[54] GB/T 28827.3，信息技术服务　运行维护　第 3 部分：应急响应规范 [S]

[55] ITSS.1，信息技术服务　运行维护服务能力成熟度模型 [S]

[56] GB/T 50312，综合布线系统工程验收规范 [S]

[57] GB 50174，数据中心设计规范 [S]

[58] GB/T 33850，信息技术服务　质量评价指标体系 [S]

[59] GB/T 19668.1，信息技术服务　监理　第 1 部分：总则 [S]

[60] GB/T 19668.2，信息技术服务　监理　第 2 部分：基础设施工程监理规范 [S]

[61] GB/T 19668.3，信息技术服务　监理　第 3 部分：运行维护监理规范 [S]

[62] GB/T 19668.4，信息技术服务　监理　第 4 部分：信息安全监理规范 [S]

[63] GB/T 19668.5，信息技术服务　监理　第 5 部分：软件工程监理规范 [S]

[64] GB/T 19668.6，信息技术服务　监理　第 6 部分：应用系统：数据中心工程监理规范 [S]

[65] GB/T 19668.7，信息技术服务　监理　第 7 部分：监理工作量度量要求 [S]

[66] GB/T 28449，信息安全技术　网络安全等级保护测评过程指南 [S]

[67] GB/T 22239，信息安全技术　网络安全等级保护基本要求 [S]

[68] GB/T 28448，信息安全技术　网络安全等级保护测评要求 [S]

[69] GB/T 25058，信息安全技术　网络安全等级保护实施指南 [S]

[70] GB/T 25070，信息安全技术　网络安全等级保护安全设计技术要求 [S]

[71] T/ISEAA 001，网络安全等级保护测评高风险判定指引 [S]

[72] GB/T 22240，信息安全技术　网络安全等级保护定级指南 [S]

[73] GB/T 39786，信息安全技术　信息系统密码应用基本要求 [S]

[74] GB/T 20984，信息安全技术　信息安全风险评估方法 [S]

[75] GB/T 39204，信息安全技术　关键信息基础设施安全保护要求 [S]